학습하는 조직

오래도록 살아남는 기업에는 어떤 특징이 있는가

학습하는 조직

Peter M. Senge

피터 센게 지음 | 유정식 감수 | 강혜정 옮김

에이지21

일러두기

1. 이 책은 1996년에 출간된 〈제5경영(세종서적)〉의 개정증보 완역판이다.

2. 이 책의 주요한 개념 중 하나인 'Discipline'은 초판에서는 '분과학'으로 번역되었으나, 사전에 등재되지 않은 탓에 의미가 다소 불명확한 점이 있어 개정증보 완역판에서는 새로이 '규율'로 번역했다. 다만, 이 책에서 말하는 규율은 일반적으로 쓰이는 의미보다 확장된 개념으로 이해해주길 바란다. 저자가 이 책에서 말하는 규율은 '실천에 옮기기 위해서 반드시 배우고 숙달해야 하는 일련의 이론과 기법의 집합체'를 의미한다.

2000년 무렵, 동료 컨설턴트가 좋은 책을 소개해 주겠다며 이 책의 초판인 〈제5경영〉을 건넸을 때 나의 첫 반응은 이러했다. "책 제목이 왜 이래?" 기존의 경영방식을 반성하고 새 길을 제시한다는 의미로 '제2의 경영'이라는 말은 있을 법했지만 '제5경영'이라니! 나에게는 '적국에 있으면서 외부세력과 연동해 간첩 활동을 수행하는 집단'인 '제5열'이란 단어를 연상시키는 제목이라서 페이지를 들춰볼 동기가 별로 생기지 않았다.

하지만 당시 진행하던 컨설팅 프로젝트에서 '시스템 다이내믹스'라는 툴을 사용해야 했고, 이 책의 초판이 시스템 다이내믹스의 기본 개념을 잘 정리한 책이라는 동료의 말에 어쩔 수 없이 읽어야 했던 기억이 있다.

주류에서 완전히 벗어난 지나치게 이상적인 경영철학을 이야기할 것이라고 예상했던 나는 페이지를 넘기면 넘길수록 시스템 사고의 정수에 빠져들고 말았다. 각자의 위치에서 합리적으로 내린 결정이 어떻게 시스템 전체로 볼 때에는 엄청난 파국으로 치달을 수 있는지를 도식화하여 생생하게 보여주는데, 어찌 매료되지 않을 수 있단 말인가?

특히 '맥주 게임'을 통해 시스템 사고를 하지 않을 때 발생하는 현상을 주 단위로 설명하는 3장은 각자가 자신의 결정에 집중한 것이 타인에게 미치는 영향을 보여주는데, 가히 이 책의 압권이라 불릴 만하다. 의사결정을 잘못해서 문제가 불거지는 것이 아니라, 구조 자체가 문제를 야기할 수밖에 없는 상황이 무엇인지 깨달을 수 있을 것이다. 주 단위로 벌어지는 사건을 일일이 따라가기가 조금 버거울지라도 이 부분은 반드시 읽을 것을 권한다.

이 책의 초판은 내가 〈시나리오 플래닝〉을 집필할 때에도 적잖은 도움을 주었다. 환경에서 흘러다니는 여러 가지 변수들이 서로에게 어떤 영향을 미치는지, 그러한 영향이 어떤 결과로 치닫는지를 예상하는 '미래 시나리오' 작성에 시스템 사고는 필수적인 요소이기 때문이다. 미래 시나리오까지는 아니더라도, 오늘 내린 결정이 시스템 전체에 미칠 영향을 미리 시뮬레이션하고 문제를 사전에 차단하는 데에 이 책이 훌륭한 처방전이 될 것이다.

개정판 번역을 감수하면서 다시금 책을 꼼꼼히 읽어보니 초판에서 사용한 '제5경영' 혹은 '제5의 분과학'이란 말은 곧 '시스템 사고'를 의미하는 단어이고, '분과학들'이라는 알 듯 모를 듯한 단어는 결국 학습조직이 준수하고 마스터해야 할 '5가지 규율'이란 뜻임을 알 수 있었다. 또한 초판을 읽은 독자들에게 '학습조직'이란 말은 조직 내에 독서 모임, 지식 동아리 등을 만들어 운영하는 조직이라는 뜻으로 잘못 이해되었던 것 같다. 이 책에서 말하는 '학습'이란 그저 학교나 학원에서 하는 식의 공부가 아니라, '새롭고 개방적인 사고방식을 채택하고 진정으로 원하는 결과를 만들어내기 위한 방법을 부단히 추구한다'는 뜻으로 받아들여야 한다. 경영 분야의 고전이라며 세계적으로 호평을 받은 책임에도 불구하고 우리나라에서 초판 판매가 부진했던 까닭은 용어 번역의 문제도 한몫했으리라 짐작된다.

이제 개정판이 나왔고 새로이 번역도 되었다. 이 책의 교훈은 여전히 유효하고 앞으로도 그러할 것이다. 그러니 이제는 이 책을 지나치지 말기 바란다.

2014년 9월

유정식

CONTENTS

PART 4 실천에서 나오는 성찰

PART 5 종결부

현재 지배적인 관리 시스템

1990년 봄 이 책의 초판 집필과 편집이 끝나고 출간이 오늘내일하던 시점에, 출판사 담당 편집자가 책 표지에 실을 추천사를 누구에게 부탁하고 싶은지에 대해 물었다. 난생 처음 내는 책이다 보니 생각해본 적이 없는 주제였다. 하지만 곰곰이 생각해보니 무언가를 써달라고 부탁할 사람이라면 W. 에드워즈 데밍W. Edwards Deming 박사보다 좋은 사람이 없겠다 싶었다. 품질관리혁명 분야 선구자인 데밍은 세계적으로 존경받는 인물로, 경영 관행에 그보다 막대한 영향을 미친 인물을 나로서는 찾기 힘들었다. 그러나 안타깝게도 나는 데밍 박사와 일면식도 없는 사이였다. 초짜 작가가 친숙하지도 않은 분야에 대해 이야기하면서 추천의 글을 써주십사 하고 부탁할 경우, 과연 긍정적인 답을 들을 수 있을지 의문이었다. 다행히 내게는 데밍과 친분이 있는 친구가 있어 그를 통해 원고를 전달했다. 그리고 몇 주가 지나자 예상치 못한 편지가 한 통 배달되었다.

열어보니 데밍 박사가 작성한 짧은 글이었다. 첫 문장을 읽고 흥분한 나는 잠시 멈추고 숨을 골랐다. 신기하게도 데밍은 내가 400페이지가 넘는 분량에 힘들게 집어넣은 내용을 단 한 문장으로 요약해서 정확하게 표현하고 있었다. 만년에 이르면 사람은 이토록 명료하고 정확한 통찰을 지니게 되는 것인지 놀라울 따름이었다.(당시 데밍은 90세가 다 된 나이였다) 전문을 읽고 있는 사이에, 데밍은 내가 지금껏 이해하고 있던 것보다도 훨씬 깊은 심층의 연관성과 더욱 중대한 과제에 닿아 있다는 것을 깨달을 수 있었다.

현재 지배적인 관리 시스템은 사람을 망가뜨리고 있습니다. 본래 사람은 내재적 동기, 자부심, 존엄성, 학습에 대한 호기심과 배움의 기쁨을 타고나지요. 이를 파괴하는 힘은 유년 시절에 시작되어('베스트 할로윈 의상'을 뽑고, 성적으로 줄을 세우고, '참 잘했어요' 스티커를 붙여주는 것이 모두 그러한 예) 대학 졸업까지 내내 계속됩니다. 직장에 들어가도 상황은 달라지지 않습니다. 직장에서도 개인, 팀, 부서에 점수가 매겨져서 높으면 상이, 낮으면 벌이 따르지요. 목표관리, 할당제, 인센티브, 사업계획 등은 개별적으로도 그렇고 종합적으로도 그렇고, 우리가 알지 못하고 알 수도 없는 훨씬 심각한 피해를 야기합니다.

이어서 나는 데밍이 총체적 품질관리Total Quality Management, 즉 줄여서 'TQM' 혹은 'TQ'라고 하는 전문용어를 이제는 거의 쓰지 않는다는 사실도 알게 되었다. 그것이 수단과 기술을 일컫는 피상적인 표현에 불과하다고 보기 때문이었다. 그가 간단하게 '지배적인 관리 시스템의 변화'라고 부르는 진정한 알맹이는 단기 실적 개선만을 좇는 관리자의 목표를 넘어선 경지에 있는 것이었다. 데밍은 이러한 변화에는 현대 조직에서 대부분 활용하지 않는 '심오한 지식profound knowledge'이 필요하다고 믿었다. 데밍이 지식의 구성요소로 말하는 것 중에서 '변화이론'(통계 이론과 방법론)만이 우리에게 익숙한 TQM과 관련이 있었다. 다른 세 가지 요소는 내가 말한 다섯 가지 학습 분야, 즉 규율disciplines과 거의 직결되다시피 하여 나로서는 적잖이 놀랐다. 데밍은 '시스템 이해', '지식 이론', '심리학' 그 가운데 '내재적 동기'를 주장했는데 '시스템 이해'는 다섯 가지 규율 중에서 '시스템 사고'와 직결되고, '지식 이론'은 '정신모델', '내재적 동기'는 '개인 비전'

및 '진정한 열망'과 연결된다.

데밍이 말하는 '심오한 지식'의 구성요소를 보고서야 나는 다섯 가지 학습 규율을 소개할 더없이 간단한 방법을 생각해냈다. 지금은 가장 널리 쓰이는 방법이지만 초판을 마무리하는 시점까지도 분명하지 않았던 것이다. 다섯 가지 규율은 세 가지 핵심 학습능력 개발에 필요한 방법(이론과 수단)을 말하는데, 바로 열망aspiration을 키우고, 성찰적 대화reflective conversation를 발전시키고, 복잡성complexity을 이해하는 능력이다. 조직의 기본 학습 단위는 팀, 즉 '특정 결과를 얻기 위해 서로를 필요로 하는 사람들의 모임'이라는 초판에 나온 개념에 따라 우리는 이를 '팀의 핵심 학습능력'이라 지칭하고, 각각의 중요성을 시각적으로 보여주기 위해 다리가 셋인 의자를 상징물로 사용했다. 셋 중 하나의 다리라도 없으면 의자는 서 있을 수가 없기 때문이다.

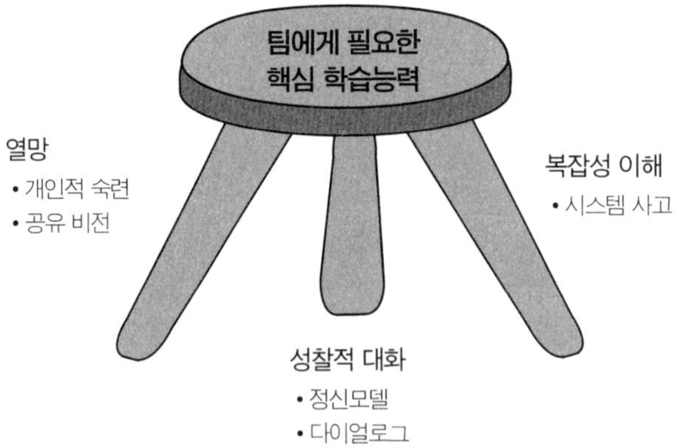

나에게 가장 중요하게 다가왔던 것은 하나의 공통된 '관리 시스템'이 현대 조직을 지배하고 있으며, 특히 일터와 학교를 긴밀히 연결하고 있다

는 데밍의 생각이었다. 데밍은 자주 이렇게 말하곤 했다. "지배적인 교육 시스템을 바꾸지 않고는 지배적인 관리 시스템을 결코 바꾸지 못한다. 알고 보면 둘은 동일한 시스템이다." 일터와 교육 현장이 긴밀히 연결되어 있다는 이와 같은 통찰이야말로 그의 가장 독창적인 공헌이 아닌가 싶다. 적어도 내가 아는 한 그렇다.

나는 데밍이 그가 말년에 만들어낸 품질관리이론을 현실에서 실천하는 관리자가 심히 적은 이유를 파악하는 과정에서 이러한 통찰에 도달했을 것으로 생각한다. 데밍은 우리가 성장 과정에서 받은 교육 경험 대부분에 내재한 특정 사고방식과 행동방식이 원인이라는 사실을 알게 되었다. "일터에서 상사와 부하직원의 관계는 학교에서 교사와 학생의 관계와 다르지 않다."고 데밍은 말했다. 교사가 목표를 정하고, 학생은 그에 따른다. 교사가 정답을 가지고 있고, 학생은 그 정답을 찾으려고 노력한다. 학생은 자신이 잘했는지 못했는지의 여부조차도 교사의 판단에 맡긴다. 어떤 아이든 열 살 무렵이 되면, 학교생활을 잘하고 선생님의 마음에 들기 위해 어떻게 해야 하는지를 터득하게 된다. 사람들은 학교에서 얻은 이러한 교훈을 고스란히 일터로 가져가고, 결국 직장에 다니는 내내 '상사는 기쁘게 하지만, 시스템을 고객에게 도움이 되는 쪽으로 개선하는 것에는 실패'하는 생활을 한다. 1993년 데밍 박사가 세상을 떠난 뒤에도 나는 그가 말하는 '지배적인 관리 시스템'을 구성하는 요소가 무엇인가를 계속해서 고민하고, 동료와도 많은 의견을 교환했다. 그리고 결국 여덟 가지 요소를 밝혀냈다.[1]

- 평가 중심 관리
  - 단기적인 평가기준에 집중한다.
  - 측정이 불가능하면 가치를 낮게 평가한다.
  ("중요한 것 가운데 측정 가능한 것은 겨우 3퍼센트에 불과하다." -W. 에드워즈 데밍)

- 순종 강조 문화
  - 상사를 기쁘게 하는 것으로 성공에 이른다.
  - 두려움을 이용하여 관리한다.

- 성과 관리
  - 경영진에서 목표를 정한다.
  - 직원들은 (기존 시스템과 업무 프로세스 안에서 가능한 일인가에 상관없이) 경영진이 정한 목표를 충족시킬 의무를 진다.

- '정답' 대 '오답'
  - 기술적 문제 해결이 강조된다.
  - 그것에서 벗어난 (시스템) 문제는 무시된다.

- 획일성
  - 해결해야 하는 하나의 문제로 다양성을 인식한다.
  - 표면적인 합의를 우선시하고 갈등을 억누른다.

- 예측 가능성과 통제 가능성
  - 관리란 통제하는 것이다.
  - '관리의 성스러운 삼위일체'는 계획, 조직, 통제하는 일일지어니!

- 과도한 경쟁과 불신
  - 원하는 성과를 얻기 원한다면, 사람들 사이의 경쟁은 필수다.
  - 경쟁 없이는 혁신도 없다. ("우리는 경쟁에 속았다." -W. 에드워즈 데밍)

- 전체성의 상실
  - 분열과 파편화
  - 조직 일부의 혁신이 전체로 확산되지 못한다.

오늘날 대부분의 관리자는 아마도 '품질관리혁신'을 현대의 문제와는 거리가 있는 과거의 이야기, 구닥다리 개념쯤으로 생각할 것이다. 그렇다면 우리는 이미 데밍이 주장한 변화를 달성했거나, 아니면 아예 포기했기 때문에 그러한 생각을 하는 걸까? 내가 보기에는 그렇지 않다. 앞서 제시한 여덟 가지 문제점은 지금도 유효하다. 이러한 병폐는 여전히 존재하며 오늘날 대부분의 조직이 여기에서 자유롭지 못한 실정이다. 잘못된 신념과 행동방식의 뿌리가 워낙 깊고 단단해서 바꾸는 데는 몇 년이 아니라, 여러 세대가 흘러야 하지 않을까 싶다. 이러하니 현실적인 사람이라면 누구나 '이러한 관리 시스템이 과연 대규모로 바뀌긴 바뀔까?' 하는 의문을 품을 것이다. 미래의 열쇠는 항상 현재에 있는 법이니, 답을 찾기 위해 먼저 현재를 꼼꼼히 살펴볼 필요가 있겠다.

상반된 흐름이 공존하는 시대

초판이 나오고 15년이 흐르는 동안 많은 것이 변했다. 경제는 전례 없이 세계화되었고 결과적으로 기업도 세계화되었다. 세계를 무대로 경쟁하는 기업이 느끼는 비용절감과 성과에 대한 압박은 가혹하다 싶을 정도다. 압박이 심하다 보니 가뜩이나 모자라던 생각하고 성찰하는 시간 역시 더욱 줄어들고, 인재 개발에 투자할 자원도 크게 모자라는 실정이다. 그러나 변화를 따라가고자 마냥 속도를 높이는 것만이 능사가 아니다. 다른 관점에서 돌아보고 생각할 거리가 많기 때문이다. 기업의 세계화와 산업 발전 덕분에 많은 이의 물질적 생활수준이 높아지고 있지만, 동시에 사회와 환경의 지속가능성 위기를 포함한 다양한 부작용이 야기되는 것도 사실이다. 금융자본 앞에서 사회자본과 자연자본이 뒷전으로 밀리고 희생되는 경우도 너무나 많다. 많은 나라에서 '가진 자'와 '갖지 못한 자' 사이의 빈부격차가 나날이 커지고 있다. 환경문제는 산업 발전이 있는 곳이면 어김없이 나타나는 현상인데, 이제 이러한 문제가 특정지역 규모를 넘어 지구온난화, 기후불안정 같은 지구 전체에 걸친 광범위한 문제와 결부되고 있다. 지구 곳곳으로 확산되는 산업화 역시 반기는 사람이 있는가 하면, 반감을 갖는 세력도 만만치 않다. 반기는 이들은 의기양양하게 산업화의 장점을 떠들어대지만, 산업화로 전통 생활방식을 빼앗긴 이들의 반응은 사뭇 다르다. 그들은 때로는 폭력적으로 때로는 비폭력적으로 산업화 확산에 저항하고 있으며, 기업도 달라진 환경을 간파하고 대책 마련에 부심하고 있다.

동시에 기술의 발전으로 긴밀히 연결된 세상 덕분에 과거 어느 때보다 서로를 이해하기 좋은 환경이 조성되었다. 현대만큼 문화 간의 만남이 빈번했던 시대는 일찍이 없었다. 이와 같은 만남이 충돌이 아니라 서로를 이해하고 배우는 수단으로 기능한다는 점도 현대사회의 중요한 특징이다. 덕분에 '시민들 사이의 발전적인 대화' 가능성이 열려 있기에 그만큼 미래에 대한 희망이 큰 시대이기도 하다. 실제로 세계 각지의 젊은이들은 과거에는 없었던 긴밀한 관계망을 만들어내고 있다. 근대 세계관의 토대가 되었던 최첨단 서구과학이 신기하게도 원주민 문화, 토착 문화에나 익숙한 '끊임없는 소통과 상호의존을 특징으로 하는 세계'를 만들어내고 있다. 우주학자 브라이언 스윔Brian Swimme의 표현을 빌자면, 인간이 '우주에서 의미 있는 공간'을 차지하고 있음을 다시 한 번 보여줄 세계 말이다. 또한 뒤에서 다루겠지만, 15년 전에는 소수 선구자에게만 국한되었던 조직학습 관행이 깊이 뿌리를 내리며 보다 널리 퍼졌다는 점도 달라진 부분이다.

요컨대 지금은 극적이다 싶을 만큼 상충하는 요소와 힘이 병존하는 시기다. 상황은 한편으로는 개선되면서 다른 한편으로는 악화되고 있다. 바츨라프 하벨Vaclav Havel 전 체코 대통령이 1990년대 중반 미국 의회에서 말한 내용을 보면, 이처럼 위험과 가능성이 공존하는 시대를 적절하게 표현했다는 생각이 든다.

> 여러 가지 정황이 현재 우리가 전환기를 살고 있음을 보여줍니다. 무언가가 사라지는 동시에 다른 무언가가 탄생하는 시기지요. 어떤 것이 무너지고 쇠퇴하고 지쳐 나가떨어지는 한편으로, 아직 형태가 분명하지는 않지만 다른 어떤 것이 무너진 잔해 속에서 탄생하는 그러한 형국입니다.

하벨이 말한 새롭게 탄생하고 있는 '무언가'의 형태와 그것을 위해 필요한 여러 관리 및 리더십 기술 등은 지금도 그가 연설을 하던 10년 전과 마찬가지로 흐릿한 상태다.

이처럼 상충하는 힘은 조직 내에서도 작용하여 학습능력에 대한 필요성과 가능성이 전례 없이 커진 반면, 학습능력 개발에 장애가 되는 도전 또한 만만치 않은 상황이 조성되고 있다. 한편으로 변화하는 현실에 부단히 적응할 능력을 갖춘 기업을 만들기 위해서는 당연히 새로운 사고와 운영방식이 필요하다. 여러 면에서 오늘날 조직학습이 직면한 대표적인 과제라 생각되는 '지속가능성'이라는 이슈 역시 마찬가지다. 게다가 조직은 점점 네트워크화되고 있으며, 이로 인해 전통적인 관리계층이 약화되고, 부단히 학습하고 혁신하고 적응하는 새로운 능력을 갖출 잠재적 가능성이 열리고 있다. 하지만 다른 한편으로, 기존 관리 시스템이 제대로 기능하지 못하기 때문에 많은 조직이 끊임없는 기능장애 해결에 매달리느라 혁신할 시간이나 에너지가 부족한 상태로 내몰리고 있다. 이처럼 혼란스러운 상황은 가치 중심 경영 문화의 토대를 약화시키고, 이를 틈타 개인의 권력과 부를 좇는 기회주의 풍조가 생기고 있다.

현장의 목소리

개정판을 내자는 출판사의 제안을 받고 처음에는 어찌 해야 좋을지 모를 복잡한 심정이었으나, 이내 기대와 흥분으로 마음이 들떴다. 초판이 나온 뒤로 15년 동안 재능 있는 수많은 조직학습 실천가와 알게 된 것은 내게 크나큰 기쁨이었다. 경영자, 학교 교장, 지역사회 조직가, 경찰서장, 사업가, 사회적 기업가, 군 지휘관, 교사 등 직업도 지위도 각양각색인데다, 이 책을 읽기는커녕 들은 적이 없음에도 내가 말한 다섯 가지 규율을 연구하고 활용할 무수히 많은 창의적 실천 방법을 찾아낸 사람들이다. 이들 중에서 아리 드 호이스Arie de Geus나 최근 세상을 떠난 빌 오브라이언Bill O'Brien 같은 몇몇에 대해서는 초판에서도 중요하게 다루었다. 책이 나온 이후 조직학습협회Society for Organizational Learning, SoL가 성장을 거듭해 세계 각지로 뻗어나간 덕분에 나는 수백 명이나 되는 실천가를 만날 수 있었다. 그들은 각자의 방식대로 두려움보다는 사랑, '정답'에 대한 강요보다는 호기심, 통제보다는 학습에 중점을 두는 차별화된 관리 시스템을 만들어냈다. 이번 개정판을 구실로 그들과 대화를 나누게 되었으니 어찌 흥분되지 않았겠는가?

그들과의 인터뷰 및 대화를 통해 기존 내용의 많은 부분을 수정했고, 4부 '실천에서 나오는 성찰Reflections from Practice'을 새롭게 구성하게 되었다. 인터뷰와 대화 덕분에 탁월한 실천가가 어떻게 변화를 이끌고, 변화 흐름을 방해하는 난관에 창조적으로 대처하는지에 대해서 새로운 깨달음을 얻은 까닭이다. 이들은 기업 분야에서의 성공은 물론이고, 15년 전에는 감히 상상조차 못했던 영역에서 조직학습 원리와 방법론을 적용할 수 있다는 다양한 가능성을 보여주었다. 환경 친화적인 기업과 산업을 발전시키는 것부터 조직폭력 같은 사회문제를 해결하고, 학교제도를 개혁하고, 경제발전을 촉진하고, 식량 생산방식을 개선하고, 빈곤을 퇴치하는 활동까지 실로 다양한 영역에서 조직학습 원리와 방법론이 시도되었다. 이처럼 다양한 상황에서 개방적인 태도, 성찰, 심층적 대화, 개인의 숙련, 공유 비전은 특유의 방법으로 변화에 활력을 불어넣고 있었다. 또한 항상 시스템 중심으로 접근하여 문제의 원인을 이해하는 것이 결정적인 역할을 했다.

이들과의 인터뷰를 통해서, 명확하게 드러나지는 않았지만 이 책의 초판을 관통하던 핵심 아이디어도 한층 분명해졌다.

- 현재 지배적인 관리 시스템보다 훨씬 만족감과 생산성이 높은 공동작업 방식이 있다. 어느 회사의 고위 간부는 처음으로 시도했던 실험적 학습을 떠올리면서 다음과 같이 평했다. "조직 구조를 다시 생각해보기 위해서 사람들에게 서로 이야기를 나누게 한 게 전부였습니다. 그런데 그것이 지금까지 직장생활에서 경험한 가장 즐거운 일이었지요. 15년이 지난 지금도 그 자리에서 나온 아이디어로 우리 회사는 경쟁력을 유지하고 있습니다."

- 우리가 일하고 생각하고 상호작용하는 방식 덕분에 조직이 지금처럼 돌아가고 있는 것이다. 그러므로 조직뿐만 아니라 우리 자신에게도 변화가 필요하다. "사람들이 학습조직을 만드는 주인공이 바로 자신이라는 사실을 깨닫는 때가 결정적인 순간이지요." 기업 조직학습 프로젝트를 20년째 진행하는 베테랑이 하는 말이다. "개인적 숙련이 핵심입니다. 변화 요소 중에서 개인적 숙련이라는 요소를 제대로 이해하면 나머지도 모두 분명해집니다."

- 학습조직 구축에서는 궁극적인 목적지나 최종 상태가 없으며, 평생 지속되는 과정이 있을 뿐이다. "엄청난 인내심을 요구하는 일이지요." 국제적으로 활동하는 NGO(비정부기구) 대표가 하는 말이다. "그러나 나는 참여한 사람들이 진정으로 성장했기 때문에 우리가 달성한 성

과가 더욱 오래 지속된다고 믿습니다. 또한 그러한 과정을 통해서 사람들은 계속되는 여정에 대비하게 되었지요. 학습하고, 성장하고, 시스템과 더욱 긴밀하게 얽힌 문제를 해결한다고 해서 상황이 쉬워지는 것은 아닙니다. 알면 알수록 더욱 많은 과제가 눈에 들어오기 때문에 끝이 없는 과정으로 생각해야 하지요."

나는 현재 지배적으로 사용되는 관리 시스템은 결국 '죽어라 일해서 그저 그런 성과를 올리는 시스템'이라고 본다. 이러한 관리 시스템은 사람들이 최상의 상태에서 협업하는 경우에 발휘되는 높은 사기와 집단지성collective intelligence을 활용하지 못하기 때문에, 이와 같은 약점을 보완하기 위해 한층 강도 높게 일하라고 강요한다. 데밍은 이미 오래전에 이 문제를 분명하게 인식했다. 조직학습에 매진하는 리더 중에서도 데밍과 같은 통찰에 도달한 이들이 점점 많아지고 있다. 그렇기 때문에 그들은 과거 어느 시대보다 난관이 많지만 가능성 또한 열려 있는 현대사회에서 스스로 번창하고 사회 발전에도 기여할 능력을 갖춘, 부단히 성장하는 조직 만들기에 헌신하는 것이다.

THE FIFTH
DISCIPLINE

1

HOW OUR ACTIONS CREATE
OUR REALITY . . .

현실을 창조하고 바꾸기도 하는 행동

AND HOW WE CAN CHANGE IT

01 "충분히 긴 지렛대를 달라. 그러면 나 혼자서 지구도 움직일 수 있으니."

아주 어려서부터 우리는 어떤 문제든지 분해하고 나누어서 생각하라고 배운다. 이러한 방법은 분명 복잡한 과제와 주제를 다루기 쉽게 해주지만, 그로 인해 우리는 눈에 보이지 않는 엄청난 대가를 치른다. 자신의 행동이 초래한 결과를 보지 못하고 전체와의 연관성을 감지하는 타고난 감각을 상실하는 것이다. 그리고 전체, 즉 '큰 그림'을 보려고 하면, 조각난 파편을 머릿속에서 재조립해야 한다. 그러나 물리학자 데이비드 봄David Bohm의 지적처럼 그러한 노력은 소용이 없다. 거울에 비친 진정한 모습을 보겠다면서 깨진 거울의 파편을 맞추는 행위와 다를 바 없기 때문이다. 노력해도 되지 않으니 머지않아 우리는 전체를 보려는 노력 자체를 포기하게 된다.

이 책에서 제시하는 여러 도구와 아이디어는 세계가 서로 분리된 무관한 힘들로 이루어진다는 환상을 깨기 위한 것이다. 이러한 환상을 버려야 진정한 '학습조직' 구축이 가능하기 때문이다. 이것은 구성원이 진실로 원하는 결과를 만들어내는 능력을 끊임없이 키워가는 조직, 새롭고 진취적인 사고방식을 장려하고 가르치는 조직, 모두의 염원이 억압되지 않고 자유롭게 표출되는 조직, 구성원이 함께 배우는 방법을 끊임없이 학습하는 조직이다.

세계가 긴밀하게 연결되고, 비즈니스가 역동적으로 복잡해질수록 업무는 학습과 더불어 이루어져야 한다. 포드Ford, 슬론Sloan, 왓슨Watson, 게이츠Gates와 같이 학습하는 구성원 한 명이 있는 것으로 충분한 시대는 지나갔다. 조직 상부에서 상황을 파악하여 전략을 세우고, 나머지 사람들은 '위대한 전략가'의 명령에 따르기만 해서는 곤란하다. 미래에 진정한 경쟁우위를 갖고 앞서나갈 조직은 상하 구분 없이 모든 구성원의 학습능력을 활용하고 헌신을 끌어낼 방법을 찾아내는 조직이다.

학습조직을 구축하는 것은 결코 불가능한 일이 아니다. 본래 우리는 모두 학습자learner이기 때문이다. 유아에게는 학습방법을 따로 가르칠 필요가 없다. 사실 학습방법뿐만 아니라 그 어느 것도 가르칠 필요가 없다. 아기들은 본능적으로 호기심이 많고 부지런히 배우는 훌륭한 학습자다. 그들은 걷기와 말하기는 물론, 집안 분위기를 자신의 마음대로 좌지우지하는 방법까지 금세 터득한다. 학습조직 구축이 가능한 이유는 그것이 인간의 타고난 본성일 뿐만 아니라, 인간은 배우는 것을 좋아하기 때문이다. 누구나 한 번쯤은 훌륭한 팀의 일원이었던 적이 있으리라. 서로 신뢰하며, 모두의 장점을 한층 돋보이게 하고 단점은 보완해주고, 개인의 목표보다 큰 공동의 목표를 추구하고, 결과적으로 보기 드문 훌륭한 성과를 올리는 집단에서 활동한 경험이 누구에게나 한 번쯤은 있으리라. 나는 스포츠, 공연예술, 비즈니스 등 다양한 분야에서 이렇듯 완벽한 팀워크를 경험해본 사람들을 많이 만났다. 그들 가운데 다수가 그러한 경험을 다시 맛볼 수만 있다면 그 무엇도 아깝지 않다고 했다. 그들이 경험했던 것이 바로 '학습조직'이었다. 훌륭한 팀워크를 발휘하던 팀이 처음부터 그랬던 것은 아니다. 탁월한 성과를 올리는 방법을 학습한 결과이다.

최근의 상황을 보면 세계의 모든 기업이 함께 학습하는 법을 배우고 있으며, 결과적으로 학습공동체가 되어간다고 말해도 과언이 아니리라.

1. "충분히 긴 지렛대를 달라. 그러면 나 혼자서 지구도 움직일 수 있으니."

과거에는 IBM, 코닥Kodak, 제록스Xerox처럼 독보적인 하나의 기업이 특정 산업 분야를 지배했지만, 지금은 산업마다 수십 곳에 달하는 탁월한 기업이 존재하고 이러한 현상은 특히 제조업에서 두드러진다. 미국, 유럽, 일본 회사가 중국, 말레이시아, 브라질의 혁신 기업을 통해 배우고, 다시 이들은 한국, 인도의 회사를 통해 배운다. 이탈리아, 오스트레일리아, 싱가포르 등지의 기업에서 비약적인 발전이 일어나면, 금세 그 영향이 전 세계로 퍼진다.

산업사회 발전의 일부라고 할 수 있는 학습조직을 향한 또 다른 움직임, 어떤 의미에서 더욱 심층적인 움직임도 포착된다. 대다수가 물질적 풍요를 누리게 되면서 일을 대하는 사람들의 태도도 변하고 있는 것이다. 과거에는 사람들이 '다른 목적을 달성하기 위한 수단'으로서 일을 선택했다. 대니얼 옌켈로비치Daniel Yankelovich는 이와 같은 관점을 일에 대한 '도구적 관점'이라고 불렀다. 그러나 현대에 이르러서는 일에 내재한 '본질적 효용'을 추구하는 보다 '성스러운 관점'으로 이동하고 있다.[1] "우리 할아버지 세대가 엿새씩 일해야 벌 수 있었던 돈을 요즘 사람들은 이틀만 일하면 벌 수 있습니다." 하노버 보험사Hanover Insurance의 전 CEO 빌 오브라이언의 말이다. "의식주를 넘어선 고차원적인 욕구에 맞는 조직을 구축할 때까지 불안과 소란은 지속될 것입니다."

더구나 이러한 가치를 공유하는 많은 이가 현재 리더십을 발휘하는 위치에 있다. 아직은 소수지만, 하나의 사회 제도로서 일의 본질에서 일어나는 심오한 변화를 감지하고 자신 역시 일정한 역할을 하고 있다고 느끼는 리더가 증가하고 있다. 허먼 밀러Herman Miller의 회장이었던 에드워드 사이먼Edward Simon은 "왜 직장에서는 좋은 일을 할 수 없는가?"라고 반문했는데, 이와 같은 정서를 표출하는 발언을 요즘은 여기저기에서 자주 듣게 된다. 코피 아난Kofi Annan UN 사무총장이 제창하여 발족된 유엔 산하 '글로벌 콤팩트Global Compact'도 그러한 변화의 연장선상에 있다. '글로벌 콤팩트'를 통해 코피 아난은 세계 각국의 기업이 노동권 기준 및 사회와 환경에 대한 책임 기준을 끌어올릴 학습공동체 구축에 참여하도록 했다.

학습조직을 만드는 가장 중요한 이유는 마침내 우리가 그러한 조직이 지니는 다양한 능력을 깨닫기 시작했기 때문이리라. 학습조직 구축을 위한 노력은 오랫동안 앞이 보이지 않는 어둠 속을 힘들게 더듬어 나가는 모양새였다. 하지만 이제는 그것에 필요한 기술, 지식, 방법이 알려졌기에 상황이 많이 달라졌다. 학습조직과 전통적인 권위주의 '통제조직'을 근본적으로 구분하는 것은 특정한 기본 규율을 준수하느냐의 여부에 달려 있다. 학습조직이 따라야 하는 학문 분야, 즉 5가지 규율이 중요한 이유가 여기에 있다.

학습조직이 따라야 하는 5가지 규율

1903년 제법 쌀쌀한 12월의 어느 날, 청명한 아침이었다. 노스캐롤라이나 주 키티호크 마을에서 윌버 라이트Wilbur Wright와 오빌 라이트Orville Wright 형제가 만든 비행기는 허술해 보이는 외양과 달리 동력비행이 가능하다는 사실을 입증했다. 그렇게 해서 비행기가 발명되었다. 그러나 민간 항공기가 개발되어 일반대중이 이용하기까지는 그 후로도 30년 이상의 세월이 흘러야 했다.

공학자들은 실험실에서 입증되고 나면 새로운 아이디어를 '발명했다invent'고 말한다. 그러나 현실적인 비용으로 의미 있는 규모를 확실하게 반복할 수 있어야 그 아이디어는 비로소 '혁신innovation'이라고 부를 수 있다. 해당 아이디어가 전화, 컴퓨터, 민간 항공기처럼 충분히 중요하고 파급력이 있는 경우, 기존에 없던 새로운 산업이 탄생하기도 하고 기존 산업의 판도를 완전히 바꿔 놓기도 한다. 이러한 관점에서 말하자면 학습조직은 '발명'은 되었으나 아직 '혁신'이 되지는 못했다고 보아야 하리라.

1. "충분히 긴 지렛대를 달라. 그러면 나 혼자서 지구도 움직일 수 있으니."

공학 분야에서는 하나의 아이디어가 발명 단계에서 혁신 단계로 옮아가는 과정에서 다양한 '요소기술'이 결합된다. 별개의 연구 분야에서 독자적으로 발전된 다양한 요소가 점차 서로의 성공에 결정적인 '기술 조합'을 이루는 것이다. 이러한 단계에 이르기 전까지 아이디어는 실험실에서는 성공했을지 모르지만, 현실에서는 가능성을 입증하지 못한 셈이다.[2]

라이트 형제가 동력비행이 가능하다는 사실을 입증하기는 했으나, 상업적인 항공여행 시대의 막을 올린 것은 1935년에 나온 맥도넬 더글러스 McDonnel Douglas 사의 항공기 DC-3였다. DC-3는 공기역학적으로는 물론이고 경제적으로도 문제가 없었던 최초의 비행기였다. 라이트 형제의 동력비행 성공으로부터 DC-3가 나오기까지 30여 년 동안(기본적인 혁신이 구체화되기까지 걸리는 일반적인 기간) 무수히 많은 상업비행 실험이 있었지만 모두 실패로 끝이 났다. 초기 학습조직 실험과 마찬가지로 초기 비행기들은 믿을 만하지도 않았고, 비용 대비 효과가 크지도 않았다.

성공적인 상업비행에 필요한 다섯 가지 핵심 요소기술을 처음으로 결합한 결과물이 DC-3였다. 가변 피치 프로펠러, 접개식 착륙장치, '모노코크monocoque'라 불리는 가벼운 기체 건조建造 기술, 공랭식空冷式 성형星形 엔진, 보조날개가 바로 그것이다. DC-3가 상업용 비행기로 성공하기 위해서는 다섯 가지 모두가 필요했다. 이 가운데 한 가지만 없어도 안 되는 일이었다. 불과 1년 전에 보잉Boeing 사는 보조날개를 제외한 나머지 요소를 모두 갖춘 보잉-247을 선보였다. 그러나 보잉의 기술자들은 보조날개가 없으면 이착륙 시에 기체가 불안정하다는 사실을 발견하고 엔진 크기를 줄여야 했다.

오늘날 학습조직 혁신에 필요한 다섯 가지 규율이 서서히 통합되고 있지 않나 싶다. 다른 사례에서처럼 이들 각각은 독자적으로 발전되었지만, 서로의 성공에 결정적인 역할을 한다는 점이 차차 입증되리라고 본다. 각각의 규율은 진정으로 '학습'하고 자신들이 바라는 최고의 가치를 실현할 능력을 지속적으로 키워가는 조직 구축에 반드시 필요하기 때문이다.

시스템 사고Systems Thinking

하늘에 구름이 잔뜩 끼어 날이 흐리고 나뭇잎이 위로 말려 올라가면 우리는 곧 비가 오리라는 것을 안다. 또한 폭풍우가 지나가면 땅 속 깊은 곳에 지하수가 보충되고 내일쯤은 하늘이 다시 청명해지리라는 것도 충분히 알 수 있다. 각각의 사건은 시간과 공간 면에서 서로 떨어져 있지만 모두가 동일한 현상 안에서 연결되어 있다. 각각이 나머지에 영향을 미치는데, 보통은 눈에 보이지 않는 영향이다. 현상의 개별 부분이 아니라 전체를 보고 생각해야만 폭풍우라는 시스템을 이해할 수 있다.

기업 활동을 포함한 여러 인간 활동 역시 시스템이다. 마찬가지로 눈에 보이지 않지만 직물의 씨실과 날실처럼 서로 긴밀하게 연결되어 있다. 그러나 우리 자신이 직물의 일부이기 때문에 전체적인 변화를 보기가 한층 어려워진다. 오히려 시스템의 개별 부분이 보여주는 단면에만 집중하느라 근본 문제의 해결책을 찾지 못해 당황하기 일쑤다. 시스템 사고는 하나의 개념적 틀로서 50년 넘게 발전해온 일련의 지식과 도구를 이용해 부분이 아닌 전체 유형을 명확하게 보고 효과적으로 바꿀 방법을 찾도록 도와준다.

구체적인 수단이나 도구는 새로운 것이지만 기저에 깔린 세계관은 지극히 직관적이어서 이해하기 쉽다. 때문에 어린아이를 대상으로 실험해보면, 시스템 사고를 아주 쉽고 빠르게 익히는 것을 볼 수 있다.

개인적 숙련personal mastery

영어로 'mastery'라고 하면 사람이나 사물에 대한 지배력을 얻는다는 의미지만, 동시에 특별한 수준의 숙련도를 의미한다. 장인이 도예나 직조를 '지배'하지는 않는다. 개인적 숙련이 높은 수준에 도달한 사람은

1. "충분히 긴 지렛대를 달라. 그러면 나 혼자서 지구도 움직일 수 있으니."

항상 자신에게 가장 중요한 결과를 달성하는 능력을 갖추게 된다. 실제로 그들은 예술가가 예술작품을 대하는 태도로 자신의 삶을 대하며, 그러한 과정에서 평생학습에 전념한다.

개인적 숙련은 끊임없이 개인 비전을 명확히 하고 심화하며, 이를 달성하기 위해 에너지를 집약시키고 인내심을 기르고 현실을 객관적으로 보는 규율이다. 그러한 의미에서 개인적 숙련은 학습조직의 주춧돌, 즉 정신적 토대이다. 조직의 학습에 대한 헌신과 학습능력이 구성원들의 그것보다 클 수는 없다. 이러한 규율의 근원은 세속적인 전통은 물론 동양과 서양의 영적 전통에서도 찾아볼 수 있다.

그러나 의외로 학습을 통해 구성원의 성장을 독려하는 조직은 거의 없다. 결과적으로 엄청난 양의 인적 자원이 개발되지 않은 채로 남게 된다. 하노버 보험사의 전 CEO 오브라이언은 이러한 세태를 다음과 같은 말로 꼬집는다. "훌륭한 교육을 받은 똑똑한 젊은이들은 활기차고 무언가 해보려는 의욕이 넘치는 상태로 회사에 들어간다. 세월이 흘러 서른 살쯤 되면 어떤 모습이 되어 있을까? 소수는 열심히 일하면서 출세가도를 달리지만, 나머지는 자신이 가치를 느끼는 일을 할 수 있는 주말 계획에 '시간을 쏟는다.' 입사 초기에 가지고 있던 헌신적인 태도, 사명감, 흥분 따위는 잊은 지 오래다. 그때의 활기는 흔적도 없고 사기도 바닥이다."

또한 개인적 숙련을 위해 노력하는 어른은 놀랄 만큼 소수에 불과하다. 인생에서 원하는 것이 무엇이냐고 물으면, 대부분 '없애버리고 싶은 것'에서 이야기를 시작하는 모습을 자주 본다. "시어머니가 저희 집에서 나갔으면 좋겠어요."라든가 "허리 통증이 사라졌으면 좋겠어요."라고 말하는 식이다. 개인적 숙련이라는 분야는 자신이 바라는 삶을 영위하려면 정말로 중요한 것이 무엇인가를 명확히 하는 데서 시작된다.

이 책에서는 다른 것보다 개인학습과 조직학습의 연관성, 개인과 조직 간의 상호헌신, 학습자로 구성된 기업의 차별화된 태도 등에 관심을 갖고 중점적으로 다루고자 한다.

정신모델Mental Models

정신모델이란 세상을 이해하고 행동하는 방식에 영향을 미치는 우리 안에 깊이 각인된 가정, 일반화, 심상이나 이미지 등을 말한다. 그러나 정작 우리는 정신모델과 그것이 자신의 행동에 미치는 영향을 의식하지 못하는 경우가 많다. 예를 들어 좋은 옷으로 세련되게 차려입은 동료를 보고 속으로 '컨트리클럽 회원 같네'라고 감탄하고, 허름하게 입은 사람을 보고는 '남들 시선은 전혀 신경을 안 쓰나 봐'라며 은연중에 얕잡아보는 경우가 대표적이다. 다양한 경영 환경에서 어떤 것이 가능하고 불가능한지에 대한 정신모델 역시 워낙 깊이 각인되어 고치기가 쉽지 않다. 새로운 시장을 찾아내거나 시대착오적인 조직관행을 간파하고도, 완고하게 버티고 있는 정신모델이라는 벽에 부딪혀 아무런 소득을 얻지 못하는 경우도 많다.

1970년대 초반 로열 더치/셸Royal Duch/Shell은 암묵적인 정신모델의 영향력이 얼마나 강력하며 조직 구석구석까지 퍼져 있는지를 이해하고, 적극적으로 대처하여 성공한 최초의 대기업 중의 하나다. 1970년대와 1980년대는 석유수출국기구OPEC 결성, 2차에 걸친 석유파동, 소련 붕괴 등 세계 석유산업에 유례없는 급격한 변화가 일어난 시기다. 세계 7대 정유회사 가운데 가장 약체로 꼽히던 셸은 이러한 어려운 시기에 발전을 거듭하여 엑손과 어깨를 견주는 최강자로 발돋움했다. 경영자들의 암묵적인 정신모델을 드러내고 그것에 도전하는 법을 터득한 셸은 변화에 대비하는 훈련의 일환으로 이러한 과정을 진행했다. 1980년대에 셸에서 전략기획본부를 이끌었던 아리 드 호이스는 변화하는 기업환경에서 적응능력을 잃지 않고 성장을 계속하기 위해서는 '조직학습'이 필수라면서 다음과 같이 주장했다. "조직학습이란 경영진이 회사, 시장, 경쟁자에 대해 직원들이 공유하는 정신모델을 바꾸는 과정이다.

1. "충분히 긴 지렛대를 달라. 그러면 나 혼자서 지구도 움직일 수 있으니."

때문에 우리는 기획이 곧 학습이고 회사 차원의 기획이 곧 조직학습이라고 본다."[3]

정신모델을 다루는 학습은 거울을 내부로 돌리는 데서 시작된다. 우리가 마음속에 가지고 있는 세상에 대한 이미지를 찾아내고 표면으로 드러내서 철저하게 분석하는 법을 배우는 것이다. 질의inquiry와 주장advocate이 균형을 이루는 다분히 '학습적'인 대화를 수행하는 능력도 포함된다. 그러한 대화에서 사람들은 자신의 생각을 효과적으로 드러내는 동시에 다른 사람의 견해에도 개방적인 태도를 취한다.

공유 비전 구축Building Shared Vision

수천 년 동안 조직에 영향을 미친 리더십 이론 하나를 제시하라면, 구성원이 미래상을 공유하게끔 만드는 능력이 바로 리더십이라는 주장이 아닐까 싶다. 어떤 조직이 조직 전체가 깊이 공유하는 목표, 가치, 사명감 없이 모든 면에서 남다른 경쟁우위를 유지할 수 있을까? 아무래도 힘든 일이 아닐까 싶다. IBM에는 '서비스'가, 폴라로이드Polaroid에는 즉석사진이, 포드자동차에는 대중을 생각하는 교통수단이, 애플에게는 '비주류를 위한 컴퓨터'가 있었다.[4] 내용과 업종은 근본적으로 다르지만 이들은 모두 공동의 정체성과 유대감으로 구성원을 결속시켰다.

진정한 비전이 있으면 사람들은 누가 시켜서가 아니라 자신이 원하기 때문에 다른 사람을 능가하는 뛰어난 능력을 발휘하고 부지런히 학습한다.(여기에서 말하는 진정한 비전이란 요즘 너도나도 들고 나오는 판에 박힌 '비전 선언문'과는 많이 다르다) 그러나 조직 전체에 활기를 불어넣는 공유 비전으로 전환되지 못하는 지극히 개인적인 비전을 가지고 조직을 이끄는 리더가 적지 않다. 기업의 공유 비전이 리더 개인의 카리스마 위주로 운영되거나 모두를 긴장하게 하는 일시적 위기를 중심으로 형성되는 경우가 너무나 많은 것이다. 그러나 선택이 가능하다면 대부분의 사람들은 위기 상황에서뿐만 아니라 평상시에도 가치 있다고 느껴지는 목표를 추구하는 쪽을 택하리라. 그동안 우리에게는 개인 비전을 공유 비전으로 전환시키는 학습방법이 부족했다. 단순한 '해설서'가 아니라 일련의 원칙과 실행지침으로 변화시키는 구체적이고 체계적인 지침이 필요하다. 공유 비전 규율에서 학습하는 내용에는 순종이 아니라 진정한 헌신과 참여를 끌어낼 공동의 '미래상'을 찾아내는 기술도 포함된다. 공유 비전 규율을 마스터하는 과정을 통해, 리더는 아무리 순수한 의도에서 나온 것이라도 비전을 일방적으로 지시하고 강요하는 행동은 역효과를 낳는다는 사실을 터득하게 될 것이다.

팀 학습Team Learning

개인 IQ가 120 이상인 헌신적인 관리자들이 모인 집단의 IQ가 어째서 63밖에 되지 않을까? 팀 학습 규율은 이러한 역설에 정면으로 맞선다. 팀 차원의 학습이 가능하다는 것은 누구나 아는 사실이다. 스포츠, 공연예술, 과학, 심지어 기업에서 팀 전체의 지능이 팀에 속한 개인의 지능을 넘어서고, 그러한 상황에서 팀이 비범한 협업 능력을 키운 인상적인 사례가 적지 않다. 진정으로 학습에 매진하는 팀은 팀 차원에서 남다른 성과를 올리는 것은 물론이고, 개별 구성원도 팀에 속하지 않았을 때보다 훨씬 빠르게 성장한다.

팀 학습은 '다이얼로그dialogue'에서 시작된다. 여기에서 말하는 '다이얼로그'는 구성원들이 각자 품고 있는 가정을 유보하고 진심으로 '함께 생각하는 단계'로 넘어가는 능력이다. 'dialogue'라는 영어 단어는 'dia-logos'라는 그리스어에서 유래했다. 그리스인에게 'dia-logos'는 집단 내에서 구성원들 사이를 자유롭게 흐른다는 의미를 뜻하며, 그로 인해 집단은 개별적으로는 얻기 힘든 통찰을 얻게 된다. 그런데 '다이얼로그' 관행은 아메리카 원주민을 비롯해 여러 '원시' 문화에는 남아 있지만, 신기하게도 현대 사회에서는 완전히 사라지다시피 했다. 다행히 오늘날에 이르러 다이얼로그 원칙과 관행이 현대적 의미에서 재조명되고 있다.(다이얼로그는 그보다 흔한 형태인 '토론[discussion]'과는 다르다. 토론은 '충격[percussion]', '진동[concussion]' 등과 같은 어원에서 나온 말로 승자와 패자가 있는 '게임'에서 다양한 생각이 오가는 상태다)

다이얼로그 훈련에는 학습 토대를 위태롭게 하는 팀 내 상호작용의 유형을 파악하는 학습도 포함된다. 팀의 작업 방식에 방어적 태도가 깊이 배어 있는 경우가 많은데, 이를 인지하지 못하면 학습 토대가 위태로워진다. 반면에 이를 인지하고 건설적인 방향으로 표면화시키면 학습에 가속도가 붙을 수도 있다.

현대 조직에서는 개인이 아니라 팀이 기본 학습 단위이기 때문에 팀 학습이 무엇보다 중요하다. 학습능력이 진정한 시험대에 오르는 장이 바로 팀이다. 팀이 학습하지 못하면 조직도 학습하지 못한다.

만약 학습조직이 비행기, 개인 컴퓨터 같은 공학 분야의 혁신이라면, 구성요소들은 '기술technologies'이라고 불릴 것이다. 그러나 인간의 행동에 대한 혁신을 말하는 경우, 구성요소 역시 그에 걸맞은 규율disciplines로 보아야 한다. 영어단어 'discipline'에는 '강요된 질서'나 '징벌 수단'이라는 의미가 있으나 이 책에서 내가 말하는 의미와는 거리가 있다. 여기에서 'discipline'은 '실천에 옮기기 위해서 반드시 배우고 숙달해야 하는 일련의 이론과 기법의 집합체'를 말한다. '학습하다'라는 의미의 라틴어 'disciplina'에서 나왔으며, 특정 기술이나 기능을 얻기 위한 성장 과정이라고 볼 수도 있다. 피아노 연주부터 전기공학까지 어떤 학습 분야에서든 타고난 재능을 가진 소수가 있게 마련이지만, 그것에 속하지 않더라도 누구든 실천을 통해 숙련도를 끌어올릴 수 있다.

어떤 규율을 실천한다 함은 평생 학습자가 된다는 의미다. 결코 종착역이란 없으며 규율을 마스터하는 데 평생을 바치게 된다. 개인이 "나는 깨달은 사람입니다."라고 감히 말할 수 없듯이 "우리는 학습조직입니다."

라는 말도 마찬가지다. 배우면 배울수록 자신의 무지를 절감하게 되기 때문이다. 따라서 그 어떤 회사도 영구적으로 탁월한 경지에 도달했다는 의미의 '탁월한 회사'는 될 수 없다. 회사는 항상 학습 규율을 실천하면서 발전하거나 퇴보하는 상태에 있다.

학문이 조직에 유익하다는 개념이 완전히 새로운 생각은 아니다. 무엇보다 회계 같은 경영 기술은 오래 전부터 있어왔다. 그러나 다섯 가지 학습 규율은 개인적 학문이라는 점에서 익숙한 다른 경영 관련 기술과는 다르다. 여기에서 말하는 학습 규율은 각각이 생각하고 타인과 상호작용하고 더불어 배우는 방식과 관련된다. 이러한 의미에서 다섯 가지 학습 규율은 전통적인 경영 기술보다는 예술 분야에 가깝다. 더구나 회계학이 '수치 기록'에는 유용할지 모르지만, 그동안 우리는 조직을 만들고 혁신능력과 창의성을 높이며, 새로운 학문을 자신의 것으로 소화하여 전략을 짜고 정책과 구조를 설계하는 등의 보다 미묘한 작업은 다루지 않았다. 위대한 조직이 단명으로 사라져버리는 일이 그렇게 잦은 이유는 아마도 이것 때문이리라. 엄청난 스포트라이트 속에서 전성기를 구가하던 조직이 어느 순간 소리 소문 없이 평범한 이류로 전락해버리는 일이 얼마나 많은가!

하나의 학문을 실천하는 일은 훌륭한 모델을 모방하는 것과는 다르다. 새로운 경영혁신을 이른바 '일류기업'의 '모범사례'라는 관점에서 묘사하는 경우가 많다. 그러나 나는 '모범사례' 벤치마킹이 새로운 가능성에 눈을 뜨게 한다는 점에서는 유용하지만, 단편적인 모방과 따라잡기에 급급한 상황을 야기해 득보다는 실이 많을 수 있다고 본다. 다른 회사 임원들을 상대로 회사 안내 투어를 100번도 넘게 진행했다는 도요타 관리자는 이렇게 말했다. "항상 이렇게들 말합니다. '맞아요. 여기도 칸반 시스템이 있군요. 우리도 그렇답니다. 여기도 품질관리 서클이 있네요. 우리도 그렇답니다. 여기 직원들도 표준 업무 명세서를 작성하는군요. 우리도 그렇답니다.' 다들 부분만 보고 그대로 모방합니다. 부분이 모인 전체가 어떻게

1. "충분히 긴 지렛대를 달라. 그러면 나 혼자서 지구도 움직일 수 있으니."

돌아가는지는 보지 않은 채로 말입니다." '위대한 사람'을 모방한다고 해서 개인이 위대해지지는 않듯이, 단순히 다른 조직을 모방해서 위대한 조직이 탄생하지는 않는다.

다섯 가지 요소기술이 모여서 DC-3가 만들어지는 순간 민간 항공운송 산업이 탄생했다. 그러나 DC-3가 종착역은 아니었다. DC-3는 오히려 새로운 산업의 시작이었을 뿐이다. 마찬가지로 학습 기술의 다섯 가지 요소가 모인다고 해서 완결된 형태의 학습조직이 탄생하는 것은 아니다. 오히려 향후 이어질 실험과 발전이라는 새로운 흐름에 물꼬를 텄다고 보는 것이 옳으리라.

규율의 결합체, 시스템 사고

반드시 다섯 가지 규율이 하나의 조합을 이루어 발전해야 한다. 새로운 도구들을 통합하는 일은 각각을 개별적으로 활용하는 것보다 훨씬 힘들기 때문에 당연히 쉽지 않은 일이다. 그러나 그렇게 했을 때의 보상은 그간의 수고를 보상하고도 남으리라 본다.

시스템 사고가 가장 중요한 규율인 이유가 여기에 있다. 시스템 사고는 다른 규율을 통합하고 융해시켜서 긴밀하고 일관성 있는 이론과 실천의 결합체를 만들어낸다. 시스템 사고는 우리가 개별 부분에만 치중하는 우를 범하거나, 최근의 조직변화 붐 같은 일시적 유행에 휩쓸리지 않게 중심을 잡아준다. 시스템에 대한 지향이 없다면, 애초에 개별 규율이 어떻게 연결되고 관계를 맺는지에 관심을 가질 동기유발이 되지 않는다. 시스템 사고는 다른 규율 하나하나를 더욱 강화함으로써, '전체는 부분의 합을 넘어선다'는 진리를 끊임없이 일깨운다.

시스템 사고가 결여된 비전은 달성을 위해 반드시 숙지해야 하는 힘들에 대한 깊은 이해 없이 그저 미래의 예쁜 그림을 그리는 것으로 끝나버린다. '비전 선언 시류'에 편승했다가 고상한 비전만으로는 회사의 운명을 바꾸지 못한다는 사실을 깨닫고 실망한 기업이 적지 않은데, 시스템 사고의 부재가 바로 그 원인이다. 시스템 사고가 없는 비전은 척박한 황무지에 뿌려진 씨앗과도 같다. 비非시스템 사고가 지배적인 상황에서는 비전이 꽃을 피우기 위해 필요한 첫 번째 조건조차 충족되지 않는다. 장래에 비전을 실현할 수 있다는 진정한 믿음이 바로 그것이다. 말로는 "우리는 비전을 달성할 수 있습니다."라고 할지 모르지만(대부분의 미국 경영자는 이러한 믿음을 갖도록 길들여졌다), 현실을 스스로 만들어가는 무엇이 아니라 다른 누군가가 만들어낸 일련의 조건으로 보는 암묵적 관점은 속으로 다른 말을 하게 한다.

그러나 시스템 사고만 있다고 만사가 해결되는 것은 아니다. 시스템 사고 역시 잠재력을 실현하려면 공유 비전 구축, 정신모델, 팀 학습, 개인적 숙련 등의 규율을 필요로 한다. 공유 비전은 장기적인 헌신을 끌어낸다. 정신모델은 열린 태도에 집중하여 기존 세계관의 단점을 찾아내고 극복하게 해준다. 팀 학습은 개별 관점을 넘어 더 큰 그림을 보는 능력을 키워준다. 개인적 숙련은 자신의 행동이 세상에 어떤 영향을 미치는가를 부단히 학습하려는 개인적 동기부여에 유용하다. 개인적 숙련이 부족하면, 항상 (자신이 아닌) 다른 사람 혹은 상황이 문제를 야기한다는 수동적 사고에 빠져들게 되고 시스템 관점이 심각하게 위협받게 된다.

마지막으로 시스템 사고는 학습조직의 가장 미묘한 측면, 즉 개인이 자신과 세계를 인식하는 새로운 방법을 이해하게 해준다. 조직학습의 핵심에는 관점의 변화가 있다. 자신을 세계와 분리된 존재가 아니라 긴밀하게 연관된 존재로 인식하며, 문제 역시 '외부'의 다른 사람 혹은 무언가가 야기했다고 보지 않고 자신의 행동이 어떻게 문제를 야기했는가를 인식하는 방향으로의 전환이다. 나아가 학습조직은 구성원이 스스로 현실을 창조하고 변화시키는 방법을 끊임없이 발견하는 공간이어야 한다. "충분히 긴 지렛대를 달라. 그러면 나 혼자서 지구도 움직일 수 있으니."라고 말했던 아르키메데스Archimedes의 정신을 발견하고 배우는 공간인 셈이다.

메타노이아-마음의 전환

사람들에게 위대한 팀의 일원이 되는 느낌을 물었을 때, 인상적인 것은 그러한 경험이 지니는 '유의미성'이다. 사람들은 자신을 넘어선 어떤 것의 일부가 되는 경험, 서로 연결된 생산적인 과정의 일부가 되는 경험에 대해 이야기한다. 많은 이에게 진정 위대한 팀의 일원이었던 경험은 삶을 더없이 충실하게 살았던 특별한 시기로서 기억 속에 강렬하게 각인된다. 일부는 그때의 기분을 다시 맛볼 기회를 찾는 데 남은 인생을 바치기도 한다. 그만큼 의미가 충만한 경험이었기 때문이다.

학습조직에서 일어나는 상황을 설명할 최적의 단어는 얄궂게도 서구문화에서 수백 년 동안 별로 쓰이지 않았던 단어다. 사실 우리는 10년 넘게 조직 관련 일을 하면서 해당 단어를 써왔지만, 대중 앞에서 사용하는 데는 항상 신중을 기해온 것이 사실이다. 문제의 단어는 '메타노이아metanoia'로서 그 의미는 마음의 전환shift of mind, 즉 사고방식의 전환이다. 오늘을 사는 우리에게는 낯설게 다가오지만, 알고 보면 이 단어는 오랜 역사를 가지고 있다. '메타노이아metanoia'에서 'meta'는 형이상학metaphysics이라는 단어에서 알 수 있듯이 '위' 또는 '너머'를 의미하고, 'nous'라는 어원에서 파생된 'noia'는 마음mind을 뜻한다. 따라서 그리스인에게 '메타노이아'는 마음의 근본적인 전환 또는 변화, 글자 그대로 해석하자면 마음의 초월meta을 의미했다. 초기 기독교 영지주의 전통에서 '메타노이아'는 지고의 존재, 즉 신을 직접적으로 알고 깨우친다는 특별한 의미를 지녔다. 그러므로 '메타노이아'는 세례 요한 같은 초기 기독교인에게는 더없이 중요한 단어였으리라. 가톨릭 자료에서 '메타노이아'는 '회개'로 번역된다.

'메타노이아'의 의미 파악은 '학습'의 심층 의미와 맞닿아 있다. 학습도 근본적인 마음의 전환, 즉 이동을 수반하기 때문이다. '학습조직'을 이야기하면서 직면하는 문제 가운데 하나는 '학습'이라는 단어가 현재 용법에서는 기존의 핵심 의미를 상실했다는 것이다. '학습'이나 '학습조직'을 이야기하면 대다수는 눈이 게슴츠레해지면서 지루하다는 반응을 보인다. 이 단어를 듣는 순간, 사람들은 교실에 수동적으로 앉아 교사가 하는 말을 경청하고 어떻게든 교사 마음에 들고자 성실히 지시에 따르는 학생들의 모습을 떠올린다. 일상생활에서 학습이라는 단어는 '정보 습득'과 동의어가 되다시피 하였다. 다들 아무렇지도 않게 "네. 저는 어제 수업에서 그것과 관련된 일체를 학습했습니다."라고 말한다. 그러나 알고 보면 정보 습득은 실제 학습의 극히 일부분에 불과하다. "방금 자전거 타는 법에 대해 명쾌하게 설명한 책을 읽었으니까, 이제 자전거 타기는 다 배웠습니다."라고 말한다면 어불성설이 아니겠는가?

그렇다면 진정한 학습이란 무엇일까? '인간이 된다'는 의미의 핵심에 도달하는 것이다. 우리는 학습을 통해서 스스로를 재창조한다. 학습을 통해서 과거에는 하지 못했던 무언가를 할 수 있게 된다. 학습을 통해서 세계를 재인식하고, 세계와 자신의 관계를 재인식하게 된다. 학습을 통해서 창조하는 능력, 생성하는 삶의 과정에 참여하는 능력을 키운다. 우리 각자의 내면에는 이러한 학습에 대한 뜨거운 갈망이 있다. 인류학자 에드워드 홀Edward Hall이 말한 것처럼 "인간은 무엇보다도 학습하는 생명체이다. 인간의 학습 욕구는 성욕만큼이나 강하며 아주 이른 시기에 시작되어 오래도록 지속된다."[5]

'학습조직'의 기본 의미도 다르지 않다. 스스로의 미래 창조 능력을 끊임없이 키우고 확장시키는 조직이 바로 학습조직이다. 그러한 조직은 생존만으로 만족하지 않는다. '생존학습', 자주 쓰이는 용어로 '적응학습'은 당연히 중요하며 반드시 필요한 부분이다. 그러나 학습조직에게 '적응학습'은 '생성학습generative learning', 즉 만들어내고 창조하는 능력을 키우는 학습과 반드시 결합되어야 한다.

소수의 용감한 선구자가 길을 가르쳐주고는 있지만 '학습조직 구축'이라는 영역은 여전히 전인미답의 미개척지이다. 이 책이 미개척지를 향한 탐험을 장려하고 그 길에 나선 사람들에게 힘이 되었으면 하는 것이 저자로서 가장 큰 바람이다.

아이디어 실천하기

이 책에서 상세하게 설명할 다섯 가지 규율은 내가 만들어낸 것이 아니라 수많은 사람들의 실험, 연구, 집필, 창작의 결과물이다. 비록 내가 이러한 규율을 만들어내지는 않았지만 오랫동안 관련 작업을 해온 것은 사실이다. 관련 아이디어를 다듬고, 공동 연구를 수행하고, 세계 각지의 조직에 이를 소개하는 활동을 꾸준히 해왔다.

MIT 대학원 입학 당시, 나는 이미 인간이 직면한 대다수의 문제가 점점 복잡해지는 세계의 시스템을 파악하고 관리하지 못하는 데서 비롯된다고 확신하고 있었다. 이후로도 그러한 관점을 바꿀 만한 일은 거의 일어나지 않았다. 현재의 환경 위기, 빈부격차, 그로 인한 사회 및 정치 불안, 군비경쟁, 국제마약거래, 미국의 재정 및 무역 적자, 그로 인한 재정 취약성 등은 모두 세계가 직면한 문제들이 갈수록 복잡해지고 서로 긴밀히 연결되어 있음을 말해준다.

MIT 초기 시절부터 나는 제이 포레스터Jay Forrester의 작업에 관심이 많았는데, 그는 컴퓨터 공학 분야의 선구자로서 스스로 '시스템 다이내믹스system dynamics'라고 부르는 개념을 발전시키고자 도중에 경영학으로 전공을 바꾼 인물이다. 제이 포레스터는 도심 공동화부터 지구 생태계 위기까지 우리가 직면한 중대 문제의 원인이 사실은 문제를 완화시킬 목적으로 입안된 정책 자체에 있다고 주장했다. 선의에서 나온 정책이 오히려 문제를 야기하는 원인이라는 것이다. 사실은 시스템의 문제인데 정책 입안자들은 근본 원인이 아니라 당장 눈에 띄는 증상에 초점을 맞춘 개입을 시도하고, 이러한 개입은 단기적으로는 득이 되지만 장기적으로는 오히려 독이 되어 문제를 악화시킨다. 결과적으로 증상 위주로 개입할 필요성만 커지는 악순환이 계속된다.

박사학위 논문을 준비하면서 나는 시스템 사고를 배우고자 MIT를 찾는 기업의 리더와 만났다. 다들 똑똑하고 분별력 있는 사람들이었고 현재 지배적인 관리 방식이 적절치 않다는 점도 충분히 인식하고 있었다. 대다수의 학자가 현장과는 거리가 있는 지식인이기에 상대적으로 초연하고 무심한 반면, 일선에 있는 그들은 매사에 열심이었다. 많은 이가 새로운 형태의 조직, 즉 중앙집권구조와 위계질서에서 탈피하여 상업적인 성공은 물론 직원의 행복과 성장에도 관심을 기울이는 조직을 만들고자 애쓰고 있었다. 일부는 자유와 책임이라는 핵심 가치를 중심으로 상당히 급진적인 기업철학을 공들여 내놓기도 했다. 가치보다 혁신적인 조직 구조에 초점을 맞추는 이들도 있었다. 말하자면 다들 혁신에 필요한 열의와 능력을 갖고 있었는데 다른 부문에서는 보지 못한 모습이었다. 그들을 보면서 나는 열린 사회에서 기업이 혁신의 중추가 되는 이유를 깨닫게 되었다. 기업에도 특유의 구태의연한 사고가 적지 않겠지만 한편으로 여전히 공공 부문이나 교육 부문, 심지어 비영리기구 쪽에서도 찾아보기 어려운 실험정신을 발휘할 자유가 있었다. 또한 기업에서 하는 일은 최종결과가 분명하게 드러나는 활동이므로 실험 결과 역시 적어도 원칙상으로는 객관적 기준으로 평가가 가능하다.

그렇다면 기업 리더들이 시스템 사고에 관심을 가지는 이유는 무엇일까? 조직 차원의 야심찬 실험이 실패로 끝나는 경우가 너무 많기 때문이다. 이러한 사례는 무수히 많다. 분권화의 일환으로 사업 부서에 자율권을 주었더니 그곳에서 내린 결정 때문에 조직 전체가 엄청난 손해를 입었다. '팀 구축' 훈련을 통해 구성원 사이의 관계 개선을 역설했지만, 훈련이

1. "충분히 긴 지렛대를 달라. 그러면 나 혼자서 지구도 움직일 수 있으니."

끝나고 나서도 사람들은 기업 시스템에 대해 근본적으로 다른 정신모델을 고수하고 있다. 위기 때는 머리를 맞대고 힘을 합치던 회사들이 상황이 호전되면 언제 그랬냐는 듯이 협력 필요성을 망각한다. 고객과 직원의 행복이라는 더할 나위 없이 좋은 동기를 가지고 출발한 조직들도 처음에는 크게 성공하지만, 어느 순간 바로잡으려 할수록 상황이 악화되는 악순환에 빠져 허덕인다. 이외에도 사연은 무수히 많다.

내가 아직 연구생 신분이거나 풋내기 교수일 때만 해도 다들 시스템 사고만 있으면 이러한 상황이 충분히 바뀔 수 있다고 믿었다. 그러나 여러 기업과 작업하면서 나는 시스템 사고만으로는 충분하지 않다는 것을 깨달았다. 시스템 사고가 진가를 발휘하기 위해서는 현장에서 이를 최대한으로 활용할 새로운 유형의 경영 실천가management practitioner가 필요했다. 1970년대 중반쯤에는 그러한 실천가가 어떤 모습일지가 어렴풋이 보이기 시작했지만 아직 구체화되지는 않았었다. 1980년 무렵 MIT에서 정기 모임을 가지는 'CEO 그룹'이 만들어졌는데 그때부터 상이 구체화되기 시작했다. 하노버 보험사의 윌리엄 오브라이언, 셸의 아리 드 호이스, 허먼 밀러의 에드워드 사이먼, 아날로그 디바이시스Analogue Devices의 CEO 레이 스테이터Ray Stata 등이 참여하고 있었다. 그룹은 10년 넘게 모임을 지속했고 시간이 흐르자 애플, 포드, 할리 데이비슨Harley-Davidson, 필립스Philips, 폴라로이드, 트래멜 크로우Trammell Crow 등에서도 참가자가 나왔다.

또한 나는 20년 넘게 리더십 워크숍을 기획하고 진행하는 일에 관여했다. 리더십 워크숍은 MIT에서의 작업 덕분에 발전된 '시스템 사고'라는 아이디어를 각계각층의 실로 다양한 참가자에게 소개하는 자리이기도 했다. 혁신협회IA: Innovation Associates에서 진행한 공유 비전 구축 및 개인적 숙련에 관한 선구적인 작업 결과가 이러한 아이디어와 결합되었고, 리더십 워크숍은 세계 조직학습협회SoL 사업의 일부로 지금까지 계속되고 있다. 초판이 발간되었을 무렵에는 그동안 진행된 워크숍에 참가한 관리자만 해도 4,000명이 넘었기에 우리는 이들이 주요 독자가 되리라고 생각했다.(이외에도 많은 사람이 이 책을 조직학습 입문서로 활용하고 있다는 사실이 분명해지자, 우리는 1994년 〈학습하는 조직 현장지침서〉를 내놓았는데 실용적인 도구, 일화, 정보 등을 담은 책이 실제 현장에서 더욱 유용하리라고 보았기 때문이다)

이러한 경험을 거치는 동안 시스템 사고를 소개할 대상도 처음에 초점을 맞췄던 회사 고위 임원에서 훨씬 다양한 집단과 계층으로 확장되었다. 시스템 사고, 개인적 숙련, 정신모델, 팀 학습, 공유 비전이라는 기본 규율은 교사, 공무원, 정치인, 학생, 부모에게도 중요하다는 사실이 분명해졌기 때문이다. 그들 모두가 리더십에서 중요한 위치에 있으면서도 미래를 창조할 수 있는 스스로의 잠재력을 활용하지 못하는 '조직'에 몸담고 있었다. 또한 모두가 그러한 잠재력을 활용하기 위해서는 자신의 능력을 계발하는 작업, 즉 학습이 필요하다고 절감하고 있었다.

그러므로 이 책은 학습자, 특히 집단 학습collective learning 기술과 실천에 관심이 많은 사람들을 위한 책이다.

관리자에게 이 책은 학습조직 구축에 유용한 구체적인 실천과 기술, 훈련방법 파악에 도움이 되리라고 본다.(얼핏, 무슨 비술이라도 되는 것 같지만 이는 분명 배우고 익힐 수 있는 기술이다)

부모에게 이 책은 어른이 아이의 교사일 뿐만 아니라, 아이 역시 어른의 교사가 된다는 진리를 일깨우는 계기가 되지 않을까 싶다. 사실, 아이들은 학습을 생활의 일부로 자연스럽게 실천한다는 점에서 어른들에게 가르쳐줄 것이 많다.

일반 시민에게는 현대 조직이 왜 그리 좋은 학습자가 아닌가, 학습조직을 구축하려면 무엇이 필요한가에 대한 다이얼로그가 도움이 되리라고 본다. 이를 통해 숙련된 학습자가 되려는 공동체와 사회 전체에 구체적으로 어떤 도구가 필요한지를 알게 될 것이다.

02 당신의 조직은 학습장애를 앓고 있지는 않은가?

대기업 중에 인간 수명의 절반을 넘겨 생존하는 기업은 극히 드물다. 1983년 로열 더치/셸에서 진행한 조사결과를 보면 1970년 〈포춘Fortuen〉지 선정 500대 기업에 들었던 회사의 3분의 1이 사라졌다.[1] 조사결과를 토대로 셸은 대기업의 평균 수명이 인간 수명의 절반 정도인 40년이 채 되지 않는다고 추산했다. 이후 EDS를 비롯한 여러 기업에서 같은 연구를 진행했고 제임스 콜린스James Collins는 2001년에 내놓은 저서 〈좋은 기업을 넘어 위대한 기업으로Good to Great〉에서 이러한 연구결과를 기업 평가 기준으로 활용하기도 했다. 독자 여러분이 다니고 있는 회사 역시 재직 기간 중에 사라질 확률이 반반이라고 보면 된다.

도산하는 기업 대부분이 회사가 어려움에 처했음을 알리는 다양한 사전 징후를 경험하지만 주목하지 않고 지나치고 만다. 개별 경영자가 그러한 징후를 인식한다고 해도 상황은 크게 달라지지 않는다. 전체로서의 조직은 임박한 위기를 인식하지 못할 때가 많고, 드물게 인식하는 경우가 있더라도 그것이 지니는 깊은 함의를 포착하지 못하거나 적절한 대안을 내놓지 못한다.

'적자생존' 관점에서 보면 회사가 계속해서 도산하는 상황이 사회 전체에는 오히려 좋을 수도 있다. 도산하는 회사의 직원과 기업주에게는 고통스러운 일이겠지만, 일종의 물갈이처럼 생산자원을 새로운 회사와 문화에 재분배하는 것일 뿐이라고 볼 수도 있기 때문이다. 그러나 높은 기업 사망률이 사라지는 기업뿐만 아니라, 모든 기업을 괴롭히는 심층 문제로 인한 하나의 증상이라면 어떨까? 최고로 성공했다는 기업조차 학습 능력은 형편없어서 그럭저럭 생존은 하지만 잠재력을 제대로 실현해본 적이 없다면? 잠재능력이라는 측면에서 보면 우리가 '탁월하다'고 평가하는 실적조차 사실 '보통'에 불과하다면?

대다수의 조직이 학습에 서툰 것은 결코 우연이 아니다. 조직을 만들고 관리하는 방식, 직무를 규정하는 방식, 나아가 우리가 그동안 배우고 익힌 전반적인 사고방식과 상호작용방식 자체가 학습장애learning disabilities를 유발하는 근본 원인이기 때문이다. 똑똑하고 열의도 있는 사람들이 최선을 다해도 이러한 장애에서 완전히 벗어나기란 쉽지 않다. 문제를 해결하려고 발버둥 치면 칠수록 상황이 악화되는 경우도 드물지 않다. 그렇다면 조직에서 학습이 이루어지기만 하면 학습장애가 없다는 의미일까? 그렇지 않다. 학습장애는 모든 조직에 어느 정도는 퍼져 있다. 그러므로 학습이 이루어진다면, 이는 장애를 극복하면서 이루어지는 것이지 장애가 존재하지 않는다는 의미는 아니다.

어린이에게 있어 학습장애는 비극적인 일인데, 주변에서 이를 인식하지 못했을 때는 더더욱 그렇다. 조직이라고 해서 다르지 않다. 대다수 구성원이 인식조차 못하는 상태에서의 학습장애는 조직에게도 더없이 비극적인 상황이다. 학습장애 치료의 첫 단계는 일곱 가지 유형의 학습장애를 파악하는 데서 시작된다.

학습장애 1. 자신의 위치에만 충실하면 된다

우리는 맡은 일을 성실히 수행하라고 배우는데, 정도가 지나쳐서 자신의 정체성과 일을 혼동하기도 한다. 1980년대 초반 미국의 한 대형 제철 회사가 공장을 폐쇄하면서 해고된 노동자들을 상대로 새로운 일자리를 위한 직업훈련을 시켜주겠다고 제안했다. 그러나 훈련은 '인기가 없었고' 대상 노동자들은 실직자가 되거나 임시직을 전전하는 신세가 되었다. 이처럼 기이한 현상을 보고 심리학자들이 원인 파악에 나섰다. 연구 결과, 해고된 노동자들은 심각한 정체성 위기를 겪고 있었다. 직업훈련을 받지 않은 이유를 묻자 그들은 "나는 선반기술자입니다. 그런데 어떻게 다른 일을 할 수 있단 말입니까?"라고 반문했다.

무슨 일을 하느냐는 질문을 받으면 대부분은 소속 기업 전체의 목적이 아니라 자신이 매일 수행하는 업무를 이야기한다. 우리는 스스로 거의 혹은 전혀 영향력을 행사하지 못하는 시스템 안에 있다고 생각한다. 그래서 자신이 맡은 일에만 시간을 쏟고, 자신의 통제를 벗어난 요소에 대해서는 수동적으로 반응한다. 결과적으로 그들은 자기 자신을 담당 업무에 국한시킨다.

오래 전에 디트로이트 소재 자동차 회사 경영자들이 일본 수입차 하나를 분해해본 이야기를 들려주었다. 일본인들이 어떻게 특정 조립 공정에서 낮은 비용으로 놀라울 정도로 꼼꼼하고 확실한 작업을 해내는지 그 이유가 궁금해서였다. 분해해보니 하나의 엔진 블록engine block에서 동일한 표준형 볼트가 각기 다른 부품에 세 번이나 반복적으로 쓰이고 있었다. 미국산 자동차에서는 동일한 조립 공정에 각기 다른 세 가지 볼트가 필요했고, 때문에 볼트를 조이는 렌치와 볼트 재고 역시 세 가지씩 필요했다. 당연히 조립 공정이 느리고 비용이 높을 수밖에 없었다. 그렇다면 미국인들은 왜 굳이 다른 볼트를 사용해서 공정을 더디고 복잡하게 만드는 걸까? 미국 자동차 설계부서에는 '자신의 팀'에서 맡은 부품만 책임지는 별도의 기술팀이 있었기 때문이다. 일본의 경우 설계기술자 한 명이 엔진을 지지하며 차체에 고정시키는 부품, 즉 엔진 마운팅engine mounting 전체를 맡고 있었다. 그보다 훨씬 많은 부품을 한 사람이 책임지는 일도 드물지 않았다. 각자 하나씩의 부품을 맡은 미국의 각 기술팀은 자신의 팀에서 만든 볼트와 조립 공정에 문제가 없었기 때문에 작업이 아주 성공적이라고 생각했던 것이다. 실로 아이러니가 아닐 수 없다.

구성원이 조직 내에서 자신의 위치, 자신이 맡은 업무에만 초점을 맞추는 경우 여러 부분이 상호작용하여 만들어낸 결과물에는 거의 책임감을 느끼지 않게 된다. 더구나 결과가 만족스럽지 못한 경우에는 원인 파악이 이만저만 어려운 것이 아니다. 나 아닌 다른 누군가가 망쳤을 것이라고 추측하는 것 이외에는 할 수 있는 일이 없기 때문이다.

학습장애 2. 적은 외부에 있다

친구가 어린이 야구단에서 지도했던 남자아이에 대해 이야기한 적이 있다. 외야 오른쪽에서 뛰던 아이는 플라이 볼fly ball을 세 번이나 놓치더니 글로브를 내팽개치고 선수 대기석으로 들어왔다. 그러고는 "저런 경기장에서는 아무도 공을 잡을 수 없을 거예요."라고 말했다는 것이다.

일이 잘못되면 자기 말고 비난할 다른 사람, 혹은 무언가를 찾으려는 성향은 누구에게나 있다. 남 탓하기를 신성한 계율인 양 떠받드는 조직도 드물지 않다. "항상 비난할 외부 요인을 찾을지어다." 마케팅에서는 생산 부서를 탓한다. "상품 경쟁력이 떨어지니까 항상 판매목표를 달성하지 못하는 거라고!" 생산 부서는 기술 부서를 탓한다. "괜히 나서서 망치지 말고 아예 우리에게 제품설계를 맡기면 우리 회사가 업계 선두 주자가 될 텐데 말이야."

'적은 외부에 있다'로 표현되는 이러한 학습장애는 사실 앞서 말한 '자신의 위치에만 충실하면 된다'라는 태도에서 나오는 부산물이다. 자신의 위치, 자신의 업무에만 집중하고 시스템 관점에서 세계를 보지 못하는 데서 생기는 문제이기 때문이다. 자신의 위치에만 집중하다 보면 스스로의 행동이 어떻게 이를 넘어 멀리까지 영향을 미치는지를 보지 못하게 된다. 주체적인 행동의 결과로 문제가 생기는 경우에도 원인은 외부에 있다고 생각한다. 이러한 상황에서 우리는 자기 그림자인 줄도 모르고 누가 쫓아온다며 도망치는 사람이 느끼는 절망감에 휩싸이기 쉽다. 아무리 도망쳐도 문제는 도무지 사라질 기미가 보이지 않기 때문이다.

'적은 외부에 있다' 증후군은 조직 내에서 책임을 떠넘기는 것에만 국한되지 않는다. 한때 크게 성공했지만 쇠락의 길을 걷기 시작한 피플 익스프레스 항공People Express Airlines은 망하기 직전에 가격을 인하하고 대대적인 마케팅을 펼치며, 프론티어 항공Frontier Airlines을 인수하는 등 공격적인 행보를 보였다. 회사 침체의 원인이라고 생각한 것들에 맞선 최후의 발악과도 같았다. 당시 그들이 생각한 원인은 점점 공격적으로 나오는 경쟁자였다. 그러나 이러한 조치 가운데 그 어느 것도 악화일로에 있던 회사의 적자를 바로잡지 못했고, 핵심 문제, 즉 가격 인하 이외에 고객을 유치할 방법은 없겠다 싶을 정도로 엉망이었던 서비스 품질을 개선하지는 못했다.

외국 경쟁자에게 시장을 잠식당한 미국 기업들은 오랫동안 노동조합을 탓하고, 정부규제를 탓하고, 다른 나라의 물품을 구입함으로써 '자신들을 배신한' 고객을 탓하고, 외국 노동자의 저임금을 탓했다. 그러나 대부분의 경우 '적은 외부에 있다'는 주장은 불완전한 이야기일 수밖에 없다. 보통 '외부out there'와 '내부in here'는 단일 시스템의 일부이지 분리된 별개가 아니기 때문이다. 그런데도 이러한 태도를 고수하는 경우, 내부와 외부의 경계에 걸쳐 있는 문제에 대한 대처가 힘들어진다. 내부에서 나올 수 있는 해결책을 찾아내기가 거의 불가능해지기 때문이다.

학습장애 3. 책임지고 상황을 주도한다는 착각

'사전에 상황을 주도해야 한다'는 주장이 요즘 유행이다. 어려운 문제에 직면하면 책임지며 상황을 주도해야 한다고 역설하는 경영자가 많다. 일반적으로 이는 어려운 현안 앞에서 다른 사람이 해결해주기를 기다리지 말고, 문제가 위기로 발전하기 전에 신속히 해결해야 한다는 의미다. 특히 '사전에 상황을 주도한다'는 말은 상황을 감당하기 힘들 만큼 악화시키는 '수동적인reactive 태도'와 반대되는 의미로 생각될 때가 많다. 그러나 외부의 적에 맞서 공격적인 자세를 취하는 것이 정말로 '사전에 상황을 주도'하는 것일까?

우리와 함께 일하던 대형 손해보험회사 경영진이 이러한 붐에 '혹해서' 강하게 나가겠다는 의지를 보인 적이 있었다. 유능한 보험금 지급 담당 부사장이 점점 많은 합의금을 요구하며 소송을 벌이는 변호사들에게 휘둘리지 않겠다는 강경 입장을 밝히는 연설을 하려고 했었다. 보다 많은 사건을 합의로 해결하지 않고 정식 재판까지 가져갈 수 있도록 자체 법무팀을 강화할 예정이었다.

그때 우리와 일부 경영진이 그렇게 할 경우 예상되는 결과를 체계적으로 검토하기 시작했다. 소송에서 이길 확률, 패할 확률, 소송 승패와 무관하게 들어가는 월별 직접비용과 간접비용, 법원 계류 기간 등을 꼼꼼히 살폈다. 결과를 예측해보니 그러한 시나리오대로라면 총비용이 오히려 증가하는 것으로 나왔다. 이유는 간단했다. 늘어나는 소송비용을 상쇄할 만큼 승소확률이 높지 않았기 때문이다. 결국 부사장은 작성한 연설 원고를 폐기했다.

'상황 주도'의 허울을 쓰고 있지만 알고 보면 상황에 끌려 다니는 '수동적 상태'인 경우가 허다하다. 사업이든 정치든 공격적인 태도로 '외부의 적'에 맞서는 것을 '사전에 주도권을 잡는 것'이라고 착각해서는 곤란하다. 진정한 '사전 조치'와 '상황 주도'는 스스로가 어떻게 문제에 일조하고 있는가를 인식하는 데서 시작된다. 말하자면 이는 사고방식의 산물이지 감정 상태가 아니다.

학습장애 4. 사건에 대한 집착

운동장에서 놀던 두 아이가 사이가 틀어져 티격태격하자 한 어른이 풀어주러 갔다고 생각해보자. 루시는 "토미가 제 공을 가져갔어요. 그래서 제가 토미를 때린 거예요."라고 말한다. 토미는 토미대로 할 말이 있다. "루시가 자기 비행기를 가지고 놀지 못하게 했어요. 그래서 공을 뺏은 거예요." 루시에게도 이유가 있다. "토미가 프로펠러를 망가뜨려서 그런 거예요." 현명한 어른인 우리는 "자, 애들아. 싸우지 말고 사이좋게 지내야 착한 아이지." 하고 말한다. 그렇지만 우리 어른이 정말 아이들보다 현명할까? 자신이 연루된 복잡한 문제를 설명하고 대처하는 방식에서 아이들과 어떠한 차이가 있을까? 우리는 삶을 사건의 연속으로 보도록 길들여졌고, 사건 하나하나에는 분명한 원인이 있다고 생각한다.

조직에서 이루어지는 대화를 보면 사람들의 관심이 온통 이런저런 사건에 집중되어 있음을 알 수 있다. 지난달 판매실적, 신규 예산삭감, 지난 분기 수익, 승진, 해고, 경쟁사의 신제품 출시, 회사 신제품 출시 연기 발표 등. 이틀 이상 지났으면 '뉴스거리'가 아니라고 보는 언론도 단기간의 사건에 집중하는 이러한 풍조에 일조하고 있다. 사건에 집중하는 풍조는 자연스레 단순한 '사건' 해설로 이어진다. 신문은 "오늘 다우존스지수가 16포인트 떨어졌는데 어제 발표한 저조한 4분기 실적 때문이다."라고 보도한다. 이와 같은 설명은 자체로는 사실일지 모르지만 사람들이 그것에 집중하느라 사건 뒤에 숨은 장기적인 변화 유형을 보지 못하고, 근본 원인도 이해하지 못하게 만든다.

눈앞의 사건에 집중하는 이러한 태도는 알고 보면 진화 과정에서 입력된 프로그램의 일부이다. 동굴생활을 하는 석기시대 사람에게 중요한 생존능력은 무엇일까? 우주에 대한 사색능력은 결코 우선순위가 아니리라. 그보다는 난데없이 뒤에서 달려드는 야생 동물을 발견하고 민첩하게 반응하는 능력이 훨씬 중요할 것이다. 하지만 얄궂게도 현대 조직과 사회에서 우리의 생존을 위협하는 것은 대체로 갑작스러운 사건이 아니라, 느릿느릿 진행되는 점진적인 과정에서 나온다. 군비경쟁, 환경 파괴, 공교육 시스템 변질, 경쟁력을 상실한 회사의 디자인이나 품질 저하 등은 모두 느리게 서서히 진행되는 과정이다.

사람들의 사고가 단기 사건에 지배되는 조직에서, 창조하고 생산하는 능력을 키우는 생성학습을 기대하기는 힘들다. 사건에 집중하면 그저 사전 예측을 통해서 최적의 반응을 보이는 것이 전부다. 그러한 방식으로는 결코 창조하는 방법을 터득하지 못한다.

학습장애 5. 냄비 속 개구리 우화

시스템 관점에서 기업 실패를 연구하다 보면 점진적으로 진행되는 생존 위협에 적응하지 못해 실패한 사례가 워낙 많아서 이를 비유적으로 설명하는 '냄비 속 개구리' 우화까지 탄생하게 되었다. 끓는 물이 들어 있는 냄비에 개구리를 넣으면, 개구리는 화들짝 놀라 즉시 밖으로 뛰쳐나온다. 그러나 상온의 물에 넣고 겁을 주거나 놀라게 하지 않으면 개구리는 그대로 얌전히 앉아 있는다. 이제 냄비에 열을 가해서 온도를 서서히 올리면 아주 흥미로운 일이 일어난다. 개구리는 온도가 섭씨 21도에서 26도까지 올라가는 동안 아무런 저항도 하지 않는다. 저항은커녕 오히려 환경이 만족스럽다는 여러 신호를 보낸다. 계속해서 서서히 온도를 올리면 개구리는 혼미한 그로기 상태가 되고 결국은 냄비 밖으로 나올 힘마저 잃게 된다. 뛰쳐나오지 못하게 막는 힘이 아무것도 없는데도 개구리는 냄비 안에 그대로 있다가 비극을 맞이하고 만다. 이유가 뭘까? 생존 위협을 감지하는 개구리의 내부감각기관이 환경에 가해지는 갑작스러운 변화에는 반응하지만, 느리게 서서히 진행되는 변화에는 반응하지 않기 때문이다.

미국 자동차 산업은 '냄비 속 개구리' 현상이 장기간 진행된 대표적인 사례다. 1960년대 미국 자동차 산업은 북미 시장을 압도적으로 지배했다. 그런데 이러한 상황이 아주 서서히 변하기 시작했다. 일본의 미국시장 점유율이 4퍼센트에도 미치지 못하던 1962년, 디트로이트의 3대 자동차 회사(크라이슬러, 포드, 제너럴 모터스 -옮긴이)는 당연히 일본을 자신들의 생존을 위협하는 경쟁자로 간주하지 않았다. 일본 자동차의 미국 시장 점유율이

10퍼센트 이하였던 1967년에도 마찬가지였다. 점유율이 15퍼센트에 미치지 못했던 1974년에도 이러한 태도는 변하지 않았다. 시장에서 일본의 점유율이 21.3퍼센트까지 치솟은 1980년대에 들어서야 미국의 3대 자동차 회사는 자신들의 관행과 주요 가정을 진지하게 돌아보기 시작했다. 1990년대가 되자 일본의 자동차 점유율은 25퍼센트에 육박했고 2005년에는 40퍼센트에 가까워졌다.[2] 미국 자동차 회사의 재정 건전성을 생각하면 문제의 개구리가 과연 뜨거운 물에서 뛰쳐나올 힘을 회복할 수 있을지는 아직도 불확실하다.

느리게 서서히 진행되는 과정을 파악하려면 우선 정신없이 돌아가는 자신의 속도를 낮추고, 눈에 띄는 극적인 요소는 물론 미묘한 움직임에도 관심을 기울여야 한다. 간조 시에 남은 해수가 고인 웅덩이를 가만히 들여다본 적이 있는가? 처음에는 변화가 거의 느껴지지 않는다. 그러나 충분한 시간을 가지고 10분 정도 들여다보면 웅덩이가 살아 움직이는 것이 느껴진다. 웅덩이에는 항상 아름다운 생명체의 세계가 존재하지만, 움직임이 느려서 처음에는 보이지 않았던 것이다. 문제는 우리가 하나의 주파수 혹은 속도에만 길들여져 있다는 점이다. 예전 78rpm의 표준 회전수 음반에 길들여진 나머지 $33\frac{1}{3}$rpm 속도로 새로 개발된 LP 음반에서는 아무것도 느끼지 못하는 격이랄까? 속도를 늦추고 서서히 진행되는 과정을 감지하며 파악하는 법을 배워야 한다. 빠른 속도 때문에 놓쳐버린 무언가가 엄청난 위협으로 다가오는 순간, 앞서 말한 냄비 속 개구리와 같은 운명을 피하려면 말이다.

학습장애 6. 경험에서 배운다는 착각

가장 효과적인 학습법은 직접적인 경험에서 얻을 수 있다. 실제로 인간은 직접적인 시행착오를 거쳐서 먹고, 기고, 걷고, 소통하는 법을 배운다. 일단 어떤 행동을 취하고 결과를 본 다음에 마음에 들지 않으면 다른 행동을 취하는 과정을 반복하는 것이다. 하지만 우리가 스스로 취한 행동의 결과를 보지 못하게 되면 어떤 일이 일어날까? 행동의 핵심 결과가 먼 미래, 같은 시스템 안이라도 공간적으로 멀리 떨어진 곳에서 나타나기 때문에 쉽게 눈에 보이지 않는다면? 사람들에게는 저마다 일종의 '학습 지평선learning horizon', 즉 스스로 학습의 효과를 평가할 수 있는 시간과 공간의 폭이 있다. 그런데 우리 행동이 각자의 학습 지평선을 넘어서는 결과를 야기하는 경우, 직접적인 경험으로부터 배우는 것이 불가능해진다.

바로 여기에 조직이 직면하는 학습 딜레마의 핵심이 있다. 분명 경험이 최고의 스승이지만, 자신이 내리는 중요한 결정의 대다수는 초래되는 결과를 직접 경험할 수 없는 경우가 많다. 조직에서 이루어지는 특히 중요한 결정들은 수 년 혹은 수십 년에 걸쳐 조직 전체에 영향을 미친다. 연구개발 관련 결정은 1차적으로 마케팅과 생산 부문에 영향을 미친다. 신규 생산 시설이나 제조 공정에 대한 투자 결정은 어떤가? 향후 10년 혹은 그보다 길게 품질과 납기에 영향을 미친다. 리더십을 발휘하는 위치에 적임자를 앉히는 결정도 마찬가지다. 어떤 결정을 내리느냐에 따라 이후로 오랫동안 조직의 전략과 분위기가 좌우된다. 이 모든 것은 시행착오를 통해 학습할 가능성이 희박한 의사결정이다.

주기가 1년 혹은 2년 넘게 지속되는 경우에는 특히 결과 파악이 어렵고, 따라서 그것으로부터 무언가를 배우기도 어렵다. 시스템 사고 전문 작가로 유명한 드레이프 카우프만 주니어Draper Kauffman, Jr.는 대부분의 사람들에게는 건망증이 있다면서 노동시장 변동을 예로 들었다. "특정 분야에서 일시적으로 노동력의 초과 공급이 발생하면, 모든 사람이 진로를 고민하는 젊은이들에게 초과 공급의 심각성을 이야기하면서 해당 분야를 피하라고 권한다. 이로 인해 불과 몇 년 뒤에는 해당 분야에 노동력 부족 현상이 발생한다. 얼마 전까지 사람이 넘쳐서 문제더니 이제는 그쪽 분야의 일자리를 찾는 사람이 부족해서 문제가 되는 것이다. 이번에는 모든 사람이 약속이라도 한 듯 젊은이들에게 그쪽으로 가라고 설득하기 바쁘다. 결과적으로 해당 분야에는 금세 공급 과잉이 발생한다. 어떤 직업 훈련을 시작할 최적의 시기는 몇 년째 공급 과잉이라는 이야기가 들리고 해당 분야로의 진출을 준비하는 사람이 거의 없는 시점이 아닌가 싶다. 그렇게 하면 수요 부족이 발생해 몸값이 귀해지는 시점에 교육훈련을 마칠 수 있으리라."[3]

보통은 조직을 여러 부분으로 나눔으로써 의사결정으로 인한 광범위한 충격에 대처하려 한다. 그래서 관리가 용이하도록 기능에 따른 위계구조를 만든다. 그러나 어디까지나 기능상의 분할이었던 것이 중세 봉토封土처럼 일종의 지배 영역으로 굳어지고, 편의상의 분업이 사실상의 단절로 변질된다. 결과적으로 회사에서 가장 중요한 문제, 즉 여러 기능을 넘나드는 복잡한 사안 분석이 아주 위험한 활동이 되거나 아예 사라져버린다.

학습장애 7. 경영팀에 대한 환상

이러한 딜레마 및 장애와 싸우기 위한 중요한 조치가 '경영팀management team' 결성이다. 경영팀은 대개 조직의 여러 기능과 전문 영역을 대표하는 경험이 풍부하고 노련한 관리자들로 이루어진다. 힘을 합쳐 여러 부서와 기능을 넘나드는 중요하고 복잡한 사안을 해결하는 것이 그들의 임무다. 그렇다면 이러한 경영팀은 과연 학습장애를 극복할 수 있을까?

대부분의 경우 경영팀은 이권 다툼에 시간을 허비하며, 개인적으로 흠집을 입을 만한 일은 일체 피하고, 흡사 전원이 팀의 전체 전략에 따르는 듯한 뉘앙스를 풍기며 '잘 짜인 팀'이라는 겉모습을 유지한다. 말하자면 단결된 팀이라는 외양 유지에만 신경을 쓰고 내실이 없을 때가 많다. 특히 단결된 팀이라는 겉모습을 유지하기 위해 내부의 건전한 논쟁과 이견을 억누르는 경우도 많다. 그러한 분위기 때문에 개인적으로 이견이 있어도 공개적으로 밝히는 것을 꺼리게 되고, 공동으로 내린 결정은 구성원 모두가 참고 받아들일 만한 수준으로 희석된 어정쩡한 타협이거나 특정 개인의 의견을 집단에 강요해서 나온 산물인 경우가 많다. 타협이 이루어지지 않고 의견 불일치가 겉으로 표출될 때는 보통 건전한 논쟁이 아니라 서로를 비난하고 탓하면서 분열을 조장하는 형태로 나타나기 때문에, 구성원들이 가지고 있는 근본 가정의 차이를 드러내지 못하며 전체로서 팀이 이를 통해 학습하는 경험으로 발전하지 못한다.

경영팀에서 이루어지는 학습을 오랫동안 연구해온 분야 권위자이자 하버드 대학 교수인 크리스 아지리스Chris Argyris의 말을 들어보자. "압박감을 느끼는 상황에서 대부분의 경영팀은 와해되고 만다. 크게 문제가 되지 않는 일상적인 사안을 다룰 때는 무리 없이 돌아가기도 하지만, 껄끄럽거나 위협적인 복잡한 사안에 직면하는 경우 팀으로서의 '단결정신'은 사라지고 만다."[4]

아지리스는 관리자 대부분이 함께 탐구하면서 답을 찾아가는 과정이 본질적으로 위험하다고 생각한다. 학교는 답을 모른다는 사실을 절대 인정하지 말라고 가르치고, 대부분의 회사 문화도 이러한 교훈을 한층 강조하는 방향으로 작용한다. 많은 회사는 복잡한 사안을 깊이 파고드는 능력이 아니라, 자신의 견해를 주장하고 관철하는 능력이 탁월한 사람에게 상을 내린다.(여러분의 조직에서 긴급 현안 해결이 아니라, 회사의 현재 정책에 근본적인 이의를 제기해서 상을 받은 이가 있는지 생각해보면 의미가 명확해질 것이다) 때문에 우리는 불확실하거나 모르겠다고 느낄 때에도 그와 같은 상황을 인정하고 감내하기보다는 외면하여 자신을 보호하는 방법을 터득한다. 바로 그러한 과정이 장래의 생존을 위협할지도 모르는 변화를 파악하고, 대처할 가능성 자체를 차단해버린다. 그로 인한 결과를 아지리스는 '숙련된 무능skilled incompetence'이라고 부른다. 오랜 경험을 통해 '학습하지 않는 데 놀라울 정도로 숙련'된 사람들로 이루어진 팀이 바로 그러한 상태라고 할 수 있다.

학습장애와 학습의 규율

이러한 학습장애는 아주 오랫동안 우리 곁에 있었다. 〈어리석은 역사The March of Folly〉에서 바바라 터크먼Barbara Tuchman은 트로이 몰락부터 미국의 베트남 전쟁 개입까지 사람들이 '궁극적인 자신의 이익에 반하게 행동한 결과' 엄청난 파괴를 자초했던 정책의 역사를 추적한다.[5] 터크먼의 책에 나오는 여러 사례를 보면, 리더들은 하나같이 자신이 결정한 정책의 결과를 보지 못한다. 그러한 정책으로 자신의 생존이 위험해질 수 있다는 사전 경고를 받았을 때도 마찬가지였다. 그 책의 행간을 읽다 보면 14세기 프랑스를 지배한 발루아 왕가 군주들이 '자신의 위치에만 충실하면 된다'고 생각하는 학습장애를 앓고 있었음을 알 수 있다. 화폐 정책에 있어 평가절하를 단행하면서도 그들은 자신이 프랑스 신흥 중산층을 반역으로 내몰고 있다는 사실을 전혀 깨닫지 못했다.

1700년대 중반 영국은 '냄비 속 개구리' 우화가 떠오르는 전형적인 사례였다. 당시 영국은 "10년 내내 (미국) 식민지와의 갈등이 고조되고 있는데도 무엇이 관계를 위협하고 있는가를 파악할 장관은 고사하고, 대표한 명도 파견하지 않았다."[6] 미국 독립전쟁이 발발한 1776년 무렵에는 관계가 악화될 대로 악화되어 되돌릴 수 없는 지경에 이르렀다. 다른 부분에서 터크먼은 신심信心 때문에 겉으로는 무조건 일치된 모습을 보여주어야 한다는 압박감에 시달렸던 비극적인 '경영팀'으로, 15세기와 16세기 로마 가톨릭 추기경들의 사례도 이야기한다. 덕분에 경건하고 일치된 겉모습 뒤에서 권력남용과 중상모략(어떤 경우에는 글자 그대로 '뒤통수를 치기도' 했다)을 일삼는 기회주의 교황들이 생겨나게 되었고, 이는 종교개혁으로 이어졌다.

최근에는 역사학자 제레드 다이아몬드Jared Diamond가 인간의 오만과 무지가 문명 전체에 파국을 부른 이야기들을 들려주었다. 다이아몬드는 마야인부터 이스터 섬의 주민들까지 한때 위세를 떨쳤던 강력한 제국들이 어떻게, 때로는 놀라울 정도로 짧은 기간에 붕괴되었는가를 이야기한다. 문제가 있는 조직의 구성원과 마찬가지로, 대부분의 제국 주민은 제반 상황이 제대로 돌아가지 않는다는 점을 감지하고도 근본적인 의문을 제기하기보다는 본능적으로 기존의 방식을 방어하는 쪽으로 반응한다. 의문을 제기하는 것부터 꺼리는 상황이니 기존의 방식을 바꿀 힘과 능력을 기르는 일은 말할 필요도 없으리라.[7]

우리가 살고 있는 현재도 만만치 않게 위험한 시대이며, 과거 대제국들을 괴롭혔던 학습장애와 그로 인한 결과 역시 사라지지 않고 되풀이되고 있다. 학습조직의 다섯 가지 규율이 그러한 학습장애를 치유할 해독제 역할을 하리라고 나는 믿는다. 그러나 다섯 가지 규율을 본격적으로 다루기 전에 우리를 가로막는 학습장애에 대해서 보다 명확하게 알아볼 필요가 있다. 바삐 돌아가는 나날의 사건에 묻히다 보면 자칫 망각하기 쉽기 때문이다.

03 시스템의 포로인가, 자기 생각의 포로인가

학습장애가 어떻게 작용하는가를 살펴보려면 실제 조직을 축소해서 설정한 실험실에서 시작하는 것이 유용하리라 본다. 실험을 통하면 자신의 결정으로 인한 결과를 실제 조직에서보다 명확하게 볼 수 있기 때문이다. 그러한 이유로 우리 협회에서는 MIT 슬론 경영대학원에서 1960년대에 개발한 '맥주 게임beer game'이라는 시뮬레이션 게임을 종종 진행한다. 실제 현실이 아니라 현실을 모방한 실험이기 때문에 장애와 원인을 명확하게 구분하여 관찰할 수 있다는 점도 이점이다. 이러한 실험을 해보면 조직 구조나 정책 특성이 아니라, 사람들의 근본 사고방식과 상호작용 방식이 문제의 원인임을 알 수 있다.

맥주 게임을 통해 참가자들은 평소에는 거의 의식하지 못했지만 실생활에 널리 퍼져 있는 조직 유형을 경험하게 된다. 바로 생산·유통 시스템인데, 모든 산업국가에서 고객 및 상품의 생산과 배송을 책임지고 있는 조직이다. 게임에 등장하는 조직은 특정 상표의 맥주를 생산하고 유통하는 시스템이다. 참가자는 자신이 맡은 위치에서 합리적이라고 생각되는 어떤 결정이든 자유롭게 내릴 수 있다. 게임 참가자의 유일한 목표는 수

익 극대화이며, 이를 위해 각자의 자리에서 최선을 다하게 된다.[1]

다른 게임처럼 맥주 게임도 진행상황을 하나의 이야기처럼 들려줄 수 있다. 이야기에는 주인공 세 명이 등장하는데 소매업자, 도매업자, 맥주회사의 마케팅 책임자이다.[2] 등장인물 각각의 시선을 따라가면서 차례대로 이야기를 들어보자.

소매업자 이야기

당신이 소매상인이라고 생각해보라. 교외의 어느 교차로에서 24시간 영업을 하는 편의점 매니저라고 해도 좋고, 빅토리아풍의 고급 주택이 늘어선 거리에 위치한 작은 식료품점 주인이라고 해도 좋다. 한적한 고속도로변에 위치한 주류할인점 주인은 어떠한가?

가게 형태가 어떻든 핵심 상품 중의 하나는 맥주라고 하자. 맥주 자체를 판매해서 남는 이윤도 중요하지만, 팝콘이나 감자칩 같은 안주거리를 사도록 손님을 끌어들이는 역할을 한다는 점에서도 맥주는 중요하다. 가게에서는 최소 열두 가지 이상의 서로 다른 상표의 맥주를 취급하며, 창고에도 일정량을 비치하고 기록하면서 재고관리를 하고 있다.

일주일에 한 번 트럭 운전사가 상점 뒷문에 차를 대면 당신은 주간 주문량을 기록한 주문서를 넘긴다. 트럭 운전사는 자신이 물건을 대는 상점을 돌면서 주문을 받은 다음, 이를 맥주 도매업자에게 전달하고 도매업자는 주문을 처리한다. 내보낼 물량을 적절한 순서대로 정리한 뒤에 당신이 주문한 분량도 발송된다. 이러한 일련의 절차로 인해 맥주를 주문하고 물건을 받기까지는 평균 4주의 기간이 소요된다. 말하자면 대체로 주문을 넣고 4주가 지나면 맥주가 가게에 도착한다.

소매상인인 당신과 주문을 받는 도매업자는 직접적으로 대화를 나눠본 적이 없다. 그저 주문서를 통해서만 소통할 뿐이다. 당신은 주문을 받아가고 물건을 가져다주는 트럭 운전사와만 안면이 있을 뿐, 도매업자는 얼굴조차 모를 수도 있다. 이러한 상황이 이상할 것도 없다. 상점에는 맥주 이외에도 수백 가지의 상품이 있으며, 수십 명의 도매업자가 이러한 상품을 맡고 있다. 한편, 당신과 거래하는 도매업자도 크고 작은 도시에 있는 수백 개의 상점에 물건을 대고 있다. 게다가 당신의 가게에는 손님이 끊이지 않고, 도매업자에게는 여기저기에서 들어오는 주문이 끊이지 않는다. 이들이 한가하게 대화를 나눌 시간이 어디 있겠는가? 그저 서로에게 필요한 것은 주문 숫자일 뿐이다.

당신의 가게에서 가장 꾸준히 팔리는 맥주 중 하나는 '연인 맥주'다. 자세히는 모르지만 가게에서 500킬로미터 정도 떨어진 곳에 위치한, 작지만 실력 있는 맥주회사에서 생산하는 것으로 알고 있다. 연인 맥주가 특별히 인기 있는 브랜드는 아니다. 실제로 회사에서는 전혀 광고를 하지 않는다. 그런데도 신문 배달처럼 규칙적으로 매주 네 상자의 연인 맥주가 팔린다. 연인 맥주의 고객은 기호가 쉽게 변하는 20대 젊은이가 주를 이룬다. 그러나 밀러나 버드와이저로 갈아타는 젊은이들의 뒤를 또 다른 젊은이들이 채워주며 신기하게도 연인 맥주의 주문량은 일정한 수준을 유지한다.

충분한 재고를 위해서 여러분은 창고에 연인 맥주 열두 상자를 항상 비치해두려 한다. 이를 위해서 맥주 트럭이 오는 월요일마다 네 상자씩을 주문한다. 매주 그런 식이었기에 이제 당신은 네 상자의 매출을 당연하게 여기게 되었다. 이러한 판매 패턴이 당신의 머릿속에 깊이 각인되어 있다. 연인 맥주 주문을 넣을 때에는 속으로 생각할 필요도 없다. 기계적으로 "그래요. 연인 맥주 네 상자 부탁해요."라고 말하면 된다.

제2주:

아무 예고도 없이 10월 어느 주에(편의상 '제2주'라고 하자) 연인 맥주의 판매량이 두 배로 뛰었다. 매주 네 상자에서 여덟 상자로 오른 것이다. 당신은 문제될 것이 없다고 생각한다. 창고에 여덟 상자의 여분이 있으니까 말이다. 갑자기 판매가 증가한 이유는 모른다. 누군가 파티를 열었는지도 모른다. 아무튼 추가로 팔린 부분을 보충해놓으려고 주문량을 여덟 상자로 늘린다. 그렇게 하면 재고가 평상시 상태로 돌아올 것이다.

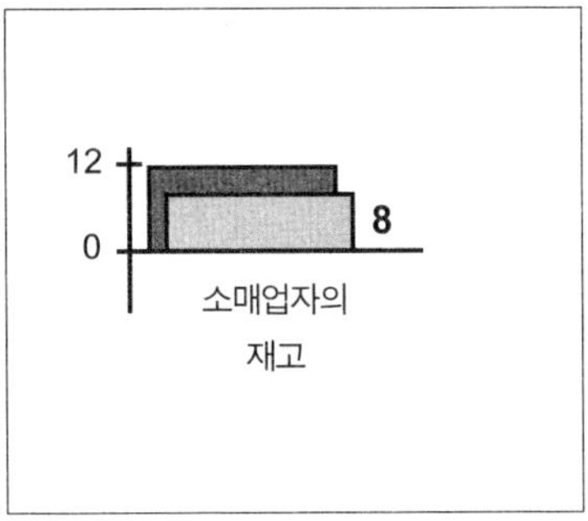

제2주

제3주:

이상하게도 다음 주에도 연인 맥주 여덟 상자가 팔렸다. 방학기간도 아닌데. 바쁘게 물건을 파는 사이사이에 이유가 뭘까 생각해본다. 연인 맥주는 판촉 행사나 광고도 없었다. 있었다면 당연히 통보를 받았을 것이다. 우편물이 사라졌다거나 생각 없이 버리지 않았다면 말이다. 뭔가 다른 이유가 있을지도 모른다고 생각할 즈음, 손님이 들어오고 생각의 고리는 끊기고 만다.

배달 트럭이 왔을 때도 바빠서 신경을 쓰지 못했고, 배달명세서를 보고서야 이번에 네 상자만 배달되었음을 확인한다.(4주 전에 내린 주문에 따른 것이다) 이제 창고에는 재고가 네 상자뿐이다. 판매가 이전 수량으로 줄지 않으면 이번 주에 연인 맥주가 모두 팔려버린다는 의미다. 판매량을 따라잡으려면 최소한 여덟 상자를 주문해야 한다. 보다 안전을 기하려면 열두 상자를 주문해서 재고도 채워놓아야 한다.

제4주:

화요일에 젊은 손님 한두 명에게 질문할 여유가 생겨서 알고 보니 연인 맥주의 판매량 증가는 한 달 전쯤 인기 케이블 채널에 소개된 뮤직비디오 때문이었다. "남은 연인 맥주를 다 마셔 버리고 태양 속으로 뛰어들 거야!"라는 가사로 끝난다고 했다. 그러한 가사가 들어간 이유는 모르지만 회사와 별도의 계약 같은 것이 있었다면 도매업자가 미리 말을 해주었을 것이다. 도매업자에게 전화를 해볼까 생각하는데 마침 감자칩이 배달되고 연인 맥주라는 주제는 다시 기억 속으로 사라지고 만다.

다음 맥주 배달이 왔을 때는 다섯 상자만 도착했다. 이제 창고에 한 상자밖에 없기 때문에 당신은 안타까운 마음이 앞선다. 비디오 덕분에 수요는 올라갈 가능성이 높은데 물건은 거의 없는 상황이다. 추가 주문을 해놓았다는 것은 알고 있지만 정확한 숫자는 모른다. 이번에도 최소한 열여섯 상자 이상은 주문하는 편이 좋겠다 싶어 그렇게 하기로 한다.

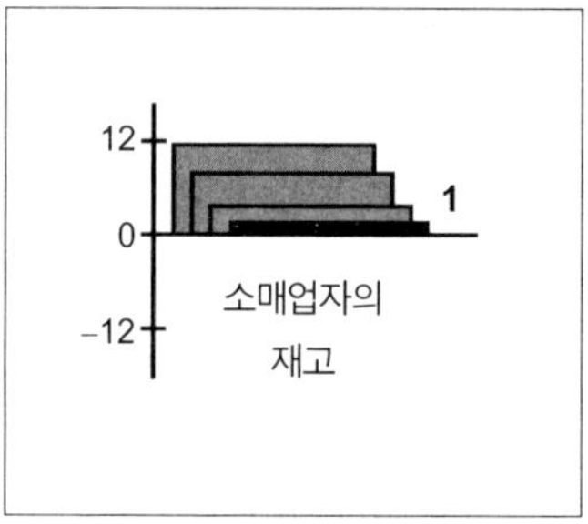

제4주

제5주:

남아 있던 한 상자가 월요일 오전에 팔렸다. 다행히 일곱 상자가 추가로 배달되었다.(도매업자가 그간 늘린 주문에 반응하기 시작한 모양이다) 하지만 그 주의 후반에 모두 팔리고 재고가 완전히 바닥나 버렸다. 침울하게 빈 선반을 노려보는 수밖에 없다. 추가로 열여섯 상자를 주문하는 편이 좋겠다 싶다. 한창 인기 있는 맥주의 재고가 없다고 소문이 나는 것은 곤란하다.

제6주:

아니나 다를까 손님들이 주초부터 연인 맥주를 찾기 시작했다. 두 손님은 고맙게도 물건이 들어올 때까지 기다려주기로 했다. "들어오는 대로 알려주세요. 그럼 다시 사러 올게요." 손님의 이름과 전화번호를 기록해둔다. 두 명이 각각 한 상자씩 사겠다고 했다.

다음 배달 날짜에는 여섯 상자만 도착했다. 연락처를 남기고 간 손님들에게 전화를 걸자 각자의 몫을 가지고 갔다. 주가 끝나기도 전에 나머지 맥주가 모두 팔렸다. 이번에도 손님 두 명이 배달되는 대로 알려달라면서 이름과 연락처를 남기고 갔다. 재고가 바닥나지 않았다면 주말까지 얼마나 많은 양을 팔았을까 계산해본다. 연인 맥주의 수요는 무섭도록 폭증하는 모양이었다. 당신의 가게뿐만 아니라 인근 지역의 다른 상점에도 없었다. 인기 절정인 이 맥주는 앞으로도 수요가 더욱 치솟을 것이 분명했다. 속절없이 텅 빈 선반을 노려보며 이틀을 보내고 나니 추가로 적어도 열여섯 상자는 주문해야겠다는 생각이 든다. 더 주문하고 싶은 유혹이 간절하지만, 이미 늘려서 주문해놓은 맥주가 머지않아 도착할 것이므로 자제하기로 한다. 하지만 언제?

제7주:

배달 트럭은 이번 주에 다섯 상자만을 가지고 왔다. 이번 주도 텅 빈 선반을 노려보는 수밖에 없다는 의미다. 밀린 주문을 처리하자마자 연인 맥주는 다시 매진되었는데 이번에는 이틀만이었다. 이번 주에는 다섯 명이나 연락처를 남기고 갔다. 다시 열여섯 상자를 주문하고 대량 주문한 것이 어서 도착하기를 속으로 기도해본다. 연인 맥주가 없어서 못 판 감자칩까지 생각하니 더욱 속이 쓰리다.

제8주:

이제 당신은 가게에서 판매 중인 그 어떤 상품보다 연인 맥주에 촉각을 곤두세우고 있다. 계속 마음이 편하지가 않다. 손님이 여섯 개들이 팩을 말없이 가져갈 때마다 신경이 쓰인다. 사람들이 온통 그 맥주 이야기만 하는 것 같다. 간절한 마음으로 열여섯 상자를 실은 트럭이 오기만을 기다린다.

그러나 결국 다섯 상자만 도착했다. "다섯 상자라니, 이게 뭡니까?" 볼멘소리를 해본다. "이런! 나는 잘 몰라요. 주문이 밀린 모양입니다. 2주 뒤에 받을 겁니다." 이틀도 아니고 2주나!? 미리 주문한 고객들에게 연락을 하고 나면 그대로 매진이다. 일주일 내내 진열장에는 연인 맥주가 한 병도 없을 것이다. 가게 평판이 나빠지지는 않을까 걱정이 앞선다.

불안한 마음에 추가로 스물네 박스 주문을 넣는다. 처음에 생각했던 양의 두 배다. 도대체 도매업자는 무엇을 하고 있는 것인지 궁금하다. 눈앞에 펼쳐진 엄청난 시장을 모르고 있단 말인가? 도대체 무슨 생각을 하고 있는 것인가?

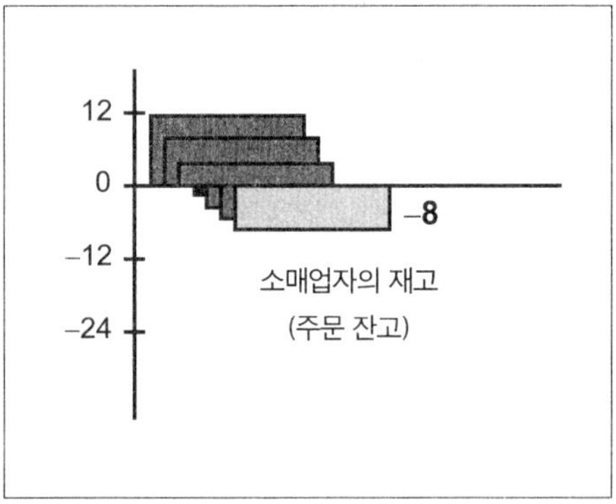

제8주

도매업자 이야기

도매회사 관리자로서 맥주는 당신의 삶이나 마찬가지다. 맥주가 천장까지 쌓인 작은 창고에는 거의 모든 브랜드가 망라되어 있다. 당신은 이곳에 놓인 철제 책상 앞에서 하루하루를 보낸다. 밀러, 버드와이저, 쿠어스, 롤링락, 이외 다양한 수입 브랜드까지. 맥주라면 없는 게 없는 이곳에서는 당연히 연인 맥주 같은 지역 브랜드도 취급한다. 당신이 관리하는 지역에는 대도시 하나, 주변의 몇몇 위성도시, 교외 마을, 일부 외딴 시골 지역까지 포함된다. 당신은 이곳의 유일한 맥주 도매업자로서 자리를 확실하게 잡은 상태다. 지역에서 연인 맥주를 비롯해서 시장이 넓지 않은 몇몇 브랜드를 취급하는 곳은 이곳뿐이다.

도매업자로서 당신이 맥주회사와 소통하는 방식은 소매업자가 당신에게 연락하는 방식과 다르지 않다. 매주 정해진 주문양식에 숫자를 휘갈겨 트럭 운전사에게 넘기는 식이다. 평균 4주 뒤에 주문한 맥주가 도착한다. 소매업자처럼 상자로 주문하지 않고 그로스gross 단위로 주문하는 것이 다르다면 다르다. 1그로스면 소형 트럭 한 대 분량이 되므로, 보통은 트럭을 단위로 생각하고 주문한다. 일반적인 소매업자가 매주 네 박스 단위로 연인 맥주를 주문하듯이 여러분은 매주 네 트럭분을 공장에서 주문한다. 그렇게 하면 창고에 열두 트럭분의 재고가 항상 비치된다.

8주째에 당신은 소매업자들만큼이나 분통이 터지고 화가 났다. 연인 맥주는 이전에도 꾸준히 팔리는 맥주였다. 그런데 몇 주 전, 정확히 4주 전에 주문량이 급증하기 시작했다. 그 다음 주에는 소매업자들의 주문량이 더욱 늘었다. 8주째가 되니 상점 대부분이 평소 주문량의 서너 배를 주문하고 있었다.

처음에는 창고에 있는 재고로 어렵지 않게 추가 주문량을 충당했다. 그리고 향후 대비도 했다. 연인 맥주 열풍을 감지했고, 즉시 맥주회사에 연락해 주문량을 늘렸다. 6주가 지나는 시점에는 업자들끼리 보는 〈맥주 유통 뉴스〉에 이와 관련된 기사가 났다. 기사를 보고 주문량을 더욱 늘려서 1주일에 트럭 20대 분량을 주문했다. 평소 주문의 다섯 배나 되는 양이었다. 상점 수요를 통해 판단하자면, 맥주의 인기가 2배, 3배, 심지어 4배가 되었으므로 그만큼의 양이 필요했다.

6주째에 맥주 재고가 바닥나고 처리하지 못한 주문, 즉 주문 잔고backlog가 쌓이는 안타까운 상황에 돌입했다. 매주 가능한 분량은 내보내고 나머지는 상점에 일종의 차용증서를 보내는 것으로 대신했다. 대형 할인매장 몇 곳이 직접 전화를 걸어와 좋은 조건을 제시했지만, 재고가 이미 바닥이 났으니 어찌 해볼 도리가 없었다. 적어도 2주는 지나야 추가로 주문해놓은 맥주가 도착할 것이다.

8주째에 맥주회사에 전화를 걸어 주문량을 30트럭분으로 늘리겠다는 말과 함께 기간을 당길 방법이 없느냐고 물었지만, 2주 전에야 생산량을 늘렸다는 대답을 듣고 이만저만 실망이 아니었다. 그제야 수요 증가를 눈치채다니 어떻게 그렇게 느릴 수가 있는가?

이제 9주째다

당신은 이번 주에 소매상으로부터 20트럭분의 연인 맥주 주문을 받았지만, 그만큼 재고 확보가 되지 않고 있다. 지난주 말에도 추가로 20트럭분의 예약 주문을 받았다. 여기저기에서 문의 전화가 쇄도하는 바람에 직원들이 연인 맥주 문제를 설명하는 별도의 응답기를 설치하자고 하는 판이었다. 그러나 당신은 한 달 전에 주문해놓은 20트럭분이 이번 주에

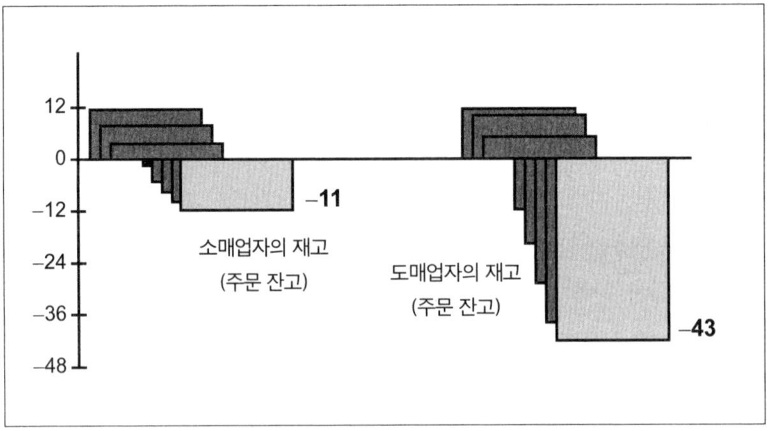

제9주

는 도착하리라고 굳게 믿고 있었다.

그러나 막상 도착한 것은 여섯 트럭분이었다. 맥주회사에는 여전히 주문이 밀려 있고 대량 주문 분량은 이제야 내보내기 시작한 모양이다. 몇몇 대형 체인점에 전화를 걸어 주문한 맥주가 머지않아 도착할 것이라고 안심시키면서 양해를 구했다.

제10주:

이제 정말 화가 난다. 최소 20트럭분은 되리라 생각했던 추가분의 맥주가 오지 않는다. 맥주공장에서 그만큼 빨리 생산량을 늘리지 못하는 모양이다. 매번 8트럭분밖에 보내주지 않는다. 맥주회사에 전화해도 연락이 되지 않는다. 다들 생산현장에 나가서 기계를 붙잡고 있는 모양이다.

한편 소매상들은 여전히 많은 연인 맥주를 팔고 있는 것이 분명하다. 전례 없이 많은 주문이 밀려들고 있다. 이번 주만 해도 24트럭분이나 된다. 어쩌면 이미 주문한 맥주를 받지 못해서 그렇게 많이 주문하고 있는지도 모른다. 어느 쪽이든 주문대로 맞춰주어야 한다. 우리에게 맥주를 받지 못해서 다른 업체와 거래를 하면 어떻게 되겠는가?

초조한 마음에 이번에는 맥주회사에 40트럭분 주문을 넣었다.

제11주:

창고 근처 모퉁이에 있는 바에 죽치고 앉아 점심이나 먹는 편이 낫겠다는 생각이 굴뚝같다. 연인 맥주는 12트럭분만 도착했다. 맥주회사와는 아직도 연락이 닿지 않는다. 처리해줘야 하는 주문이 100트럭분이 넘는다. 이미 받아놓은 주문이 77트럭분이고 이번 주에 새로 받은 주문이 28트럭분이다. 밀린 주문 중의 일부는 지급 만기가 돌아오는데 경리 쪽에 상황을 말할 엄두가 나지 않는다.

어떻게든 맥주를 받아야겠다는 생각에 이번에도 추가로 40트럭분 주문을 넣었다.

제12주:

연인 맥주 수요 증가가 예상보다 크다는 사실이 분명해진다. 창고에 재고가 있었다면 돈을 얼마나 벌었을까 생각하면서 체념 섞인 한숨만 쉬게 된다. 맥주회사가 어떻게 이럴 수가 있지? 수요는 어쩌자고 그렇게 급격히 치솟는 것인가? 도대체 어떻게 따라가라는 것인가? 확실한 것은 다시는 이러한 상황에 빠지지 않아야겠다는 것이다. 굳은 결심을 하면서 60트럭분을 추가로 주문한다.

제13주:

내내 밀린 주문을 전혀 줄일 수가 없다. 이후 4주 동안 수요는 계속해서 공급을 초과했다.

14주와 15주째:

마침내 맥주회사에서 대량으로 맥주가 들어오기 시작했다. 동시에 소매상에게서 들어오는 주문은 약간 줄었다. 지난 몇 주 동안 주문을 너무

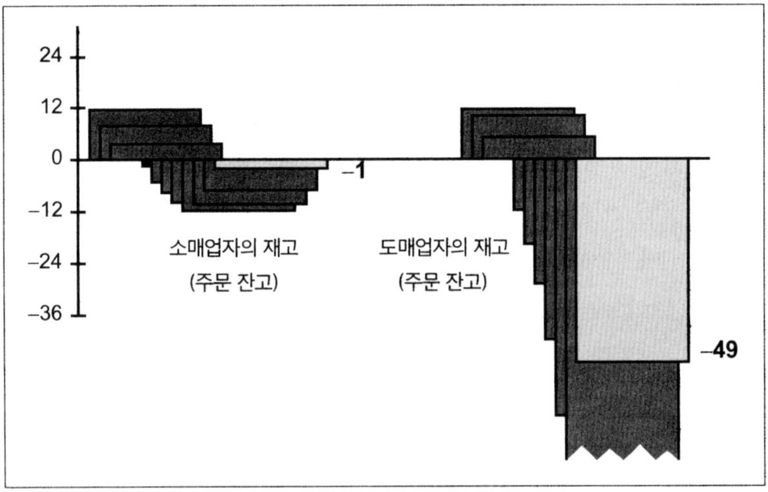

제14주

많이 한 탓이겠지, 생각한다. 당장은 주문 잔고 해소에 도움이 되는 것이라면 무엇이든 대환영이다.

이제 16주째에 접어들었다

당신은 지난 몇 주 동안 주문한 맥주를 거의 다 받았다. 55트럭분이다. 창고에 가서 맥주가 선반에 가지런히 쌓여 있는 모습을 확인했다. 그 어떤 유명 브랜드보다도 많은 양이다. 금방 팔려나갈 테니까 걱정은 없다.

그 주 내내 소매상으로부터 주문이 밀려들리라 기대하며 기다렸다. 주문서 접수창구로 가서 개별 주문서를 살펴보기도 했다. 그러나 하나하나 넘겨봐도 주문량 '0'이라는 똑같은 숫자만 보일 뿐이다. 도대체 무슨 일인가? 4주 전에 연인 맥주를 보내달라면서 소리소리 지르던 사람들이 이제는 하나도 주문을 안 하고 있다니.

'아차!' 싶으면서 갑자기 한기가 느껴진다. 트럭 운전사를 급히 불러 세웠다. 연인 맥주 주문서를 찾아 24라는 숫자를 '0'으로 바꾼 다음 수정확인 서명을 했다.

제17주:

다음 주에 60트럭분의 연인 맥주가 도착했다. 상점들의 주문은 여전히 '0'이다. 당신이 맥주회사에 발주하는 양도 '0'이다. 109트럭분의 연인 맥주가 창고에 쌓여 있다. 날마다 연인 맥주로 목욕을 해도 줄지 않을 상황이다.

분명 이번 주에는 상점에서 주문이 들어오리라고 기대해본다. 뮤직비디오가 지금도 상영되고 있으니까 말이다. 생각할수록 주문을 넣지 않는 소매업자들이 '거짓말쟁이' 같고 원망스럽기만 하다.

실제로 소매업자들은 이번 주에도 연인 맥주를 전혀 주문하지 않았다. 결국 당신도 맥주회사 주문서에 '0'이라고 기입했다. 그렇지만 맥주는 계속 배달되고 있다. 이번 주에 60트럭분이 새로 창고에 모습을 드러낸다.

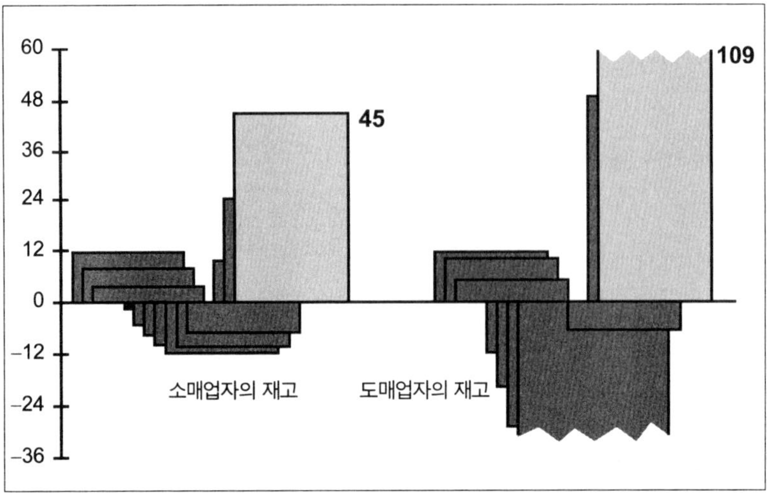

제17주

무슨 앙심을 품고 나에게 이러는 걸까 싶어 맥주회사도 원망스럽기는 마찬가지다. 우울한 배송행진은 도대체 언제 끝나는 것일까?

맥주회사 이야기

당신은 넉 달 전에 이 맥주회사의 유통 및 마케팅 담당자로 채용되었다. 회사의 주력 상품 중의 하나는 연인 맥주라고 가정해보자. 이 소규모 맥주회사는 품질 좋기로 유명하지만, 마케팅은 그리 활발하지 않았다. 회사가 여러분을 채용한 데는 이러한 약점을 보완하려는 의도도 있었다.

보아하니 그동안 당신이 일을 잘 해왔던 모양이다. 취직하고 두 달째에(게임이 시작되고 6주째다) 주문량이 극적으로 늘었다. 업무 시작 이후 세 달이 지나갈 무렵에는 주당 40트럭분의 주문을 받고 뿌듯함을 느꼈다. 처음에 일을 시작할 때의 4트럭분에서 얼마나 극적으로 증가한 수치인가! 그리고 맥주를 내보냈는데……이런! 30트럭분밖에 내보내지 못했다.

회사에도 주문 잔고가 쌓이기 시작했기 때문이다. 맥주 한 병을 만들기로 결정한 순간부터 배송 준비가 끝날 때까지는 (최소) 2주가 걸린다. 물론 회사는 창고에 몇 주 분량의 맥주를 가지고 있다. 그러나 재고분은 7주째에 이미 소진되었다. 주문이 치솟기 시작한 지 불과 2주 만이었다. 그 다음 주에는 밀린 주문이 9트럭분, 신규 주문이 24트럭분이었는데 22트럭분만 내보낼 수 있었다. 그즈음 마케팅 담당자인 당신은 회사에서 영웅이 되었다. 공장장이 시간 외 근무를 하는 모든 직원에게 장려금을 주었다. 공장에서 일할 신규 직원 채용을 위한 인터뷰도 바쁘게 진행되고 있었다.

회사는 연인 맥주를 언급한 뮤직비디오 덕을 톡톡히 보고 있었다. 3주째에 10대 팬들이 맥주회사로 보낸 편지를 읽고 비디오에 대해 알게 되었다. 그러나 비디오 때문에 주문량이 늘고 있음을 안 것은 6주째가 되어서였다.

14주째가 되어서도 여전히 주문이 밀려 있었다. 양조 작업을 하는 팀에게 정기적으로 70트럭분 이상을 생산할 것을 요청하고 있다. 연말 보너스를 얼마나 받게 될지 벌써부터 기대될 정도였다. 어쩌면 수익의 1퍼센트를 요구할 수 있을지도 모른다. 일단 밀린 주문을 처리하고 나면 말이다. 마케팅 잡지 표지에 나온 자신의 모습을 혼자 상상해보기도 했다.

16주째가 되자 마침내 밀린 주문을 모두 처리했다. 그런데 도매업자들의 다음 주 주문량이 19트럭분에 불과했다.

지난주인 18주째에는

연인 맥주 추가 주문이 전혀 없었다. 일부 주문서에는 주문했다가 지운 흔적이 보였다.

이제 19주째다

재고로 100트럭분을 가지고 있다. 이번에도 신규 주문은 사실상 전혀 없었다. 주문량은 '0'이었다. 그러는 동안 공장에서 제작되는 맥주는 계속 들어오고 있다. 마케팅 및 유통 담당자로서 당신은 사장에게 그동안 망설였던 전화를 걸어 "1~2주 정도 생산을 중단하는 것이 좋겠습니다."라고 말한다. "주문 중단 상황을 맞았습니다." 경영대학원에서 배운 용어를 신중하게 사용한다. 수화기 너머에서는 말이 없다. "하지만 분명 일시적인 현상일 것입니다." 결국 이쪽에서 덧붙인다.

같은 주문 패턴이 이후 4주 동안 지속된다. 20주, 21주, 22주, 23주. 주문이 반등하리라는 희망이 서서히 사라짐과 동시에 여러분의 변명도 점점 설득력을 잃어 간다. 미친 듯이 주문을 넣다가 중단해버린 도매업자들이 상황을 이렇게 만들었다. 맥주를 충분히 구매하지 않는 소매업자들도 문제다. 신문과 뮤직비디오에서 맥주를 지나치게 선전하는 바람에 사람들이 염증을 내고 말았다. 애초에 문제는 변덕이 심한 어린애들이다. 충성심이라고는 모르는 괘씸한 애들이다. 그렇지 않고서야 한 달에 수백 상자를 사다가 다음 달에는 하나도 사지 않는 애들이 어디 있단 말인가? 갖가지 이유를 가져다 대며 남 탓도 해본다.

제24주:

24주째 초에 회사 차를 빌려 출장을 나가는 당신을 모두가 불쌍한 시

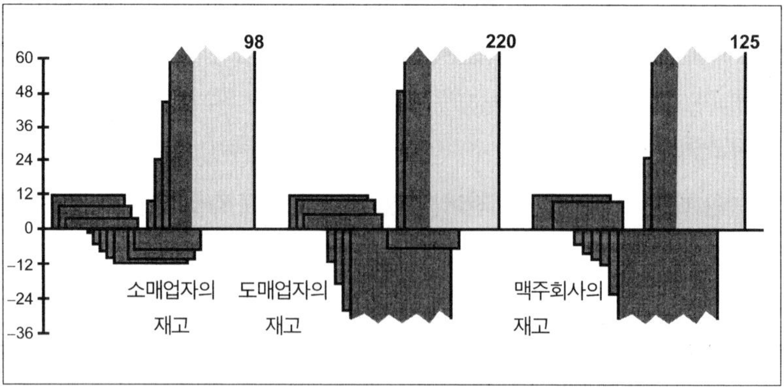

제21주

선으로 바라본다. 처음 들른 곳은 도매업자 사무실이다. 직접 얼굴을 마주하는 것은 당연히 처음이고, 서로 이야기를 나눠본 것도 그때가 두 번째였다. 이번에 겪은 위기 전까지는 굳이 이야기를 나눌 필요가 없던 사이였다. 침울하게 인사를 나누고 나자 도매업자가 뒤쪽 창고로 당신을 데리고 간다. "두 달 동안 연인 맥주 주문을 전혀 받지 못했습니다." 도매업자가 말한다. "정말 난감한 상황입니다. 보세요! 여기 220트럭분이 쌓여 있습니다."

당신과 도매업자는 수요가 급격히 증가했다가 극적으로 감소한 것이 원인이라고 결론을 내린다. 대중의 변덕을 보여주는 전형적인 사례라고 말이다. 수요가 절정일 때 소매업자들이 적절히 경고해주었더라면 이러한 일은 일어나지 않았을 것이다.

마케팅 전략 보고서에 무슨 말을 써야 할지 곰곰이 생각하면서 집으로 돌아가는 길에 길가의 가게를 하나 발견하고 들러보기로 한다. 공교롭게도 주인이 안에 있었다. 당신이 자기소개를 하자 소매업자의 얼굴은 비웃는 듯한 미소와 함께 일그러졌다. 점원에게 가게를 맡기고 둘은 가게 옆의 작은 식당에 가서 커피를 마셨다.

소매업자가 가게의 재고목록을 가져와 탁자 위에 펼친다. "몇 달 전에 제가 얼마나 그쪽을 목 졸라 죽이고 싶었는지 아마 모르실 겁니다."

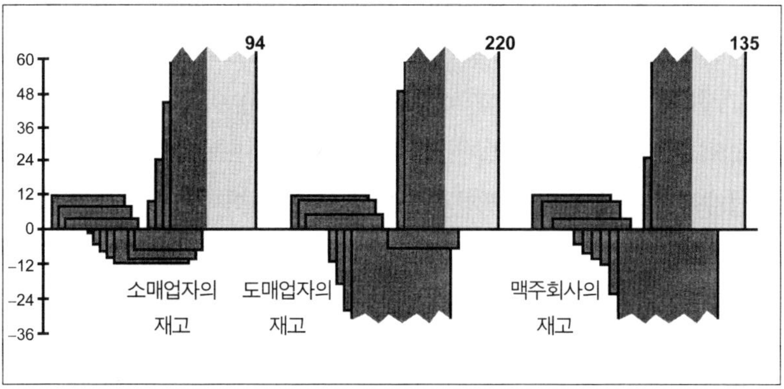

제24주

"네? 어째서죠?" 당신이 묻는다.

"보세요. 창고에 연인 맥주를 93상자나 끌어안고 있습니다. 이러한 추세라면 추가 주문은 6주 후에나 가능할 겁니다."

6주 뒤라고, 당신은 속으로 생각한다. 그리고 주머니에서 계산기를 꺼낸다. 지역의 모든 소매업자가 6주가 지난 뒤에야 추가 주문을 한다면, 그것도 예전처럼 주당 서너 상자씩만 주문한다면, 도매업자의 창고에 쌓인 220트럭분이 티가 나게 줄어드는 데에는 1년 이상이 걸릴 것이다. "비극도 이런 비극이 없네요." 당신이 말한다. "누가 이런 상황을 만든 걸까요? 그러니까 제 말은 이런 사태가 재발하지 않게 하려면 어떻게 해야 할까요?"

"글쎄요. 이건 우리 잘못이 아닙니다." 커피를 한 모금 홀짝이고 소매업자가 말한다. "뮤직비디오가 나왔을 무렵 우리는 주당 네 상자씩 팔고 있었습니다. 그리고 2주째에 여덟 상자를 팔았지요."

"그리고는 급격하게 급증했지요." 당신이 말한다. "그런데 왜 수그러든 겁니까?"

"그게 아니에요. 이해를 못하시는군요." 소매업자가 말한다. "수요는 결코 급증하지 않았습니다. 그리고 수그러들지도 않았지요. 우리는 여전히 주당 여덟 상자를 팔고 있습니다. 그런데 당신네가 주문한 맥주를 보내주지 않았습니다. 그래서 우리는 계속 주문을 넣었습니다. 고객의 수요를 따라갈 만큼 충분한 양을 확보하려고요."

"그렇지만 필요하다는 순간에 우리는 맥주를 내보냈습니다."

"그럼 아마 도매업자가 일을 망친 모양입니다." 소매업자가 말한다. "공급업자를 바꿔야 하나도 생각 중입니다. 아무튼 회사에서 쿠폰 판촉 같은 것이라도 해서 비용을 일부라도 돌려받게 해주었으면 하는 바람입니다. 93상자 중에서 몇 상자라도 어서 처분하고 싶은 심정입니다."

결국 당신이 커피 값을 계산한다. 돌아오는 길에 사직서를 써야겠다고 마음을 정한다. 보아하니 이번 위기로 누군가 해고되거나 공장이 폐쇄되거나 하면 모두 여러분을 탓할 것이 분명해 보인다. 도매업자는 소매업자를 비난하고, 소매업자는 도매업자를 비난하고, 양쪽 모두 여러분을 탓할 것이다. 그나마 지금이라야 품위를 지키며 그만둘 수 있겠다 싶다. 이와 같은 상황이 당신의 잘못이 아님을 증명할 방법을 생각해내지 못한다면, 당신은 죄인이 아니라 희생자일 뿐임을 보여주지 못한다면 결과는…….

맥주 게임에서 얻는 교훈

1. 구조가 행동에 영향을 미친다

동일한 구조 안에 있을 경우 사람이 바뀐다고 할지라도 질적으로 유사한 결과를 만들어내는 경향이 있다. 문제가 발생하거나 의도한 성과를 내지 못하면 비난할 사람이나 대상을 찾게 마련이다. 그러나 외적인 요인이나 개인의 실수가 아니라, 시스템 자체가 위기를 불러일으키는 경우가 생각보다 많다.

2. 인적 시스템 내의 구조는 미묘하다

'구조'가 개인에게 가해지는 외적 제약이라고 생각하는 경향이 있다. 그러나 (심장혈관계와 신경근육계 같은) 인체 여러 '시스템'의 '구조'처럼 복잡한 생명 시스템living system에서 구조는 행동을 통제하는 기본적인 상호작용을 의미한다. 인적 시스템에서 구조는 '운영 정책'이라는 의사결정 방식을 포함하는데, 이를 통해서 우리는 통찰, 목표, 규칙, 규범 등을 행동으로 옮긴다.

3. 레버리지는 종종 새로운 사고방식에서 나온다

인적 시스템에서 사람들은 대체로 잠재적인 레버리지를 가지고 있으나, 자신의 결정에만 집중하고, 그것이 타인에게 어떤 영향을 미치는지는 간과하기 때문에 그러한 레버리지를 행사하지 못하는 경우가 많다. 맥주 게임에서 참가자들은 극단적인 불안정을 제거할 힘을 가지고 있지만, 자신이 불안정을 만들어내는 원인이라는 사실을 인지하지 못하기 때문에 가지고 있는 힘을 발휘하지 못한다.

기업에 몸담고 있는 사람들은 영웅을 좋아한다. 우리는 가시적인 성과를 달성한 사람에게는 칭찬과 격려를 아끼지 않는다. 그러나 무언가가 잘못되면 직관적으로 누군가가 실수를 저질렀음에 틀림없다고 느낀다.

맥주 게임에서는 그러한 죄인은 한 사람도 없다. 말하자면 비난할 사람이 없다. 이야기에 등장한 세 명은 모두 좋은 의도를 가지고 있었다. 고객의 요구에 부응하고, 시스템을 통해 상품이 매끄럽게 유통되도록 하고, 불이익은 피하려 했으니 누구 하나 나쁜 의도를 가지고 일을 망치려는 사람은 없다. 또한 참가자 각각은 향후 상황에 대한 합리적 추측을 근거로 결정을 내렸다. 각자의 입장에서 충분한 논리적 근거가 있는 결정이었다. 그럼에도 위기는 발생했다. 바로 시스템 구조 때문에 생긴 위기였다.

지난 20년 동안 우리는 강의실에서, 경영교육 세미나에서 맥주 게임을 수천 번이나 진행했다. 5개 대륙에 걸쳐 연령, 국적, 문화적 배경이 다른 실로 다양한 직종의 사람들이 게임에 참여했다. 그전까지 생산·유통 시스템이라는 말을 들어본 적도 없는 참가자가 있는가 하면, 인생의 상당 부분을 그러한 일을 하면서 보낸 참가자도 있었다. 그런데도 게임을 할 때마다 같은 위기가 발생했다. 첫 번째로 초과 수요가 발생하고 시스템 전체에 걸쳐서 주문이 증가한다. 이내 재고가 고갈되고 처리하지 못한 주문 잔고가 쌓인다. 한동안 그와 같은 상태가 지속되다가 맥주가 대량으로 배달되는 상황에서 들어오는 주문은 급격히 감소한다. 실험이 끝날 무렵에는 거의 모든 참가자가 처분하지 못한 대규모 재고를 안고 어쩔 줄 모른다. 이를테면 맥주회사가 매주 8, 10, 12상자를 파는 도매업자들에게서 수백 상자의 초과 주문을 받는 식이다.[3]

실로 다양한 배경을 지닌 글자 그대로 수천 명의 참가자들이 하나같이 질적으로 같은 행동유형을 보여준다면, 그것에는 개인을 넘어서는 어떤 원인이 있음이 분명하다. 다시 말해 그러한 행동의 원인은 게임의 구조 자체에 있음이 분명하다.

더욱이 맥주 게임에서 나타나는 구조는 실생활의 생산·유통 시스템에서도 비슷한 위기를 야기한다. PC 메모리칩 시장을 예를 들어보자. 1985년 PC 메모리칩은 가격도 저렴하고 어디에서나 구할 수 있을 정도로 흔했다. 판매량이 18퍼센트가량 떨어졌을 때 미국 생산자들은 25~60퍼센트의 손해를 보았다.[4] 그러나 1986년 말 갑자기 메모리칩 부족 사태가 발생했고, 업자들이 당황해서 과잉 주문을 내리는 바람에 상황은 더욱 악화되었다. 결과적으로 똑같은 메모리칩 가격이 100~300퍼센트까지 치솟았다.[5] 비슷한 수요 급증과 폭락이 1973년부터 1975년 사이에 반도체 산업에서도 일어났다. 산업 전반에 걸쳐서 엄청난 양의 주문 잔고가 일어났고 배송 지연이 심화된 뒤에 수요가 급락하며, 얼마 전까지 품귀현상을 보이던 제품들을 원하면 언제든지 구할 수 있게 되었다. 몇 년 뒤에 지멘스Siemens, 시그네틱스Signetics, 노던 텔레콤Northern Telecom, 허니웰Honeywell, 슐룸베르거Schlumberger 등이 수요 급락으로 허덕이는 반도체 제조업체를 인수하여 사업에 뛰어들었다.[6]

자동차 업계도 예외는 아니다. 1989년 중반 제너럴 모터스, 포드, 크라이슬러Chrysler는 5월 30일 자 〈월스트리트 저널Wall Street Journal〉의 표현을 빌자면 "판매량을 훨씬 초과하는 차를 생산했고 딜러들의 재고가 쌓여갔다. 회사들은 이미 공장을 멈추었고 전에 없이 많은 직원을 해고하고 있다."[7] 국가경제 전체도 경기주기에서 재고가 부족하면 기업들이 주문량을 늘리는 행태 때문에 수요 급증과 재고 과잉을 경험한다. 경제학자들은 이를 '재고 가속자inventory accelerator'라고 부른다.

유사한 수요 급등과 급감 주기가 여러 서비스업에서도 되풀이되고 있다. 특히 부동산은 그러한 주기성으로 악명 높은데 신규 프로젝트에 투자자들을 끌어들이려고 가격을 올리는 투기업자들이 이를 한층 부채질하기도 한다. 매사추세츠 주의 아파트 개발업자인 폴 퀸Paul Quinn은 1989년 〈맥닐 레러 뉴스아워MacNeil-Lehrer Newshour〉에서 다음과 같이 말했다. "사무실에서 전화가 울리면 '안녕하세요? 누구든 이름과 함께 5,000달러 수표를 보내면 리스트에 올려드리겠습니다.'라고 말했습니다. 그랬더니 150장이 넘는 수표가 책상에 쌓였지요." 그렇게 붐이 일고 나면 곧장 공급 과잉 사태가 발생한다. "천천히 가라앉는 기분이었습니다." 사방에 미분양 주택이 널린 해변도시에서 인터뷰를 하면서 퀸은 그렇게 말했다. "지금이 다음 붐에 대비해서 건설을 시작할 적기입니다. 그런데 안타깝게도 부동산업계 사람들은 지난번 붐이 남긴 문제를 처리하느라 정신이 없네요."[8]

실생활에서 생산·유통 시스템 문제를 살펴보면, 맥주 게임에서보다 심각한 경우도 많다. 현실에서는 소매업자가 두세 명의 도매업자에게 동시에 주문을 내고, 어디서든 한쪽에서 주문량이 도착하면 나머지 주문은 취소할 수도 있다. 생산자가 게임에서와 달리 생산능력 한계에 부닥쳐 증산을 하지 못함으로써 결과적으로 유통시스템 전체의 공황상태를 가속화시키는 경우도 많다. 결국 생산자들은 지금의 수요가 향후에도 지속되리라고 생각해 추가 설비에 투자를 하고, 수요가 급락하면 과잉 설비를 떠안고 어쩔 줄 모르는 상태가 된다.

맥주 게임 같은 생산·유통 시스템의 역학은 '구조가 행동에 영향을 미친다'는 시스템 사고의 첫 번째 원칙을 보여준다.

구조가 행동에 영향을 미친다

같은 시스템 안에 놓일 경우, 아무리 다양한 사람들이 모인다 해도 비슷한 결과를 내놓는 경향이 있다.

시스템 관점은 중요한 문제를 이해하기 위해서는 개인적인 실수나 불운을 넘어서 그 이상을 보아야 한다고 말한다. 개인의 특성이나 눈앞에서 펼쳐지는 단발성 사건의 너머를 보아야 한다는 것이다. 개인의 행동을 야기하고 유사한 유형의 사건이 발생하는 조건을 만들어내는 기저의 구조를 들여다보아야 한다. 도넬라 메도우스Donella Meadows는 이를 다음과 같이 표현한다.

> 진정 심오하고 차별화된 통찰은 시스템 자체가 행동을 불러일으키는 것을 이해하는 것이다.[9]

초기 시스템 사고자system thinker 역시 이미 100여 년 전에 같은 의견을 피력했다. 레오 톨스토이Leo Tolstoy는 〈전쟁과 평화War and Peace〉의 3분의 2 지점에서 나폴레옹과 제정 러시아 시대의 역사에 대한 서사에서 잠시 벗어나, 전반적으로 역사가들이 역사에 대해 설명하지 못하는 부분이 많은 이유를 생각해본다.

> 19세기 초반 15년 동안 수백만 명이 눈길을 끄는 이례적인 움직임을 보여주었다. 그들은 습관적인 생활방식에서 벗어났다. 유럽의 이쪽에서 저쪽으로 몰려가고, 약탈하고, 학살하고, 승리에 취하고, 절망한다. 그리고 전반적인 삶의 흐름이 변화하며 긴장한 움직임을 보인다. 처음에는 점점 빨라지더니 이어서 서서히 늦어진다. 이러한 움직임의 원인은 무엇이었나? 즉 어떤 법칙에서 그러한 움직임이 나왔나? 인간의 이성은 물었다.
>
> 역사가들은 이와 같은 질문에 답하기 위해 파리라는 도시의 한 건물에 모여 수십 명의 남자들이 벌였던 언행을 혁명이라는 한 단어로 요약하며 우리 앞에 제시한다. 그러고는 나폴레옹에 대해서, 그에게 우호적이거나 적대적인 마음을 품었던 몇몇 개인에 대해서 상세한 일대기

를 제시한다. 이들 가운데 일부가 다른 사람들에게 미친 영향에 대해 이야기하고, 그것이 이러한 움직임이 일어난 이유라고, 이것이 그러한 움직임의 법칙이라고 말한다.
그러나 인간의 이성은 이러한 설명을 믿지 않을 뿐더러 설명 방법론이 정확하지 않다고 단호히 선언한다. 인간의 개인 의지가 합쳐져서 혁명과 나폴레옹 모두를 만들어냈다. 그리고 그러한 의지의 합만이 그것들을 지탱했고, 파괴했다.
"그러나 전쟁이 있을 때면 어김없이 위대한 군사 지도자가 있었고, 국가에서 혁명이 있을 때면 어김없이 위대한 사람들이 있었다."고 역사는 말한다. "위대한 군사 지도자가 있을 때마다 실제로 전쟁이 있었다. 그러나 그것은 그들이 전쟁의 원인이며, 특정 개인의 행동에서 전쟁을 야기한 요인을 찾을 수 있다고 입증하지는 않는다."고 인간의 이성은 답한다.[10]

톨스토이는 기저에 놓인 근본적인 '역사 법칙'을 이해하려는 노력이 있어야만 심층 이해가 가능하다고 주장한다. 톨스토이가 말하는 '역사 법칙'은 현재 우리가 시스템 구조라고 부르는 것의 동의어다.

역사 법칙을 알아내려면 관찰 대상을 완전히 바꿔야 한다. 왕과 장관은 내버려 두고, 대중을 이끄는 동질적이고 눈에 띄지 않는 미묘한 요소를 살펴야 한다. 역사 법칙을 이해하기 위해서 그러한 방향으로 구체적으로 얼마나 나아가야 하는지는 어느 누구도 말하기 힘들다. 하지만 확실한 것은 그 방향으로 나아가야만 역사 법칙을 발견할 약간의 가능성이라도 있다는 것이다. 인간의 이성은 지금까지 역사가들이 왕, 장관, 장군 등의 행동을 설명하는 데에 쏟은 에너지의 100만분의 1도 그러한 연구방법론에 쏟지 않았다.[11]

여기에서 사용하는 '구조structure'라는 말은 신중하게 전개되는 논쟁에서의 '논리 구조logical structure'나 조직도에 나오는 보고 체계reporting structure를 의미하지 않는다. 이때 말하는 시스템 구조란 시간이 흐르면서 행동에 영향을 미치는 핵심 상호관계를 의미한다. 이는 사람들 사이의 상호관계가 아니라, 예를 들어 개발도상국에서 인구, 천연자원, 식량생산 같은 핵심 변수 사이의 상호관계, 첨단기술 회사에서 엔지니어의 제품 아이디어와 기술 노하우, 관리 노하우 사이의 상호관계 등을 말한다.

맥주 게임에서 주문과 재고가 롤러코스터를 타듯 요동치게 하는 구조에는 다단계 공급망, 시스템의 단계와 단계 사이의 지연, 단계마다 제한된 정보, 개인의 맥주 주문에 영향을 미쳤던 각자의 목표, 비용, 인식, 두려움 등이 두루 포함된다. 그러나 여기에서 말하는 '시스템 구조'가 개인 밖에 있는 구조라는 의미만은 아님을 알아야 한다. 특히 인적 시스템에서 구조의 본질은 포착하기가 쉽지 않은데 이유는 우리 자신이 구조의 일부이기 때문이다. 하지만 이는 동시에 우리가 내부에서 작용하는 구조를 바꿀 힘을 갖고 있다는 의미가 된다.

그러나 많은 경우 우리는 그러한 힘을 인지하지 못한다. 사실 우리는 작용 중인 구조의 많은 부분을 대체로 보지 못한다. 그러고는 외부 상황 때문에 특정 방식으로 행동할 수밖에 없다고만 느낀다.

1973년 심리학자 필립 짐바르도Philip Zimbardo는 스탠포드 대학의 심리학과 건물 지하에 모의 감옥을 설치하고 학생들이 죄수와 간수 역할을 맡게 하는 흥미로운 실험을 진행했다. 처음에는 '죄수'들의 온건한 저항과 '간수'들의 엄격한 조치 정도로 시작되었던 갈등이 서서히 정도가 심해져서 강도 높은 저항과 학대로 비화되었다. 상황이 통제를 벗어나며 실험자들이 위험하다고 느낄 정도가 되자, 결국 실험은 엿새 만에 조기 중단되었다. 하지만 참여했던 학생들은 이미 우울증과 걷잡을 수 없이 터져 나오는 울음 같은 심인성 질병을 앓기 시작했다.[12]

국제정치에서 구조의 힘을 보여주는 특히나 오싹한 사례를 나는 결코 잊지 못할 것이다. 구소련이 아프가니스탄으로 군대를 보내고 몇 달 뒤, 구소련 대사관의 고위 관리와 사적인 모임을 가졌을 때였다. 대사관 관리는 사뭇 진지한 웅변조로 구소련이 건국 뒤에 아프가니스탄이라는 나라를 승인한 최초의 국가가 된 내력을 이야기했다. 이후 구소련은 아프가니스탄에 국내 분쟁이나 소요가 발생했을 때도 가장 먼저 반복적으로 도움을 주는 나라가 되었다. 1970년대 말부터 게릴라가 기승을 부리자 아프가니스탄 집권 정부는 구소련에 지원을 늘려줄 것을 요청했다. 소규모 지원이 결국 광범위한 지원을 필요로 하는 상황을 야기한 것이다. 그는 '군사적으로 개입하지 않을 수 없는 상황'까지 왔다고 설명했다.

이야기를 들으면서 나는 맥주 게임이 끝나고 소매업자나 도매업자가 게임 상황을 설명하며 했던 말을 떠올렸다. 그들은 하나같이 '주문을 늘리지 않을 수 없는 상황'이었다고 목청을 높였다. 10여 년 전에 미국 관리가 그들이 베트남 전쟁에 개입하게 된 과정을 설명하면서 들려준 유사한 이야기도 떠올랐다.

그렇다면 '구조가 특정 행동 유형을 낳는다'는 말은 정확히 어떤 의미인가? 전반적인 상황과 행동을 지배하는 구조를 내부 구성원이 어떻게 인식할 수 있을까? 구조에 대한 지식이 복잡한 시스템에서 성공하고 살아남는 데 어떤 도움이 될까?

맥주 게임은 구조가 어떻게 행동에 영향을 미치는가를 탐구하는 하나의 실험실이 된다. 소매업자, 도매업자, 맥주회사라는 게임 참가자는 매주 하나의 의사결정만을 내렸다. 바로 '얼마나 많은 맥주를 주문할까?'이다. 소매업자는 가장 먼저 주문을 늘리는 역할을 하는 인물로, 소매업자의 주문은 12주째에 절정에 이른다. 기다리는 맥주가 제때 도착하지 못하는 상황에서, 소매업자는 그간의 주문 잔고를 생각하지 않고 어떻게든 맥주를 확보하려는 마음에서 주문량을 대폭 늘리게 된다. 소매업자로 인한 갑작스러운 주문 증가는 전체 시스템을 거치면서 크게 증폭된다. 우선 도매업자에 의해서, 다음에는 맥주회사에 의해서. 게임 참가자들을 보면 도매업자의 주문은 40트럭분에서 절정에 달하고, 맥주회사의 생산은 80트럭분에서 절정에 이른다.

결과적으로 각 위치에서 주문이 급증했다가 급락하게 되는 일정한 유형이 나타나는데, 소매업자에서 도매업자, 맥주회사로 '올라가는' 동안 그 정도가 크게 증폭되는 것을 볼 수 있다. 즉, 최종 고객에게서 멀어질수록 주문량이 많아지고 붕괴 또한 극적이다. 실제로 맥주회사 역할을 맡은 거의 모든 참가자가 한 주에 40, 60, 100그로스, 혹은 이상을 생산하고 불과 몇 주 뒤에 생산율이 거의 0으로 떨어지는 중대 위기를 겪는다.[13]

맥주 게임을 보면 이외에도 재고와 처리하지 못한 주문 잔고에서 특유의 행동 유형이 나타나는 것을 볼 수 있다. 소매업자의 재고는 5주째쯤 '0' 이하로 떨어지기 시작한다. 재고가 없는 상태에서 소매업자의 주문 잔고는 몇 주에 걸쳐 지속적으로 증가하고, 12주에서 15주 정도가 되어서야 플러스 재고로 돌아간다. 마찬가지로 도매업자는 7주경부터 15주에서 18주 정도까지 내내 주문 잔고 상태고, 맥주회사는 9주째부터 18주에서 20주 정도까지 주문 잔고 상태다. 그러다가 재고가 쌓이기 시작하면 행위자의 의도보다 훨씬 높은 수준까지 올라간다.(30주째에 소매업자의 경우 40상자, 도매업자는 80트럭분에서 120트럭분, 맥주공장은 60트럭분에서 80트럭분 정도다) 그리하여 모든 위치에서 '재고-주문 잔고'라는 똑같은 사이클을 경험한다. 처음에는 재고가 부족해서 문제가 되고, 나중에는 재고가 넘쳐서 문제가 되는 것이다.

주문 급등과 급락, 재고-주문 잔고라는 특유의 패턴은 안정적인 소비자 수요에도 불구하고 일어난다. 실제로 고객의 주문은 단 한 번밖에 변하지 않았다. 고객은 2주째에 2배의 양을 주문했고, 주당 주문량은 네 상자에서 여덟 상자가 되었다. 한 번 증가한 주문은 게임이 진행되는 내내 여덟 상자로 유지됐다.

말하자면, 고객 수요는 한 차례 증가한 뒤에 시뮬레이션 게임이 진행되는 내내 변화가 없었던 것이다! 물론 소매업자 이외의 게임 참가자는 고객 수요에 대해 알지 못하며, 소매업자도 주 단위로만 수요를 파악할 뿐 향후 어떻게 될지에 대해서는 전혀 정보가 없었다.

맥주 게임이 끝난 뒤에 도매업자와 맥주회사 역할을 맡았던 참가자에게 자신이 생각하는 고객 주문 현황을 그려보라고 한다. 대부분은 자신이 받은 주문처럼 상승했다가 하락하는 곡선을 그린다.[14] 말하자면 참가자들은 게임에서 주문이 올라갔다가 폭락하면, 고객 주문이 급등했다가 폭락했기 때문이라고 가정한다. 이처럼 '외부 요인'을 가정하는 것은 비非시스템 사고의 전형적인 특징이다.

고객 수요에 대한 참가자들의 추측은 문제가 생겼을 경우 비난할 사람이나 대상을 찾아야 한다는 깊은 속마음을 설명해준다. 게임이 끝난 직후, 대부분의 사람은 다른 위치에 있던 참가자의 행동이 문제였다고 믿는다. 하지만 누가 어떤 역할을 맡느냐와 상관없이 모든 게임에서 같은 문제가 발생한다는 사실을 알고 나면 이러한 믿음이 깨진다. 이쯤 되면 다수가 비난의 화살을 고객 쪽으로 돌린다. "고객 수요에 엄청난 급등과 급락이 있었음에 분명하다."고 그들은 추론한다. 그러나 게임 초반 한 번 증가한 이후 내내 변화가 없었던 고객 주문을 보고 나면 이 추론 역시 무너지고 만다.

일부 참가자는 이러한 사실을 확인하고 엄청난 충격을 받는다. 뒷자리에 앉아서 맥주 게임 차트를 노려보던 대형 운송회사 사장의 모습을 잊을 수가 없다. 얼마나 놀랐는지 놀란 입을 다물지 못했다. 사장은 휴식시간이 되자 전화기 쪽으로 냅다 달려갔다. "무슨 일입니까?" 사장이 자리에 돌아오자 나는 물었다.

"여기 오기 직전, 회사 최고 경영진이 운영 전반에 대한 사흘간의 점검을 끝내고 조치를 취했습니다. 점검 결과, 부서 중의 하나가 차량 운용에서 심한 기복을 보이고 있었지요. 아무래도 부서장의 자질과 리더십이 부족해 보였습니다. 우리는 당연히 부서장을 탓하고 비난했지요. 실험 참가자들이 당연하다는 듯이 맥주회사를 비난한 것처럼 말입니다. 우리 회사 역시 어쩌면 개인이 아니라 구조에 문제가 있다는 생각이 들었습니다. 그래서 급히 본사에 전화를 걸어 해고조치를 취소하라고 했습니다."

다른 참가자를 비난할 수도, 고객을 비난할 수도 없다는 것을 깨달은 게임 참가자들에게 남은 한 가지 방법이 있다. 바로 시스템을 비난하는 것이다. "다루기 힘든 시스템이에요." 어떤 이는 이렇게 말한다. "우리가 서로 소통할 수 없다는 것이 문제입니다." 그러나 이것 역시 그리 타당한 견해가 아님이 드러난다. 실제로 재고, 배송 지연, 제한된 정보라는 '물리적 시스템'을 감안해도 대부분의 팀에게는 게임 점수를 올릴 상당한 여지가 있는 것이다.

영향 범위 재정의: 맥주 게임에서 실적 개선 방법

개선 가능성을 보려면 우선 참가자가 재고나 주문 잔고를 바로잡는 작업을 하지 않았을 경우의 결과를 생각해보라. 아무런 조치를 취하지 않는 소위 '무無전략' 전략에 따라 참가자는 매번 자신이 받은 주문과 똑같은 양의 주문서만을 제출한다. 더없이 간단한 주문정책이다. 만약 맥주 네 상자를 신규로 주문받으면 똑같이 네 상자의 주문서를 제출하는 식이다. 들어오는 신규 주문이 여덟 상자면 제출하는 주문서 역시 여덟 상자다. 게임에서 고객의 수요를 감안하면 이는 매주 네 상자 혹은 네 트럭분을 주문한다는 의미가 된다. 여덟 상자의 주문을 받은 후에는 당연히 여덟 상자를 주문한다.

세 참가자가 모두 이러한 전략을 일관되게 따르면 11주째가 되었을 때 다들 일정한 안정 상태에 도달한다. 소매업자와 도매업자는 주문 잔고를 해소하려 하지 않는다. 전형적인 게임 패턴과 마찬가지로 주문량 배달이 지연됨에 따라 주문 잔고가 발생한다. 참가자들이 이를 바로잡으려는 노력을 하지 않기 때문에 주문 잔고는 그대로 지속된다. '무無전략' 전략은 주문 잔고를 바로잡기 위해 받은 주문을 초과하여 주문을 내는 것을 배제하기 때문이다.

이와 같은 전략이 과연 성공할까? 아마 대다수의 참가자는 아니라고 답할 것이다. 무엇보다도 그러한 전략은 지속적인 주문 잔고를 야기한다. 시스템 전반에 걸친 모든 사람이 주문 충족을 필요 이상으로 오래 기다려야만 한다. 현실에서 그러한 상황은 분명 보다 나은 운송서비스로 무장한 새로운 경쟁자의 출현을 야기할 것이다. 시장에서 독점권을 지닌 생산자나 유통자만이 해당 전략을 고수할 수 있을 것이다.[15]

이러한 약점에도 불구하고 '무無전략' 전략은 주문 폭등과 폭락, 그로 인한 재고 폭증을 막아준다. 나아가 '무無전략' 전략을 취했을 경우, 모든 위치에서 발생하는 총비용은 게임에 참가한 팀의 75퍼센트에서 발생한 평균 비용보다 훨씬 낮았다.[16] 달리 말해 대부분이 경험 많은 관리자인 게임 참가자 대다수가 받은 만큼 발주하는 단순한 대응보다 훨씬 못한 결과를 냈다. 참가자 대부분이 '아무것도 하지 않는' 데서 생기는 불균형을 어떻게든 바로잡으려고 하면서 오히려 상황을 악화시켰고, 그들 중 대다수는 악화 정도가 심각했다.

한편 참가자 가운데 25퍼센트는 '무無전략' 전략일 때보다 좋은 실적을 냈고, 약 10퍼센트는 아주 좋은 실적을 냈다. 말하자면 성공 가능성은 있다. 하지만 그러자면 관점의 전환이 필요하다. 해당 게임에 대한 일반적인 사고방식(뒤에 나올 '정신모델')과 '이 게임이 실제로는 어떻게 전개될 것인가'라는 현실과의 사이에 있는 근본적인 불일치의 핵심에 다가간다는 의미다. 대다수의 참가자는 시스템의 나머지 부분과는 무관하게 '자신의 위치를 관리'하는 것이 주어진 역할이라고 생각한다. 그러나 필요한 것은 자신의 위치가 거대한 시스템과 상호작용하는 방식을 아는 것이다.

당신이 어떠한 역할을 맡았건 전형적인 참가자라면 어떨지 생각해보라. 당신은 자신의 재고, 비용, 주문 잔고, 주문, 상품 배달 등을 세심하게 관리할 것이다. 들어오는 주문은 '외부'에서 온다. 예를 들면 도매업자, 맥주회사 역할을 맡은 참가자는 후반부에서 등장하는 이해할 수 없는 주문량에 충격을 받는다. 분명 높은 숫자여야 마땅한데, 매주 '0' 행진이 계속되는 것이다. 당신은 맥주를 출고함으로써 새로운 주문에 반응하지만, 그러한 출고가 다음 주문에 어떤 영향을 미칠지에 대해서는 전혀 모른다. 마찬가지로 당신은 자신이 내린 주문이 어떻게 될지에 대해서도 모호한 개념만을 가지고 있을 뿐이다. 그저 어느 정도 지연된 뒤에는 물품으로 입고되리라고 예상할 뿐이다. 시스템에 대한 이러한 관점을 도식으로 표현하자면 아래의 다이어그램과 비슷하지 않을까 싶다.

아래의 상황대로라면 맥주가 필요하면 주문량을 늘리는 것이 합당하다. 곧 오리라 예상했던 맥주가 도착하지 않으면 주문량을 더욱 늘린다. 당신이 할 일은 들어오는 주문, 맥주 입고, 공급자의 배송 지연 같은 외부에서 들어오는 변화에 반응하면서 자신의 위치를 관리하는 것이 맞다.

'자신의 위치만 관리하면 된다'는 전형적인 관점은 당신이 취하는 주문이 다른 사람의 주문과 상호작용함에 따라, 당신이 '외부 요인'이라고 생각하는 변수에 어떠한 영향을 미치는지를 보지 못한다. 모든 참가자는

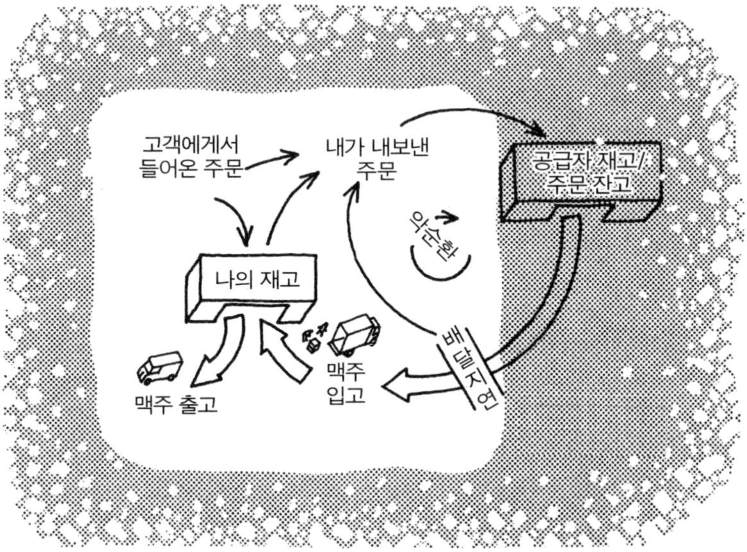

대다수가 그저 흐릿하게만 인식하는 것보다 더 큰 시스템의 일부이다. 예를 들어 참가자가 대량 주문을 하면 공급자의 재고가 바닥나고, 그로 인해 공급자의 배달 지연이 심화되는 사태를 초래한다. 참가자가 배달 지연에 더욱 많은 양을 주문하는 것으로 반응하면(실제로 많은 이가 그렇다) 시스템 전체에 걸쳐 문제를 악화시키는 '악순환'을 야기하게 된다.

이러한 악순환은 소매업자, 도매업자 등을 가리지 않고 시스템의 어디에서든 공황상태에 빠진 참가자에 의해 촉발될 수가 있다. 맥주회사라고 예외는 아니다. 충분한 맥주를 생산하지 못한다는 단순한 사실 때문에 같은 문제를 야기할 수 있다. 결국 하나의 악순환이 다른 악순환에 영향을 미치고, 그로 인한 혼란이 생산·유통 시스템 전체로 퍼진다. 공황상태가 심화되면 게임 참가자들이 실제 재고 불균형 수정에 필요한 것보다 20배 혹은 50배까지 더 많이 주문하는 모습을 볼 수 있다.

맥주 게임에서 실적을 개선하고자 한다면 참가자는 자신의 행동이 미치는 영향 범위를 재정의해야 한다.(오른쪽의 다이어그램 참조) 어느 위치에 있든 참가자로서 당신이 미치는 영향은 '자신이 맡은 위치'라는 한계를 넘어선다. 우리는 홀연히 존재도 없이 사라졌다가 맥주 공급으로 돌아오는 그러한 주문을 하지 않는다. 말하자면 우리의 주문이 거래하는 공급자의 행동에 영향을 미친다는 것이다. 이것이 다시 또 다른 공급자의 행동에 영향을 미칠지도 모른다. 결국 게임에서의 성공 여부는 자신의 주문으로부터만 영향을 받는 것이 아니다. 시스템 내 모두의 행동으로부터 영향을 받는다. 예를 들어 맥주회사에서 맥주가 떨어지면 머지않아 다른 참가자들의 맥주도 바닥난다. 시스템이 제대로 작동하지 않으면 각자가 맡은 위치도 마찬가지일 것이다. 흥미로운 사실은 맥주 게임을 비롯한 많은 시스템에서 '당신이 성공하기 위해서는 다른 사람도 성공해야만 한다'는 것이다. 나아가 참가자 각자가 이러한 시스템 관점을 공유해야만 한다. 어느 한 명이라도 당황해서 대량 주문을 하면 시스템 전체에 걸쳐 공황상태가 심화되는 경향이 있기 때문이다.

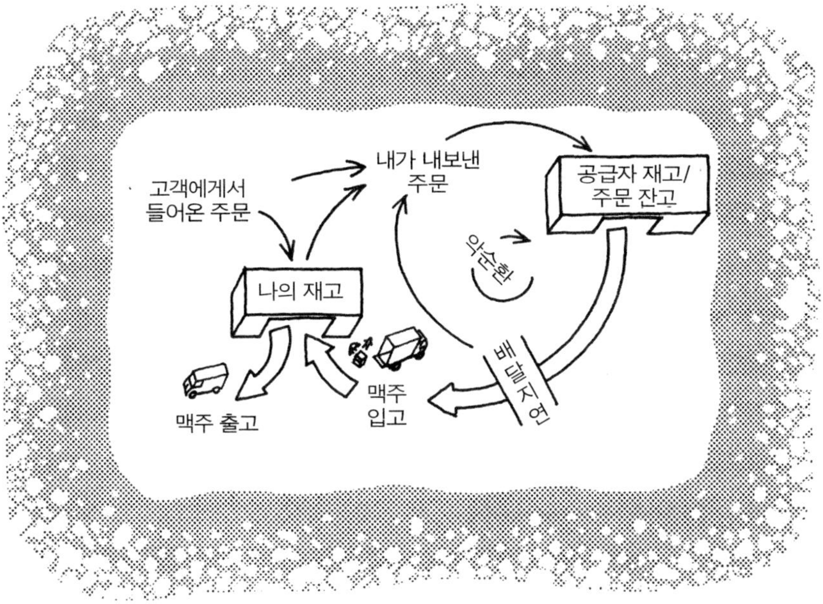

게임 참가자를 위한 두 가지 핵심 지침이 있다.

첫째, 이미 주문했지만 배달 지연으로 도착하지 않은 맥주를 망각하지 말아야 한다. 나는 이를 '아스피린 두 알 먹고 기다리기' 규칙이라고 부른다. 두통 때문에 아스피린을 먹어야 하는 경우, 두통이 사라질 때까지 5분 간격으로 계속해서 아스피린을 먹지는 않는다. 아스피린은 효과가 늦게 나타난다는 것을 알기 때문에 보통은 효과가 나타날 때까지 참을성 있게 기다린다. 그러나 대부분의 게임 참가자는 재고불균형이 사라질 때까지 매주 지속적으로 맥주를 주문한다.

둘째, 당황하지 마라. 공급자가 당신이 원하는 양을 정상 속도로 공급하지 못하는 상황에서 최악의 행동은 더 많은 맥주를 주문하는 것이다. 그런데도 다수의 참가자가 이러한 행동을 취한다. 주문 잔고가 늘어나고 고객들이 맥주를 달라고 아우성을 치는 상황에서 주문량을 늘리고 싶은 충동을 억누르기 위해서는 훈련이 필요하다. 그러한 훈련이 되어 있지 않으면 나는 물론 다른 모든 사람까지 고통을 받게 된다.

그런데도 참가자 대부분이 하나같이 이러한 지침을 간과한다. 여러 위치를 넘나드는 상호작용과 영향을 이해해야 이와 같은 지침의 의미가 명확해지는데 그렇지 못하기 때문이다. '아스피린 두 알 먹고 기다리기'는 내가 주문에 변화를 주었을 경우, 공급자의 출고 지연에 어떤 영향을 미칠지를 이해해야 가능하다. '당황하지 마라'는 지침은 내가 취한 주문이 공급자의 배달 지연을 악화시킬 경우 야기되는 악순환을 이해하는 데서 나온다.

이러한 지침을 따를 경우 상황은 얼마나 개선될까? 그렇다고 과잉 주문과 재고 부족, 주문 잔고로 이어지는 사이클을 완전히 없앨 수는 없다. 그러나 이러한 불안 요소를 맥주 게임에서 나타난 롤러코스터 수준이 아닌 아주 낮은 수준으로 유지하는 것은 가능하다. 총비용 역시 평균 비용의 10분의 1, '무無전략' 전략의 5분의 1로 줄일 수 있다. 말하자면 상당한 정도로 의미 있는 개선이 가능하다는 것이다.

학습장애와 사고방식

2장에서 말한 모든 학습장애가 맥주 게임에서 나타나고 있었다.

- '자신의 위치에만 충실하면 된다'고 생각하기 때문에 참가자들은 각자의 행동이 다른 위치에 어떠한 영향을 미치는지 알지 못한다.
- 결과적으로 문제가 생기면 서로를 탓하기 바쁘다. '적'은 항상 다른 위치에 있는 참가자, 혹은 고객이 된다.
- 참가자들이 상황에 끌려가지 않고 '사전 조치로 상황을 주도하겠다'는 생각으로 주문량을 늘리면서 전체 상황은 한층 악화된다.
- 과잉 주문이 서서히 누적되는 탓에 참가자들이 상황의 심각성을 알아차렸을 때는 이미 늦는다.

- 일반적으로 참가자들은 경험을 통해 학습하지 못한다. 행동의 가장 중요한 결과는 시스템 내의 다른 곳에서 일어나고, 결국에는 그들이 서로의 탓이라고 생각하는 문제로 자신에게 되돌아온다.[17]
- 각기 다양한 역할을 맡은 '팀'은(보통 한 역할에는 두세 명이 있다) 문제가 생기면 다른 참가자를 탓하기 바쁜 까닭에 서로의 경험에서 배울 기회를 스스로 날려버린다.[18]

맥주 게임에서 얻는 가장 중요한 통찰은 이러한 학습장애가 복잡한 상황에서 다른 사고방식과 어떻게 연관되는가를 이해하는 데서 나온다. 참가자 대다수가 전반적인 게임의 경험을 심히 불만족스럽다고 느끼는 이유는 순전히 수동적이기 때문이다. 그러나 결국에는 이러한 수동성의 원인이 매주 일어나는 사건에만 집중하는 자신에게 있음을 깨닫는다. 게임 도중 대부분의 참가자는 재고 부족, 들어오는 주문 급증, 이를 따라가지 못하는 맥주 입고에 당황한다. 각자가 내린 결정에 대해 설명해달라고 하면 대부분 전형적인 '사건 중심 설명'을 늘어놓는다. "내가 11주째에 40그로스를 주문한 이유는 소매업자들이 36그로스나 주문해서 우리의 재고가 바닥났기 때문입니다." 그들은 사건에 집중하는 태도를 고집하는 한, 상황에 수동적으로 반응하는 상태에서 벗어날 수 없다.

시스템 관점은 다음 장의 도식에 나오는 것처럼 복잡한 상황에서 다양한 차원의 설명이 가능함을 보여준다. 어떤 의미에서는 각각의 설명이 모두 '사실'이지만, 유용성은 많이 다르다. '누가 누구에게 무엇을 했고' 식의 사건 중심 설명에 치중하는 사람은 수동적으로 반응하는 입장에 처할 수밖에 없다. 앞서 이야기한 것처럼 현대사회에서는 사건 위주의 설명이 가장 일반적이다. 사건에 수동적으로 반응하는 관리가 만연한 이유가 바로 여기에 있다.

시스템 구조(생성적)

↓

행동 유형(대응적)

↓

사건(반응적)

'행동 유형 설명'은 장기적인 흐름을 알고 그것의 함의를 파악하는 데 초점을 맞춘다. 예를 들어 맥주 게임에서의 행동 유형 설명은 다음과 같다. "생산·유통 시스템은 본질적으로 주기적이고 불안정하기 쉬운데, 이러한 현상은 소매업자에게서 멀어질수록 심해진다. 따라서 조만간 심각한 위기가 맥주회사에 닥칠 가능성이 높다." 행동 유형 설명은 단기적인 반응에 치중하는 행태를 바로잡을 계기를 제공한다. 적어도 장기적인 관점을 갖고, 변화하는 트렌드에 어떻게 대응해야 하는지를 제시한다.[19]

세 번째 '구조 중심 설명'은 일반적이지 않지만 가장 효과적이다. 이는 "무엇 때문에 그러한 행동 유형이 유발되었는가?"라는 질문에 대한 답을 찾는 데 초점을 맞춘다. 맥주 게임에서 구조 중심 설명이라고 하면, 주문, 배송, 재고가 어떻게 상호작용하여 눈에 보이는 불안을 유발하고 증폭시키는지를 보여주어야 한다. 물론 신규 주문이 지연에 미치는 영향, 배달 지연 심화로 주문이 증가하는 시점에서 생기는 악순환 등을 모두 고려한 상태에서 말이다. 드물기는 하지만 이러한 구조 중심 설명은 그것이 명확하고 폭넓게 이해되는 경우 상당한 효과가 있다.

이러한 통찰을 제공하는 탁월한 리더의 예로 프랭클린 루즈벨트 Franklin Roosevelt를 들 수 있다. 때는 나흘간의 '은행 휴무'를 앞두고 국민들이 불안과 혼란을 느끼는 시점이었다. 1933년 3월 12일 루즈벨트는 라디오 방송에 출연해서 은행 시스템이 구조적으로 어떻게 돌아가는지에 대해 침착한 태도로 설명했다. "여러분이 맡긴 돈을 은행이 지하금고에 넣어두지 않는다는 간단한 사실을 설명해보겠습니다. 은행은 여러분의 돈을 채권, 장기주택융자금 등의 다양한 형식으로 투자합니다. 즉, 은행은 여러분의 돈을 은행이 원활하게 돌아가게 하는 데에 사용합니다." 루즈벨트는 은행이 의무적으로 지급준비금을 보유해야 한다는 사실, 광범위한 예금 인출 사태가 발생할 경우 그러한 준비금이 불충분해지는 이치 등을 조목조목 설명했다. 그리고 나흘 동안 은행 문을 닫는 것이 질서 회복에 필요한 이유를 설명했다. 이를 통해 그는 극단적이지만 반드시 필요한 조치에 대해 대중의 지지를 끌어냈고, 이와 함께 대중 커뮤니케이션의 달인이라는 명성을 얻었다.[20]

구조 중심 설명이 중요한 이유는 행동 유형이 바뀌는 근본 원인을 다루는 유일한 설명이기 때문이다. 구조가 행동을 만들어내는 까닭에, 근본 구조를 바꾸면 다른 행동 유형이 나올 수도 있다. 이러한 의미에서 구조 중심 설명은 본질적으로 무언가를 바꾸고 만들어낼 수 있는 능력, 즉 생성력을 지녔다고 할 수 있다. 더구나 인적 시스템에서는 구조가 시스템 내부 의사결정자의 '운영 정책'을 포함하기 때문에 자신의 의사결정을 재설계하면 시스템 구조를 재설계하는 효과가 있다.[21]

게임 참가자 대부분에게 가장 심오하고 중요한 통찰은 자신이 안고 있는 문제와 개선 가능성이 자신의 사고방식과 불가분의 관계에 있다는 사실을 깨닫는 순간에 찾아온다. 생성학습은 사건 중심 사고가 지배적인 조직에서는 유지되기 힘들다. 생성학습은 '구조 중심' 혹은 시스템 중심 사고를 하는 능력, 즉 행동의 구조적 원인을 밝혀내는 능력을 요구한다. '미래 창조'에 대한 열정만으로는 충분하지 않다는 말이다.

맥주 게임 참가자가 행동을 야기한 구조를 이해하게 되면, 행동을 바꾸고 전체 시스템에 효과적인 주문 정책을 채택할 수 있는 능력이 자기 자신에게 있다는 사실 역시 명확하게 깨닫게 된다. 또한 그들은 세월이 흘러도 변치 않는 지혜를 발견하게 된다. "마침내 적을 만났는데, 그 적은 바로 우리였다." 이는 풍자만화가 월트 켈리Walt Kelly의 〈포고Pogo〉에 나오는 유명한 문장이기도 하다.

THE FIFTH
DISCIPLINE

2

THE FIFTH DISCIPLINE:

학습조직의 초석, 시스템 사고

THE CORNERSTONE
OF THE LEARNING ORGANIZATION

04 시스템 사고의 법칙

1. 어제의 '해결책'이 오늘의 문제를 야기한다

어느 옛날, 한 카펫 장수는 자신의 가게에 있는 가장 좋은 카펫의 한 가운데가 불룩 솟아오른 것을 발견했다. 솟아오른 부분을 밟자 카펫은 다행히 평평해졌다.[2] 그러나 중앙에서 멀지 않은 다른 곳이 다시 튀어나왔다. 장수는 이번에도 튀어나온 부분을 밟았고 카펫은 다시 평평해졌다. 그러나 어김없이 다른 곳이 튀어나왔다. 장수는 튀어나온 부분 위로 올라가서 밟는 행동을 계속했으나, 아무리 해도 소용이 없었고 카펫은 여기저기 흠집이 나서 엉망이 되어 갔다. 마침내 지친 장수가 카펫 한쪽 귀퉁이를 들쳐보니 성난 뱀 한 마리가 스르르 기어 나오는 것이었다.

때때로 문제의 원인 때문에 골머리를 앓을 때가 많다. 그러한 때에는 과거에 우리가 안고 있었던 문제의 해결책을 보면 된다. 안정적으로 운영되던 회사의 이번 분기 판매량이 급격히 감소했다. 이유가 뭘까? 지난 분기에 대성공이었던 할인 정책 때문에 이미 많은 고객이 그때 물건을 샀기 때문이다. 새로 온 관리자가 만성적인 높은 재고율이 문제라며 이를 '해결'한다. 그러나 재고 문제는 없어졌지만 다른 문제가 생겼다. 재고 부족으로 인한 배송 지연 때문에 성난 고객의 불만이 쇄도하고 잠재 고객들은 상점에 구비된 물건이 다양하지 않다며 구매를 망설이는 일이 크게 늘어난 것이다. 결국 판매원들은 배송 지연으로 인한 고객 불만에 대응하며, 재고가 있는 상품 중에서 고르도록 잠재 고객을 설득하는 데 모든 에너지를 쏟았다.

이는 경찰에게 있어서도 익숙한 법칙이다. 30번가에서 마약 밀매업자들을 잡아들이고 나니 범죄 중심지가 40번가로 이동했다. 그나마 이러한 경우는 인과관계가 쉽게 눈에 띄지만, 보다 복잡한 과정을 거쳐 미묘하게 진행되는 경우도 많다. 도시 전역에서 마약 관련 범죄가 폭발적으로 증가하는데, 원인을 알고 보니 연방경찰이 대규모 마약 유통을 막은 결과였다. 경찰이 마약 유통을 막자 마약 공급이 줄어들었고, 수요-공급 법칙에 따라 자연히 마약 가격이 상승한 것이다. 결국 습관을 버리지 못하는 마약 중독자들이 마약 값을 벌기 위해 이전보다 많은 범죄를 저지르게 된 것이다.

문제를 시스템 이쪽에서 저쪽으로 옮겨놓았을 뿐인 해결책의 실상을 인지하지 못하는 경우가 많다. 카펫 장수의 사례와 달리 처음에 문제를 '해결'한 사람과 새로운 문제를 물려받은 사람이 다르기 때문이다.

2. 세게 밀수록, 튕겨내는 반동도 크다

조지 오웰George Orwell의 〈동물농장Animal Farm〉에는 박서라는 이름의 말이 나온다. 박서는 난관을 만날 때마다 같은 답을 내놓는다. "내가 더 열심히 일할게." 처음에는 선의에서 나온 박서의 근면한 태도가 모두에게 자극이 되고 힘이 되었지만, 서서히 미묘하게 역효과를 내기 시작했다. 박서가 열심히 일할수록 일은 더욱 많아졌다. 박서가 몰랐던 사실은 농장을 경영하는 돼지들이 박서를 비롯한 다른 동물을 속여 가며 자기네 이익만 챙기고 있었다는 점이다. 박서의 부지런함이 실제로는 다른 동물이 돼지들의 부당한 행동을 보지 못하도록 일조하고 있었던 것이다.[3] 시스템 사고에는 이러한 현상을 지칭하는 명칭이 있다. 바로 '상쇄 피드백

compensating feedback'이다. 선의의 개입이 그로 인한 이익을 상쇄해 버리는 반응을 시스템에 야기하는 것이다. 상쇄 피드백에 직면했을 때의 느낌을 우리 모두는 잘 알고 있다. 밀면 밀수록 시스템이 튕겨내는 반동도 크다. 상황을 개선하려고 노력하면 할수록 더 큰 노력이 필요해 보이는 것이다.

상쇄 피드백의 예는 무수히 많다. 선의로 시작된 정부 개입 가운데 다수가 상쇄 피드백의 희생양이 된다. 1960년대 미국에서는 노후한 도심에 저소득자용 주택을 건설하고 직업훈련을 시키기 위한 공공 프로그램이 대규모로 진행되었다. 하지만 정부의 아낌없는 지원에도 불구하고 1970년대가 되자 대다수 도시의 상황은 더욱 악화되었다. 이유가 뭘까? 다른 도시 및 시골의 빈민층이 지원 프로그램이 좋은 도시로 몰려왔기 때문이다. 결국 신규 주거지는 인구 과밀 상태가 되었고, 직업교육 프로그램은 지원자가 폭주하는 상황이 되었다. 그러는 사이 도시의 세금수입은 지속적으로 줄어서 경제적으로 빈곤한 지역에 인구만 늘어난 결과가 되었다.

개발도상국을 향한 식량 및 농업 지원에서도 유사한 상쇄 피드백 과정이 나타난다. 처음에는 지원으로 늘어난 식량 덕분에 영양실조로 인한 사망이 감소하고 인구가 증가한다. 이어서 인구 증가가 다시 식량 증가를 '상쇄'하고 결국에는 영양실조가 증가하는 식이다.

달러 평가절하를 통해 무역 불균형을 바로잡으려는 미국의 노력이 그와 동시에 상품가격을 인하하는 외국 경쟁자에 의해 상쇄되는 경우도 많다.(자국 통화가 '미국 달러와 연동'되어 있는 나라에서는 자동으로 가격이 조정되기 때문이다) 토착 게릴라를 진압하려는 외세의 개입이 게릴라의 명분에 힘을 실어주는 결과를 낳고, 이로 인해 게릴라의 결속력과 그들에 대한 주변의 지지를 강화시켜 저항이 한층 거세지는 경우도 마찬가지다.

제품의 인기가 갑자기 떨어지는 경우, 이를 만회하기 위한 과정에서 상쇄 피드백을 경험하는 회사도 많다. 회사는 인기를 끌어올리기 위해 공격적인 마케팅 전략을 편다. 과거에는 그러한 방법이 항상 먹혔기 때문이다. 전략의 일환으로 광고비용을 늘리고 가격을 인하한다. 이렇게 하면 고객이 일시적으로 늘어날지는 모르지만, 회사 지출도 덩달아 늘어나면서 이익이 상쇄되기 시작한다. 이로 인해 배송지연이나 품질관리 등에 소홀해지면서 서비스의 질이 떨어지고, 결국 회사가 공격적으로 판매에 나설수록 고객은 점점 사라지는 안타까운 상황이 된다.

대형 시스템에만 상쇄 피드백이 일어나는 것은 아니다. 개인 차원에서 상쇄 피드백을 경험하는 사례도 많다. 담배를 끊고 나서 살이 찌자 외모가 망가진 데 대한 상실감에 시달리다가, 스트레스를 덜기 위해 다시 담배를 피우는 사람이 그렇다. 아들을 과잉보호하는 엄마가 아들이 친구들과 잘 지내기를 바라는 마음에서 문제가 생길 때마다 번번이 개입해서 해결에 나선 나머지, 아들이 혼자 힘으로 문제를 해결하는 법을 배우지 못했다면 어떨까? 좋지 않은 인상을 주지 않기 위해 사소한 지적과 비난에 반응하지 않고 참아 오던 신입사원이 어느 날 폭발해서 결국에는 '같이 일하기 힘든' 사람이라는 꼬리표가 붙게 된다면?

공격적인 개입이든 스트레스를 유발하는 본능의 억제든, 강도를 높이면서 계속 밀어붙이기만 하는 것은 소모적이며 결국 심신을 지치게 한다. 그렇지만 우리는 개인 혹은 조직 차원에서 그러한 상쇄 피드백에 끌리는 것은 물론이고 뒤따르는 고통을 찬미하는 경우도 많다. 처음의 노력이 지속적인 개선을 가져오지 못하는 경우, 우리는 한층 세게 밀어붙인다. 박서가 그랬듯이 그저 열심히 하면 모든 장애가 극복되리라는 신조에만 충실해서 자신의 행동이 문제를 악화시키고 있다는 사실을 보지 못하는 것이다.

3. 상황은 나아졌다가 나빠진다

레버리지가 낮은 개입이 그렇게 매혹적으로 다가오는 이유는 단기적으로는 효과가 있을 때가 많기 때문이다. 새 집이 들어서고, 실직자가 훈련을 받고, 굶주린 아이들이 배불리 먹는다. 시원찮던 주문이 늘어나고, 금연에 성공하고, 아이의 스트레스를 덜어주고, 새로 만난 동료와의 마찰을 피한다. 앞서 말한 모든 예가 이처럼 초기에는 효과가 있고 성공적이다. 상쇄 피드백은 보통 단기 이익과 장기 불이익 사이의 시차, 즉 '지연delay'을 수반한다. 언젠가 〈뉴요커The New Yorker〉지에는 안락의자에 앉은 남자가 왼쪽에서 자신을 방해하는 거대한 도미노 하나를 밀어서 넘어뜨리며 좋아하는 모습을 그린 만화가 실린 적이 있다. "이제야 쉴 수 있겠군." 만화에서 남자는 안도하며 말한다. 물론 그는 자신이 넘어뜨린 도미노가 그 옆의 도미노를 쓰러뜨리고, 그것이 다시 그 옆의 도미노를 쓰러뜨리는 과정이 반복되면서 결국에는 안락의자에 앉은 자신을 오른쪽에서 덮치리라는 사실을 모르고 있다.

정치적 의사결정이 끝내 역효과를 내는 이유는 바로 이러한 '나아졌다가 나빠지는' 반응 때문이다. 여기에서 말하는 '정치적 의사결정'이란 대안의 고유한 이점 이외의 다른 요인, 예를 들어 권력기반을 넓히거나 '호감을 사거나', '상사에게 잘 보이려는' 동기 등이 의사결정에서 중요한 고려사항이 되는 상황이다. 복잡한 인적 시스템에서는 단기적으로 상황이 호전된 것처럼 보이게 만들 방법이 항상 존재한다. 결국에는 상쇄 피드백이 돌아와서 자신을 괴롭히게 되지만 말이다.

중요한 것은 '결국에는'이라는 단어다. 그만큼 시간이 걸린다는 의미다. 도미노가 연쇄적으로 넘어져 자신에게 영향을 미치기까지 걸리는 시간 때문에 시스템 문제를 인식하는 것이 어려운 것이다. 전형적인 해결책은 처음에 증상을 치료했을 때에는 훌륭하게 생각된다. 전보다 좋아지거나 혹은 문제가 아예 사라지는 경우도 있을 수 있다. 그리고 2년, 3년, 혹은 4년이 흐른 뒤에 문제는 다시 나타난다. 동일한 문제가 아니라 더욱 심각한 다른 문제가 발생하기도 한다. 워낙 자리 이동이 자주, 빠르게 일어나는 요즘 상황으로 보면, 그때쯤이면 책임자 자리에는 이미 다른 사람이 앉아 있을 가능성이 높다.

4. 쉬운 해결책은 대개 원점으로 돌아오게 한다

고대 수피 이야기의 현대판을 이야기해보자. 어느 행인이 가로등 아래에서 몸을 숙이고 무언가를 찾고 있는 만취한 술꾼을 만났다. 행인은 그가 떨어트린 열쇠를 찾는 일을 도와주기로 마음먹고 "어디에 떨어뜨렸는데요?" 하고 물었다. 그러자 술꾼은 현관 앞에 떨어뜨렸다고 대답했다. "그럼 왜 여기에서 찾고 있습니까?"라고 묻자 술꾼은 "우리 집 앞은 가로등이 없어서 깜깜하니까 말이오."라고 대답했다.

누구나 익숙한 해결책을 활용하는 데서 편안함을 느끼고 자신이 가장 잘 아는 것에 집착하게 마련이다. 열쇠는 정말로 가로등 밑에 떨어져 있을 때도 있지만, 어두컴컴한 곳에 떨어져 있을 경우가 훨씬 많다. 더구나 해결책이 알기 쉽거나 누가 봐도 확실하다면, 이미 누군가가 찾았을 가능성이 높다. 근본적인 문제는 지속되거나 악화되는데도, 익숙한 해결책만 고집하고 그 강도를 높이고 있다면 비非시스템 사고가 지배하고 있다고 보아야 한다.

5. 치료제가 질병보다 안 좋을 수도 있다

때때로 쉽고 익숙한 해결책은 효과가 없을 뿐만 아니라, 중독성이 있고 위험할 수도 있다. 낮은 자존감이나 업무 관련 스트레스의 해결책으로 간단히 마신 술이 알코올 중독으로 발전할 수 있다. 처음에는 치료제였던 것이 서서히 질병보다 심각한 문제가 된다. 더구나 이러한 상황은 언뜻 호전되는 것 같았던 낮은 자존감과 스트레스 문제까지도 악화시킨다.

비非시스템적인 해결책을 이용했을 경우 야기되는 장기적인 결과는 해결책에 대한 의존이 심화된다는 것이다. 무분별한 정부 개입이 효과가 없을 뿐 아니라, 주민의 의존성을 심화시키고 동시에 자신의 문제를 스스로 해결할 능력을 약화시킨다는 의미에서 '중독성'이 있다고 보는 이유가 여기에 있다. 단기 개선이 장기적으로 의존성을 낳는 현상이 워낙 일반적이어서 시스템 사고가 사이에서는 이를 지칭하는 별도의 용어가 있을 정도다. 바로 '개입자에게 부담 떠넘기기'다. 여기서 말하는 개입자란 연방정부의 도시에 대한 지원일 수도 있고, 식량원조 기구, 사회복지 프로그램일 수도 있다. 이러한 모든 것이 상위 시스템에 '도움을 주지만' 결국에는 시스템을 근본적으로 약화시키고 추가 지원에 더욱 의존하는 상태로 만들어놓는다.

천연자원 전문가이자 작가인 도넬라 메도우즈가 말한 것처럼 개입자에게 부담을 떠넘기는 사례를 찾는 것은 "너무 쉽고 흥미로우며 때로는 소름 끼치게 무섭기도 하다."[4] 이러한 '부담 떠넘기기'는 정부 개입 사례에 국한되지 않는다. 간단한 계산을 하는 부담조차 주머니에 넣고 다니는 계산기에 떠넘기는 바람에 우리는 그만큼 계산기에 의존하게 되었다. 또한 대가족제도를 버리고 노인 부양 부담을 양로원에 전가하고 있다. 도시를 보면 다양성을 간직한 지역사회를 만드는 부담을 주택개발 사업에 떠넘기고 있는 실정이다.

냉전은 평화에 대한 책임을 협상에서 군사력으로 떠넘겼고, 덕분에 군대와 관련 산업만 강화되었다. 기업에서는 컨설턴트나 다른 '조력자'에게 책임을 떠넘기는 일이 많은데, 외부 조력자는 고객을 교육시켜 스스로 문제를 해결하도록 하기보다는 더욱 자신들에게 의존하게끔 만든다. 시간이 흐르면서 개입자의 힘은 더욱 커진다. 그것이 개인에 대한 약물의 힘이든, 경제를 짓누르는 국방예산이든, 해외 원조 기관의 크기와 규모든, '구조기구'의 예산이든 그러하다.

'부담 떠넘기기' 구조를 보면, 메도우즈가 말했듯이 장기적 해결책이 되기 위해서는 "시스템이 자신의 짐을 스스로 짊어지는 능력을 강화시켜야 한다."는 것을 알 수 있다. 그것이 어려울 때도 있지만 깜짝 놀랄 만큼 쉬울 때도 있다. 외부 전문가에게 인사문제라는 부담을 떠넘겨왔던 관리자는 부담을 되찾아오려는 결정이 어려운 부분이라고 생각할지도 모른다. 일단 되찾아오고 나면 사람을 다루는 법을 배우는 일이 대체로 시간과 의지의 문제임을 깨달을지도 모른다.

6. 빠르다고 항상 좋은 것은 아니다

느린 거북이가 결국은 토끼와의 경주에서 이겼다는 옛날 이야기가 있다. 미국 기업가 대부분이 생각하는 최적성장률은 '빠를수록 좋다'이리라. 그러나 알고 보면 생태계부터 조직에 이르기까지 모든 자연 시스템에는 근본적으로 최적성장률이라는 것이 있다. 최적 속도는 최대 성장속도보다 훨씬 느리다. 마치 암이 그러한 것처럼, 성장이 과도한 경우 시스템 자체가 속도를 늦추어 과도한 부분을 상쇄하려고 한다. 그러한 과정에서 조직의 생존이 위험에 처하기도 한다. 앞서 언급한 피플 익스프레스 항공사 사례는 빨리 가려다가 장기적으로는 더욱 늦어지는 (혹은 아예 멈춰버리는) 좋은 예가 아닌가 싶다.

복잡한 시스템의 속성을 관찰한 뒤에 유명한 생물학자이자 수필가인 루이스 토머스Lewis Thomas는 이렇게 말했다. "도심이건 햄스터건 복잡한 사회 시스템, 특히 불만족스러워서 개선하고 싶은 마음이 간절한 그러한 부분을 다룰 때는 도우려는 열의만 가지고 무작정 뛰어들어서는 곤란하다. 우리 시대가 가슴 아픈 좌절을 경험하고 얻은 소중한 깨달음 중의 하나가 바로 이것이 아닌가 싶다."(5)

이러한 시스템 원칙 때문에 자신이 옳다고 생각하는 개선 노력이 실패로 돌아갈 때가 많다는 사실을 처음으로 깨달을 무렵, 관리자는 좌절하고 낙담하게 된다. 시스템 원칙은 심지어 아무것도 하지 않는 무위無爲를 정당화하는 구실이 될 수도 있다. 아무것도 하지 않은 것이 역효과를 내거나 상황을 악화시킬지도 모르는 조치를 취하는 것보다 낫기 때문이다. 그러나 이러한 해석은 어설픈 지식으로 일을 망치는, 말하자면 선무당이 사람 잡는 격이다. 시스템 관점의 진정한 의미는 무위가 아니라 새로운 사고에 바탕을 둔 달라진 행동이기 때문이다. 시스템 사고는 그동안 문제를 다뤄온 일반적인 방식보다 어려우면서도 동시에 더욱 효과적인 방법이다.

7. 원인과 결과는 시공간적으로 긴밀하게 연결되어 있지 않다

위에서 언급한 모든 문제의 기저에는 복잡한 인적 시스템의 근본 특징이 있다. 바로 원인과 결과가 시공간적으로 밀접하게 연결되어 있지 않다는 것이다. 여기에서 내가 말하는 '결과'는 문제가 있음을 보여주는 명백한 징후들이다. 약물남용, 실업, 굶주리는 아이들, 주문 감소, 수익 하락 등이 그러하다. '원인'은 이러한 문제 발생에 가장 큰 책임이 있는 근본 시스템의 상호작용을 말한다. 우리가 이를 제대로 인지한다면, 변화로 이어져 지속적인 개선 효과를 낼 수 있다. 원인과 결과가 시공간적으로 긴밀하게 연결되어 있지 않다는 점이 왜 문제가 되는가? 대다수의 사람들이 원인과 결과는 긴밀히 연결되어 있다고 가정하기 때문이다. 즉 우리는 대체로 원인과 결과가 시공간에서 가깝게 존재한다고 가정하기 때문이다.

어린 시절 장난감을 가지고 놀 때는 분명 문제와 해결책이 서로 가까운 곳에 있었다. 오랜 세월이 흘러 관리자가 되어서도 우리는 세상이 그때처럼 돌아간다고 생각한다. 생산라인에 문제가 생기면 생산공정에서 원인을 찾고, 영업사원이 목표를 달성하지 못하면 새로운 판매 장려 정책이나 판촉활동이 필요하다고 생각한다. 주택이 부족하면 집을 더 많이 지으면 된다고 생각하고, 식량이 부족한 경우의 해법은 단순히 식량을 늘리는 것이라고 생각한다.

앞에서 말한 맥주 게임 참가자들이 결국 깨닫게 되었듯이, 우리가 직면한 난관의 근본적인 원인은 까다로운 문제나 외부의 사악한 적이 아니라 바로 우리 자신이다. 복잡한 시스템에서 현실의 속성과 우리가 이를 인식하는 사고방식에는 근본적인 불일치가 존재한다. 이러한 불일치를 바로잡는 첫 단계는 원인과 결과가 시공간상으로 가까이 있다는 생각을 버리는 것이다.

8. 작은 변화가 큰 성과로 이어질 수 있으나, 레버리지가 가장 높은 영역은 분명하지 않을 때가 많다

세상을 암울하게 본다고 해서 경제학에 붙여진 별칭이 '우울한 학문dismal science'인데, 시스템 사고를 '제2의 우울한 학문'이라고 부르는 이들도 있다. 시스템 사고는 명확해 보이는 해결책의 대다수가 효과가 없으며, 단기적으로는 상황을 개선할지 모르지만 장기적으로는 더욱 악화시킬 뿐이라고 가르친다는 이유다. 그러나 이는 지나친 일반화일 뿐, 시스템 사고에는 다른 모습도 많다. 시스템 사고를 통해 작은 행동이라도 핵심을 제대로 파악하고 적절하게 수행하면, 중요하고 지속적인 개선 효과를 낼 수 있다. 시스템 사고를 하는 이들은 이러한 원칙을 '레버리지leverage'라고 부른다.

어려운 문제를 붙잡고 씨름하는 것이 결국은 높은 레버리지가 있는 지점, 다시 말해 최소한의 노력으로 지속적으로 의미 있는 개선 효과를 내는 변화가 가능한 지점을 찾는 일일 때가 많다.

여기에서 문제는 레버리지가 높은 변화가 시스템 내부 구성원들에게는 해결책과 무관하게 보일 때가 많다는 것이다. 이는 레버리지가 높은 변화가 명백한 문제의 징후들과 '시공간적으로 가깝지 않기' 때문에 나타나는 현상이다. 그렇기 때문에 삶이 한층 흥미로워지는 것도 사실이다.

버크민스터 풀러Buckminster Fuller는 '트림 탭trim tab'을 비유로 들며 레버리지를 더없이 훌륭하게 설명한다. 트림 탭은 배의 '키 위에 붙은 작은 키'로서, 말하자면 키의 작은 조각에 불과하다. 트림 탭의 기능은 키를 돌리기 쉽게 해주는 것이며, 결과적으로 배의 방향을 돌리기 쉽게 해주는 것이다. 배가 클수록 트림 탭의 중요성이 커지는데 키 주변의 엄청난 유량 때문에 방향 조정이 어렵기 때문이다.

레버리지를 트림 탭에 비유한 것이 훌륭하다는 평가를 받는 이유는 기능의 유사성도 있지만 둘 다 눈에 띄지 않는다는 점도 있다. 유체역학 원리를 전혀 모르는 상태에서 거대한 유조선의 진행방향을 왼쪽으로 틀려면 어디를 조작해야 할까? 배의 선수로 가서 왼쪽으로 밀어보는 방법도 있으리라. 15노트 속도로 운항하는 유조선의 선수를 밀어 방향을 틀려면 얼마나 많은 힘이 필요할까? 여기에서 레버리지는 선미로 가서 유조선의 맨 끝을 오른쪽으로 밀어 앞부분이 왼쪽으로 돌아가게 하는 것이다. 당연히 이것이 키의 기능이다. 그렇다면 배의 선미 부분을 오른쪽으로 돌리려면 키를 어느 방향으로 돌려야 할까? 당연히 왼쪽이다.

알다시피 배는 선미가 물에 '빨려 들면서 돌아가기' 때문에 방향을 돌린다. 키가 물을 향해 들어가 물의 흐름을 억누르면서 차압差壓, 즉 압력차를 만들어낸다. 이렇게 만들어진 차압이 키가 돌아가는 동안 선미를 반대 방향으로 돌도록 끌어당긴다. 날아가는 비행기의 방향 전환도 정확히 같은 방식이다. 비행기 날개가 차압을 만들어내서 비행기가 위로 '빨려 들며' 돌아가게 만드는 것이다.

거대한 배에 엄청난 영향을 미치는 작은 장치인 트림 탭도 키에 동일한 역할을 한다. 트림 탭이 돌아가면서 키 주변에 흐르는 물을 억눌러서 원하는 방향으로 '키를 빨아들이는' 작은 차압差壓을 발생시킨다. 키를 왼쪽으로 돌리고 싶다면 트림 탭을 어느 방향으로 돌려야 할까? 당연히 오른쪽이다.

이처럼 배, 키, 트림 탭으로 이루어진 전체 시스템이 레버리지 원리를 바탕으로 완벽하게 돌아간다. 그러나 유체역학을 이해하지 못하면 그것이 어떻게 기능하는지를 도통 알 수 없다.

마찬가지로 인적 시스템에서 레버리지가 높은 변화 역시 그것에 작용하는 힘을 이해해야만 분명해진다.

레버리지가 높은 변화를 알아내는 간단한 법칙 같은 것은 없지만 도움이 되는 사고방법은 있다. 우선은 사건이 아니라 기저의 구조를 보고 이해하는 법을 배우는 것이 첫걸음이다. 앞으로 소개할 각 시스템 원형system archtype을 보면 레버리지가 높은 변화와 레버리지가 낮은 변화 영역을 알 수 있다.

스냅사진처럼 단편적인 사고가 아니라 변화 과정이라는 관점에서 생각하는 것이 그 다음이다.

9. 두 마리 토끼를 동시에 잡을 수는 없다

세상에 둘도 없이 복잡해 보였던 딜레마가 시스템 관점에서 보면, 전혀 딜레마가 아닐 수도 있다. 딜레마는 '과정 중심 사고'보다는 스냅사진처럼 단편적인 사고의 산물이며, 일단 시간을 두고 차근차근 진행하는 변화라고 생각하면 전혀 다른 모습으로 나타난다.

예를 들어 미국 제조업자들은 오랫동안 저비용과 고품질 중에서 하나를 선택해야 한다고 생각했다. '고품질 제품은 제조에 많은 비용이 들어간다', '고품질 제품은 조립시간도 오래 걸리고, 비싼 원자재와 부품이 필요하며, 보다 광범위한 품질관리를 필요로 한다.' 그러나 시간을 두고 차례차례 시행하면, 품질을 높이고 비용도 낮추는 일이 가능하다는 사실을 그들은 놓치고 있었다. 근본적인 업무 프로세스를 개선하면 재작업의 필요성이 사라지고, 품질검사원도 필요 없으며, 고객 불만이 줄고, 품질보증 비용도 줄고, 고객 충성도 또한 높아지며, 광고와 판촉활동에 들어가는 비용 역시 줄어든다는 사실을 생각하지 못했다. 한쪽을 기다리게 하고 다른 쪽에 집중하면, 시간이 흐른 뒤에 두 가지 목표를 모두 달성할 수 있다는 사실을 깨닫지 못했던 것이다. 모든 사람이 품질개선에 책임지는 방법을 모색하고, 새로운 기술과 조립방법을 개발하는 데는 당연히 시간과 자금이 들어간다. 일종의 선불 '비용'이라고 보아도 무방하리라. 한동안은 품질이 개선되면서 동시에 비용이 상승할 수도 있다. 줄어든 재작업 등으로 인한 비용절감이 상당히 빠른 시일 내에 달성될지도 모르지만, 전반적인 비용절감 효과는 몇 년이 지나서야 나타날 것이다.

집권과 분권, 경쟁력 있는 인건비와 후한 처우에 만족하는 노동자, 개인 실적 중심의 보상과 집단 중심의 보상과 같이 누가 봐도 딜레마인 것은 순간만 보는 정적인 사고의 부산물이다. 고정된 특정 시점에 가능한 것만 생각하면 융통성을 발휘하기 힘들고, 매사가 '양자택일'의 문제로 보인다. 다음 달의 일을 생각한다면 양자택일이 불가피할지 모르지만, 진정한 레버리지는 시차를 두고 양쪽 모두 달성할 방법을 찾는 데 있다.[6]

10. 코끼리를 반으로 쪼갠다고 작은 코끼리 두 마리가 되지는 않는다

살아 있는 시스템 즉 생명체에는 전체로서의 완결성이 있으며, 그들의 특성은 부분이 아닌 전체에 의해 좌우된다. 조직도 마찬가지다. 더없이 난해한 관리 문제를 이해하기 위해서는 이러한 문제를 양산하는 전체 시스템을 알아야 한다.

이번에도 수피 이야기에서 시작하도록 하자. 세 명의 맹인이 코끼리 한 마리를 만지면서 각각의 의견을 말했다. "이것은 커다랗고 까칠까칠한 느낌이 들어. 넓은 카펫 같아." 귀를 만진 맹인이 말했다. 다음 사람은 몸통을 이리저리 만지더니 "나야말로 진실을 알고 있어. 이것은 속이 비어 있는 기다란 파이프 같아."라고 말했다. 그러자 앞다리를 만지던 다음 사람이 "단단하고 거대한 기둥 같은걸!" 하고 반박했다. 코끼리 한 마리를 놓고 서로 다른 이야기를 하는 이들이 회사의 생산, 마케팅, 연구개발 분야의 수장들과 무엇이 다를까? 각각이 회사의 문제를 분명하게 파악하고 있지만, 어느 누구도 자신의 정책이 다른 부서와 어떻게 상호작용하는지를 알지 못한다. 흥미롭게도 수피 이야기는 "이러한 식으로는 결코 코끼리 전체를 알지 못할 것이다."라는 말로 이야기를 마무리한다.

그렇다고 조직의 전체를 보는 것만으로, 문제 전체를 이해할 수 있다는 의미는 아니다. 생산, 마케팅, 연구개발 부서 등의 핵심 기능이 어떻게 상호작용하는지를 봐야만 이해되는 문제가 있는가 하면, 그렇지 않은 문제도 있다. 결정적인 시스템 요인이 특정 기능 분야 내에서 발생하는 사안도 있다. 단순히 조직 전체가 아니라, 산업 전반의 역학관계를 고려해야 하는 문제도 있다. '시스템 범위의 원칙'이라고 불리는 핵심 원칙은 '조직 내의 어느 부분인가와는 무관하게 현안에 가장 중요한 상호작용을 살펴야 한다'는 것이다.

하지만 구성원 간의 상호작용을 보기 어렵게 조직이 구성되기 때문에, 이러한 원칙을 실천하는 것은 쉽지 않다. 마케팅, 생산, 연구개발 같이 부서 간의 경계를 넘나드는 조사를 가로막는 융통성 없는 조직 구분이 대표적이다. 다른 누군가가 처리하도록 문제를 내버려두는 것도 마찬가지다. 미국 도심지역의 대다수가 범죄, 빈곤, 무력감 등으로 골치를 앓고 있지만, 많은 유럽 도시는 건강한 도심을 유지해야 한다는 균형감을 잃지 않은 덕분에 이러한 문제를 피할 수 있었다. 이를 위한 한 가지 방법이 도시 주변에 넓은 '그린벨트'를 유지하는 정책이었다. 덕분에 유럽에서는 교외지역이 발전하면서, 도심에서 일하고 외곽에서 생활하는 통근자가 증가하는 상황이 발생하지 않았다. 반대로 미국의 많은 도시는 교외지역의 꾸준한 확장을 장려함으로써, 부촌이 계속해서 도심에서 멀리 벗어날 수 있는 환경이 조성되었다. 당연히 부유한 사람들은 도심의 각종 문제에서도 벗어날 수 있었다.(현재 빈곤지역으로 통하는 뉴욕의 할렘, 보스턴의 록스베리 등은 원래는 상류층이 살던 교외지역이었다) 기업도 마찬가지다. 이미 커질 대로 커졌다고 판단하는 사업에 재투자하기보다는 적절히 '거둬들이는' 선에서 마무리하고 새로운 사업으로 확장하는 방법을 택하는 것이다.

때때로 사람들은 코끼리를 반으로 쪼갠다. 그렇게 한다고 작은 코끼리 두 마리가 생기지는 않으며, 혼란만 가중될 뿐이다. 여기에서 말하는 '혼란'이란 레버리지를 찾을 수 없게 된 복잡한 문제를 의미한다. 레버리지는 상호작용하는 가운데 찾게 되는 것으로, 손에 들린 조각만 들여다봐서는 보이지 않는 것이기 때문이다.

11. 무엇도 탓할 수 없다

누구나 문제가 생기면 사람이나 상황을 비난하고 탓하는 경향이 있다. 경쟁자, 언론, 시장상황의 변화, 정부 등이 문제라고 생각하는 것이다. 그러나 시스템 사고에 따르면, 나와 분리된 '외부 요인'이란 없으며 모두가 단일 시스템의 일부일 뿐이다. 진정한 해법은 '적'과의 관계에서 나온다.

05 사고방식의 전환

새로운 시각으로 세상 보기

퍼즐 맞추기는 누구나 좋아하는 놀이다. 조각을 맞춘 뒤에야 나타나는 전체 형태를 보고 싶어 하는 욕구가 누구에게나 있기 때문이다. 사람이든 꽃이든 소설이든 전체를 보아야 아름다움을 만끽할 수 있다. 흥미롭게도 '전체'라는 영어 단어 'whole'과 '건강하다'는 영어 단어 'health'가 같은 어원에서 나왔다.(고대 영어의 'hal'이 어원인데 '정정하다'는 의미의 'hale and heary'에 나오는 'hale'이다) 그러므로 오늘날 세상이 건강하지 못한 정도가, 세상을 전체로 보지 못하는 사람들의 무능력과 정비례한다는 사실은 전혀 놀랄 일이 아니다.

시스템 사고는 전체를 보는 학문이다. 사물 하나하나가 아니라 그들 사이의 상호관계를 보고, 정지된 '스냅사진'이 아니라 변화의 패턴을 보는 틀이다. 시스템 사고는 20세기를 거치면서 물리학, 사회학, 공학, 경영학 등의 다양한 영역에 걸쳐 만들어진 일련의 일반 원칙이다. 이는 구체적인 도구와 기술의 집합으로 크게 두 가지 흐름에서 비롯되었다. 하나는 사이버네틱스cybernetics의 '피드백' 개념이고, 다른 하나는 19세기까지 거슬러 올라가는 공학이론인 '서보 메커니즘servo-mechanism'이다. 지난 30년 동안 우리는 이러한 도구를 회사, 도시, 지역, 경제, 정치, 생태, 심지어 생리학에 이르기까지 다양한 시스템 이해에 활용하여 효과를 거두었다.[1] 또한 시스템 사고는 살아 움직이는 시스템에 고유의 특성을 부여하는 미묘한 연관성을 감지하는 일종의 '감수성'이기도 하다.

오늘날은 사람들이 복잡성에 압도당하는 시대이기에 시스템 사고가 어느 때보다 절실하다. 인류가 지금처럼 누구도 흡수하지 못할 만큼 많은 지식을 만들어내고, 누구도 감당하지 못할 정도로 상호의존성을 심화시키고, 누구도 따라잡기 힘든 속도로 변화를 만들어낼 능력을 갖게 된 것은 역사상 최초가 아닌가 싶다. 당연히 우리는 복잡성의 정도와 규모 면에서도 전례가 없는 시대를 살고 있다. 주변을 둘러보면 여기저기 '시스템 붕괴' 사례들이 보인다. 지구온난화, 기후변화, 국제마약거래, 미국의 무역수지적자 및 재정적자 등은 모두 국지적인 원인만으로 일어난 문제가 아니다. 조직들도 예외가 아니다. 구성원 개개인의 뛰어난 능력을 자랑하는 혁신적인 제품이 나오고 있지만, 다양한 기능과 재능을 생산적으로 통합시키지 못하기 때문에 붕괴되고 있다.

복잡한 상황 앞에서 사람들은 쉽게 자신감을 잃으며 책임감 또한 약해진다. "나에게는 너무 복잡한 일이야!", "내가 할 수 있는 것은 아무 것도 없어. 문제는 시스템이야." 같은 말을 유행가 가사처럼 자주 듣게 되는 세상이다. '상호의존의 시대'에 접어들면서 많은 이가 이러한 무력감을 느끼기 때문이다. 시스템 사고는 무력감을 극복할 좋은 치료제가 된다. 시스템 사고는 복잡한 상황의 기저에 있는 '구조'를 보고, 레버리지가 높은 변화와 레버리지가 낮은 변화를 구별해주는 학문이다. 즉, 이를 통해 우리는 전체를 봄으로써 시스템을 건강하게 만들 수 있는 방법을 배운다. 또한 시스템 사고는 사고방식 전환을 가능하게 해주는 새로운 언어를 제공한다.

나는 시스템 사고를 '다섯 가지 학습 규율의 결합체'라고 생각하는데,

그것이 이 책에서 소개하는 다섯 가지 학습 규율의 기저에 있는 기초개념이기 때문이다. 다섯 가지 규율 모두가 사고방식 변화와 관련된다. 구체적으로는 부분이 아니라 전체를 보고, 사람을 무력하게 자극에 반응하는 존재로 보는 것이 아니라 현실을 만들어내는 능동적인 참여자로 보고, 현실에 소극적으로 반응하기보다 적극적으로 미래를 창조하는 태도로 바꾸는 것이다. 일단 다섯 가지 학습 규율을 실천하는 단계에 들어간다고 해도, 시스템 사고가 없으면 이들을 통합할 수단도 동기도 없게 된다. 시스템 사고는 학습조직이 지켜야 할 규율의 초석이다.

이 책은 발간 당시, 시스템 사고가 절실했지만 그렇지 못해 안타까웠던 사례 분석 내용을 담고 있다. '아무도 원치 않은 곳에 누가 먼저 가는가를 놓고 경쟁했던' 미국과 구소련의 군비경쟁이 바로 그것이다. 당시 나는 이러한 비극적인 '경쟁'이 '미국 경제를 고갈시키고 소련 경제를 황폐화시켰다'고 지적하고, 말미에서 한쪽이 더 이상 '경쟁할 생각이 없다'고 끝을 내야만 바뀌리라고 논평했다. 얄궂게도 글을 쓰고 1년 뒤에 소련이 해체되면서 미·소 군비경쟁도 갑작스레 막을 내렸다. 그러나 오늘날 미국을 비롯한 세계 다수 지역이 누구도 원치 않은 곳으로 향하고 있지 않나 싶은 또 다른 경쟁에 말려들었는데, 소위 '테러와의 전쟁'이 그것이다.

미·소 군비경쟁이 그랬듯이 테러와의 전쟁의 원인도 정치 이데올로기나 특정 무기가 아니라, 양쪽 진영이 공유하는 사고방식에 있다. 예를 들면 미국 기득권층은 기본적으로 다음과 비슷한 관점을 가지고 있다.

테러 공격 ⟶ 미국에 대한 위협 ⟶ 군사적 대응 필요

한편 테러리스트의 상황 이해는 다음과 비슷하리라고 본다.

미국의 군사능력 ⟶ 미국의 공격성 ⟶ 테러리스트 모집

미국의 관점에서 보면 알카에다Al Qaeda와 같은 테러리스트 조직은 공격자이고, 미국의 군비확장은 그러한 위협에 대비하는 방위 반응이다. 그러나 테러리스트의 관점에서는 미국이 경제적·군사적으로 그들을 위협하는 공격자이며, 신병모집을 통한 네트워크 확대는 다수가 그러한 관점을 공유한다는 증거이다.

그러나 두 직선이 만나면 하나의 원이 형성된다. 적대적인 양쪽 진영이 각각 갖는 '직선', 즉 비非시스템적 관점이 상호작용하면서 일련의 변수가 서로 영향을 주고받는 '시스템'을 만들어낸다.(아래의 다이어그램 참조)

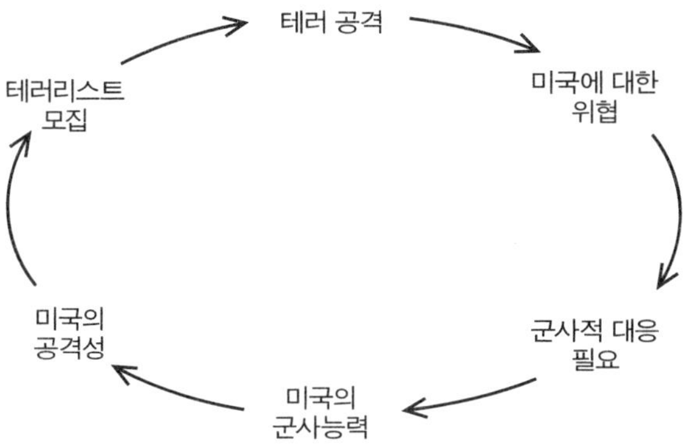

테러와의 전쟁에 관한 시스템 관점은 위협과 공격이 영원히 지속될 수밖에 없는 악순환을 적나라하게 보여준다. 미국은 군사행동을 늘림으로써 자신들이 인지한 테러리스트 위협에 대응하고, 이는 적들이 인지하는 미국의 공격성을 증가시키며, 이것이 다시 테러리스트 인원 확충으로 이어지고, 결국에는 테러 공격이 증가한다. 이로 인해 다시 미국에 대한 위협이 증가하고, 이는 미국의 군사행동을 한층 증가시키고, 그것이 다시 테러리스트 인원 확충을 야기한다.……각자의 관점에서 보면 양쪽 진영 모두 단기 목표 달성에 초점을 맞추고 있다. 양쪽 모두 자신이 인지한 위협에 대응한다. 그러나 이러한 대응이 결국 모두의 위험을 증가시키는 결과를 가져온다. 말하자면 나름 분명한 목표를 가지고 확실한 조치를 취해도 바라던 결과가 나오지 않는 상황인데, 실제로 많은 시스템에서 이와 같은 상황이 벌어진다. 위험을 제거하려는 양쪽의 노력이 장기적으로 모두의 불안을 가중시키고 있다.

특히 미국은 테러리스트의 무기와 자원, 복잡한 컴퓨터 시뮬레이션을 포함한 최신 정보기술 등을 연구하는 다수의 '시스템 분석가'를 갖추고도 진정한 시스템 관점을 채택하지 못하고 있다.[3] 이론적으로만 보면 복잡한 상황을 다루는 이러한 도구 덕분에 우리는 테러와의 전쟁이 갖는 악순환과 모순에서 이미 벗어났어야 마땅하다. 그런데 왜 현실은 그렇지 못할까?

명쾌한 전략기획, 예측, 경영분석 등의 정교한 도구를 동원해도 기업 경영에 극적인 돌파구 마련이 쉽지 않은 것과 같은 이유다. 이러한 도구는 모두 변수가 많은 복잡한 상황을 다루기 위해 고안되었다. 바로 세부 복잡성detail complexity이다. 그러나 다른 유형의 복잡성이 존재한다. 바로 동적 복잡성dynamic complexity으로 원인과 결과가 미묘하여 포착하기 어렵고, 시간 경과에 따른 여러 가지 개입 변수의 결과가 불분명한 상황이다. 전통적인 예측, 기획, 분석 기법은 이러한 동적 복잡성을 다루지 못한다. 복잡한 설명에 따라서 기계를 조립하는 작업에서는 세부 복잡성이 문제가 된다. 할인매장에서 재고목록을 만드는 일도 마찬가지다. 이러한 작업은 분명 복잡하지만 여기에서 말하는 동적 복잡성과는 거리가 있다.

같은 행동이 기간의 길고 짧음에 따라 전혀 다른 결과를 초래하는 경우 동적 복잡성이 있다고 할 수 있다. 하나의 행동이 시스템의 일부분과 시스템 전체에 전혀 다른 결과를 초래하는 경우에도 동적 복잡성이 있다고 할 수 있다. 명확한 개입이 불명확한 결과를 야기하는 때도 동적 복잡성이 있다고 할 수 있다. 예를 들면 자이로스코프는 동적으로 복잡한 기계이다. 한쪽 끝을 아래로 밀면 왼쪽으로 움직이고, 반대쪽을 왼쪽으로 밀면 위로 움직이는 식이니 종잡을 수가 없다. 그러나 기업 하나가 지니는 역동성과 비교하면 자이로스코프의 복잡성은 아무것도 아니다. 산출물을 내는 데 며칠이 걸리고, 새로운 마케팅 계획에 몇 주가 걸리고, 새로운 사람을 채용하여 교육하는 데는 몇 달이 걸린다. 또한 신제품을 개발하고, 관리능력을 배양하고, 품질이 좋다는 평판을 얻는 데는 보통 수년이 걸린다. 나아가 이러한 모든 과정이 연결되어 끊임없이 상호작용을 주고받는다.

대부분의 관리 상황에서 진정한 레버리지는 세부 복잡성이 아니라 동적 복잡성을 이해하는 데서 나온다. 시장 확대와 설비 확충 사이의 균형을 맞추는 일도 동적인 문제이다. 시장에서 경쟁력을 갖도록 가격, 제품이나 서비스 품질, 디자인, 가용성 등을 고려하여 수익성이 있는 상품을 개발하는 일도 동적인 문제이다. 품질을 개선하고, 총비용을 낮추고, 지속적으로 고객을 만족시키는 일도 역시 동적인 문제이다.

그러나 불행히도 대부분의 시스템 분석은 동적 복잡성이 아니라 세부 복잡성에 초점을 맞춘다. 수천 가지 변수와 복잡하게 배열된 세부 사항을 가지고 진행하는 시뮬레이션이 근사하게 보일지도 모르겠다. 하지만 이러한 시뮬레이션이 오히려 주의를 흐려서 핵심 유형과 상호관계를 보기 힘들 수도 있다. 실제로 많은 사람이 '시스템 사고'란 갈수록 '복잡해지는 문제'에 그만큼 '복잡한'(정확히는 '자세한'이라고 말해야 하리라) 해결책을 고안함으로써 '복잡성으로 복잡성에 맞서는 것'이라고 생각한다. 참으로 안타까운 일이 아닐 수 없다. 이것은 진정한 시스템 사고와는 상반되는 것이니 말이다.

테러와의 전쟁은 근본적으로 동적 복잡성 문제이다. 원인과 적절한 해결책을 알기 위해서는 안전을 추구하는 미국의 행동과 테러리스트들이 인지하는 미국의 공격성처럼, 연관성과 상호관계에 초점을 맞춰야 한다. 또한 군사적으로 개입하겠다는 미국의 결정과 테러리스트 증가 사이에 존재하는 시간적인 차이처럼, 행동과 결과 사이의 '지연'을 보아야 한다. 또한 단순한 스냅사진이 아니라 지속적인 증가 같은 변화의 유형을 살펴보아야 한다.

문제의 기저에 놓인 핵심 관계를 알면 향후 방향에 대해서도 새로운 통찰을 얻게 된다. 점점 강도를 더해가는 여느 동적 복잡성 사례에서처럼, 테러와의 전쟁에서도 분명한 질문은 "이것이 방향을 바꿔 안전을 강화하는 선순환을 만들어낼 수 있을까?"이다. 분명 세계와 중동의 지정학적 시스템을 보면 앞에서 제시한 간단한 악순환에 영향을 미치는 많은 요인이 있다. 그러나 (잠재적인 테러리스트 혹은 테러리즘 지지자까지 포함하여) 해당 지역 사람들 자신이 안전을 어떻게 인식하고, 진보와 발전에 대한 스스로의 열망을 어떻게 인식하느냐를 제대로 파악해야 진정한 발전이 가능하다. 그와 같은 심오한 통찰이 없이는 어떤 발전도 불가능하다. '이것이 발전이다'라고 외부의 관점을 강요해봐야 안전 확보에 전혀 도움이 되지 않는다. 특히 갈등 구도에서 공격자로 보이는 진영이 주장하는 관점을 강요하는 것은 서로가 인지하는 위협을 전혀 줄이지 못한다.

시스템 사고의 정수는 사고방식의 전환에 있다.

- 직선적인 인과관계 사슬보다는 상호연관성을 보라.
- 스냅사진 같은 단편보다는 변화의 과정을 보라.

시스템 사고의 실천은 행동이 서로 강화작용 혹은 중화작용(균형작용)을 주고받는 '피드백'이라는 단순한 개념을 이해하는 데서 시작된다. 이것이 반복적으로 일어나는 '구조' 유형을 인식하는 학습으로 발전하는 것이다. 군비확장 경쟁은 강화작용을 보여주는 포괄적이고 전형적인 유형으로, 본질적으로 길거리 갱단들의 영역 다툼, 결혼 파탄, 시장점유율을 놓고 가격할인 경쟁을 벌이는 기업들의 광고 전쟁과 차이가 없다. 결과적으로 시스템 사고는 수많은 상호연관성과 변화 유형을 설명할 풍부한 언어를 만들어낸다. 궁극적으로 사건과 세부사항 뒤에 놓인 심층 유형을 보도록 도와줌으로써 삶을 한결 단순하게 만들어준다.

새로운 언어를 배우는 일은 항상 어렵게 마련이다. 그러나 기본원리를 숙달하고 나면 쉬워진다. 어린아이를 연구한 결과를 보면, 다수의 아이들이 놀라울 정도로 빠르게 시스템 사고를 익히는 것을 알 수 있다.[4] 이러한 결과를 보면 우리는 아직 충분히 발달시키지 못했을 뿐, 시스템 사고가로서의 잠재 능력을 가지고 있는 것이 아닌가 싶다. 직선적 사고를 강조하는 정규 교육이 이러한 능력의 발현을 억누르고 있는지도 모른다. 다행인 것은 지금이라도 다음의 내용을 이해하고 익히면 잠재 능력을 재발견하고, 내면의 시스템 사고가를 불러올 수 있으리라는 것이다.

인과관계의 순환 이해하기[5]

현실은 순환하는 원圓으로 이루어져 있는데 우리는 곧은 직선만을 바라본다. 여기에 시스템 사고가로서의 한계가 존재한다. 사고가 이처럼 파편화되는 이유 중의 하나는 바로 우리가 사용하는 언어이다. 어떤 의미에서 언어는 지각을 결정한다. 어떤 것을 보느냐는 어떤 것을 볼 준비가 되어 있느냐에 달려 있기 때문이다. 주어-동사-목적어 구조로 되어 있는 서구의 언어는 직선적인 관점에 편향되어 있다.[6] 시스템 전체에 걸친 상관성을 보기 위해서는 이를 표현할 수 있는 언어, 말하자면 직선이 아닌 원으로 이루어진 언어가 필요하다. 그러한 언어가 결여된 세계를 보는 습관적 방식은 단편적인 관점과 역효과를 내는 행동을 초래한다. 테러와의 전쟁에서 의사결정자들이 보인 행동이 대표적인 경우가 아닌가 싶다. 동적으로 복잡한 문제, 전략적인 선택에 직면한 상황, 특히 개인, 팀, 조직이 단편적인 사건 너머에서 변화를 야기하는 요인들을 파악해야 하는 상황에서는 이와 같은 언어의 필요성이 더욱 중요하다.

새로운 언어의 기초 원리를 설명하기 위해 컵에 물을 채우는 아주 간단한 예를 생각해보자. "그건 시스템이 아니잖아. 너무 간단해."라고 생각

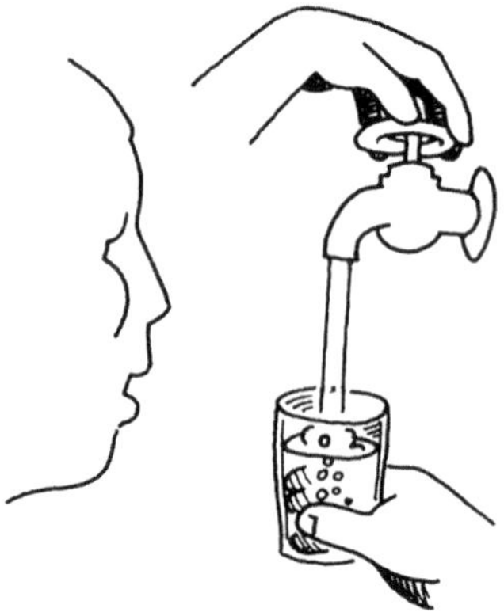

할지도 모르겠다. 그러나 다시 생각해보라.

직선적인 관점에서 우리는 "물 한 잔을 채우고 있어."라고 말한다. 대부분의 머릿속에 떠오르는 이미지는 위의 그림과 비슷하지 않을까 싶다.

그러나 사실 우리는 잔에 물을 채우는 동안 물의 높이가 올라가는 것을 지켜본다. 물의 높이와 목표, 즉 원하는 높이 사이의 '차이'를 살핀다. 물의 높이가 원하는 수준에 가까워지면 수도꼭지를 잠가서 물의 흐름을 느리게 하고, 물이 가득 차면 완전히 잠근다. 잔에 물을 채우는 동안 다섯 가지 변수가 물을 조절하는 시스템에 관여한다. 원하는 물의 높이, 현재 물의 높이, 양쪽의 차이, 수도꼭지 상태, 물의 흐름이다. 이것은 '피드백 프로세스'라고 하는 순환의 인과관계, 즉 원형으로 연결되어 있다. 이러한 과정은 물이 원하는 높이에 올 때까지 계속된다.(오른쪽의 그림 참조)

피드백이라는 단어가, 자신이 수행해온 작업에 대한 의견을 모은다는 조금 다른 의미로 사용될 때도 많아서 혼동을 느끼는 이가 많으리라 생각한다. "맥주 생산 결정에 대해서 피드백을 주세요."라든가 "내가 처리한 방식에 대해서 어떻게 생각합니까?"라고 묻는 경우 '긍정적인 피드백'은 힘을 북돋아 주는 격려의 말을, '부정적인 피드백'은 반갑지 않은 소식을 의미한다. 그러나 시스템 사고에서의 피드백은 한층 넓은 개념이다. '형태에 상관없이 주고받는 영향력의 흐름'을 의미한다. 시스템 사고에서는 일

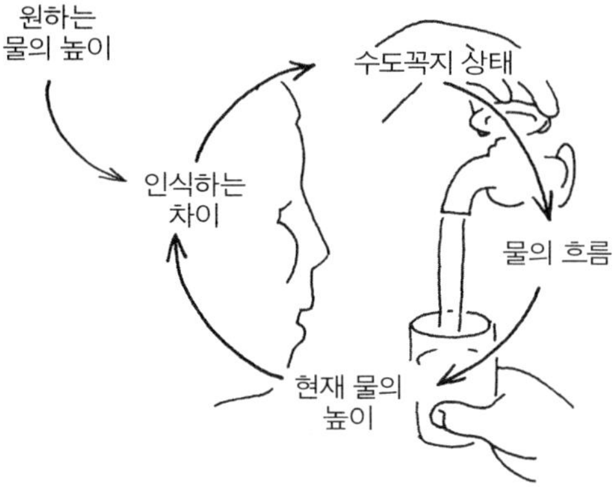

방적인 영향이란 없으며, 모든 영향이 원인이면서 동시에 결과라는 사실이 자명한 이치다.

시스템 다이어그램을 읽는 방법

시스템 관점에서 현실을 보는 핵심은 영향이 직선이 아니라 원형으로 순환하는 과정을 이해하는 것이다. '직선적' 사고를 하고 있는 한 피할 수 없는 수동적인 태도로부터 탈피하는 첫 단계가 바로 이것이다. 모든 원에는 이야기가 있다. 영향의 흐름을 따라가다 보면 상황을 호전시키거나 악화시키면서 반복되는 패턴을 볼 수 있다.

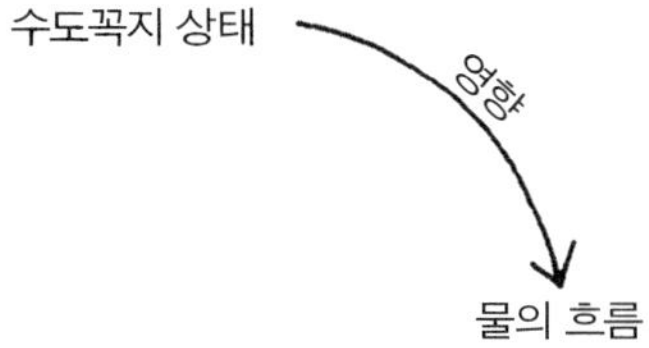

상황 안의 어떤 요소에서든 다른 요소에 미치는 영향을 나타내는 화살표를 찾을 수 있다.

앞의 그림을 보면 수도꼭지 상태에서 물의 흐름 쪽으로 화살표가 향하고 있다. 수도꼭지 상태에 어떤 변화를 가하더라도 물의 흐름은 바뀌게 된다. 그러나 화살표는 결코 고립되어 홀로 존재하지 않는다는 사실을 명심해야 한다.

다이어그램이 말하는 이야기를 이해하려면, 어느 요소에서든 시작해도 좋으나, 그 결과로서 뒤이은 행동을 관찰하라. 장난감 레일에서 기차가 원을 그리며 순환하는 것처럼 꼬리에 꼬리를 물고 있는 모습을 볼 수 있다. 시작 지점으로 적합한 것은 의사결정자에 의해 행해지는 행동이다.

내가 수도꼭지를 조작하면, 그로 인해 물의 흐름이 조절되고, 그것이 물의 높이를 바꾼다. 물의 높이가 변함에 따라 내가 인지하는 (현재 물의 높이와 원하는 물의 높이 사이의) 차이도 변한다. 차이가 변함에 따라 수도꼭지를 조절하는 내 손의 위치도 다시 변한다.

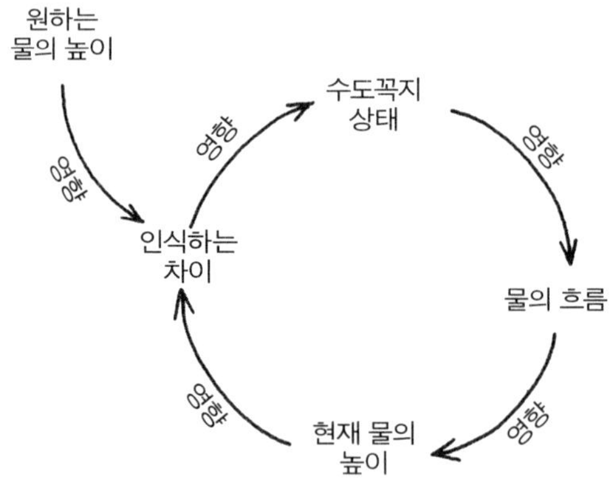

피드백 순환 다이어그램을 읽기 위한 핵심적인 방법은 다이어그램이 말하는 이야기를 파악하는 것이다. 해당 구조가 어떻게 특정 행동 유형(혹은 복잡한 구조에서는 복수의 행동 유형)을 만들어내는가, 그리

고 그러한 유형이 어떻게 영향을 받고 있는가를 이해하는 것이다. 여기에서 말하는 이야기란 잔에 물을 채우고 물이 차오름에 따라 서서히 수도꼭지를 잠그는 것을 말한다.

개념 면에서는 간단하지만 피드백 고리는 그동안 당연시하던 인과관계 같은 고정된 생각을 뒤집는다. 일상생활에서 "나는 잔에 물을 채우고 있어."라고 말하는 경우 우리는 부지불식간에 한쪽 방향으로의 인과관계를 전제한다. '내가 물의 높이가 높아지도록 원인을 제공하고 있어'라는 의미로, 더 정확하게 말하자면 '수도꼭지에 놓인 내 손이 잔으로 들어가는 물의 흐름을 통제하고 있어'라는 의미가 된다. 그러나 이러한 문장은 잔에 물을 채우는 행위에서 일어나는 피드백 프로세스의 절반만을 이야기해준다. 아래의 다이어그램에서 보면 '수도꼭지 상태'에서 '물의 흐름', '현재 물의 높이'까지를 잇는 피드백 프로세스이다.

그러나 나머지 절반의 과정만 이야기해도 똑같이 맞는 말이 된다. "잔에 찬 물의 높이가 나의 손을 통제하고 있어."

결과적으로 두 가지 설명 모두 불완전하다. 인과관계에 대한 완전한 설명은 잔에 물을 채우려는 나의 의도가 하나의 시스템을 만들어냈는데, 물의 높이가 낮으면 물이 흘러들어오게 하고, 잔이 가득 차면 흐름을 끊

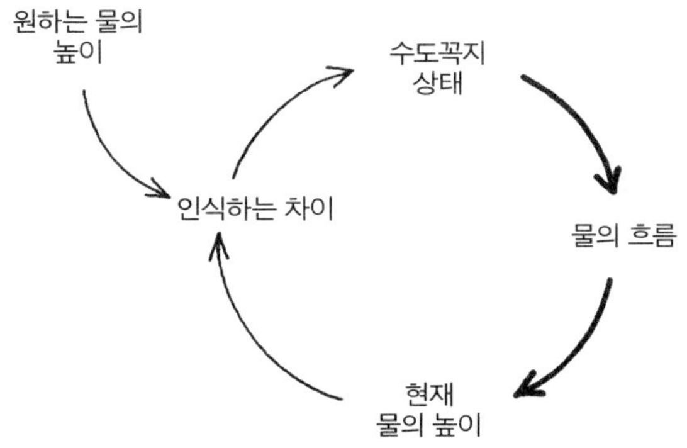

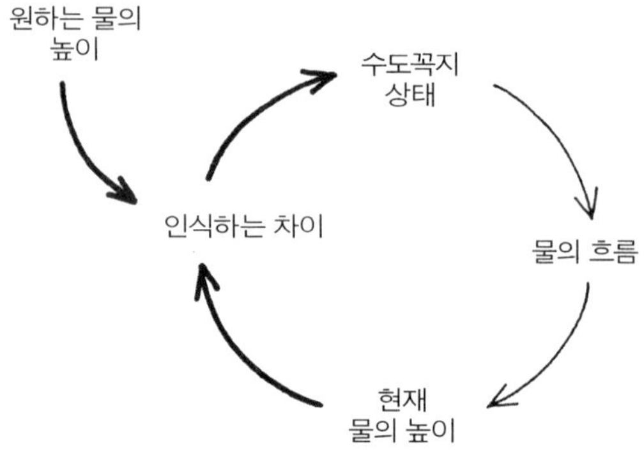

게 하는 시스템이라고 말하는 것이다. 즉 구조가 행동을 유발하고, 구조는 내 의도와 행동에 의해서 작동된다. 이러한 구분이 중요한 이유는 3장의 맥주 게임 사례에서처럼 개별 행동만 보고 기저의 구조를 보지 못하면, 복잡한 상황에서 무력감을 느끼게 되기 때문이다.

사실, 일상 언어에서 나오는 모든 인과관계 설명은 심히 의심스럽다고 할 수 있다! 대부분이 직선적 이해에 매몰되어 있기 때문이다. 그러한 설명은 부분적으로만 옳으며, 근본적으로 상호과정 전체가 아니라 일부만 묘사하는 편향을 보인다.

피드백 관점에 의해 인간중심주의anthropocentrism, 즉 인간을 행위의 중심으로 보는 사상 또한 뒤집히게 된다. "내가 잔에 물을 채우고 있어."라는 간단한 설명에는 행위의 중심에 서서 무생물 세계를 움직이는 인간 행위자라는 의미가 담겨 있다. 시스템 관점에서 인간 행위자는 피드백 과정의 일부이지 유리된 존재가 아니다. 이러한 관점은 인식 면에서 심오한 전환을 의미한다. 이를 통해 우리는 끊임없이 현실의 영향을 받으면서 동시에 현실에 영향을 주는 자신의 모습을 볼 수 있게 된다. 이는 생태주의자들이 쌍수를 들어 반길 인식의 전환이기도 하다. 인간이 스스로를 자연과 별개의 존재가 아닌 자연의 일부로 본다는 의미이기 때문이다. 이는 세계 각지의 위대한 철학 체계가 일찍이 깨달은 진리이기도 하다. 예를 들어 〈바가바드기타Bhagavad Gita〉 징벌 편을 보면 이러한 대목이 나온다.

> 모든 행위는 자연의 속성에 의해서만 만들어진다. 그런데 자만에 빠진 자기自己는 스스로 생각하기를 '내가 행위자'라고 한다.[7]

나아가 피드백 개념은 책임이라는 윤리적 문제를 복잡하게 만든다. 테러와의 전쟁에서 누구에게 책임이 있는가? 양쪽 진영의 직선적인 관점에서 보면 책임은 분명 상대방에게 있다. "우리가 이렇게 반응하게 하는 그들의 공격적인 행동에 책임이 있다." 직선적인 관점은 항상 하나의 단순한 책임 소재를 제시한다. 일이 잘못되면 "그가 잘못했어."라거나 "그것이 잘못되었어."라고 비난하는 마음, 혹은 "내가 그랬어."라고 자신을 탓하는 죄책감이 생긴다. 비난과 죄책감은 겉으로는 정반대지만, 둘 다 직선적인 인식에서 나오기 때문에 심층 차원에서 보면 차이가 없다. 직선적 관점에서는 항상 책임져야 하는 사람이나 대상을 찾는다. 심지어 우리 안에 숨은 대리자를 찾아내 책임을 지우기도 한다. 우리 아들은 네 살이었을 무렵, 채소를 먹지 않겠다면서 "위가 먹지 못하게 해요."라고 말하곤 했다. 귀엽다고 웃어넘길 수도 있지만 어린아이의 이러한 책임 전가와 어른이 "노이로제 때문에 사람을 믿지 못해요."라고 말하는 것에는 어떠한 차이가 있는가?

시스템 사고를 숙달하기 위해서는 개인 혹은 개인의 대리자에게 책임이 있다는 가정을 버려야 한다. 피드백 관점에 따르면 시스템에 의해 야기된 문제에 대해서는 모든 사람이 책임을 공유한다는 것이다. 그렇다고 관련된 모든 사람이 시스템 혁신에 있어 동일한 레버리지를 행사할 수 있다는 의미는 아니다.

그러나 확실한 것은 미국 같은 개인주의 문화에서 특히 매혹적으로 다가오는 '희생양 찾기'는 의미가 없다는 것이다.

마지막으로 피드백 개념은 우리 언어에 한계가 있음을 분명하게 드러낸다. 잔에 물을 채우는 것처럼 그저 단순한 시스템을 묘사하려 해도 아주 어색해지고 만다. "잔에 물을 채울 때, 내가 수도꼭지 위치를 조절하게 하는 피드백 프로세스가 있고, 그것이 물의 흐름을 조절하고, 그로 인해 물의 높이가 달라진다. 이러한 프로세스의 목표는 물의 높이를 내가 원하는 수준까지 오게 하는 것이다." 이와 같은 표현을 보면 시스템을 묘사할 새로운 언어가 필요한 이유를 분명히 알 수 있다. 잔에 물을 채우는 일처럼 단순한 시스템을 설명하는 것도 이렇게 어렵고 어색하다면, 조직에서 일어나는 복잡한 다중多重 피드백 프로세스는 어떻겠는가?

모두 익숙해지기까지 시간이 걸리는 것들이다. 우리는 경험 설명에서 직선적인 언어에 지나치게 의존하고 있다. 직선적인 인과관계와 책임에 대한 단순한 설명을 편안하게 생각하고 익숙해한다. 영어를 포기하고 불어를 배우라고 할 수 없듯이 그것들을 포기해야 한다는 의미는 아니다. 단순한 직선적 설명으로 충분한 상황도 많고, 피드백 프로세스를 찾는 일이 오히려 시간 낭비인 상황도 많다. 그러나 동적 복잡성 문제를 다룰 때는 그렇지 않다.

강화 피드백, 균형 피드백, 지연: 시스템 사고의 기본 구성요소

구별되는 두 가지 유형의 피드백 프로세스가 있다. 바로 강화 피드백과 균형 피드백이다. 강화(혹은 확대) 피드백 프로세스는 성장의 원동력이다. 무언가가 성장하는 상황에 있다면 강화 피드백이 작동하고 있다고 확신해도 좋다. 반대로 강화 피드백은 쇠퇴를 촉진할 수도 있다. 금융공황 시의 은행 자산 하락처럼 처음에는 소폭이었다가 점차 하락폭이 커지는 경우가 이러한 예에 해당한다.

균형(또는 안정) 피드백은 목표지향적인 행동이 있을 때마다 작동한다. 움직이지 않는 것이 목표일 경우, 균형 피드백은 차량의 브레이크 같은 기능을 한다. 반대로 목표가 시간당 90킬로미터의 속도로 움직이는 것이라면, 균형 피드백은 90킬로미터까지 가속을 하되 넘어서지는 않게 할 것이다. 목표에는 회사가 지향하는 시장점유율과 같이 명시적인 목표와 겉으로는 부정하면서도 자꾸만 매달리는 나쁜 습관처럼 눈에 띄지 않는 암묵적인 목표가 있다.

많은 피드백 프로세스에는 '지연delay'이 포함되는데 행동의 결과가 서서히 발생하도록 영향의 흐름을 방해하는 것을 말한다.

영어 문장이 명사와 동사로 이루어지듯이 시스템 사고 언어에서 모든 아이디어는 이러한 기본 요소로 이루어진다. 기본 구성요소에 대해 배우고 나면 본격적인 이야기를 시작할 수 있는데, 다음 장에서 설명할 시스템 원형이 바로 그것이다.

강화 피드백: 작은 변화가 커지는 원리

강화 피드백 시스템의 내부에 있는 경우, 작은 행동의 결과가 좋은 쪽으로든 나쁜 쪽으로든 확대되는 모습을 보기 힘들지도 모른다. 그러나 시스템을 이해하면 강화 피드백이 작용되는 원리에 영향을 미칠 수 있게 된다.

예를 들어 관리자는 자신의 기대가 직원들의 실적에 미치는 영향을 충분히 인식하지 못할 때가 많다. 어떤 직원이 높은 잠재력을 지니고 있다고 생각하면, 잠재력을 개발하고 발휘할 수 있도록 각별한 주의를 기울이게 된다. 그가 좋은 실적을 올리기라도 하면 자신의 평가가 옳았다고 확신하면서 앞으로도 잘할 수 있도록 지원할 것이다. 반대로 잠재력이 낮다고 생각한 직원에게는 아무래도 관심과 주의를 기울이지 않게 될 것이다. 결국 그 직원은 관리자의 무관심과 부주의 때문에 피해를 보게 되고, 만약 실적이 낮을 경우 관리자는 역시 자신의 생각이 옳았다면서 그동안의 무관심까지도 정당화하게 되리라.

로버트 머튼Robert Merton은 이러한 현상을 일컬어 '자기충족적 예언self fulfilling prophecy'이라는 표현을 처음으로 사용한 심리학자이다.[8] 이는 조지 버나드 쇼George Bernard Shaw의 희곡 〈피그말리온Pygmalion〉에서 이름을 따온 까닭에 '피그말리온 효과Pygmalion effect'라고도 불린다.(〈피그말리온〉은 영화 〈마이 페어 레이디[My Fair Lady]〉의 원작이기도 하다) 쇼는 희곡 제목을 그리스 로마 신화에 나오는 피그말리온이라는 조각가 이름에서 따왔는데, 피그말리온은 자신이 만든 아름다운 여인 조각상을 너무 사랑하여 (신의 도움을 받아) 생명을 불어넣었다.

피그말리온 효과는 수많은 상황에서 작용한다.[9] 학교도 예외가 아닌데, 학생에 대한 교사의 평가는 학생의 행동에 영향을 미친다. 수줍음을 많이 타는 제인이라는 학생이 학교를 옮기고 난 후의 첫 학기에 저조한 성적을 받았다고 생각해 보자.(부모님이 계속 싸워서 마음이 편치 않았기 때문이다) 이로 인해 담임교사는 제인이 의욕이 없는 아이라는 생각을 갖게 되었다. 다음 학기에 그는 제인에게 주의를 기울이지 않았고, 원래도 수줍음이 많고 소극적이던 제인은 더욱 움츠러들어서 다시 저조한 성적을 냈다. 시간이 흐르면서 제인은 '소극적인 태도, 저조한 성적, 교사들의 평가, 무관심, 소극적 태도 심화'라는 악순환에 빠졌다. 이처럼 학생은 교사가 높이 평가하고 관심을 기울이면 무의식 가운데 자신의 능력을 높이 평가하며 높은 자존감을 가지게 되고, 악순환에 빠져 저조한 학습이 이루어지는 상황에서는 자기 평가와 자존감도 낮아진다.

피그말리온 효과처럼 강화 프로세스에서는 작은 변화가 점점 커진다. 어떤 움직임이든 확대되어 같은 방향으로 더 큰 움직임을 만들어낸다. 작은 행동이 일정한 방향으로 눈덩이 불어나듯, 복리통장에 이자 붙듯 증대된다. '악순환'에 빠져 상황이 나쁜 쪽으로 계속 악화되는 강화(확대) 프로세스도 물론 있다. '석유 위기'가 전형적인 예다. 석유 품귀 현상이 예상된다는 말이 퍼지자마자 동네 주유소에는 기름을 채우려는 인파가 몰려

든다. 주유소에 길게 늘어선 차들을 보는 순간 사람들은 위기가 왔다고 확신한다. 공황상태와 사재기가 시작된다. 머지않아 모든 사람이 기름 탱크가 4분의 1밖에 비지 않았는데도 주유소로 달려간다. 기름이 떨어져 사지 못할까 두려운 까닭이다. 대형 태풍이 오기 전에 음식이며 물에 대한 수요가 급증하는 때도 같은 일이 일어난다. 특정 주식이 하락할 것이라는 소문이 나돌자마자 매도 주문이 쇄도하고, 은행 자금사정이 좋지 않다는 기사 한 줄에 시작되는 예금인출 사태도 마찬가지다. 모두가 바람직하지 않은 방향으로 진행되는 사소한 행동이 악순환을 촉발하는 강화 구조이다.

그러나 이러한 강화 순환 자체에는 본질적으로는 나쁜 것이 하나도 없다. 더구나 바람직한 방향으로 강화되는 과정, 즉 선순환도 있지 않은가? 예를 들어 운동은 강화의 선순환으로 이어질 수 있다. 운동을 하면 몸이 좋아지고, 그래서 더욱 많은 운동을 하게 되고, 그로 인해 몸이 더욱 좋아지고, 운동을 더욱 열심히 하게 된다. 반면에 테러와의 전쟁은 반대로 작용한다. 오래 지속되는 경우 악순환이 만들어질 수밖에 없다. 신제품의 성장 역시 강화 순환을 수반한다. 예를 들면 많은 제품이 '입소문'을 타고 성장한다. 입소문 덕분에 수요가 눈덩이처럼 불어나게 되는 것이다. 폭스바겐 비틀과 아이팟이 대표적인 예가 아닌가 싶다. 만족한 고객이 다른 사람에게 말하고, 입소문을 들은 사람이 다시 만족한 고객이 되고, 그가 다시 다른 사람에게 말하는 식이다. 네트워크 장치를 활용해 정보나 노래 등을 공유하는 행위는 강화 피드백을 만들어내는 좋은 사례다. 일단 한 사람이 그러한 장치를 가지고 있으면, 유사한 장비를 가지고 있는 다른 사람과 정보를 공유하면서 점점 많은 사람이 정보를 공유하게 된다.

입소문을 통해 판매를 촉진하고 만족도를 높이는 긍정적인 피드백 프로세스를 다이어그램으로 나타내면 다음과 같다.

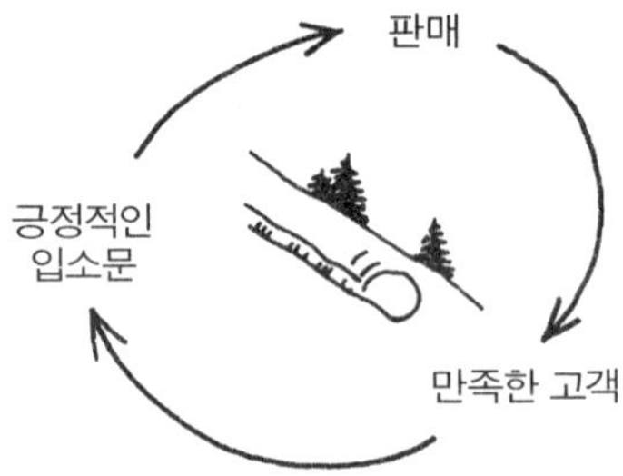

강화 순환 다이어그램을 읽는 법

제품에 대한 고객의 입소문으로 발생하는 판매 강화 과정

위 다이어그램은 행동이 눈덩이처럼 불어나는 강화 피드백 프로세스를 보여준다.
좋은 상품의 경우, 판매가 늘어나면 만족하는 고객이 많아졌다는 의미이고, 나아가 긍정적인 입소문이 널리 퍼졌다는 의미이다. 이는 다시 판매 증가로 이어질 것이고, 입소문은 더욱 멀리 퍼지게 된다. 이러한 식으로 선순환이 계속된다. 한편, 문제가 있는 상품의 경우에는 선순환이 악순환으로 바뀐다. 판매될수록 만족한 고객의 수는 줄어들고, 긍정적인 입소문도 줄어들고, 판매도 줄어든다. 판매가 줄면 긍정적인 입소문은 더욱 줄게 되고 판매도 더욱 줄어든다.

강화 순환에서 나오는 결과적인 행동은 성장이나 쇠퇴 속도가 높아지는 것이다. 예를 들어 과거 반세기 동안 군비 경쟁은 무기 비축량 증가 속도를 지속적으로 높이는 결과를 가져왔다.(그림 참조) 반대로 은행 예금인출 사태는 은행의 예금 감소 속도를 높이는 결과를 가져온다.

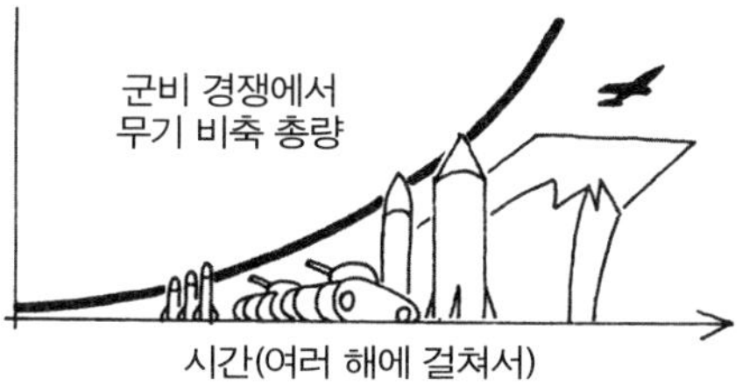

이러한 강화 순환을 부르는 표현이 여럿 있다. '눈덩이 효과', '밴드왜건 효과bandwagon effect', '악순환', '빈익빈 부익부' 등인데 현실을 꿰뚫는 대중의 지혜를 엿볼 수 있는 표현들이다. 신출내기 조직이나 신제품에 대한 믿음이 커져가는 과정에서는 '모멘텀, 즉 가속이 무엇보다 중요하다'고들 한다. 바람직하지 않은 방향으로 진행되는 강화 순환을 지적하는 표현도 있다. '생쥐들이 배를 덮치고 있다'는 말인데, 소수가 확신을 잃는 순간 그들의 변절이 다른 사람들까지 바뀌게 하고, 확신을 좀먹는 악순환으로 빠져드는 상황을 이야기한다. 입소문은 쉽게 역방향으로 작용하며 일부 사례에서처럼 시장에 엄청난 재앙을 가져오기도 한다.

좋은 쪽이든 나쁜 쪽이든 강화 순환은 속도가 워낙 급격히 높아지는 까닭에 사람들을 깜짝 놀라게 한다. 프랑스의 어느 학교 연못에서 일어난 이야기는 그러한 과정을 잘 보여준다. 처음에는 연못 한쪽 귀퉁이에 수련 잎이 딱 한 장 있었다. 그런데 다음 날부터 수련 잎의 수는 두 배가 되었다. 수련 잎이 연못을 뒤덮는 데는 30일이 걸렸는데 놀랍게도 28일이 지나도록 누구 하나 알아차린 사람이 없었다. 29일째에 갑자기 연못 절반이 수련 잎으로 뒤덮였고 마을 사람들은 걱정하기 시작했다. 그러나 그때는 할 수 있는 일이 거의 없었다. 다음 날 가장 두려워하던 일이 일어났다. 수련이 연못을 완전히 덮어 버린 것이다. 환경 위험이 그토록 걱정스러운 이유가 여기에 있다. 강화 유형을 따르는 경우에는 특히 그렇다. 문제를 알아차렸을 때는 너무 늦을지 모른다. 어떤 종의 멸종 과정이든 마찬가지다. 처음에는 개체감소 속도가 오랜 기간에 걸쳐 서서히 빨라지다가 어느 날 갑자기 몰락하는 과정을 따를 때가 많다. 기업이 사라지는 과정도 이와 유사하다.

그러나 성장 혹은 퇴보가 전혀 방해를 받지 않고 한쪽 방향으로 가속이 붙기만 하는 경우는 드물다. 강화 프로세스가 별개로 고립되어 일어나는 경우가 드물기 때문이다. 결국에는 한계에 직면하게 되고, 그로 인해 성장속도가 둔화되거나 멈추기도 하며 방향이 바뀌거나 아예 정반대로 가기도 한다. 심지의 수련 잎의 성장마저도 연못 둘레라는 한계에 직면하는 순간 성장을 멈추게 된다. 이러한 한계가 바로 시스템 사고의 두 번째 구성요소인 균형 피드백의 형태이다.

균형 프로세스: 안정과 저항의 근원

당신이 균형 시스템 안에 있다면, 그것은 안정을 추구하는 시스템이라고 보면 된다. 안정을 추구하는 시스템의 목표가 자신의 목표와 일치하면, 당신은 만족스러울 것이다. 하지만 그렇지 않은 경우 상황을 바꾸려는 모든 노력이 좌절을 맛보게 된다. 안정 추구라는 시스템의 목표를 변경하거나, 그로 인한 영향을 약화시키기 전까지는 좌절이 계속될 것이다.

자연은 균형을 좋아하지만, 많은 경우 의사결정자는 균형에 거스르는 행동을 취하고 결국 대가를 치르게 된다. 이를테면 예산 압박에 시달리는 경영자가 비용을 낮추기 위해 인원을 삭감했는데, 결과적으로 남은 직원들은 초과근무에 시달리고 비용도 전혀 줄지 않는 상황이 발생했다. 남은 일을 외부 컨설턴트에게 맡겼기 때문일 수도 있고, 초과근무 비용이 인원감축으로 줄어든 비용을 상쇄해버렸기 때문일 수도 있다. 비용이 줄어들지 않는 이유는 '시스템이 자체 목표를 가지고 있기 때문'이다. 명시적으로 드러나지는 않지만 아주 실질적인 목표가 있는데, 바로 해야 한다고 기억되는 일의 양이다.

균형(안정) 시스템에서는 일정한 목표를 유지하려는 자동수정 작업이 진행된다. 잔에 물을 채우는 행위는 잔을 채운다는 목표가 있는 균형 프로세스이다. 신규 직원 채용은 노동력 규모 또는 성장률이라는 목표가 있는 균형 프로세스이다. 자동차의 운전대를 조작하는 것이나, 자전거에 올라타 균형을 잡는 행위도 균형 프로세스의 한 예인데, 이러한 경우의 목표는 원하는 방향으로 향하는 것이다.

균형 피드백 프로세스는 어디에나 있다. 목표를 지향하는 모든 행동의 기저에 있는 것이다. 인체 같은 복잡한 유기체에서는 수천 가지 균형 피드백 프로세스가 동시에 진행되고 있다. 인체가 체온과 균형을 유지하고, 상처를 치유하고, 빛의 양에 맞추어 동공을 조절하고, 위험을 보고 경고를 보내는 것이 모두 그러한 과정이다. 생물학자라면 이 과정을 인체가 변화하는 환경에서 생존에 필요한 조건을 유지하는 능력인 항상성 homeostasis을 달성하려는 메커니즘이라고 말하리라. 음식이 필요하면 밥을 먹고, 휴식이 필요하면 잠을 자고, 추우면 스웨터를 입는 일상적인 행동은 모두 균형 피드백이 있기에 가능하다.(아래의 다이어그램 참조)

모든 균형 프로세스가 그렇듯이 결정적인 요소(이를테면 체온)는 원하는 수준으로 서서히 자체 조절을 해간다.

수많은 균형 조절 프로세스를 가지고 있다는 점에서 조직과 사회도 복잡한 유기체와 다르지 않다. 회사에서는 들어오는 주문 변화에 맞춰서 생산과 원자재 주문을 끊임없이 조절한다. 단기적인 할인 가격과 장기적인 정가 역시 소비자의 수요나 경쟁사의 가격 변화에 따라 조절된다. 기

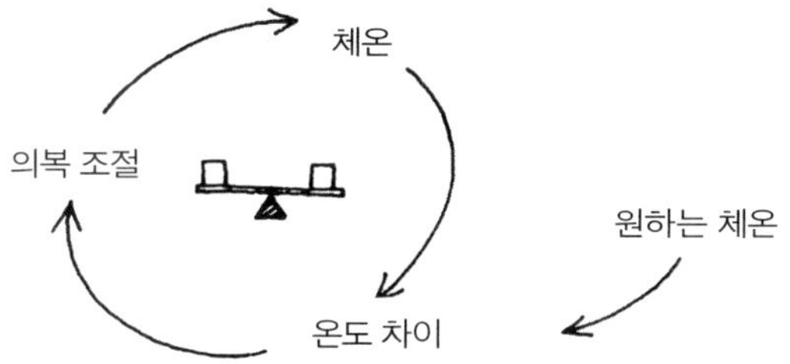

업의 차입 역시 마찬가지다. 현금 잔고나 재정적인 필요성에 따라 끊임없이 조절된다.(아래의 다이어그램 참조)

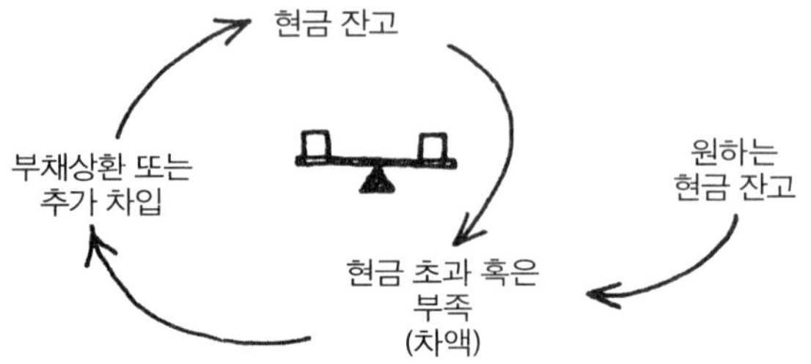

계획은 장기 균형 프로세스를 만들어낸다. 인력자원에 따라 직원의 수와 역량을 기대수요에 맞추기 위한 장기 목표가 수립될 수도 있으리라. 시장조사 계획, 연구개발 계획 등은 경쟁우위를 차지하기 위한 신제품 개발, 인력, 기술, 공장설비 등에 대한 투자를 일으킨다.

경영에서 균형 프로세스가 이토록 어려운 이유는 목표가 겉으로 드러나지 않을 때가 많고, 균형 프로세스가 존재한다는 사실을 아무도 인식하지 못하기 때문이다. 사업체가 급속히 성장하는 시점에서 회사 내의 전문가들이 초과근무 등으로 극도의 피로에 시달리자, 이를 해결해보려고 백방으로 노력했지만 소용이 없어 좌절했던 친구가 떠오른다. 친구의 회사는 교육훈련 사업을 하고 있었다. 회사를 책임진 사장으로서 친구는 직원들에게 초과근무를 하지 말라고 지시를 내리고, 근무시간을 단축하고, 심지어 사무실 문을 일찌감치 잠가버리기도 했다. 어떻게든 직원들이 초과근무를 하지 않게 하려는 노력이었다. 하지만 모두가 허사였다. 직원들은 지시를 무시하고 근무시간을 단축하라는 명령을 어겼으며, 사무실 문을 잠가버리자 일을 싸들고 집으로 갔다. 이유가 뭘까? 문제의 회사에는 영웅, 즉 진정으로 조직을 위하고 출세하는 사람은 1주일에 70시간씩 일하는 사람이라는 불문율이 있었기 때문이다. 본인은 의식하지 못했지만, 이러한 규범을 만든 사람은 바로 회사 사장인 내 친구였다. 자신이 엄청난 열정을 쏟으며 장시간 노동을 함으로써 그러한 불문율을 만들어냈고, 결과적으로 이를 직원들에게 강요하고 있었던 것이다.(아래의 다이어그램 참조)

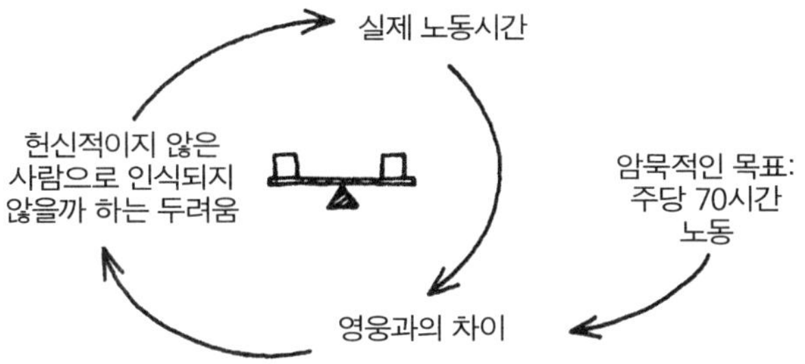

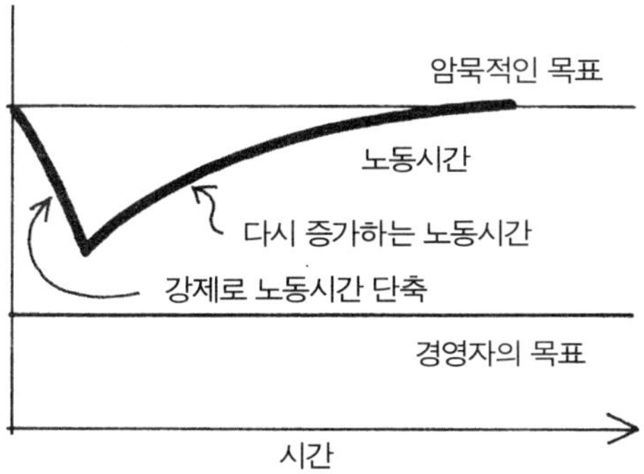

조직이 어떻게 돌아가는지 알기 위해서는 명시적인 균형 프로세스와 암묵적인 균형 프로세스를 동시에 이해해야 한다. 신체의 일부분, 장기, 뼈, 정맥, 혈관 같은 개별 부위에 정통하다고 해서 인체가 어떻게 기능하는지를 알게 되는 것은 아니다. 신경근육 시스템이 어떻게 균형을 유지하는지, 심장혈관 시스템이 어떻게 혈압과 산소 농도를 유지하는지를 이해해야만 인체가 어떻게 기능하는지 제대로 알게 된다. 사회 시스템을 바꾸려는 많은 시도가 번번이 실패로 끝나는 이유가 여기에 있다. 국가에서 통제하는 경제는 자유시장 시스템에서 작동하는 다양한 자동조절 과정을 없애버렸기 때문에 실패할 수밖에 없다.[10] 기업 합병이 자주 실패하는 이유도 여기에 있다. 몇 해 전에 보스턴에서 훌륭한 의료서비스 전통을 자랑하던 병원 두 곳이 합병했다. 새로 탄생한 대형 병원은 최신 설비를 갖추었지만 기존의 병원들이 갖고 있던 장점인 의료서비스 정신과 직원의 충성심을 잃었다. 합쳐진 대형 병원을 관리하기 위해 새로운 행정구조와 절차가 만들어지면서, 기존의 개별 병원에서 작동하던 진료의 질을 신경 쓰고 직원의 요구에 관심을 기울이며 환자와 우호적인 관계를 유지하던 미묘한 균형 프로세스가 붕괴되었던 것이다.

균형 프로세스는 그 개념은 단순하지만, 사람들이 감지하지 못한 채로 진행되는 경우 문제의 소지가 있는 행동을 유발할 수도 있다.

일반적으로 균형 순환은 아무 일도 일어나지 않은 것처럼 보일 때가 많아서 강화 순환에 비해 포착하기가 어렵다. 매출액, 마케팅 비용, 핵무기, 연못의 수련 등에서 급격한 증가 같은 현상은 일어나지 않는다. 오히려 균형 프로세스는 관련자 모두가 바꾸기를 원하는 상황에서도 변화 없이 현상을 유지한다. 균형 순환 상태에서 사람들은 〈이상한 나라의 앨리스Alice's Adventures in Wonderland〉의 하트 여왕이 한 말처럼 '같은 장소에 머물기 위해서 죽을힘을 다해 달려야 하는 것' 같은 느낌을 받기 쉽다.

조직의 변화를 시도하는 리더들은 자신도 모르는 사이에 균형 프로세스에 덜미를 잡히는 경우가 많다. 그러한 경우 그들은 그야말로 난데없이 저항에 봉착했다는 느낌을 받는다.

앞에서 언급한 친구가 직원의 피로를 줄이려고 하다가 마침내 깨달은 것처럼, 저항은 암묵적인 목표를 유지하려는 시스템의 반응이다. 이러한 암묵적인 목표를 깨닫기 전에는 변화를 위한 모든 노력이 실패할 수밖에 없다. 회사 사장이 본보기가 되는 한은 그가 일하는 습관이 곧 기준이 된다. 그러므로 사장은 자신의 습관을 바꾸거나, 다른 새로운 본보기를 내세워야 한다.

균형 순환 다이어그램을 읽는 법

현금 초과 혹은 부족에 맞춰 현금 잔고를 조절하기 위한 균형 프로세스

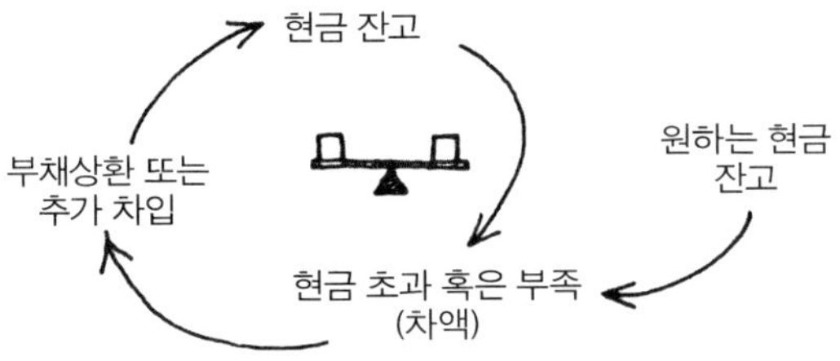

위의 다이어그램은 균형 피드백 프로세스를 보여준다.
과정 전체를 차례차례 둘러보려면, 대체로 원하는 모습과 현실 사이의 차이에서 시작하는 것이 가장 간단하다.

여기에서는 현금 유동성에 비해 수중의 현금이 부족하다.(즉 원하는 현금 잔고와 실제 현금 잔고 사이에 차이가 있다)

다음으로 차이를 바로잡기 위해서 수행되는 행동들을 보자.

돈을 차입한다. 그로 인해 현금 잔고가 늘어나고, 차이는 줄어든다.

위의 다이어그램은 원하는 양과 기존 양의 차이를 줄이기 위해 항상 작용하는 균형 프로세스를 보여준다. 더구나 원하는 현금 잔고와 같은 목표는 사업이 성장하거나 쇠퇴함에 따라 변화한다. 균형 프로세스는 목표 변화에 상관없이 현금 잔고를 필요한 수준에 맞추기 위해서 계속 작동할 것이다.

변화를 방해하는 저항이 있을 때마다 하나 혹은 복수의 '감춰진' 균형 프로세스가 작동하고 있다고 확신해도 좋으리라. 그러므로 변화에 대한 저항은 갑작스럽지도 불가사의하지도 않다. 저항은 거의 어김없이 전통 규범과 업무처리 방식에 대한 위협이 있을 경우에 생긴다. 이러한 규범이 기존 권력관계와 씨실과 날실처럼 복잡하게 얽혀 있을 때도 많다. 권위와 통제 구조가 워낙 뿌리 깊이 박혀 있기 때문에 이러한 규범 역시 쉽게 변하지 않는다. 때문에 유능한 리더는 변화에 맞선 저항을 극복하기 위해 무조건 밀어붙이기보다는 저항의 원인을 찾아낸다. 그들은 드러나지 않는 암묵적인 규범과 규범이 스며들어 있는 권력관계에 직접 초점을 맞춘다.

지연: 마침내……일이 일어났을 때는

지금까지 살펴본 것처럼 시스템은 스스로 생각을 가지고 있는 것처럼 보인다. 그것이 가장 극명하게 드러나는 지점이 바로 구성원의 행동과 결과 사이에 중단이 있는 지연delay 상황이다. 지연 때문에 목표에서 크게 벗어나기도 하지만, 지연을 인식하고 적절히 대처하면 긍정적인 효과를 볼 수도 있다.

전직 아날로그 디바이시스 CEO이자 매사추세츠 첨단기술위원회 설립자인 레이 스테이터Ray Stata는 〈슬론 경영대학원 리뷰Sloan Management Review〉에 실린 글에서 이러한 말을 했다. "시스템의 능력을 높이기 위한 레버리지의 최대 지점 가운데 하나는 시스템 내의 지연을 최소화하는 것이다." 스테이터는 1980년대 말 미국 제조업자의 깨달음을 대변하고 있었다. 이전까지 미국 제조업자는 창고의 재고량을 빡빡하게 통제하는 데 집중해온 반면, 일본 경쟁업체는 지연을 줄여 초과든 부족이든 애초에 재고 문제가 발생하지 않도록 하는 데 중점을 두었다. 1980년대 말 미국 제조업자는 자신들의 방식이 일본에 비해 근본적으로 효과가 떨어진다는 것을 깨달았다. 이로 인해 '시간 중심 경쟁time based competition'이라는 아이디어가 서서히 생겨나게 되었다. 보스턴 컨설팅 그룹Boston Consulting Group의 부사장 조지 스톡George Stalk도 같은 점을 지적한다. "생산, 신제품 개발, 판매 및 유통에서 시간을 관리하는 방식이야말로 앞서 가던 기업들이 경쟁에서 뒤쳐지게 된 가장 큰 원인이다." 결국 지연을 줄이는 것이 얼마나 중요한가에 대한 인식이 커지면서 '유연 생산flexible manufacturing'의 초석으로 발전하고, 오늘날 낭비를 최소화하여 효율 극대화를 꾀하는 '린 생산방식lean manufacturing'으로 진화했다.[11]

행동과 결과 사이의 지연은 어느 인적 시스템에서든 나타나는 흔한 일이며, 어찌 보면 자연스러운 현상이다. 사람들은 보통 먼 미래의 이익을 위해 지금 투자를 시작한다. 오늘 채용한 사람이 완전한 생산성을 발휘하기 위해서는 보통 몇 달이라는 시간이 걸린다. 또한 여러 해가 지나야 성과가 나타나리라는 것을 알면서도 사람들은 새로운 프로젝트에 자원을 투입한다. 그러나 지연 상황을 제대로 파악하지 못해서 불안이 야기되는 경우도 자주 있다. 예를 들면 앞에서 설명한 맥주 게임에서 의사결정자들은 주문한 맥주가 도착하지 않는 지연 상황을 계속해서 잘못 판단하고 적절치 못한 대응을 했다.

하나의 변수가 다른 것에 미치는 효과가 나타나기까지 시간이 걸리는 경우, 지연은 시스템 언어를 구성하는 세 번째 기본 구성요소가 된다. 사실상 모든 피드백 프로세스가 지연이라는 요소를 포함하고 있다. 그러나 이러한 지연을 인식하지 못하거나, 인식해도 제대로 이해하지 못하는 경우가 많다. 때문에 원하는 결과를 얻기 위해 필요 이상의 '과잉 행동'을 보이게 된다. 식사와 배부름을 느끼는 시점 사이의 지연 때문에 많은 이가 과식을 하게 된다. 식사를 중단해야 하는 시점에 배부름을 느끼지 못하기 때문이다. 신규 건축 프로젝트를 시작해서 완공하기까지 걸리는 시간의 차이, 즉 지연 때문에 부동산 시장에 공급 과잉과 그로 인한 가격

폭락이 발생한다. 맥주 게임에서는 주문과 납품 사이의 지연이 지속적인 초과주문을 초래한다.

사람들이 인식하지 못한 지연은 불안과 파괴를 야기할 수 있는데, 지연이 길어지는 경우에는 그럴 가능성이 한층 높아진다. 예를 들어 샤워를 하기 위해 물의 온도를 조절할 경우, 지연 시간이 1초나 2초인 경우보다 10초인 경우가 온도 조절이 훨씬 어렵다.

지연 다이어그램을 읽는 법

지연이 있는 상태에서의 균형 프로세스: 온도 변화가 느린 샤워기

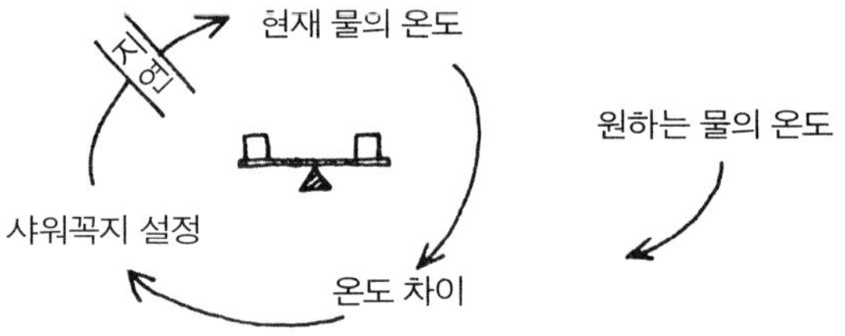

'수도꼭지' 설명을 하면서 나왔던 다이어그램이 다시 등장했는데, 이번에는 연결된 배관이 오래되었다고 가정해보자. 배관 상태가 좋지 않아서 수도꼭지를 돌린 시간과 흘러나오는 물의 변화가 감지되는 시간 사이에 상당한 지연이 있다. 흐름을 끊는 두 개의 선이 지연을 나타낸다. 지연을 나타내는 선은 지연이 몇 초(혹은 몇 년) 동안 지속되는지를 말해주지는 않는다. 그저 결과에 영향을 미칠 만큼 길다는 것만 알 뿐이다. 지연이 있는 화살표를 따라가면서 마음속으로 하는 이야기에 '마침내'라는 단어를 추가하라. "수도꼭지를 돌렸더니 마침내 흘러나오는 물의 온도가 달라졌다." 혹은 "신규 건설 공사를 시작했고 마침내 주택이 완

공되었다." 이 과정을 설명하면서 "하나, 둘" 하고 두어 박자를 쉬어도 좋다.

온도를 조절하고도 10초 동안 찬물이 계속 흘러나온다. 말하자면 행동을 취했는데 그에 대한 반응이 없다. 그러자 당신은 자신이 취한 행동이 효과가 없었다고 판단하고 계속 수도꼭지를 돌린다. 마침내 온수가 나오는데, 80도가 넘는 뜨거운 물이 수도꼭지에서 콸콸 쏟아져 나온다. 화들짝 놀라서 이번에는 수도꼭지를 반대로 돌린다. 이번에도 한 번의 지연 후에 물이 다시 차가워진다. 균형 순환 프로세스를 거치면서 이러한 과정을 반복한다. 이를 다이어그램으로 나타내면 아마도 다음과 같은 모습일 것이다.

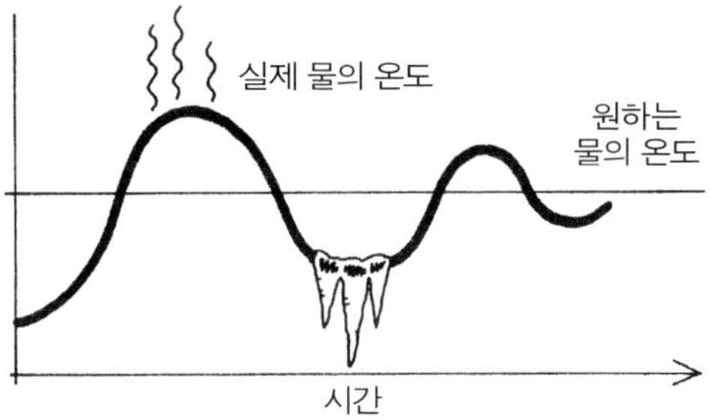

행동이 공격적일수록(과감하게 수도꼭지를 돌릴수록) 적당한 온도에 도달하기까지 걸리는 시간이 길어진다. 이것이 지연 요소를 지닌 균형 순환에서 얻는 교훈이다. 공격적인 행동이 의도와는 정반대의 효과를 내는 경우가 종종 있다는 것이다. 그러한 행동은 목표에 빠르게 도달하게 해주기는커녕 불안과 동요를 일으킨다.

지연은 강화 순환에서도 마찬가지로 문제가 된다. 테러와의 전쟁을 예로 들었을 때, 양쪽 진영은 각자 자신의 활동을 확대하는 것으로 우위를 점하게 되었다고 생각한다. 왜냐하면 그것에 대한 상대방의 반응에 지연이 있기 때문이다. 이러한 지연은 며칠이 걸릴 수도 있고 몇 달 혹은 몇 년이 걸릴 수도 있으리라. 다음 공격에 필요한 자원을 모을 시간이 필요하기 때문이다. 이처럼 상대방의 반응이 지연되면서 일시적으로 자신이 우위에 있다고 인지하는 바람에 강화 과정이 지속되는 것도 사실이다. 만약 양쪽이 상대의 세력 강화에 즉각적으로 반응하는 것이 가능하다면, 계속해서 힘을 키울 동기가 사라질 것이다.

시스템 관점은 일반적으로 장기적인 관점을 지향한다. 지연과 피드백 순환이 그토록 중요한 이유가 여기에 있다. 단기적으로는 지연과 피드백 순환을 무시할 수도 있다. 영향이 미미한 까닭이다. 그러나 장기적으로 보면 그 영향이 끊임없이 나타나 우리를 괴롭히고 결과에 중대한 영향을 미친다.

강화 피드백, 균형 피드백, 지연은 모두 상당히 단순한 형태로, 개인생활과 직장생활에서 반복적으로 일어나는 보다 복잡한 구조인 '시스템 원형'을 이루는 기본 구성요소이다. 이제 시스템 원형을 살펴볼 차례다.

06 자연의 원형: 사건을 통제하는 유형 규명

몇 해 전 이른 봄에 나는 메인 주에서 카누를 타다가 비극적인 사고를 목격했다. 당시 우리는 작은 댐을 만났고 장애물을 피해 육로로 가고자 호숫가로 배를 몰았다. 이후 다음 그룹이 도착했는데 줄곧 술을 마시던 젊은이 하나가 고무보트를 타고 댐을 건너가겠다고 나섰다. 댐으로 넘어간 뒤에 보트가 뒤집혔고, 젊은이는 얼음처럼 차가운 물속으로 내동댕이쳐졌다. 다가가서 구해낼 재주가 없었으므로, 댐 밑의 역류를 피해 하류로 헤엄쳐가려고 발버둥 치는 젊은이를 두려움 속에서 지켜볼 수밖에 없었다. 젊은이의 사투는 오래가지 못했고 이내 저체온증으로 죽음을 맞이했다. 힘을 잃고 늘어진 그의 몸은 즉시 소용돌이치는 물속으로 빨려 들어갔다. 그리고 몇 초 뒤에 바닥의 소용돌이에서 벗어난 시신이 10미터 정도 내려간 곳에서 다시 떠올랐다. 그가 죽기 직전 도달하려고 몸부림을 쳤지만, 끝내 도달하지 못한 지점이었다. 물의 흐름이 몸부림을 멈춘 시신을 그곳으로 데려다준 것이다. 얄궂게도 젊은이를 죽인 것은 댐 바닥의 역류에서 벗어나려던 필사의 몸부림이었다. 젊은이는 그곳에서 벗어날 유일한 방법이 '직관과는 반대되는 행동'이라는 사실을 알지 못했다. 만약 그가 머리를 물 위로 내어놓으려 하지 않고 역류 속으로 잠수해 들어갔다면 목숨을 구할 수 있었을 것이다.

젊은이의 비극적인 이야기는 맥주 게임 예에서 처음 등장하고 테러와의 전쟁 예에서 거듭 확인한 시스템 관점의 정수를 잘 보여준다. 우리가 인식하지 못하는 구조가 우리를 구속하고 있는 것이다. 역으로 우리를 붙잡고 있는 보이지 않는 힘에서 자유로워지고, 궁극적으로 그것을 변화시킬 능력을 키우기 위해서는 무엇보다도 구조를 볼 줄 알아야 한다. 그러므로 구조를 보는 법을 터득하는 것이 시작이다.

시스템 사고라는 비교적 새로운 분야에서 나온 가장 중요하며 잠재적으로 가장 강력한 힘을 주는 통찰은 특정 구조의 유형이 계속해서 반복된다는 것이다. 이러한 유형을 '일반 구조' 혹은 '시스템 원형systems archetype'이라 부를 수 있는데, 개인생활이나 조직에서 구조를 보는 법을 학습하는 데 필요한 핵심 요소를 포함하고 있다. 상대적으로 소수인 시스템 원형은 모든 경영 문제가 특수한 것은 아니며, 경험 많은 관리자라면 직관적으로 알 수 있는 형태라는 것도 아울러 말해준다.[1]

강화 피드백, 균형 피드백, 지연이 시스템 사고에서 명사나 동사에 해당한다면, 시스템 원형은 반복해서 나오는 기본 문장이나 간단한 이야기와 비슷하다. 문학작품에서도 등장인물에 따라 다르게 제시하는 공통된 주제나 반복되는 줄거리가 있는 것처럼, 상대적으로 소수인 시스템 원형이 실로 다양한 경영 상황에 공통적으로 존재한다.

시스템 원형은 복잡해 보이는 경영 문제의 심층이 놀라울 정도로 간단하고 명쾌하다는 사실을 보여준다. 이러한 원형을 인식하는 법을 배워야 한다. 원형을 많이 알고 잘 인식할수록 어려움을 해결할 레버리지가 있는 지점을 발견하기 쉬우며, 이를 다른 사람에게 설명하는 것도 쉬워진다.

시스템 원형을 공부할수록 최근 들어 관리자와 리더들이 머리를 붙잡고 씨름하는 가장 골치 아픈 문제인 '지식의 전문화와 파편화' 해결에 도움이 될 것이 확실하다. 시스템 관점이 약속하는 가장 희망적인 전망은 바로 모든 분야에 걸친 지식의 통합이다. 이러한 원형이 경영뿐만 아니라

생물학, 심리학, 가족 치료, 경제학, 정치학, 생태학 등에서도 반복되기 때문이다.[2]

사실, 이러한 원형은 워낙 미묘해서 포착하기가 쉽지 않다. 때문에 가정, 생태계, 신문기사, 회사 등에서 이것이 나타나는 경우, 본다기보다는 '느낀다'고 표현하는 것이 적합할 때가 많다. 가끔은 원형들을 보면서 기시감, 즉 전에 어디선가 본 것 같다는 느낌이 들기도 한다. 자신도 모르게 "또 그러네." 하고 혼잣말을 하기도 한다. 경험 많은 관리자는 당연히 반복되는 유형을 직감적으로 많이 알고 있을 가능성이 높다. 그러나 막상 설명하려고 하면 쉽지 않을 때가 많다. 시스템 원형은 그러한 직감을 설명할 언어를 제공한다. 시스템 원형은 그것을 몰랐다면 '경영진의 의사결정'이라고 두루뭉술하게 말하고 넘어 갔을 많은 것을 명확하게 해준다.

그러므로 시스템 원형을 숙지하는 것은 조직이 시스템 관점의 길로 나아가는 첫걸음이다. "큰 그림을 보고 장기적인 관점을 가져야 한다."면서 시스템 사고를 주장하고 옹호하는 것만으로는 부족하다. 시스템 사고의 법칙(4장)에서 설명한 내용이나 맥주 게임(3장) 같은 시뮬레이션 게임에 나타난 기본 시스템 원칙을 이해하고 받아들이는 것만으로도 역시 불충분하다. 심지어 어떤 문제의 기저에 있는 특정 구조를 아는 것만으로도 충분하지 않다.(알아가는 과정에서 컨설턴트의 도움을 받을 수도 있으리라) 하나의 문제를 해결할 수는 있지만 애초에 그러한 문제를 발생시킨 사고까지는 바꾸지 못하기 때문이다. 관리자가 시스템 원형의 관점에서 사고하는 것을 시작해야 시스템 사고가 학습조직에 일상적으로 영향을 미치는 실질적 동인이 될 수 있으며, 이를 통해 구성원들은 현실을 스스로 창조하는 법을 보게 된다.

시스템 원형을 사용하는 목적은 인식을 변화시켜, 보다 쉽고 효율적으로 구조를 파악해서 레버리지를 찾자는 것이다. 일단 시스템 원형이 파악되면 항상 레버리지가 높은 변화와 레버리지가 낮은 변화가 어디에 있는지가 분명해진다. 현재 연구자들은 열두 가지 시스템 원형을 밝혀냈고,

이 책에서는 그 가운데 아홉 가지를 중점적으로 소개할까 한다.(부록 2에서는 책에서 사용된 원형들을 요약하여 소개한다) 당연히 모든 원형은 시스템의 기본 구성요소, 즉 강화 프로세스, 균형 프로세스, 지연으로 구성되어 있다. 다음에 소개하는 두 가지 원형은 빈번히 되풀이되는 형태로서 복잡한 상황은 물론, 다른 원형을 이해하는 데도 기초가 되는 것들이다.

원형1: 성장의 한계

정의

원하는 결과를 산출하기 위한 강화(확장) 프로세스가 작동하기 시작한다. 강화 프로세스는 가파른 성공 곡선을 만들어내지만 동시에 생각지 못한 부작용도 유발하게 되고, 이로 인해 결국은 성장이 둔화된다.(부작용은 균형 프로세스에서 명확하게 드러난다)

관리 원칙

성장을 강제로 밀어붙이지 마라. 성장을 가로막는 한계 요인을 제거하라.

발견되는 곳

'성장의 한계' 구조는 성장이 한계에 부딪히는 모든 상황을 이해하는 데 유용하다. 예를 들면 한동안 성장을 거듭했던 조직이 시간이 흐르며 성장을 멈춘다. 조직 전체의 작업 효율 역시 한동안 좋아지다가 멈추고, 개인의 실력도 한동안 늘다가 정체된다.

갑작스럽기는 해도 좋은 의도에서 나온 개선을 위한 노력의 대부분이 성장의 한계에 직면한다. 농부는 비료를 사용해서 수확량을 늘리지만, 이내 이를 유지할 강우량이 부족해짐에 따라 수확량의 증가는 멈춘다. 속성 다이어트는 초반에는 효과가 있어서 1~2킬로그램 정도의 지방을 줄여주지만 얼마 되지 않아 살을 빼려는 의지를 상실하게 된다. 시간 외 근무를 통해 긴급한 납기를 '해결'할지도 모르지만, 결국에는 증가한 스트레스와 피로 때문에 작업 속도가 둔화되고 업무의 질이 떨어진다.

사사건건 다른 사람을 비판하는 나쁜 습관을 없애려 하는 사람도 성장의 한계에 직면한다. 처음에는 노력이 효과가 있어서 비판하는 행동이 줄어든다. 주변 사람들도 그에게서 (이전과 다른) 우호적인 분위기를 느끼고 이를 반긴다. 당연히 다른 사람들도 긍정적인 반응을 보여주고, 이에 기분이 좋아져서 비판은 더욱 줄어들게 된다. 이는 개선된 행동, 긍정적 감정, 한층 개선된 행동으로 강도를 더해가는 강화 프로세스이다. 그러나 시간이 지나면서 의지가 약해진다. 좀처럼 용납되지 않는 다른 사람들의 모습을 보게 될 수도 있으리라. 사소한 것들은 쉽게 넘어가지만 '이것만큼은 정말 별개의 이야기다' 싶은 순간이 있을지도 모른다. 많이 나아진 자신에게 만족한 나머지 이전만큼 비판하는 버릇에 주의를 기울이지 않게 되고, 그렇다 보니 반사적으로 이전의 버릇이 재발할지도 모른다. 어떤 이유에서든 머지않아 예전 습관으로 돌아가게 된다.

세미나 참가자가 이러한 설명을 듣고 "이것은 마치 사랑하는 과정과 똑같은데요."라고 말한 적이 있다. "어떤 점이 그렇습니까?"라고 내가 조심스럽게 묻자 참가자는 이렇게 대답했다. "음. 우선, 남녀가 만남을 시작합니다. 처음에는 잠깐만 얼굴을 보아도 정말 좋지요. 그래서 상대와 더욱 많은 시간을 보내게 됨에 따라 행복도 그만큼 커집니다. 머지않아 둘은 모든 여가시간을 함께 보내게 됩니다. 그리고 서로에 대해 더욱 많은 것을 알게 되지요. 처음에는 항상 문을 열어주며 여자를 배려하던 남자가 어느새 혼자 들어가 버리는 일이 종종 생깁니다. 친구들과 볼링을 치는 시간도 좀처럼 포기하려 하지 않지요. 하루걸러 밤마다 볼링을 치면서요. 남자도 여자의 단점을 발견합니다. 질투심이 많은 성격이라든가 쉽게 발끈한다든가 깔끔하지 않다든가 하는 식이지요. 그것이 무엇이 되었든 둘은 서로의 단점을 보기 시작합니다." 그의 말대로, 서로의 단점을 알게 되면서 감정의 극적인 성장이 갑자기 멈추고 심한 경우에는 반대로 돌아서기도 한다. 말하자면 처음 만난 순간보다도 감정이 나빠지는 것이다.

구조

'성장의 한계' 사례에는 항상 일정기간 자체 추진력으로 돌아가는 성장 혹은 개선의 강화(확장) 프로세스가 있다. 이어서 그러한 과정이 균형(안정) 프로세스에 충돌하는데, 바로 이 균형 프로세스가 작용해서 성장의 한계를 제한한다. 이것이 발생하면 성장률이 둔화되고 심한 경우 정체상태에 빠지기도 한다.

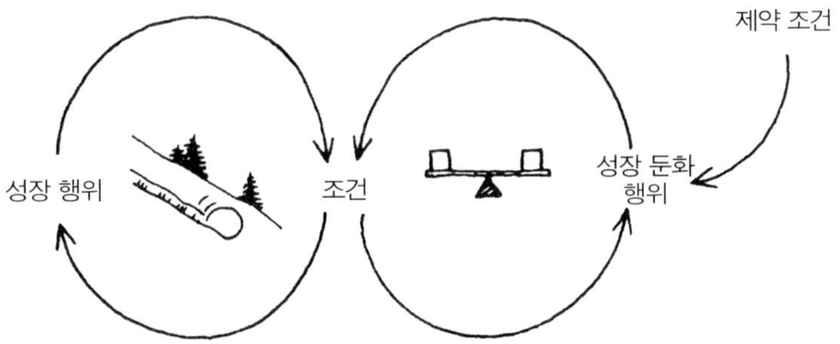

구조의 이해와 활용

'성장의 한계' 구조는 어떤 조직에서든 작동한다. 첨단기술 회사를 예로 들자면 우선 회사는 신제품 개발 능력 덕분에 급속히 성장한다. 신제품이 늘어나는 것에 따라 수입이 증가하고, 연구개발 비용도 증가하며, 더불어 기술 및 연구 인력도 증가한다. 기술 인력이 급증함에 따라 관리는 복잡해지고 힘들어진다. 관리 부담이 상급 기술자에게 부과되고 그로 인해 상급 기술자는 연구에 쏟을 시간이 줄어든다. 가장 경험 많고 노련한 기술자가 연구개발보다 관리에 매달리게 된 바람에, 신제품 개발에 이전보다 오랜 시간이 걸리게 되고, 그로 인해 신제품 출시 속도가 둔화된다.[3]

'성장의 한계' 구조를 표현한 다이어그램을 보면 성장 강화 사이클에서 시작된다. 강화 사이클이 구조에 최초의 가속 요인을 제공한다. 순환 과정을 단계적으로 찬찬히 살펴보라. 신제품 성장으로 수입이 발생하고, 수입이 다시 신제품 생산에 재투자된다. 그러나 일정 시점이 되면 그러한 요인들이 바뀐다. 이를테면 예산 증가로 연구개발 인력이 늘어나 상급 기술자들의 관리 능력을 넘어서는 복잡한 상황이 만들어진다. 상급 기술자는 제품개발에 써야 할 귀중한 시간을 관리에 쏟아야 하고, 그로 인해 지연이 발생하면서 신제품 출시가 늦어지고 전체적으로 성장이 둔화된다.(지연 기간은 성장 속도, 상품의 복잡성, 기술자들의 관리 능력에 따라 결정된다)

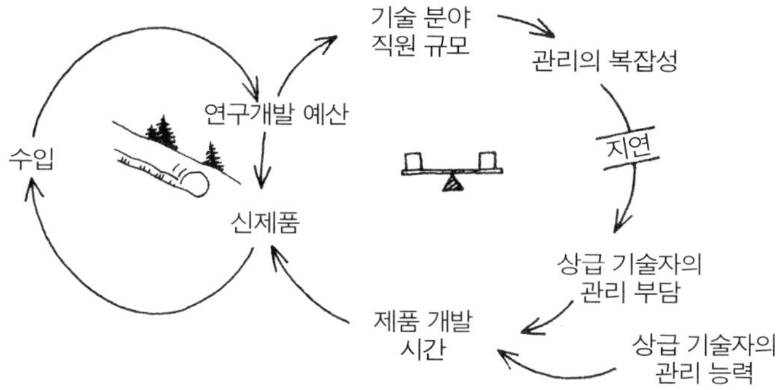

'성장의 한계'의 다른 예는 법률회사, 컨설팅회사 같은 전문가 조직이 규모가 작은 상태에서 급속히 성장하며 많은 승진 기회를 제공하는 경우에 생긴다. 승진 기회가 많기 때문에 신입 구성원들의 사기가 높아지고 단기간에 동업자(파트너)로 성장할 기대에 부풀어 강한 동기부여를 받게 된다. 그러나 회사가 커짐에 따라 성장이 둔화된다. 시장의 수요가 포화상태에 이를 수도 있고, 창업 멤버들이 급속한 성장속도 유지에 더는 흥미를 갖지 않을 그러한 규모에 도달할지도 모른다. 성장속도의 둔화는 승진 기회가 줄어들고 신참들 사이의 경쟁이 한층 거세진다는 의미가 된다. 당연히 전체적으로 사기가 떨어진다. 이러한 '성장의 한계' 구조를 다이어그램으로 표현하면 다음과 같다.[4]

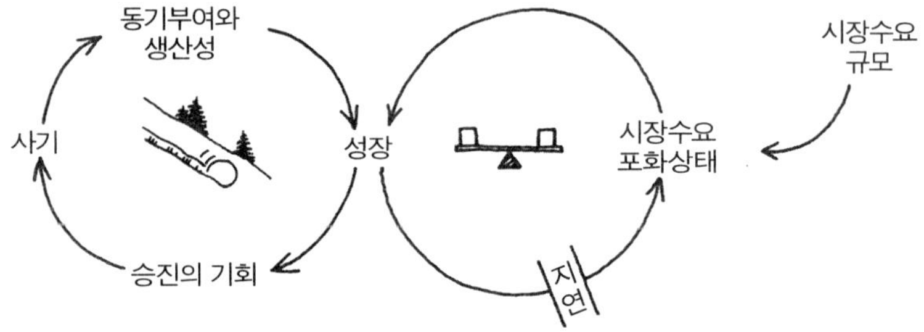

행동 유형

이러한 구조 각각에서 한계는 점차 강해진다. 초기의 급속한 성장 이후에 영문을 알 수 없는 침체기가 대두한다. 예를 들어 첨단기술 회사라면 획기적인 신제품 개발이나 고속 성장을 이룰 능력을 되찾지 못할 수도 있다.

결국 강화 순환이 방향을 틀어 반대로 돌아갈 정도로 성장 속도가 둔화될 수도 있다. 법률회사나 컨설팅회사라면 시장에서 지배력을 상실하게 되고, 머지않아 강화 순환이 역방향으로 돌아가게 되면서 직원들의 사기도 하향 곡선을 그리게 된다.(오른쪽의 다이어그램 참조)

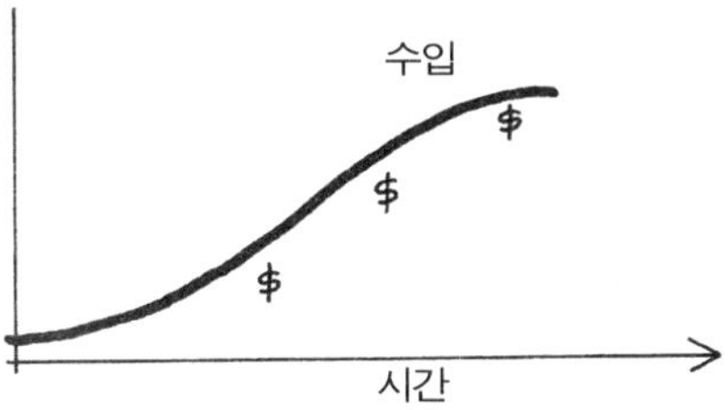

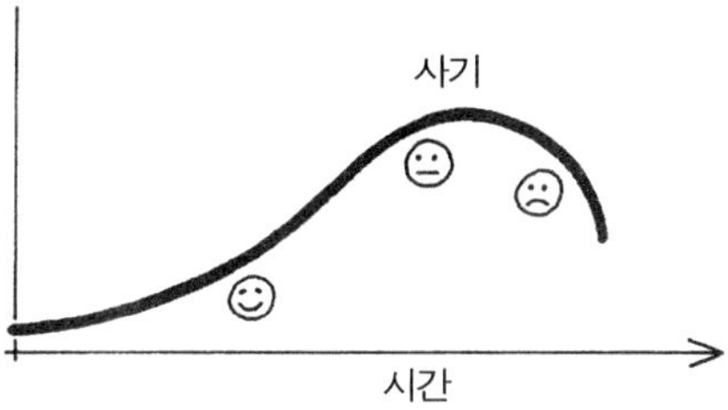

'성장의 한계' 구조로 인해 조직 혁신이 좌절되는 경우도 많다. 흔히, 처음에는 성공하는 것처럼 보이다가 힘이 떨어지는 모습을 보인다. 변화 노력이 초기에 어느 정도 진척을 보이지만 결국 실패한 사례가 많다는 것이 증거이다. 목표로 삼은 변화가 실행되면서 문제 해결 및 실적에서 개선을 보이기 시작하며, 그로 인해 목표한 변화에 대한 헌신이 한층 강화된다. 그러나 변화가 성공적일수록 다른 사람에게는 위협이 되며, 위협을 받는 이들은 은밀히 공격하기 시작한다. 〈변화의 춤The Dance of Change〉 현장지침서를[5] 준비하는 과정에서 우리는 균형 프로세스 때문에 탄탄대로 같았던 변화 계획들이 좌절되는 구체적인 방식을 밝혀냈다. 일찍이 경험하지 못한 개방적이고 솔직한 분위기에 위협을 느낀 통제 중심의 관리자, 변화에 따른 비용은 즉시 드러내고 이익을 표시하는 데는 시간이 걸리는 재무지표상의 지연, 새로운 방식으로 바꾼 구성원과 주류 문화를 보존하려는 구성원 간의 분열과 경쟁, 여러 혁신 그룹 사이의 관계 구축을 가로막는 파편화된 관리구조 등이 모두 균형 프로세스에 작용하는 힘들이다.

균형 프로세스 결과, 바라던 변화 이행이 한동안 고조되다가 평평한 정체상태가 되고 이후에는 대체로 하락한다. 결과가 실망스러운데도 지속적으로 변화를 옹호하는 이들의 반응이 상황을 더욱 악화시킨다. 원하는 변화를 밀어붙이려는 옹호자들의 노력이 치열할수록, 위협을 느끼는 사람들도 늘어나고 저항이 한층 커진다.

재고 없이 적기에 제품을 공급한다는 적기공급생산방식JIT, Just in Time Inventory을 비롯해서 '린 생산', '유연 생산' 등의 생산시스템 사례에서도 유사한 현상을 볼 수 있다. 이러한 생산시스템은 모두 공급자와 생산자 사이의 신뢰 관계에 의존하고 있다. 처음에는 생산 유연성과 비용이 개선되지만 이것은 지속되지 못한다. 공급자가 결국 생산자에게 독점 공급자로 지정해줄 것을 요구하는 경우가 많은데, 해당 생산자가 요구하는 물품을 단시간에 공급하는 데 따른 위험을 상쇄하기 위해서이다. 그러나 이전까지 여러 공급자에게 복수의 주문을 내거나 공급자들 사이의 경쟁을 활용해왔던 생산자에게는 독점 공급자 지정이 위험할 수 있다. 이러한 상황 때문에 새로운 시스템에 대한 생산자와 공급자의 열의가 흔들리고 약해진다. 따라서 그들은 다수의 공급자와 다수의 고객이라는 전통 관행에 집착함으로써 위험 분산을 꾀할 가능성이 높고, 그렇게 함으로써 적기공급생산 시스템에 필요한 상호 신뢰는 약화된다.(아래의 다이어그램 참조)[6]

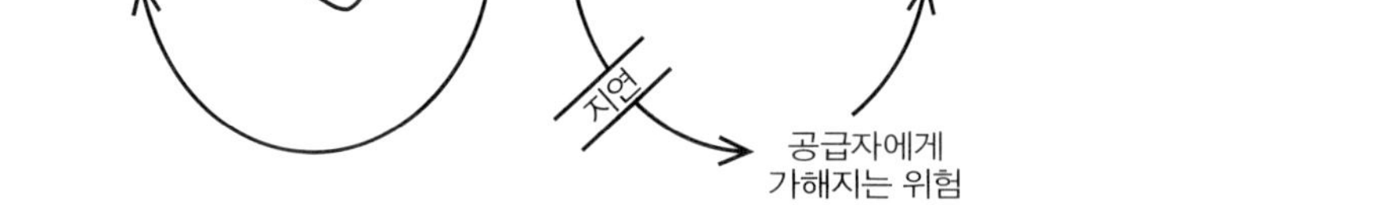

레버리지를 얻는 방법

성장의 한계를 접했을 경우 대부분의 사람이 불도저처럼 강하게 밀어붙이는 식으로 반응한다. 나쁜 습관이 고쳐지지 않으면 이전보다 더욱 자신의 행동을 관찰하고 감시하는 일에 매달린다. 부부관계에 문제가 있으면 보다 많은 시간을 함께 보내거나, 관계 개선을 위해 더욱 노력한다. 직원 불만이 문제면 더욱 많은 사원을 승진시켜 그들을 만족시키려 한다. 신제품 출시 속도가 둔화되면 교착상태에 빠진 신제품 개발을 만회하고자, 더욱 많은 신제품 출시계획을 내놓고 박차를 가한다. 변화 계획일 경우, 한층 강하게 변화를 밀어붙인다.

사실, 충분히 이해가 가는 반응이다. 초기에 호전되는 모습이 보일 때, 열심히 해보려 하는 것은 인지상정이다. 어찌 되었든 효과가 있으니까 말이다. 개선 속도가 둔화되었을 때에도 더욱 열심히 해서 보충하려고 한다. 그러나 불행히도 익숙한 방법으로 밀어붙일수록 균형 프로세스의 저항이 강해져서 결국 헛수고가 되고 만다. 때때로 사람들은 목표를 포기해버리기도 한다. 남을 비판하지 않겠다는 목표를 낮추거나 혁신 혹은 린 생산으로의 개선을 포기한다.(물론 포기보다는 기존의 공식적인 계획을 유지할 확률이 높지만, 성공적인 변화가 가져다주는 잠재적 가능성을 실현하기는커녕 근처에도 가지 못한다)

그러나 '성장의 한계' 상황에 대처하는 다른 방법이 있다. 그러한 상황에서는 레버리지가 강화 순환이 아니라 균형 순환에 있다. 시스템의 행태를 변화시키려면 한계 요인을 규명하고 바꾸어야 한다. 지금껏 생각해보지 못한 행동, 인식하지 못한 선택, 보상과 규범 면에서 쉽지 않은 변화가 필요할지도 모른다. 예를 들어 식이요법만으로는 원하는 몸무게에 도달할 수 없기 때문에 몸의 신진대사 속도를 높여야 하는데, 그러기 위해서는 유산소 운동이 필요할 수도 있다. 부부관계를 유지하기 위해서 암묵적 목표인 '완벽한 짝'이라는 이상을 포기해야 할 수도 있다. 그러한 이상적인 목표가 관계 진전을 가로막는 한계 요인으로 작용하기 때문이다. 전문가로 이루어진 회사가 성장 후에도 구성원의 사기와 생산성을 유지하기 위해서는 서열상의 위치가 아니라 업무실적에 가치를 두는, 기존과는 다른 규범 및 보상체계가 필요할 수도 있다. 흥미로운 일이 들어올 경우 위에서 독식하는 것이 아니라 신입 구성원에게도 공평하게 분배하는 것이 방법일 수도 있다. 성장일로에 있는 회사가 효율적인 신제품 개발 프로세스를 유지하려면, 연구·기술 분야 인원이 늘면서 발생하는 관리 부담을 해결해야 한다. 권한 분산을 통해 해결하는 회사도 있고, 쉽지 않은 일이지만 기술직 관리에 능숙한 전문가를 데려와서 해결하는 회사도 있고, 관리 업무를 희망하는 기술자의 관리능력을 개발함으로써 해결하는 회사도 있으리라.

린 생산 같은 변화 계획이 성공한 사례를 보면, 관리 관행, 구성원 사이의 관계, 핵심 사업파트너와의 관계까지 포괄하는 보다 넓은 변화의 일부로서 추진되었음을 알 수 있는데 이는 지극히 자연스러운 현상이다. 특히 통제 권한을 재분배하고, 일방적인 통제방식을 포기하는 데서 발생하는 위험을 해결하려는 진지한 노력이 수반된다. 보통 이는 핵심 공급자들과 질적으로 다른 관계를 구축하고, 그들이 능력을 키우도록 돕는 장기적인 과정의 일부이다. 일방적인 통제를 고수하는 전통적인 목표의 이면에는 서로에 대한 불신이 자리 잡고 있는데, 불신으로 인한 문제를 극복하기 위해서는 이러한 변화가 필수적이다. 이와 같은 목표가 변하지 않으면, 관리자가 아무리 똑똑하고 기발한 해결책을 내놓아도 현상을 유지하려는 균형 프로세스의 힘을 극복하지 못할 것이기 때문이다. 린 생산방식으로의 변화에 성공한 베테랑들이 하나같이 이를 두고 단순한 기술적 변화가 아니라, '문화적 변화'라는 점을 강조하는 것도 같은 이유에서다.

'성장의 한계' 구조에서 얻는 교훈이 또 하나 있다. 더 많은 한계 프로세스가 항상 존재하리라는 점이다. 하나의 한계 요인이 제거되거나 약화되고 나면 성장세가 회복되었다가 새로운 한계 요인에 직면하게 된다. 노련한 리더는 다음에 닥칠 한계 요인을 찾아내고 특성에 맞춰 대처 방법을 모색하며 항상 경계를 게을리하지 않는다. 생물학적인 인구 증가 같은 일부 사례에서의 근본 교훈은 결국 성장은 멈추리라는 것이다. 한계를 제거함으로써 성장을 연장하려는 노력이 실제로는 최후의 심판일을 앞당기는 역효과를 낼 수도 있다. 강화 프로세스가 만들어내는 변화의 속도를 고려하면, 최후의 심판일은 생각보다 빨리 올지도 모른다.(프랑스의 어느 초등학교 연못에서 기하급수적으로 늘어난 수련 이야기를 기억하라)

각자의 '성장의 한계' 사례 만들기

원형을 이해하는 가장 좋은 방법은 각자의 사례로 다이어그램을 그려보는 것이다. 자신의 원형을 적극적으로 그려볼수록 원형을 잘 이해하고 레버리지를 찾기도 쉽다. 대부분이 각자의 생활 가운데 여러 가지 성장의 한계 구조를 경험한다. 이를 인식하는 가장 쉬운 방법은 행동 유형을 살피는 것이다. 한동안 상황이 개선되다가 이상하게 멈춰버린 상황이 있는가? 그러한 상황이 떠오르면 강화 순환과 균형 순환에 적합한 요소를 규명해보자.[7]

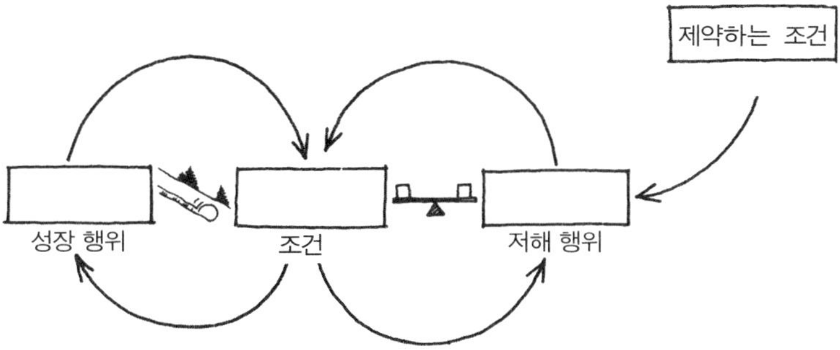

우선, 강화 프로세스를 찾아보자. 무엇이 개선되고 있으며, 그러한 개선으로 이끈 행동은 무엇인가? (강화 프로세스에는 이외에도 다른 요소가 있을 수 있다. 그러나 개선되는 상황과 그러한 개선을 가능하게 만든 행동은 반드시 있게 마련이다) 예를 들어 '기회균등고용 프로그램' 같은 조직 개선 사례일 수도 있으리라. 여기에서 성장하는 행동은 기회균등고용 프로그램 자체이다. 조건은 직원 중에서 여성과 소수 인종의 비율이다. 프로그램 시행 결과 관리직 여성 비율이 증가하고, 그로 인해 프로그램에 대한 확신과 참여가 늘고, 그것이 다시 관리직 여성 증가로 이어진다. 바로 이것이 여기에서 나타나는 강화 프로세스이다.

그러나 분명 한계 요인이 있을 것이다. 보통은 암묵적인 목표나 규범, 자원의 제약 등이 대표적이다. 다음 단계는 한계 요인과 그로 인해 야기되는 균형 프로세스를 규명하는 것이다. 어떤 '저해 행위' 혹은 저항하는 힘이 작동하여 상황의 지속적인 개선을 가로막는가? 이러한 경우 일부 관리자는 여성이나 소수 인종 임원이 특정 수치에 도달하면 '너무 많다'는 생각을 속으로 하고 있을 수도 있다. 말하지 않고 마음에 담고 있는 그 수치가 한계 요인으로 작용한다. 수치가 기준점에 도달하자마자 저해하는 행동(관리자의 저항)이 나타나기 시작한다. 이들의 저항이 기회균등고용 프로그램에 따라 여성이나 소수 인종을 신규로 채용하는 것뿐만 아니라, 이미 들어온 신입 사원의 생활까지 힘들게 만들 수 있다.

일단 상황 판단이 끝나면 레버리지를 찾아라. 저항이 있으니 더욱 강하게 밀어붙인다는 전략은 효과가 없다. 오히려 저항만 커질 뿐이다. 그것보다는 한계 조건을 약화시키거나 제거해야 할 가능성이 높다.

최선의 결과를 내기 위해서는 실제생활에서 '성장의 한계' 사례를 테스트해보는 것이 좋다. 다른 사람들에게 여러분의 생각을 이야기하라. 레버리지와 관련된 아이디어를 실생활에서 소소한 실험을 통해서 먼저 테스트하라. 예를 들어 '충분한 여직원 비율'에 대한 암묵적 기준을 가지고 있다고 생각되면서, 다가가기 쉬운 사람을 찾아내 의견을 물어볼 수도 있으리라. (9장 '정신모델'에서 성찰과 질문 기술에 관해 다룬 내용을 보면 이를 효과적으로 수행하는 방법이 나와 있다)

원형2: 부담 떠넘기기

정의

하나의 근본 문제가 주의를 요하는 여러 증상을 야기한다. 그러나 근본 문제는 불분명하거나, 정면으로 승부할 경우에 비싼 대가를 치러야 하기 때문에 대처가 쉽지 않다. 그래서 사람들은 아주 효율적일 것으로 생각되는 다른 해결책에 부담을 떠넘긴다. 어디까지나 선의에서 도출된 쉬운 해결책이다. 그러나 안타깝게도 손쉬운 '해결책'은 증상만 호전시키고 근본 문제는 방치한다. 근본 문제는 시간이 흐를수록 악화되는 것은 물론이며, 증상이 사라진 것처럼 보여서 발견하기가 더욱 힘들어진다. 결과적으로 시스템은 근본 문제 해결에 필요한 능력을 상실하게 된다.

관리 원칙

증상 위주의 해결책을 경계하라. 문제의 근본 원인이 아니라 증상만을 치료하는 해결책은 기껏해야 단기적인 효과만 있을 뿐이다. 장기적으로 문제는 다시 나타나고 증상을 해결하라는 압력은 더욱 커지게 된다. 다시 증상 해결에 몰두하는 사이 근본 해결책을 내놓을 능력은 더욱 약화되고 만다.

발견되는 곳

'부담 떠넘기기' 구조는 조직뿐만 아니라 일상생활에서도 흔히 나타난다. 주의가 필요한 문제의 증상이 명백하고, 최소한 한동안은 이것을 없애줄 손쉽고 신속한 '처방'을 사용하는 경우에 이러한 구조가 작동하게 된다.

업무량이 효과적으로 처리할 수 있는 양을 초과하는 경우에 발생하는 스트레스 문제를 생각해보라. 끊임없이 밀려드는 업무 속에서 직장, 가정, 공동체 생활을 곡예하듯 병행하고 있는 상황이라면 어떨까? 업무량이 자신의 능력을 초과하는 경우(이러한 일은 누구에게나 일어난다), 유일한 근본 해결책은 업무량을 줄이는 것이다. 물론 그것이 쉽지 않을 수도 있다. 출장이 잦은 자리로 승진할 기회를 거절해야 할 수도 있고, 교육위원회 위원 자리를 거절해야 할 수도 있다. 우선순위를 정하고 선택을 한다는 의미다. 하지만 이러한 근본적인 해결책 대신, 술이나 약으로 압박감을 덜거나 운동이나 명상 같은 보다 건전한 '스트레스 해소' 수단을 동원하면서 곡예를 계속하고 싶은 유혹이 만만치 않다. 당연히 술이 과로로 인한 문제를 해결해줄 리 만무하다. 일시적으로 스트레스를 덜어주면서 문제를 은폐할 뿐이다. 머지않아 문제가 재발하고 다시 술을 찾게 되는 악순환이 거듭된다. 이처럼 교묘히 부담을 떠넘기는 구조 때문에 현대 사회에 너무나 익숙한 모습이 만들어진다. 바로 회피의 역학으로 인해, 궁극적으로는 의존성과 중독성이 깊어지는 것이다.

효과적으로 작동하는 것처럼 보이지만 왠지 모르게 문제가 제대로 해결되지 않았다는 불안감을 느끼게 하는 해결책들이 있다. 바로 이러한 '해결책' 뒤에 숨어 있는 구조가 '부담 떠넘기기'다. 부하 직원에게 일을 위임했다고 생각하지만, 여전히 자신의 능력에 크게 의존하는 관리자 때문에 이러한 구조가 작동할 수도 있다. 조금이라도 문제가 보이면 그가 득달같이 개입해서 일을 처리하는 바람에 부하 직원이 스스로 일을 처리하는 데 필요한 경험을 쌓지 못할 수도 있다. 해외 경쟁자에게 시장을 빼앗긴 기업이 정부에 보호관세를 요구했다가 결국 보호관세 없이는 자립하기 힘든 처지가 될 수도 있다. 세수 부족으로 정부지출을 줄여야 하는 쉽지 않은 선택에 직면한 상황에서 화폐 발행으로 자금을 조달하려다가 적자와 인플레이션을 야기한 제3세계 국가의 정부가 처한 처지도 다르지 않다. 시간이 흐르면 인플레이션이 일상이 되고, 점점 많은 정부 지원이 필요해지고, 만성 적자가 불가피하다는 인식이 당연하게 받아들여진다. 농작물을 길러야 하는 부담에서 농부들을 '구원'하는 식량원조 프로그램, 일시적으로 해충을 제거하지만 동시에 자연방제 기능까지 없애버려서 훗날 해충이 더욱 기승을 부리도록 만드는 살충제 등에서도 '부담 떠넘기기' 구조를 볼 수 있다.

구조

'부담 떠넘기기' 구조는 두 개의 균형(안정) 프로세스로 구성된다. 양쪽 프로세스 모두 동일한 문제 증상을 조절하거나 바로잡으려 한다. 다음의 다이어그램에서 위쪽 원은 증상 위주 개입, 즉 손쉬운 속성 해결책을 나타낸다. 이는 증상을 신속하게 해결하지만 효과가 일시적이다. 아래의 원은 지연을 포함하고 있다. 이는 문제에 대한 보다 근본적인 대응을 나타내는데, 효과가 확실하게 나타나려면 오랜 시간이 걸린다. 그러나 근본적인 해결책은 훨씬 효과적으로 작용하며, 장기적으로 문제를 해결할 유일한 방법이다.

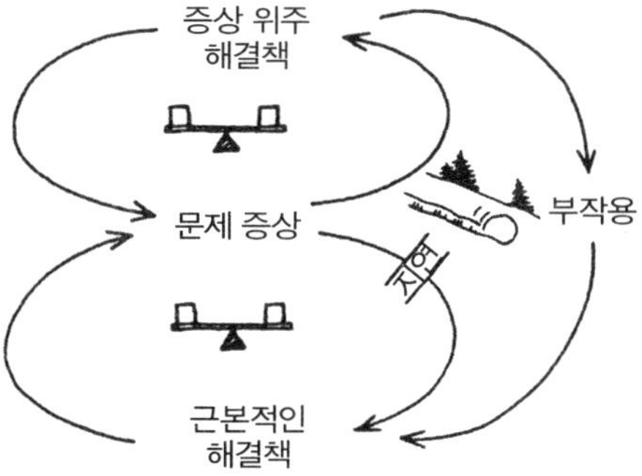

항상은 아니지만, '부담 떠넘기기' 구조에는 증상 위주 대책의 '부작용'으로 발생하는 강화(확장) 프로세스가 추가적으로 진행되는 경우가 종종 있다. 이럴 경우 부작용 때문에 근본적인 해결책을 도출하기가 더욱 어려워진다. 예를 들어 건강상의 문제를 해결하려고 투여한 약의 부작용이 대표적이다. 문제가 애초에 흡연, 음주, 나쁜 식습관, 운동부족 같은 건강에 해로운 생활방식에서 비롯되었다면, 유일한 근본 해결책은 생활방식을 바꾸는 것이다. 증상 위주 해결책인 약물은 일시적으로 증상을 호전시키지만, 생활방식을 바꿔야 한다는 부담까지 사라지기 때문에 근본적인 해결책의 실천은 더욱 어려워지고 만다. 그러나 그것이 전부가 아니다. 약물 부작용으로 더 많은 건강문제가 발생하고, 건강한 생활습관 기르기는 더욱 어려워진다.

구조의 이해와 활용

'부담 떠넘기기' 구조를 알면 선의에서 나온 '해결책'이 장기적으로는 상황을 악화시키는 여러 상황을 이해할 수 있다. '증상 위주 해결책'은 분명 매력적이다. 겉보기에는 개선도 이루어져서 골치 아픈 문제를 해결하라는 내외의 압력이 사라진다. 그러나 문제의 증상이 사라지면서 근본적인 해결책을 찾아야 한다는 당장의 필요성 역시 줄어든다. 그러는 사이 기저의 문제는 그대로 남아 악화되며, 증상 위주 해결책의 부작용 때문에 근본적인 해결책 적용은 한층 어려워진다. 시간이 흐르면서 사람들은 점점 증상 위주 해결책에 의존하게 되고, 마치 그것이 유일한 해결책처럼 되어 버린다. 무의식적으로 사람들은 '부담을 떠넘기게' 되고 증상 위주 해결책에 더욱 의존하게 된다.

회사 직원과 임원들 사이의 상호작용은 '부담 떠넘기기' 구조로 점철된다. 예를 들어 바쁜 관리자는 인사 문제가 생겼을 경우, 외부의 관련 전문가를 불러 해결하고 싶다는 유혹에 빠지기 쉽다. 그 전문가가 문제를 해결할지는 모르지만, 관련된 다른 문제도 해결해야 하는 관리자의 능력은 나아지지 않는다. 결국 다른 인사 문제가 발생했을 때도 관리자는 외부 전문가에게 의존해야 할 것이다. 이전에 외부 전문가 활용이 성공적이었다는 사실 때문에 재차 전문가에게 의존하기가 훨씬 쉬워진다. "새로운 일련의 문제가 생겨서 인사 전문가를 다시 불렀다. 그들이 우리 직원과 상황을 파악하고 있으므로 매우 효율적이리라고 본다." 시간이 흐르면서 전문가를 찾는 수요가 점점 증가함에 따라 관련 비용은 급등하는 한편,

관리자의 인사관리 능력은 퇴보하게 되고 덩달아 관리자에 대한 존경심도 줄어든다.(아래의 다이어그램 참조)

'부담 떠넘기기' 구조는 전략적 방향의 예상치 못한 표류와 경쟁력 하락 등의 원인이 된다. 내가 아는 어느 첨단기술 회사의 임원들은 시장에 획기적인 신상품을 내놓지 못해 회사가 '경쟁력을 상실하고 있다'며 깊은 우려를 표명했다. 사실, 신상품 개발보다는 기존 상품을 개량하는 것이 위험이 적었지만, 임원들은 회사가 획기적 발전보다는 점진주의 문화에 빠지지 않을까 걱정했다. 안전하고 예측가능하며 계획과 조직이 쉬운 개선 프로세스가 워낙 굳어져서 회사가 근본적 혁신을 해낼 능력이 있는지도 의심스러웠던 것이다.

이야기를 듣는 순간, 성공한 소비재 생산업체 관리자들이 들려준 유사한 전략 표류 사례가 떠올랐다. 그들의 회사가 겪은 문제는 신제품 개발이 아닌 광고에 점점 의존하게 되었다는 것이다. 제품의 판매가 저조해 회사가 위축되면 신규 광고를 추진하는 경향이 있었다. 광고에 의존하는 문화가 워낙 굳어져서 최근에 임명되었던 세 명의 사장은 모두 광고 담당 임원 출신이었으며, 사장이 직접 광고 문안을 작성하는 일도 많았다. 따라서 중요한 신제품이 출시되는 흐름이 지속적으로 느려져 이제는 똑똑 떨어지는 물방울처럼 미미해지고 말았다.

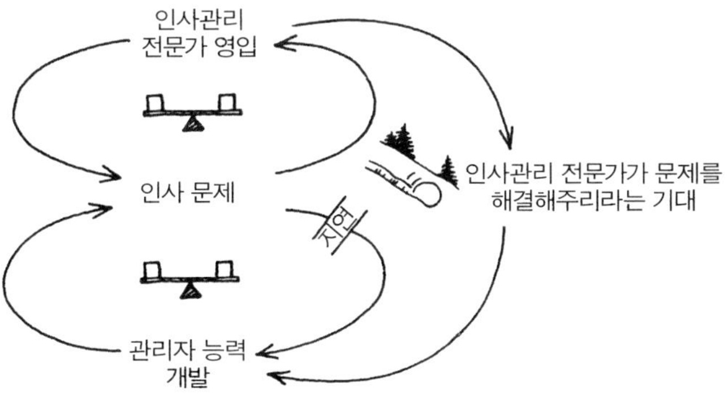

'부담 떠넘기기'의 특수한 형태는 바로 목표를 파괴하고 좀먹는 '목표 침식eroding goals'인데, 이러한 상황은 놀라울 정도로 빈번하게 일어난다. 목표와 현실 사이에 차이가 있을 때마다 두 가지 방향의 압력이 존재하게 된다. 하나는 현실을 개선하는 것이고, 다른 하나는 목표를 낮추는 것이다. 이러한 압력에 어떻게 대처하느냐가 8장에서 설명할 규율인 '개인적 숙련'의 핵심이기도 하다.

사회는 항상 목표 침식에 공모하는 경향이 있다. 예를 들어 미국 연방정부의 '완전 고용' 목표, 즉 일반적으로 용납되는 실업률 수준은 1960년대의 4퍼센트에서 1980년대 초반에는 10퍼센트대에 머물자, 6~7퍼센트로 하향 조정되었다.(말하자면 이전보다 50~75퍼센트 증가된 실업률을 '자연스러운 것'으로 받아들이기로 한 것이다) 마찬가지로 3~4퍼센트 인플레이션은 1960년대에는 심각한 것으로 간주되었지만, 1980년대 인플레이션 억제 정책에서는 상당히 성공한 것으로 간주되었다. 1992년 대통령에 취임한 빌 클린턴Bill Clinton은 미국 역사상 최대 규모의 재정적자를 떠안았는데, 1993년 정부 지출을 제한하는 균형예산법the Omnibus Budget Reconciliation Act이 제정되면서 1990년대 말에는 2,000억 달러나 되는 예산 흑자를 기록했다. 2005년 조지 부시george Bush 행정부는 3,180억 달러에 달하는 '적자와의 전쟁'을 선포했다. 목표 침식 구조를 다이어그램으로 나타내면 다음과 같다.

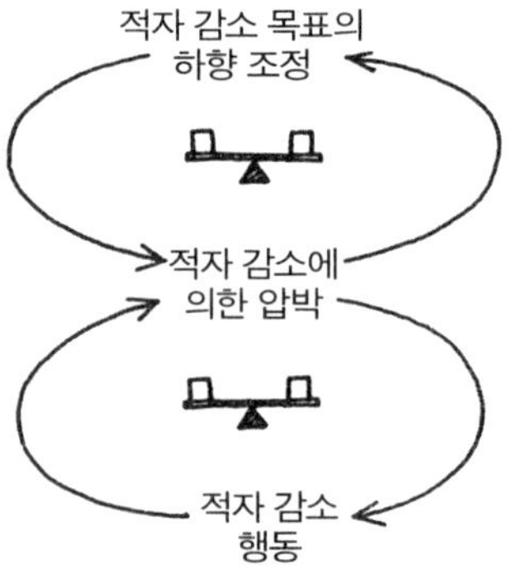

다음 두 장에 걸쳐 살펴보겠지만 유사한 목표 침식 역학이 조직 내에서도 품질개선, 혁신, 직원들의 개인 성장, 조직개선 등 다양한 목표를 둘러싸고 작용한다. 알고 보면 우리는 누구나 목표를 하향 조정하는 일에 '중독'될 수 있다. 이러한 세태를 반영하듯 최근 내가 본 자동차 범퍼 스티커에는 "모든 수단이 실패할 경우 목표를 낮추면 된다."는 문구가 버젓이 쓰여 있었다.

행동 유형

증상 위주 해결책을 선택하면 일정 정도는 효과가 있다. 예를 들어 음주는 잠시 동안이나마 긴장을 덜어준다. 말하자면 문제의 증상을 완화시켜주는 것이다. 그러한 효과마저 없다면 아무도 술을 마시지 않을 것이다. 하지만 동시에 우리는 문제가 해결되었다는 느낌을 받게 되고, 그로 인해 업무량 조절이라는 근본 문제에 주의를 기울이지 않게 된다. 명확하게 선을 긋지 못하는 태도 때문에 업무량이 이전보다 늘어날 수도 있다. 우리 대부분은 감당할 수 있는 수준보다 많은 양의 업무처리를 요구하는 환경에 둘러싸여 있기 때문이다. 시간이 흐르며 업무량이 지속적으로 늘면서 스트레스가 재발하고 술을 마시고 싶은 압박도 더욱 커진다.

'부담 떠넘기기' 구조가 은밀하게 퍼지는 원인은 그것이 만들어내는 미묘한 강화 순환 때문이며, 이로 인해 증상 위주 대책에 대한 의존성은 한층 심화된다. 알코올에 의존하다 보면 육체적인 중독으로 진전되고 건강까지 나빠진다. 자신감과 판단력이 떨어지고, 업무량이라는 근본 문제를 해결할 능력은 나날이 약화된다. 강화 순환의 원인을 찾아내기 위해서는, 상호작용하는 두 개의 피드백 프로세스로 만들어지는 '숫자 8'을 그리고 있다고 상상해보면 된다. 스트레스가 쌓이고, 그로 인해 더욱 많은 술을 마시고, 스트레스가 풀리고, 그로 인해 업무량을 조정해야 한다는 인식이 약해지고, 업무 부담은 더욱 커지고, 그로 인해 더욱 많은 스트레스를 받고……. 이러한 과정이 끊임없이 반복되는 것이다.(다음의 다이어그램 참조)

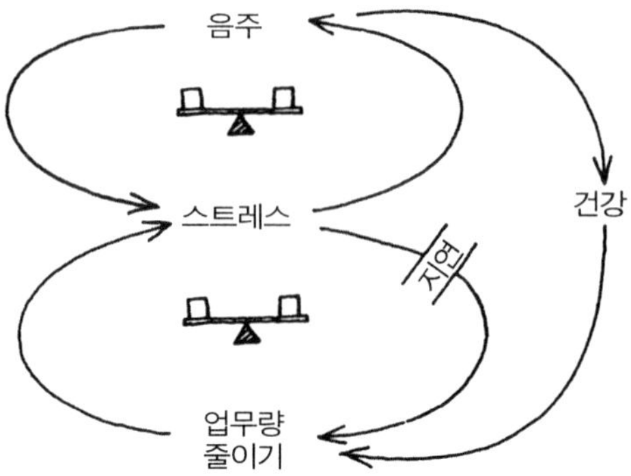

이것이 중독의 전형적인 역학이다. 실제로 형태에 상관없이 거의 모든 중독의 기저를 보면 '부담 떠넘기기' 구조가 있다. 모든 중독에는 증상 위주 해결책을 선택하고, 그로 인해 근본 문제에 집중할 능력이 서서히 약해지고, 결과적으로 증상 위주 해결책에 더욱 의존하게 되는 과정이 포함된다. 이러한 정의로 보면 조직과 사회 역시 개인만큼이나 중독에 취약하다고 보아야 한다.

'부담 떠넘기기' 구조는 주기적으로 위기를 유발하는 경향이 있는데, 이때 스트레스 증상이 수면 위로 떠오른다. 보통은 한층 강화된 증상 위주 해결책을 동원함으로써 위기가 해결되고, 증상은 일시적으로 개선된다. 분명하게 드러나지 않을 때가 많지만 장기적으로는 건강이 서서히 악화되는 흐름이 진행된다. 그것이 회사 재무상의 건강이든, 개인 육체의 건강이든 마찬가지다. 문제의 증상은 서서히 악화된다. 악화되는 상황을 인식하지 못하는 기간이 길수록, 다시 말해 근본 문제에 대한 대처를 미룬 기간이 길수록 상황을 되돌리기는 어려워진다. 근본적인 대응은 효력을 상실하는 반면 증상 위주 대응은 점점 강해지기 때문이다.(오른쪽의 다이어그램 참조)

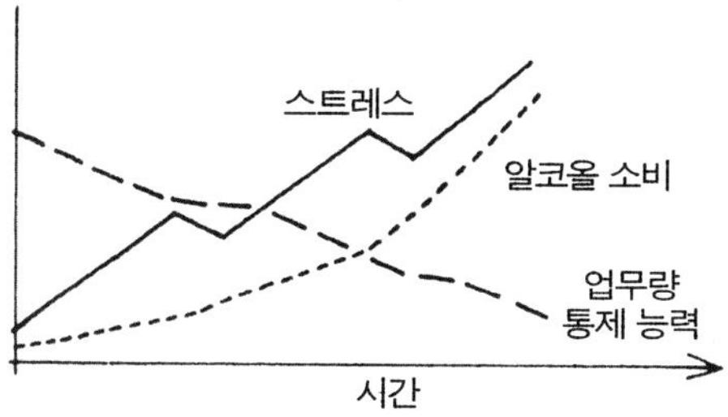

레버리지를 얻는 방법

'부담 떠넘기기' 구조에 효과적으로 대처하려면, 근본 대응을 강화하고 증상 위주 대응은 약화하는 노력이 결합되어야 한다. '부담 떠넘기기' 구조에 대응하는 능력(혹은 대응하지 못하는 무능력)에 의해 조직의 성격이 드러나는 경우가 많다. 근본적 대응을 강화하려면 장기적인 지향과 비전을 공유한다는 의식이 있어야 한다. 신제품 개발을 통해서 성공해야 한다는 비전이 분명하지 않다면, 단기적인 문제 해결 쪽으로 투자를 전환하라는 압력에 저항하기가 어렵다. '사람을 중시'하는 숙련된 관리자라는 비전이 없다면, 그러한 능력 개발에 쏟을 시간과 에너지 마련이 쉽지 않다. 정부가 무엇을 할 수 있고 해야 하는가에 대해 구성원들이 공유하는 비전이 없다면, 그리고 그러한 비전을 지지하는 사람들이 세금을 내지 않는다면, 정부의 재정 지출과 재정 수입의 균형이라는 문제를 해결할 장기적 해결책이 나오기란 불가능하다.

증상 위주 대응을 약화시키려면 일시적인 처방과 '그럴싸해 보이는' 해결책의 실상을 솔직하게 인정하는 용기가 필요하다. 기업 관리자라면, 과도한 광고 집행이 시장점유율을 잠시 높일 수는 있지만, 의미 있는 정도로 시장을 넓히지는 못한다는 사실을 인정해야 할지 모른다. 정치인이라면 세금인상에 대한 저항이 정부가 부패했다는 인식에서 나온다는 사실을 인정해야 할 수도 있으리라. 국민이 문제라고 생각하는 부패를 확실하게 척결하기 전에는 세금을 올리지도, 지출을 줄이지도 못하는 어정쩡한 상황에서 벗어나지 못하리라는 사실을 말이다.

'부담 떠넘기기' 구조에서 레버리지 원칙을 보여주는 좋은 예를 찾으려면 효과적인 알코올중독 및 약물중독 치료 프로그램을 살펴보면 된다. 이러한 프로그램은 참가자들이 자신이 중독자라는 사실을 직시하도록 하는 한편, 재활을 돕는 모임과 교육 프로그램을 제공하는 것을 골자로 한다. 알코올 중독 치료에서 높은 성공률을 자랑하는 대표적인 단체는 바로 AA라는 약어로 널리 알려진 알코올중독자 협회Alcoholics Anonymous다. 이곳에서는 중독자가 무엇이 되었든 자신을 중독으로 내몬 문제에 직면할 능력을 회복하는 것을 중시한다. 따라서 동료들의 강력한 지원을 통해 알코올 중독을 야기한 근본 문제를 해결할 수 있다는 비전을 심어주려 한다. 또한 프로그램 참가자들이 '나는 알코올에 중독되었으며 앞으로 평생 그럴 것이다'라는 사실을 인정하게 함으로써 증상 위주 해결책이 은밀하게 작용하지 못하게 한다.[8]

앞서 말한, 인사관리 전문 컨설턴트에게 점점 의존하게 되는 기업 관리자는 초기 투자비용이 많이 소요되더라도 관리자 자신의 능력을 개발해야 한다. 인사관리 전문가들은 문제 해결사가 아니라 코치나 멘토가 되어 관리자의 능력 개발을 돕는 것이 바람직하다.

가끔은 증상 위주 해결책이 정말로 필요할 때가 있다. 흡연이나 음주로 생긴 병을 앓는 사람을 치료하는 경우가 그렇다. 그러나 이러한 경우에도 증상 위주 해결책은 어디까지나 증상을 치료하는 것이지 근본 문제를 해결하지는 못한다는 사실을 명확히 인식하고, 근본 해결책을 찾고 실행하는 능력을 회복하려는 노력이 동시에 진행되어야 한다. 그래야 '부담 떠넘기기' 역학의 악순환 고리를 끊을 수 있다. 증상 위주 해결책을 근본 해결책인 양 생각하고 활용한다면, 근본 해결책을 찾으려는 노력이 멈추게 되고 '부담 떠넘기기' 구조가 작동하기 시작한다.

각자의 '부담 떠넘기기' 사례 만들기

'부담 떠넘기기' 구조가 존재하는지 알 수 있는 세 가지 단서가 있다. 첫째, 한동안은 좋아지는 것처럼 보이기도 하지만 장기적으로는 서서히 악화되는 문제가 있다. 둘째, 시스템의 전반적인 건전성이 서서히 악화된다. 셋째, 무력감이 커진다. '문제를 해결했다!'는 행복감에 젖어 있다가 결국에는 희생자로 전락했다는 느낌을 받기 때문에 무력감이 커질 수밖에 없다.

여러분이 진정한 문제, 즉 심층 문제를 제대로 다뤄본 적이 없다고 느끼는 의존적인 상황을 찾아보라. '성장의 한계' 때와 마찬가지로 일단 그러한 상황이 떠오르면 강화 순환 및 균형 순환에 적합한 요소들을 규명해보자.(다음의 다이어그램 참조)

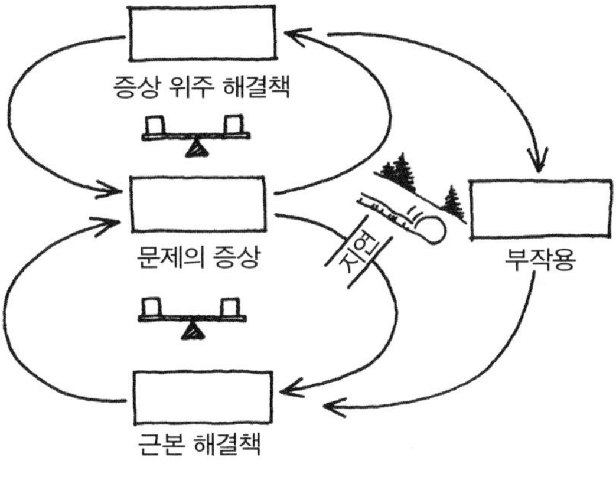

우선 '문제의 증상'을 밝히는 데서 시작하라. 주의가 요망되는 '삐걱거리는 바퀴'가 바로 이것이기 때문이다. 스트레스, 긴급 현안을 깔끔하게 처리하지 못하는 직원의 무능력, 시장점유율 하락 등이 있을 것이다. 그리고 지속적인 상황 개선으로 이어지리라고 생각되는 일련의 조치, 즉 '근본적인 해결책'을 찾아내라.(이러한 해결책은 하나가 아니라 여럿일 수도 있으리라) 또한 한동안은 증상을 완화시켜주었을지 모르지만 결과적으로 효과가 없는 '증상 위주 해결책'에는 어떤 것들이 있는지 규명하라. 사실 '근본적인 해결책'과 '증상 위주 해결책'은 상대적인 용어로서, 핵심은 문제를 가장 근본적인 측면부터 가장 피상적인 측면까지 다룰 다양한 방법을 알아내는 것이다.

이어서 증상 위주 해결책으로 인한 잠재적 '부작용'을 밝혀라.

'부담 떠넘기기' 구조에 대한 중요한 통찰은 (1) 다양한 유형의 해결책을 구별하고, (2) 증상 위주 해결책에 대한 의존이 문제를 해결하기는커녕 의존을 심화시키는 원리를 이해하는 데서 나온다. 그러므로 레버리지는 항상 앞선 다이어그램에서 아래쪽 순환을 강화시키거나 위쪽 순환을 약화시키는 과정을 수반할 수밖에 없다. 경우에 따라서는 양쪽 모두를 포함할 수도 있다. '성장의 한계' 구조와 마찬가지로 중요하지 않은 소소한 행동을 가지고 결론을 테스트해보되, 결과를 볼 때까지 충분한 시간을 가지는 것이 좋다. 특히 위축된 능력을 회복하고 강화하는 데에는 오랜 시간이 걸릴 가능성이 높다.

'성장의 한계'와 '부담 떠넘기기'는 기본적인 시스템 원형일 뿐, 이것이 전부가 아니다. 이후에도 몇몇 다른 원형이 소개된다.(부록 2에는 여기에서 제시한 모든 원형을 요약해놓았다) 원형들을 마스터하면 그것이 결합되어 만들어지는 보다 정교한 시스템을 이해하고 설명할 수 있다. 기본 '문장'이 모여 문단이 되고, 간단한 이야기가 합쳐져 다양한 주제와 많은 등장인물, 복잡한 줄거리를 지닌 복잡한 이야기가 되는 법이다.

그러나 시스템 사고를 마스터하는 과정의 첫걸음은 시스템 원형에서 시작된다. 시스템 원형을 활용하면 일상생활을 둘러싼 인과관계 고리가 점점 많이 보이기 시작한다. 그리고 시간이 흐르면 자연스레 시스템 관점에서 사고하고 행동할 수 있게 된다.

시스템 원형이 작동하는 방법을 알기 위해서 다음 장에서는 엄청난 성장 잠재력을 가지고 있지만 그것을 실현하지 못하는 기업의 사례를 살펴볼 예정이다. 기업이 성장 잠재력을 실현하지 못하는 이유를 규명하는 과정에서 '성장의 한계'와 '부담 떠넘기기' 구조가 어떻게 작동하는지를 이해할 수 있을 것이다.

07 스스로 제한하는 성장인가, 자립하는 성장인가

레버리지 원칙에 반대하기는 쉽지 않다. 그러나 현실에 존재하는 시스템 대부분에서 레버리지는 시스템 내부 행위자 대다수에게 뚜렷하게 자신의 모습을 드러내지 않는다. 그래서 비非시스템적인 사고는 레버리지 효과가 별로 없는 변화에 계속해서 집중하게 한다. 행동 아래에 있는 구조를 보지 못하기 때문에 당장 압박이 심한 증상에 집중하고 만다. 그러나 그러한 노력은 단기적으로만 상황을 개선할 뿐, 장기적으로는 악화시킬 때가 많다. '성장의 한계'와 '부담 떠넘기기' 같은 시스템 원형의 목적은 압박과 혼란으로 힘든 상황에서도 사람들이 구조를 발견하고 이를 통해 레버리지를 찾도록 돕는 것이다.

우리가 실생활에서 반복적으로 목격하게 되는 사례 하나를 살펴보자. 실제로 다음 사례는 몇몇 비슷한 실화를 짜깁기하여 구성한 것이다.[1]

스스로 '시장 한계'를 만들어내는 상황

1980년대 중반 새로운 전자회사 하나가 설립되었다. 이들은 독창적인 첨단기술 제품인 신형 컴퓨터를 주력 상품으로 내세웠다. 회사 이름은 원더테크WonderTech라고 하자. 원더테크는 공학 분야의 노하우와 차별화된 기술 덕분에 목표한 틈새시장을 완전히 장악하는 데 성공했다. 원더테크 상품에 대한 수요는 엄청났기 때문에 재무적인 면에서 전혀 걱정이 없을 정도로 투자자도 많았다.

그러나 혜성처럼 등장해 눈부신 성장을 보여주던 회사는 불과 3년 만에 성장세가 둔화되었고, 결국 파산에 이르게 되었다.

이와 같은 몰락은 초기 3년 동안은 감히 상상조차 못한 일이었다. 해마다 판매량이 2배로 뛰었기 때문이다. 실제로 판매 실적이 워낙 좋아서 2년째부터 주문 잔고가 일어나기 시작했다. 공장 설비와 교대 인원을 늘리고 기술을 개발하는 등의 생산능력 증가 속도보다 수요가 워낙 빠르게 증가한 까닭에 납기를 지키지 못할 정도였다. 처음에 회사는 고객에게 8주 내에 컴퓨터를 배송하기로 약속했고, 이러한 기준을 준수하고자 애썼다. 하지만 한편으로 자만심에 빠진 최고 경영진은 투자자들에게 이렇게 장담했다. "컴퓨터가 워낙 좋아서 고객들은 14주라도 기꺼이 기다릴 겁니다. 우리는 납기 지연이 문제라는 것을 알고 있으며, 바로잡기 위해 노력 중입니다. 하지만 고객들은 늦게라도 컴퓨터를 받으면 크게 만족하며 좋아하리라는 것이죠."

최고 경영진은 생산능력을 늘려야 한다는 것을 알고 있었다. 6개월간의 조사 끝에 근무인원을 2교대로 늘리는 한편, 신규 공장을 지을 자금을 빌리기로 했다. 성장세를 보다 확실하게 유지하기 위해서 매출액 중의 많은 부분을 마케팅과 영업에 쏟아 부었다. 회사는 직접 고용한 인력을 통해서만 제품을 판매했기 때문에, 이는 판매 인력의 고용과 교육에 투자한다는 의미였다. 회사 설립 후 3년째가 되자 판매 인력이 두 배로 늘었다.

이러한 노력에도 불구하고 3년째가 끝나갈 무렵에는 판매량이 떨어지기 시작했다. 4년째 중반의 판매량은 위험 수준까지 떨어졌다. 지금까지의 판매 곡선은 아래의 그래프와 같다.

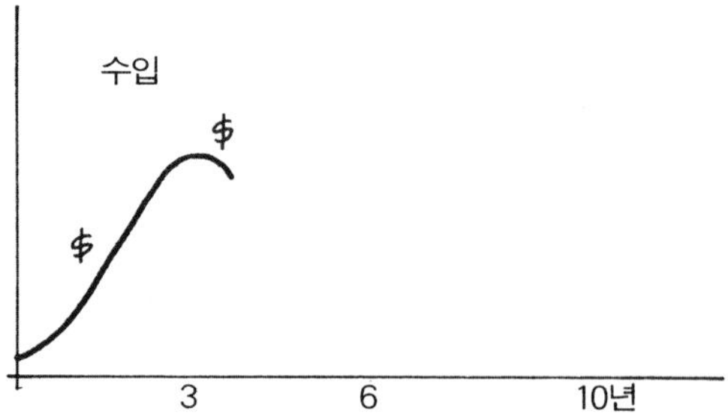

이즈음 자금을 빌려 착공한 신규 공장이 완공되었다. "그동안 이렇게 많은 기술자를 고용했는데 이제 와서 어쩌라는 거야?" 생산 담당 부사장은 한탄했다. 투자한 돈을 모두 신규 생산시설에 쏟아 부은 최고 경영진은 투자자에게 무슨 말을 해야 할지 몰라 당황하기 시작했다. 회사 내의 모든 사람이 동시에 한 사람만 바라보고 있는 것 같았다. 바로 마케팅·영업 담당 부사장이다.

그동안 마케팅·영업 담당 부사장은 자연스레 회사에서 떠오르는 스타가 되어 있었다. 그는 초반의 호황기에 자신의 역할을 훌륭하게 해냈으므로 승진을 기대했다. 그러나 침체기가 되자 저조한 판매 실적을 개선해야 한다는 압박에 시달리게 되었다. 그래서 그는 누구나 생각할 수 있는 일반적인 조치를 취했다. 판매회의를 소집해 하나의 메시지만을 죽도록 강조했다. "팔자! 팔자! 팔자!" 실적이 낮은 판매원은 과감히 해고했다. 판매 인센티브를 올리고, 특별 할인을 실시하고, 유쾌하게 제품을 소개하는 새로운 광고도 시작했다.

그러자 판매량이 다시 상승했다. 마케팅·영업 담당 부사장은 어려운 상황을 책임지고 해결할 능력을 갖춘 영웅이 되었다. 원더테크는 재차 급속히 증가하는 주문으로 기뻐했다. 그러자 다시 주문 잔고가 발생하기 시작했다. 그렇게 1년이 지나자 납기가 길어지기 시작하며, 처음에는 10주였다가 12주, 16주까지 늘어났다. 설비를 늘리자는 논의가 다시 고개를 들었다. 그러나 지난번에 호되게 당했던 탓인지 최고 경영진은 훨씬 조심스러운 태도를 취했다. 마침내 신규 설비 도입 승인이 떨어졌지만 결재서류의 잉크가 마르기도 전에 다시 판매 위기가 찾아왔다. 이번에는 침체가 워낙 심각해서 마케팅·영업 담당 부사장까지 해고되고 말았다.

이후 여러 해에 걸쳐 다수의 마케팅 담당자를 거치는 동안 같은 상황이 반복되었다. 급격한 판매량 증가가 일어난 후에는 어김없이 저성장 혹은 '제로' 성장 시기가 뒤따랐다. 이러한 패턴을 나타낸 것이 아래의 그래프다.

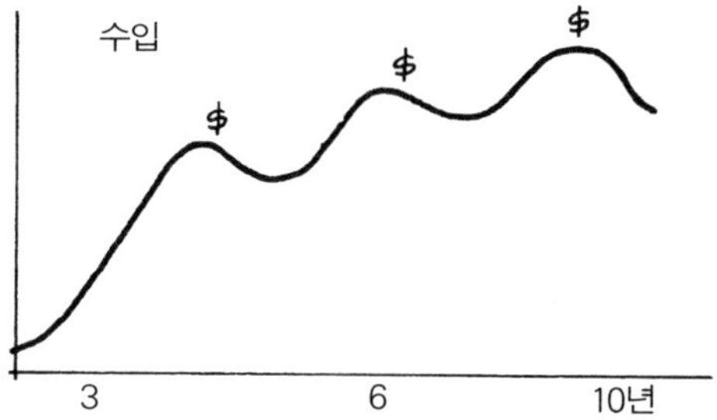

회사는 그럭저럭 잘 나갔지만 초기에 보여준 잠재력 실현에는 다시 다가가지 못했다. 시간이 흐르면서 최고 경영진은 다른 회사가 경쟁력 있는 제품을 만들어내면 어쩌나 걱정하기 시작했다. 그래서 변변치 못한 아이디어들을 내놓으며 어떻게든 제품을 개선해보겠다고 매달렸다. 마케팅 활동 강도도 계속 높였다. 그러나 초기의 급격한 성장세는 결코 회복되지 않았다. '경이롭다'는 의미를 품은 '원더테크'였지만, 이미 '경이'는 사라진 지 오래였다. 결국 회사는 파산했다.

남은 임원들에게 하는 마지막 연설에서 CEO는 이렇게 말했다. "우리는 열악한 상황에서도 훌륭하게 일했습니다. 그러나 수요가 없습니다. 분명 한계가 있는 시장이었고, 그동안 우리가 틈새를 효과적으로 메운 것이지요."

원더테크의 이야기는 새로운 내용이 아니다. 신생 회사 10곳 중의 절반이 5년을 넘기지 못하고 사라지며, 10년을 넘기는 회사는 4곳에 불과하다. 15주년을 기념하는 회사는 3곳밖에 안 된다.[2] 회사가 파산할 때마다 사람들은 항상 특정 사건을 언급하면서 '실패 원인'을 설명한다. 상품에 문제가 있다, 관리자가 무능했다, 핵심 인력을 경쟁사에 빼앗긴 것이 문제다, 예상 외로 경쟁이 치열했다, 경기 침체가 문제다 등등. 그러나 지속적인 성장을 가로막은 시스템상의 심층 원인은 깨닫지 못한다. 시스템 원형을 활용하면 이러한 심층 원인을 이해하는 것이 용이해지고, 성공적인 정책도 수립할 수 있다. 원더테크의 제품과 시장 잠재력을 감안하면 두세 해가 아니라 장기간 왕성한 성장이 가능했다.

원더테크 관리자들은 회사가 쇠락한 원인을 파악하지 못했다. 정보가 부족했던 것은 결코 아니었다. 그들은 중요한 사실을 모두 알고 있었다. 여러분이 이 이야기를 읽고 알게 된 것과 동일한 사실이다. 그러나 그들은 그러한 사실 속에 내포된 구조를 보지 못했다.

시스템 사고를 통해 원더테크의 문제점을 진단해보면 어떤 원형을 담고 있는지 단서를 찾을 수 있다. 가장 분명하게 드러나는 행동 유형에서 시작하는 것이 좋지 않을까 싶다. 처음에는 성장이 강도를 더해가면서 비약적으로 이루어졌다. 그러나 시간이 흐르면서 성장이 둔화되더니 결국에는 판매와 성장이 모두 멈췄다. 이는 '성장의 한계' 구조의 전형적인 형태다.

초기 원더테크의 급속한 성장이 가능했던 강화(확대) 프로세스에는 여러 가지가 있을 수 있다. 제품에 대한 투자, 광고에 대한 투자, 긍정적인 입소문, 모든 것이 성장을 증폭시키는 역할을 할 수 있었을 것이다. 그러나 원더테크 사례에서 특히 두드러지는 것은 수입을 판매 인력 증원에 투자함으로써 만들어지는 강화 프로세스였다. 판매량이 증가하면 수입이 증가하고, 이는 다시 판매 인력 증원으로 이어졌으며, 판매 인력 증원은 판매 증가로 이어졌다.(오른쪽의 다이어그램 참조)

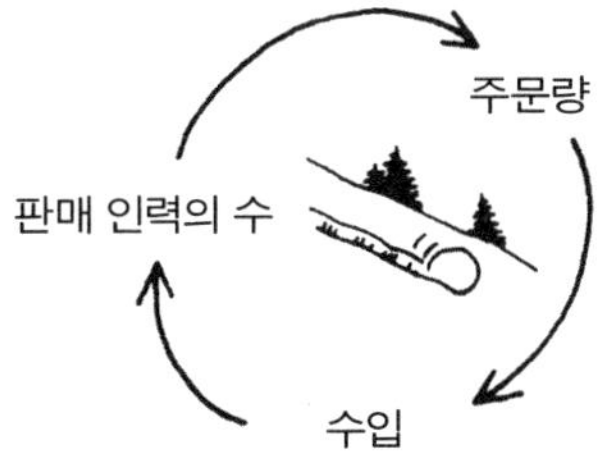

'성장의 한계' 구조의 다른 측면은 균형(안정) 프로세스다. 무언가가 그간의 판매 성장세를 둔화시켰다. 이는 시장이 포화상태가 되거나, 경쟁이 심해지거나, 소비자가 환멸을 느낄 경우에만 발생하는 현상이다. 위의 사례에서 컴퓨터에 대한 수요는 여전히 강했고, 눈에 띄는 경쟁자도 없었다. 소비자를 등 돌리게 했던 오직 한 가지 요인이 있었을 뿐이다. 바로 길어진 납기였다. 상품 생산능력에 비해 주문 잔고가 증가하자 납기가 길어졌다. 납품이 원활치 않다는 평판이 쌓이자 원더테크 판매원들이 아무리 열심히 뛰어도 판매를 늘릴 수는 없었다. 이러한 '성장의 한계' 구조를 다이어그램으로 나타내면 다음과 같다.

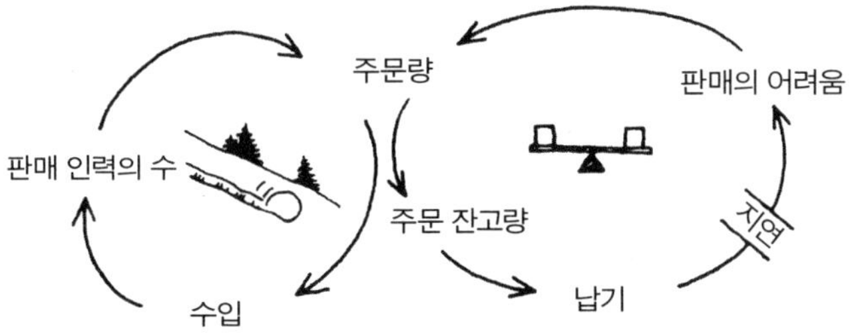

'성장의 한계' 구조에서 최악의 행동은 강화 프로세스를 계속 밀어붙이는 것이다. 안타깝게도 원더테크 관리자들이 했던 행동이 바로 그것이었다. 그들은 아무런 레버리지도 없는 판매 인센티브, 마케팅 촉진, 사소한 제품 개선 등을 통해 '성장 엔진'에 다시 불을 붙이려고 했다. '성장의 한계' 구조에서 레버리지는 균형 프로세스에 있지 강화 프로세스에 있는 것이 아니다.

그럼에도 구성원들이 균형 프로세스를 인식하지 못한 이유는 무엇일까? 첫째, 재무적인 측면에만 관심을 기울이는 원더테크의 경영진이 납품 서비스에는 그다지 주의를 기울이지 않았기 때문이다. 그들은 주로 판매, 이익, 투자수익률, 시장점유율 등을 부지런히 검토했다. 이러한 수치가 건전하게 나타나는 한 납기는 전혀 관심사가 되지 못했다. 더구나 납기는 판매량과 수익이 급속히 올라가는 기간에 길어졌기 때문에 전반적으로 우려하지 않는 분위기였다. 그러다가 재무적인 실적이 감소하면 판매촉진에 대한 압력이 발생한다. 보통 그러한 시기가 되면 주문이 줄기 때문에 납기는 이미 양호해져 있다. 그러므로 상황이 좋을 때든 나쁠 때든 최고 경영진은 주문한 컴퓨터를 받기까지 고객이 기다려야 하는 시간에는 크게 주의를 기울이지 않았다.

만약 그들이 납기에 관심이 있었다고 해도 판매에 영향을 미치는 핵심 요소로 인식하지는 않았으리라. 납기는 처음 판매 위기가 닥치기 전까지 1년 반 이상 계속 길어졌다. 이러한 상황이 최고 경영진 사이에서 다음과 같은 태도를 강화시켰다. "고객들은 납기가 지연되어도 개의치 않는다." 그러나 그와 같은 안이한 생각은 잘못된 것이었다. 고객은 분명 신경을 쓰고 있었지만, 시스템 내의 지연이 고착화된 상황 때문에 이러한 불만이 원더테크 경영진에게는 분명하게 감지되지 않았던 것이다. 어떤 고객이 "8주 뒤에 컴퓨터를 받았으면 합니다."라고 말했다고 하자. 판매원은 문제없다고 말한다. 그러나 9주, 10주, 12주가 지나도 컴퓨터는 도착하지 않았다. 몇 달이 지나자 서서히 고객들의 불평불만이 돌기 시작한다. 그러나 잠재 소비자는 얼마든지 있었기에 판매는 끄떡없었다. 더구나 이러한 불평불만은 우후죽순처럼 퍼져 광범위하게 알려지기 전까지는 영향력이 미미한 법이다. '납기 지연'과 '판매 영향' 사이의 지연 현상은 여섯 달 이상 걸릴 수도 있다.

원더테크의 관리자들은 시간상의 차이가 있는 원인과 결과를 파악하지 못하는 대표적인 학습장애의 희생양이 되었다. 수요가 하락한 다음에야 납기에 관심을 기울여서는 늦는다. 느려진 납기가 주문량 감소로 이미 이어지기 때문이다. 물론 이것 역시 일시적일 뿐이다. 원더테크에서는 3년차에 납기가 더욱 악화되었는데, 이는 급속한 성장이 이루어진 마지막 해이기도 하다. 침체기가 되자 납품 지연 문제가 개선되는 듯 보였지만, 판매가 늘어나면서 다시 악화되었다.

회사가 존속했던 10년을 통틀어 납기가 증가했다가 주기적으로 개선되는 흐름을 보였다. 더불어 시스템의 전반적인 건전성이 점진적으로 악화되는 흐름도 이어졌다. 성장이 둔화되고 수익이 줄어드는 상황에서 건전성 악화는 필연적인 현상이다. 회사는 그때마다 분발해서 돈을 벌었지만, 침체기가 올 때마다 그보다 맹렬히 돈을 잃었다. 초기에 찾아온 성장기의 기쁨이 실망으로, 결국에는 절망으로 변했고, 결국 사람들은 자신들이 희생자라고 느꼈다. 사적인 자리에서 CEO는 초반의 마케팅 예측 자체가 잘못되어서 회사가 그렇게 된 것이라고 말했다. 현실화되지 않은 거대한 잠재 시장이 존재한다고 보았는데, 그러한 예측이 틀렸다는 것이다.

원더테크의 상황이 전형적인 '부담 떠넘기기' 구조의 특징을 보여준다는 사실은 어느 누구도 인식하지 못했다. 주기적인 개선이 있기는 했지만 꾸준히 악화되는 문제 증상, 즉 납기 지연이 있었다. 기업의 전반적인 건전성도 꾸준히 악화되었고 구성원의 피해의식도 점점 커졌다. 시스템 사고를 하는 사람이라면 먼저 핵심 문제 증상을 파악하고, 이어서 그에 대한 증상 위주 대책과 근본 해결책을 알아내야 한다. 원더테크 사례에서 근본 해결책은 생산능력을 키워 납기 지연을 바로잡는 것이다.(다음의 다이어그램에서 밑에 있는 원이 이를 나타낸다) 납기가 회사에서 정한 기준을 넘어섰다는 것은 생산능력이 높아져야 한다는 의미다. 생산능력이 높아지면 길어진 납기가 바로잡힐 것이다. 그러나 근본 해결책 실행이 늦어지면 주문량이 줄어드는 부담이 고객 불만에 대한 증상 위주 대책으로 전가된다.(다이어그램의 위쪽 원이 이를 나타낸다) 관리자들이 신속히 생산능력을 증강하여 길어진 납기 문제를 해결하지 않았기 때문에, 불만을 품은 잠재 고객이 등을 돌림으로써 문제가 '해결'된 것이다.

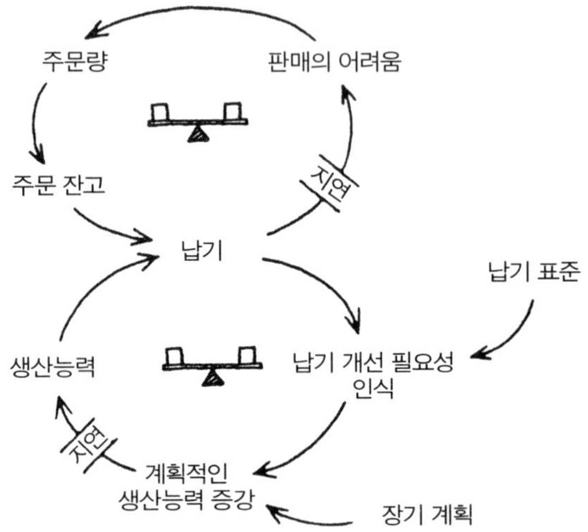

더구나 경영진이 불만을 품은 고객으로 인해 생기는 프로세스 작동을 대체로 무시했기 때문에 증상 위주 대응이 더욱 강화되는 경향이 있었는데, 이는 '부담 떠넘기기' 구조에서 흔히 나타나는 현상이다. 원더테크의 납기 지연에 대한 소문이 시장에 퍼져나가는 동안 이러한 일이 일어났다. 그들이 납기가 길어지는 시기에 돌입할 때마다 소문은 더욱 급속히 퍼졌다. 그러는 사이 근본 대응은 점점 힘을 잃는다. 4년째에 생산능력을 증강했는데 주문이 떨어져서 난감했던 아픈 경험이 있기 때문에, 최고 경영진은 신규 생산시설 증강에 회의적이었다. 신중에 신중을 기하던 관리자들이 마침내 생산시설을 늘리겠다고 마음을 먹었을 무렵에는 증상 위주 대응으로 이미 생산시설 증강 압박이 많이 줄었고, 납기도 개선되었다. 경영진으로서는 '정말 생산시설을 확대해야 하는가'에 대해 의문을 품게 된다. 결국 그들은 "정말 수요가 있는지 확인하기 위해서 시설 확장을 조금만 보류하자."고 말한다.

요컨대 두 가지 대응 사이에는 일종의 경주가 진행되고 있었다. 시간이 흐르면서 증상 위주 대응은 신속해지는 반면, 근본적인 대응은 둔화되었다. 결과적으로 납기를 바로잡는 대신 '불만을 품은 고객'에 대한 대응에 점점 많은 부담을 떠넘기게 된 것이다.

원더테크의 운명은 반대의 방향으로 향했을 수도 있다. 대체로 간과하는 기저의 구조에 레버리지가 있는 지점이 있다. 8주 납기라는 처음의 목표가 바로 그것이다. 시스템 사고를 하는 사람이 '부담 떠넘기기' 구조에서 가장 먼저 찾아야 하는 것은 근본적인 대응을 약화시키는 요인이다. 원더테크 사례에서 회사는 8주라는 납기 표준을 가지고 있지만, 재무제표에만 집착하는 최고 경영진에게는 그것이 큰 의미가 없었다.

3년 뒤, 제품 생산 기간은 사실상 12주 정도가 표준이 되어 있었고, 주문량이 많은 호황기에는 수요를 따라가기 힘든 상태였다. 시간이 흐르면서 납기 지연 문제가 재발했고, 납기 표준은 계속해서 표류하면서 처음의 기준에서 멀어졌다. 그러나 아무도 납기 문제에 신경을 쓰지 않았고 최고 경영진은 특히나 더욱 무관심했다.

후임으로 들어온 마케팅·영업 부사장은 고객들의 납기 지연에 대한 불만을 경영진에게 보고했다. 생산 담당 부사장은 가끔씩 주문이 밀린다는 사실을 인정하면서 생산능력이 주문량을 따라가지 못해서 생기는 문제라고 했다. 그러나 최고 경영자들의 대답은 이러했다. "맞습니다. 우리도 그러한 문제를 알고 있습니다. 그러나 이와 같은 수요가 지속되리라는 보장 없이 성급하게 투자할 수는 없습니다." 최고 경영진은 자신들이 적절한 투자를 해야만 현재의 높은 수요가 유지된다는 사실을 결코 깨닫지 못했다.

원더테크가 8주 납품이라는 본래의 목표를 준수하고 거기에 맞춰 적극적으로 생산시설에 투자했을 경우 어떻게 되었을지는 모르는 일이다. 그러나 ('성장의 한계'와 '부담 떠넘기기'가 결합된) 구조와 실제 판매량을 기준으로 모의실험이 수행되었는데, 모의실험에서는 납기 표준을 준수하고 생산시설 확장을 공격적으로 추진했다. 그러자 판매량은 주기적으로 정체기를 맞기는 하지만, 전반적으로는 10년 내내 급속하게 성장하는 것으로 나타났다. 납기도 수시로 변하지만 마냥 증가하지 않고, 납기 표준도 일관되게 8주로 유지되었다. 이러한 조건에서 원더테크는 최초의 성장 잠재력을 실현할 수 있었던 것이다. 10년이 지난 시점이 되면 판매량이 사례에서의 판매량보다 몇 배로 늘어나는 것을 볼 수 있다.[3]

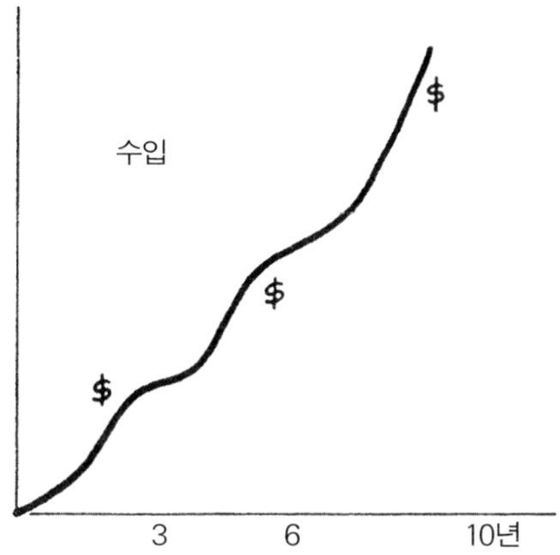

처음의 마케팅·영업 담당 부사장은 이러한 문제를 직관적으로 파악하고 있었다. 처음부터 그는 원더테크가 공장의 생산능력을 평가하는 방법이 완전히 잘못되었다고 주장했다. "목표한 납기에 맞춰 운영했을 경우에 들어올 잠재적 주문량에 맞춰 생산능력을 확충하지 않고, 현재 이루어지는 주문에 맞게 생산능력을 유지하는 것이 문제입니다." 안타깝게도 이러한 주장은 빈약한 판매실적에 대한 변명으로 생각되었고 그의 통찰은 주목을 끌지 못했다. 자신의 생각을 개념적으로 설명할 방법을 모르니 어쩔 수 없는 노릇이었다. 시스템 원형을 활용해 설명할 수 있었다면 훨씬 많은 사람이 그의 직관적 통찰을 이해했을지도 모른다.

사실, 원더테크에서 일어나는 미묘한 역학은 경험 있는 여러 관리자의 직관을 확인시켜준다. 경험 많은 관리자들은 직관적으로 '상황이 좋을 때나 좋지 않을 때나' 핵심 기준을 준수하는 것이 중요하며, 기준에 맞추기 위해 최선을 다해야 한다고 믿는다. 또한 가장 최우선으로 삼아야 하는 기준은 (디자인과 제조 면에서) 상품의 품질, 납기, 서비스의 신뢰성과 질, 서비스 인력의 친절한 태도 등과 같이 고객에게 중요한 요소이다. 원더테크의 시스템 구조는 이러한 직관을 하나의 분명한 이론으로 바꾸어준다. 납기 기준이 변질되고 생산능력 증강이 지연되는 경우, 회사 전체 성장이 어떻게 좌절되는가를 분명하게 보여주기 때문이다. 원더테크 시스템의 완전한 구조를 보면, '성장의 한계'와 '부담 떠넘기기' 구조가 결합되어 있다.

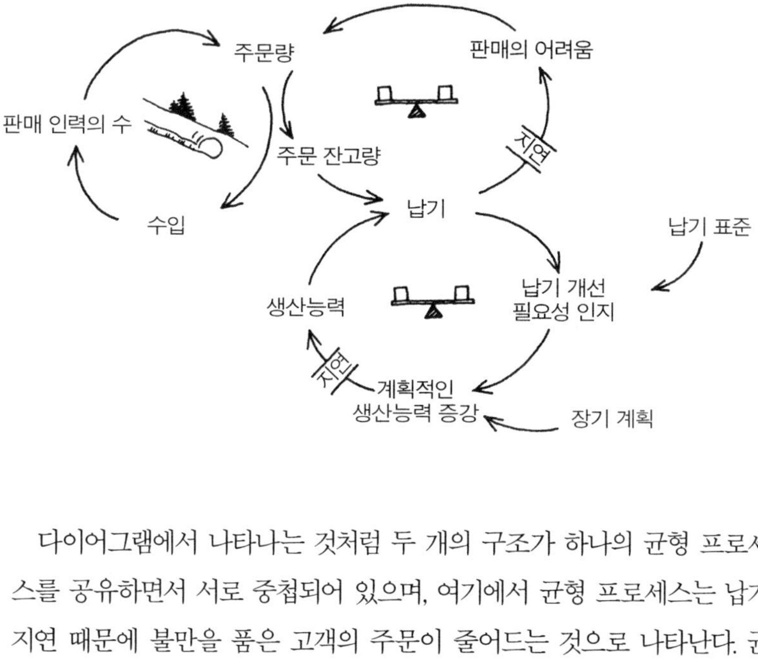

다이어그램에서 나타나는 것처럼 두 개의 구조가 하나의 균형 프로세스를 공유하면서 서로 중첩되어 있으며, 여기에서 균형 프로세스는 납기 지연 때문에 불만을 품은 고객의 주문이 줄어드는 것으로 나타난다. 균형 프로세스는 생산능력 증강에 관심을 기울이지 못하게 주의를 분산시키는 동시에(부담 떠넘기기) 판매 증가를 가로막고 있다(성장의 한계). 불만을 품은 고객의 주문이 줄어드는 균형 프로세스가 지배적인 힘을 갖게 되느냐는 납기가 길어지는 시점에 회사가 생산능력 확장 필요성에 어떻게 대

응하느냐에 달려 있다. 기준 변경을 허용하는 경우, 회사의 대응은 약해질 수밖에 없고, 불만을 품은 고객에게 부담을 떠넘기게 된다. 회사는 의식하지 못하는 사이에 스스로의 성장을 가로막는 한계에 중독되고 마는 것이다.

숲도 보고 나무도 보기

원더테크 사례의 기저에 깔려 있는 시스템 구조는 한때 급속하게 성장하면서 성공가도를 달리던 기업들이 신기하게도 실패하고 마는 여러 복잡한 상황을 설명해준다. 한때 미국 역사상 가장 빠른 성장을 보인 항공사였던 피플 익스프레스 같은 회사가 대표적이다. 사실 이러한 구조는 '성장과 저투자'라고 불리는 시스템 원형으로서, 앞에서 말한 두 가지 구조보다 다소 복잡하다. 이러한 원형은 회사가 저투자 때문에 성장 한계에 부딪히는 경우에 항상 작동한다. 저투자란 생산능력의 증강이 증가하는 고객 수요에 필요한 정도를 따라가지 못한다는 의미이다. 모든 구성원이 매우 열심히 일하는데도 잠재적 성장 가능성을 실현하지 못하는 회사가 있다면, '성장과 저투자' 구조가 작동하고 있다고 보아도 무방하다.(모든 구성원이 엄청나게 열심히 일한다는 것 자체가 저투자를 나타내는 신호 중의 하나다) 보통은 재정적 압박이 지속되는데, 얄궂게도 이는 저투자의 원인이면서 결과이기도 하다. 재정적 압박 때문에 공격적인 투자를 하는 것이 어렵거나 불가능하지만, 알고 보면 현재의 재정적 압박은 과거의 저투자에서 기인하기 때문이다. 자세히 들여다보면 품질기준이 바뀌거나 낮아지는 현상을 볼 수 있다. 여기에서 말하는 품질이란 고객에게 중요한 모든 요소, 즉 상품 품질, 서비스 품질, 납기 신뢰성 등을 말한다. 원래 정한 기준이 하락하거나 경쟁력을 유지하지 못하면, 고객 욕구를 만족시킬 생산능력 증강에 필요한 투자를 하지 못하게 된다.(여기에서 '투자'란 물리적인 생산시설, 작업 공정, 조직 구조 등의 보강 혹은 개선, 직원 훈련 등을 말한다) 그러면 불만을 품은 고객들이 이탈하기 마련이다. 이처럼 고객 수요가 감소하면 투자에 필요한 재원이 줄어들 뿐만 아니라, 생산능력이 부족해서 수요를 충족시키지 못한다는 문제의 증상 역시 사라진다. 당연히 생산능력 확대에 투자해야 한다는 문제의식도 옅어진다.

이러한 힘이 일개 회사가 아니라 산업 전반에 영향을 미칠 경우, 높은 기준과 강력한 투자정책으로 무장한 해외 경쟁자들 앞에서 무력해질 수밖에 없다.(1960년대와 1970년대에 철강, 자동차, 전동공구, 가전제품 같은 미국 제조업 전반에 발생한 시장점유율 하락이 대표적이다) 이와 같은 산업이 외국 경쟁자에 시장점유율을 빼앗긴 데는 외부 요인의 탓도 있지만 고객 만족에 대한 낮은 기준, 저투자, 고객의 불만족 등에도 원인이 있다. 이번에도 하락은 워낙 느리게 진행되어 감지하기 어렵고, 늘어난 광고, 가격 할인, '구조조정', 관세장벽 같은 '부담을 떠넘기는' 임시방편들로 아예 가려져버릴 때도 많다.

이러한 유형을 감지하기 힘든 데는 두 가지 이유가 있다. 첫째는 워낙 점진적으로 진행된다는 점이다. 이 모든 변화가 한 달 이내에 일어난다면, 조직 전체 또는 산업 전체가 이를 막기 위해 총력을 기울일 것이다. 그러나 서서히 진행되는 목표 침식과 성장 둔화는 워낙 은밀하게 퍼져서 좀처럼 눈에 띄지 않는다. 2장 학습장애에서 설명한 '냄비 속 개구리' 신드롬이 기저에 깔린 구조다. 서서히 상황이 악화되는 동안 안전한 수온에 대한 개구리의 기준은 꾸준히 변하고, 마침내 끓는 물이라는 위협에 대처할 능력을 완전히 상실하고 만다.

둘째, 그러한 신드롬 안에 있는 관리자의 눈에는 주의를 요하는 수많은 긴급 현안이 보인다. 따라서 큰 그림을 볼 겨를이 없다. 시스템 사고의 핵심은 역동적이면서도 복잡해서 포착하기 어려운 구조를 인식하는 것이다. 경영의 규율 중 하나인 시스템 사고를 마스터하는 핵심은 다른 이들이 당장 대처해야 하는 사건만을 보는 상황에서 전체 유형을 볼 수 있느냐에 달려 있다. 그러나 안타깝게도 세부적 복잡성과 역동적 복잡성을 동시에 보라고 배운 사람은 거의 없다. 15분짜리 연설을 하면서 중요한 문제의 시스템적인 원인 규명과 이를 해결할 '레버리지가 높은 전략', '레버리지가 낮은 전략'을 조리 있게 설명할 CEO가 과연 얼마나 있을까?

'숲은 보지 못하고 나무만 본다'는 말이 무슨 의미인지 모르는 사람은 없으리라. 우리는 숲을 보려면 멀찍이 물러서야 한다는 사실도 잘 알고 있다. 그러나 안타깝게도 대다수는 기껏 '뒤로 물러서서도' 수많은 나무만 볼 뿐 숲을 보지 못한다. 그리고는 마음에 드는 한두 그루를 선택해서 관심과 노력을 온통 그것에 집중한다.

알고 보면 시스템 사고는 세부적 복잡성 이면에 있는, 변화를 야기하는 기저의 구조까지 꿰뚫어보는 것이 핵심이다. 그렇다고 시스템 사고가 세부적 복잡성을 무시한다는 의미가 아니다. 오히려 세부적 복잡성을 체계적으로 정리하여 문제의 원인과 지속성을 담보하는 대처방안을 제시하는 하나의 일관된 이야기를 만들어낸다는 의미다. 예를 들어 원더테크 같은 첨단기술 회사에서 일어나는 상황을 파악하려면 아래에 표시된 세부사항을 완전히 이해하고 소화해야 한다.

세상이 점점 복잡해지는 까닭에 많은 관리자가 효과적인 조치를 취할 정보가 부족하다는 생각에 젖어들었다. 나는 그들이 직면한 근본적인

생산능력	인적자원	경쟁요인
기계설비	서비스 인력	시장 규모
교대	생산 인력	시장 세분화
생산	유지관리	기술 동향
일정	고용	평판
소요 시간	교육	서비스 질
공정 기술	이동	경쟁업체 서비스 질
공급 경로 및 납기 일정	직원의 사기	가격
에너지 비용	생산성	인재, 자본, 노동생산성
경쟁업체 대응 계획	경험	
근무 시간	팀 관리	
	직무 순환	
	주식 보유	

'정보 문제'는 정보의 부족이 아니라 정보의 과잉이라고 말하고 싶다. 우리에게 가장 절실한 것은 어떤 것이 중요하고 어떤 것이 중요하지 않은지, 집중할 가치가 있는 정보는 무엇이고 흘려버려도 좋은 정보는 무엇인지를 파악할 방법이다. 동시에 집단 혹은 팀의 정보 공유를 촉진할 방법도 함께 고민해야 한다.

'성장과 저투자' 같은 기본 원형을 마스터하는 것이 숲과 나무를 동시에 보는 능력을 기르는 첫 단계이다. 다시 말해 전체와 부분을 동시에 고려하면서 정보를 보는 능력을 기르는 첫걸음이다. 양쪽을 모두 볼 수 있어야만 전례 없이 복잡한 현대 세계에서 직면하는 도전과 변화에 효과적으로 대처할 수 있다.

궁극적으로 시스템 사고 언어를 마스터하려면 상호보완적인 다른 학습 규율까지 아울러 마스터해야 한다. 각각의 규율은 개인, 팀, 조직이 직선적 관점에서 벗어나 시스템 관점에서 세계를 보고 행동하는 능력을 키울 중요한 원칙이자 도구의 역할을 한다.

THE FIFTH
DISCIPLINE

3

THE CORE DISCIPLINES:

학습조직 구축의 핵심 규율

BUILDING THE LEARNING ORGANIZATION

08 개인적 숙련

학습조직의 정신

조직은 학습하는 개인을 통해서만 학습할 수 있다. 개인의 학습이 조직의 학습을 보장하지는 않지만, 개인이 학습하지 않으면 조직의 학습도 일어나지 않는다.

조직 리더 가운데 개인의 학습에 헌신하기 위해 필요한 기업 철학을 근본적으로 재고해야 한다는 인식을 가지고 있는 사람은 소수에 불과하다. 파인 세라믹스 기술 및 전자기기 분야에서 세계 최고 수준인 교세라의 창업자이자 사장과 회장을 거쳐 1995년에 은퇴한 이나모리 가즈오稻盛和夫는 다음과 같이 말했다.

> 연구개발, 회사 경영 등 사업의 어떤 측면에서도 실질적인 힘은 바로 '사람'이다. 사람은 각자의 의지, 생각, 사고방식을 가지고 있다. 만약 직원이 스스로 성장하거나 기술개발 목표에 도전하고자 하는 충분한 의지를 가지고 있지 않으면 성장도, 생산성 향상도, 기술개발도 없을 것이다.[1]

이나모리는 사람의 잠재력을 활용하기 위해서는 '잠재의식', '의지력', '마음에서 우러나오는 행동(사회에 봉사하려는 진정한 바람)'을 새롭게 이해해야 한다고 생각했다. 이나모리는 교세라 직원들에게 '하늘을 공경하고 사람을 사랑하라'는 회사 모토에 따라, '완벽'을 목표로 부단히 노력하면서 자신의 내면을 들여다보아야 한다고 가르쳤다. 또한 경영자로서 자신의 임무는 '직원들에게 물질적인 행복과 정신적 행복을 동시에 제공하는 것'에서 시작된다고 믿었다.

이번에는 지구 반대편, 전혀 다른 산업 분야에서 장기적으로 성공 기업을 일궈낸 빌 오브라이언(전 하노버 보험사 사장)의 말을 들어보자.

> 나는 인간 본성에 한층 부합되는 조직 모델을 갈망한다. 위계질서를 위시하는 전통 조직은 사람들의 고차원적인 욕구, 자기존중, 자기실현에 맞게 설계되지 않았다. 조직이 모든 구성원의 이러한 욕구를 충족시키는 그날까지 경영에서의 불안은 지속될 것이다.

이나모리와 마찬가지로 오브라이언 역시 경영자가 자신의 임무를 재정의해야 한다고 주장했다. 경영자는 '계획을 세우고, 조직을 꾸리고, 통제한다는 과거의 도그마'를 포기하고 '수많은 사람의 삶을 책임지는 것에 대한 고귀한 책임'을 깨달아야 한다. 오브라이언에 따르면 경영자의 기본적인 임무는 '사람들이 가능한 최고로 풍요로운 삶을 영위할 환경을 제공'하는 것이다.

기업을 세우고 꾸려나가는 상황에서 이것이 지나치게 비현실적이라고 생각할지도 모른다. 그러한 우려를 불식시키기 위해서 나는 교세라가 창업 이래 45년 동안 거의 차입금이 없는 상태로 90억 달러의 매출을 올리는 회사로 성장했으며, 여러 기업이 부러워할 만큼 높은 수익률을 올리고 있다는 사실을 강조하고 싶다. 하노버 보험사는 오브라이언의 전임자

잭 애덤Jack Adam이 일련의 핵심 가치와 신념을 중심으로 재건 작업을 시작했을 무렵인 1969년에 자산이나 신뢰도 면에서 업계 최저 수준에 있었다. 그러나 1990년 오브라이언이 은퇴할 무렵에 이르자 상황은 엄청나게 달라졌다. 수익률 면에서 업계 상위 25퍼센트 수준을 꾸준히 유지했고, 과거 10년 동안 업계 평균보다 50퍼센트나 빠른 성장을 이루어냈다.[2]

날카롭고 뛰어난 사업 감각을 지니고 있었던 헨리 포드Henry Ford는 다음과 같이 말했다.

> 내가 보기에 더 이상 나눌 수 없는 가장 작은 실체는 '지성'으로, 우리가 손을 뻗어 불러들이기만 하면 언제든 활용할 수 있는 상태에서 대기 중이지요. 그런데 우리는 잔뜩 긴장한 몸과 불안한 마음으로 너무 성급하게 달려듭니다. 참을성 있게 결과를 기다리지 못하지요. 우리에게 필요한 것은 활용되기를 기다리는 보이지 않은 힘으로 영혼을 강화하는 것입니다. 나는 우리 인류가 아무 생각 없이 연결고리를 끊어버린 정신력의 보고가 존재함을 알고 있습니다. 언젠가는 그러한 힘의 근원, 무언가를 창조해내는 정신 영역을 충분히 이해할 날이 오리라고 믿습니다.
>
> 나는 인류가 지금의 우리보다 정신 영역에 대해 더 많이 알고 현명하게 행동했던 적이 있었다고 굳게 믿습니다. 지금의 우리가 그저 믿는 데에 그친 것을, 그들은 소상히 알고 있었다는 것이 차이점이지요.[3]

'개인적 숙련'은 우리가 개인의 성장과 학습에 관한 규율을 다루면서 사용하는 표현이다. 개인적 숙련 정도가 높은 사람은 자신의 삶에서 진정으로 추구하는 결과를 만들어내는 데 필요한 능력을 끊임없이 키워나간다. 그들의 지속적인 학습에 대한 추구에서 학습조직의 정신이 나오는 것이다.

숙련과 능숙

개인적 숙련은 능력과 기술을 토대로 하지만, 동시에 이를 넘어선다. 요컨대 정신적 성장을 요구하지만, 영적인 깨달음 혹은 개안開眼 이상의 것이다. 이는 자신의 인생을 창조적 작업에 가깝게 이끈다는 의미이며, 동일한 맥락에서 인생에 수동적으로 반응하는 태도가 아니라 창조적으로 인생을 만들어가는 태도로 살아간다는 의미이다. 오랫동안 함께 일해 온 동료 로버트 프리츠Robert Fritz는 개인적 숙련에 대해 다음과 같이 말한다.

> 역사를 통틀어 거의 모든 문화가 미술, 음악, 춤, 건축, 시, 소설, 도예, 조각 등을 가지고 있었다. 창조하고자 하는 욕망은 신앙, 국적, 신조, 교육환경, 시대에 국한되지 않는다. 그러한 욕구는 우리 모두에게 내재되어 있다. 또한 그것은 예술에 국한되지 않으며 일상적인 것부터 심오한 것까지 인생 전반을 포함할 수 있다.[4]

개인적 숙련이 삶에 통합된 활동, 즉 하나의 학습 분야가 되면 그로 인해 우리 삶의 기저에서 두 가지 움직임이 구체화된다. 첫째, 우리에게 중요한 것을 계속해서 명확하게 해주는 기능이다. 우리는 길 위에 놓인 문제 해결에 너무 많은 시간을 쏟은 나머지, 애초에 자신이 그 길로 들어선 이유를 망각하는 경우가 많다. 결과적으로 정말 중요한 것이 무엇인가를 명확히 깨닫지 못하거나 심지어 잘못 알게 된다.

둘째, 현실을 더욱 명확하게 관찰하는 법을 끊임없이 학습하는 것이다. 우리는 서로에게 도움이 되기는커녕 해가 되는 관계에 놓인 사람들을 보아왔다. 그들이 문제가 있는 관계에서 좀처럼 벗어나지 못하는 이유는 현실을 분명하게 보지 못하고, 아무 문제가 없는 것처럼 행동하기 때문이다. 업무회의에서 다들 "계획대로 순조롭게 진행되고 있다."고 말하지만 실상은 그것과는 다를지도 모른다. 원하는 방향으로 가기 위해서는 현재 어디에 있는가를 아는 것이 무엇보다 중요하다.

(원하는) 비전과 (원하는 상태와 비교해 현재 어디쯤에 있는가를 나타내는) 지금의 명확한 현실 모습을 나란히 놓고 동시에 보는 경우, '창조적 긴장creative tension'이 만들어진다. 긴장이 있을 경우 우리는 자연스럽게 해결책을 찾게 되므로, 창조적 긴장은 비전과 현실을 합치는 힘이라 할 수 있다. '개인적 숙련'이라는 규율의 핵심은 우리 생활에서 이와 같은 창조적 긴장을 만들어내고 유지할 방법을 배우는 것이다.

이러한 맥락에서 '학습'은 많은 정보를 획득한다는 의미가 아니라, 삶에서 진정으로 원하는 결과를 만들어내는 능력을 키운다는 의미다. 따라서 평생 진행되는 과정이라고 할 수 있다. 더불어 조직의 모든 단계에 이를 실천하는 구성원이 없다면 학습조직은 성립될 수 없다.

유감스럽게도 숙련을 의미하는 영어 단어 'mastery'에는 '사람 혹은 사물에 대한 지배력을 얻는다'는 의미가 있다. 그러나 동시에 아주 특별한 수준의 능숙도proficiency를 의미할 수도 있다. 예를 들어 장인master craftsperson은 도예나 방직을 지배하지는 않지만, 그의 숙련된 기술이 있기에 작업실에서 최고의 도자기나 직물이 탄생한다. 마찬가지로 개인적 숙련은 개인생활과 직장생활을 아울러 삶의 모든 측면에서 '특별한 수준에 달한 능숙도'를 의미한다.

개인적 숙련도가 높은 사람들이 공유하는 몇 가지 기본 특징이 있다. 그들은 비전과 목표 뒤에 특별한 목적의식을 가지고 있다. 그들에게 있어 비전은 그저 좋은 아이디어 정도가 아니라 일종의 소명이다. 그들은 '지금의 현실'을 맞서야 하는 적이 아니라, 자신을 도와주는 동지로 본다. 변화의 힘에 저항하기보다는 그것을 인식하고 이용하는 법을 배운다. 또한 탐구정신이 강하며 현실을 더욱 명확하게 보려는 노력을 아끼지 않는다. 타인, 그리고 삶 자체와 연결되어 있다고 느끼지만 각자의 고유한 개성을 포기하지는 않는다. 또한 자신을 더 큰 창조 과정의 일부라고 느낀다. 그들은 그러한 과정에 영향을 미칠 수는 있지만, 일방적으로 통제할 수 없다는 것을 잘 알고 있다.

개인적 숙련도가 높은 사람들은 부단한 학습이 생활화되어 있으며 결코 '안주'하지 않는다. '개인적 숙련'이라고 하면 '분명하게 경계가 정해져 있는 무엇'이라는 느낌을 받기 쉬운데, 이는 오해다. 개인적 숙련은 소유의 대상이 아니라 과정이다. 이는 평생 계속되는 훈련이요, 학문이다. 개인적 숙련도가 높은 사람은 자신이 무지한 영역, 무능한 영역, 성장하고 있는 영역 등을 날카롭게 파악하고 있다. 그리고 자신감이 강하다. 궤변이라고? '과정이 곧 보상'이라는 진리를 알지 못하는 이들에게만 그렇게 보일 것이다.

하노버 보험사에 재직할 무렵 빌 오브라이언은 저서에서 '고차원적인 성숙advanced maturity'에 대해 이야기하면서 "심층 가치를 정립하고 견지하며, 자기 자신보다 큰 목표에 헌신하고, 개방적인 태도를 가지고, 자유의지를 행사하고, 현실의 정확한 모습을 파악하려고 부단히 노력하는 상태를 두루 포함한다."고 말했다. 오브라이언에 따르면, 그러한 사람은 만족을 지연시키는 능력, 즉 심리학이나 교육학에서 말하는 '만족 지연delayed gratification' 능력을 가지고 있는데, 덕분에 당장의 이익만을 좇는 이들이 등한시하는 더 큰 목표에 매진할 수 있으며 심지어 '자신의 선택이 후대에 미칠 영향'까지 고려할 수 있다. '정서 지능emotional intelligence'에 대해 관심을 가져야 한다는 제안이 나온 지 10년 뒤에 오브라이언은 현대사회의 인간개발에 대한 관심이 부족하다는 점을 다음과 같이 지적했다.

> 이유야 어떻든 우리는 육체적·지적 능력 개발 추구와 같은 강도로 정서 개발을 추구하지는 않는다. 잠재력을 온전히 실현할 최고 수준의 레버리지를 찾는 데는 완전한 정서 개발이 필수라는 점에서 이는 참으로 안타까운 일이 아닐 수 없다.[5]

“우리가 그것을 원하는 이유”

오브라이언은 ‘탁월한 기업이라는 목표를 달성하는 데는 내부 구성원의 총체적 개발이 필수’라고 덧붙인다. 시장 윤리가 기업 활동에 요구하는 도덕성 수준이 다른 활동에서보다 낮아 보이기는 하지만, 오브라이언은 다른 의견을 피력한다. “인생에서 소중히 여기는 고결한 미덕과 경제적 성공은 본질적으로 모순되지 않는다. 우리는 양쪽 모두를 달성할 수 있다고 믿는다. 사실 우리는 장기적으로 고결한 미덕을 많이 실천할수록 경제적으로 더욱 성공한다고 믿는다.”

사실, 오브라이언은 조직이 개인적 숙련을 지원하는 가장 일반적인 이유를 자기 나름대로 표현하고 있는 것이다. 개인적 숙련도가 높은 사람일수록 헌신적이며 매사에 솔선수범하는 자세를 보인다. 또한 자신의 일에 대한 책임감이 강하고 학습하는 속도도 빠르다. 이러한 여러 가지 이유 때문에 많은 조직이 직원 개인의 성장과 발전을 독려하고 지원한다. 구성원 개인의 성장이 조직을 더욱 강하게 만들어 주리라 믿기 때문이다.

그러나 오브라이언은 개인적 숙련을 추구하는 다른 이유 역시 분명히 했는데, 바로 이것이 있어야 개인적 숙련 추구의 이유가 비로소 완성되지 않나 싶다.

> 우리가 개인적 발전을 추구하도록 사람들을 독려하는 중요한 이유가 하나 더 있다. 바로 완전한 개인적 발전이 개개인의 행복에 미치는 영향 때문이다. 업무 외에서만 개인적 만족을 찾는 반면, 일을 하면서 보내는 인생의 중요한 부분을 무시하는 것은 모든 것이 완전한 행복한 인간이 될 기회를 제한하는 것이다.[6]

다시 말해, 우리가 개인적 숙련을 원하는 이유는 무엇인가? 바로 ‘그것을 원하기 때문’이다. 충분히 많은 구성원이 이러한 입장, 즉 구성원의 행복에 헌신하는 입장을 취하는 때가 조직 발전에서 중요한 순간이다. 전통적으로 조직은 구성원의 발전을 하나의 수단으로서 지지해왔다. 구성원이 성장하고 발전하면 조직이 더욱 효율적으로 돌아가리라는 계산에서 개인의 발전을 지지하는 것이다. 그러나 오브라이언 같은 리더는 한 걸음 더 나아간다. "우리가 건설하고자 하는 조직에서는 구성원의 완전한 발전이 경제적 성공과 동일한 선상에 있다."

구성원의 발전을 조직의 목표 달성을 위한 수단으로 간주하는 태도는 개인과 조직의 관계를 은연중에 평가절하하는 것이다. 허먼 밀러Herman Miller 사의 전 CEO 맥스 드 프리Max de Pree는 조직과 개인의 관계를 '성실하게 하루 일하면 그만큼의 대가를 지불한다'는 전통적인 '계약contract'이라기보다 일종의 성스러운 '서약covenant'이라고 말한다. 드 프리의 설명을 들어보자. "계약은 해당 관계의 일부분에 불과하다. 완전한 관계는 서약을 요구한다. 서약 관계는 생각, 이슈, 가치, 목표, 관리 프로세스에 대한 헌신을 공유하는 관계다. 또한 관계의 성스러운 본질을 표현하는 화합, 은총, 균형 등을 반영한다."[7]

일본 마쓰시타 전기 회사를 방문한 〈크리스천 사이언스 모니터Christian Science Monitor〉 지의 어느 기자는 당시 목격한 광경을 다음과 같이 묘사했다. "작업장 주변에는 거의 종교적인 분위기가 흐르고 있었다. 작업 자체가 성스러운 무엇으로 여겨지는 것 같았다." 교세라의 이나모리는 개인적 숙련에 대한 자신의 관심이 종신고용에 대한 일본인의 전통적인 헌신에서 비롯된 것이라고 말한다. "우리 직원은 서로 착취하지 않으며 각자의 삶을 온전히 향유하도록 도와주는 공동체 생활을 이루자는 생각을 공유하고 있습니다."

오브라이언은 덧붙인다. "하나의 상황을 가정해보자. 스스로에 대한 확신도 없고, 세계와 자신 앞에 놓인 기회에 대해서도 편협한 생각만 지니고 있던 사람이 10년 전에 입사했다. 그런데 그러던 그가 지금은 10여 명으로 구성된 팀을 책임지고 있다. 그는 책임을 편안하게 느끼고, 복잡한 아이디어를 소화하고, 다른 입장과 의견을 신중하게 평가하고, 선택을 할 때는 확고한 논리가 있다. 다른 사람도 그를 높이 평가하고, 그가 하는 말에 귀를 기울인다. 그는 가족, 회사, 산업, 사회를 위한 큰 뜻을 품고 오늘도 열심히 뛰고 있다. 조직에 이러한 사람이 있다면 해당 조직의 시스템이 효과적으로 작동하고 있다는 증거다."

진정으로 개인적 숙련에 헌신하는 태도를 보이는 조직에는 구성원의 무조건적인 헌신과 분명한 용기가 존재한다. 우리는 그것을 목표로 하고자 원하기 때문에 목표로 하는 것이다.

저항

이렇듯 수많은 장점을 지니고 있는 개인적 숙련에 과연 누가 반대하고 저항할 수 있을까? 실제로는 의외로 많은 개인과 조직이 저항하고 있다. 구성원의 완전한 개발을 지지하는 태도는 종업원과 회사 사이의 전통적인 계약에서 벗어나는 근본적 일탈이다. 어떤 의미에서 이는 학습조직에서 나타나는, 전통적인 기업 관행으로부터의 가장 과격하고 근본적인 일탈이다.

회사가 개인적 숙련에 저항하는 데는 명백한 이유가 있다. 우선, 개인적 숙련은 부분적으로는 직관, 개인의 비전 같은 계량화되지 않는 개념에 토대를 두고 있기 때문이다. 어느 누구도 개인적 숙련이 생산성과 최종적인 재무성과에 얼마나 기여하는지 소수점 이하 셋째자리까지 측정하지 못한다. 오늘날의 물질주의 문화에서는 개인적 숙련의 전제들을 논의하기조차 쉽지 않다. "왜 이러한 것에 대해 이야기해야 하는 겁니까? 뻔하잖습니까? 다들 이미 알고 있지 않나요?" 이렇게 반문하는 이도 있으리라.

이보다 위협적인 형태의 저항은 냉소주의다. 냉소주의와 싸울 때는 원인을 파악하는 것이 도움이 된다. 냉소주의자의 속을 들여다보면 좌절한 이상주의자의 모습을 볼 수 있다. 그들은 이상을 그대로 기대로 바꾸어 놓는 실수를 저지른 사람들이다. 개인적 숙련에 냉소적인 태도를 보이는 많은 이가 한때는 사람에 대해 높은 이상을 가졌었다. 그것이 끝내 낙담하고, 상처 입고, 결국에는 사람들이 자신의 이상에 미치지 못하는 부족한 존재라는 결론을 내리고 좋지 않은 감정을 품게 된다. 오브라이언은 극도의 피로감에 대해 일을 너무 열심히 한 것 이외의 다른 이유도 있다고 지적했다. "여든이 넘을 때까지 놀라울 정도로 열심히 일하고도 '극도의 피로감' 때문에 힘들어본 적이 없는 교사, 사회복지사, 성직자들이 많다. 이유는 그들이 인간의 본성과 잠재력 및 한계를 정확히 알기 때문이다. 그들은 인간을 지나치게 미화하여 생각하지 않으며, 사람들이 실망시켜도 그다지 정신적 스트레스를 느끼지 않는다."

마지막으로 어떤 이들은 개인적 숙련이 잘 돌아가는 회사의 기존 질서를 위협하지 않을까 하여 걱정하고 두려워한다. 사실, 이는 상당히 근거가 있는 두려움이다. 충분히 통합되지 않은 조직에서 구성원에게 권한을 부여하는 것은 생산성에 역효과를 낼 수 있다. 구성원이 공동의 비전과 현재 기업 현실에 대한 공동의 정신모델을 공유하지 않는 상황에서 구성원에게 권한을 나누어준다면, 조직 차원에서 일관성과 방향성을 유지해야 하는 경영 부담과 스트레스만 커질 뿐이다. 개인적 숙련이라는 규율이 학습조직의 여러 규율 가운데 하나로 간주되어야 하는 이유가 여기에 있다. 조직 리더가 하위 의사결정자들을 결집시킬 공동의 비전과 정신모델을 구축하지 못하는 상태에서 조직이 개인적 숙련에 헌신해보아야 순진하고 어리석은 이상주의에 불과하기 때문이다.

'개인적 숙련'이라는 규율

개인적 숙련에 대한 감각을 키우기 위해서는 하나의 규율, 즉 유용하게 활용해야 하는 일련의 실천과 원칙으로 보고 접근하는 데서 시작된다. 끊임없는 연습을 통해 한 분야의 거장이 되는 것처럼, 다음에 소개하는 원칙과 실천 역시 개인적 숙련이라는 규율을 끊임없이 확장시키는 기초가 된다.

개인 비전

개인 비전은 내면에서 나온다. 몇 해 전에 나는 어느 젊은 여성과 지구에 대한 그녀의 비전과 관련해 이야기를 나누었다. 그녀는 평화와 조화, 자연과 균형을 이루는 삶 등에 대해서 좋은 이야기를 많이 했다. 그런데 생각은 좋았지만 그녀의 이야기에서는 감정이 느껴지지 않았다. 그녀 스스로 이것을 진정으로 바란다기보다는, 바라고 원해야 마땅하기 때문에 이야기하는 것처럼 느껴진 까닭이다. 나는 지금까지 말한 것 이외에 다른 것은 없느냐고 물었다. 잠시 말이 없던 그녀는 "푸른 지구에서 살고 싶어요."라고 말하더니 갑자기 울음을 터트렸다. 내가 아는 한, 그녀가 이러한 말을 입 밖에 내본 것은 그때가 처음이었다. 말이 스스로의 의지로 나온 양, 그렇게 입에서 튀어나왔다. 무심결에 나온 것 같았지만 그것이 전하는 이미지는 분명 그녀에게 깊은 의미, 어쩌면 스스로도 감지하지 못할 만큼 심오한 의미가 있었다.

대부분의 성인은 진정한 비전에 대해 대체로 생각하지 않는다. 다들 목적과 목표는 가지고 있지만 이는 비전과 다르다. 원하는 것을 묻는 질문을 받으면, 대부분은 오히려 없애고 싶은 것을 이야기한다. 지금보다 좋은 직업을 원한다는 말은, 다시 말하자면 지금 하고 있는 지루한 일을 버리고 싶다는 의미다. 이외에도 '지금보다 좋은 동네에서 살고 싶다', '범죄 걱정 없이 살고 싶다', '아이들이 좋은 교육을 받게 해주고 싶다', '시어머니가 댁으로 돌아갔으면 좋겠다', '허리가 아프지 않았으면 좋겠다' 등을 이야기한다. 안타깝게도 이처럼 '부정적인 비전'을 장황하게 늘어놓는 일이 아주 일반적인 반응이며, 이는 크게 성공했다는 사람도 예외가 아니다. 이러한 태도는 평생 환경에 맞춰서 곤란한 상황에 대처하고, 문제 해결에 치중하며 아등바등 살아온 삶의 부산물이다. 우리 프로그램에 참가했던 어느 10대는 이렇게 말했다. "사실 어른들은 '성장한 사람들grown ups'이 아니라 '포기한 사람들given ups'이라고 불러야 해요."

비전답지 못한 비전의 보다 미묘한 형태는 '결과가 아니라 수단'에 집중하는 태도이다. 많은 기업의 고위 임원은 '높은 시장점유율'을 자신의 비전에 포함시킨다. 이유를 물어보면 "회사 수익성이 좋기를 바라니까요."라는 대답이 돌아온다. 그들은 고수익 자체를 결과라고 생각하고, 실제로 일부에게 있어서는 그렇다. 그러나 수익이 보다 중요한 결과를 위한 수단이라고 생각하는 리더도 예상외로 많다. 어째서 높은 수익을 비전으로 꼽는 것일까? "회사가 다른 회사에 인수·합병되지 않고 독립적으로 남기를 바라기 때문이다." 왜 그렇게 되었으면 하는가? "우리가 가진 성실성과 능력이 회사를 시작하던 초기 목적에 충실하게 유지되기를 바라기 때문이다." 위에 언급한 모든 목표가 나름의 타당성을 지니지만, 마지막에 말한 '목적에 충실한 상태'가 경영자에게는 본질적으로 가장 의미 있는 것이다. 나머지는 모두 목적 달성을 위한 수단, 즉 상황에 따라 달라질 수도 있는 수단이다. 부차적인 목표만이 아니라 궁극적이고 본질적인 욕구에 집중하는 능력이 개인적 숙련의 초석이다.

진정한 비전은 목적이라는 개념과 분리해서 이해할 수 없다. 여기에서 내가 말하는 목적이란 '왜 사느냐?' 하는 문제에 대한 개개인의 생각이다. 인간이 목적을 가지고 있다는 명제가 참인지, 거짓인지는 누구도 증명할 수 없다. 논쟁을 벌이는 것조차 무의미하다. 그러나 일단 우리가 유효한 전제로 받아들이면 그와 같은 생각은 크나큰 힘을 지닌다. 이는 행복이 자신의 목적에 맞춰 사는 데서 나오는 가장 직접적인 결과임을 함축하고 있다. 조지 버나드 쇼George Bernard Shaw는 그러한 생각을 다음과 같이 날카롭게 표현했다.

> 스스로 훌륭하다고 인정하는 목적에 사용되는 존재가 되는 것이야말로 삶의 진정한 기쁨이다. 세상이 온몸 바쳐 자신을 기쁘게 하지 않는다고 불평하면서, 이기적으로 온갖 짜증과 불평불만에 휩싸이기보다는 자연의 힘에 사용되는 존재가 되는 것 말이다.[8]

동일한 원리를 일부 조직에서는 '진정한 관심genuine caring'이라고 표현해왔다. 개인 목표에 대해 이야기하는 것이 껄끄럽다고 느끼는 상황에서도 사람들은 진정한 관심에 대한 이야기는 아주 편안하게 느낀다. 진정 관심이 있을 때 우리는 자연스럽게 헌신하고 몰두하게 된다. 자신이 진정으로 원하는 일을 하고 있기 때문이다. 그러한 사람은 활력과 에너지가 넘친다. 좌절과 후퇴에 직면해도 버틸 수 있다. 자신의 일이기 때문이다.

상황이 매끄럽게 흘러간다고 느끼는 경험은 누구에게나 있으리라고 본다. 하고 있는 일과 잘 맞는다는 생각이 들고, 더할 나위 없이 효율적으로 일이 진행된다고 느껴지는 그러한 경험 말이다. 예를 들어 자신의 비전 때문에 외국에서 일하게 된 사람이 스스로도 놀랄 만큼 빠르게 언어를 습득할 수도 있다. 그전까지 모르고 있다가 그러한 순간을 경험하고서 자신의 비전을 깨닫는 경우도 종종 있다. 개인 비전은 모든 일을 가치 있게 만들면서 우리를 앞으로 끌고 가는 목표이다.

그러나 비전은 목적과는 다르다. 목적은 방향, 즉 일반적인 지향과 비슷하다. 그에 비해 비전은 특정한 지향점, 바라는 미래의 모습이다. 목적은 추상적이지만 비전은 구체적이다. '천국을 탐험하도록 인간의 능력을 발전시키는 것'이 목적이라면, '1960년대 말까지 인간이 달에 발을 디디도록 하는 것'은 비전이다. 목적은 '가능한 최고가 되는 것'이고, 비전은 구체적으로 '2분 30초의 장벽을 깨는 것'이다.

비전이 없는 한 아무 일도 일어나지 않는다는 말은 분명 옳은 말이다. 그러나 내면 깊은 곳의 목적의식과 소명의식이 없는 비전은 빛 좋은 개살구에 불과하다는 말도 마찬가지로 진실이다. 그러한 비전은 목청 높여 떠들어도 아무런 의미가 없다.

반대로 비전이 없는 목적에는 적절한 기준의 의식이 빠져 있다. 다음과 같은 이야기가 좋은 설명이 되지 않을까 싶다. "당신과 내가 테니스를 좋아하는 팬이라 생각해봅시다. 우리는 그라운드 스트로크, 백핸드, 코너샷을 쫓아갈 때의 흥분, 승리의 기쁨 등에 대해서 이야기꽃을 피웁니다. 한참 즐겁게 대화를 나누다가 내가 지역 클럽 대회를 준비하고 있고, 당신은 윔블던 대회를 준비하고 있다는 사실을 알게 됩니다. 우리는 테니스라는 스포츠에 대해서 똑같은 열정과 애정을 가지고 있지만 능숙도는 완전히 다릅니다. 어떤 기준을 마음속에 품고 있는지를 확실히 하기 전까지는, 이야기가 통하는 듯 보여도 사실은 그렇지 않은 경우가 있습니다."

결국 비전이란 상대적인 것이 아니라 본질적인 것이다. 비전이란 타인과 비교하여 나에게 적합하기 때문이 아니라, 그것 자체의 고유한 가치 때문에 원하는 것이다. 다른 사람과 비교하는 상대적인 비전이 중간 과정에서는 적절할지 모르지만, 위대한 결과로 이어지는 경우는 거의 없다. 그렇다고 경쟁이 잘못되었다는 것은 아니다. 경쟁competition이라는 단어는 글자 그대로 풀이하자면 '함께 분투하다'라는 의미를 지닌 라틴어 'competrere'에서 나왔으며, 경쟁은 각자의 최선을 끌어내기 위해 인간이 고안한 최고의 구조 중의 하나이다. 그러나 경쟁이 끝나고 비전이 성취된(혹은 성취되지 않은) 후에 우리를 더욱 앞으로 이끌고 새로운 비전을 세우도록 만드는 것은 어디까지나 목적의식이다. 이것 역시 개인적 숙련이 하나의 규율이 되어야 하는 이유이다. 이는 자신이 진정으로 원하는 것, 즉 자신의 비전에 집중하고 거듭 집중하는 과정이다.

비전은 다양한 모습을 가지고 있다. 비전에는 어디에 살고 싶은지, 은행에 돈이 얼마나 있으면 좋은지 같은 물질적인 측면도 있다. 건강, 자유,

자신에게 충실하기 같은 지극히 개인적인 측면도 있다. 타인을 돕거나 특정 분야 지식 발전에 기여한다거나 하는 봉사의 측면도 있다. 모두 우리가 진정 원하는 것들이다. 한편 현대 사회는 우리의 관심을 물질적인 부분으로 유도하면서 동시에 물질적인 욕망에 대한 죄의식을 조장하는 경향이 있다. 우리 사회는 개인적인 욕망에 상당한 비중을 두며(예를 들어 일부 계층에서는 날씬해 보이는 것이 거의 맹목적 숭배의 대상이다), 봉사하려는 욕망에는 상대적으로 비중을 두지 않는다. 사회 공헌이나 기부 같은 바람을 드러냈다가는 순진하거나 바보 같다고 여겨지기 쉽다. 그럼에도 불구하고 수많은 사람들과 일을 해본 결과, 개인적 비전이 이러한 모든 측면 그리고 이상을 포괄한다는 사실은 분명하다. 또한 사회의 주된 관심 사항이 아닌 비전을 견지하려면 용기가 필요하다는 점 또한 분명하다.

자신의 비전을 옹호하고 견지하는 용기야말로 개인적 숙련도가 높은 사람을 구별 짓는 특성이다. 어느 분야에서 높은 숙련도를 지닌 장인匠人의 위치를 다음과 같이 표현한 일본 속담이 있다. "품은 비전과 행동 사이에 조금의 단절도 없는 상태, 심지어 머리카락 한 올조차 들어갈 공간이 없는 상태다."(9)

어떤 의미에서 비전을 명확히 하는 것은 개인적 숙련이라는 규율에서 쉬운 과제에 속한다. 많은 이에게 보다 어려운 과제는 현실에 직면하는 데 있다.

창조적 긴장 유지

자신의 비전을 밝히는 것을 아주 힘들어하는 이가 많다. 비전이 아주 명확할 때도 그렇다. 어째서일까? 비전과 현실의 격차를 정확하게 인식하고 있기 때문이다. '개인 사업을 시작해보고 싶지만, 자금이 없다', '정말 좋아하는 직업을 찾고 싶지만, 당장 먹고살기 바쁘다' 등이 그러한 예이다. 이와 같은 차이 때문에 비전은 비현실적인 공상으로 보일 수 있다. 이 때문에 용기를 잃고 절망하게 되기도 한다. 그러나 비전과 현실의 격차는 에너지의 원천이 될 수도 있다. 비전과 현실 사이에 격차가 없다면, 비전을 향해 나아가려는 어떤 행동도 할 필요가 없을 것이다. 실제로 이러한 차이는 창조적 에너지의 원천이다. 우리는 이러한 차이를 창조적 긴장이라고 부른다.[10]

비전과 현실 사이에 걸쳐 있는 고무줄을 상상해보라. 양쪽에서 당기면 고무줄이 팽팽히 긴장되는데 이것은 비전과 현실 사이의 긴장을 의미한다. 그렇다면 긴장은 무엇을 추구하는가? 해소를 통해 그로부터 벗어나는 것이다. 긴장을 해소할 방법은 두 가지뿐이다. 현실을 비전 쪽으로 끌고 가든가, 아니면 비전을 현실 쪽으로 끌고 가는 것이다. 어느 쪽이냐는 얼마나 확고한 비전을 가지고 있느냐에 따라서 결정될 것이다.

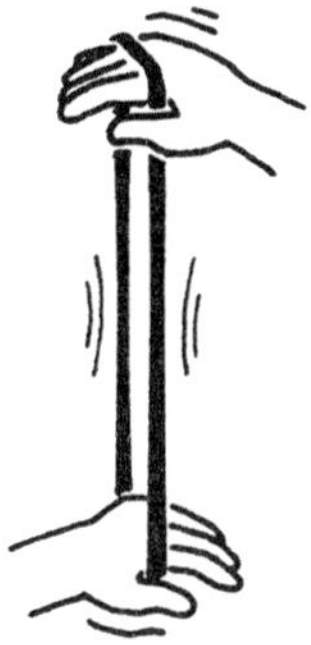

창조적 긴장은 개인적 숙련이라는 규율의 모든 요소를 통합하는 중심 원칙이다. 그러나 오해하기 쉬운 부분이기도 하다. '긴장'이라는 단어 자체가 불안이나 스트레스를 연상시킨다. 그러나 창조적 긴장은 어떤 특정한 방식으로 감지되는 것이 아니다. 이는 우리가 비전이 현실과 조화를 이루지 못한다는 사실을 인정하는 순간에 작동하는 힘이다.

그렇지만 창조적 긴장은 슬픔, 좌절, 절망, 걱정 같은 불안과 연관된 느낌이나 감정을 야기하기도 한다. 이러한 일이 워낙 자주 일어나기 때문에 사람들은 이와 같은 감정을 창조적 긴장과 쉽게 혼동한다. 창조 과정은 불안한 상태에 있는 것에 다름 아니라고 생각하게 되는 것이다. 그러나 창조적 긴장 상황에서 생기는 이러한 '부정적 감정'이 창조적 긴장 자체는 아니라는 사실을 인식하는 것이 중요하다. 이는 우리가 '감정적 긴장emotional tension'이라고 부르는 것이다.

감정적 긴장과 창조적 긴장을 구별하지 못하면 비전을 낮추기 쉽다. 실현되지 않는 비전 때문에 깊은 절망감을 느낀다면, 어떻게든 절망이라는 짐을 덜려는 강한 욕구를 가지게 될 것이다. 이때 한 가지 즉각적인 처방이 있다. 바로 비전을 낮추는 것이다! "75타를 치는 것이 그렇게 중요하지는 않아. 80대 타수로도 충분히 즐거운 시간을 보내고 있는 걸!", "독주회를 할 수 있을지는 크게 관심이 없어. 아무튼 나는 음악교사로 돈을 벌어야 하니까, 단지 거기에만 집중할 거야!"

감정적 긴장을 해소하는 움직임은 우리가 눈치채지 못하는 사이 은연중에 일어나기도 한다. 언제든 우리의 완벽한 통제하에 있는 창조적 긴장의 한쪽 기둥, 즉 비전을 조절함으로써 감정적 긴장을 해소할 수 있다. 비전을 조절하면 창조적 긴장이 줄어들기 때문에 불쾌하고 싫은 느낌이 사라지고, 목표는 한층 현실에 가까워진다. 사실 감정적 긴장에서 벗어나기는 어렵지 않다. 이때 우리가 치러야 하는 유일한 대가는 진정으로 원하는 것, 즉 비전을 포기하는 것이다.

감정적 긴장의 역학은 7장에서 원더테크를 그토록 괴롭혔던 '목표 잠식'의 역학과 매우 유사하다. 창조적 긴장과 감정적 긴장 사이의 상호작용은 '부담 떠넘기기'이며 목표 잠식의 역학과 유사한데, 이를 다이어그램으로 나타내면 오른쪽과 같다.

현실과 다른 비전을 가지고 있으면 창조적 긴장이라는 간격이 존재하게 되는데, 이는 두 가지 방법으로 해결할 수 있다. 다이어그램에서 아래쪽 원의 균형 프로세스는 '근본 해결책'을 나타낸다. 현실을 비전에 맞추기 위한 행동을 취하는 것이다. 그러나 현실을 바꾸는 데는 시간이 걸리

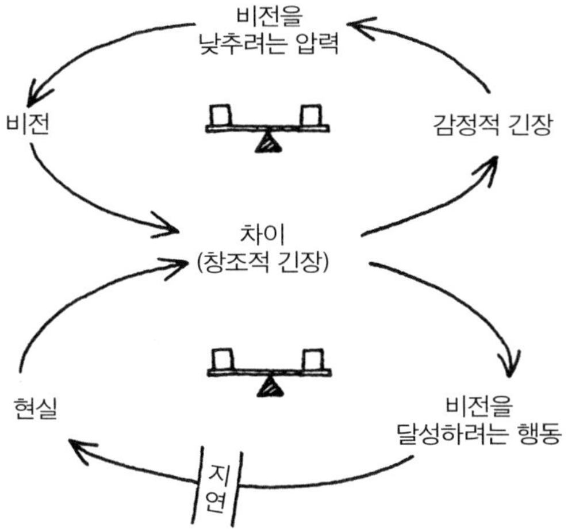

게 마련이다. 이로 인해 위쪽 원의 균형 프로세스에 나오는 절망과 감정적 긴장이 야기되며, 이는 현실에 맞추고자 이상을 낮추는 '증상 위주 해결책'으로 이어진다.

그러나 비전을 낮추는 일은 보통 한 번으로 끝나지 않는다. 머지않아 (낮춰진 새로운) 비전과 현실 사이의 괴리를 부르는 새로운 압력이 생기고, 이는 다시 비전을 낮추라는 더욱 강한 압력으로 이어진다. 전형적인 '부담 떠넘기기' 역학이 뒤를 따르고, 목표 달성 실패, 비전 낮추기, 일시적 긴장 완화, 비전을 더욱 낮추라는 새로운 압력이 반복되면서, 악순환하는 미묘한 강화 프로세스가 일어난다. 서서히 비전을 낮추는 방향으로 '부담'이 전가된다.

원더테크에서 감정적 긴장 해소는 목표 달성이 불가능해 보였던 핵심 운영 기준, 즉 납기 기준을 낮추는 형태를 띠었다. 그러한 기준 하락은 워낙 서서히 진행되어서 알아차리기가 특히 힘들었다. 원더테크에 위기가 닥칠 때마다 납기 기준은 이전의 위기 후에 정해진 기준보다 조금씩 낮아졌다. 마찬가지로 개인적 목표의 하향조정도 의식하지 못하는 사이에 진행된다. 원하는 관계, 하고 싶은 일, 살고 싶은 세상 등에 대한 꿈을 오랜 기간에 걸쳐 조금씩 포기하기 때문이다.

조직 내에서는 감정적 긴장을 견디는 내성이 낮기 때문에 목표가 잠식된다. 누구도 나쁜 소식을 전하는 역할을 맡고 싶어 하지 않는다. 이때 가장 손쉬운 방법은 나쁜 소식이 없는 양 행동하는 것이며, 그보다 더욱 좋은 방법은 성공했다고 선언하는 것이다. 즉 판단 기준을 낮춤으로써 나쁜 소식을 그다지 나쁘지 않다고 정의해버리는 것이다.

감정적 긴장의 이러한 역학은 어떤 인간 활동에서든 존재한다. 이는 타협의 역학이자 평범한 이류가 되는 지름길이다. 서머셋 모옴Somerset Maugham은 "그렇고 그런 평범한 사람만이 항상 가장 기분 좋은 상태에 있다."고 말했다.

감정적 긴장 상태에서 살고 싶지 않을 때 우리는 목표 잠식을 허용하게 된다. 반대로 창조적 긴장을 이해하고 목표를 그대로 유지함으로써 긴장이 작용하게 놓아두는 경우, 비전은 능동적인 힘이 된다. 이러한 맥락에서 로버트 프리츠는 "비전이 무엇인가가 아니라 비전이 무엇을 하느냐가 중요하다."고 말한다. 진정 창조적인 사람은 비전과 현실의 괴리를 '변화 에너지'를 만들어내는 원천으로 활용한다.

제록스Xerox 사의 팔로 알토 연구소Palo Alto Research Center, PARC에서 연구를 이끌었던 앨런 케이Alan Kay의 예를 들어보자. PARC는 여러 면에서 개인용 컴퓨터, 즉 PC의 탄생에 중요한 공헌을 했던 곳이다. 사실, 앨런 케이는 그가 '다이나북dynabook'이라고 불렀던 다른 기계에 대해 비전을 가지고 있었다. 다이나북은 쌍방향적인 책이었다. 아이가 자신이 이해한 내용을 테스트해볼 수도 있고, 게임도 가능하고, 전통적인 책에서 제공하는 정적인 아이디어 설명을 창조적으로 바꿀 수도 있었다. 다이나북이 현실로 구현되지 못했으므로 어떤 의미에서 케이는 실패했다. 그러나 케이의 비전은 컴퓨터 산업의 모습을 상당히 바꾸어 놓았다. PARC에서 개발한 프로토타입 제품은 윈도우, 풀다운 메뉴, 마우스로 제어하기, 단어가 아니라 이미지인 아이콘으로 보여주기 같은 기능을 담고 있었는데, 이로부터 대략 10년 뒤에 매킨토시 컴퓨터에서 이러한 기능 대부분이 상업적으로 현실화되었다.

빌 러셀Bill Russell은 보스턴 셀틱스 농구팀이 13년 동안 11회나 프로 선수권에서 우승컵을 들어 올린 역사적인 시기에 팀의 센터로 활약한 전설적인 선수다. 러셀은 자신만의 점수기록표를 작성하여 관리했다. 경기가 끝날 때마다 자신의 플레이를 평가해 1점부터 100점 사이의 점수를 매겼다. 농구선수로 뛰는 내내 러셀의 자기평가는 65점 이상을 기록해본 적이 없다. 목표에 대해 우리가 배운 대로라면 러셀은 목표 달성에 실패한 불쌍한 사람으로 간주되어야 마땅하다. 1,200회가 넘는 경기를 뛰고도 자신이 정한 기준을 한 번도 달성하지 못한 불쌍한 사람 같으니! 그러나 러셀을 모두가 인정하는 최고의 농구선수로 만들어준 것은 바로 그러한 기준을 달성하려는 노력이었다.[11]

그러므로 비전이 무엇인가가 아니라 비전이 무엇을 하느냐가 중요하다.

창조적 긴장을 제대로 이해하면 '실패'를 보는 관점이 달라진다. 실패란 그저 부족하다는 의미, 말하자면 비전과 현실 사이에 거리가 있다는 증거일 뿐이다. 실패는 현실에 대한 부정확한 이미지, 예상대로 기능하지 못하는 전략, 비전의 명확성 등에 대해 배울 좋은 기회이다. 실패했다고 해서 우리가 무가치하거나 무력하다는 의미가 되지는 않는다. 즉석 사진기를 발명한 에드워드 랜드Edward Land는 폴라로이드 사를 설립하여 수십 년간 사장을 지낸 인물인데, 사무실 벽에 다음과 같은 문구가 새겨진 액자를 걸어두고 생활했다고 한다.

> 실수는 하나의 사건일 뿐이다. 지금은 아니지만, 언젠가는 실수에서 얻은 교훈이 온전히 당신의 장점으로 작용할 것이다.

창조적 긴장을 마스터하면 인내하고 참는 능력을 가지게 된다. 우리 세미나에 참석했던 일본 기업 임원이 '시간'에 대한 일본인과 미국인의 태도가 어떻게 다른지에 대해 이야기한 적이 있다. "협상을 하기 위해 일본을 찾은 미국 사업가들은 일본인이 '곧장 사업 이야기로 들어가지 않고' 지나치게 말을 아낀다는 인상을 받을 때가 많습니다. 보통 미국인은 세심하게 계획된 빡빡한 일정으로 오기 때문에 도착하자마자 본격적인 협상을 시작했으면 하지요. 일본인은 차를 마시는 자리를 마련하여 손님을 환대하지만 곧장 본론으로 들어가지는 않습니다. 그렇게 여러 날이 흘러도 일본인은 원래의 느긋함을 유지하는 반면, 미국인은 점점 초조해집니다. 시간이 미국인에게는 적이지만, 일본인에게는 동지가 되는 셈이지요."

범위를 넓혀 보면 현실 자체가 많은 이에게 적으로서 작용한다. 우리는 현재의 상황과 맞서 싸운다. 창조하고 싶은 비전에 이끌리기보다는 가진 것에 염증을 내면서 현실로부터 멀어진다. 이와 같은 논리에서 보면 두려움이 클수록 현실을 혐오하게 되고 변화해야 한다는 '의욕'도 강해진다. "상황이 충분히 나빠져야 한다. 그렇지 않으면 사람들은 근본적으로 바뀌려 하지 않을 것이다."

이러한 논리는 근본적인 변화가 생존에 대한 위협, 일부의 표현에 따르면 '불타는 갑판' 같은 상황을 필요로 한다는 잘못된 믿음을 만들어내기도 한다. 변화에는 위기가 필요하다는 이러한 이론이 의외로 널리 퍼져 있다. 그러나 이것 역시 지나치게 단순화된 위험스러운 생각에 지나지 않는다. 워크숍이나 발표회에서 나는 자주 이러한 질문을 던진다. "여러분 중에서 조직이나 사람은 위기가 닥쳐야만, 근본적으로 변한다고 믿는 사람은 얼마나 될까요?" 어김없이 75퍼센트에서 90퍼센트 정도의 사람들이 그렇다고 손을 든다. 이어서 나는 그들에게 모든 것이 정확히 원하는 대로 돌아가는 삶을 생각해보라고 한다. 업무, 개인생활, 직장생활, 인간관계, 사회생활 전부가 아무 문제없이 돌아가는 생활을 상상해보라고 한다. 그리고 묻는다. "문제라고는 하나도 없는 생활을 하는 경우, 여러분이 가장 먼저 하고 싶은 것은 무엇입니까?" 변화, 즉 새로운 무언가를 만들어내는 것이라는 대답이 압도적이다. 이처럼 인간은 생각보다 복잡한 모습을 보여준다. 우리는 변화를 두려워하면서도 원한다. 경험 많은 조직혁신 컨설턴트는 이렇게 말했다. "사람들은 변화에 저항하지 않습니다. 억지로 변화시키는 데 저항하는 것이지요."

창조적 긴장을 마스터하면 현실을 대하는 자세 전반에 근본적인 변화가 일어나게 된다. 현실은 적이 아니라 동지가 된다. 정확하고 통찰력 있는 현실관은 명확한 비전만큼이나 중요하다. 하지만 안타깝게도 우리 대부분은 편견을 가지고 현실을 인식하는 버릇이 있다. 이에 대한 로버트 프리츠의 말을 들어보자. "우리는 관찰보다는 현실에 대한 기존 관념에 의존하라고 배운다. 눈앞에 있는 것을 새롭게 관찰하기보다는 현실이 사전에 형성된 관념과 유사하다고 가정하는 쪽이 편리하기 때문이다."[12] 개인적 숙련을 추구하는 과정에서 필요한 첫 번째 선택이 자신의 비전에 솔직해지는 것이라면, 두 번째 근본적 선택은 '진실에 헌신하는 태도'다.

이 둘은 창조적 긴장 생성에 똑같이 중요하다. 프리츠의 표현을 빌자면 "정말 창조적인 사람은 모든 창조가 제약을 극복하는 과정을 통해 이루어진다는 사실을 잘 알고 있다. 그러므로 제약이 없으면 창조도 없다."

구조적 갈등: 무능력의 힘

많은 사람, 심지어 크게 성공한 사람조차도 자신의 개인적 숙련에 상반되는 뿌리 깊은 신념을 품고 있다. 이러한 신념은 우리가 흔히 의식하는 수준보다 심층에 있어 스스로도 모르는 경우가 많다. 확인해보고 싶다면 다음과 같은 실험을 해보라. 이어지는 문장을 소리 내어 말해보라. "나는 정확히 내가 원하는 방식으로 일, 가족, 인간관계, 공동체, 넓은 세계를 포함하는 모든 범위와 영역에서 삶을 만들어갈 수 있다." 이제 이러한 선언에 대한 내면의 반응에 주목하라. 머리 뒤편에서 들려오는 '작은 목소리'는 무엇이라고 말하는가? "농담하는 거지?", "사실 너도 그렇게 믿지는 않잖아?", "개인생활과 직장생활까지는 그럴 수도 있겠지. 하지만 '공동체'와 '세계'까지는 아니지!", "'넓은 세계'에 내가 왜 신경을 써야 하지?" 이러한 모든 반응이 평소에는 의식하지 못하지만, 우리 마음 깊숙한 곳에 자리 잡은 생각과 신념을 말해준다.

그야말로 수십만 명의 창조적 능력 개발을 도왔던 프리츠는 실제로 우리 모두가 '자신의 바람을 실현하지 못하리라는 지배적인 신념'을 가지고 있다는 결론을 내린다. 이러한 믿음은 어디에서 나오는 것일까? 프리츠는 그것이 대체로 피할 수 없는 성장 과정의 부산물이라고 주장한다.

> "어린 시절부터 우리는 한계를 배운다. 아이들에게 생존에 필요한 한계를 가르치는 것은 당연하다. 그러나 이러한 학습이 일상화되는 경우가 너무나 잦다. 우리는 어떤 것을 '가질 수 없다', '할 수 없다' 같은 말을 끊임없이 들으며 자라다. 그리고 어느새 자신에게는 원하는 것을 가질 능력이 없다고 가정해버리게 된다."[13]

우리 대부분은 자신이 진정으로 원하는 것을 만들어낼 능력을 제한하는 모순되는 두 가지 신념 중의 어느 하나를 가지고 있다. 첫째는 '나는 무능력하다'는 신념이다. 말하자면 자신에게는 진정 소중하게 여기는 것을 이룰 능력이 없다고 믿는 것이다. 둘째는 자신의 무가치함에 초점을 맞추는 것이다. 즉, 자신이 진정으로 원하는 것을 가질 자격이 없다고 믿는 것이다. 프리츠는 대부분의 사람이 이러한 신념 가운데 하나를 가지고 있으며, 그로부터 자유로운 사람은 소수밖에 보지 못했다고 말한다. 이러한 주장을 엄밀하게 증명하는 것은 쉽지 않다. 내면 깊숙한 곳에 품고 있는 신념을 정확히 측정하는 것은 힘들기 때문이다. 그러나 일단 이를 유효한 전제로 받아들인다면, 우리가 진정 원하는 것을 만들어내지 못하게 역으로 작용하는 시스템의 힘이 존재한다는 것이 입증된다.

프리츠는 은유를 활용하여 이러한 내면의 신념이 어떻게 하나의 시스템으로 작용하면서 목표 달성을 가로막는가를 설명한다. 목표를 향해 나아가고 있는 여러분에게 두 개의 고무줄이 있다고 상상해보자. 하나는 창조적 긴장을 상징하며 원하는 방향으로 여러분을 끌어당기는 역할을 한다. 다른 하나의 고무줄은 우리가 무능력하고 무가치하다는 신념에 묶여 있다. 첫 번째 고무줄은 여러분을 목표를 향해 끌어당기고, 두 번째 고무줄은 '목표를 이룰 수 없다', 혹은 '그럴 자격이 없다'는 내면의 신념을 향해 끌어당긴다. 프리츠는 목표를 향해 끌어당기는 긴장과 내면의 신념에 묶어두려고 하는 긴장 모두를 가지고 있는 이러한 시스템을 '구조적 갈등structural conflict'이라고 부른다. 서로 갈등하는 두 개의 힘으로 이루어진 구조라는 의미이다.

그러므로 비전 달성에 가까이 갈수록 비전에서 멀어지게 만드는 두 번째 고무줄의 힘도 강해진다. 이러한 힘은 여러 가지 방법으로 나타난다. 그동안의 에너지와 활력을 잃을 수도 있다. 진정으로 비전을 원하고 있는지 새삼 의문이 들 수도 있다. '일을 마무리하기'가 점점 힘들어질지도 모른다. 생각지 못한 장애물이 등장하거나 사람들이 자꾸 우리를 실망시킬 수도 있다. 우리가 구조적 갈등 시스템을 인식하지 못해도 이러한 일은 일어난다. 왜냐하면 우리가 주로 인식하지 못하는 내면의 신념에서 비롯되기 때문이다. 사실, 우리의 무지는 구조적 갈등의 힘을 한층 강화시키는 역할을 한다.

우리가 비전과 관련하여 스스로 '무능력'하다거나 '무가치'하다는 신념을 내면 깊숙이 품고 있는 상황을 감안하면, 구조적 갈등은 우리가 비전을 추구할 때마다 체계적인 힘이 작동하여 성공에서 멀어지게 만든다는 의미가 된다. 그러나 우리는 때때로 성공을 거둔다. 또한 최소한 삶의 일

부 영역에서는 능숙하게 목표를 수립하고 달성하는 사람도 많다. 우리는 어떻게 구조적 갈등의 힘을 극복하는 것일까?

프리츠는 구조적 갈등의 힘에 대응하는 일반적인 세 가지 전략을 찾아냈는데 각각의 전략은 한계를 가지고 있다.[14] 앞서 말한 비전 하향조정이 그 가운데 하나다. 두 번째는 '갈등 조작conflict manipulation'이다. 인위적인 갈등을 만들어냄으로써 원하는 것을 향해서 더욱 노력하도록 자신을 조종하는 상태다. 원하지 않는 것을 피하는 데 초점을 맞추는 방법이 대표적이다. 갈등 조작은 실패하면 어쩌나 끊임없이 걱정하는 사람, 회사 목표가 달성되지 않았을 경우에 일어날 반갑지 않은 결과를 열거하는 '동기부여' 연설에 유달리 재능을 보이는 관리자, 두려움을 조장해 사람들을 동원하고 움직이려 하는 사회운동가 진영 등이 선호하는 전략이다. 안타까운 일이지만 실제로 대부분의 사회운동이 갈등 조작이나 '부정적인 비전'을 중심으로 돌아간다. 사람들이 원하는 것을 만들어내기보다는 원하지 않는 것을 피하는 데에 초점을 맞추는 것이다. 마약퇴치, 핵무기 반대, 핵발전소 반대, 흡연 반대, 낙태 반대, 반정부 운동 등이 모두 그러한 것이다.

이것을 지적하면 많은 이가 묻는다. "어느 정도의 불안이나 두려움이 목표 달성에 도움이 된다면, 나쁠 것이 없지 않은가?" 이러한 상황에서 개인적 숙련을 중시하는 이들은 아주 간단한 질문으로 대답을 대신한다. "당신은 정말로 실패에 대한 두려움 속에서 하루하루를 보내길 원하세요?" 갈등 조작에 맛을 들인 많은 이가 결국에는 끊임없는 불안과 두려움을 통해서만 성공할 수 있다고 믿게 되는데, 참으로 비극적인 일이 아닐 수 없다. 이러한 증세가 심해져서 감정적 긴장을 피하기보다 역으로 찬미하는 이들도 있다. 그들에게는 대체로 인생의 즐거움이라는 게 없다. 원하는 목표에 도달했을 때조차도 이를 즐기지 못하고, 그저 얻은 것을 잃을까 노심초사할 뿐이다.

프리츠가 말하는 세 번째 일반적인 전략은 '의지력willpower'으로, 마음을 단단히 먹음으로써 목표 달성을 방해하는 온갖 저항을 극복하려는 전략이다. 프리츠는 이러한 전략의 바탕에는 의지를 강화함으로써 동기를 부여하고 사기를 북돋울 수 있다는 간단한 가정이 깔려 있다고 본다. 크게 성공한 사람들에게서 의지력이 공통적으로 나타나다 보니, 의지력을 성공과 동의어로 생각하는 이들도 많다. 목표에 대한 광적인 집중, 어떤 대가든 기꺼이 치르려는 마음가짐, 어떤 반대도 물리치고 어떤 장애도 극복하는 능력이 의지력이라고 생각하는 것이다.

사실 의지력에는 많은 문제가 있지만 편협하게 성공에만 초점을 맞춘 사람에게는 단점이 거의 보이지 않는다.

첫째, 수단의 경제성이 거의 없다. 시스템 사고 관점에서 볼 때, 그것은 레버리지 없이 행동하는 것이다. 어찌어찌 목표를 달성하지만, 엄청난 노력을 들여가며 성공한 다음 심신이 고갈되어 그만한 가치가 있는 일인지 의문을 품게 될 수도 있다. 얄궂게도 의지력에 집착하는 사람일수록 극복할 장애물, 베어 버릴 괴물, 쳐부술 적을 끊임없이 찾아다니게 된다. 스스로와 타인에게 자신의 용기를 상기시키기 위해서다. 둘째, 의도치 않은 결과가 나타날 때가 많다. 그와 같은 결과가 사소한 것이라면 문제가 되지 않겠지만 보통은 그렇지 않다. 남다른 의지력으로 일에서 크나큰 성공을 거두었지만, 두 번이나 결혼에 실패하고 자녀들과의 관계도 최악인 사람을 상상해보면 이해가 쉬우리라 생각한다. 무슨 영문인지 일에서는 항상 효과적이었던 불굴의 의지와 목표의식이 집에서는 좀처럼 먹혀들지 않는 것이다.

다른 대응 전략에서도 나타나는 문제지만 의지력 전략 역시 구조적 갈등의 기저에 있는 시스템은 바꾸지 않은 채로 내버려둔다. 특히 무능력하다는 근본 신념은 좀처럼 바뀌지 않는다. 업무적으로 크게 성공한 사람들 중의 다수가 다른 중요한 영역에서 차마 말하지 못하는 깊은 무력감을 느끼는 경우가 많다. 보통은 가족 관계를 비롯한 사생활을 원만하게 이끌지 못하거나 내적인 평화, 정신적 충만감을 맛보지 못해 생기는 무력감이다. 이러한 대응 전략들은 어느 정도는 불가피한 측면이 있다. 습관으로 굳어져 있는 까닭에 하룻밤 새에 바꾸기란 불가능하다. 누구나 선호하는 전략이 있게 마련이다. 내 경우는 오랫동안 의지력 전략에 의존해왔고, 나를 아는 가까운 지인들도 그렇다고들 한다.

그렇다면 구조적 갈등을 해소하기 위한 레버리지는 어디에 있을까? 구조적 갈등이 내면의 근본 신념에서 생긴다면 그러한 신념을 바꾸어야만 구조적 갈등도 해결될 것이다. 그러나 무능력하다거나 무가치하다고 느끼는 근본 신념은 쉽게 바뀌지 않는다는 것이 심리학자가 이구동성으로 하는 말이다. 그러한 신념은 워낙 이른 시기에 형성된다.(두 살배기 아기가 '할 수 없다'와 '하지 마라'를 얼마나 많이 듣게 되는지 생각해보라) 우리가 새로운 경험을 쌓아가면서, 말하자면 개인적 숙련을 이루어감에 따라서 이러한 신념은 서서히 바뀐다. 그러나 자신을 무능력하게 만드는 신념을 지니고 있는 한, 개인적 숙련은 진전되기 어렵다. 개인적 숙련을 경험해야만 그러한 신념이 바뀐다면, 도대체 우리는 어디에서부터 시작해야 하는 걸까?

진실에 대한 헌신

구조적 갈등에 대처하는 단순하지만 심오한 전략, 즉 진실을 말하는 것부터 시작해보자.

많은 이가 진실해지는 노력이 결코 적절한 전략은 아니라고 느낄 것이다. "내 행동을 바꾸려면 무엇을 해야 할까?", "어떻게 해야 내면의 뿌리 깊은 신념을 바꿀까?" 사람들은 구조적 갈등 해결에 적용할 어떤 공식, 기법 같은 가시적인 무언가를 원할 때가 많다. 그러나 알고 보면 '진실에 대한 헌신'이 어떤 공식이나 기법보다도 강력하다.

진실해진다는 것이 유일하며 절대적인 '진리' 자체를 추구하는 것을 의미하지는 않는다. 오히려 있는 그대로의 진실을 보지 못하게 스스로를 제한하거나 속이는 행위를 근절하고, 사물이 그러한 현상으로 있는 이유에 대한 기존 이론에 끊임없이 이의를 제기하는 태도를 의미한다. 이는 남달리 넓은 주변 시야를 가진 뛰어난 운동선수가 경기장에서 가능한 많은 것을 보려고 노력하는 것처럼, 부단히 인식의 지평을 넓혀간다는 의미다. 또한 눈앞의 사건 이면에 존재하는 구조에 대한 이해를 심화시킨다는 의미이기도 하다. 특히 개인적 숙련도가 높은 사람일수록 자신의 행동 속에 내재된 구조적 갈등을 명확하게 파악한다.

그러므로 구조적 갈등을 다루는 과정에서 중요한 첫걸음은 구조적 갈등을 인식하고, 아울러 그것이 작용했을 경우 초래되는 결과를 인식하는 것이다. 우리가 앞서 말한 일반적인 대응 전략을 수행하는 동안에는 그것에 수반되는 긴장과 압박 때문에 제대로 진실을 인식하는 것이 쉽지 않다. 스스로의 문제에 대해서 어떤 상황이나 사람을 비난하는 자신을 발견했다면, 이를 경고신호로 인식하라. '내가 포기하는 이유는 아무도 나를 인정해주지 않아서야', '내가 이렇게 걱정하는 이유는 일을 끝내지 못하면 회사에서 나를 해고할 것이기 때문이야' 같은 생각을 하게 된다면 이를 진실을 인식하지 못하는 경고신호로 인식해야 한다는 것이다.

중요한 프로젝트의 결정적인 시점에서 다른 사람으로 인해 실망을 느끼는 경우가 지금껏 종종 있었다. 그러한 일이 발생하면 나는 스스로를 불도저처럼 밀어붙이는 방식으로 사람들의 불성실이나 무능력을 극복했다. 오랜 세월이 흐른 뒤에야 그것이 반복되는 패턴이며, 다른 사람이 나를 실망시키는 상황을 바꾸지 못하리라는 깊은 무력감에서 비롯된 나름의 특별한 의지력 전략이라는 것을 깨달았다. 그러한 일이 생길 때마다 나는 "혼자 모든 것을 할 수밖에 없어!"라고 느끼곤 했다.

반복되는 패턴을 깨달은 후에는 일이 발생했을 때 이전과 다르게 행동하기 시작했다. 전보다 화를 내지 않게 되었다. 오히려 "아, 문제의 패턴이 진행되는구나!" 하고 가슴 깊이 받아들이게 되었다. 또한 불가능한 과업을 만들어 내거나, 다른 사람을 깎아내리거나, 의견에 지지하지 않는 등 나 자신의 행동이 결과에 일조하는 모습을 예전보다 세심하게 인식하고 들여다보게 되었다. 나아가 방어적인 태도를 유발하지 않으며 관계자와 문제의 상황에 대해 논의할 수 있는 기술을 개발하고자 노력했다. 이에 대해서는 9장 '정신모델'에서 상세히 다룰 예정이다.

사고방식의 변화가 없었다면 나는 그러한 기술을 개발하고 실천할 방법을 찾아내지 못했을 것이다. 사건 중심으로 문제를 보는 동안 나는 문제의 원인이 외부에 있다고 확신했다. '그들이 나를 실망시키는 것'이 문제라고 생각했다. 문제가 구조적으로 유발된다는 사실을 알고 나자 '그들이 어떻게 했는가?'가 아니라 '내가 할 수 있는 일'을 찾기 시작했다.

인식하지 못하는 구조가 우리를 포로로 붙잡고 있다. 일단 그것을 알아채고 이름을 붙이면, 그것은 우리에게 이전처럼 강한 구속력을 가지지 못한다. 이는 개인뿐만 아니라 조직에게도 똑같이 적용되는 이치다. 실제로, 가족 내부 및 가까운 인간관계 내에서 의존성 구조를 이해해야만 개인의 심리문제를 이해하고 해결할 수 있다는 가정에 기초한 구조적 가족치료structural family therapy라는 분야가 발전하고 있다. 해당 분야 개척자인 데이비드 캔터David Cantor는 일단 이러한 구조를 인식하면 "구조를 바꾸어 과거에 행동을 구속했던 불가사의한 힘에서 자유로워질 수 있다."고 강조한다.[15]

작용하고 있는 구조를 파악하는 것은 개인적 숙련도가 높은 사람들의 특징이자 필수요건이다. 이와 같은 구조가 쉽게 바뀌는 때도 있다. 구조적 갈등에서처럼 구조가 점진적으로 서서히 바뀌는 경우도 있다. 그러한 경우 무조건 구조에 맞서 싸우기보다, 구조의 원인을 알고 구조 안에서 창조적으로 일을 하는 자세가 필요하다. 어느 쪽이든 일단 작동하는 구조를 인식하면 구조 자체가 '현실'의 일부가 된다. 진실에 헌신할수록, 현실이 분명하게 보이기 때문에 창조적 긴장은 많은 작용을 하게 된다. 창조적 긴장이라는 맥락에서 진실에 대한 헌신은 비전처럼 무언가를 만들어내는 힘generative force이 된다.

이러한 과정을 보여주는 전형적인 예가 찰스 디킨스Charles Dickens의 〈크리스마스 캐럴A Christmas Carol〉이다. 주인공 스크루지는 크리스마스 이브에 자신을 방문한 세 유령을 통해 그동안 외면했던 현실을 점점 명확하게 보게 된다. 자신이 과거에 행했던 모습을 있는 그대로 보게 되는데, 이를 통해 자신이 내린 결정이 계속해서 동정심은 줄이고, 이기심을 늘여온 과정이었음을 깨닫게 된다. 스크루지는 자신의 현재 모습도 보게 된다. 이 과정에서 아픈 꼬맹이 팀처럼 자신이 그동안 외면해 온 현실을 있는 그대로 인식하게 된다. 이어서 스크루지는 앞으로 맞이할 가능성이 농후한 미래의 모습, 즉 지금처럼 행동했을 경우 일어날 미래를 보게 된다. 잠에서 깨어난 스크루지는 자신에게 선택권이 있다는 사실을 깨닫는다. 그리하여 그는 변화를 선택한다.

의미심장한 것은 스크루지가 현실을 명확하게 인식하기 전에는 결코 변화를 선택하지 않았다는 것이다. 실제로 디킨스는 아무리 눈이 멀고 편견에 사로잡혀 있어도 삶에는 항상 진실을 볼 기회가 있다고 말한다. 용기를 내어 그러한 기회를 활용한다면 스스로를 크게 변화시킬 힘을 갖게 된다. 종교적으로 표현하자면 우리는 진실을 통해서만 은총에 닿을 수 있다.

현실을 보다 '현실'처럼 보게 하는 진실의 힘은 지각의 렌즈를 정화하며 스스로 만든 왜곡에서 깨어나게 만드는데, 이것은 세계의 거의 모든 위대한 철학 및 종교 시스템의 공통된 원리를 다르게 표현한 것일 뿐이다. 불교에서는 순수 관찰, 즉 현실을 직접적으로 보는 상태에 도달하기 위해 노력한다. 힌두교에서는 '목격'이라는 단어를 사용하는데, 자신과 삶을 정신적으로 분리된 상태로 관찰하는 것이다. 진실의 힘은 초기 기독교에서도 더없이 중요한 중심 사상이었다. 지난 2000년 동안 기독교 전통에서는 그러한 지위를 잃어버렸다는 점이 안타깝지만 말이다. 실제로 히브리어로 '예수Jesus'를 말하는 'Yeheshua'라는 단어는 '여호와Jehovah'를 가리키는 기호 중간에 'shin'이라는 문자를 삽입한 형태다. 'Jehovah'는 '이전에 있었고, 지금도 있고, 앞으로도 있을 존재'라는 의미를 가지고 있다. 중간에 'shin'이 삽입됨으로써 단어의 의미는 '이전에 있었고, 지금도 있고, 앞으로도 있으며, 구원하는 존재'로 바뀐다. 아마도 이것이 "진리가 너희를 자유롭게 하리라."는 말의 기원일 것이다.

잠재의식 활용, 전체를 모두 이해할 필요는 없다

개인적 숙련도가 높은 사람의 가장 매혹적인 측면 중 하나는 몹시 복잡한 일을 우아하고 여유 있게 해내는 능력이다. 피겨 스케이팅 대회 우승자나 프리마 발레리나의 숨이 멎을 만큼 아름다운 동작을 보면 누구나 경이로움을 느낀다. 그것이 오랜 기간에 걸친 혹독한 훈련의 결과라는 것이 자명한데도, 갈고닦은 기술을 조금도 힘들지 않은 것처럼 편안하게 펼쳐 보이는 능력은 여전히 경이롭다.

개인적 숙련의 실천에는 정신의 다른 차원 즉 잠재의식이 관여하는데, 우리 모두는 이를 통해서 복잡성을 처리한다. 개인적 숙련도가 높은 사람을 구별하는 특징은 그들이 일상적인 의식과 잠재의식이라고 불리는 다른 차원 사이에 아주 밀접한 관계를 만들어냈다는 점이다.[16] 대다수가 당연하게 여기며 되는 대로 활용하는 것을 그들은 하나의 규율로 접근한다.

잠재의식은 경영과 조직에서 중요할까? 교세라의 창업자이자 회장이었던 이나모리 가즈오의 말을 들어보자.

> 집중하고 있을 때 나는 잠재의식 상태로 들어간다. 사람은 의식과 잠재의식을 가지고 있는데, 잠재의식의 능력이 10배 이상 크다고 한다.
> 인간의 '정신'에 대한 이야기를 할 때 나는 미쳤다는 소리를 들을 각오를 한다. 하지만 나는 그 안에 우리의 미래를 결정할지도 모를 비밀의 힌트가 있다고 믿는다.

하노버 보험사의 빌 오브라이언도 과거 무시되었던 정신능력의 활용을 새로운 조직 구축의 핵심으로 꼽는다.

아직 제대로 탐험하지 않은 가장 광대한 영역은 우리 양쪽 귀 사이의 공간이다. 나는 학습조직이 오늘날 '비상하다'고 불리는 내면의 능력을 길러서 무언가에 집중할 방법을 찾아내리라고 진심으로 믿는다.

그러나 비상하다고 불리는 것이 사실은 너무나 일상적이어서 거의 알아채지도 못하는 삶의 측면과 밀접하게 연결되어 있다. 삶은 우리가 거의 의식하지 못하는 채로 상당히 능숙하게 처리하는 수많은 복잡한 일로 가득하다. 실험을 하나 해보자. 손으로 자신의 머리 꼭대기를 만져보라. 그랬다면 이제 대답해보라. 당신은 그것을 어떻게 했는가? 이러한 질문을 받으면 대부분은 별 일 아니라는 듯 엇비슷한 대답을 내놓는다. "글쎄요. 단지 손을 머리 위에 올린다고 생각했죠.", "마음속으로 손이 정수리 위에 있는 모습을 그려보았어요.", "자, 보세요. 그저 머리 위에 있을 뿐이에요." 그러나 신경생리학적인 차원에서 보면, 손을 들어 머리 위에 올리는 행동은 '비상할 정도'로 복잡한 작업이다. 수십만 개의 신경이 활성화되면서 뇌에서 팔로, 다시 뇌로 신호를 보내는 과정이 수반되는 것이다. 하나하나 쪼개보면 이렇게 복잡한 움직임이지만, 우리가 굳이 의식하지 않아도 전체 과정이 조화롭게 진행된다. 걷는 것도 마찬가지다. 걸을 때 세부 동작 하나하나를 생각하면서 걸어야 한다면, 보통 골치 아픈 일이 아닐 것이다. 걷기, 말하기, 먹기, 신발 신기, 자전거 타기 등은 모두 의식적인 주의를 기울이지 않고 이루어지지만 알고 보면 엄청나게 복잡한 활동이다.

인간 정신의 일부분이 복잡성을 다루는 능력은 대단히 뛰어나기 때문에 이러한 과제는 잘못되리라는 우려 없이 확실하게 처리된다. 이것을 어떻게 부르느냐는 중요하지 않다. '잠재의식'이라는 용어는 의식 저편 혹은 그 아래에서 작동한다는 의미를 함축하고 있다. 사람에 따라서는 '무의식unconscious'이라 부르기도 하고 '반사적인 정신automatic mind'이라 부르기도 한다. 명칭이야 어떻든 이러한 차원이 없다면, 인간이 복잡한 활동을 능숙하게 해내는 이유를 설명하기는 불가능할 것이다. 분명한 것은 우리의 정상적인 의식이나 사고만으로는 이러한 활동이 이루어지지 않는다는 사실이다.

마찬가지로 중요한 사실은 잠재의식이 학습에도 아주 중요하다는 점이다. 걷기, 말하기, 먹기 같은 지극히 '평범한 일'을 수행하지 못했던 순간은 누구에게나 있다. 모두 학습해야만 가능한 일이다. 태어난 직후의 유아는 숟가락을 입에 집어넣지도 못한다. 어쩌다 숟가락을 손에 쥐어주어도 왼쪽 어깨 뒤로 넘겼다가, 오른쪽 어깨 뒤로 넘겼다가, 볼에 대는 식이다. 서서히 유아는 숟가락을 자기 입에 확실하게 가져가는 법을 학습한다. 무엇이 되었든 새로운 것을 처음 배울 때는 항상 엄청난 의식적 주의와 노력이 필요하다. 필요한 기술을 '학습'해 감에 따라 전체 과정이 서서히 의식적인 주의에서 잠재의식의 통제로 넘어간다.

다른 예로 운전을 배울 때를 생각해보라. 처음에는 의식적인 주의가 상당히 필요하다. 수동변속기로 운전을 배운다면 더욱 그렇다. 옆자리에 앉은 사람과 대화를 나누는 것조차 힘들다고 느낄지도 모른다. 차에 올라타자마자 옆 사람이 "다음 모퉁이에서 속도를 낮추고, 기어를 저속으로 바꾸고, 우회전하라."고 말한다면 여러분은 그 자리에서 포기할 것이다. 그러나 몇 달이 지나지 않아 이러한 작업을 거의 의식적인 주의를 기울이지 않은 채 수행하게 된다. 모든 과정이 '자동'으로 처리된다. 놀랍게도 여러분은 머지않아 도로 상황이 혼잡할 때에도 옆에 앉은 사람과 대화를 나누면서 편안하게 운전할 수 있게 된다. 요컨대 운전 도중에 살피고 반응해야 하는 수백 가지 변수에 의식적인 주의를 기울이지 않아도 되는 상태에 도달하는 것이다.

다른 예로 피아노나 혹은 다른 악기를 처음 배울 때, 우리는 음계 연습에서 시작한다. 이어서 서서히 간단한 곡으로, 다시 좀 더 복잡한 곡으로 나아가는데 그쯤 되면 음계는 거의 의식적인 주의를 기울이지 않고 처리되는 상황이 된다. 전문 피아노 연주자라고 해도 낯선 곡을 연주하게 되면 처음에는 손과 페달의 위치, 리듬, 템포 등에 집중하기 위해서 느린 속도로 연주한다. 그러나 연주회가 가까워지면 그러한 기술적인 부분에는 거의 신경을 쓰지 않고도 연주가 가능하다. 덕분에 연주자는 의식적인 주의를 연주의 예술적인 부분에만 온전히 집중할 수 있게 된다.

우리 모두는 잠재의식을 훈련함으로써 실로 다양한 범주의 기술을 숙달했다. 일단 익히고 나면 워낙 당연하게 생각되고 무의식적으로 이루어지기 때문에 수행하면서도 알아채지 못할 때가 많다. 실제로 그러한 기술을 어떻게 숙달했는지, 일상의식과 잠재의식의 관계를 더욱 밀접하게 만들 방법이 무엇인지 관심을 가지고 깊이 고민해본 사람은 거의 없다. 그러나 이러한 부분에 대한 관심과 고민이 개인적 숙련이라는 규율에서는 더없이 중요한 문제다.[17]

그렇기 때문에 개인적 숙련을 지속적으로 개발해온 많은 이가 명상을 한다. 차분한 기도를 통해서든, 단순히 의식을 진정시키는 다른 방법을 통해서든, 규칙적으로 행하는 명상은 잠재의식을 창조적으로 활용하는 데 더없이 유용하다. 잠재의식은 특별한 의지를 가지고 있지 않는 듯하다. 자체 목표를 만들어내지도 스스로 강조점을 정하지도 않는다. 말하자면 잠재의식은 지시와 조건화에 매우 취약하다. 다시 말해 우리가 어디에 관심을 기울이느냐가 잠재의식에 매우 중요한 의미를 지닌다. 일반적인 의식이 매우 활성화된 상태일 경우 잠재의식은 모순되는 여러 생각과 감정으로 혼란스럽다. 그러나 차분한 정신 상태에서 특별히 중요한 무엇, 예를 들어 비전의 특정 부분에 집중하고 있을 때는 잠재의식이 산만하게 흐트러지지 않는다.

더구나 개인적 숙련도가 높은 사람들은 집중력을 유지하는 특별한 방법이 있다. 앞에서도 말했듯이 그들은 결과를 얻기 위해 필요하다고 생각되는 '과정'이나 '수단'이 아니라 원하는 '결과' 자체에 집중한다.

원하는 근본 결과에 집중하는 것 자체가 하나의 기술이다. 처음부터 쉽게 되는 일이 아니며, 기술을 개발하기까지 상당한 시간과 훈련이 필요하다. 중요한 개인적 목표를 생각하는 순간, 그 과정에서 직면해야 하는 난관과 극복해야 하는 장애물과 같이 목표를 달성하는 데 방해가 되는 갖가지 이유가 거의 동시에 떠오르게 마련이다. 이러한 생각이 마냥 나쁜 것만은 아니다. 오히려 목표 달성에 필요한 전략을 짜는 데는 상당히 유용하다. 그러나 비전 달성 과정에 대한 생각 때문에 최종 결과에 집중하지 못한다면 이는 학습이 부족하다는 신호이다. 진정으로 원하는 결과와 그것을 달성하기 위해 필요한 과정을 구별하는 법을 배워야 한다.

그렇다면 원하는 결과에 집중하는 방법을 어떻게 학습해야 할까? 학습 초기 단계에 유용한 방법은 특정 목표나 비전을 선택하는 것이다. 우선 그 목표가 온전히 실현되었다고 상상하라. 그리고 자신에게 이렇게 물어라. "이제 이것이 나에게 무엇을 가져다줄까?" 질문에 답하는 과정에서 목표 이면에 숨은 깊은 욕망이 드러난다. 사실 목표는 더욱 중요한 결과에 도달하기 위해서 필요하다고 생각되는 중간 단계이다. 어떤 사람이 조직에서 특정 위치까지 올라가려는 목표를 가지고 있다고 가정해보자. 그는 스스로에게 "수석 부사장이 되면 내게 어떤 이득이 있을까?"라고 물어본다. 답은 '동료들의 존경'이나 '조직의 핵심 결정에 관여하기' 등이 된다. 이와 같은 과정을 통해 그는 자신이 겉보기에는 특정 위치를 목표로 하고 있지만, 목표 이면에는 자신이 원하는 보다 심층적인 결과가 있다는 사실을 알게 된다. 이러한 결과는 현재 자신이 조직 위계질서에서 어디에 있느냐와 무관하게 자기 비전의 일부로 간직할 수 있는 것이다.(게다가 자신이 진정으로 추구하는 '결과'를 분명하게 하지 않는다면, 공언한 목표에 도달한 뒤에 높은 자리를 차지해도 여전히 불만족스럽다고 느낄지도 모른다)

이러한 기술이 중요한 이유는 어디에 집중할지를 명확히 해야 잠재의식이 더욱 잘 발휘되기 때문이다. 거쳐 가는 중간 목표와 본질적인 목표의 구분이 명확하지 않으면 잠재의식이 어디에 우선순위를 두고 집중할지 판단하기 어렵다.

명확한 선택 역시 중요하다. 분명한 선택이 있는 후에라야 잠재의식의 능력이 온전히 발휘된다. 사실, 선택을 하고 중요한 결과에 집중하는 태도는 (잠재의식뿐만 아니라) 정상적인 의식을 가장 효과적으로 활용하는 방법이기도 하다.

진실에 대한 헌신은 잠재의식과의 교감을 높이는 데에도 중요하다. 이유는 거짓말 탐지기가 작동하는 원리를 생각하면 명확해진다. 거짓말 탐지기가 효과가 있는 이유는 대부분의 사람이 진실을 말하지 않을 때에 속으로 스트레스를 받게 되고, 이로 인해 혈압, 맥박, 호흡 같은 측정 가능한 생리적 현상이 나타나기 때문이다. 현실을 있는 그대로 보지 않은 채 자신을 속이는 경우, 잠재의식이 비전과 비교하여 현재 상황이 어떠한지에 대해 정확한 정보를 얻지 못하게 될 뿐 아니라 잘못된 정보로 인해 혼란을 느끼게 된다. 창조적 긴장 원칙에 따르면, 잠재의식의 초점이 비전과 현실에 정확하게 맞춰져 있을 경우에 그것이 가장 효과적으로 작동한다.

잠재의식을 활용하여 효과적으로 일하는 기술에는 여러 가지가 포함된다. 잠재의식의 집중능력을 높이는 효과적인 방법은 형상화와 시각화를 통한 것이다. 이를테면 세계 정상의 수영 선수들은 자신의 손이 실제보다 두 배로 크고 발에는 물갈퀴가 달려 있다고 상상함으로써 수영 속도를 높인다는 연구결과가 나와 있다. 다양한 분야에서 활동하는 사람들이 통상적으로 하는 심리 훈련이 바로 복잡한 재주에 대한 '가상 리허설 mental rehearsal'이다.

그러나 이러한 모든 노력이 효과를 발휘하려면 무엇보다도 자신에게 가장 중요한 것이 무엇인지를 알아야 한다. 진정 중요한 것이 무엇인지 모를 경우, 잠재의식을 동원한 갖가지 연습과 기법은 생산성을 높이고자 당신을 속이며 조종하는 비인간적인 기술로 전락할 위험이 있다. 이는 결코 근거 없는 우려가 아니다. 실제로 정신 수양을 강조하는 대부분의 전통적 방법에서는 진정으로 원하는 바를 부단히 재정의하려는 노력을 하지 않은 채, 증강된 정신력 기법만 활용하는 것이 매우 위험하다고 경고한다.

결국 장인들의 특징인 잠재의식과의 교감을 높이는 데서 가장 중요한 것은 원하는 결과에 대한 진정한 관심이며, 그것이 추구할 가치가 있는 '옳은' 목표라는 깊은 확신이다. 잠재의식은 목표가 우리 내면의 열망 및 가치와 조화를 이루는 경우 특히 민감하게 감응하는 듯하다. 일부 정신 수련 전통에 따르면 내면의 열망이 잠재의식에 직접적으로 투입되기 때문이며, 나아가 그것이 잠재의식의 일부를 이루는 까닭이다.

자신에게 진정으로 중요한 것을 추구할 경우 얼마나 놀라운 성과를 올리게 되는지 보여주는 예를 하나 살펴보자. 이야기의 주인공은 길버트 카플란Gilbert Kaplan으로 저명한 투자 잡지의 출판인 겸 편집자로 크게 성공한 인물이다. 카플란은 1965년 어느 리허설에서 말러Mahler의 교향곡 2번을 처음 들었다. 카플란은 "잠을 잘 수가 없었다. 다시 공연을 보러 갔고, 공연장을 나올 때는 완전히 다른 사람이 되어 있었다. 그것이 오랜 사랑의 시작이었다."고 당시를 회고한다. 이전에 정식 음악 교육을 받아본 적이 없었지만, 그는 시간과 에너지는 물론 상당한 양의 개인자산까지 투자해 해당 교향곡을 지휘하는 법을 배웠다.(지휘를 위해 교향악단을 고용해야 했기 때문에 적지 않은 금전적 투자가 불가피했다) 오늘날 카플란이 지휘한 말러 교향곡 2번 연주는 세계 곳곳의 비평가들로부터 최고의 찬사를 받고 있다. 〈뉴욕타임스〉지는 카플란이 1988년 런던교향악단과 함께 녹음한 말러 교향곡 2번을 그 해 최고의 클래식 음반 다섯 개 중의 하나로 선정했다. 뉴욕 말러 협회 역시 '탁월한 연주 음반'이라고 극찬했다. 세상 누구보다 강한 의지력이 있다고 하더라도 의식적인 학습에만 의지해서는 결코 이러한 수준의 예술성에 도달하지 못한다. 카플란이 자신의 새로운 '사랑'에 쏟아부은 잠재의식이 높은 수준으로 감응해주었기에 가능한 일이다.

여러 면에서 잠재의식과의 교감을 높이는 숙련 과정은 개인 비전을 발전시키는 과정과 직결된다. 창조적인 예술에서 항상 비전이 중요하게 생각되는 이유가 여기에 있다. 이와 관련하여 피카소는 다음과 같은 말을 했다.

어떤 그림을 그리는 과정이 아니라, 그것의 변태metamorphoses 과정을 사진으로 기록할 수 있다면 무척 흥미로울 것이다. 어떤 과정에 의해 사람의 정신이 꿈을 구체화시키는지 볼 수 있으리라. 그러나 정작 중요한 것은 그림이 근본적으로는 변하지 않으며, 겉모습의 변화에도 불구하고 최초의 비전은 변함없이 남아 있다는 사실을 인식하는 것이다.[18]

개인적 숙련과 시스템 사고

개인적 숙련 학습을 실천하다 보면 내면에서 몇 가지 변화가 점진적으로 일어나는데, 이 중에는 워낙 미묘해서 우리가 알아채지 못하는 변화도 많다. 창조적 긴장, 감정적 긴장, 구조적 갈등 같은 시스템 관점은 하나의 규율로서 개인적 숙련의 구조를 명확히 해주는 것은 물론이고 한층 미묘한 측면까지 조명해준다. 이성과 직관을 통합하고, 세상과의 연관성을 부단히 확인하고, 동정심을 갖고, 전체에 헌신하는 것 등이 그것이다.

이성과 직관의 통합

전해 내려오는 수피sufi 이야기에 따르면, 숲속에서 길을 잃고 헤매던 눈 먼 남자가 무언가에 발이 걸려서 넘어졌다. 바닥을 이리저리 만져보던 그는 자신이 걷지 못하는 사람 위에 넘어졌음을 알게 되었다. 그렇게 만난 눈 먼 남자와 다리가 불편한 남자는 서로의 처지를 딱하게 여기면서 대화를 시작했다. 눈 먼 남자가 말했다. "숲을 헤매고 다닌 것이 얼마나 오래되었는지 기억도 못할 지경인데 아직도 나가는 길을 찾을 수 없네요." 그러자 다리가 불편한 남자가 말했다. "숲 바닥에 누워 있은 지가 얼마나 오래인지 기억도 못할 정도인데 아직도 일어나서 걸어 나갈 수가 없네요." 그렇게 앉아서 이야기를 나누다가, 다리가 불편한 남자가 "그거야!" 하고 소리치더니 말을 이었다. "당신이 나를 업고 내가 어디로 갈지 말해주면 되겠네요. 그러면 함께 숲에서 나갈 수 있어요." 수피 이야기에서 눈 먼 남자는 이성을 상징하고, 다리가 불편한 남자는 직관을 상징한다. 양쪽을 통합하는 법을 배우지 않으면 우리는 결코 숲에서 벗어날 길을 찾지 못할 것이다.

경영학에서는 지난 수십 년 동안 공식적으로 직관을 무시했지만 최근 점점 관심을 갖고 인정하는 추세다. 요즘 나오는 다수의 연구결과를 보면 경험 많고 노련한 경영자와 리더는 직관에 많이 의존하고 있음을 알 수 있다. 말하자면 그들은 복잡한 문제를 전적으로 이성에 의존해서 풀려고 하지 않는다. 그들은 직감에 의지하여 패턴을 인식하고, 본질적으로 달라 보이는 상황에서 직관적인 유사점을 도출해낸다.[19] 경영 교육과정에 직관과 창조적 문제 해결 등을 다루는 수업이 포함될 정도다. 그러나 조직과 사회에서 직관과 이성을 통합하기 위해서는 아직도 갈 길이 멀다.

개인적 숙련도가 높은 사람은 작정하고 이성과 직관을 통합하려고 하지 않는다. 오히려 모든 가용 자원을 자유자재로 활용하고자 노력하는 과정에서 자연스럽게 그러한 단계에 도달한다. 그들이 이성과 직관 가운데 어느 하나, 혹은 가슴과 머리 중의 어느 하나를 선택하지 못하는 것은 사람이 한쪽 다리로 걷거나 한쪽 눈으로만 보겠다고 나서지 않는 것만큼이나 지극히 자연스러운 일이다.

좌우 대칭은 고등 동물로의 진화 배경이 되는 설계 원리이다. 자연은 둘씩 짝을 지어 설계하는 법을 터득해온 듯하다. 이는 중복성을 만들어낼 뿐만 아니라 그렇지 않았다면 불가능했을 능력을 얻게 해준다. 두 다리는 빠르고 유연한 보행에 더없이 중요하다. 두 팔과 두 손은 어딘가를 오르고, 물건을 들고, 사물을 조작하는 여러 활동에 필수적이다. 두 눈이 있어서 우리는 입체적 시야를 가질 수 있고, 여기에 두 귀가 더해져서 깊이 있는 감각을 가지게 된다. 우리도 같은 설계 원리를 따라 잠재된 지적 능력을 개발할 수는 없을까? 이성과 직관이 조화롭게 작용하도록 설계할 수는 없는 것일까?

어쩌면 시스템 사고에 이성과 직관을 통합할 열쇠가 있으리라. 시공간적으로 가까운 원인과 결과만을 강조하는 직선적 사고로는 직관을 이해하기가 쉽지 않으며, 결과적으로 직관의 대부분은 말이 되지 않는다. 즉 직선적인 논리로는 직관을 설명할 수가 없다.

경험 많은 경영자가 복잡한 시스템에 대해서 풍부한 직관을 가지고 있으면서도 그것을 제대로 설명하지 못하는 경우가 많다. 그들의 직관은 원인과 결과가 시공간적으로 밀접하지 않다고, 확실해 보이는 해결책이 이득보다 손해를 끼치리라고, 단기 대책이 장기적으로는 문제를 야기하리라고 속삭인다. 그러나 직선적 인과관계를 설명하는 언어로는 이러한 생각을 설명할 길이 없다. 직관은 있으나 설명할 길이 없기에 결국 그들은 "그냥 이렇게 해. 그러면 효과가 있을 거야."라고 말하고 만다.

예를 들어 많은 경영자가 목표나 기준을 하향조정하는 데서 오는 위험을 감지하지만, 그러한 것으로 인해서 어떻게 지속적인 저투자 경향과 저성장이라는 자기충족적 예언 효과가 야기되는지에 대해서는 충분하게 설명하지 못한다. 어느 기업의 경영자는 뚜렷한 실체가 있고 쉽게 측정되는 실적 지표에만 집중한 나머지, 심층 문제를 은폐하고, 나아가 문제를 악화시키는 현실을 직관적으로 파악했을 수도 있다. 그러나 현재 집중하는 실적 지표가 어떻게 잘못된 것인지, 다른 대안이 어떻게 결과를 개선해줄지에 대해서는 설득력 있게 설명하지 못한다. 기저의 시스템 구조를 이해해야만 이러한 직관을 설명할 수 있다.

직관과 직선적이고 비非시스템적인 사고 사이의 갈등은 이성 자체가 직관에 반대되는 것이라는 잘못된 생각의 씨앗을 심었다. 직관과 이성의 시너지 효과가 모든 위대한 사상가에게서 나타나는 특징이자 공통점인 것만 보아도 이러한 생각이 잘못되었다는 것을 충분히 입증할 수 있다. 알베르트 아인슈타인Albert Einstein은 "나는 이성적인 정신만으로는 아무것도 발견하지 못했다."고 말했다. 또한 자신이 광속 여행을 하고 있다고 상상함으로써 상대성이론을 발견한 과정을 설명하기도 했다. 동시에 그는 훌륭한 직관을 선택해서 이성적으로 검증 가능한 간결한 명제로 바꿀 줄도 알았다.

경영자는 시스템 사고로 무장한 새로운 언어를 가지게 되면, 자신의 직관을 논리적으로 설명할 수 있게 된다. 결국, 이성과 직관의 재통합이야말로 시스템 사고의 중요한 공헌임이 밝혀질 것이다.

세계와의 연관성 확인

생후 6주에 불과하던 때, 나의 아들 이안은 자신의 손과 발도 인식하지 못하는 것 같았다. 물론 손과 발을 인지하고는 있었지만, 그것이 자신의 손과 발이라는 사실과 자신이 통제할 수 있다는 사실을 인식하지 못했다는 의미다. 그러던 어느 날 아이는 끔찍한 강화 피드백 고리에 빠졌다. 아이는 왼손으로 자기 귀를 움켜쥐고 있었다. 붙잡힌 왼쪽 귀 때문에 신경이 쓰이고 불안한 모양이었다. 말은 못해도 아파하는 표정과 떨쳐비리려는 몸짓이 격해지는 것을 보면 알 수 있었다. 그러나 당황한 아이는 귀를 더욱 세게 잡아당겼다. 세게 당길수록 불쾌감이 커졌고, 이로 인한 불안이 가중되었고, 때문에 귀를 더욱 세게 잡아당겼다. 내가 아이 손을 떼어내고 진정시키지 않았다면 불쌍한 아이는 상당히 오랜 시간 악순환에 빠져 있었을 것이다.

스스로 통제할 수 있다는 사실을 모른 채, 아이는 자신이 느끼는 불편의 원인이 외부 요인에 있다고 느꼈던 것이다. 익숙한 말이 아닌가? 이안의 반응은 공급업자의 납기 지연이 외부에서 가해지는 힘이라고 생각하고 반응했던 3장에 나온 '맥주 게임' 참가자들의 그것과 사실상 별 차이가 없다. 자신에게는 그것을 바꿀 힘이 없는 양, 상대의 군비 증강에 반응했던 5장 '사고방식의 전환'에 나온 군비 경쟁 당사자들과도 차이가 없다.

이안에 대해 생각하면서 나는 개인의 성장에서 소홀히 다루어진 부분이 '고리 끊기', 즉 외부의 힘처럼 보이는 것이 사실은 자신의 행동과 어떻게 관련되는지를 부단히 알아내는 과정이라고 생각하게 되었다. 오래 지나지 않아서 이안은 자신의 손과 발을 인식하고, 자신이 그것의 움직임을 통제할 수 있다는 사실도 알게 되리라. 또한 자기 몸의 자세와 위치를 통제할 수 있다는 사실도 알게 되리라. 이를테면 등이 불편하면 돌아눕게 될 것이다. 이어서 체온 같은 내부 상태를 통제하는 법도 알게 되리라. 요컨대 체온이 엄마나 아빠 같은 열의 근원에서 멀어지거나 가까워지는 행동에 영향을 받는다는 사실도 인식하게 되리라. 결국에는 엄마와 아빠에게까지 인식이 퍼져서 엄마와 아빠의 행동과 감정이 자신의 영향력 아래에 있다는 사실도 인식하게 되리라. 발달 단계마다 아이 내부의 현실에 대한 이미지에도 상응하는 변화가 일어나리라. 현실에 대한 이미지는 서서히 변화해, 자신의 행동에서 나오는 보다 많은 피드백을 삶의 조건에 통합시키게 되리라!

그러나 우리 대부분은 생의 초기 단계에서 일정한 시점이 되면, 이러한 고리 끊기 과정을 중단하게 된다. 나이가 들수록 연결 고리를 발견하는 속도가 둔화된다. 말하자면 자신의 행동과 외부에 존재하는 힘 사이의 연관성을 점점 인식하지 못하게 된다. 결국 우리는 근본적으로 어린 이안과 마찬가지로 세상을 보는 방식에 갇히게 된다.

어린 아이가 학습하는 과정은 우리 모두가 직면하는 학습상의 도전과 어려움을 잘 보여준다. 그것은 부단히 인식과 이해를 넓히고, 행동과 현실 사이의 상호의존성을 파악하고, 나를 둘러싼 세계와의 연관성을 깊이 이해하는 것이다. 아마 우리가 스스로 현실에 영향을 미치는 방식이 워낙 다양하다 보니 모두 온전히 이해하기는 어려울 것이다. 그러나 그러한 가능성에 마음을 열어놓는 것만으로 사고를 자유롭게 하기에는 충분하다. 아인슈타인은 학습과 관련한 어려움을 다음과 같이 이야기했다.

> 인간은 자기 자신, 자신의 생각과 느낌을 나머지와 분리된 어떤 것으로 경험한다. 이것은 우리 의식이 저지르는 일종의 시각적 착각이다. 이러한 착각은 우리에게 일종의 감옥으로 기능한다. 시야를 개인적 욕망

과 가까이 있는 소수 지인에 대한 애정으로 제한해버리기 때문이다. 동정심의 범위를 넓혀서 모든 생명과 아름다운 자연 전체를 보듬어 안을 수 있도록 감옥에서 자신을 해방시키는 것이 우리의 임무이다.

아인슈타인이 이야기하는 '증가하는 연관성을 경험'하는 것은 개인적 숙련의 가장 미묘한 측면 중의 하나이며, 가장 직접적으로는 시스템 관점에서 도출된다. 아인슈타인이 말하는 동정심의 범위를 넓히는 것도 좋은 방법이다.

동정심

연관성을 파악하는 학습을 하면 서서히 남을 비난하고 죄의식에 시달리는 구태의연한 태도가 약화된다. 우리 모두가 구조의 덫에 빠져 있으며, 구조가 사고방식에 깊이 스며들어 있음은 물론이고, 대인관계 및 환경에도 내재되어 있음을 깨닫기 시작한다. 상대방에게서 잘못을 찾으려는 경향도 서서히 사라지고, 우리 모두가 의존하고 있는 힘에 대한 이해도 한층 깊어진다.

그렇다고 우리가 자신의 행동을 결정하는 시스템의 피해자에 불과하다는 의미는 아니다. 구조가 우리 자신의 창조물일 때도 많다. 그러나 이러한 사실이 의미를 지니기 위해서는 구조를 보고 이해할 줄 알아야 한다. 우리 대부분은 자신이 속해서 활동하고 있는 구조를 보지 못한다. 우리는 구조의 피해자도 아니며, 그렇다고 가해자도 아니다. 아직 인식할 방법을 모르는 힘에 의해 통제당하는 사람일 뿐이다.

흔히 동정심이라고 하면 서로에 대한 관심에서 나온 '감정 상태'라고 생각한다. 그러나 동정심은 일정한 수준의 인식에 토대를 두고 있기도 하다. 경험에 따르면, 자신이 속한 시스템을 제대로 볼수록, 서로에게 영향을 미치는 압력을 명확하게 이해할수록, 사람들이 서로에게 느끼는 동정심과 공감도 커진다.

전체에 대한 헌신

빌 오브라이언에 따르면 진정한 헌신genuine commitment은 항상 '우리 자신보다 큰 무엇'을 향한다. 이나모리는 가즈오는 우리가 '세상에 봉사하려는 진실한 바람'으로 인도될 때, '마음에서 우러나오는 행동'에 대해서 이야기한다. 이나모리는 그러한 행동은 "엄청난 힘을 발휘하기 때문에 중요하다."고 강조한다.

개인적 숙련도가 높은 사람의 특징인 '세상과 연결되었다'는 느낌과 동정심은 자연스럽게 더 큰 비전으로 이어진다. 그렇지 않은 경우 세상에 모습을 드러내는 잠재의식은 모두 몹시 자기중심적일 것이며, 자신이 원하는 것을 얻는 방편으로만 쓰일 것이다.

자신의 이익을 초월한 비전에 헌신하는 개인은 편협한 목표를 추구할 때는 얻지 못했던 에너지를 느끼며, 이것은 조직에 있어서도 마찬가지다. 이나모리 가즈오의 말을 들어보자. "나는 정신적 힘을 경험하지 않고 가치 있는 발견이나 발명을 해낸 사람은 단 한 명도 없다고 믿는다." 이나모리는 더 큰 목적에 헌신하는 사람의 의지를 '흔들림에 깨어난 영혼으로부터의 외침'이라고 말한다.

조직에서 개인적 숙련 증진하기

개인적 성장에 있어 어느 길에 들어설 것인가는 선택의 문제임을 항상 명심해야 한다. 어느 누구도 타인에게 개인적 숙련을 개발하도록 강요할 수는 없다. 그렇게 하면 반드시 역효과가 발생하기 때문이다. 마찬가지로 조직이 지나치게 공격적으로 구성원에게 개인적 숙련을 강요하는 경우 상당한 곤경에 처할 수 있다.

그런데도 다수의 조직이 개인 발전을 위한 강제 교육 프로그램을 만들어 실시하고 있다. 의도가 아무리 좋아도 그러한 프로그램으로는 조직 내에서 개인적 숙련에 헌신하는 분위기를 널리 퍼뜨리지 못한다. 분위기 확산에 도움이 되기는커녕 오히려 개인적 숙련을 방해하는 가장 확실한 방법이 아닐까 싶다. 강제로 받아야 하는 의무 교육은 물론이고, '선택'이라고는 해도 경력관리를 하려면 당연히 참석해야 하는 교육 프로그램은 선택의 자유에 정면으로 위배된다.

실제로 열성적인 경영자가 직원에게 개인 발전 프로그램에 참석하라고 요구했지만, 직원은 그러한 프로그램이 자신의 신념과 상충된다고 생각했던 경우가 많이 있었다. 일부 사례에서는 직원들이 교육을 강요하는 조직에 맞서 법적 대응까지 불사하기도 했다.[20]

그렇다면 개인적 숙련 강화에 관심이 많은 리더가 할 수 있는 일은 무엇일까?

구성원이 일상생활에서 개인적 숙련 학습을 실천할 수 있는 분위기와 환경을 조성하기 위해 부지런히 노력할 수 있다. 이는 사람들이 마음 놓고 비전을 창조하고, 질의와 진실에 대한 헌신이 당연한 규범이 되고, 현 상태에 대한 도전과 미래의 발전이 예상되는 조직을 만든다는 의미다.

그러한 조직 분위기는 두 가지 방식으로 개인적 숙련을 촉진한다. 첫째, 개인의 성장이 조직 내에서 진정 가치 있는 것으로 여겨진다는 생각을 끊임없이 강조한다. 둘째, 덕분에 개인적 숙련 개발에 필요한 '사내 교육' 기회가 제공된다.(물론 강제가 아니라 개인이 호응하는 범위 내에서 제공되어야 한다) 여느 규율과 마찬가지로 개인적 숙련을 높이는 작업도 지속적인 과정이 되어야 한다. 자신의 성장에 헌신하는 개인에게 이를 지원하는 환경보다 중요한 것은 없다. 개인적 숙련에 헌신하는 조직은 개인의 비전, 진실에 대한 헌신, 비전과 현실의 괴리에 솔직하게 직면하는 의지 등을 끊임없이 장려함으로써 그러한 환경을 제공한다.

개인적 숙련 개발에 유용한 여러 실천 방법 즉 시스템 중심 세계관을 키우고, 암묵적 가정을 되돌아보는 법을 배우고, 자기 비전을 표현하는 한편으로 타인의 비전에 귀를 기울이고, 현실을 보는 타인의 관점을 함께 탐구하는 등의 실천 방법이 학습조직 구축을 위한 규율에 포함되어 있다. 그러므로 조직이 개인적 숙련 강화를 위해 취할 수 있는 가장 적극적인 조치는 다섯 가지 학습 규율을 동시에 발전시키려고 노력하는 것이다.

여기에서 핵심 리더십 전략은 간단하다. 바로 본보기가 되는 것이다. 리더 스스로 자신의 개인적 숙련에 최선을 다하라. 개인적 숙련을 강조하는 발언을 통해 사람들의 관심을 끌고 마음을 열 수는 있겠지만, 말보다 행동의 영향력이 항상 더 큰 법이다. 그러므로 다른 사람에게 개인적 숙련을 추구하라고 독려하는 상황에서 가장 효과적인 행동은 자신의 개인적 숙련 추구에 헌신적으로 임하는 것이다. 또한 MIT 슬론 경영대학원의 에드가르드 샤인Edgard Schein 교수의 말대로 '조직은 본질적으로 강압적인 시스템'이라는 사실을 잊지 않기를 바란다.

09 정신모델

더할 나위 없이 훌륭한 아이디어가 실패하는 이유

더할 나위 없이 훌륭한 아이디어 가운데 대부분이 결코 실행에 옮겨지지 못한다는 것은 관리자라면 누구나 아는 사실이다. 시스템 사고에서 나온 날카로운 통찰이 경영정책 속에 녹아들 길을 찾지 못하는 까닭이다. 파일럿 테스트나 실험을 통해 새로운 방법이 기존 방법보다 효과가 좋다는 사실이 충분히 입증되었는데도 현실에서는 좀처럼 채택되지 못하고 있다.

훌륭한 아이디어가 마지막 순간에 실행으로 연결되지 못하고 무산되는 이러한 상황은 우리의 의지가 나약한 탓에 갈대처럼 흔들려서도 아니고, 심지어 시스템 관점에서의 이해가 부족하기 때문도 아니다. 진정한 원인은 '정신모델'에 있다는 확신이 점점 커지고 있다. 보다 구체적으로 설명하자면 새로운 통찰이 실제 행동으로 옮겨지지 못하는 이유는, 그것이 세계가 어떻게 돌아가야 하는가에 대해 우리가 마음 깊은 곳에 간직하고 있는 내면의 이미지, 요컨대 익숙한 사고방식과 행동방식으로부터 벗어나지 못하게 하는 이미지와 상충되기 때문이다. 정신모델을 다루는 훈련, 즉 세상이 돌아가는 방식에 대한 내면의 이미지를 표면으로 드러내고, 옳은지 테스트하고, 나은 방향으로 개선하는 작업이 학습조직 구축에 중요한 이유가 바로 여기에 있다.

어느 누구도 조직, 가족, 공동체를 직접 머릿속에 담고 다닐 수는 없다. 우리가 머릿속에 담고 다니는 것은 이미지, 가정, 스토리와 같은 것이다. 사실 철학자들은 수백 년 전부터 정신모델에 대한 논의를 해왔다. 이러한 논의의 시작은 적어도 플라톤의 '동굴의 비유'까지 거슬러 올라간다. 동화 〈벌거벗은 임금님〉에 나오는 사람들은 어리석다기보다는 정신모델에 묶여 제대로 된 판단을 못한다고 말하는 편이 옳다. 그들은 마음속에 품고 있는, 근엄한 왕이라는 이미지 때문에 벌거벗은 왕의 모습을 있는 그대로 보지 못했다.

〈정신의 신과학The Mind's New Science〉이라는 저서에서 인지과학의 성과를 고찰하면서 하워드 가드너Howard Gardner는 이렇게 말한다. "내가 보기에 인지과학의 중요한 성과는 다양한 인간 행동에서 작용하는 정신적 표상mental representation의 일면을 명확하게 입증한 것이다." 정신모델은 우리가 세계를 이해하는 방식뿐만 아니라 행동하는 방식까지도 결정한다. 무려 40년 넘게 정신모델과 조직학습을 연구하고 있는 하버드대학교의 크리스 아지리스Chris Argyris의 말을 들어보자. "사람은 (항상) 자신이 지지하는 이론(입으로 말하는 내용)에 맞춰 행동하지는 않는다. 그러나 확실한 것은 그들이 실제로 사용하는 이론(정신모델)에 맞춰서 행동한다는 것이다."[2]

정신모델은 '사람은 믿지 못할 존재'라는 식으로 간단한 일반론이 될 수도 있고, '우리 가족은 왜 그렇게 행동할까'에 대한 가정처럼 복잡한 이론일 수도 있다. 그러나 정신모델과 관련하여 이해해야 할 가장 중요한 사실은 그것이 실제로 작용하고 있으며, 우리 행동에 실질적인 영향을 미치고 있다는 것이다. 만약 사람은 믿지 못할 존재라고 생각한다면, 사람은 믿을 만하다고 생각할 때와는 다른 행동이 나올 수밖에 없다. 만약 내가 아들은 자신감이 부족하고, 딸은 매우 적극적이라고 생각한다면,

딸이 아들의 자존감에 상처를 주지 않도록 하기 위해 아이들 사이의 교류에 끊임없이 개입할 것이다.

정신모델이 우리의 행동에 이처럼 상당한 영향을 미치는 이유는 무엇일까? 부분적인 이유는 우리가 보는 것에 영향을 미치기 때문이다. 정신모델이 다르면 동일한 사건을 보고도 다르게 설명할 수 있다. 서로 다른 세부 사항을 보고 해석도 다르게 하기 때문이다. 정신모델이 다른 두 친구가 사람들로 붐비는 파티장에 함께 갔을 때도 마찬가지다. 그들의 감각에 주입되는 기본 정보는 동일하지만 두 친구는 각기 다른 파트너를 선택한다. 많은 심리학자가 지적하는 것처럼 인간은 외부 정보를 선택적으로 관찰하고 받아들인다. 이것은 '객관적인 관찰자'라고 불리는 과학자도 예외가 아니다. 알베르트 아인슈타인이 언젠가 글에서 말한 것처럼 "(각자가 가지고 있는) 이론이 무엇을 관찰하고 측정할지를 결정한다." 오랫동안 물리학자들은 고전 물리학 이론을 반박하는 실험을 진행했지만, 그 누구도 이러한 실험이 궁극적으로 제시하는 데이터를 '보지' 못했다. 20세기 물리학의 혁명적 이론인 양자역학과 상대성이론의 탄생으로 이어질 자료가 눈앞에 있는데도 '보지' 못한 것이다.[3]

정신모델이 지각에 미치는 영향은 경영에서도 똑같이 중요하다. 나는 20여 년 전의 첫 방문에 이어, 디트로이트 자동차 회사 중역들과 다시 방문한 일본에서의 일을 잊을 수가 없다. 미국 자동차 업계에서 일본이 서서히 그들의 시장점유율과 수익률을 잠식하고 있으며, 그것이 '저임금' 노동과 국내시장 보호뿐만 아니라 관리방식 때문이기도 하다는 사실을 막 깨달아가던 시점이었다. 회사를 둘러본 뒤 간단히 몇 마디를 나누어 보았는데, 디트로이트 중역들은 별다른 감흥을 받지 못한 듯했다. 이유를 물으니 한 사람이 대답했다. "진짜 공장은 보여주지도 않았잖아요." 그게 무슨 의미냐고 묻자 그가 내놓는 설명은 이러했다. "우리가 둘러본 어느 공장에도 재고품이 없잖아요. 이래 봬도 제조업에만 거의 30년 가까이 몸담고 있는 사람입니다. 지금까지 둘러본 공장이 진짜 공장이 아니라고 확신합니다. 우리에게 보여주려고 따로 무대를 마련한 겁니다." 그러나 지금은 당시 보았던 공장이 진짜 공장이었다는 사실을 모두가 안다. 일본인들은 오랫동안 제조 시스템 개선에 공을 들였고, 결과적으로 모든 공정에서 재고품을 극적으로 줄인 '적기공급생산방식'을 만들어냈는데, 당시 우리가 보았던 공장이 좋은 사례였다. 불과 몇 년 뒤에 미국 회사는 일본의 제조혁신을 따라잡으려고 필사의 경쟁을 펼쳤다. 그러나 현장에서 생생한 사례를 보았던 그날 저녁, 디트로이트 중역들은 감명 깊은 것은 하나도 보지 못했다면서 심드렁한 반응을 보였던 것이다.

오랫동안 디트로이트 자동차 3사를 지배했던 (어쩌면 지금도 그러할) 소비자에 대한 생각을 살펴보자. 그것은 바로 미국 소비자는 차를 구매할 때 스타일을 가장 중요하게 여긴다는 것이다. 경영 컨설턴트 이안 미트로프Ian Mitroff는 오랜 세월 사람들이 의심 없이 받아들인 제너럴 모터스의 성공에 대한 일련의 가정 역시 이러한 믿음에 일조를 했다고 본다.[4]

- GM은 자동차가 아니라, 돈 버는 사업을 하고 있다.
- 자동차는 무엇보다도 우선 지위의 상징이다. 그러므로 스타일이 품질보다 중요하다.
- 미국 자동차 시장은 세계의 다른 지역과는 분리되어 있다.
- 노동자는 생산성이나 생산품질에 크게 영향을 미치지 못한다.
- 시스템으로 연결된 모든 사람이 각자의 업무를 넘어선 전체 시스템을 이해할 필요는 없다.

여기에서 요점은 GM 혹은 디트로이트 자동차 산업 전반이 틀렸다는 것이 아니다. 미트로프가 지적한 것처럼 이러한 원칙은 오랫동안 미국 자동차 산업 발전에 기여했다. 그러나 미국 자동차 업계는 이것을 '어떠한 때에도 성공할 수 있는 마법의 공식'으로 여기며 떠받들었다. 실제로는 한정된 상황일 때만 유효한, 일정의 조건을 발견한 것에 지나지 않았지만.

정신모델의 문제는 그것의 옳고 그름에 있지 않다. 정의 자체가 말해주듯이 모든 모델은 단순화된 것이다. 정신모델의 문제는 그것이 암묵적으로 존재하는 때, 즉 우리가 의식하는 수준을 벗어난 상황에서 생긴다. 디트로이트 자동차 회사는 "'모든 사람이 스타일을 중시한다'는 정신모델을 가지고 있다."고 말하지는 않았다. 그저 "모든 사람이 스타일을 중시한다."고 말했을 뿐이다. 우리가 정신모델을 인지하지 못하면, 이를 살피고 점검할 수도 없다. 살피고 점검하지 않기 때문에 모델은 변하지 않는다. 이러한 상황에서 세상이 변하면, 정신모델과 현실의 간격이 점점 넓어지고, 결국 역효과를 내는 비생산적인 행동으로 이어진다.[5]

디트로이트 자동차 회사가 보여주듯이 그 어떤 산업도 정신모델과 현실 사이에서 만성적인 불일치를 조장하고 키울 수 있다. 어떤 면에서는 서로 밀접하게 연결된 산업이 특히 그러한 상황에 취약한데, 이는 그들이 서로에게서 모범적 관행의 기준을 찾기 때문이다.

정신모델을 제대로 인식하지 못해서 시스템 사고를 강화하려는 노력이 좌절되는 일이 허다하다. 오래 전에 수행된 대표적인 연구 결과 하나를 살펴보자. 미국에서 업계 최대 규모로 성공한 어느 공업제품 생산기업은 서서히 시장점유율이 하락하는 것을 발견했다. 최고 경영진은 MIT 시스템 역학 전문가들에게 상황 분석을 의뢰했다. 분석팀은 컴퓨터 모델을 바탕으로, 재고 및 생산을 관리하는 방식에서 문제가 비롯된다는 결론을 내렸다. 값비싼 재고를 대량으로 안고 있는 비용이 너무 크기 때문에 생산부서 관리자들은 가능한 재고를 낮게 유지하려고 애썼다. 그래서 주문량이 줄면 적극적으로 생산량을 감축했다. 결과적으로 주문량이 많지 않아 충분한 생산능력을 유지하는 상황에서도 납기가 제대로 지켜지지 않았다. 실제로 분석팀에서 컴퓨터 시뮬레이션을 해 본 결과 납기는 호황일 때보다 불황일 때 더욱 지연되는 것으로 예측되었다. 일반적인 상식에 어긋나는 예측이지만, 확인 결과 사실로 드러났다.

분석 결과가 설득력 있다고 생각한 최고 경영진은 분석팀의 제안에 따라 새로운 정책을 실행에 옮겼다. 이때부터 주문이 감소해도 생산율을 그대로 유지하면서 납기를 개선하려고 노력했다. 공교롭게도 심한 정도는 아니었지만 이듬해 경기가 침체되었고, 이때 진행한 실험은 어느 누구도 예상하지 못했을 정도로 성공적이었다. 납기가 빨라지자 만족한 고객의 재구매가 늘어나면서 회사의 시장점유율은 침체기에도 계속 증가했다. 경영진은 크게 기뻐하면서 내부에 자체 시스템 그룹을 만들었다. 그러나 새로운 정책을 마음 깊이 받아들이지 않았기에 개선은 일시적인 것으로 그치고 말았다. 이후 경기가 회복되자 경영진은 납기 서비스에 더 이상 신경을 쓰지 않았다. 4년 뒤 한층 심각한 불황이 닥치자, 회사는 생산량을 극적으로 감축하는 이전의 정책으로 돌아갔다.

그토록 성공적이었던 실험을 왜 지속하지 않고 버렸을까? 이유는 회사 경영관리 전통에 깊이 박힌 정신모델 때문이었다. 생산 부서 관리자라면 누구나 창고에 팔리지 않은 재고를 쌓아두는 것이 경력 관리에 얼마나 불리한지 알고 있었다. 그것만큼 경력을 망치는 확실한 방법이 없다고들 했다. 최고 경영진은 재고 관리에 최선을 다해야 한다는 말을 마치 복음과도 같이 역설해왔다. 새로운 실험이 성공적인 결과를 보여주었음에도 불구하고, 과거의 정신모델이 여전히 기능하며 영향을 미치고 있었다.

우리 내면 깊숙한 곳에 자리 잡은 정신모델로 인한 타성이 더없이 훌륭한 시스템 통찰까지도 압도해버렸던 것이다. 이는 시스템 사고를 주장하는 이들뿐만 아니라, 새로운 경영 수단을 개발하고 공급하는 사람들에게도 쓰라린 교훈이었다.

그러나 정신모델이 (시대착오적인 관행 속에 회사와 산업을 가두어두는 식으로) 학습을 방해할 수 있다면, 역으로 학습을 촉진할 수도 있지 않을까? 이 간단한 질문이 시간이 흐르면서 정신모델을 표면으로 드러내고 이의를 제기하여 개선하도록 하는 규율을 위한 자극제가 되었다.

기업에서 새로운 세계관 키우기

정신모델이 학습에 미치는 힘을 발견한 최초의 대기업은 로열 더치/셸이 아닐까 싶다. 벌써 사반세기 전으로 거슬러 올라가는 이야기지만, 세계적인 다국적 기업 내에서 합의를 이끌어내는 독특한 방법을 발전시킨 셸의 여정은 지금도 배울 점이 많다. 이야기는 OPEC(석유수출국 기구) 결성과 더불어 세계 석유산업 전체에 유례없는 격변과 혼란이 찾아오기 직전에 시작된다.

사실 셸은 처음부터 다국적 기업으로 출발했다. 로열 더치/셸은 1907년 로열 더치 석유회사Royal Dutch Petroleum와 런던에 본부가 있는 셸 무역운송 회사Shell Transport and Trading Company 사이에 맺어진 '신사협정'으로 탄생했다. 따라서 셸의 경영자들은 일찍부터 자칭 '합의양식consensus-style'이라는 경영방식을 발전시켰는데, 상이한 문화 관점을 존중하는 것을 골자로 했다. 그러나 세계 각지에 100여 개의 지사를 거느리게 되고, 그만큼 다양한 문화적 배경을 가진 관리자들이 지부를 운영하게 되자 특유의 '합의양식'을 관철하는 것이 쉽지 않은 상황이 되었다.

OPEC 결성 1년 전인 1972년, 셸의 시나리오 플래닝 그룹은 지금까지 셸의 경영진에게 익숙했던 안정되고 예측 가능한 세계가 변화하기 시작했다는 결론을 내렸다. 그것은 기업의 전략은 물론이고 세계 지정학에 지금까지도 영향을 미치고 있는 변화였다. 석유 생산 및 수입에 관한 장기 동향을 분석한 후에 피에르 왁Pierre Wack이 이끄는 시나리오 플래닝 팀은 유럽, 일본, 미국이 점점 석유 수입에 의존하고 있으며, 석유가 소수의 수출국에서 나오고 있음을 확인했다. 문화적·정치적 배경이 다양하기는 했지만, 이러한 석유 수출국에는 중요한 몇 가지 공통점이 있었다. 이란, 이라크, 리비아, 베네수엘라는 줄어드는 석유 보유량 때문에 점점 우려를 나타내고 있었다. 반면 사우디아라비아는 석유 판매 수익을 생산적으로 투자하는 능력 면에서 한계에 봉착하고 있었다. 즉 모두가 석유를 대량으로 판매하여 경제력을 키워가는 동시에 석유 생산을 통제하고 싶은 동기를 가지고 있었다. 셸의 기획자들은 이러한 동향 분석을 통해서 지금까지 완만한 성장세를 지속하던 석유 수요와 공급 시장이 결국에는 만성적인 공급 부족과 수요 초과를 특징으로 하는, 석유 수출국들이 통제하는 '공급자 위주 시장'으로 바뀌리라는 결론에 도달했다. 셸의 기획자들은 OPEC 결성 자체를 예측하지는 못했지만, OPEC으로 인해 야기될 변화는 정확하게 예측했다. 그러나 셸 경영진이 향후 전개될 근본적인 변화를 진지하게 받아들이게 하려는 시도는 대체로 실패했다고 볼 수 있었다.

이론적으로는 셸의 '그룹 기획실Group Planning' 소속 직원들은 앞으로 다가올 변화에 관한 통찰을 사내에 널리 알리기에 이상적인 위치에 있었다. 그룹 기획실은 세계 각지의 지사에서 진행되는 기획 활동을 조정하는 중앙의 기획 부서였다. 당시 그룹 기획실은 다양한 미래 동향을 요약해서 제시하는 실용적인 방법으로 '시나리오 플래닝'을 진행하고 있었다. 셸의 기획자들은 그간의 통찰을 토대로 향후 닥칠 급격한 변화와 단절을 시나리오에 반영했다. 그러나 그렇게 탄생한 시나리오를 접한 셸의 경영진은 그것에 거의 주의를 기울이지 않았다. 시나리오 내용과 자신들이 다년간의 경험을 바탕으로 추정한 향후 모습이 상당히 다르다고 보았기 때문이다.

이러한 반응을 보고 피에르 왁과 동료들은 자신들이 스스로의 임무를 근본적으로 잘못 인식하고 있었음을 깨달았다. 그로부터 10년 후에 저명한 〈하버드 비즈니스 리뷰Harvard Business Review〉에 기고한 글에서 피에르 왁은 당시의 상황을 다음과 같이 설명했다. "그때부터 우리는 우리의 임무가 문서화된 미래 예측을 내놓는 것이라고 생각하지 않았다. 진정한 목표는 의사결정자들의 '소우주microcosms'였다. 우리가 마음속의 이미지, 즉 핵심 의사결정자들이 가지고 있는 현실에 대한 상에 관심을 가지고 그것에 영향을 미치지 않았다면 시나리오는 아무 효과가 없었을 것이다."[6] 한때는 기획자의 임무가 의사결정자에게 정보를 전달하는 것이라고 생각했다면, 이제는 경영진이 세계관을 재고하도록 돕는 것이라는 사실이 명확해졌다. 특히, 그룹 기획실에서는 1973년 1월과 2월에 새로운 시나리오를 만들었는데, 이것을 보고 경영자들은 자신이 생각하는 '걱정 없는 미래'가 되려면 반드시 사실이어야 하는 온갖 가정을 확인하고 재고하지 않을 수 없었다. 그러한 작업을 거친 결과, 그간 당연하다고 여겼던 가정이 꾸며낸 이야기와 크게 차이가 없을 정도로 실현 가능성이 희박하다는 사실이 드러났다.

그러자 그룹 기획실은 셸 경영진이 현재의 정신모델에서 탈피하는 데 초점을 맞추고 신중하게 고안한 새로운 시나리오를 만들어냈다. 계속해서 그룹 기획실은 경영자들이 새로운 정신모델 구축에 착수하도록 도왔다. 경영자들이 달라지는 새로운 세상에서 어떤 식으로 회사를 관리하고 경영할지를 충분히 생각하게끔 돕는 것이었다. 예를 들면 석유 탐사는 새로운 국가로 확장해야 하는 반면, 정유시설 건설은 높은 가격과 결과적으로 둔화되는 수요 증가를 고려하여 속도를 늦춰야 할 것이다. 또한 점점 커지는 불안에 여러 국가가 다양하게 반응할 것이다. 자유시장 전통을 가진 일부 국가는 가격이 자유롭게 오르도록 내버려 두겠지만, 시장통제 정책을 펴는 국가는 가격을 낮게 유지하려고 할 것이다. 그러므로 세계 각국에 위치한 지사를 관리할 때도 이러한 차이점을 반영하여 지역 상황에 맞춰 적응능력을 키우는 쪽으로 진행해야 할 것이다.

다수의 경영자가 회의적이긴 했지만, 한편으로 그들은 자신의 현재 인식과 이해를 마냥 지지하기 힘들다는 사실을 깨달았기에 새로운 시나리오를 진지하게 받아들였다. 그리하여 경영자들의 꽁꽁 얼어붙은 정신모델을 녹이고 새로운 세계관을 육성하는 훈련이 시작되었다.

1973부터 1974년에 걸친 겨울, OPEC의 석유수출 금지가 갑작스레 현실이 되었을 때 셸은 다른 대형 석유회사와는 다르게 반응했다. 정유시설에 대한 투자를 줄이는 한편, 어떤 형태의 원유든 처리 가능한 정유설비를 고안했다. 셸의 향후 에너지 수요 예측은 항상 경쟁사 예측보다 정확했다. 또한 셸은 OPEC 이외 지역에서의 유전 개발에 박차를 가했다.

경쟁자들이 사업 부서의 고삐를 죄면서 중앙집권적인 통제를 강화했던 반면(위기에 흔히 나타나는 반응이다), 셸은 정반대로 움직였다. 현지 지사에 이전보다 많은 재량권을 주었다.

셸의 경영진이 다르게 반응한 이유는 현실을 다르게 해석했기 때문이다. 그들은 공급 부족, 저성장, 가격 불안정이 일상화되는 새로운 시대로 진입하고 있다고 보았다. 또한 불안과 변화가 지배하는 격동의 시대가 1970년대 내내 지속되리라고 예상했기에 그에 대비하여 생각하고 대응했다.(피에르 왁은 시나리오에서 1970년대를 '급류'의 10년이라고 불렀다) 무엇보다 셸은 정신모델 관리의 위력을 알고 있었다.

이러한 노력 덕분에 기업의 운명에 중대한 변화가 일어났다. 1970년에만 해도 셸은 7대 석유회사 가운데 가장 약체로 간주되었다. 포브스는 셸을 '일곱 자매' 중의 '못난이'라고 불렀다. 그러나 1979년이 되자 셸은 아마도 가장 강한 회사가 되었다. 아무튼 최고로 꼽혔던 엑손Exxon과 동급으로 간주되었던 것은 확실하다.[7] 1980년대가 되면서 관리자의 정신모델을 표면으로 끌어내는 것이 셸의 기획 업무에서 중요한 부분이 되었다. 1986년 원유가격이 급락하기 반 년 전에 아리 드 호이스Arie de Geus가 지휘하던 그룹 기획실은 갑작스러운 공급 과잉에 대처하는 석유회사에 대한 가상 사례를 내놓았다. 이는 〈하버드 비즈니스 리뷰〉에 실어도 손색이 없을 정도였다. 덕분에 경영자들은 가상 사례에 등장하는 석유회사의 결정을 비판하면서 자신들이 처한 현실에서 일어날 또 한 번의 극적인 변화에 정신적으로 대처할 준비를 할 수 있었다. 2년 후에는 소련 붕괴를 둘러싸고 비슷한 연습을 진행했는데, 이것 역시 현실이 되었다.

엑손에 이어 2인자로 꼽히는 영국 석유회사, 즉 BPBritish Petroleum가 지난 15년 동안 급성장을 보인 과정에서도 정신모델이 중요한 역할을 했다. 정확히 말하자면 정신모델을 관리하는 법을 터득한 것이 주효했다. 물론, 구체적인 방법으로 들어가면 BP는 셸과 많이 달랐다. 셸에서는 그룹 중앙의 기획부서가 중요한 역할을 했지만 BP는 반대로 분권화, 즉 의사결정권을 적극적으로 나눠주는 방법을 택했다.

1990년대 말을 기준으로 BP에는 독립채산제로 운영되는 150개 지부가 있었고, 개별 사업 단위 관리자들이 훨씬 큰 권한을 가지고 있었다. "기존 정신모델에 이의를 제기하는 방법으로 셸에서 시나리오 기법을 활용했다는 사실은 우리 모두 잘 알고 있었다." CIO 겸 그룹 부사장 존 리게이트John Leggate의 말이다. "그러나 그룹 중앙의 기획 기능을 통해 그러한 작업을 했던 셸의 방식은 우리가 원하는 방식이 아닌 것 같았다. (1995년 이래 BP의 CEO였던) 존 브라운John Browne은 실적과 관련한 나름의 문화 구축에 열심이었는데, 보다 많은 사람이 최종 결과에 책임을 져야 하고 문제를 끝까지 고민하도록 하는 문화였다. 우리처럼 고도로 통합된 대기업에서는 최종 손익 관련 책임을 아래로 내려 보내는 것이 쉽지 않지만 우리는 서서히 성공했다. 권한 분배에는 조직이 파편화될 수 있다는 위험이 따른다. 그렇게 되면 기업 전체에서 학습이 진행되게끔 관리하기가 힘들어진다.

우리 회사에서 그러한 일이 일어나지 않게 해주었던 것은 사람들 사이의 단절을 방지하고자 마련한 다양한 네트워크와 현안에 대해 스스럼없이 이야기하고, 서로의 생각에 이의를 제기하는 문화였다. 스스로에게 부단히 질문을 던지는 것도 우리 정신모델 학습의 기본 토대가 되었다. 물론 우리가 정신모델이라는 단어를 대대적으로 사용한 적은 없지만 말이다."

현실에서 정신모델 관리하기

셸과 BP의 사례를 보면, 조직 차원에서 정신모델을 표면화하고 점검하는 능력을 키우는 데 필요한 세 가지를 확인할 수 있다. 개인의 인식과 성찰 능력을 제고시킬 도구, 정기적인 정신모델 관리를 제도화하는 '하부구조', 기존 생각에 이의를 제기하고 질문하도록 장려하는 문화가 바로 그것이다. 이 가운데 어느 하나가 특출나게 중요하다고 말하기는 어렵다. 사실, 가장 중요한 것은 이것의 연결이다. 예를 들어, '솔직함' 같은 문화규범을 지지하는 것도 중요하지만 현실에서 실천하기 위해서는 그에 대해 헌신하는 태도와 구체적인 실행 기술이 필요한데, 많은 경영자가 그러한 기술을 가지고 있지 않다. 이처럼 부족한 기술을 발전시키려면 정기적으로 실천할 기회를 제공하고, 작업환경 안에 성찰 과정이 포함된 핵심 하부구조가 필요하다.

'계층구조라는 근본 질병' 극복하기

CEO가 조직 문화 육성을 강조하는 것은 당연한 일이다. 하노버 보험사의 CEO 빌 오브라이언의 말을 들어보자. "전통적인 권위적 조직에서는 도그마를 통해 관리하고 조직하고 통제했다. 학습조직에서는 비전, 가치, 정신모델이 새로운 '도그마'일 것이다. 또한 건강한 기업이란 구성원을 단합시켜 현안에 맞는 최상의 정신모델을 발전시킬 방법을 체계화할 수 있는 조직일 것이다." 오브라이언은 '전통적인 계층구조라는 근본 질병'과 이를 퇴치하기 위해 필요한 대응책으로 문화 혁신cultural change을 생각했다. 그의 말을 계속해서 들어보자. "우리는 일이 인간 본성과 조화를 이루기 위해 조직에 무엇이 필요한가를 알아보기 시작했다. 그리고 서서히 계층구조라는 근본 질병을 퇴치할 실질적인 원칙이 되는 핵심 가치를 찾아냈다."

이러한 가치 가운데 두 가지는 '개방성openness'과 '메리트merit'인데 하노버 보험사는 해당 가치를 통해 '정신모델을 관리하는 방법'을 발전시키게 되었다. 개방성은 서로 얼굴을 맞댄 자리에서 사람들이 주로 보여주는 '게임 놀이'의 병폐에 대한 해결책이었다. 저녁 7시에 가족 혹은 친구와 술잔을 기울이면서 허심탄회하게 현안을 논의하던 사람들이 오전 10시 업무회의에 들어와서는 그러한 모습을 보여주지 못하는 것이 문제였다." (조직의 최대 이익에 근거하여 결정을 내린다는) 메리트 원칙은 '관료정치에 근거한 의사결정 관행'에 대한 하노버 보험사의 해결책이었다. "관료정치에 근거한 의사결정에서는 강한 인상을 남김으로써 남보다 앞서가거나, 이미 최고의 자리에 있다면 이를 유지하는 것이 가장 중요하다."[8] 개방성과 메리트가 결합되자 사람들은 각기 다른 세계관을 숨기지 않고 드러냈고, 생산적인 방향으로 토론하는 능력을 갖게 되면서 의사결정 과정이 바뀔 수도 있다는 확고한 믿음이 생겼다.

그러나 이러한 가치를 분명히 밝히는 것은 첫걸음에 불과하다. 가치선언과 실제 문화혁신을 혼동하는 이들도 많지만, 다행히 오브라이언과 동료들은 인상적인 말만으로는 충분하지 않다는 것을 잘 알고 있었다. 그들은 "개방성과 메리트가 이렇게나 유용한데 정작 실천이 어려워 보이는 이유는 뭘까?"라고 물었다.

이러한 질문이 결국 오브라이언을 크리스 아지리스에게로 이끌었다. 실제로 아지리스의 저작들을 보면 하노버 경영진과의 교류 경험이 많은 부분을 차지하고 있다. 아지리스의 '행동과학action science'은 우리 행동의 밑바탕에 깔린 추론을 검토할 이론과 방법을 제공했다.[9] 아지리스에 따르면 팀이나 조직은 정신모델 검토를 가로막는 '방어 루틴defensive routines'의 덫에 빠져 있다. 그 결과 우리는 앞에서도 언급한 바 있는 '숙련된 무능skilled incompetence' 상태를 조장하게 된다. 이는 학습 상황이 야기하는 고통과 위협에서 자신을 보호하는 데는 매우 능숙하지만, 배우지 못하기 때문에 진정으로 원하는 결과를 만들어내는 데는 무능한 상태를 표현하는 훌륭한 모순어법이라 할 수 있겠다. 무엇보다 아지리스는 조직에 효과적인 도구들을 개발했고, 이를 능수능란하게 사용하는 훌륭한 퍼실리테이터facilitator이기도 했다.

비슷한 시기에 나는 MIT 연구팀 여섯 명과 함께 아지리스를 초빙해 워크숍을 진행했는데, 아지리스의 방법론을 직접 보고 효과를 깨닫는 좋은 경험이었다. 표면상으로는 아지리스의 방법론을 학문적으로 발표하는 형식이었지만, 이내 행동과학 실천가들이 말하는 '실천 속의 성찰'을 설득력 있게 보여주는 단계로 진전되었다. 아지리스는 워크숍 참석자에게 고객, 동료, 가족 등과 겪었던 갈등을 이야기해보라고 했다. 갈등 당시 자신이 했던 말은 물론, 생각은 했지만 하지 않은 말까지 기억해내야 했다. 이러한 '사례' 이야기를 시작하자마자 각자의 생각을 통해 갈등에 원인을 제공하는 모습이 분명하게 그려졌다. 이를테면 참가자 모두가 갈등 당시 자신이 무엇을 말하고 어떻게 행동할지를 좌우했던 타인에 대해 일방적으로 일반화시켜 버리며 다른 가능성을 타진하는 것조차 하지 않았다. 하나의 예로, 어떤 사람이 '조는 나를 무능하게 봐'라고 생각하면서 속상해한다고 하자. 그런데 그는 조에게 직접적인 의견이나 이유를 물어보지 않은 채, 나쁜 인상을 바꿔보고자 죽어라 노력만 한다. 어떤 부하 직원이 '우리 부장님은 성미가 급해서 빠르고 간편한 해결책을 좋아하며 신뢰한다'고 생각하는 경우도 마찬가지다. 그럴 경우 부하 직원은 간편한 해결책이 어려운 사안을 근본적으로 해결하지 못하리라는 것을 알면서도 부장의 마음에 드는 해결책을 제시하려고 한다.

머지않아 나는 참가자 전체의 '경각심alertness'과 '현재성presentness'이 최고 수준으로 올라가는 것을 보았다. 아지리스의 개인적 카리스마 때문이 아니라, 참가자 각각이 어떻게 곤란을 자초하고 그로 인해 타인을 탓하는가를 너무나 분명하게 보게 해주는 능수능란한 설명방식 때문이었다. 오후 시간이 흘러가면서 참가자 모두는 자신의 행동 밑바탕에 깔린 추론의 미묘한 패턴과 그것이 자신을 끊임없이 속박하는 모습을 눈앞에 있는 물체를 보듯 선명하게 보고 이해하게 되었다.(일부 사람에게 있어서는 난생 처음 해보는 경험이었다) 자신의 정신모델을 그렇게 극적으로 드러내본 것은 나에게도 처음 있는 일이었다. 그러나 더욱 흥미로운 것은 적절한 훈련을 통하면 자신의 정신모델과 그것의 작동방식을 훨씬 잘 인식할 수 있다는 점이었다. 정말 흥분되는 일이었다.

아지리스와 그의 동료 리 볼먼Lee Bolman과의 작업을 통해서 오브라이언은 다음과 같은 사실을 깨달았다. "가지고 있는 철학에도 불구하고, 핵심 사안을 놓고 모두가 원했던 솔직하고 생산적인 토론을 할 수 있게 되기까지는 갈 길이 멀었다. 아지리스와의 작업이 기존에 우리를 지배했던 '게임 방식'을 너무 적나라하게 드러내서 낯 뜨거웠던 적도 있었다. 아지리스는 진정한 솔직함과 내면의 생각을 들여다보고, 불필요한 것을 제거하는 일에 깜짝 놀랄 만큼 높은 기준을 가지고 있었다. 그렇다고 아지리스가 '아무에게나 무엇이든 말하라'는 식으로 주장만 한 것은 아니다. 그는 누구나 이해하고 배울 수 있도록 어려운 사안을 다루는 기술을 예를 들어 쉽게 설명했다. 우리가 핵심 가치인 솔직함과 메리트를 실천하며 살고자 한다면 이는 분명 중요하고도 새로운 영역이었다."

이후 여러 해에 걸쳐 하노버 보험사는 아지리스의 도구를 활용한 교육 프로그램을 '기계론적 사고의 한계'를 다룬 워크숍에 통합하여 진행했는데, 해당 워크숍은 철학자 존 베케트John Beckett가 개발한 것이었다. 오브라이언의 설명을 들어보자. "베케트는 동양 문화권에서 도덕, 윤리, 경영 등과 관련된 사안에 어떻게 접근하는지를 면밀하게 살피면, 그들의 접근법이 이치에 맞고 타당하다는 것을 보여준다. 이어서 베케트는 이러한 사안에 대한 서구의 접근 방식 역시 이치에 맞음을 보여준다. 그러나 둘은 정반대의 결론에 다다를 수도 있다. 이를 통해 우리는 복잡한 사안을 보는 방식이 하나가 아니라 여럿임을 알 수 있다. 이는 회사 내의 여러 분야, 다양한 사고방식 사이의 장벽을 허무는 데 크나큰 도움이 되었다." 지금까지 설명한 아지리스와 베케트의 방법이 합쳐져서 경영자의 정신모델 이해에 심오한 영향을 미쳤다. "많은 이가 자신이 품고 있는 모든 생각이 가정에 불과할 뿐 결코 '진리'가 아니라는 사실, 인간은 항상 자신의 정신모델을 통해 세상을 본다는 사실, 정신모델은 항상 불완전하며 특히 서구에서는 체계적이지 못하다는 고질적인 문제를 안고 있다는 사실을 난생 처음으로 알게 되었다."

BP 역시 전반적인 교육이라는 유사한 경로를 따랐다. 개인적 숙련 및 정신모델 다루기 등의 기초를 포함하고 있는 나흘간의 리더십 교육 프로그램에 3년 동안 5,000명이 넘는 인원이 참석했다. "우리는 조직 학습에 관한 도구와 아이디어를 기본 경영 원칙의 일부로 만들려고 노력해왔다." CIO 겸 그룹 부사장 존 리게이트의 말이다. "또한 모범 경영 사례를 공유하고 서로 도와가면서 함께 배우는 석유회사 관리자 네트워크를 조성하려는 노력도 게을리하지 않았다. 그러한 목적으로 마련된 페이스메이커 프로그램pacesetter program은 국경을 넘어 다국적 네트워크를 만들려는 최초의 중요한 시도로서, 이를 통해 우리는 이러한 도구의 가치를 충분히 알고 활용할 수 있다는 사람들의 저력을 확인했다. 그때 이후로 조직 전반에 걸쳐 동일한 프로그램 도입이 진행되었다."

실천의 제도화

아무리 많은 사람에게 기회를 제공한다고 해도 단순한 입문 교육만으로는 부족할 수밖에 없다. 당연히 일상적으로 실천하고 기술을 발전시킬 기회가 지속적으로 제공되어야 한다. 나는 그동안 정신모델을 표면화하는 작업과 성찰 과정을 제도화하여 일상적인 경영관행의 일부로 통합시킨 여러 사례를 목격했다.(14장 '전략'을 보면 학습 인프라에 대한 추가 설명을 볼 수 있다)

먼저 셸은 기획 과정을 통해 정신모델을 다루는 작업을 제도화했다. 그룹 기획실을 이끌었던 아리 드 호이스와 동료들은 대규모 조직에서 기획의 역할을 재고하고자 했다. 그들은 완벽한 기획안을 만들어내는 것보다 기획 과정 자체를 활용하여 경영자가 자신의 가정을 돌아보게 하고, 결과적으로 전반적인 학습을 가속화시키는 것이 더욱 중요하다는 결론을 내렸다. 아리 드 호이스에 따르면, 기업의 장기적 성공은 "경영진이 회사, 시장, 경쟁자에 대해서 공통으로 가지고 있는 정신모델을 바꾸는 과정에 달려 있다. 그렇기 때문에 우리는 기획을 학습으로 간주하고, 공동 기획을 조직학습으로 간주한다."

하노버 보험사는 중앙의 고위 관리직과 현장 관리직을 정기적으로 한데 모이게 하는 '내부 이사회'를 제도화했다. 이러한 기회를 이용해 사업 단위별 의사결정 이면에 깔린 사고에 이의를 제기하고, 필요한 경우 그러한 사고를 한층 확대하도록 했다. 목표는 사업 단위 수준에서 중요한 사안에 대한 핵심 가정을 기탄없이 검토하는 분위기를 조성하고, 더불어 이러한 사안을 놓고 이사회와 절충하는 역할을 하는 고위 경영자 사이의 소통을 촉진하는 경영구조를 만들자는 것이었다.

할리 데이비슨Harley-Davision도 역시 경영구조에 변화를 주었지만, 최고 경영진의 구조를 보면 BP와는 근본적으로 다른 변화를 택했다. 정신모델 관리를 일상 경영 업무의 일부로 통합하는 것도 이러한 변화가 일어난 부분적인 원인이었다. SoL, 즉 조직학습협회 입문 워크숍을 통해서 할리 데이비슨의 경영자들은 조직학습의 기본 원리를 학습하던 비슷한 시기에 그들 특유의 '서클 조직circle organization'을 만들어냈고, 세 가지 중복되는 서클 활동이라는 관점에서 전통적인 최고 경영진의 역할을 재고했다. 세 가지 영역은 바로 '수요 창출', '제품 생산', '지원 제공'이다. 서클은 의도적으로 전통적인 최고 경영진의 계층구조를 따르지 않았고, 결과적으로 많은 '고위 경영진'이 '서클 코치circle coach'가 되었다.

"새로운 구조에서 일어난 가장 신나는 변화 중의 하나가 바로 '서클 코치'였다." 할리 데이비슨의 전 CEO 리치 티어링크Rich Teerlink의 설명이다. 예전 같으면 신제품 개발, 제품 생산 같은 별개 부서의 장을 맡았을 사람들이 주로 서클 코치가 되었다. 업무 면에서, 할리 데이비슨의 경영자들이 생각하는 서클 코치는 '정확한 의사소통 능력과 경청 능력 그리고 영향력을 지니고 있으며, 서클 구성원 모두와 CEO에게서 높은 평가를 받는 사람'이다. 티어링크의 설명을 계속해서 들어보자. "전문용어처럼 들리기를 원치 않아서 그러한 내용을 문서로 명기하지는 않았다. 그러나 우리는 서클 코치가 구성원이 품고 있는 다양한 정신모델을 드러내도록 독려하는 분위기를 조성하리라고 생각했고, 실제로 그러한 작업이 아주 효과적으로 이루어졌다."

도구와 기술

비록 셸, BP, 하노버 보험사, 할리 데이비슨이 정신모델을 다루는 능력을 키우는 과정에서 상당히 다른 접근법을 택했지만, 이들이 행했던 작업에는 크게 나눠 두 가지 기술 개발이 공통으로 포함되어 있었다. 바로 성찰reflection 기술과 질의inquiry 기술이다. 성찰 기술은 사고 과정을 늦추어 자신이 어떻게 정신모델을 만들어내는지, 그러한 정신모델이 어떻게 자신의 행동에 영향을 미치는지를 보다 명확하게 인식하게 해준다. 질의 기술은 타인과 직접 대면한 상황에서 대화를 이끌어가는 방식, 특히 서로 의견이 다른 복잡한 사안을 다루는 상황에서 어떻게 행동하느냐와 관련된다. 이러한 기술은 구체적인 도구 및 방법론과 더불어 정신모델 규율의 핵심을 이룬다.

- '지지하는 이론(말하는 내용)'과 '사용하는 이론(행동으로 드러나는 이론)'의 격차를 똑바로 보기
- '추상화 비약' 인식하기(관찰에서 일반화로의 비약 알아차리기)
- '좌측란left hand column' 노출하기(일반적으로 말하지 않는 것을 명확히 밝히기)
- 질의와 주장 사이에서 균형 유지하기(효과적인 공동 학습을 위한 기술)

정신모델 규율

성찰적 실천

어떤 면에서 매우 개인적이기는 하지만 정신모델을 효과적으로 다루는 일은 실용적인 측면도 강하다. 즉 중요한 기업 현안에 대한 핵심 가정을 드러내어 표면화시키는 작업과 긴밀히 연결되어 있다. 어느 조직에서든 가장 중요한 정신모델은 핵심 의사 결정자들이 공유하는 것이기에 이러한 과정은 필수적이다. 정신모델을 제대로 검토하지 않고 방치하는 경우 조직의 행동반경이 익숙하고 편안한 쪽으로만 한정된다. 한 가지 더 말할 수 있는 것은 컨설턴트나 조언자뿐만 아니라 경영자 자신이 성찰 기술과 대면 접촉 학습 기술을 발전시켜야 한다는 것이다. 그렇지 않으면 실제 결정과 행동에 거의 아무런 영향을 미치지 못할 것이다.

오랫동안 아지리스와 함께 일했던 MIT의 도널드 숀Donald Schon은 의학, 건축, 경영 분야를 비롯한 전문직에서 성찰의 중요성을 연구했다. 많은 전문직 종사자가 대학원을 떠남과 동시에 학습을 멈추는 반면, 도널드 숀이 '성찰적 실천가reflective practitioner'라고 부르는 이들은 평생 학습자가 된다. 숀은 '행동하는 동시에 자신의 사고를 성찰하는 능력을 지니고 있는가'의 여부가 진정으로 탁월한 전문가를 만드는 데 있어 중요한 수단이 된다고 본다.

> 인간은 자신의 행동에 대해서 생각하는 것이 가능하며, 더군다나 무언가 행동을 취하는 시간에 그것에 대해 생각하는 것도 가능하다. 훌륭한 재즈 연주자들이 모여 즉석공연을 하는 경우, 그들은 합주를 통해 생성되는 전체적인 음악의 방향을 느끼며 새롭게 이해하고, 방금 떠오른 새로운 이해에 맞춰 자신의 연주를 조정한다.[10]

성찰적 실천은 정신모델 규율의 핵심이다. 이는 관리자들에게 사업 능력과 더불어 성찰과 대인관계 기술을 동시에 요구한다. 경영자들은 본질적으로 실용주의 기질이 강하므로 긴급한 사업 현안과 무관한 '정신모델 관리'나 '질의와 주장의 균형' 같은 주제로 교육을 권하는 경우, 보통은 거부하는 법이다. 별 도움이 되지 않는 '학문'으로서의 능력이라고 간주할지도 모른다. 성찰이나 대인관계 기술이 빠진 학습은 발전적인 생성 학습이 되지 못하며, 수동적으로 반응하기 급급한 학습이 될 수밖에 없다. 나의 경험에 따르면 생성 학습이 가능하려면 어느 위치에 있든 외부 환경이 그렇게 하라고 강요하기 전에 자신의 정신모델을 표면으로 꺼내 이의를 제기할 수 있는 사람이 있어야 한다.

지지하는 이론과 사용하는 이론

학습은 요컨대 행동의 문제일 수밖에 없다. 성찰의 기본적인 기술 중 하나는 자신의 말과 행동의 차이를 한층 분명한 이해를 위한 수단으로 활용하는 것이다. 예를 들어 인간은 기본적으로 믿을 만한 존재(지지하는 이론)라고 공언하는 사람이 있다고 하자. 그런데 그는 말은 그렇게 하면서도 친구에게 돈을 빌려주는 법이 없고, 항상 누가 자기 돈을 가져가지는 않을까 조바심을 내며 하루하루를 보낸다. 이러한 경우, 아무리 봐도 그가 실제로 사용하는 이론, 즉 심층적 정신모델과 말로 지지하는 이론 사이에는 차이가 있다.

지지하는 이론과 사용하는 이론 사이의 괴리감은 실망, 나아가 냉소주의까지 야기할 수 있지만 꼭 그러한 경우만 있는 것은 아니다. 때때로 이러한 격차는 위선 때문이 아니라 중요한 비전 때문에 생기는 경우도 있다. 이를테면 인간을 신뢰하는 것이 어떤 사람의 진정한 비전이라고 생각해보자. 그러한 경우 비전과 현실 행동 사이의 격차는 창조적 변화를 가져올 잠재력을 가지게 된다. 그러므로 문제는 이와 같은 차이가 아니라 8장의 '개인적 숙련'에서 설명한 것처럼 진실을 솔직하게 밝히지 못하는 것이다. 어떠한 학습이든 지지하는 이론과 현실 행동 사이의 격차를 인식하는 것이 먼저이다.

그러므로 지지하는 이론과 사용하는 이론의 괴리에 직면했을 경우 우리가 던져야 하는 첫 번째 질문은 "나는 지지하는 이론을 소중히 여기고 있는가?"이다. "그것이 정말로 내 비전의 일부인가?" 지지하는 이론에 대한 깊은 헌신이 없다면 그러한 격차는 현실과 비전 사이의 긴장이 아니라, 현실과 내가 제시하는 관점 사이의 긴장이 된다.(그러한 관점을 제시하는 이유는 아마도 다른 사람의 시선을 의식해서이리라)

지지하는 이론은 알기 쉽지만, 사용하는 이론은 파악하는 게 매우 어려우므로 '매우 동정심이 많은' 동료 같은 다른 사람의 도움이 필요할 수도 있다. 성찰 기술을 발전시키는 과정에서 우리는 서로에게 크나큰 도움이 될 수 있다. 옛말처럼 "중이 제 머리 못 깎는 법이다."

– 추상화 비약

우리의 마음은 번개처럼 빠른 속도로 움직인다. 얄궂게도 이러한 빠른 속도가 학습 속도를 늦추는 요인이 되기도 한다. 즉시 일반화로 '비약'하는 바람에 차분히 시험해볼 생각을 하지 못하기 때문이다. 우리의 생각이 사자성어인 '공중누각'에 해당하는 경우는 예상보다 훨씬 많다.

인간의 의식은 다수의 구체적인 세부사항을 동시에 다루는 것을 어렵게 느끼게 되어 있다. 100명의 사진을 보여주고 각각의 얼굴을 기억하라고 하면 대다수가 힘들어 한다. 그러나 키 큰 남자, 빨간 옷을 입은 여자, 모자를 쓴 노인 같은 식으로 범주를 나누어 기억하는 것은 쉽다. 심리학자 조지 밀러George Miller는 '매직 넘버 7±2'라는 말을 했는데, 특정 순간에 한정된 변수(7개 전후)에만 집중하는 인간의 경향을 이르는 말이다.[11] 그래서인지 인간의 이성은 구체적인 사항을 '추상화'하는 작업에 특히 능하다. 여러 세부사항을 간단한 개념으로 대체하고, 이것을 통해 추론한다. 추상적 개념을 활용한 추론 능력은 인간의 강점임에 분명하지만, 우리가 구체적인 세부사항에서 일반적 개념으로 비약하는 것을 인식하지 못하는 경우에는 이것이 학습을 제한하는 요인으로 작용하기도 한다.

예를 들어 '로라는 배려심이 없다'는 말을 듣고 그 타당성에 의문을 품어본 적이 있는가? 로라가 특이한 몇 가지 버릇을 가지고 있는 상사나 동료라고 생각해보자. 로라는 칭찬에 인색하다. 사람들이 자신에게 말을 걸고 있는데 멍하니 허공을 응시하다가 "방금 뭐라고 하셨죠?"라고 되묻는 일도 종종 있다. 때로는 다른 사람의 말을 중간에 끊어버리기도 한다. 회식 자리에 참석하는 일도 없다. 업무평가를 할 때도 두어 마디 중얼거리고 마는 게 전부다. 이러한 구체적인 일련의 행동을 보고 동료들은 로라가 그다지 배려심이 없다는 결론을 내렸다. 이는 회사 내에서는 누구나 아는 상식이었다. 정작 자신은 무척 배려심이 많다고 생각하는 로라만 빼고 말이다.

로라에게 일어난 일은 동료들이 '추상화'라는 비약을 했다는 것이다. 그들은 로라가 보여주는 여러 가지 구체적인 행동을 '배려심이 없다'는 일반화로 대체했다. 나아가 그들은 이러한 일반화를 사실로 간주하기 시작했다. 이제 누구도 로라가 배려심이 있는지 없는지에 의문을 갖지 않는다. 너무나 당연한 사실이 되어버렸기 때문이다.

이러한 비약은 우리가 직접 관찰한 것(구체적인 데이터)이 별다른 검증 없이 일반화로 나아가는 경우에 발생한다. 이것이 학습에 있어 방해가 되는 것은 한때 가정이었던 것이 이제는 자명한 사실로서 간주되기 때문이다. 로라가 배려심이 없다는 명제를 사실로 받아들이고 나면, 로라가 실제로 '배려심이 없는 행동'을 하는 경우에 아무도 그러한 행동에 의문을 품지 않으며, 설령 이러한 고정관념에 어긋나는 행동을 하더라도 아무도 주목하지 않는다. 로라가 배려심이 없다는 일반적인 견해 때문에 사람들은 로라를 더욱 무관심하게 대하게 되고, 이로 인해 로라는 배려심을 보여줄 기회를 빼앗기게 된다. 결과적으로 로라와 동료들은 누구도 원하지 않는 상태에 빠지게 된다. 일반화와 고정관념에 빠져 관계가 경직되는 것이다. 더구나 검증되지 않은 일반화는 더욱 심한 일반화를 불러들이기 쉽다. "지난주에 회사에 돌았던 소문 말이야. 사실 그 배후인물이 로라가 아닐까? 배려심이 없는 것으로 봐서는 그러한 일을 하고도 남을 것 같은데……"

로라의 동료들은 자신이 직접 관찰한 내용과 관찰에서 추론한 일반화를 구별하는 훈련을 받지 못했다.(이는 우리 대부분이 안고 있는 문제이기도 하다) 우선 로라와 관련된 관찰 가능한 자료, 즉 '사실'이 있다. 로라가 업무평가에 소비하는 시간이나 대화 도중 시선을 외면하는 행위 등이 대표적이다. 그러나 '로라가 남의 말을 귀담아 듣지 않는다'는 것은 사실이 아닌 일반화이며 '로라가 다른 사람에게 별로 관심이 없다'도 마찬가지다. 모두 사실에 근거하고 있을지는 모르지만 그럼에도 어엿한 사실 자체는 아니며 추론에 지나지 않는다. 직접 관찰한 것과 관찰에서 추론한 일반화를 구별하지 못하면, 일반화의 옳고 그름의 여부를 검증해볼 생각도 하지 못하게 된다. 그래서 어느 누구도 로라에게 사실은 어떤지에 대해서 직접 묻지 않는다. 만약 질문을 던졌다면, 로라가 사실 배려심이 매우 깊은 사람이라는 것이 밝혀졌을지도 모른다. 게다가 아무에게도 말하지 못했지만, 사실 청각장애가 있어서 대화에 소극적이라는 가슴 아픈 사실이 알려지게 되었을지도 모른다.

이러한 추상화 비약은 비즈니스 문제, 구체적으로는 사업 현안 판단에서도 흔히 일어난다. 고위 경영자 중의 다수가 "소비자는 가격을 보고 제품을 사며, 서비스의 질은 고려 요인이 아니다."라고 확신하는 회사가 있다. 그들이 그렇게 느끼는 것은 어찌 보면 당연하다. 소비자의 가격 인하 요구는 끝이 없고, 경쟁업체는 이에 따라 가격 인하를 감행하며 소비자를 뺏어가려 하기 때문이다. 회사에 새로 들어온 마케팅 담당 직원이 서비스 품질 개선에 투자해야 한다고 말했지만, 상사들은 그것을 예의를 지키는 선에서 단호하게 거절했다. 고위 관리자들은 해당 직원의 아이디어를 검토해보지도 않았다. '소비자는 서비스에는 관심이 없으며 그저 가격을 보고 구매한다'는 추상화 비약이 '사실'이 되어버렸기 때문이다. 앞서

가는 경쟁업체가 고객이 경험해본 적도, 따라서 요구한 적도 없는 높은 수준의 서비스를 제공함으로써 시장점유율을 꾸준히 늘려가는 동안 그들은 앉아서 구경할 수밖에 없었다.

그렇다면 추상화 비약이 일어나고 있다는 사실을 어떻게 알아챌 수 있을까? 우선 이 세상은 어떻게 돌아가는 것이며, 자신은 무엇을 믿고 있는지 자문해보아야 한다. 사업의 본질, 특정 개인을 비롯한 인간관계 등이 그 대상이 될 수 있으며, 자신이 믿는 내용에 의문을 품어 보는 것이다. "이러한 일반화는 어떤 '자료'에 근거하고 있는가?"라고 스스로에게 물어라. 그리고 "이러한 일반화가 부정확하거나 오해를 초래할 여지가 있다고 생각하고, 재고할 의향이 있는가?"라고 재차 물어라. 두 번째 질문을 의식적으로 해보는 것이 중요하다. 만약 그럴 의향이 없다면 이러한 과정을 진행해보았자 소용이 없기 때문이다.

어떤 일반화에 의문을 제기할 의향이 있다면 이를 근거가 되는 '자료'에서 분리하라. "베일리 신발 구매자인 폴 스미스와 몇몇 고객은 가격을 10퍼센트 인하하지 않으면 우리 제품을 사지 않겠다고 말했다. 그래서 우리는 고객들이 서비스 품질에는 신경을 쓰지 않는다는 결론을 내렸다." 이러한 식으로 일반화 내용과 '근거 자료'를 분리해볼 수 있을 것이다. 이렇게 하면 가능한 모든 패를 펼쳐놓고 다른 해석이나 행동방침을 생각해볼 좋은 기회를 얻을 수 있다.

가능하면 일반화 내용을 바로 시험하는 것이 좋다. 그러다 보면 서로의 행동 이면에 숨은 이유를 물어봐야 하는 일도 있으리라. 그러한 때에는 뒤에서 소개할 나름의 기술이 필요하다. 난데없이 로라를 찾아가서 "원래 그렇게 배려심이 없어요?"라고 다짜고짜 물으면, 상대방은 당황하게 되고 오히려 마음의 문을 닫아버릴 수가 있다. 먼저 상대에 대해 내가 가지고 있는 가정을 모조리 털어놓은 다음, 가정의 근거가 되는 자료를 제시하면서 대화를 시작하는 방법도 있다. 이렇게 하면 상대가 마음의 문을 닫고 방어적으로 반응할 가능성을 상당 부분 줄일 수 있다.

그러나 모두에게 추상화 비약의 가능성이 있다는 것을 인지하는 것이 무엇보다도 먼저다. 그렇지 않으면 질문을 던지고 시험할 필요성 자체를 인식할 수 없기 때문이다. 성찰을 하나의 학습 분야로 생각하고 실천하는 것이 중요한 이유가 여기에 있다. 행동과학에서 나온 '좌측란left-hand column'이라는 기법은 학습을 시작하고 심화하는 과정에서 특히 유용하다.

– 좌측란

이는 정신모델이 특정 상황에서 어떻게 작용하는지 '보기' 위한 아주 효과적인 기법이다. 이 기법은 우리가 실제로는 어떻게 느끼며 어떻게 생각하는지에 대해 논하는 것을 피하기 위해 적절히 대처하여, 바람직하지 못한 상황 개선을 막는 여러 행태를 보여준다.

좌측란 연습을 통해서 경영자는 자신도 정신모델을 가지고 있으며, 이러한 정신모델이 경영 업무를 보는 과정에서 때로 달갑지 않은 역할을 수행한다는 점을 분명하게 인식하게 된다. 연습을 거치고 나면, 자신이 가지고 있는 정신모델의 역할을 인식하는 것은 물론이고, 가정을 솔직하게 다루는 것의 중요성도 이해하기 시작한다.

'좌측란'은 크리스 아지리스와 동료들이 활용하는 일종의 사례에서 나온다. 이것은 자신이 보기에 특정인 혹은 다수 인물과의 대화가 왠지 매끄럽지 못하다고 느꼈던 구체적인 상황을 선택하는 데서 시작된다. 구체적으로 명백한 학습이나 발전이 없었던 상황을 선택하는 것이다. 우선 대본 형태로 실제 대화의 예를 기록한다. 종이를 절반으로 나누어 당시 나누었던 대화를 오른편에 적고, 왼편에는 대화의 단계마다 생각은 했지만 말하지 않았던 내용을 적는다.

예를 들어 나와 동료 빌이 나눈 대화를 상상해보자. 빌과 나는 공동으로 어느 프로젝트를 진행하고 있으며, 이와 관련해 상사를 모시고 중요한 보고를 마친 직후이다. 나는 불가피한 사정이 있어서 그 자리에 함께하지 못했지만, 다른 사람들을 통해 당시 반응이 좋지 않았다고 들었다.

나: 보고는 어땠어?

빌: 글쎄. 잘 모르겠어. 아직 뭐라고 말하기는 이른 단계니까. 더구나 우리는 지금 새로운 분야를 개척하고 있잖아.

나: 그럼, 앞으로 어떻게 해야 될 것 같아? 내가 볼 때 자네가 제시한 사안은 꽤 중요하다고 생각해.

빌: 글쎄. 지금은 확신이 서지 않아. 일단 기다리면서 상황을 지켜보자고.

나: 자네 말이 맞을지도 몰라. 하지만 내 생각에 그냥 기다리는 것보다는 뭔가를 해야 하지 않을까 싶어.

이제 '좌측란' 기법을 활용해 해당 대화를 나타내보려 한다.(다음 장 참조)

좌측란 연습은 항상 감춰진 가정을 표면으로 끌어내고, 그것이 어떻게 행동에 영향을 미치는지 효과적으로 보여준다. 위의 예에서 나는 빌에 대해 두 가지 중요한 가정을 하고 있다. 첫 번째로 그는 자신감이 부족하다. 성과가 좋지 않은 상황에서는 더욱 그렇다. 두 번째로 빌은 결단력이 부족하다. 둘 다 전혀 사실이 아닐지도 모르지만 나의 내면 대화internal dialogue에서는 분명하게 드러나고 있으며, 이것은 내가 상황에 대처하는 방식에도 영향을 미친다. 그가 자신감이 부족하다는 것을 확신한 것은, 보고 결과가 시원찮았다는 소식을 이미 들었다는 사실을 화제로 삼는 것에 적극적이지 않다는 것에 나타나 있다. 그 말을 솔직하게 꺼내면 빌이 그나마 가지고 있던 미미한 자신감마저 잃지는 않을지, 사실을 직시하기가 버겁지는 않을지 우려하는 것이다. 그래서 보고 이야기를 슬며시 간접적으로만 꺼낸다. 빌이 결단력이 부족하다는 것을 확신한 것은 향후 어떻게 해야 할지를 이야기하는 대목에서 나타나 있다. 내가 물어보았는데도 빌은 구체적인 행동방침을 내놓지 않았다. 나는 이러한 태도를 나태하거나 결단력이 부족하다는 증거라고 간주했다. 빌은 행동이 절실히 요구되는 시점에서 아무 것도 하지 않으려 했고, 이것을 보고 나는 압박을 해서라도 그를 움직이게 하거나 아니면 직접 문제를 처리해야겠다고 결론을 내렸다.

'좌측란'을 보면서 얻는 가장 중요한 교훈은 우리가 갈등 상황에서 학습의 기회를 얼마나 망가뜨리고 있느냐를 인식하는 것이다. 빌과 나는 솔직하게 문제에 직면하는 것이 아니라 빙빙 돌려서 중요한 부분은 건드리지 않고 있다. 향후 어떻게 문제를 해결할지 구체적인 방향을 결정짓지 않은 채 뚜렷한 행동방침 없이 대화를 마무리한다. 사실 이 대화에서는 조치가 필요한 문제에 대한 명확한 정의조차 나와 있지 않다.

나는 왜 문제가 있다고 생각한다고 솔직하게 말하지 않는가? 왜 프로젝트를 정상궤도로 되돌리기 위한 대책을 찾아야 한다고 말하지 않는가? 아마도 이러한 '미묘'한 이야기를 어떻게 꺼내야 발전적인 방향으로 마무리될지 몰라서였으리라. 로라의 동료들처럼 나도 섣불리 이야기를 꺼냈다가 상대가 방어적인 반응을 보여서 역효과가 나지 않을까 생각하는

내가 생각한 내용	실제 대화 내용
모두 보고가 실패였다고 말하고 있어. 빌은 얼마나 엉망이었는지 모르는 걸까? 아니면 사실을 직시하지 않으려는 걸까?	나: 보고는 어땠어? 빌: 글쎄. 잘 모르겠어. 아직 뭐라고 말하기는 이른 단계니까. 더구나 우리는 지금 새로운 분야를 개척하고 있잖아.
빌은 진실을 보는 것을 두려워하고 있구나. 조금 더 자신감이 있다면 이러한 상황에서 많은 것을 배울 수 있을 텐데. 우리가 일을 진행하는 데 있어 그 보고가 그렇게 치명적이었다고는 생각하지 않아.	나: 그럼, 앞으로 어떻게 해야 될 것 같아? 내가 볼 때 자네가 제시한 사안은 꽤 중요하다고 생각해. 빌: 글쎄. 지금은 확신이 서지 않아. 일단 기다리면서 상황을 지켜보자고.
빌에게 자극을 주어서 행동에 불을 지필 방법을 찾아야겠어.	나: 자네 말이 맞을지도 몰라. 하지만 내 생각에 그냥 기다리는 것보다는 뭔가를 해야 하지 않을까 싶어.

것이다. 결과적으로 지금보다 상황이 악화되면 어쩌나 걱정도 된다. 혹은 예의를 차리고 싶거나 비판적이라는 인상을 주기 싫어서 그 주제를 회피했을 수도 있다. 이유가 무엇이든 결과는 만족스럽지 못한 대화였고, 나는 빌이 보다 확실한 대책을 모색하게 '만들' 방법을 찾아야 하는 상황이 되었다.

나와 빌이 나눈 대화 같은 어려운 상황을 다루는 단 하나의 '정답'이 따로 존재하는 것은 아니다. 그러나 자신의 추론과 행동이 어떻게 상황 악화에 일조하는지를 살펴보는 것은 상당한 도움이 된다. 바로 여기에서 좌측란 기법이 유용하게 쓰인다. 일단 내가 스스로의 가정과 그것을 감추는 방식을 보다 명확하게 파악하면 대화를 생산적으로 이끌 수 있게 된다. 그러기 위해서는 자신의 관점과 그것의 근거가 되는 '데이터'를 상대방과 공유하는 과정이 요구된다. 또한 빌이 이러한 견해와 자료 모두를 공유하지 않을 가능성과 둘 다 잘못되었을 가능성을 염두에 두고 있어야 한다.(결국 보고 결과가 시원찮았다는 것에 대해 알려준 정보 자체가 잘못되었을 수도 있다) 요컨대 내가 할 일은 이 상황을 우리 두 사람 모두가 배울 수 있는 상황으로 전환하는 것이다. 그러기 위해서는 내 관점을 분명하게 말하고, 빌의 관점에 대해서 더욱 상세하게 알고자 하는 노력이 결합되어야 한다. 아지리스는 이 과정을 '질의와 주장의 균형'이라고 부른다.

– 질의와 주장의 균형

대부분의 관리자는 주장advocacy을 펴는 사람이 되도록 훈련받는다. 실제로 많은 회사에서 유능한 관리자가 된다 함은 문제 해결 능력을 지니게 된다는 의미이다. 말하자면 무엇을 해야 하는가를 알고, 무엇이 되었든 그것을 해내는 데 필요한 지원을 끌어내는 능력이다. 그들이 성공할 수 있었던 부분적인 이유는 설득력 있게 논쟁한 끝에 다른 사람을 움직이게 만드는 능력이 있었기 때문이다. 반면 질의inquiry 기술은 인정도 보상도 받지 못한다. 그러나 높은 자리로 올라갈수록 관리자들은 개인적인 경험의 범위를 넘어선 복잡하고 다양한 문제에 직면하게 된다. 갑자기 다른 사람의 통찰을 구할 필요가 생긴다. 말하자면 그들도 배울 필요가 있다는 것이다. 이때 관리자의 주장 기술은 오히려 역효과가 될 수도 있다. 우리가 서로 학습하는 것을 방해하기 때문이다. 필요한 것은 주장과 질의를 혼합하여 협력적인 공동 학습을 촉진하는 것이다.

각각 주장을 펴는 두 사람이 만나서 마음을 열고 솔직한 의견교환을 한다고 해도 학습은 거의 일어나지 않는다. 진심으로 상대의 견해에 관심을 가질 수는 있지만, 순수하게 주장만 계속하는 경우 대화는 의도와는 다른 방향으로 진행되며 또 다른 구조를 만들 뿐이다.

> "솔직한 의견에 감사하지만, 제 경험과 판단에서 보면 다른 결론에 이르게 됩니다. 당신의 제안이 효과가 없는 이유를 설명해보겠습니다."

양쪽 모두 차분하고 논리적인 태도로 각자의 주장을 펼치기 때문에 서로의 입장은 더욱 굳어질 뿐이다. 질의가 없는 주장은 더욱 강한 주장으로 이어질 수밖에 없다. 실제로 이러한 경우 어떤 일이 일어날지 알려주는 시스템 원형이 하나 있다. 이른바 '에스컬레이션(확대)'으로 불리며, 군비확장 경쟁과 유사한 구조를 하고 있다.

A와 B가 대화를 나누고 있을 때, A가 격렬하게 주장할수록 B가 느끼는 위협은 커진다. 따라서 B도 필사적으로 자기주장을 펴게 된다. 그러면 위협을 느낀 A 역시 한층 격렬하게 반격한다. 그렇게 확대 프로세스가 반복된다. 관리자는 이러한 확대 현상이 결국 소모전에 지나지 않는다는 것임을 깨닫고, 나중에는 어떤 의견 차이도 공개적으로 말하기를 꺼리게 된다. 참으로 안타까운 일이 아닐 수 없다.(오른쪽의 다이어그램 참조)

몇 가지 질문으로 대화를 시작하면, 시간이 지날수록 각자의 주장만 강해지는 이러한 눈덩이 효과를 멈출 수 있다. "당신이 그러한 견해를 갖게 된 이유는 무엇입니까?", "당신이 주장하는 것의 구체적인 내용을 설명해주시겠어요?", "당신의 주장을 뒷받침하는 '자료'나 경험을 말해줄 수 있습니까?" 같은 간단한 질문으로 토론에 질의 요소를 자연스럽게 집어넣을 수가 있다.

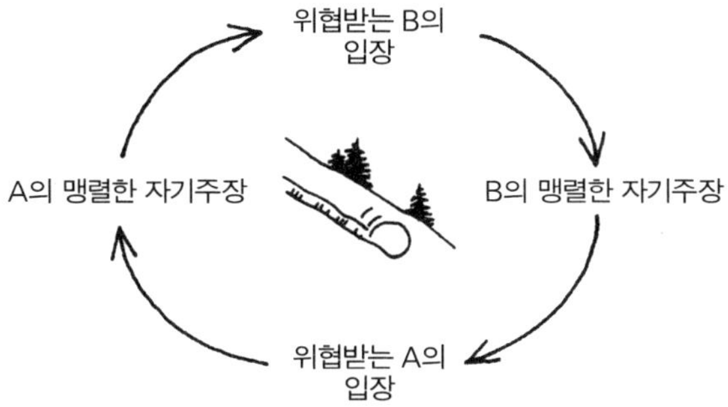

우리는 학습 기술을 개발하고자 작업하는 관리팀의 회의 내용을 가끔 녹음하기도 한다. 팀에 문제가 있다는 신호 중의 하나는 몇 시간 동안 진행되는 회의에서 질문이 거의 나오지 않을 때이다. 믿기지 않을지 모르지만 나는 실제로 서너 시간씩 회의를 하면서도 질문 하나 나오지 않는 회의를 많이 보았다! 당신이 굳이 '행동과학' 전문가가 아니더라도 어렵지 않게 볼 수 있는 광경이다.

그러나 순전히 질의만으로 진행되는 대화나 토론 역시 한계가 있다. 질문 제기가 각자의 주장만 강해지는 악순환을 깨뜨리는 데 아주 효과적일 수는 있지만, 팀이든 개인이든 질의와 주장을 결합하는 법을 터득하기 전까지는 학습 기술이 제한적일 수밖에 없다. 순수한 질의만으로는 한계가 있는 한 가지 이유는 자신의 관점이 유일하게 옳은 관점이라고 생각하느냐와 상관없이 우리는 항상 각자의 관점을 가지고 있기 때문이다. 그러므로 질문만 많이 하는 태도는 쉴 새 없는 질문의 장벽 뒤에 자신의 관점을 감춤으로써 학습을 회피하는 수단이 될 수도 있다.

보통은 관리자가 주장과 질의 기술을 결합시켰을 경우, 가장 생산적인 학습이 일어난다. 달리 표현하자면 '상호 질의'라고 할 수 있겠다. 모든 참가자가 자신의 생각을 명확히 밝히고 공개적인 검토를 받는다는 의미다. 진정으로 방어에 취약한 상황을 만들어낸다는 의미이기도 하다. 어느 누구도 자신의 견해 뒤의 증거나 추론을 감추지 않으며, 정밀 검토를 받겠다는 열린 마음으로 의견을 제시한다. 이를테면 질의와 주장이 균형을 이루는 경우, 다른 사람의 관점 이면에 자리한 추론을 살피는 것은 물론이거니와, 나의 가정과 추론 역시 명확히 밝혀서 다른 사람이 그것에 대해 조사할 수 있도록 할 것이다. "이것이 내 관점이고, 이러한 관점에 도달하게 된 경위는 이렇습니다. 당신이 듣기에 어떠신가요?" 식의 대화가 될 것이다.

순전히 주장만 하는 경우, 목표는 논쟁에서 이기는 것이다. 그러나 질의와 주장이 결합되는 경우, 목표는 가장 좋은 주장을 찾아내는 것으로 바뀐다. 이는 우리가 데이터를 활용하고 추상 개념 이면의 추론을 드러내는 방식에서 극명하게 나타난다. 예를 들어 순수하게 주장만 펼치는 경우에는 데이터를 선별적으로 활용해서 자신의 입장을 뒷받침하는 데이터만을 제시하는 경향이 있다. 입장 이면의 추론을 설명할 때에는 '자신의 주장을 입증'하기에 충분한 부분만을 노출시키고, 주장을 약화시키겠다 싶은 부분은 언급을 회피한다. 반대로 주장과 질의가 모두 균형 있게 활성화된 논쟁의 경우, 주장을 뒷받침하는 자료는 물론 그렇지 않은 자료도 거리낌 없이 공개한다. 이때 진정으로 관심이 있는 것은 자신의 관점의 결점을 찾는 것이기 때문이다. 이처럼 자신의 의견을 드러내고 그 안의 결점을 찾는 것과 마찬가지로, 다른 사람의 추론 역시 이해하려고 노력한다.

질의와 주장을 결합한다는 이상은 실천이 쉽지 않은 일이다. 솔직한 질의에 개방되지 않은 정치적인 조직에서 활동하는 경우에는 이러한 이상을 실현하는 게 특히 어렵다. 다년간의 경험을 통해서 나는 보다 균형 잡힌 접근법으로 나아가려면 인내와 끈기가 필요하다는 사실을 깨달았다. 발전은 차근차근 단계적으로 진행된다. 나의 경우 첫 번째 단계는 자신이 동의하지 않는 타인의 관점에 대해 묻고 알아보는 방법을 학습하는 것이었다. 이전에 나는 그러한 의견 차이가 있으면 습관적으로 내 관점을 더욱 강하게 주장하는 식으로 반응했다. 대체로 상황을 충분히 고려했으며 내 입장이 옳다고 진정으로 믿기 때문에 나오는 반응으로, 악의는 전혀 없었다. 그러나 안타깝게도 결과는 좋지 못했다. 이러한 태도는 양극화를 초래하거나 토론 자체를 종식시키는 결과를 가져왔고, 내가 간절히 원하던 우호적인 협력관계를 끌어내지 못했다. 이제 나는 의견 차이가 있으면 상대의 관점에 대해 보다 상세히 말해달라고 하거나, 그러한 관점에 도달하게 된 경위 등으로 질문을 확대하곤 한다.

질의와 주장 사이의 균형을 유지하는 규율을 숙달하는 데는 상당한 시간이 들지만, 분명 보상도 만족할 만큼 크다. 요즘 나는 내 관점을 다른 사람에게 납득시키는 데 아주 적은 시간만 들이고 있다. 그리고 이러한 삶이 훨씬 홀가분하며 즐겁다고 자신 있게 말할 수 있다. 그렇다고 예전 버릇이 완전히 사라진 것은 아니다. 보통은 심한 스트레스를 받는 상황이 되면 일방적으로 자기주장을 펼치던 때로 돌아가려는 모습을 보인다. 그럴 때마다 나는 그러한 태도를 지양함으로써 삶이 얼마나 명확하고 즐거워졌는가를 상기한다. 반복적인 경험을 통해 분명해진 또 다른 하나는 질의와 주장이 공존하는 경우 창조적 결과가 나올 확률이 훨씬 높다는 사실이다. 어떤 의미에서 두 사람이 순전히 자기주장만 펼치는 상황에서는 결과가 미리 결정된 것이나 마찬가지라고 볼 수 있다. A가 이기거나, B가 이기거나, 혹은 둘 다 자신의 관점을 그대로 고수하는 것 가운데 어느 하나이다. 그러나 질의와 주장이 공존하는 경우에는 이러한 한계가 사라진다. 양쪽 모두 열린 마음으로 자신의 관점에 대한 질의를 허락했기 때문에 전혀 새로운 제3의 관점을 발견할 가능성이 항상 존재한다.

질의와 주장 사이의 균형을 완전히 숙달하기까지 다음의 지침을 명심하면 도움이 되리라고 본다.[12]

〈자신의 견해를 주장할 때〉

- 당신의 추론을 명확히 하라.(즉, 그러한 견해에 도달한 과정과 근거가 되었던 '데이터'를 이야기하라)
- 상대방이 당신의 견해를 살피고 분석하도록 독려하라.(예를 들어 "내 추론에 무언가 결점이 있습니까?" 같은 질문을 던져라)
- 상대방이 다양한 견해를 제시하도록 독려하라.("내가 말한 것 이외에 다른 자료나 결론이 있습니까?")
- 상대방이 당신과 다른 견해를 갖고 있다면, 그것을 적극적으로 묻고 탐구하라.("당신의 의견은 무엇입니까?", "어떻게 그러한 의견을 가지게 되었습니까?", "제가 고려했던 것과 다른 자료가 있습니까?")

〈상대방의 견해에 대해 질의할 때〉

- 상대방의 견해에 대해 가정한 것이 있다면, 그 가정을 명확히 밝히고 그것이 어디까지나 가정임을 인정하라.
- 당신이 제시한 가정의 근거가 되는 '데이터'를 밝혀라.
- 상대방의 견해에 진정으로 관심이 있을 때만 질문을 던져라.(즉, 예의를 차리거나 혹은 상대를 당황하게 만들려고 하는 질문은 옳지 않다)

〈막다른 골목에 다다랐을 때〉

(말하자면 상대방이 자신의 견해를 탐구하는 일을 더 이상 허용하지 않을 경우에)

- 어떠한 데이터나 논리가 그들의 관점을 바꿀지 물어라.
- 새로운 정보를 가져다줄 실험(혹은 다른 질의)을 함께 계획할 방법이 있는지 물어라.

〈당신 혹은 상대방이 자신의 견해를 밝히거나, 다른 아이디어를 시험해보기를 망설이는 때〉

- 어려워하고 망설이는 이유를 당당하게 표현하도록 그들(혹은 자신)을

독려하라.("현재의 상황에 대해서 솔직한 대화를 어렵게 만드는 것은 무엇입니까?")

• 서로 합의가 된다면 상대방과 이러한 장벽을 극복할 방법을 찾아라.

중요한 것은 이와 같은 지침을 무작정 따르는 것이 아니다. 질의와 주장 사이의 균형을 유지한다는 생각을 마음에 새기는 방편으로 지침을 활용하라는 것이 핵심이다. 말하자면 이러한 지침은 학습 규율을 시작할 때의 여느 공식처럼, 비유를 들자면 처음으로 자전거를 탈 때의 '보조 바퀴'와 같이 사용되어야 한다. 보조 바퀴를 사용하면 안심하고 연습을 시작할 수 있으며, 자전거에 타는 감각 즉 주장을 하며 질의를 실천하는 감각을 파악할 수 있다. 기술을 습득한 뒤에는 이러한 지침을 버려도 무방하며, 어쩌면 버려야 마땅할지도 모른다. 그러나 힘든 상황에 직면할 때면 보조 바퀴를 붙인 자전거로 돌아가는 것이 좋다.

그러나 당신에게 진정으로 알고 싶다는 마음과 특정 상황에 대한 정신모델을 바꿀 의향이 없다면, 이러한 지침은 아무 소용이 없다는 것을 명심해야 한다. 바꿔 말하면 질의와 주장의 균형을 추구하는 연습은 자신이 지닌 사고의 한계를 기꺼이 드러낼 의향이 있다는 의미다. 요컨대 내가 틀릴지도 모른다는 가능성을 받아들이고 인정할 의지가 있다는 의미다. 이와 같은 마음가짐이 없다면 상대방 역시 같은 태도를 보일 수 없을 것이다.

모든 규율이 그렇듯이 정신모델 규율 역시 진척을 보이기까지는 시간이 걸리며, 진척이 있다는 신호가 워낙 미묘해서 금방 눈에 띄지 않을 수도 있다. 몇 년 동안 조직학습에 다각도로 투자하고 있는 할리 데이비슨의 제프 블루스타인Jeff Bluestein에게 "무언가 변화가 있습니까?"라고 물은 적이 있다. 그의 대답은 간단했다. "사원들의 대화가 달라졌습니다. '상황이 이렇습니다'라는 말보다 '저는 상황을 이렇게 바라보고 있습니다'라고 말하는 모습을 점점 많이 보게 되었습니다. 대수롭지 않다 싶을지 모르지만 이러한 작은 차이가 전혀 다른 대화로 이어집니다."

합의는 중요한가?

정신모델 규율을 학습하는 목표가 반드시 합의나 의견 수렴은 아니라는 것에 아무쪼록 주의해야 한다. 복수의 정신모델이 동시에 존재할 수 있으며, 그 가운데 일부는 상충될 수도 있다.

모든 정신모델은 상황에 비추어 고려하고 시험해야 한다. 그러기 위해서는 조직 차원에서 '진실에 헌신하는 태도'가 필요한데, 이는 개인적 숙련에서 나오는 자연스러운 결과물이다. 덧붙여서 우리는 결코 모든 진실을 알 수 없다는 점도 이해해야 한다. 정신모델을 살폈다고 해서 반드시 합의에 도달하는 것은 아니다. 오브라이언의 말처럼 정신모델을 점검한 뒤에도 "우리는 다른 입장에 도달할 수 있다. 목표는 누가 되었든 특정 사안을 일선에서 다루는 사람이 상황에 맞는 최상의 정신모델을 갖게 되는 것이다. 다른 이들은 그 사람(경우에 따라서 여럿일 수도 있으리라)이 가능한 최상의 정신모델을 구축함으로써 결과적으로 가능한 최선의 결론을 내리도록 지원하는 데 집중해야 한다."

의견의 일치가 목적지는 아니라 할지라도 그러한 과정이 제대로 진행된다면 결과를 산출하는 데에 이른다. "서로의 입장이 다른 채로 회의가 끝나도 우리는 개의치 않는다." 오브라이언의 말이다. "모두가 각자의 의견을 표현했을 때, 설령 그 의견에 찬성하지 않는 사람이 있다고 할지라도 충분히 고려한 끝에 내린 결론이기에 그 의견을 존중하는 게 가능하다. '이러한 까닭에 저는 당신의 의견을 지지하지 않습니다'라고 말해도 전혀 무방하다. 어떤 면에서 이는 대단한 일이라고 할 수 있는데, 합의에 도달해야 한다는 압박에 시달릴 때보다 오히려 원활한 협력이 이루어지는 때가 있기 때문이다." 이러한 환경에서는 자신이 가장 잘 안다고 생각했는데 주장을 밝힐 기회를 갖지 못했을 때 흔히 느끼는 비통함이나 씁쓸함에 힘들어하는 사람이 거의 없다. 사람들은 학습과정이 개방되어 있고 모든 사람이 진실하게 행동하는 환경에서는 결과적으로 자신의 주장과 다른 관점이 채택되어 시행되는 경우에도 별다른 문제 없이 잘 지내는 것으로 나타났다.

"우리가 각별하게 여기는 정신모델은 없다." 오브라이언의 설명이다. "그저 정신모델을 중시하는 철학이 있을 뿐이다. 만약 우리가 현장에 나가서 '이것이 23번 상황을 다룰 정신모델입니다'라고 말한다면, 그것은 문제가 있다고 보아야 한다." 비전을 강요하는 것이 역효과를 부르기 쉬운 것처럼 자신의 마음에 드는 정신모델을 다른 사람에게 강요하는 것도 대체로 역효과를 부른다. 발언권이 크거나 지위가 높은 사람이라면, 자신이 옳다고 믿는 정신모델을 다른 이들도 곧장 믿고 받아들이게끔 이끌고 싶은 유혹이 있을지 모른다. 그러나 설령 자신의 정신모델이 낫다고 하더라도 그의 역할은 그것을 다른 사람에게 주입하는 것이 아니라, 그들이 그것을 고려해보도록 솔직하게 제시하는 것이다.

정신모델을 이야기하면서 합의나 일치를 강조하지 않는 것이 의외라고 생각하는 사람들이 많다. 그러나 이는 오브라이언만의 생각이 아니다. 내가 만난 훌륭한 팀의 구성원 가운데는 오브라이언과 비슷한 말을 하는 이들이 적지 않았다. '터놓고 말하다 보면 어떻게 해야 할지 알게 되리라'는 믿음은 팀 학습 규율의 핵심인 '다이얼로그'를 통해 촉진되는 통합의 초석이기도 하다. 이에 대해서는 뒤에서 상세히 다룰 예정이다.

정신모델과 시스템 사고

나는 정신모델이 없는 시스템 사고는 보조날개가 없는 DC-3 항공기의 공랭식 성형 엔진과 다름없다고 생각하게 되었다. 보잉 247기를 만든 기술자들이 보조날개가 없어서 엔진 크기를 줄여야 했던 것처럼, 정신모델이 없는 시스템 사고는 상당한 힘을 상실할 수밖에 없다. 두 규율은 자연스럽게 함께 가게 되는데, 하나는 감춰진 가정을 드러내는 데 초점을 두고, 다른 하나는 그러한 가정을 재구성하여 심각한 문제의 원인을 규명하는 데 초점을 두고 있기 때문이다.

이번 장의 서두에서 보았듯이, 우리 내면 깊숙한 곳에 자리한 정신모델은 시스템 사고가 이끌어낼 변화를 방해한다. 그러므로 경영자는 자신의 정신모델을 성찰하는 법을 배워야 한다. 지배적인 가정을 솔직하게 드러내는 것이 먼저다. 그렇게 함으로써 정신모델을 바꿀 이유가 생기고 시스템 사고를 하는 목적도 생긴다. 경영자가 자신의 세계관을 일련의 가정이 아닌 사실이라고 '믿는다'면, 그 세계관을 솔직하게 드러내놓고 추궁받도록 두지 않을 것이다. 자신과 타인의 사고방식에 대해 묻고 알아보는 기술이 부족하다면, 함께 새로운 사고방식을 실험하는 데도 한계가 있을 수밖에 없다. 게다가 조직 내에서 정신모델에 대한 확고한 철학과 이해가 없다면, 구성원들은 시스템 사고의 목적이 정신모델 개선이 아니라 현실 세계에 대한 정교한 '모델'을 표현하는 다이어그램을 그리는 것이라고 잘못 생각할 수도 있다.

그러한 의미에서 시스템 사고는 정신모델을 효과적으로 다루는 것만큼이나 중요하다. 최근의 연구 결과를 살펴보면 우리의 정신모델 가운데 대부분은 시스템 사고의 관점에서 바라봤을 때 결함을 갖고 있는 경우가 상당히 많다. 결정적인 피드백 관계를 놓치며, 시간 지연에 대해 잘못된 판단을 내리고, 눈에 띄기는 하지만 반드시 레버리지가 높다고 볼 수는 없는 변수에 관심을 집중할 때도 많다. MIT의 존 스터먼John Sterman은 실험을 통해서 정신모델의 결함을 나타내왔다. 이를테면 맥주 게임 참가자들은 이미 주문한 맥주를 받기까지 배송이 지연되는 상황을 잘못 판단했다. 그것도 일시적으로 어느 한 단계에서 그런 것이 아니라, 게임이 진행되는 내내 잘못된 판단을 내렸다. 게임 참가자 대부분이 재고 부족 때문에 당황했을 때 발생하는 중요한 강화 피드백을 보지 못하거나, 보고도 의사결정에서 고려하지 않았다.(맥주 게임 내내 맥주 주문량이 늘고, 그것 때문에 공급자의 재고가 바닥나고, 재고 부족으로 배달 지연이 계속되고, 그로 인해 공황 상태가 한층 심화되는 강화 피드백이 작용하고 있었다) 스터먼은 이외에도 다양한 실험을 통해서 정신모델에 존재하는 유사한 결점을 보여주었다.[13]

이러한 결점을 이해하면 지배적인 정신모델에서 가장 취약한 부분이 어디에 있으며, 효과적인 결정을 위해 관리자의 정신모델을 단순히 '드러내는' 수준을 넘어 추가 작업이 필요한 부분이 어디인지 파악하는 데 도움이 된다.

결국 정신모델을 실질적인 경영의 규율로 만들어주는 힘은 조직 전체에서 사용되는 일련의 '포괄적 구조'일 것이다. 그리고 이러한 '구조'는 6장에서 제시된 것과 같은 시스템 원형에 토대를 두고 있으며, 동시에 특정 조직의 제품, 시장, 기술 같은 구체적인 특성에 맞게 변형될 것이다. 예를 들어 어느 석유회사의 '부담 떠넘기기'와 '성장의 한계' 구조는 보험회사의 그것과는 다르겠지만, 기저에 있는 원형은 동일할 것이다. 이러한 구조는 조직에서 시스템 사고를 실천한 결과 자연스럽게 생겨난 부산물일 것이다.

궁극적으로 시스템 사고와 정신모델의 통합에서 우리가 얻는 이익은 정신모델(자신이 생각하는 것)의 개선뿐만 아니라 생각하는 방식의 변화도 있다. 눈앞의 사건에 지배당하는 정신모델에서 장기적인 변화 유형과 그러한 유형을 만들어내는 근본적인 구조를 인식하는 정신모델로의 변화가 그것이다. 예를 들면 셸에서 만든 시나리오 덕분에 회사 관리자들은 향후 닥쳐올 변화를 인식하게 되었을 뿐만 아니라, 사건 중심 세계에서 벗어나 변화의 유형을 바라보는 첫걸음을 뗄 수 있었다.

오늘날 주요 의사결정에 사용되는 대부분의 정신모델은 '직선적 사고'에 지배되고 있다. 미래의 학습조직은 상호 관계와 변화 유형에 대한 이해의 공유를 바탕으로 핵심 의사결정을 하게 될 것이다.

10 공유 비전

공통 관심

기원전 71년, 로마에서 노예 반란군을 지휘했던 노예 검투사의 이야기를 각색한 영화 〈스파르타쿠스Spartacus〉를 기억하는 사람도 있으리라고 생각한다.[1] 반란군은 로마군을 두 차례나 물리치는 위력을 보여주었지만, 결국은 오랜 포위 공격 끝에 마르쿠스 크라수스Marcus Crassus 군에게 진압되고 말았다. 영화에서 크라수스는 스파르타쿠스 군대의 생존자 수천 명 앞에서 이렇게 말한다. "너희는 노예였다. 그리고 다시 노예로 돌아갈 것이다. 너희는 십자가형을 받아야 마땅하지만 로마군의 자비로 이를 면할 방법이 있다. 노예 스파르타쿠스를 우리에게 넘겨주기만 하면 된다. 우리가 스파르타쿠스의 얼굴을 모르기 때문이다."

한참을 망설인 끝에 스파르타쿠스가 일어서서 말한다. "내가 스파르타쿠스다." 그러자 옆에 있던 남자도 일어나 말한다. "아니다. 내가 스파르타쿠스다." 순식간에 반란군의 모든 사람이 일어섰다.

이것이 실제로 있었던 이야기인지는 중요하지 않다. 중요한 것은 그들의 행동을 통해 드러나는 내면의 진실이다. 한 사람 한 사람이 일어섬으로써 죽음을 선택했다. 그러나 스파르타쿠스 군대의 충성심이 스파르타쿠스라는 한 사람을 향한다고 생각한다면 오산이다. 그들의 충성심은 스파르타쿠스가 일깨운 공유 비전을 향했는데, 바로 자유인이 될 수 있다는 꿈이었다. 이 비전이 워낙 강력했기 때문에 그들 중 어느 누구도 그것을 포기하고 노예로 돌아가는 생활을 견딜 수 없었던 것이다.

공유 비전은 아이디어가 아니다. 자유처럼 중요한 아이디어조차도 공유 비전은 아니다. 오히려 사람들의 마음속에 있는 힘, 깊은 감명을 주는 놀라운 힘을 말한다. 공유 비전은 어쩌면 어느 한 아이디어에 의해 고취될 수는 있다. 그러나 일단 공유 비전으로 발전되면, 다시 말해 충분히 설득력이 있어서 두 사람 이상의 지지를 받게 되면, 더 이상 추상적인 개념이 아니라 명백한 실체를 띠게 된다. 사람들이 그것을 존재하는 것으로 간주하기 시작하는 것이다. 지금껏 인간사에서 공유 비전만큼 강력한 것은 없었다.

공유 비전을 가장 단순한 수준에서 이야기하자면 "우리는 무엇을 창조하기를 원하는가?"라는 질문에 대한 답이다. 개인 비전이 각자가 머리와 가슴에 담고 있는 그림 혹은 이미지인 것처럼, 공유 비전은 조직 전반에 걸친 사람들이 품고 있는 그림이다. 공유 비전은 조직에 스며들어 다양한 행동에 일관성과 응집력을 부여하는 공동체 의식을 만들어낸다.

어떤 비전을 진정으로 공유하는 상태라 함은 개인이 각각의 비전을 가지고 있는 상태가 아니라, 상대방과 내가 같은 그림을 가슴에 품으며 서로에게 헌신하는 경우라고 말할 수 있다. 진정으로 하나의 비전을 공유하면, 공통 염원에 의해 우리는 서로 연결되고 결속된다. 개인 비전은 해당 비전에 대한 각자의 깊은 관심에서 힘을 얻는다. 마찬가지로 공유 비전은 공통의 관심에서 힘을 얻는다. 사실 사람들이 공유 비전을 구축하려 하는 이유 중의 하나는 중요한 업무 수행에서 서로 연결되고자 하는 욕망임을 인정해야 한다.

공유 비전은 학습조직에 있어 더없이 중요하다. 학습에 집중력과 활력을 제공하는 원천이기 때문이다. 적응학습은 비전이 없어도 가능하다. 그러나 무언가를 만들어내고 창조하는 학습, 즉 생성학습은 구성원이 자신에게 매우 중요한 무언가를 성취하려고 노력하는 경우에만 가능하다. 사실, 구성원이 진심으로 성취하고자 하는 비전에 열광하기 전까지는 창조능력을 키우는 생성학습이라는 개념 전체가 추상적이고 무의미해 보인다.

오늘날 '비전'은 기업 리더십에서 친숙한 개념이다. 그러나 꼼꼼히 살펴보면 대부분의 '비전'은 어느 한 사람, 혹은 일부 집단의 그것이 조직 전체에 강요된 것임을 알 수 있다. 그러한 비전은 구성원에게서 기껏해야 순종은 이끌어내겠지만 진정한 헌신을 이끌어내지는 못한다. 공유 비전은 많은 사람이 마음으로부터 몰두하는 비전이며, 그것은 각자의 개인 비전이 반영된 까닭이다.

공유 비전이 중요한 이유

공유 비전 없이 AT&T, 포드, 애플이 이룬 업적을 상상하기란 불가능하다. AT&T 창업자 시어도어 베일Theodore Vail은 세계적으로 보편적인 전화 서비스라는 비전을 가지고 있었고 그것이 실현되기까지 무려 50년의 세월이 걸렸다. 포드 자동차의 헨리 포드는 부유층만이 아니라 일반 서민도 자동차를 소유하는 세상을 마음에 그렸다. 스티브 잡스Steve Jobs와 스티브 워즈니악Steve Wozniak을 비롯한 애플 창업자들은 사람들의 가능성을 넓혀줄 컴퓨터의 저력을 예견했다. 고마쓰(小松, 일본의 대표적 중장비 업체로, 20년도 안 되는 짧은 기간에 캐터필러의 3분의 1 규모에서 동등한 규모로 성장했다), 캐논(Canon, 마찬가지로 20년도 안 되는 기간에 복사기 분야에서 제록스의 세계 시장점유율에 맞먹는 수준으로 성장했다), 혼다本田 같은 일본 기업의 성장 역시 그들이 세계적 성공이라는 비전을 추구하지 않았다면 상상할 수 없는 일이었다.[2] 무엇보다도 중요한 것은 이러한 개인의 비전을 회사 모든 위치에 있는 구성원이 진심으로 공유하게 되었다는 점이다. 그리하여 수천 명의 에너지를 모아, 실로 다양한 사람들 사이에 '공통 정체성'이 만들어졌다.

많은 공유 비전이 외부 요인과 관련되어 있다. 즉, 경쟁업체 같은 외부 세력과 비교하여 어떤 것을 성취하는 데에 초점을 맞추고 있다. 그러나 상대를 이기는 데 한정된 목표는 일시적이어서 오래가지 못한다. 일단 비전이 달성되면 '지금 가진 것을 지키고, 최고의 자리를 잃지 않으려는 방어적인 태도'로 변질되기 쉽다. 그러한 방어적인 태도로 새로운 무언가를 만들어내는 창조성, 열정 등을 불러일으키기는 힘들다. 예를 들어 진정한 무술의 대가라면 '모두를 앞서는 실력'보다는 '탁월한 수준'이라는 자기 내면의 기준에 역점을 둘 것이다. 그렇다고 비전이 반드시 내적 요인과 외적 요인 중의 어느 하나에 집중해야 한다는 의미는 아니다. 두 유형의 비전이 공존할 수도 있다. 그러나 적을 무찌르는 데만 중점을 두는 비전에 의존하다 보면 장기적으로는 조직이 오히려 약해질 수 있다.

교세라의 이나모리 가즈오는 직원들에게 '내면을 들여다봐서', 자신만의 기준을 찾아내라고 강조한다. 이나모리는 회사가 업계에서 1등이 되고자 노력하는 동안, 다른 경쟁자보다 '나은' 기업 혹은 해당 분야에서 '최고'가 되는 목표를 가질 수 있다고 주장한다. 그러나 이나모리의 비전은 교세라가 '최고'가 아니라 '완벽'해지는 것을 목표로 하는 것이었다.(이나모리가 창조적 긴장 원칙을 어떤 식으로 적용하는지 기억하라. '비전이 무엇인가'가 아니라 '비전이 무엇을 하느냐'이다)[3]

공유 비전, 그것이 특히 내면 요인과 관련된 비전일 경우에는 사람들의 열망을 한층 끌어올린다. 일은 조직의 제품이나 서비스로 구현되는 더 큰 목표의 일부가 된다. 개인 컴퓨터를 통해서 학습을 촉진하고, 보편화된 전화 서비스를 통해 세상에 소통을 가져오고, 개인 자동차를 통해 이동의 자유를 장려하는 것이 좋은 예가 되리라. 더 큰 목표가 조직의 스타일, 분위기, 정신에 구현될 수도 있다. 가구 회사 허먼 밀러Herman Miller의

전 CEO 맥스 드 프리Max de Pree는 허먼 밀러에 대한 자신의 비전이 '인간 영혼에 대한 선물'이었다고 말했다. 여기에서 드 프리가 말하는 것은 허먼 밀러의 제품뿐만 아니라 회사 직원, 분위기, 생산적이면서 아름다운 작업 환경에 대한 헌신 등을 두루 말한다.[4]

비전은 활력을 준다. 비전은 조직을 범속한 상태 이상으로 끌어올리는 활기와 흥분을 만들어낸다. 어느 관리자가 하는 말을 들어보자. "아무리 경쟁이나 내부 문제로 힘들다고 해도, 회사 건물 안에 들어서면 나의 영혼이 되살아난다. 우리가 하는 일이 정말로 중요하다는 사실을 알기 때문이다."

기업에서 공유 비전은 직원과 회사의 관계도 변화시킨다. '그 사람의 회사'가 아니라 '우리의 회사'가 된다. 공유 비전은 서로를 불신하던 사람들이 협력해서 일하도록 해주는 첫 단계이다. 공유 비전은 공통 정체성을 만들어낸다. 사실상 조직에서 구성원이 공유하는 목적의식, 비전, 가치관이 가장 기본적인 수준의 공통성commonality을 형성한다. 심리학자 에이브러햄 매슬로Abraham Maslow는 말년에 이르러 '높은 성과를 올리는 팀high performing team'에 대해 연구했다. 그들의 가장 두드러진 특징 중 하나는 구성원이 공유하는 비전과 목적이었다. 매슬로는 이례적으로 높은 성과를 올리는 팀에 대해 다음과 같이 말했다.

> 과업이 자신과 분리되어 있지 않다. 오히려 자신과 과업을 동일시하는 분위기가 매우 강해서 과업을 포함하지 않고는 진정한 자기 정체성을 정의하기 힘들었다.[5]

공유 비전은 워낙 자연스럽게 용기를 북돋아 주는 까닭에 스스로 용기를 내고 있다는 사실조차 인식하기 힘들 정도다. 용기는 비전 추구 과정에서 그저 필요한 일을 하는 것일 뿐이다. 1961년 존 케네디John Kennedy는 미국 우주 계획 분야 지도자들이 오랫동안 품고 있던 비전을 분명하게 표현했다. 바로 1960년대 말까지 인간을 달에 보낸다는 것이었다.[6] 이것이 수많은 용기 있고 대담한 행동으로 이어졌다. 1960년대 중반 MIT의 드레이퍼 연구소Draper Laboratories에서는 현대판 스파르타쿠스 이야기가 탄생했다. 드레이퍼 연구소는 아폴로 우주선에 탑승하는 우주비행사들을 달로 안내하기 위한 관성 항법 및 유도 시스템 개발을 맡은 NASA의 협력조직이었다. 프로젝트를 시작하고 몇 년이 지난 후, 연구소 책임자들은 최초 설계가 잘못되었다는 것을 알게 되었다. 이미 수백만 달러가 투입되었기 때문에 이만저만 당혹스럽고 창피한 일이 아니었다. 그렇지만 그들은 임시방편적인 해결책에 머무르는 것 대신, 진행 중인 프로젝트를 중단하고 처음부터 다시 시작할 것을 NASA에 요청했다. 연구소는 역사적인 계약은 물론이고 그간의 명성까지 잃을 위험을 감수했다. 이것 이외의 방법은 생각할 수 없었기 때문이다. 그들의 모든 존재 이유는 오직 1960년대 말까지 인간을 달에 보내겠다는 하나의 명확한 비전에 있었다. 그들은 비전 실현에 필요한 일이라면 무엇이든 할 준비가 되어 있었다.

소형 컴퓨터 산업 전체가 IBM PC 아래 집결되어 있던 1980년대 중반, 애플 컴퓨터는 사람이 직관적으로 이해하는 컴퓨터, 사람이 스스로 생각하는 자유를 상징하는 컴퓨터라는 비전을 가지고 묵묵히 자신의 길을 걸었다. 도중에 애플은 PC '복제' 업계의 선두주자로 나설 '확실한 기회'도 거부했다. 비록 천편일률적인 복제 PC의 판매량을 따라가지는 못했지만, 애플의 매킨토시는 사용이 쉬울 뿐만 아니라 컴퓨터 사용에서 '직관'과 '재미'를 우선시하는 풍토를 만들었고, 결국에는 모든 운영체제의 형태와 느낌을 결정짓는 산업계의 기준이 되었다.

공유 비전 없이는 학습조직도 없다. 진정으로 달성하고자 하는 목표를 향해 사람들을 끌어들이는 힘이 없다면 현상을 유지하려는 힘에 압도당하게 된다. 비전은 대단히 중요한 목표를 설정한다. 높은 목표를 달성하기 위해서는 새로운 사고방식과 행동방식이 불가피하다. 또한 공유 비전은 스트레스가 발생하는 상황에서도 학습 과정을 멈추지 않고 지속하게 해주는 일종의 방향타를 제공한다. 학습은 어려울 수도 있고, 심지어 고통스러울 수도 있다. 공유 비전이 있으면 자신의 사고방식을 다른 사람에게 드러내거나, 마음속 깊숙이 뿌리내린 관점을 포기하거나, 개인이나 조직의 약점을 파악하는 것이 한층 쉬워진다. 모든 어려움과 난관은 만들어내고자 하는 비전의 중요성과 비교하면 지극히 사소해 보인다. 로버트 프리츠의 표현을 빌자면 "위대한 것 앞에서 사소함은 사라진다." 반대로 위대한 꿈이 부재한 곳에서는 사소한 것이 힘을 얻어 상황을 좌지우지하기 마련이다.

공유 비전은 위험을 감수하고 실험에 나서게끔 독려한다. 비전에 몰두한 상황에서는 때때로 그곳에 다다를 방법을 모를 때도 있다. 그럴 때 필요한 것이 실험정신이다. 하나의 실험을 실시하고 효과적이지 않을 경우, 방향을 바꿔 다른 실험을 실시한다. 모든 것이 실험이지만 불확실함은 없다. 실험을 하는 이유가 너무나도 명확하기 때문이다. "반드시 효과가 있으리라는 보장을 해주시오." 같은 말은 아무도 하지 않는다. 확실한 보장 따위는 없다는 것을 모두 알고 있다. 그럼에도 사람들은 헌신적으로 임한다.

마지막으로 공유 비전은 경영 분야에서 시스템 사고를 개발하려는 노력에 걸림돌이 되어 왔던 핵심 문제 중 하나에 해답을 제시한다. 바로 "어떻게 장기적인 헌신을 끌어낼 것인가?"라는 문제다.

오랫동안 시스템 사고 지지자들은 장기적으로 집중하지 못하면 크나큰 곤란에 처하게 되리라는 사실을 경영자들에게 납득시키려고 애써왔다. 대부분의 개입책인 '악화되기 직전에 좋아지는' 결과와 증상 위주 해결책에서 발생하는 '부담 떠넘기기' 역학 등을 설득해온 것이다. 초기에 의욕적으로 나서서 '상황이 나아졌다 악화되는' 학습장애, 증상 위주 해결책에서 나오는 '부담 떠넘기기' 역학 등을 바로잡고 방향을 전환한 사례가 많이 있었다. 그러나 장기적인 헌신과 행동으로 이어지는 지속적인 변화는 좀처럼 찾아보기 힘들었다. 개인적으로 나는 이것이 설득력이 부족하거나 증거가 부족한 탓은 아니라고 생각하게 되었다. 어쩌면 인간을 이성적으로 설득해서 장기적인 관점을 취하도록 하는 것은 불가능한 일이리라. 사람이 장기적 관점을 가지게 되는 것은 그래야 한다는 의무 때문이 아니라 그러고 싶다는 바람 때문이다.

인간사에서 장기적인 관점이 실제로 작용하는 경우를 보면 어김없이 장기적 비전이 제 역할을 하고 있음을 알 수 있다. 중세 성당 건축가는 100년 뒤에나 열매를 맺을 노동의 결실을 위해 평생을 바쳤다. 훌륭한 조직을 건설하는 일은 나무를 키우는 것과 같다고 생각하는 사람들이 있다. 나무 한 그루를 키우는 데는 최소 25년에서 50년의 세월이 걸린다. 어린아이를 키우는 부모도 마찬가지다. 아이가 어른이 되었을 때 유용할 가치관과 태도를 길러주기 위해 20년 전부터 부단히 노력한다. 이 모든 상황에서 우리는 오랜 시간이 흐른 뒤에야 실현되는 비전을 볼 수 있다.

회사에서 장기적 사고의 토대가 되어야 하는 전략기획이 상황을 좇아가기에 급급한 단기적 시야밖에 갖지 못하는 때가 많다. 현대 전략기획 비평가 중에서 가장 눈에 띄는 두 사람을 꼽으라면 런던 경영대학원 게리 하멜Gary Hamel과 미시건 대학교 C. K. 프라할라드C. K. Prahalad가 아닐까 싶다. 그들은 다음과 같이 말한다.

> 전략기획이 미래 지향적인 방식이라고들 선전하지만 실상은 그렇지 않은 경우가 많다. 대부분의 경영자는 자신이 내놓는 전략기획이 내일의 기회보다는 오늘날 눈앞의 문제에 초점을 맞추고 있다는 사실을 인정할 것이다.[7]

보통의 전략기획은 경쟁자의 강점과 약점, 틈새시장, 회사 자원 등에 대한 광범위한 분석을 강조한 나머지, 장기적인 행동방침을 독려하는 성과는 내지 못한다. 하멜과 프라할라드의 표현을 빌자면 '헌신할 가치가 있는 목표'를 설정하지 못하고 있는 것이다.

공동 학습에서 이러한 비전이라는 요소가 차지하는 관심은 적지 않지만, 여전히 신비롭고 통제하기 힘든 특정한 힘으로 간주된다. 그렇다 보니 비전을 가진 리더는 추종 집단을 거느린 영웅 대접을 받는다. '어떻게 비전을 찾을 것인가'에 대한 공식은 존재하지 않지만, 공유 비전을 구축하기 위한 원칙과 지침은 있다. 비전 확립을 위한 규율이 생겨나고 있으며, 공유 비전에 몰두하기 위한 실천적인 도구도 나오고 있다. 이러한 규율이 개인적 숙련에서 나온 원칙과 통찰을 집단의 염원과 헌신 공유라는 영역으로 확장시키는 것이다.

공유 비전을 구축하기 위한 규율

개인 비전 독려하기

공유 비전은 개인 비전에서 나온다. 이것이 바로 공유 비전이 에너지를 얻으며 사람들의 헌신을 끌어내는 방법이다. 하노버 보험사의 빌 오브라이언은 개인 비전의 중요성을 다음과 같이 강조한다. "내 비전은 당신에게는 중요한 것이 아니다. 당신에게 동기부여가 되는 유일한 비전은 바로 당신의 비전이다." 그렇다고 사람들이 개인의 이익에만 관심이 있다는 것은 아니다. 오히려 사람들의 개인 비전에는 가족, 조직, 공동체, 심지어 세계를 둘러싼 내용이 포함되어 있다. 그러나 오브라이언은 무언가를 소중히 생각하는 행위는 개인적이라는 점을 강조한다. 관심은 개인의 가치, 이해관계, 열망 등에 뿌리를 두고 있다. 공유 비전을 진정으로 중요하게 생각하는 이유는 그것이 개인 비전에 뿌리를 두고 있기 때문이다. 이러한 간단한 진리를 망각한 채 조직 차원에서 당장 비전을 개발해야 한다고 달려드는 리더가 적지 않다.

공유 비전 구축에 열심인 조직은 지속적으로 구성원의 개인 비전 개발을 권장하고 장려한다. 자신만의 비전이 없으면 다른 누군가의 비전에

'참여'하는 것밖에 못한다. 그때의 결과는 추종이지 결코 헌신이 아니다. 반면에 강한 개인적 지향을 가진 사람은 '나 혹은 우리가 진정으로 원하는 것'을 이룰 강력한 시너지를 창출하고자 힘을 모은다.

이러한 의미에서 개인적 숙련은 공유 비전을 구축하기 위한 토대가 된다. 개인 비전뿐만 아니라 개인적 숙련의 대표적 특징인 '진실'과 '창조적 긴장'에 대한 헌신 역시 공유 비전 개발의 중요한 요소다. 공유 비전은 각 개인이 편안함을 느끼는 수준을 훨씬 넘어선 창조적 긴장을 유발할 수 있다. 숭고한 비전 실현에 가장 공헌할 수 있는 사람은 이러한 창조적 긴장을 '견딜' 수 있는 사람이다. 다시 말해 비전을 분명하게 견지하되 계속해서 현실을 탐구하는 자세를 지닌 사람이다. 또한 개인적 경험을 통해서 자신의 미래 창조 능력을 깊이 신뢰하는 사람이다.

조직이 개인 비전을 장려할 때에는 개인의 자유를 침해하지 않도록 주의해야 한다. 8장 '개인적 숙련'에서 논의했듯이 어느 누구도 타인에게 '자신의 비전'을 건넬 수 없고, 비전을 개발하라고 강요할 수도 없다. 그러나 개인 비전을 장려하는 분위기 형성에 도움이 되는 긍정적인 행동은 취할 수 있다. 가장 직접적인 방법으로는 의식을 지닌 리더가 모두 각자의 비전을 논할 수 있을 만한 방법으로 개인 비전을 독려하는 것이 있다. 이는 비전을 만들어내는 리더십 기술로, 개인 비전에서 공유 비전이 만들어지는 전형적인 방식이기도 하다.

개인 비전에서 공유 비전으로

어떻게 개개인의 비전이 결합되어 공유 비전을 만들어내는가? 알기 쉬운 비유로 상호 교차하는 빛에 의해 만들어지는 3차원 영상인 홀로그램이 있다.

어느 사진을 반으로 자르면, 각각은 전체 이미지의 일부만 보여줄 뿐이다. 그러나 홀로그램은 분할해도 나뉜 부분이 전체 이미지를 그대로 보여준다. 같은 방법으로 계속해서 분할해도 나누어진 각각의 조각은 그 크기가 아무리 작다고 할지라도 여전히 전체 이미지를 보여준다. 마찬가지로 집단이 조직 전체의 비전을 공유하는 경우, 각각의 개인은 자신이 생각하는 최고의 조직상을 그린다. 동시에 자신의 부분만이 아니라 전체에 대한 책임을 공유한다. 그러나 홀로그램을 구성하는 '조각들'은 동일하지 않다. 각각이 다른 각도에서 본 전체 이미지를 나타낸다. 마치 창문에 난 여러 개의 구멍을 통해서 보는 것과 같다. 각각의 구멍에서 전체상을 바라볼 때의 각도는 하나하나 다 다르다. 마찬가지로 개인이 갖고 있는 전체에 대한 비전 역시 각기 다르다. 다시 말해 구성원 각각은 자신만의 방식으로 더 큰 비전을 본다.

홀로그램의 조각을 이어 붙여도 전체 이미지는 근본적으로 변하지 않는다. 결국 전체 이미지는 각각의 조각에 담겨 있기 때문이다. 오히려 한층 더 강렬하며 실물에 가까운 이미지가 된다. 같은 이치로 많은 사람이 하나의 공통 비전을 공유하게 된다고 하더라도 비전이 근본적으로 달라지지는 않는다. 다만 사람들이 마음속에 그리는 실체는 한층 생생해지고 사실적이 될 뿐이다. 요컨대 '공동창조자'가 늘어난다는 의미가 된다. 이제 비전은 각자의 어깨에만 의존하지 않는다. 초반에 개인 비전을 키워나가는 동안에는 '나의 비전'이라고 말할지도 모른다. 그러나 공유 비전으로 성장하면 '나의 비전'인 동시에 '우리의 비전'이 된다.

공유 비전을 구축하는 규율을 마스터하기 위한 첫걸음은 비전이 '높은 곳에 있는 분들'에 의해 선언되는 것이라거나, 조직의 제도화된 기획과정에서 나온다는 전통 관념을 과감히 버리는 것이다.

위계질서가 강조되는 전통적인 계층 조직에서는 비전이 위로부터 내려온다는 데 어느 누구도 이의를 제기하지 않았다. 회사를 이끄는 큰 그림조차 공유하지 않는 경우도 종종 있었다. 사람들은 '진격 명령'에 따라 자기 임무를 수행하기만 하면 그만이었다.

최근 들어 자주 보게 된 몇몇 비전 창출 과정도 하향식으로 전달되는 전통적 비전과 크게 다르지 않다. 최고 경영진은 종종 컨설턴트의 도움을 받아서 비전 선언문을 작성한다. 이것은 사기 저하나 전략방향 부재 같은 문제 해결 차원에서 진행되는 것이기도 하다. 이러한 과정은 눈앞의 사건이나 문제를 좇아가기 급급한 경우가 많다. 경쟁업체, 시장 상황, 조직의 강점과 약점 등에 대한 광범위한 분석으로 채워지기도 한다. 그럼에도 몇몇 이유로 인해 기대에서 벗어난 결과를 내놓는 경우가 많다.

첫째, 그것은 일회성 비전으로, 요컨대 포괄적인 핵심 방향과 전략을 제시하는 단발성 노력에 지나지 않는다. 경영진은 일단 비전 선언문을 작성하고 나면 비전과 관련된 의무에서 해방되었다고 생각한다. 최근의 일이지만, 혁신협회 동료가 관리자 두 명을 앞에 두고 협회에서 어떻게 비전 작업을 행하는지 설명하고 있었다. 설명이 시작되고 얼마 되지 않아 한 관리자가 불쑥 말했다. "그것은 우리도 해봤습니다. 비전 선언문은 이미 작성했어요." 그러자 동료가 대답했다. "그것 참 흥미롭군요. 어떤 내용이 담겨 있죠?" 그러자 그는 다른 관리자에게 물었다. "조, 그 비전 선언문은 어디에 있지?" 비전 선언문 작성이 공유 비전을 구축하는 첫 단계일 수는 있지만, 그것만으로는 조직 내에서 비전을 활성화시키기 힘들다.

최고 경영자들이 비전 선언문을 작성하는 데서 발생하는 두 번째 문제는 완성된 비전이 구성원의 개인 비전에 토대를 두고 있지 않다는 점이다. 전략적으로 비전을 만들어내는 과정에서 개인 비전은 전적으로 무시되는 경우가 많다. 혹은 한두 사람의 개인 비전만 반영되는 것이 전부다. 다양한 위치에서 질의와 실험이 이루어져서, 구성원 모두가 비전을 이해한 끝에 자신의 것이라고 느끼게 될 기회는 거의 없다. 그렇게 탄생한 공식적인 비전은 조직에 활력을 불어넣지도, 구성원의 헌신을 끌어내지도 못한다. 구성원을 고무시키지 못하는 비전은 때때로 그것을 만든 주체인 최고 경영진 사이에서도 열정을 불러일으키지 못하는 때가 있다.

마지막으로 비전은 문제를 해결하는 해결책이 아니다. 비전을 그러한 관점에서 이해하면, 사기 저하나 불투명한 전략방향 같은 '문제'가 사라지는 것과 함께 비전을 떠받치던 에너지도 사라져버릴 것이다. 공유 비전 구축은 문제가 생기면 내놓는 해결책이 아니라, 리더의 일상 업무에서 중요한 부분으로 간주되어야 한다. 공유 비전 구축은 부단히 진행되는 활동이며 끝이 없다. 알고 보면 이는 더 큰 리더십 활동의 일부이다. 비전만이 아니라 목적과 핵심 가치까지 포함하는 조직의 '지도 이념'을 고안하고 발전시키는 일이다.

경영자는 전략기획 과정에서 공유 비전이 나오기를 기대하기도 한다. 그러나 하향식 비전 창조 작업이 실패로 끝나듯이 전략기획도 진정한 비전을 구축하지는 못한다. 이유는 하향식 비전 창조 작업이 실패하는 이유와 동일하다. 하멜과 프라할라드의 설명을 들어보자.

> 창조적 전략이 형식적으로 진행되는 연간 기획에서 나오는 경우는 거의 없다. 내년 전략의 출발점은 어김없이 올해의 전략에 있다. 개선은 점진적으로 진행된다. 회사는 진정한 기회가 다른 곳에 있을지 모르는 상황에서도 익숙한 부분과 영역을 고수한다. 캐논이 개인용 복사기 사업의 선구자가 될 수 있었던 자극제는 일본 본사 기획자가 아니라 해외 판매 자회사들에게서 나왔다.[8]

그렇다고 비전이 조직의 상부에서 나올 수 없다는 의미는 아니다. 그러한 경우도 종종 있다. 그러나 권한 있는 직책이 아닌 개인의 비전에서 나오기도 한다. 다양한 위치에서 상호작용을 주고받는 사람들 사이에서 불현듯 솟아오르는 경우도 있다. 비전이 어디로부터 생겨났느냐는 그것이 공유되는 과정과 비교했을 때 그리 중요하지 않다. 조직 구석구석에 있는 사람들의 개인 비전과 연결되기 전까지는 진정한 '공유 비전'이라 할 수 없기 때문이다.

리더십을 발휘하는 위치에 있는 이들이 기억해야 하는 중요한 사항은 자신의 비전 역시 어디까지나 개인 비전이라는 점이다. 리더십을 발휘하는 위치에 있다고 해서 그들의 개인 비전이 자동으로 '조직의 비전'이 되지는 않는다. 리더들은 비전 이야기를 나눌 때 흔히 '우리의 비전'이라는 말을 쓰는데 알고 보면 '나의 비전'인 경우가 적지 않다. 그럴 때마다 나는 "공식적으로 쓰이는 '우리we'라는 단어는 왕과 뱃속에 촌충 있는 사람들의 전용"이라고 했던 마크 트웨인Mark Twain의 지적을 떠올린다.

결국, 공유 비전 구축에 뜻이 있는 리더는 자신의 개인 비전을 공유하려는 노력을 게을리하지 말아야 한다. 또한 사람들에게 "나를 따라올 의향이 있습니까?"라고 물을 각오가 되어 있어야 한다. 이것은 쉽지 않은 일일 수도 있다. 평생 목표를 세우고 공표하는 일만 해왔던 사람에게 있어 의견을 묻고 동조를 구하는 일은 약함을 드러내는 일이라고 느껴질 수도 있기 때문이다.

존 크리스터John Kryster는 일류 가정용품 회사의 사업 부장이었는데, 자신의 사업부가 업계 최고의 위치를 차지해야 한다는 비전을 가지고 있었다. 이러한 비전이 실현되려면 제품이 훌륭해야 하는 것은 물론이고 '고객(소매업자)'에게 제품을 공급하는 방식도 다른 회사보다 효율적이고 효과적이어야 했다. 그는 납기를 절반으로 줄이고 제품 손상과 물류 비용을 대폭 줄이는 독창적인 유통 시스템을 생각해냈다. 그리고 다른 관리자, 생산직 노동자, 유통 담당자, 소매상과 이야기를 나누기 시작했다. 그들은 귀가 솔깃해져 좋다고 말하면서도 이 아이디어의 많은 부분이 모회사의 전통적인 정책과 상충되기 때문에 실현하기는 힘들 것이라고 지적했다.

특히 크리스터는 유통 사업부를 맡고 있는 해리엇 설리번Harriet Sullivan의 지원이 필요했다. 설리번은 회사 조직도 상에서는 크리스터의 동료였지만 실제 경험은 15년이나 많은 선배였다. 크리스터는 자신이 고안한 새로운 유통 시스템에 어떠한 장점이 있는지 보여주기 위해 공들여 발표를 준비했다. 그러나 설리번은 크리스터가 주장을 뒷받침하는 증거로 제시한 자료 하나하나에 대해 반론을 제시했다. 크리스터는 회의가 끝날 무렵에 이르자 어쩌면 회의적인 반응을 보이는 사람들이 옳을지도 모른다고 생각하게 되었다.

이후 크리스터는 지역 시장 한 곳에서만 새로운 시스템을 실험해보는 방법을 생각해냈다. 그렇게 하면 위험 부담이 적어지고, 크리스터의 아이디어에 특히 반색을 표했던 지역 소매업자들의 지지를 얻을 수 있으리라 생각했다. 그러나 해리엇 설리번은 어떻게 해야 할까? 크리스터의 직관은 그녀에게는 비밀로 하는 것이 좋겠다고 속삭였다. 크리스터가 생각하는 소규모 실험은 설리번의 도움이 없어도 자신에게 속한 유통 직원들과 함께하면 충분히 가능했다. 그러나 한편으로 크리스터는 설리번이 지닌 풍부한 경험과 판단력을 중시했다.

일주일 동안 심사숙고한 끝에 크리스터는 다시 설리번의 지원을 요청해보기로 했다. 이번에는 각종 자료와 차트는 집에 두고 갔다. 그리고 자신이 왜 이 아이디어를 확신하는지, 그것이 어떻게 고객과의 새로운 협력관계를 구축해줄지, 어떻게 하면 최소 위험으로 이 아이디어의 장점을 실험할지에 대해서 이야기했다. 놀랍게도 이 까다로운 유통 사업부 책임자는 크리스터의 실험을 돕겠다고 나섰다. 설리번은 이렇게 말했다. "당신은 지난주에 왔을 때에는 어떻게든 나를 설득하려고 했지요. 지금은 자신의 아이디어를 기꺼이 실험해볼 의향이 있군요. 나는 여전히 그 아이디어가 잘못되었다고 생각하지만, 당신이 상당히 애쓰고 있다는 건 알겠네요. 글쎄요. 누가 압니까. 뭔가 얻는 바가 있을지도 모르지요."

그것은 여러 해 전의 일이었다. 지금은 지역에 상관없이 회사 대부분의 사업부에서 크리스터가 제안한 혁신적인 유통 시스템을 활용하고 있다. 해당 시스템은 유통 비용을 크게 줄여주었고, 회사가 소매업자들과 형성하는 광범위한 전략적 동맹의 일부가 되었다.

비전이 조직의 중간층에서 시작되었을 때도 공유하고 경청하는 과정은 상부에서 시작되었을 때와 근본적으로 동일하다. 다만 시간은 더 오래 걸릴지도 모른다. 조직 전체에 영향을 미치는 비전일 때는 특히 더 그럴 것이다.

조직 컨설턴트 찰리 키퍼Charlie Kiefer는 일상적으로 진행되는 비전 구축의 필요성을 이야기한다. "비전이 만들어내는 짜릿한 흥분에도 불구하고 공유 비전을 만들어가는 과정이 항상 근사하지는 않다. 공유 비전 구축에 능숙한 경영자는 일상적인 관점에서 해당 과정을 이야기한다. '비전에 대한 이야기'가 그야말로 매일의 일상에 섞여 들어가 있는 것이다. 예술작품을 창작하는 과정을 짜릿하게 생각하는 예술가는 거의 없다. 그들을 흥분시키는 것은 오히려 결과물이다." 빌 오브라이언도 비슷한 견해를 피력한 바 있다. "비전을 가진 리더가 된다는 것은 거창한 연설을 하면서 사람들에게 영감을 불어넣는 그러한 일이 아니다. 나의 일상은 여느 회사 임원의 일상과 다르지 않다. 비전을 가진 리더가 된다 함은 자신의 비전을 마음에 품고 하루하루 일상의 문제를 해결해가는 것이다."

사람들이 진정으로 공유하는 비전이 나타나기까지는 시간이 걸린다. 그것은 개인 비전의 상호작용에 따른 부산물로 성장한다. 지금까지의 경험에 따르면 구성원이 진정으로 공유하는 비전을 위해서는 지속적인 대화가 필요한데, 개인이 자신의 꿈을 거리낌 없이 이야기하고 타인의 꿈을 경청하는 법을 배우는 그러한 대화여야 한다. 서로의 이야기에 귀를 기울이는 가운데 무엇이 가능한가에 대한 새로운 통찰이 서서히 나타나는 법이다.

듣는 것이 때로는 말하는 것보다 어려운 법이다. 무엇이 필요한가에 대해 확고한 생각을 가지고 있으며 의지가 강한 경영자일수록 더욱 그렇다. 듣는 것은 다양한 아이디어를 진지하게 고려해보려는 남다른 개방성과 의지를 요구한다. 그렇다고 '대의'를 위해 자신의 비전을 희생해야 한다는 의미는 아니다. 오히려 복수의 비전이 공존하도록 허용해야 하며, 모든 개인 비전을 초월하고 통합하는 옳은 행동 방향에 귀를 기울여야 한다. 성공한 어느 CEO는 이를 다음과 같이 표현했다. "내가 하는 일은 기본적으로 조직이 하려는 말에 귀를 기울이고, 그것이 분명하고 명확하게 표현되었는지 확인하는 것이다."

비전의 확산: 참여, 헌신, 순종[9]

헌신만큼 현대 관리자의 가슴에 절절히 와 닿는 주제도 없으리라. 미국인 노동자 대부분의 헌신 정도가 낮다는 연구 결과와 외국 경쟁업체의 헌신도 높은 직원에 대한 각종 미담에 자극을 받은 경영자들이 '헌신에 의한 경영', '헌신도 높은 작업 시스템' 등에 관심을 보이고 있다. 그럼에도 여전히 현대 조직에서는 진정한 헌신을 찾아보기 힘들다. 우리의 경험에 따르면 헌신으로 보이는 것의 십중팔구는 그저 수동적인 순종이다.

오늘날 직원들이 비전을 '갖게 한다'고 말하는 경영자를 흔히 볼 수 있다. 이때 사용되는 영어 단어는 'buy into'인데, 이러한 표현이 어느 한쪽은 팔고sell 어느 한쪽은 산다buy는 판매 과정을 떠올리지는 않을까 염려스럽다. 여기에서 'buy into'나 'sell'은 무언가를 '받아들이게 한다'는 의미로 쓰였다. 그러나 받아들이게 하는 것selling과 자발적으로 참여하는 것enrolling 사이에는 엄청난 차이가 있다. '받아들이게 하는 것'은 일반적으로 어떤 사람이 모든 사실을 온전히 알고 있는 상태에서는 하지 않을 수도 있는 어떤 것을 하게 만든다는 의미이다. 반대로 'enroll'이라는 영어 단어를 글자 그대로 해석하면 '명단에 이름을 올린다'는 의미이다. 참여는 자유로운 선택을 암시한다는 점에서 전자와 차이가 있다.

찰리 키퍼의 표현을 빌자면 "참여는 선택에 의해 무언가의 일부가 되는 과정이다." 비전 실현에 참여할 뿐만 아니라 온전한 책임감까지 느끼는 경우에는 '헌신한다'고 말할 수 있다. 이를테면 나는 당신의 비전에 철저하게 참여할 수 있다. 그럴 경우 나는 진심으로 그것이 실현되기를 원하리라. 그러나 그것은 여전히 당신의 비전이다. 이때 나는 필요하다면 행동할 의향이 있지만, 다음에 무엇을 할까를 모색하면서 잠 못 드는 밤을 보내지는 않는다.

한 가지 예를 더 들자면 사람은 무언가 불공정한 일을 바로잡고자 하는 순수한 바람에서 사회적 대의에 참여할 수 있다. 1년에 한 번 기부를 하는 것을 통해 기금 모금 캠페인에 도움을 줄 수도 있으리라. 그러나 그들이 헌신적일 때에는 '대의'가 그들을 믿고 의지할 수가 있다. 그러한 사람은 비전을 실현하기 위해 필요한 것이라면 무엇이든 할 의향이 있기 때문이다. 비전이 그들을 행동하게 한다.

오늘날의 조직을 보면 상대적으로 적은 수의 사람이 비전에 참여하고, 그보다 훨씬 적은 수가 비전에 헌신한다. 대다수는 수동적으로 따르는 상태, 즉 '순종' 상태다. '순종하는' 추종자는 비전에 동의한다. 그리고 자신에게 기대되는 일을 한다. 어느 정도까지는 비전을 지지한다. 그러나 진심으로 참여하거나 헌신하고 있지는 않다.

순종은 참여나 헌신과 혼동되는 때도 많다. 이러한 혼동이 일어나는 부분적인 이유는 대다수 조직에서 오랜 시간 순종이 지배적인 분위기였기에, 우리가 진정한 헌신이 어떤 모습인지를 모르기 때문이다. 다른 이유로는 순종에도 여러 수준이 있는데 일부는 참여나 헌신과 상당히 유사해 보이는 행동으로 이어지기 때문이다.

비전에 대한 여러 가지 태도

- 헌신: 비전을 원하고, 그것이 실현되도록 노력할 의향이 있다. 필요하다면 어떠한 '법(구조)'이든 만들어낸다.
- 참여: 비전을 원하고 '법의 정신' 안에서 가능한 무엇이든 할 의향이 있다.
- 진정한 순종: 비전의 이점을 본다. 자신에게 기대되는 모든 것은 물론, 그 이상까지도 한다. '법조문'을 그대로 따른다. '충실한 병사.'
- 형식적인 순종: 전반적으로 비전의 이점을 본다. 자신에게 기대되는 것까지만 한다. '그럭저럭 충실한 병사.'
- 마지못한 순종: 비전의 이점을 보지 않는다. 그러나 일자리를 잃고 싶지도 않다. 의무이기 때문에 자신에게 기대되는 바를 충분히 해

내지만, 동시에 자신이 진심으로 동참하지는 않았음을 알린다.

- 불응: 비전의 이점을 보지도 않고 자신에게 기대되는 바를 실천할 의향도 없다. "나는 하고 싶지 않다. 억지로 하게 만들 수는 없다."
- 무관심: 비전에 찬성하지도 반대하지도 않는다. 관심도 없다. 활력도 없다. "이제 돌아가도 돼?"

오늘날 미국 대다수 주의 제한 속도는 시속 55마일에서 65마일이다. 진정으로 순종하는 사람은 결코 공식 제한속도를 넘겨 운전하지 않을 것이다. 형식적으로 순종하는 사람은 제한 속도에서 5마일이나 7마일 정도 초과하여 운전할 수도 있다. 대부분의 주에서 이 정도 범위 안에 있으면 과속딱지를 떼지 않기 때문이다. 마지못해 순종하는 사람도 같은 속도로 운전하겠지만 끊임없이 불평한다는 점이 차이점이리라. 불응하는 운전자는 '내키는 대로 가속페달을 밟은 뒤'에 경찰 단속을 피하려고 갖은 수를 쓸 것이다. 한편, 공식 제한 속도 지키기에 진정으로 헌신하는 사람은 법정 제한속도가 없어도 그 속도로 운전할 것이다.

대다수 조직에서 구성원의 대부분은 조직의 목표 및 기본 원칙에 대해서 형식적으로 순종하거나, 진정으로 순종하는 상태에 있다. 그들은 진정으로 도움이 되고자 노력하면서 '프로그램'에 동조한다. 한편, 불응이나 마지못한 순종 상태에 있는 구성원은 일반적으로 눈에 띈다. 그들은 목표나 기본 원칙에 반대하며 아무 행동도 하지 않거나, (마지못해 순종하는 사람들의 경우) "효과가 없다는 것을 증명하기 위해서 하는 거야."라는 심산으로 '불순한 의도에서 나온 복종'을 통해서 반대의사를 표현한다. 조직의 목표에 반대한다는 의사를 공개적으로 말하지 않아도 그들의 견해는 알려지게 된다.(그들은 차마 공개적으로 말하지 못했던 진심을 화장실이나 술집에서 드러내기도 한다)

다양한 순종 사이의 차이는 미묘한 탓에 구별이 쉽지 않을 수도 있다. 가장 문제가 되는 것은 진정한 순종 상태인데 종종 참여나 헌신으로 오인되기 때문이다. 진정으로 순종하는 '충실한 병사'는 자신에게 기대되는 것은 무엇이든 기꺼이 한다. "나는 비전을 지지하는 사람들을 믿어. 필요한 것은 무엇이든 할 거야. 능력이 되는 한 그 이상도 할 수 있어." 진정한 순종 상태에 있는 사람은 스스로도 자신이 헌신적이라고 생각할 때가 종종 있다. 실제로 그는 헌신적인데, 이때의 헌신은 '팀의 일원이 되기 위한 것'일 뿐이다.

사실, 업무와 관련한 행동에서 진정으로 순종하는 사람과 참여나 헌신 상태에 있는 사람을 구별하기란 쉽지 않다. 진정으로 순종하는 사람들로 이루어진 조직은 생산성과 비용 효율 면에서 다른 조직을 훨씬 앞설 가능성이 높다. 업무를 두 번, 세 번 지시할 일도 없다. 그들은 항상 민첩하게 반응한다. 태도와 자세 면에서도 긍정적이고 낙관적일 것이다. 살짝 게으름뱅이 같은 모습이 있을지도 모르지만 반드시 그렇지는 않다. 훌륭하게 일을 수행하는 사람에게 기대되는 미덕이 솔선수범하며 상황을 앞서서 주도해나가는 것이라면, 그들은 이러한 행동 역시 보여줄 것이다. 요컨대 진정한 순종 상태에 있는 사람은 공식적인 규칙과 미묘한 규칙 모두에 따르기 위해서 가능한 무엇이든 하려고 할 것이다.

그러나 순종과 헌신 사이에는 엄청난 차이가 있다. 헌신적인 사람은 활력, 열정, 흥분 등을 동원하여 일을 하는데, 이는 진정한 순종이라도 '순종' 상태에 있는 사람에게서는 나올 수 없는 것이다. 헌신적인 사람은 게임의 규칙에 따라서 움직이지 않는다. 그는 게임을 책임진다. 만약 게임 규칙이 비전 달성에 방해가 된다면, 규칙을 바꿀 방법을 어떻게든 찾아낸다. 공유 비전에 진정으로 헌신하는 사람들은 놀라운 힘을 발휘한다.

트레이시 키더Tracy Kidder는 퓰리처 상을 수상한 저서 〈새로운 기계의 영혼The Soul of a New Machine〉에서 데이터 제너럴Data General 사의 상품개발팀과 관련한 일화를 들려준다. 이들은 새로운 컴퓨터를 개발하고자 하는 야심찬 목표 아래 뭉친 팀으로서 유능한 팀장이 이끌고 있었다. 회사가 위기를 맞은 긴박한 시기에 팀은 생각지도 못한 짧은 기간 내에 획기적인 신제품을 내놓았다. 그로부터 몇 년 뒤, 키더의 책에 등장하는 팀장 톰 웨스트Tom West와 팀원들을 만나보고 나는 그들의 업적이 얼마나 대단했는지 알게 되었다. 그들은 핵심 소프트웨어 개발이 일정보다 몇 달이나 늦어지고 있는 시점에서 있었던 일을 들려주었다. 어느 날 저녁, 문제의 소프트웨어 개발을 맡은 기술자 세 명이 사무실에 들어와서 밤을 꼬박 새우고는 다음 날 아침 퇴근했다. 여러 사람의 말을 종합해보자면 그들은 그날 저녁 두세 달은 걸릴 게 분명한 일을 몽땅 끝내 버린 것이었다. 어느 누구도 어떻게 그러한 일이 가능했는지 설명할 수는 없었다. 분명한 것은 이는 단순히 순종하는 자세로는 달성하기 힘든 성과라는 것이다.

그렇다면 진정한 순종과 참여, 헌신의 차이는 무엇일까? 답은 의외로 간단하다. 참여 혹은 헌신 상태에 있는 사람은 비전을 진정으로 원한다. 그러나 진정으로 순종하는 사람은 비전을 받아들인다. 다른 무언가를 얻는 수단으로 비전을 원할 수도 있다. 이를테면 일자리를 유지하거나, 상사의 마음에 들거나, 승진하는 수단으로 말이다. 그러나 비전 자체를 진심으로 원하지는 않는다. 자신의 비전이 아니기 때문이다.(적어도 그것이 자신의 비전이라고 생각하지 않기 때문이다)

사람들이 비전에 대해 매우 바람직한 헌신을 공유하는 일은 쉽게 달성하기 힘든 목표인 경우가 제법 많다. 아주 전통적인 조직이었던 어느 소비재 회사 부사장의 사례를 잠깐 살펴보자. 부사장은 새로운 사업 비전에 대한 직원들의 공동 헌신을 이끌어내는 것으로, 회사를 세계적인 경쟁력을 갖춘 조직으로 변모시키려고 했다. 그러나 노력을 시작하고 1년이 지나서도 사람들은 여전히 명령만을 따르며 주어진 대로 일했다.

이즈음 부사장은 문제의 심각성을 인지하기 시작했다. 직원들은 직장을 다니는 내내 어떤 것에 헌신하라는 요구를 받아본 적이 없었다. 직장생활을 하면서 그들이 받은 요구는 순종하라는 것뿐이었다. 결과적으로 그들은 순종밖에는 몰랐다. 순종이 그들이 지닌 유일한 정신모델이었다. 부사장이 진정한 비전 구축과 진정으로 헌신하는 생활에 대해 아무리

이야기를 해도 그들은 오직 순종 모델 안에서 그러한 이야기를 들었기 때문에 소용이 없었다.

상황을 파악한 뒤에 부사장은 전술을 바꿨다. 우선 '직원들이 헌신하게 하기 위해서는 어떻게 해야 할까?'를 스스로에게 물었다. 그는 직원들이 헌신할 만한 어떤 대상이 있다면, 그것은 각자의 건강일 것이라는 추론에서 '건강관리 프로그램'을 시작했다. 시간이 흐르면서 사원 일부에게서 효과가 보였다. 사람들은 직장에서도 진정한 헌신이 가능하다는 사실을 보기 시작했고, 비전에 대해서도 '귀'를 열기 시작했다.

전통적인 조직은 참여와 헌신에 관심을 두지 않았다. 명령하고 통제하는 위계질서는 오직 순종만을 요구했다. 지금도 많은 경영자가 헌신을 통해 방출되는 에너지를 통제하고 감독하는 일이 원활할까에 대해서 조심스러운 입장을 지니고 있다. 그래서 순종에 안주하고, 순종의 사다리로 사람들을 끌어올리는 데 만족하고 있는 것이다.

참여와 헌신에 대한 지침

참여는 비전에 대한 진정한 열정과 타인이 스스로 선택하도록 함으로써 발생하는 자연스러운 과정이다.

- 스스로 참여하라. 당신은 참여하지 않은 채, 다른 사람이 참여하도록 권유해보아야 소용이 없다. 그것은 참여가 아니라 '강요'일 뿐이며, 기껏해야 피상적인 동의와 순종으로 이어질 뿐이다. 상황이 악화되는 경우 훗날 사람들의 분노로 돌아올지 모른다.
- 정직하라. 장점을 부풀리거나 문제를 숨기지 마라. 가능한 간단하고 솔직하게 비전을 설명하라.
- 타인이 선택하게 하라. 어떤 비전의 장점을 다른 사람에게 '납득시킬 필요'는 없다. '참여'하도록 상대를 설득하려는 노력은 오히려 속이고 조종하는 것처럼 보여서 참여를 방해할 뿐이다. 상대가 자유

> 롭게 선택하게 하려는 마음이 강할수록 그는 자유롭다고 느낄 것이다. 하급자인 경우 선택이 자유롭다고 생각하기가 특히 어려운데 그저 따라야 하는 것처럼 느낄 때가 많기 때문이다. 사람들이 비전에 대한 자신만의 생각을 가질 수 있게끔 충분한 시간과 편안한 분위기를 조성함으로써 선택을 도울 수 있다.

경영자가 순종을 필요로 하는 때도 많다. 참여나 헌신이 바람직하다고 생각하면서도 일단 형식적인 순종 이하의 상태는 받아들이기 힘든 때가 있다. 그러한 경우라면 솔직해지라고 권하고 싶다. "자네가 새로운 방침에 진심으로 동의하지 않을 수도 있겠지. 하지만 경영진은 방침을 굳히고 전력을 다하는 시점일세. 방침대로 진행하기 위해서는 자네의 지원이 절실하네." 순종이 필요하다고 솔직히 밝히면 위선을 떨지 않아도 된다. 그러한 솔직한 태도가 사람들의 선택을 한결 편안하게 하고, 시간이 흐르면서 단순한 순종이 아니라 참여를 선택하게 될지도 모른다.

많은 경영자가 직면하는 가장 힘든 교훈은 다른 사람이 참여하거나 헌신하게 만들기 위해서 할 수 있는 일이 사실상 없다는 점이다. 참여와 헌신은 선택의 자유를 전제로 한다. 앞에서 언급한 지침은 참여를 유도할 최적의 환경은 조성하지만, 그로 인해 무조건적으로 참여가 이루어지게 하지는 못한다. 마찬가지로 헌신도 매우 개인적인 일이어서 그것을 강제하려고 해봐야 순종 정도의 결과를 얻을 뿐이다.

지배 이념과 비전

알고 보면 공유 비전 구축은 더 큰 활동의 일부분일 뿐이다. 비전, 목적, 사명, 핵심 가치 같은 조직의 지배 이념을 발전시키는 일이 바로 그것이다. 사람들이 일상생활에서 따르는 가치관과 일치하지 않는 비전은 진정한 열정을 불러일으키지 못할 뿐만 아니라, 노골적인 냉소를 조장할 때도 많다.

이러한 지배 이념은 '무엇을?', '왜?', '어떻게?'라는 세 가지 핵심 질문에 대한 답을 제공한다.

- 비전은 '무엇을?'에 해당한다. 우리가 만들어내고자 하는 미래의 모습이다.
- 목적(혹은 '사명')은 '왜?'에 해당한다. '우리는 왜 존재하는가?'에 대한 조직의 답이다. 위대한 조직은 주주와 직원의 욕구 충족을 넘어서는 더 큰 목적의식을 가지고 있다. 그러한 조직은 나름의 방법으로 세계에 기여하고자 하며 차별화된 가치에 일조하고자 한다.
- 핵심 가치는 '비전 달성을 향해 나아가는 과정에서 우리는 어떻게 사명과 일치하게 행동할 것인가?'라는 질문에 대한 답이다. 이를테면 성실, 열린 자세, 정직, 자유, 동등한 기회, 장점, 충성 등이 핵심 가치이다. 그것들은 회사가 비전을 추구하는 과정에서 매일의 일상이 어떻게 펼쳐지기를 바라는지 말해준다.

종합하자면 이상의 세 가지 지배 이념은 '우리는 무엇을 믿는가?'라는 질문에 답을 해준다. 마쓰시타 직원이 "산업인으로서 우리의 책임을 인식하고, 진보를 촉진하며, 사회의 보편적 복지를 증진하고, 세계문화의 발전에 헌신한다."라는 회사 신조를 낭독할 때, 그들은 회사 목적을 이야기하고 있는 것이다. "샘에서 세차게 흘러나오는 물처럼 우리 제품을 세계 각지의 사람들에게 끊임없이 내보내세."라고 사가社歌를 부를 때, 그들은 회사 비전을 선언하고 있는 것이다. 또한 '공정성', '조화와 협력', '개선을 위한 노력', '예의와 겸손', '감사' 같은 주제를 다루는 사내 교육 프로그램에 참여할 때, 그들은 신중히 마련된 회사의 가치를 학습하는 것이다.(마쓰시타는 실제로 이러한 것을 '정신적 가치'라고 부른다)[10]

나는 사람들에게는 고귀한 사명의 일부가 되고 싶은 진정한 욕구가 있다고 믿는다. 그러나 사명이나 목적을 말로 선언하는 것으로는 충분하지 않다. 실제로 많은 사명 선언이 결국은 '가족과 나라를 위해서'라는 두루뭉술한 전통적 가치와 다르지 않다는 인상을 준다. 사실 사람들은 목적을 보다 구체적이고 명확하게 만들어줄 비전을 필요로 한다. 원하는 조직의 모습을 정확하게 '묘사'하는 법을 배워야 한다. 핵심 가치는 조직 구성원이 매일 내리는 일상적인 의사결정을 돕는 데 반드시 필요하다. 목적은 추상적이고, 비전은 장기적이어서 하루하루 일상에 적용하기에는 무리가 있을 가능성이 높다. 사람들은 하루하루의 방향을 알려주고 의사결정을 도와줄 '길잡이별'이 필요하다. 그러나 핵심 가치는 구체적인 행동으로 옮겨질 때만 유용하다. 이를테면 솔직함 같은 핵심 가치는 서로를 신뢰하고 지지하는 전반적인 환경 안에서 성찰하고 질의하는 기술을 요구한다.

긍정적 비전 대 부정적 비전

"무엇을 원하는가?"는 "무엇을 피하고 싶은가?"와 다르다. 너무도 뻔한 이야기 같지만 실제로 부정적인 비전은 긍정적인 비전보다 일반적이다. 생존이 위협받는 상황에 처해야 진정으로 뭉치는 조직이 많다. 이때 사람들은 원치 않은 상황을 피하는 데 초점을 맞춘다. 다른 회사에 인수되거나, 파산하거나, 일자리를 잃거나, 시장점유율을 빼앗기거나, 수익이 감소하거나, '경쟁업체가 신상품을 들고 나와서 우리를 앞지르거나' 하는 상황을 피하기 위해 힘을 모은다. 더구나 공공 리더십에서도 부정적인 비전이 훨씬 일반적이다. 사회는 끊임없이 '마약 퇴치', '금연', '반전反戰', '반핵' 같은 부정적인 비전에 둘러싸여 있다고 해도 과언이 아니다.

부정적인 비전은 세 가지 이유에서 한계가 있다. 첫째, 새로운 무언가를 만들어내야 하는 에너지가 일어나기를 원치 않는 무언가를 '막는 용도'로 전용된다. 둘째, 포착하기는 쉽지 않지만 무력감이라는 메시지를 담고 있다. 요컨대 위협이 있을 때만 하나로 뭉칠 뿐, 근본적으로 사람들은 비전에 관심이 없다고 생각하는 데서 나오는 무력감이다. 마지막으로 단기적일 수밖에 없다는 것이다. 조직은 위협이 지속되는 동안에만 동기부여된다. 일단 위협이 사라지면 조직의 비전과 에너지도 함께 사라진다.

조직에 동기를 부여하는 기본적인 에너지원이 두 가지 있다. 공포와 열망이다. 공포의 힘은 부정적인 비전의 토대가 된다. 열망의 힘은 긍정적인 비전에 동력을 제공한다. 공포는 단기적으로 이례적인 변화를 가능하게 하지만, 열망은 지속적인 학습과 성장의 원천으로 오래 유지된다는 차이점이 있다.

창조적 긴장과 진실에 대한 헌신

8장 '개인적 숙련'에서 나는 개인 비전 자체는 창조 과정에 필요한 에너지를 얻을 수 있는 열쇠가 아니라고 주장했다. 핵심은 '창조적 긴장', 즉 비전과 현실 사이의 긴장이다. 현실을 명확히 직시하는 일을 게을리하지 않으면서 동시에 비전을 '유지'하는 사람이야말로 가장 유능한 사람이다.

이러한 원칙은 조직에도 적용된다. 학습조직의 특징은 허공을 떠도는 근사한 비전이 아니라 비전에 비추어 '현실'을 검토하려는 엄격한 의지이다.

1960년대 초반 IBM은 사실상 이전의 모든 기계를 퇴물로 만들어버릴 컴퓨터라는 대담한 비전을 바라보면서 일련의 놀라운 실험을 수행했다. 〈포춘〉 지의 어느 기자에 따르면 IBM은 '회사의 재산, 명성, 컴퓨터 분야에서 차지하고 있던 지도적인 위치 등을 걸고' 근본적으로 새로운 개념의 컴퓨터에 도전했다. 그들은 가장 복잡한 과학 분야에서의 응용부터 상대적으로 사소한 사업적 수요에 이르기까지 가능한 넓은 범위의 응용성을 제공하며 호환성까지 갖춘 최고의 기종을 생각했다.[11] 제이 포레스터는 "나쁜 소식이 얼마나 빨리 상부에 도달하는가?"를 보면 위대한 조직인지의 여부를 알 수 있다고 말한 적이 있다. 실패를 인정하고 그로부터 배우는 IBM의 능력이 꽤나 중요한 역할을 했다는 것이 이때 입증되었다. 일련의 실험에서 가장 최악의 실패로 꼽히는 사례는 1960년에 개발된 '스트레치Stretch'라는 최첨단 컴퓨터로, 시기적으로 이른 감이 있었다. 당시 IBM CEO였던 톰 왓슨Tom Watson 주니어는 겨우 몇 대만을 판매한 뒤 1961년 5월 프로젝트를 중지했다.(왓슨은 1,350만 달러에 달했던 스트레치의 가격을 절반으로 떨어뜨림으로써 생산을 해도 경제성이 없게 만들어버렸다) 왓슨에게는 선택의 여지가 없었다. 기계는 고객을 만족시키지 못했고 애초에 약속했던 성능의 70퍼센트에도 도달하지 못했던 것이다. 며칠 뒤에 왓슨은 업계 사람들에게 솔직하게 이야기했다. "스트레치 프로젝트에서 우리가 저지른 결정적인 실수는 타석에 나와서 센터필드의 관중석을 겨냥했다는 것입니다. 방망이를 휘둘렀을 때 결과는 홈런이 아니라 외야수에게 가는 직선 타구였죠. 향후에는 약속한 것에 대해서 보다 신중을 기할 것입니다."

실제로 IBM은 그렇게 했다. 스트레치에서 교훈을 얻은 사람들이 다수 참여한 가운데, IBM은 3년 후 '시스템 360'을 내놓았다. 이것은 이후 10년에 걸친 IBM의 놀라운 성장 발판이 되었다.

공유 비전과 시스템 사고

비전이 초기에 사그라져 버리는 이유

많은 비전이 근본적으로 장점을 가지고 있음에도, 뿌리를 내리고 활짝 피어보지 못한 채로 시들어버린다. 몇몇 '성장의 한계' 구조가 새로운 비전이 기세를 확장하지 못하도록 막는 작용을 하는 것이다. 그러므로 이러한 구조를 이해하면 비전 구축 프로세스를 유지하는 데 상당히 도움이 된다.

비전은 명료함, 열정, 소통, 헌신 등을 증가시키는 강화 프로세스에 의해 널리 확산된다. 사람들이 이야기하면 할수록 비전은 더욱 명확해진다. 비전이 명확해짐에 따라 그것의 장점을 실현하려는 열정도 커진다.

머지않아 비전은 의사소통과 흥분이라는 강화 소용돌이 속에서 퍼져나가기 시작한다. 비전 추구 초기에 성공을 거둠에 따라 열정이 강화되기

도 한다.(아래의 다이어그램에는 나타나지 않지만 이러한 강화 프로세스도 충분히 가능하다)

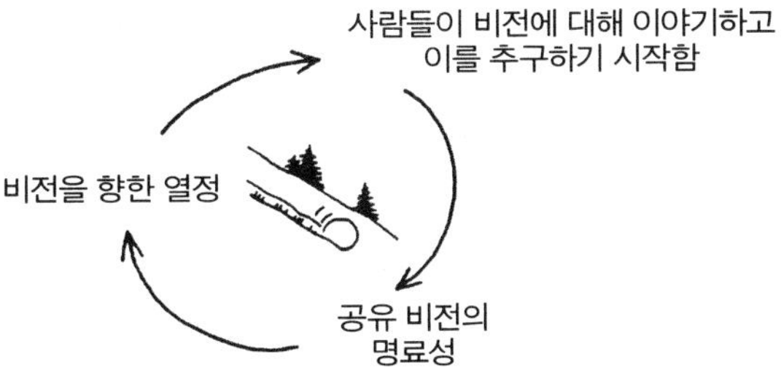

만약 강화 프로세스가 속박 없이 순조롭게 진행되면, 점점 많은 구성원 사이에서 비전이 더욱 명료해지며 비전을 향한 헌신도 더욱 폭넓게 공유될 것이다. 그러나 여러 제약요인 중 하나라도 작동하게 되면 이러한 선순환 속도는 둔화될 수 있다.

점점 많은 사람이 관여하면서 다양한 관점 때문에 초점이 흐려지고 감당하기 힘든 갈등이 생기는 경우, 비전 구축 프로세스는 약화될 수밖에 없다. 사람들이 생각하는 이상적인 미래상은 각각 다르기 때문이다. 새로운 공유 비전에 즉시 동의하지 않는 이들이 견해를 바꾸어야 할까? 그들은 이미 비전이 확고해졌으니 영향을 미치기는 어렵다고 결론을 내릴까? 그들은 자신의 비전이 중요하지 않다고 느낄까? 이상의 질문 중에 어느 하나의 답이라도 '긍정'이라면, 점증하는 분열의 소용돌이 때문에 비전 가입 과정이 서서히 멈추어 버릴 수 있다.

이는 전형적인 '성장의 한계' 구조이다. 이러한 구조에서는 비전을 향한 열정이 커지는 강화 프로세스가 점점 증가하는 다양성과 분열로 인해 비전 확산을 제약하는 균형 프로세스와 상호작용을 하게 된다.

다음 쪽에 나오는 균형 순환 프로세스를 위에서부터 시계 방향으로 살펴보자. 열정이 커짐에 따라, 비전에 대해 이야기하는 사람이 늘어난다. 비전에 대해 이야기하는 사람이 늘면서 자연스레 관점이 다양해지고 상충하는 비전이 표출된다. 만약 다른 사람들이 이러한 다양성을 인정하지 못하면, 분열이 심화되고 공유 비전의 명료성이 감소하며, 커지던 열정도 제약을 받게 된다.

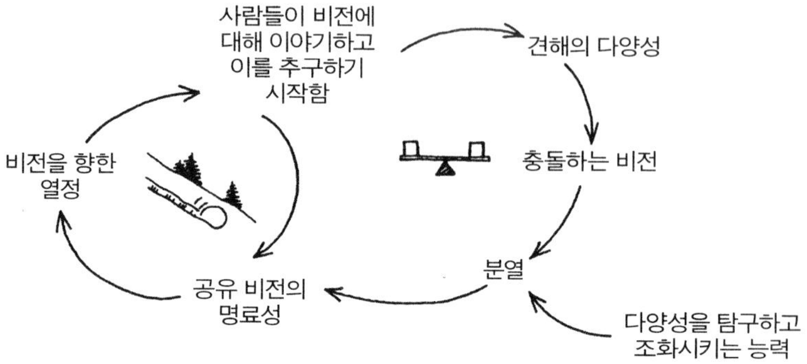

'성장의 한계' 구조에서 레버리지는 보통 제한 요소, 즉 균형 피드백 프로세스를 야기하는 암묵적인 목표나 기준을 이해하는 데 있다. 위의 사례에서 제한 요소는 더욱 심층적이고 보편적인 비전이 등장하게끔 다양한 비전을 탐구하는 능력(혹은 무능력)이다. 비전의 다양성은 다양성을 '조화시키는' 조직의 능력을 넘어설 때까지 증가한다.

이러한 한계를 피하기 위해 가장 중요한 기술은 9장 '정신모델'에서 소개한 성찰과 질의 기술이다. 실제로 비전을 구축하는 과정은 특수한 형태의 질의 과정이라고 말할 수 있다. 즉 우리가 진정으로 만들어내고자 하는 미래에 대해 질의하고 탐색하는 과정이다. 만약 비전 구축 과정이 순수한 주장 과정으로만 이루어진다면 잘해도 순종 정도를 끌어낼 뿐, 구성원의 헌신으로 이어지지는 못할 것이다.

비전 창출을 질의 과정으로 접근한다고 해서 자신의 견해를 포기해야 한다는 의미는 아니다. 반대로 비전은 강력한 옹호자를 필요로 한다. 그러나 동시에 타인의 비전을 묻고 탐구할 줄 아는 옹호자라야, 비전이 발전하고 개개인의 비전을 넘어 전체의 비전이 될 가능성을 갖게 된다. 이것이야말로 앞서 말한 홀로그램의 원칙이다.

실현이 어려워보여서 사람들이 의욕을 상실할 경우에도 비전은 사그라질 수밖에 없다. 비전의 본질을 명확하게 이해할수록 비전과 현실의 차이에 대한 인식도 증가한다. 이에 따라 사람들이 낙담하고 불안해하고 심지어 냉소적인 태도를 보이며 자연히 열정은 줄어들게 된다. '조직적 실망'으로 인한 '성장의 한계' 구조는 다음의 다이어그램처럼 나타난다.

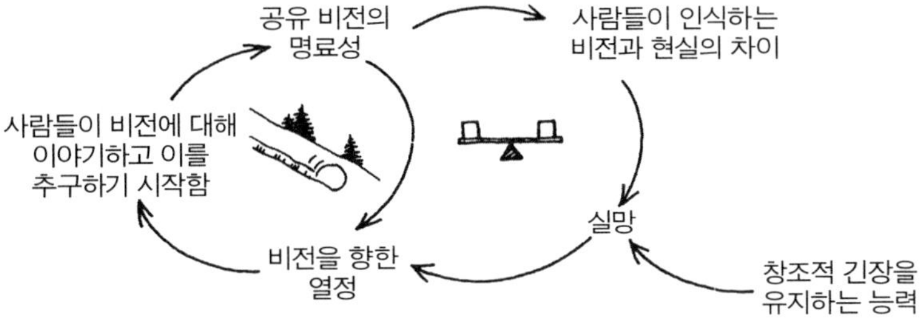

이러한 구조에서 제한 요인은 창조적 긴장, 즉 개인적 숙련이라는 중심 원칙을 '견지'하는 구성원들의 능력이다. 공유 비전을 구축하는 토대가 개인적 숙련이라고 하는 이유가 여기에 있다. 개인적 숙련을 장려하지 않는 조직은 원대한 비전에 대한 지속적인 헌신을 끌어내기가 쉽지 않다.

새로 탄생하여 성장 중인 비전은 사람들이 현실의 요구에 압도당해 비전에 대한 집중력을 상실하는 경우에도 기세를 잃고 소멸한다. 이때의 제한 요인은 비전에 집중할 시간과 에너지가 된다.(아래의 다이어그램 참조)

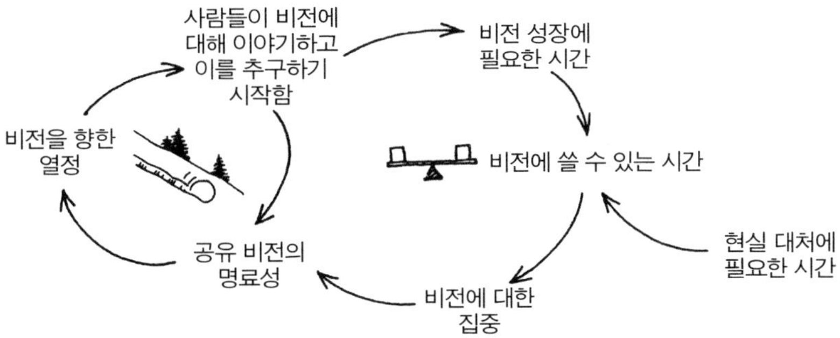

이러한 경우 레버리지는 위기와 싸우고 현실에 대처하는 데 들어가는 시간과 노력을 줄일 방법을 찾거나, 새로운 비전을 추진하는 이들과 '현실' 대처를 책임지고 있는 이들의 관계를 끊어버리는 데에 있다. 여러모로 이는 '스컹크 워크skunk works' 전략, 즉 조직의 주류에서 벗어나 묵묵히 새로운 아이디어를 추진하는 소규모 집단을 따로 두는 전략과 유사하다. 이러한 접근방법은 종종 필요하지만, 서로 화해하기 힘들 만큼 양극화된 '진영'이 형성되는 상황을 피하기는 어렵다.

마지막으로 사람들이 서로 연관되어 있다는 사실을 망각할 때도 비전은 생명력을 잃는다. 공동으로 질의하고 탐색하는 작업을 통해 비전 구축에 접근하는 것이 중요한 이유가 여기에 있다. 일단 사람들이 "우리가 진정으로 만들어 내고자 하는 것이 무엇인가?"라고 묻지 않고 형식적인 비전으로 전향시키기 시작하면, 계속되는 대화의 질과 그것을 통해 풍성해지는 관계의 질이 손상된다. 공유 비전의 기저에 있는 심층 욕망 가운데 하나는 더욱 큰 목표 그리고 서로 연결되고 싶은 욕망이다. 그러나 이러한 연결 의식은 부서지기 쉽다. 이는 우리가 서로에 대한 존경, 그리고 서로의 관점에 대한 존경을 잃을 때마다 약해지고 훼손된다. 그렇게 되면 우리는 내부자와 외부자, 즉 비전의 '진정한 신봉자'와 그렇지 않은 사람으로 갈라진다. 구성원이 갈라지기 시작하면, 비전 구축을 위한 대화를 이어가도 비전을 향한 진정한 열정을 만들어내지 못한다.(다이어그램 참조)

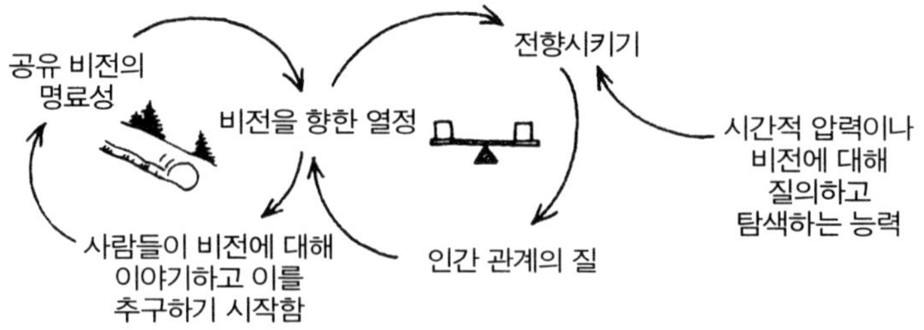

억지로 비전을 전파하고 전향시키며 연결 의식을 잃어버릴 때의 제한

요인으로서 시간이나 기술을 생각할 수 있다. 새로운 비전에 '참여'하는 것이 매우 긴급한 상황이라면 진심으로 이야기를 나누고 서로 경청할 시간이 없다고 느낄 수 있다. 사람들이 그러한 대화를 나누는 방법, 다른 사람을 억지로 전향시키지 않고 각자의 비전을 돌아보도록 장려하여 비전을 공유하는 방법에 서툰 경우에는 특히 그럴 가능성이 높다.

사라진 시너지: 공유 비전과 시스템 사고

나는 공유 비전을 구축하기 위한 규율이 시스템 사고 없이 진행된다면 핵심 토대가 결여된 사상누각과 다를 바 없다고 본다. 비전은 우리가 창조하고자 하는 모습을 보여주는 반면, 시스템 사고는 우리가 현재 가진 것을 어떻게 창조해왔는가를 알려준다.

최근 많은 리더가 유행하는 시류에 휩쓸려 비전을 수립했다가 갈팡질팡하는 모습을 보여주고 있다. 그들은 뒤질세라 회사 비전과 사명 선언문 등을 만들어냈다. 그리고 비전에 모두를 동참시키려고 동분서주했다. 그러나 기대했던 생산성과 경쟁력 급등에는 실패했다. 이러한 결과 때문에 많은 이가 비전과 비전 만들기에 불만을 품게 되었다. 으레 그렇듯이 유행은 자연스레 수그러들었고, 갓 태어난 아기는 목욕물과 함께 버려지려 하고 있다.

공유 비전을 신중하게 발전시키는 한, 문제는 공유 비전 자체에 있지 않다. 문제는 눈앞의 현실을 좇아가기 급급한 수동적인 태도에 있다. 비전은 사람들이 자신의 미래를 만들 수 있다고 진심으로 믿을 때만 생명력을 갖는 힘이 된다. 여기에서 아주 간단한 사실 하나를 예로 들겠다. 대부분의 경영자는 자신이 현실을 만드는 데 일조하고 있다는 사실을 실감하지 못한다는 것이다. 그러므로 이러한 현실을 바꿀 수 있는 방법도 모른다. 그들의 관점에서 보면 문제는 항상 '밖'에 있는 누군가 혹은 '시스템' 때문에 생긴다.

이러한 태도는 널리 퍼져 있지만 정작 포착하기는 쉽지 않다. 많은 조직에 있어 '우리는 미래를 창조할 수 없다'는 생각은 워낙 위협적인 탓에 결코 드러내놓고 인정할 수 없기 때문이다. 훌륭한 경영자가 되고 훌륭한 리더가 된다 함은 사전에 조치를 취하고, 스스로 미래를 책임지는 것이라는 관점이 강력한 지지를 받고 있다. 조직이 정한 것을 달성할 수 있을지에 대해 공개적으로 의문을 표시하는 사람은 금세 '공동체 의식이 부족하다'는 꼬리표가 붙고, 문제 있는 사람으로 간주된다.

그러나 이러한 '할 수 있다'는 낙관주의는 근본적으로 수동적인 관점을 숨기고 있는 얄팍한 껍데기에 불과하다. 대다수 조직은 시스템 사고가 아닌 직선적 사고에 의해 지배되기 때문이다. 사건 중심 사고가 우세해진다면, 중요한 것은 변화를 만들어내는 것이 아니라 변화에 대응하는 것이라고 사람은 생각한다. 이러한 사건 중심 사고 때문에 결국 진정한 비전은 설 자리를 잃고 공허할 뿐인 '비전 선언문'만 남게 된다. 구성원이 마음 깊이 새기고 받아들이지 않는 비전은 빛 좋은 개살구에 불과하다.

그러나 조직 구성원이 기존의 정책과 행동이 어떻게 현실을 만들어내는지를 깨닫기 시작하면 비전이 자랄 비옥한 토양이 새롭게 만들어진다. 또한 '현실을 만드는 힘'과 '그러한 힘에 영향을 미칠 레버리지가 존재하는 지점'을 제대로 이해하는 데서 나오는 자신감이 커진다. 우리 연구 프로그램에 참여한 어느 회사 경영자가 했던 말을 나는 평생 잊지 못할 것이다. 확장된 '소우주', 즉 정신모델 시뮬레이션 시간을 마친 그에게 무엇을 배웠느냐고 묻자 이렇게 대답했다. "우리 앞에 있는 현실은 여러 가능성 중의 하나에 지나지 않는다는 것을 알았습니다."

11 팀 학습

팀의 잠재력

보스턴 셀틱스에서 뛰던 농구선수 빌 러셀Bill Russel은 자신의 팀에 대해서 다음과 같이 말했다. "구성 면에서나 실력 면에서나 (우리는) 전문가팀이었다. 여느 분야의 전문가팀과 마찬가지로 개개인의 실력과 서로 협력하는 능력이 팀의 성과에 영향을 미쳤다. 우리는 굳이 노력하지 않아도 서로의 전문성을 보완해야 한다는 점을 잘 알고 있었다. 그것은 자연스러운 사실이 되어, 우리는 팀의 결합을 더욱 효과적으로 만들 방법을 찾기 위해 노력했다. 농구 코트에서 벗어난 우리 대부분은 사회의 기준으로 보면 괴짜임에 틀림없었다. 말하자면 타인과 조화를 이루거나, 자신의 개성을 죽이고 사회의 기대치에 맞추는 그러한 사람들이 결코 아니었다."[1]

러셀은 자신의 팀을 남다르게 만들어준 것은 우정과는 다른 종류의 '관계'라고 조심스럽게 이야기했다. 러셀은 팀과 함께했기에 개인이 거두는 성공에서는 맛보기 힘든 최고의 순간을 경험했다고 전했다. 그의 말을 들어보자. "가끔 셀틱스의 경기는 한껏 달아올라서 육체적인 게임이나 정신적인 게임 이상의 것이 됩니다. 일종의 마법 같은 것이죠. 그 느낌을 설명하는 것은 쉽지 않으며, 경기를 뛰는 동안에는 그것에 대해 이야기를 해본 적이 없습니다. 그러한 일이 일어날 때면 나의 플레이가 새로운 차원으로 올라가는 것을 느낍니다. 그것은 나와 셀틱스 선수뿐만 아니라 상대팀의 선수, 심지어 심판까지 둘러싸곤 합니다. 그 특별한 차원에서는 온갖 이상한 일이 다 일어납니다. 치열한 접전이 벌어지는 상황에서 나는 그러한 열기를 느끼지 못하는데 그것은 자체로 하나의 기적입니다. 경기 속도가 워낙 빨라서 모든 유인동작, 커트, 패스 등이 놀라울 정도로 빠르게 진행되지만 나에게는 하나도 놀랍지 않습니다. 오히려 경기가 느린 동작으로 진행되는 것 같죠. 그 순간에 나는 다음 플레이가 어떻게 진행될지, 다음 슛이 어디서 나올지 등을 대체로 알 수 있습니다. 나에게 있어 중요한 것은 양쪽 팀이 모두 최고의 컨디션에서 경기를 해야 하고 경쟁해야 한다는 것입니다."

러셀이 선수로 뛰던 시절 보스턴 셀틱스는 13년 동안 무려 11번이나 우승하면서 우리가 '합일alignment'라고 부르는 현상을 예증해주었는데, 이는 어느 집단이 하나의 전체가 되어 움직이는 상태를 말한다. 대부분의 팀에서 각 구성원의 에너지는 서로 엇갈려서 작용한다. 우리는 팀을 각기 다른 수준의 '개인 능력'(의도한 결과를 달성할 능력)을 가지고 다른 방향으로 움직이는 개인들의 집합체로 본다. 이를 그림으로 표현하면 아래와 같은 모습이 아닐까 싶다.[2]

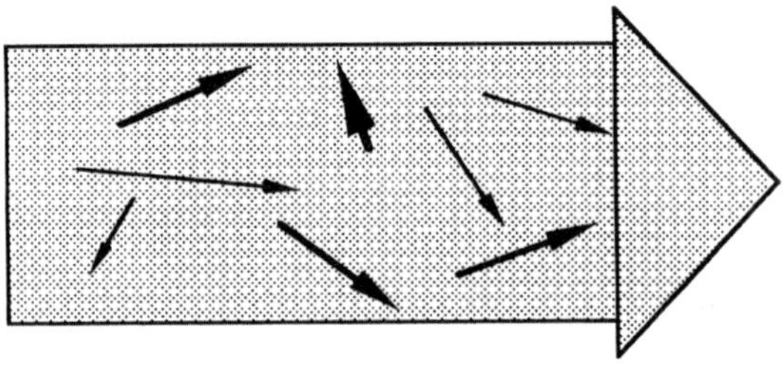

상대적으로 일체감이 약한 팀의 기본적인 특징은 에너지 낭비다. 개개인이 유별나게 열심히 일할지는 모르지만, 그들의 노력은 팀의 성과로 효

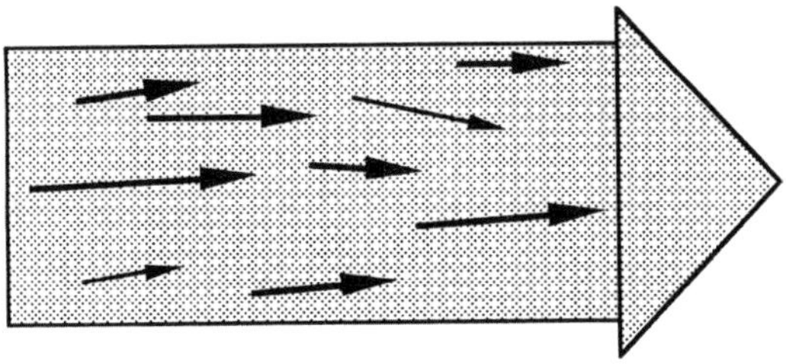

율 좋게 연결되지 않는다. 대조적으로 팀이 합일을 이루면, 공통의 지향이 생겨나고, 개개인의 에너지가 조화를 이루게 된다. 당연히 낭비되는 에너지도 적어지며, 공명 혹은 시너지가 발생한다. 흩어지는 백열전구의 빛이 아니라 '응집된' 레이저 빛처럼 강한 힘을 발휘한다. 공통 목표, 공유 비전이 생기고, 서로의 노력을 보완해줄 방법을 이해하게 되기 때문이다. 개인이 팀의 비전을 위해서 자신의 이익을 희생하는 까닭은 아니다. 오히려 개인 비전의 연장선상에 있는 것이 공유 비전이 된다.(위의 그림 참조) 실제로 합일은 개인을 북돋아주는 것이 팀 전체의 능력 향상을 위한 필요조건이다. 상대적으로 합일 수준이 낮은 상태에서 개인에게 권한을 부여하면 혼란만 가중되고 팀을 관리하기가 훨씬 어려워진다.(아래의 그림 참조)

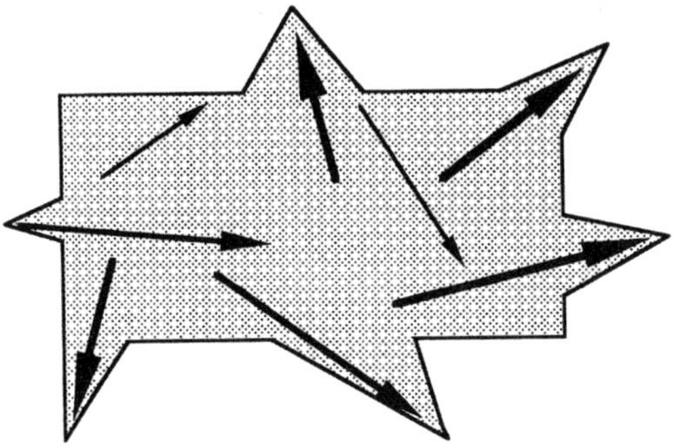

재즈 연주자라면 합일이 무엇인지 확실히 알리라. 재즈 연주에서는 합주단이 완벽한 호흡 속에서 '마치 한 사람처럼' 연주하는 상태를 최고로 꼽는다. 이러한 경험을 말로 표현하기는 쉽지 않다. 재즈 연주자들은 불가사의하고 신비스러운 무언가를 말하듯이 이러한 경험을 이야기한다. "음악이 나에게서 나온다기보다는 나를 관통하여 흐르는 느낌이지요." 설명하기 어렵고 실체가 모호하기는 이러한 표현도 마찬가지다. 나는 마찬가지로 비상한 성과를 올린 팀에서 일한 경험이 있는 관리자들과 여러 차례 이야기를 나눠보았다. 그들은 실제로는 몇 시간 동안 지속되었지만 느낌상으로는 '순식간에 지나가버린' 회의 경험을 이야기한다. '누가 무슨 말을 했는지'는 전혀 기억나지 않지만 "우리가 진정으로 이해를 공유하게 된 시점은 또렷이 기억나며, 투표할 필요도 없이 자연스레 어떻게 해야 할지 알게 되는 그러한 상태에 도달했다."고 이야기한다.

팀 학습은 구성원이 진정으로 원하는 결과를 만들기 위해서 팀의 능력을 합일시키고 개발하는 과정이다. 팀 학습은 공유 비전을 구축하는 규율을 토대로 한다. 개인적 숙련도 팀 학습의 토대가 되는데, 유능한 팀은 유능한 개인으로 이루어지기 때문이다. 그러나 공유 비전과 개인 재능만으로는 충분하지 않다. 세상에는 한동안 비전을 공유하지만 학습에는 실패하고 마는, 유능한 개인으로 이루어진 팀이 무수히 많다. 훌륭한 재즈 합주단은 개인의 재능과 더불어 굳이 그에 대해 이야기하지 않더라도 공유 비전을 갖고 있다. 그렇지만 정말 중요한 것은 연주자들이 마음을 하나로 모아 연주하는 기술을 안다는 것이다.

지금처럼 조직에 있어 팀 학습의 숙달에 대한 욕구가 컸던 시대는 없었다. 경영팀이 되었건, 상품개발팀이 되었건, 여러 부서를 아우르는 특별대책팀이 되었건 아리 드 호이스가 '행동하기 위해 서로를 필요로 하는 사람들의 모임'이라고 정의한 '팀'이야말로 조직의 핵심 학습 단위가 되어가고 있다. 요즘은 거의 모든 중요한 결정이 팀에서 내려지기 때문이다. 팀이 직접 결정을 내리는 경우가 있는가 하면, 개인이 내린 결정을 간접적으로 실행에 옮기는 경우도 있다. 개인학습은 어떤 수준에서는 조직학습과 무관하다. 개인이 항상 학습을 하지만 조직학습은 일어나지 않는 까닭이다. 그러나 팀이 학습하면 조직 전체에 걸쳐 학습의 축소판이 된다.

학습을 통해 얻은 통찰은 행동으로 옮겨진다. 팀에서 개발된 기술은 다른 개인이나 팀에 전파될 수도 있다.(반드시 전파된다는 보장은 없지만 말이다) 팀이 성과를 올린 시점에서, 보다 커다란 조직을 위해 함께 학습하기 위한 방향을 짓는 데 필요한 기준을 확립할 수도 있다.

조직 안에서 팀 학습은 세 가지 중요한 차원을 갖는다. 첫째, 복잡한 사안에 대해서 통찰력을 가지고 사고할 필요성이 있다. 여러 사람은 한 사람보다 똑똑해질 잠재력을 가지고 있다. 팀은 이러한 잠재력을 활용하는 법을 배워야 한다. 당연한 말처럼 들리겠지만 팀의 지적 능력이 개별 구성원의 그것을 넘어서지 못하거나, 심한 경우 그보다 낮아지게 만드는 각종 힘이 조직 내에서 작용하고 있다. 이러한 힘의 대부분은 팀 구성원의 직접적인 통제 하에 있는 것들이다.

둘째, 혁신적으로 협력해서 행동할 필요성이 있다. 훌륭한 스포츠팀과 뛰어난 재즈 합주단은 자발적이면서도 동시에 조화롭게 협력하면서 행동하는 좋은 예를 제공한다. 조직에서 뛰어난 실적을 자랑하는 팀은 '작업상의 신뢰'라고 하는 유사한 관계를 발전시킨다. 그러한 상태에서 각각의 팀원은 다른 팀원을 의식하면서 서로의 행동을 보완하는 방향으로 행동하리라고 믿고 의지할 수 있다.

셋째, 팀의 구성원이 다른 팀에 대해서 맡아야 하는 역할이 있다. 예를 들어 상급자로 이루어진 팀에서 내리는 대부분의 조치는 다른 팀을 통해 수행되는 경우가 많다. 따라서 학습하는 팀은 팀 학습 관행과 기술을 폭넓게 발전시키는 과정을 통해서 학습하는 다른 팀을 계속해서 육성한다.

개개인의 역량과 이해라는 부분도 포함하고 있지만 팀 학습은 기본적으로 공동 학습이다. 그러므로 개인으로서 '내'가 팀 학습의 규율을 습득하고 있다고 말하는 것은 무의미하다. 이는 "혼자서 훌륭한 재즈 합주를 습득하고 있다."는 말이 무의미한 것과 같은 맥락이다.

팀 학습의 규율은 의견을 교환하는 두 가지 방식, 즉 '다이얼로그'와

‘토론’을 숙달하는 과정을 포함한다. 다이얼로그에서는 복잡하고 미묘한 사안에 대하여 제한 없이 자유롭고 창의적으로 탐구하고, 자신의 의견은 잠시 보류해둔 채 서로의 의견을 ‘경청’한다. 반대로 토론에서는 서로 다양한 의견을 제시하고 주장하며, 이 순간에 필요한 의사결정을 뒷받침할 가장 좋은 관점을 모색한다. 이처럼 성격이 많이 다른 다이얼로그와 토론은 상호보완적으로 활용하는 관계에 있지만, 대부분의 팀에게는 둘을 구분하고 필요에 따라 의식적으로 구별 지어 오가는 기술이 부족하다.

또한 팀 학습은 생산적인 다이얼로그와 토론을 방해하는 거센 힘을 창조적으로 다루는 법도 배운다. 이 가운데 으뜸은 크리스 아지리스가 ‘방어 루틴defensive routine’이라고 부르는 것이다. 방어 루틴은 나와 타인을 위협이나 곤혹스러운 상황에서 보호해주지만, 동시에 학습하지 못하게 방해하는 상호작용 습관이다. 갈등에 직면했을 경우 서로의 차이를 ‘얼버무리고’ 넘어가려 하거나, 무작정 ‘목청을 높이거나’, ‘승자 독식’의 끝장토론을 벌여보자는 식으로 덤비는 태도가 모두 방어 루틴의 일종이다. 나와 함께 일하는 빌 아이삭스Bill Isaacs는 이를 ‘관념적 전쟁’이라고 부른다. 그러나 학습을 방해하는 방어 루틴은 이와 동시에 학습을 촉진할 엄청난 잠재력을 지니고 있다. 이는 우리가 방어 루틴이 가지고 있는 에너지를 방출하는 방법을 알고 있을 때의 이야기이다. 9장에서 설명한 질의와 성찰 기술이 그 첫걸음이며, 그것에 초점을 두고 다이얼로그와 토론을 진행하는 방법도 있다.

시스템 사고는 특히 방어적인 태도를 야기하기 쉬운데, ‘행동이 현실을 만들어낸다’는 핵심 메시지 때문이다. 그래서 팀이 중요한 문제를 시스템 사고 관점에서 검토하는 데 거부감을 느낄 수도 있다. 문제가 우리 통제 밖에 있는 외부 힘들에 의해서가 아니라, 우리 자신의 정책과 전략 때문에, 다시 말해 ‘우리 때문에’ 생긴다는 의미를 내포하고 있기 때문이다. 나는 지금까지 ‘이미 시스템 관점에서 생각해보았다’거나 ‘시스템 관점을 지지한다’고 말하면서 정작 그것을 실천에 옮기기 위해서는 아무 일도 하지 않거나, '문제를 붙잡고 씨름하는 것 이외에 할 수 있는 일이 아무것도 없다'는 입장을 고수하는 팀을 다양한 상황에서 목격했다. 사실, 이러한 전략은 모두 자신의 행동이 어떻게 지금 해결하려 하는 문제를 야기하고 있는가를 진지하게 검토해야 하는 상황을 피하고자 하는 몸부림이며, 실제로 상당히 성공적이다. 그러한 의미에서 보면 시스템 사고는 갈등의 소지가 있는 복잡한 사안을 피하지 않고 파고들 의지와 능력이 있는 성숙한 팀을 필요로 한다.

마지막으로 여느 규율과 마찬가지로 팀 학습의 규율에서도 연습이 필요하다. 그런데 현대 조직의 팀에서 부족한 부분이 바로 이것이기도 하다. 리허설 없이 훌륭한 합주단을 만들 수 있을까? 연습 없이 승리하는 팀이 있을 수 있을까? 사실 훌륭한 팀은 연습과 실행을 반복하면서 학습한다. 연습하고, 실행하고, 다시 연습하고, 다시 실행하는 식이다. 우리는 지금 경영팀에서 유사한 연습 기회를 어떻게 만들어내는가를 학습하는 초기 단계에 있다. 곧이어 일부 사례가 제시될 것이다.

그것이 지니는 중요성에도 불구하고 팀 학습에 대한 이해도는 상당히 낮은 상태이다. 우리가 명확하게 설명할 수 있을 때까지 팀 학습은 모호하고 불가사의한 영역에서 벗어나지 못할 것이다. (팀에 속한 개인의 학습과 비교하여) 팀이 학습하는 경우 어떤 일이 일어나는가에 대해 이론적 설명을 내놓기 전까지는 진정한 집단 지성group intelligence과 개인이 집단의 압력에 굴복했을 때의 '집단 사고group think'의 차이를 구별할 수 없을 것이다. 함께 학습하는 팀을 구축할 확실한 방법이 나오기 전까지, 그러한 팀의 등장은 어쩌다 운이 좋아 생긴 우연의 산물로 남을 수밖에 없다. 이러한 여러 이유로 인해 팀 학습을 숙달하는 것은 학습조직 구축에서 중요한 단계가 된다.

팀 학습의 규율

다이얼로그와 토론[3]

현대물리학에서 유명한 '불확정성 원리'의 창시자인 베르너 하이젠베르크Werner Heisenberg는 〈물리학을 넘어서: 만남과 대화Physics and Beyond: Encounters and Conversations〉라는 명저에서 "과학은 대화에 뿌리를 두고 있다. 서로 다른 사람들의 협력이 더없이 중요한 과학적 성과로 귀결된다."고 강조했다. 이어서 하이젠베르크는 볼프강 파울리Wolfgang Pauli, 알베르트 아인슈타인, 닐스 보어Neils Bohr를 비롯한 여러 위대한 인물과 나눴던 대화를 떠올린다. 모두 20세기 전반 전통적 물리학을 송두리째 뒤흔들고 재편했던 인물이다. 하이젠베르크가 "나의 사상에 지속적인 영향을 미쳤다."고 말하는 이러한 대화가 있었기에 이들은 수천 년 물리학 전통을 뒤흔들 이론을 탄생시킬 수 있었다. 세세한 내용과 감정까지 생생하게 기억되는 하이젠베르크의 대화는 공동 학습의 놀라운 잠재력을 분명하게 보여준다. 우리는 협력하면 개인이 가능한 정도보다 높은 지성과 뛰어난 통찰력을 얻게 된다. 팀의 IQ는 개인의 IQ보다 훨씬 높은 잠재적 가능성을 가지고 있다.

하이젠베르크의 이러한 설명을 보면 팀 학습의 규율 탄생에 중요한 공헌을 했던 인물이 지금은 고인이 된 현대 물리학자 데이비드 봄David Bohm이라는 사실이 전혀 이상하지가 않다. 양자물리학의 권위자인 봄은 어떤 집단이 '더 큰 지성의 흐름에 문을 여는 순간'에 힘을 발휘하는 '다이얼로그' 이론과 방법론을 발전시키기 위해서 노력한 인물이다. 다이얼로그는 고대 그리스인이 중시했고, 아메리카 대륙 원주민을 비롯한 여러 '원시' 사회에서 실천되었던 아주 오랜 역사를 지닌 생각이지만 안타깝게도 현대 사회에서는 거의 잊혀졌다. 그렇지만 누구나 다이얼로그를 어느 정도는 경험한 적이 있으리라고 본다. 상상도 못하고 미리 계획하지도 않은 방향으로 우리를 이끄는 어딘가 다르고 특별한 대화 경험이 누구에게

나 있으리라고 본다. 그러나 이러한 경험은 아주 드물게 찾아오며, 체계적인 노력과 규율에 따른 연습보다는 우연한 상황의 산물인 경우가 대부분이다.

다이얼로그의 이론과 실제에 대한 봄의 말년 작업을 보면, 앞에서 설명한 여러 규율의 토대가 되는 중요한 지적 흐름 두 가지를 독창적으로 통합한 모습을 알 수 있다. 바로 자연에 대한 시스템 관점 혹은 전체론적인 관점, 그리고 인간의 사고 및 내면 모델과 지각 및 행동 사이에 일어나는 상호작용이다. 봄의 말을 들어보자. "양자론은 우주가 별개의 부분으로 나뉠 수 있는 것처럼 보여도 본질적으로는 하나의 전체임을 의미한다. 특히 이는 양자론 수준의 정확성으로 따져보면, 관찰 주체와 관찰 대상은 불가분의 방식으로 서로에게 참여하고 있음을 의미한다. 따라서 이러한 수준에서 지각과 행동은 분리될 수 없다."

이 주장은 시스템 사고의 중요 특징 중의 일부를 연상하게 하는데, 시스템 사고에서는 지금 일어나는 일이 우리가 자신의 지각에 따라 행동한 결과일 때가 종종 있다는 사실을 환기시킨다. 봄이 1965년에 발행한 저서 〈특수상대성이론The Special Theory of Relativity〉에서 말한 것처럼 상대성이론에서도 비슷한 질문을 제기한다.[4] 해당 저서에서 봄은 시스템 관점과 정신모델을 보다 명시적으로 연결 짓기 시작한다. 특히 과학의 목적은(모든 과학이론이 언젠가는 잘못된 것으로 입증될 것이기 때문에) '지식의 축적'이 아니라, '자연과 인간 의식 사이의 지속적인 상호 참여'를 야기하면서 우리의 지각과 행동을 이끌고 형성하는 '정신모델'의 창조라고 주장한다.

그러나 팀 학습에 대한 남다른 통찰로 이어진 봄의 가장 두드러진 공헌은 사고를 '대체로 집단적 현상으로 보는 데'서 나온다. 봄은 미립자의 집합적 속성과(예를 들어, 시스템 전체에 걸친 '전자 바다[electron sea]'의 움직임) 인간 사고가 작용하는 방식 사이의 유사성에 상당히 일찍부터 관심을 가졌다. 나중에 봄은 이러한 유사성이 삶의 거의 모든 단계에서 관찰되는 일반적인 '사고의 역기능' 설명에 중요하다는 사실을 깨달았다. 봄의 설명을 들어보자. "우리의 사고는 일관성이 없고 이로 인해 생기는 역기능이 여러 문제의 원인이 된다." 그러나 봄은 사고가 대체로 집단적이기 때문에 개인의 노력만으로는 사고를 개선하기 힘들다고 말한다. "전자電子를 바라보는 것과 마찬가지로, 사고 역시 우리가 상호작용하고 담화를 나누는 방식에서 생겨나는 시스템적 현상으로 간주해야 한다."

담화의 주요 형식으로는 다이얼로그와 토론이 있다. 지속적인 생성학습 능력을 지닌 팀을 만들기 위해서는 둘 다 중요하지만, 다이얼로그와 토론의 힘은 상호 시너지 효과에 있다. 이러한 시너지는 두 가지의 차이를 인식하지 못하는 상황에서는 생기기 힘들다.

봄은 '토론discussion'이라는 단어의 어원이 충돌percussion, 그리고 충돌에 의한 충격concussion과 같다는 점을 지적한다. 이는 '두 사람이 공을 치며 주고받는 탁구 게임' 같은 것을 연상시킨다. 이러한 게임에서는 참여자들이 제시하는 다양한 관점에서 공통의 이해가 걸린 주제를 분석하고 해부한다. 물론 이는 유용할 수 있다. 그러나 게임의 목적은 보통 '승리'하는 것이며, 이때의 승리는 집단이 자신의 관점을 받아들인다는 의미다. 때로 자신의 관점을 강화하기 위해 다른 사람의 관점 가운데 일부를 받아들일 수는 있지만, 기본적으로는 자신의 관점이 우세한 위치에 있기를 바란다. 그러나 지속적으로 남을 이기는 데 강조점을 두는 태도는 일관성과 진실성에 최우선 가치를 두는 태도와는 양립할 수 없다. 봄은 그러한 우선순위에 변화를 가져오기 위해서 필요한 것이 '다이얼로그'이며, 토론과는 다른 형태의 의사소통이라고 주장한다.

토론과는 대조적으로 '다이얼로그dialogue'는 그리스어 'dialogos'에서 파생됐다. 'Dia'는 'through' 즉 '통과하여', '사이로' 등의 의미다. 'Logos'는 'word' 즉 '말'을 의미하며, 보다 넓게는 '의미meaning'라는 뜻이다. 봄은 'dialogue'의 본래 의미가 '강둑 사이를 흐르는 물줄기와 같이 의미가 사이를 통과하며 움직이는 것. 즉, 사람과 사람 사이를 흐르는 자유로운 의미의 흐름stream of meaning'이라고 말한다.[5] 봄은 다이얼로그를 통해 집단이 개인의 노력으로는 접근하지 못하는 더 큰 '공통의 의미 조합'에 접근한다고 주장한다. 부분을 모아 전체로 통합하고자 하는 것이 아니라, '전체가 부분을 구성한다'는 것이다.

다이얼로그의 목적은 어느 한 개인의 이해를 넘어서는 것이다. "다이얼로그에서는 이기려고 하는 자가 없다. 다이얼로그가 제대로 된다면 모두 승자가 된다." 다이얼로그에서는 개인이 각자의 노력만으로는 도달하기 힘든 통찰을 얻는다. "공통 의미의 개발에 토대를 둔 새로운 종류의 지성이 생겨난다. 이제 사람들은 서로 대립하지 않으며 상호작용을 하고 있다고 말할 수도 없다. 오히려 그들은 이 공통 의미의 조합에 참여하고 있으며, 그로 인해 지속적인 발전과 변화가 가능하다."

다이얼로그에서는 복잡하고 난해한 사안을 다양한 관점에서 집단으로 탐구한다. 개인들은 각자의 가정을 보류하되 자유롭게 말하고 소통한다. 결과적으로 심층적인 경험과 생각을 온전히 드러내는 동시에 각 개인의 관점을 넘어서는 것 또한 가능한 자유로운 탐색이 이루어진다.

봄은 다이얼로그의 목적은 '우리 사고 안의 비일관성incoherence을 드러내는 것'이라고 말한다. 비일관성에는 세 가지 유형이 있다. 첫째, 사고는 그것이 참여적이라는 사실을 부인한다. 둘째, 사고는 현실을 따라가지 않고 현실과 유리되어 프로그램처럼 나아가기만 한다. 셋째, 사고는 문제 해결을 위한 나름의 참조 기준을 수립하는데 애초에 스스로가 그것이 생기는 데 일조한 문제들이다.

보다 쉬운 이해를 위해 편견을 예로 들겠다. 어떤 사람이 특정 집단에 대한 고정관념을 받아들였다고 생각해보자. 그러한 '사고'는 이제 적극적인 행위자가 되어 그렇게 정형화된 부류로 분류된 사람과의 상호작용 방식을 형성하는 데 '참여'한다. 이번에는 이 두 사람의 상호작용 상태가 다른 사람의 행동에 영향을 미친다. 편견에 빠진 사람은 편견이 자신의 관점과 행동에 어떻게 영향을 미치는지 알지 못한다. 어떤 의미에서 자신의 편견에 눈치 챌 정도라면, 편견을 갖게 될 일은 없기 때문이다. 편견이라는 '사고'는 그것에 빠진 사람에게 들키지 않고 감춰져 있을 때 비로소 작용한다.

"사고는 모습을 드러냈으면서(우리 앞에 있으면서) 나타나지 않은 척한다." 우리는 마치 자신이 어떤 역할을 연기하고 있다는 사실을 망각한 배우 같다. 우리는 사고라는 극장 안에 갇히게 된다.('극장[theater]'과 '이론[theory]'은 'theoria'라는 동일한 어원에서 나온 단어들인데, 'theoria'는 '쳐다보다'라는 의미다) 봄의 표현을 빌자면, 이때가 사고의 '비일관성'이 시작되는 시점이다. "현실은 변할지 모르지만 극장은 변하지 않는다." 우리는 극장 안에서 움직이면서 문제를 정의하고, 행동을 취하고, '문제를 해결하고', 이 극장을 만들어낸 보다 큰 현실과의 접촉을 잃어버리게 된다.

다이얼로그는 '사람들이 자신을 드러내고 현실에 참여하는 사고의 속성을 알고, 사고의 비일관성을 더욱 민감하게 인식하며 거리낌 없이 그것을 인정하도록 도와주는 방법'이다. 다이얼로그에서 사람들은 자신의 사고를 관찰하는 관찰자가 된다.

그들은 자신의 사고가 적극적인 행위자라는 사실을 관찰하게 된다. 예를 들어 대화에서 어떤 갈등이 표면화될 경우에 사람들은 긴장이 있다고 인식하지만, 사실 긴장은 우리의 사고에서 생겨난다. 이때 사람들은 "갈등을 겪고 있는 것은 우리가 아니라 우리의 사고와 그것을 고수하는 방식이다."라고 말할 것이다. 일단 사람들이 사고의 참여적인 속성을 깨달으면 자기 자신과 자신의 사고를 구분하기 시작한다. 그리고 자신의 사고에 대해서 이전의 수동적인 태도를 버리고 보다 창조적이고 적극적인 태도를 취하게 된다.

다이얼로그에서 사람들은 또한 사고의 집단적인 속성을 인식하기 시작한다. 봄은 "대부분의 사고는 집단적으로 시작된다. 각각의 개인이 중요한 역할을 하지만, 대체로 집단적으로 시작된다."고 말한다. 예를 들어 '언어는 전적으로 집단적'이라고 봄은 말한다. "그리고 언어가 없는 이상 우리가 알고 있는 대로의 사고도 존재할 수 없다." 우리가 가지고 있는 대부분의 가정은 문화적으로 허용되는 가정의 집합에서 얻은 것들이다. 정말로 '스스로 생각하는 법'을 터득한 사람은 거의 없다. 혹 그것을 행한 사람이 있다면, 오래전에 에머슨Emerson이 말한 것처럼 "오해를 받을 것이 틀림없다."

그들은 또한 진행 중인 과정으로서의 '사고thinking'와 그러한 과정의 결과물인 '생각thought'의 차이를 인식하기 시작한다. 봄에 따르면 이러한 구분은 우리의 사고에서 비일관성을 바로잡는 데에 매우 중요하다.

집단적 사고가 흘러가는 강물이라면, '생각'은 강둑 주변에서 수면 위를 떠다니는 나뭇잎 같은 것이다. 우리는 이 나뭇잎을 모으는데, 그것은 우리가 '생각'이라고 경험하는 것이다. 우리는 이러한 생각을 자신의 것으로 오해하는데, 그것들을 만들어낸 집단적 사고라는 흐름을 보지 못하기 때문이다.

다이얼로그에서 사람들은 강둑 사이를 흐르는 흐름을 보기 시작한다. 그들은 지속적으로 발전하며 변화해가는 이 공통 의미의 영역에 참여한다. 봄은 우리의 정상적인 사고 과정이 '흐름에서 가장 거친 요소들만을 모으는 성긴 그물'과 같다고 본다. 다이얼로그에서는 익숙한 것, 우리가 일반적으로 사고라고 인식하는 것을 뛰어넘는 '일종의 민감성'이 발달한다. 이 민감성은 사고의 흐름 속에서 미묘한 의미까지 포착할 수 있는 '촘촘한 그물'이다. 봄은 이러한 민감성이 진정한 지성의 근본을 이룬다고 믿는다.

그러므로 봄에 따르면 집단 학습collective learning은 가능할 뿐만 아니라 인간 지성의 잠재력을 실현하기 위해 반드시 있어야 하는 필수요소이다. 다이얼로그를 통해 사람들은 각자 생각의 비일관성을 인식하도록 서로를 도와줄 수 있으며, 이러한 방식으로 집단의 생각이 점점 일관성을 띠게 된다.(일관성이 있다는 뜻의 'coherent'는 'cohaerere'에서 나온 말로, 의미는 '잘 들어맞다', '일치하다'이다) 이러한 일관성에 대해 한 마디로 정의하는 것은 쉽지 않으며, 질서, 일치, 미, 조화 등으로 설명할 수 있다.

그러나 핵심은 일관성이라는 추상적인 이상을 지향하는 것이 아니다. 오히려 모든 참가자가 가능한 모든 형태의 비일관성에 민감해지도록 함께 노력해야 한다는 것이 핵심이다. 모순이나 혼란은 비일관성을 말해주는 좋은 지표이다. 그러나 우리의 사고가 진정으로 원하던 것과는 다른 결과를 만들어낸다는 사실이 비일관성을 말해주는 더욱 기본적인 지표가 된다.

봄은 연구를 통해 다이얼로그에 필요한 세 가지 기본 조건을 찾아냈다.

1. 모든 참가자가 자신의 가정을 '보류'해야 한다. 요컨대 자신의 가정을 문자 그대로 '모두의 앞에 매달고 있는 것'처럼 해야 한다.
2. 모든 참가자가 서로를 동료로 생각해야 한다.
3. 대화의 '문맥을 파악'하고 있는 '퍼실리테이터'가 있어야 한다.

이러한 조건은 저항을 줄임으로써 '자유로운 의미의 흐름'이 집단 사이를 자연스럽게 통과하게 해준다. 전기회로에서 저항 때문에 전류가 일종의 에너지 낭비인 열을 만들어내는 것처럼, 정상적으로 기능하는 집단에도 저항이 있으며 이로 인해 에너지가 낭비된다. 다이얼로그에서는 '초전도체처럼 차가운 에너지'가 존재한다. 덕분에 정서적 불화와 짜증의 원천이 되었을 '뜨거운 주제'도 토의가 가능하다. 나아가 이러한 민감한 주제가 깊은 통찰로 이끄는 창이 된다.

– 가정 보류하기

가정을 보류한다 함은 '계속해서 의문을 제기하고 관찰할 수 있도록 자신의 앞에 걸어둔다'는 의미다. 이는 자신의 가정을 내던지거나 억누르거나 밝히기를 회피한다는 의미가 아니다. 또한 의견을 가진 것이 '나쁘다'거나 주관적인 태도를 버려야 한다는 의미도 아니다. 반대로 이는 자신의 가정을 의식하고 검토하기 좋게 제시한다는 의미다. 자신의 의견을 지키고 방어하려고 한다면 불가능한 일이다. 우리가 자신의 가정을 의식하지 못하거나, 자신의 관점이 반박의 여지가 없는 사실이 아니라 가정에 근거하고 있다는 사실을 인식하지 못하는 경우에도 가정 보류는 불가능하다.

봄은 일단 어느 개인이 의견을 완강하게 내세우면서 "원래 그런 거야." 라고 결론을 내리면 다이얼로그의 흐름이 막혀버린다고 주장한다. 이렇게 되면 봄이 말하는 대로 다이얼로그는 성패의 갈림길에 서게 되는데, 이는 '사람의 마음이라는 것은 가정을 보류하는 것을 피하며, 그 순간 방어해야만 한다고 느끼는 타협의 여지가 없는 완고한 의견을 채용하기를 원하기 때문'이다.

크게 성공한 첨단기술 회사에서 진행한 다이얼로그의 사례를 이야기해보겠다. 당시 다이얼로그에는 회사 최고 경영팀이 참가하고 있었다. 다이얼로그가 진행되는 동안 연구개발 부서와 조직의 나머지 사람들 사이에 '분열'의 골이 깊다는 사실을 알게 되었다. 이유는 연구개발 부서가 회사에서 누리는 높은 지위 때문이었다. 연구개발 부서의 지위가 높아진 이유는 지난 30년 동안 제품 혁신의 역사를 보면 알 수 있다. 연구개발 부서는 훗날 산업계 전체의 표준이 되는 몇 가지 파격적인 신제품 개발에서 선구적인 역할을 했고, 이러한 제품 혁신은 회사가 시장에서 명성을 얻는 초석이 되었다. 사정이 이렇다 보니 분열 때문에 많은 문제가 야기되었는데도 누구 하나 그에 대해 말할 생각을 하지 못했다. 회사는 오래전부터 유지해온 기술 리더십의 가치와 창의성이 뛰어난 기술자에게 자신이 생각하는 제품 비전을 추구할 자율권을 주는 것을 중시해왔다. 그러므로 연구개발 부서와 나머지 부서 사이의 분열을 운운하는 것은 회사의 오랜 가치에 도전하는 것으로 비춰질 우려가 있었다. 더구나 연구개발 부서의 2인자에 해당하는 인물이 다이얼로그에 참가하고 있었다.

모든 가정을 보류하는 조건이 토의되었을 때 마케팅부의 부장이 "모든 가정을요?"라고 확인하듯 물었다. 그는 그렇다는 대답을 듣고는 어찌할 바를 모르는 당황한 기색을 보였다. 시간이 흐름에 따라 그는 연구개발 부서와 관련한 자신의 가정을 털어놓았다. 연구개발부가 스스로를 '조직의 수호자'로 생각하며, 그것 때문에 마케팅부가 제품 개발에 영향을 미칠지 모르는 시장 정보에 접근하기 어렵다는 가정이었다. 이러한 말을 들은 연구개발부 관리자는 자신 역시 다른 부서에서 연구개발부를 그렇게 보고 있다고 가정하고 있으며, 이러한 가정이 자신과 연구개발부의 효율성에 악영향을 미친다고 생각한다는 이야기를 했다. 이것은 모두에게 의외가 아닐 수 없었다. 양쪽 모두 이러한 가정을 입증된 사실이 아니라 가정으로 공유했다. 그 결과, 이어지는 다이얼로그는 다양한 관점을 허심탄회하게 이야기하고 탐구하는 장이 되었다. 전략적인 측면이나 솔직함의 정도에 있어서 전례가 없을 정도였고, 여러 관점에 대한 철저한 검토가 가능했다.

이러한 가정의 보류는 9장 '정신모델'에서 말한 '추상화 비약'을 이해하고, '추상개념 이면의 추론을 탐색'하고, 기본적인 성찰 및 질의 기술을 개발하는 것과 아주 유사하다. 다만 다이얼로그에서는 이것이 집단적으로 이루어져야 한다는 점이 다르다. 가정을 보류하는 훈련을 통해 팀원들은 자신의 가정을 더욱 분명하게 볼 수 있다. 자신의 가정을 내놓고 타인의 가정과 대조해볼 수 있기 때문이다. 봄은 '생각 자체의 속성' 때문에 가정의 보류는 보통 어려운 일이 아니라고 말한다. 즉, 생각은 끊임없이 우리를 현혹하여 '이것이 있는 그대로의 사실'이라고 착각하게 한다. 이러한 착각에 빠지지 않으려면 가정을 보류하는 법을 학습해야 한다.

– 서로를 동료로 생각하기

다이얼로그는 참가자들이 서로에 대해 깊은 통찰과 명확성을 함께 추구하는 동료로 간주할 때만 가능하다. 생각이란 참여적으로 작용하기 때문에 서로를 동료로 생각하는 것이 중요하다. 이러한 의식적인 행위는 동료로서 상호작용하는 데 도움이 된다. 단순하게 들릴지도 모르나, 이로 인해 심오한 차이가 발생할 수 있다.

서로를 동료로 간주하는 것은 분위기를 긍정적으로 만들며, 다이얼로그의 취약점을 보완하는 데 중요한 역할을 한다. 다이얼로그에서 참가자들은 예전과는 다른 심층적 이해 같은 중요한 무언가를 만들어낸다는 느낌을 받는다. 서로를 동료이자 친구로 여기는 것은 당연하고 간단한 일이다 싶겠지만 결과적으로 엄청난 차이를 만들어낸다. 친구와 이야기를 나누는 방식과 친구가 아닌 사람과 이야기를 나누는 방식은 확연히 다르다. 흥미로운 점은 다이얼로그가 진전됨에 따라, 구성원들은 자신과 공통점이 많지 않은 사람에 대해서도 친구에게 느끼는 우정을 키워간다는 것이다. 여기에서 요구되는 것은 서로를 동료로 간주하려는 의지이다. 더구나 가정을 보류하는 것에는 어느 정도의 위험이 따른다. 서로를 동료로 대하는 과정에서 공통의 위험이 있다는 것이 인식되어, 그 위험에 직면했을 때에도 안정감을 느낄 수 있다.

동료의식을 갖는다고 해서 반드시 상대에게 동의하거나 동일한 관점을 공유해야 하는 것은 아니다. 오히려 서로를 동료로 간주하는 데서 생기는 힘은 관점의 차이가 존재하는 상황에서 진가를 발휘한다. 모두의 의견이 같은 상황에서 동료의식을 느끼는 것은 대체로 수월하지만, 상당한 의견 충돌이 있을 때는 한층 어려워진다. 그러나 힘들수록 대가 역시 큰 법이다. 나아가 내 의견에 반대하는 적을 '다른 의견을 가진 동료'로 간주하는 경우 그로부터 얻는 이점은 클 수밖에 없다.

봄은 동료의식을 갖기 위해서는 일정한 조건이 필요한 까닭에 조직 내 다이얼로그의 실현성에 의문을 표시하기도 했다. "상하질서는 다이얼로그와는 상극인데, 조직에서는 이를 탈피하기가 쉽지 않다."면서 봄은 이렇게 묻는다. "권력을 가진 사람들이 자신보다 아래에 있는 사람들과 정말로 대등하게 이야기를 나눌 수 있을까?" 이러한 질문은 조직 내의 팀 운영과 관련한 중요한 함의를 담고 있다. 첫째, 모든 참여자가 지위로 인한 특권을 고수하기보다 다이얼로그에서 얻을 이익을 진심으로 원해야 한다. 보통 조직에서 가장 높은 자리에 있는 사람은 자신의 생각이 우세한 위치를 점하고 채택되는 상황에 익숙하다. 그러나 다이얼로그에서는 그러한 특권을 포기해야 한다. 지위가 낮다 보니 자신의 생각을 접는데 익숙한 사람도 마찬가지다. 의견을 드러내지 않고 침묵함으로써 편안해지고 싶은 욕구를 포기해야 한다. 두려움과 비판적인 태도 역시 버려야 한다. 다이얼로그는 즐겁고 재미난 것이다. 새로운 아이디어를 가지고 놀면서 그것들을 검토하고 시험하려는 자발성이 있어야 한다. '누가 무슨 말을 했는지'에 과도하게 연연하고 '어리석은 소리를 하지 않으려고' 지나치게 신경을 쓰는 순간, 그러한 즐거움은 증발해버린다.

이러한 조건이 중요하기는 하지만, 모든 구성원이 자신에 대한 기대치를 알고 어떻게 행동해야 하는지를 아는 조직에서는 굳이 조건을 따지지 않아도 대화가 매끄럽게 돌아가는 것을 볼 수 있다. 깊은 속내를 들여다보면 다이얼로그에 대한 갈망이 있기 때문이다. 자신들에게 더없이 중요한 사안에 초점을 맞출 때는 더욱 그렇다. 그렇다고 조직 내에서 항상 다이얼로그가 가능하다는 말은 아니다. 모든 참가자가 가정의 보류와 동료의식이라는 조건에 맞추어 참가하려는 의지가 없다면 다이얼로그는 가능하지 않을 것이다.

– 대화의 '문맥을 파악'하고 있는 '퍼실리테이터'

숙련된 퍼실리테이터가 없으면 생각이 습관적으로 다이얼로그에서 멀어지고 토론으로 기울게 된다. 팀 학습 규율의 일부로 다이얼로그를 발전시키는 초기 단계에는 특히 그렇다. 사람들은 생각 속에 '떠오른 것'을 하나의 심상이 아니라 있는 그대로의 사실로 받아들인다. 자신의 관점이 옳다고 믿고, 그것이 타인의 관점을 누르고 승리하기를 바란다. 자신의 가정을 모두의 앞에서 공개적으로 보류하는 것에 대해서도 두려워한다. '모든 가정'을 보류하는 것이 심리적으로 안전한 일인지에 대해서도 분명치 않다. 내가 붙잡고 있지 않으면 정체성을 잃어버리게 되는 그러한 가정이 존재하지 않을까 싶어 마음을 놓지 못하는 것이다.

다이얼로그 시간에 퍼실리테이터는 '진행 과정을 촉진하는 돕는 사람 process facilitator'으로서의 기본 임무를 수행한다. 퍼실리테이터의 역할에는 참가자들이 다이얼로그 과정과 결과에 주인의식을 갖도록 돕는 일도 포함된다. 지금 일어나는 일에 자신도 책임이 있다는 의식을 갖고 적극적으로 임하게 하는 것이다. 만약 사람들이 '이런저런 것들 때문에' 이것에 대해서는 이야기하지 못하리라는 생각을 품기 시작하면, 그러한 생각이 보류되지 않은 하나의 가정이 되어 걸림돌이 된다. 퍼실리테이터는 또한 다이얼로그가 계속 진행되게 해야 한다. 어떤 참가자가 토론이 필요하지 않은 시점에 토론으로 방향을 틀려고 하는 경우, 퍼실리테이터는 이러한 움직임을 파악하여 집단에게 다이얼로그에 필요한 조건이 만족되고 있는지를 물어야 한다. 퍼실리테이터는 진행 과정에서 박식함으로 도움을 주는 역할을 하지만, 그렇다고 문제를 해결하는 '전문가'나 '의사'는 아니므로 적절한 거리를 두는 균형감이 필요하다. 자칫 잘못하면 구성원들이 자신의 생각과 책임에 주의를 집중하지 못하고 퍼실리테이터에게 의존하는 문제가 생길 수도 있기 때문이다.[6]

그러나 다이얼로그에서 퍼실리테이터의 역할은 이것에서 끝나지 않는다. 그는 다이얼로그를 이해하기 때문에 참여 자체로 흐름에 영향을 미칠 수 있다. 예를 들어 어떤 사람이 자신의 의견을 밝힐 경우 퍼실리테이터는 "그렇지만 반대 의견도 옳을지 모릅니다."라고 말할 수 있다. 퍼실리테이터의 참여는 다이얼로그에 필요한 조건을 상기시키는 역할을 넘어서 바람직한 다이얼로그의 예를 보여주는 효과도 있다. 다이얼로그의 기교는 의미의 흐름을 느끼고 지금 말해야만 하는 핵심을 파악하는 데 있다. 퀘이커 교도들은 머릿속에 떠오르는 생각을 마구잡이로 말하는 것이 아니라, 워낙 흥미로워서 말하지 않을 수 없는 그런 것만 이야기하라고 가르침을 받는데 퍼실리테이터도 마찬가지다. 적시에 던지는 퍼실리테이터의 한 마디는 어떤 추상적인 설명보다도 다이얼로그 이해에 도움이 된다.

팀이 다이얼로그 경험을 쌓고 기술을 발전시켜갈수록 퍼실리테이터의 역할은 줄어들며 서서히 일반 참여자의 일원이 되어간다. 팀의 구성원이 다이얼로그에 대한 이해의 폭을 넓히고 기술을 읽히고 나면, '리더 없이' 다이얼로그가 진행된다. 다이얼로그가 지속적인 학습 분야로 자리 잡은 사회에서는 보통 지정된 퍼실리테이터가 없다. 예를 들어 아메리카 원주민 부족들은 공식적인 퍼실리테이터가 없이도 다이얼로그를 높은 수준으로 발전시켰다. 주술사나 현자賢者가 나름의 역할을 하지만, 집단은 독자적으로 다이얼로그를 시작할 수 있었다.

– 다이얼로그와 토론 사이의 균형 유지하기

팀 학습에서 다이얼로그에 대응하는 필수 요소는 토론이다. 토론에서는 참가자가 서로 다른 관점을 제시하고 방어하며, 앞에서도 설명한 것처럼 이를 통해 전체 상황에 대한 유용한 분석이 이루어지기도 한다. 다이얼로그에서는 참가자가 새로운 관점을 발견하는 수단으로 서로 다른 관점을 제시한다. 토론에서는 결정이 이루어지지만, 다이얼로그에서는 복잡한 사안을 검토하고 탐구한다. 어떤 팀이 합의에 도달하고 의사결정을 해야 하는 시점에는 토론이 필요하다. 공통으로 인정하는 분석을 토대로 대안을 비교 검토하고, 사람들이 선호하는 견해를 채택한다.(채택된 견해는 기존의 대안 가운데 하나일 수도 있고, 토론 도중에 새롭게 출현한 것일 수도 있다) 생산적인 토론이라면 어떤 결론이나 행동방침으로 의견이 모아지게 마련이다. 반면에 다이얼로그는 분산시키는 역할을 한다. 다이얼로그는 애초부터 합의가 아니라 복잡한 사안을 더욱 심층적으로 이해하는 것을 추구한다. 다이얼로그와 토론 모두 새로운 행동방침으로 이어질 수 있다. 그러나 토론이 처음부터 행동에 중점을 둘 때가 많은 반면, 다이얼로그에서는 일종의 부산물로서 새로운 행동이 출현하곤 한다.

학습팀은 다이얼로그와 토론을 구분하고 필요에 따라 오가도록 훈련

받는다. 둘은 기본 원칙도 다르고 목표도 다르다. 그러므로 둘을 구별하지 못하면, 보통은 다이얼로그도 제대로 이루어지지 않고 생산적인 토론도 하지 못하게 된다.

규칙적으로 다이얼로그 시간을 갖는 팀원들 사이에는 독특한 관계가 만들어진다. 그들은 토론 중에도 유지되는 깊은 신뢰를 가지게 된다. 각자의 고유한 관점에 대해서도 한층 깊이 이해하게 된다. 또한 자신의 관점을 '온건하게' 고수함으로써 이해가 얼마나 깊어지는가를 체험한다. 어떤 관점을 방어할 필요가 있을 때도 무조건 이기겠다고 덤비기보다는 융통성과 점잖은 태도를 잃지 않는다.

다이얼로그를 가능하게 하는 기술은 토론을 생산적으로 만들어주는 기술과 상당 부분 동일하다. 바로 질의와 성찰 기술로, 9장 '정신모델'에서 이야기했던 내용이기도 하다. 사실 다이얼로그가 상당히 중요한 이유 중의 하나는 이러한 기술을 연마하고, 그로 인해 가능해지는 심오한 집단학습을 실현할 안정적인 환경을 제공하기 때문이다.

– 성찰, 질의, 다이얼로그

데이비드 봄의 사고에서 우리는 9장에서 논의한 '행동과학' 접근법의 깊은 반향을 찾을 수 있다. 자신의 관점을 외부의 영향에 개방하는 태도의 중요성, 정신모델과 현실을 혼동하는 데서 야기되는 문제 등이 대표적이다. 봄의 업적이 남다른 이유는 행동과학자가 규명한 장애를 초월하여, 집단 안에서 생겨날 수 있는 '새로운' 비전을 구체화했기 때문이다. 더욱이 봄의 다이얼로그는 하나의 '팀 규율'로, 개인의 노력으로는 달성되지 않는다.

다이얼로그가 제시하는 비전에는 집단에게만 접근 가능한 '더 큰 의미 조합'이라는 가정도 포함된다. 처음 들으면 다소 급진적인 발상이다 싶을 수도 있다. 그러나 집단으로 이루어지는 질의 및 탐색, 합의 도출 과정 등을 오래 전부터 장려해온 경영자에게는 그렇지 않다. 앞서 말한 것처럼 시스템 관점을 설명할 언어를 모르기 때문에 이론적으로 설명은 못해도, 오랜 경험을 통해 직관적으로 옳다는 것을 알기 때문이다.

그러한 경영자는 일찍부터 두 가지 유형의 합의를 구별하는 법을 배운다. 하나는 다양한 개인 의견에서 공통분모를 찾는 '수렴형' 합의고, 다른 하나는 개인의 관점을 넘어선 큰 그림을 추구하는 '확장형' 합의다. 수렴형 합의는 개인적 관점의 '내용'을 토대로 만들어지는데, 내 관점의 어떤 부분이 당신 그리고 다른 사람과 공유되고 있는지를 찾아내는 작업과 직결된다. 이것은 모두가 동의할 수 있는 '기본 원칙'이다.

두 번째 유형의 합의는 우리 모두가 각자의 '관점', 즉 현실을 보는 방식을 가지고 있다는 생각에서 출발한다. 각각의 개인 관점은 더 큰 현실을 보는 개인 특유의 관점이다. 만약 내가 당신의 관점을 통해 세상을 볼 수 있고 당신도 내 관점을 통해 볼 수 있다면, 각자의 관점만으로 보지 못했던 것을 보게 되리라.

다이얼로그가 팀 학습이라는 독특한 비전을 분명하게 표현한다면, 성찰과 질의 기술은 그러한 비전 실현에 반드시 필요한 수단일 것이다. 개인 비전이 공유 비전 구축의 토대를 제공하는 것처럼 성찰과 질의 기술은 다이얼로그와 토론의 토대를 제공한다. 성찰과 질의 기술에 토대를 둔 다이얼로그는 더욱 신뢰할 수 있고, 팀 구성원 사이의 감정 같은 세부 환경 요인으로부터 독립적일 가능성이 높다.

'현실' 다루기: 갈등과 방어 루틴

흔히 좋은 팀이라고 하면 갈등이 없이 마냥 조화로울 것만 같지만 그렇지 않다. 실상은 오히려 반대다. 내 경험에 따르면, 팀이 부단히 학습하고 있음을 말해주는 가장 믿을 만한 표시가 바로 아이디어 사이에서 눈에 띄는 갈등이다. 훌륭한 팀에서는 갈등이 생산적으로 작용한다. 비전을 둘러싼 갈등은 현재에도 존재할 것이고, 앞으로도 빈번하게 일어날 것이다. 실제로 '비전 구축' 과정의 핵심은 다양한 개인 비전에서 서서히 하나의 공유 비전이 출현하는 데 있다. 사람들이 공통 비전을 가지고 있을 때도 해당 비전을 달성할 방법을 놓고 다양한 아이디어가 제기될 수 있다. 원대한 비전일수록 어떻게 달성할 것인가가 불확실할 때가 많다. 서로 대립하며 갈등을 겪는 아이디어의 자유로운 흐름은 창조적 사고는 물론, 어떤 개인도 혼자의 힘으로는 생각해내지 못할 새로운 해결책을 발견하는 데에도 더없이 중요하다. 결국 갈등은 지속적인 다이얼로그의 일부가 되는 것이다.

반면에 그렇고 그런 평범한 팀에서는 갈등과 관련하여 다음 두 가지 상반된 특징 중의 하나가 나타난다. 말하자면 표면적으로 갈등이 없는 모양새이거나, 워낙 굳어져서 극복될 기미가 없는 분열 양상을 보인다. '겉보기에 매끄럽게 돌아가는' 팀의 구성원들은 팀을 유지하기 위해서 상충하는 관점을 억눌러야 한다고 생각한다. 각자가 자신의 생각을 이야기한다면, 팀은 타협 불가능한 격차로 인해 분해될 것이라고 생각한다. 분열된 팀은 상충하는 견해가 워낙 뿌리 깊이 박혀 있어서 관리자들이 아무리 목청을 높여도 도무지 갈등이 극복될 기미를 보이지 않는 그러한 팀이다. 모두가 서로의 입장을 알고 있으며, 각자의 입장에는 거의 변화가 없다.

크리스 아지리스와 동료들은 '똑똑하고 유능한 관리자들이 경영팀에서는 효과적으로 학습하지 못하는 이유가 무엇인가'라는 까다로운 문제를 40년 넘게 연구해왔다. 연구결과에 의하면 훌륭한 팀과 평범한 팀의 차이는 어떻게 갈등에 직면하고, 갈등에 따른 방어적인 태도에 어떻게 대처하느냐에 있다. 아지리스의 말을 들어보자. "인간은 방어 루틴을 만들어내고, 그러한 방어 루틴을 또 다른 방어 루틴으로 숨기도록 프로그램되어 있다. 이러한 프로그래밍은 유년기에 이미 시작된다."[7]

9장 '정신모델'에서 지적한 것처럼, 방어 루틴은 우리가 자신의 생각을 드러냄으로써 생기는 부끄러움과 위협으로부터 스스로를 보호하기 위해 사용하는 몸에 밴 습관이다. 방어 루틴은 우리가 품고 있는 심층 가정을 둘러싼 일종의 방어막을 형성하여 우리를 고통으로부터 지켜주지만 동시에 고통의 원인을 파악하지 못하게 한다. 보통은 자신의 관점에 대한 믿음이나 사회적 관계를 보존하려는 마음에서 방어 루틴이 나온다고 보지만, 아지리스는 각자의 관점 뒤에 숨겨진 사고가 드러나는 것에 대한 두려움 때문이라고 본다. 아지리스의 설명을 들어보자.

"방어적인 추론을 펴다보면……자기 추론의 타당성을 알아보기 힘들다."[8] 사실 대부분의 사람들은 자신의 추론을 노출하는 것을 일종의 위협이라고 느낀다. 다른 사람들이 그것에서 오류를 찾아내지는 않을까 두려운 마음 때문이다. 생각을 노출하는 것을 위협으로 느끼는 이러한 정서는 영유아기에 시작되어 대부분의 경우 학창시절을 거치면서 꾸준히 강화된다.(학교에서 선생님이 질문을 던졌는데 '정답'을 말하지 못했을 때 받은 마음의 상처를 떠올려보라) 이렇게 강화된 두려움은 훗날 직장생활에서도 지속된다.

방어 루틴은 대개 눈치 채기가 힘들다. 워낙 다양하고 일반적이어서 그것이 방어 루틴인 줄도 모르는 경우가 대부분이기 때문이다. 어떤 아이디어를 진지하게 받아들일 생각이 없을 때 우리는 "그것 참 흥미로운 생각인데."라고 말한다. 어떤 아이디어를 검토해야만 하는 상황을 피하기 위해 의도적으로 충돌하여 거절하기도 한다. 친절을 가장해서 비판으로부터 누군가를 도와주는 경우도 있지만, 이것은 동시에 귀찮은 일에 휘말리고 싶지 않은 자신을 위한 것이기도 하다. 까다로운 주제가 등장하면 '예의 바르게' 화제를 전환하기도 한다.

최근, 항상 힘이 넘치고 단호한 모습을 보여주던 어느 CEO가 나를 붙잡고 자신의 회사에는 '진정한 리더'가 없다고 한탄했다. 그는 비전에 헌신적인 사람들이 아니라, 비굴하게 순응하는 사람들만 회사에 가득하다고 느끼고 있었다. CEO는 스스로 의사소통에 능하고 위험을 감수하는 모험가 기질이 다분한 사람이라고 생각하고 있었기에 이러한 생각은 특히 절망감을 주었다. 사실 그는 힘차고 단호한 모습으로 자신의 비전을 역설하는 데 능한 사람이었다. 워낙 힘주어 말하고 강조하는 바람에 주변 사람들이 위협적이라고 느낄 정도였다. 결과적으로 CEO의 관점에 공개적으로 이의 제기를 하는 사람은 거의 없었다. 사람들은 CEO와 함께 있을 때는 자신의 관점과 비전을 말하지 않는 편이 현명하다고 생각하게 되었다. CEO는 자신의 힘차고 단호한 태도를 방어 루틴이라고 인식하지는 않을 테지만, 주의 깊게 들여다보면 그러한 태도가 방어 루틴으로 작용할 소지가 다분하다는 것을 알 수 있으리라.

이와 같은 사례처럼 가장 강력한 방어 루틴은 우리 눈에 보이지 않는다. 위의 CEO는 겉으로는 다른 직원이 각자의 생각을 표현하도록 독려하고자 한다. 그러나 유난히 강하고 단호한 태도 때문에 사람들은 그의 앞에서 자신의 생각을 표현하지 못하고, 따라서 이의를 제기하기도 힘들어진다. CEO가 이러한 결과를 의식하고 있다는 전제 하에 이를 하나의 전략으로 표현해보면, 방어 루틴이 적나라하게 드러난다. "사원을 위축시켜 방어적인 태도를 취하게 하라. 그렇게 되면 내 생각에 반기를 들지 못할 것이다." 이 CEO는 자신의 전략이 이처럼 노골적으로 표현된 것을 본다면 틀림없이 부정할 것이다. 그러나 보통은 드러나지 않고 감춰져 있기 때문에 방어 루틴이 계속해서 영향을 미치게 된다.

방어 루틴으로 인해 제기되는 문제는, 불완전하거나 잘못된 이해를 갖고 있는 것이 약함 혹은 무능의 표시로 간주되는 조직에서 한층 더 심각하다. 경영자라면 당연히 진행 상황을 알고 있어야 한다는 생각이 많은 경영자의 정신모델 깊숙한 곳에 자리 잡고 있다. 그러므로 문제의 원인을 모르는 사람처럼 행동하는 것은 그들에게 용납되지 않는 일이다. 상황이 이렇다 보니 높은 자리까지 올라간 이들은 대부분 상황을 아는 체하는 데 능통한 사람들이고, 그러한 자리에 오르려는 사람들 역시 일찍부터 확실하게 안다는 분위기를 풍기는 법을 배운다.

이러한 정신모델을 내면화한 경영자는 두 가지 속박 가운데 하나에 얽매이게 된다. 일부는 자신감에 찬 태도를 내면화하여 자신이 실제로 중요한 문제에 대한 해답을 알고 있다고 곧이곧대로 믿는다. 이 믿음을 지키려면 다른 관점에 폐쇄적인 입장을 취하고 외부의 영향에 자신을 노출하지 말아야 한다. 또한 이들은 자신감을 유지하기 위해서 계속 엄격한 태도를 유지해야 한다는 생각을 하게 된다. 한편 다른 이들은 중요한 문제의 원인을 자신이 알아야 마땅하다고 생각하지만, 속으로는 자신이 내놓은 해답에 스스로 확신이 없다는 사실을 잘 안다. 그들이 느끼는 속박은 자신감 있는 겉모습을 유지하기 위해 자신의 무지를 감춰야 한다는 것이다. 어느 쪽이든 해답을 알아야 한다는 부담을 안고 있는 경영자는 자신의 결정 이면에 있는 생각을 들키지 않음으로써 유능한 의사결정자라는 인상을 유지하는 방어 루틴에 능숙해지게 된다.

사람들은 이러한 방어적인 태도를 조직 문화의 불가피한 일부로 받아들인다. 아지리스의 설명을 들어보자. "조직에서 정치 게임을 하게 된 이유가 무엇이냐고 물을 때마다 그들은 그것이 인간의 본성이자 조직의 속성이라고 대답한다.……우리는 방어 루틴의 보균자들이고 조직은 숙주다. 조직이 감염되고 나면 조직 역시 보균자가 된다."[9]

팀은 조직의 축소판이므로, 조직 전체를 특징짓는 방어 루틴이 팀에서도 나타나는 것은 당연하다. 실제로 방어 루틴은 그것이 없었다면 공유비전 구축에 유용하게 쓰였을 팀 내의 에너지 흐름을 막아버린다. 방어 루틴에 빠진 팀의 구성원에게는 그것이 공동 학습을 가로막는 견고한 벽이나 빠져나올 수 없는 덫처럼 느껴진다.

팀의 방어 루틴이 얼마나 미묘하게 진행되는가를 보기 위해서, ATP 사업부의 사례를 생각해보자. 이 사업부는 혁신적이며 고도로 분권화된 회사의 신생 사업부서이다. (회사와 개인의 실명은 밝히지 않는다) 서른세 살의 부서장 짐 테이버는 자유를 존중하며 구성원에게 자율권을 부여한다는 회사의 핵심가치에 깊이 헌신하는 인물이다. 테이버는 또한 새로운 인쇄 회로기판 기술을 토대로 생산되는 ATP의 제품에 강한 확신을 가지고 있다. 아주 열정적인 그는 타고난 '치어리더' 기질을 발휘하며 부서원들을 이끌었다. 결과적으로 구성원들은 미래 전망에 대한 그의 열정을 공유하면서

장시간 노동도 마다하지 않았다.

그들의 노력은 보상을 받았다. 수년간 연간 예약판매가 30~50퍼센트 정도의 급성장을 기록했고, 1994년에는 매출이 5천만 달러에 이르렀다. 그러나 1995년에 이르자 판매는 처참할 정도로 떨어졌다.[10] 원래 ATP의 기술을 신뢰하는 소형 컴퓨터 제조사 두 곳에서 ATP 회로 기판이 들어가는 신규 하드웨어 제품을 설계했다. 그러나 1995년 소형 컴퓨터 산업에 침체기가 닥치며 새로운 라인 작업을 보류했고, 그로 인해 ATP는 예상 매출의 50퍼센트밖에 달성하지 못했다. 1996년에도 상황은 나아지지 않았다. 짐 테이버는 결국 기술직 관리자 자리는 유지했지만 사업 부서장 자리에서는 물러나야 했다.

ATP에 어떤 문제가 있었던 것일까? 열정이 과한 나머지 ATP 경영진은 내부적으로 모순된 전략에 얽매이게 된 것이다. 신생 부서는 공격적인 성장 목표를 설정했는데, 경영진을 기쁘게 하려는 의도도 있었지만 자신들의 제품에 대한 믿음도 한몫했다. 이러한 목표를 달성하는 것은 영업 부서에 크나큰 부담으로 작용했고, 영업 부서는 몇몇 핵심 고객과 대규모 거래를 추진하게 되었다. 결과적으로 ATP는 이 소수 고객에게 크게 의존하게 되었다. 이러한 핵심 고객 중의 일부가 자체 문제에 직면하자 ATP의 미래도 불투명해졌다.

ATP의 경영진은 왜 이처럼 회사 전체를 취약하게 만드는 전략을 승인한 것일까? 왜 회사 지도부가 나서서 신생 부서 관리자에게 고객층의 다양화를 독려하지 않았을까? ATP 문제의 핵심에는 '부담 전가하기' 구조에 깊이 스며든 일련의 방어 루틴이 자리 잡고 있다.

크리스 아지리스가 말한 것처럼 방어 루틴은 문제에 대한 반응으로 나타난다. 여기에서 문제는 '알고 있는 것'과 '알아야 하는 것' 사이의 '학습 격차learning gap', 그리고 그로 인해 발생하는 학습의 필요성이다. '근본 해결책'은 결국 새로운 이해와 새로운 행동으로 이어질 질의 및 탐구, 즉 학습이다. 그러나 학습 필요성은 동시에 위협을 만들어낸다. 개인과 팀은 위협에 방어적으로 반응한다. 이러한 방어적 태도가 '증상 위주의 해결책'으로 이어진다. 이는 사람들이 인지하는 학습 필요성을 감소시킴으로써 학습 격차를 제거하는 방어 루틴이 된다.(아래의 다이어그램 참조)

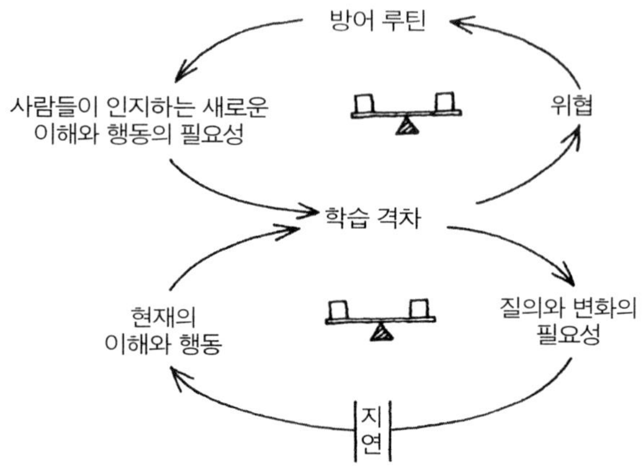

ATP의 핵심 관계자들은 모두 각자의 방어 루틴에 갇혀 있었다. 일부 관리자는 협소한 고객층에 의존하는 것에 우려를 나타내기도 했다. 팀 회의에서 이와 관련한 이야기가 제기되면 모두 문제가 있다는 데에는 동의했다. 그러나 다들 너무나 바빴기 때문에 어느 누구도 문제 해결을 위한 행동에 나서지 않았다. 부담스러운 목표로 인해 ATP 관리자들은 공격적으로 설비를 늘리고, 물불을 가리지 않고 새로운 주문을 받아야 한다는 엄청난 압력에 시달렸다.

테이버의 보고를 받는 회사의 경영자도 마찬가지였다. 그들 사이에서도 협소한 고객층에 대한 우려가 있었다. 일부 경영자는 내심 테이버에게 장기적인 성장을 이끌 만한 능력이 있는가에 대해 의문을 품기도 했다. 그러나 동시에 그들은 자신의 부서를 운영할 부서장의 자율권을 침해하지 않는다는 회사 철학을 깊이 신봉하고 있었다. 그들은 비협조적이라는 인상을 주지 않으면서 이러한 우려를 제기할 방법을 찾지 못했고, 기껏해야 돌려서 완곡하게 말하거나 아예 침묵하는 쪽을 택했다.

회의 석상의 맞은편에서는 짐 테이버가 자문하고 있었다. 그러나 그러한 의문을 상사들과의 회의 자리에서 제기하는 것은 쉽지 않았다. 그가 부서장이 된 것은 이번이 처음이었다. 때문에 어떻게든 자신의 능력을 보여주고 싶다는 생각이 충만한 상태였다. 테이버는 회사의 잠재력을 굳게 믿었고, ATP의 동료 관리자에게도 헌신해야 한다고 느꼈다. 그는 상사뿐만 아니라 동료 관리자들 역시 실망시키고 싶지 않았다. 그래서 ATP에서 세운 공격적인 성장 목표가 자신으로서는 부담스럽다는 이야기를 꺼내지 않았다.

ATP 부서 경영진, 회사 경영진, 그리고 테이버 사이의 갈등은 표면에 드러난 방어 루틴 아래로 잠겨 보이지 않았고, 따라서 결코 해결되지 않았다. 팀 내부에서는 기본 사업 전략에 대한 우려와 의구심이 전략 목표를 달성해야 한다는 압박감 속에 묻혀 버렸다. 상사들은 테이버를 돕고 싶었지만 아랫사람을 지지하지 않는다는 인상을 줄까 싶어 섣불리 행동하지 못했다. 테이버 역시 지원이 필요했지만 자신감이 없어 보일까 걱정되어 도움을 요청하지 못했다. 모두 표면적으로는 협력과 지지, 동지애, '일치단결' 등을 이야기했지만 속을 들여다보면 제대로 해결되지 않은 갈등이 있었고, 이로 인해 결국은 아무도 원치 않았던 결과가 야기되었다.

방어 루틴이 효과적일수록 기저의 문제가 효과적으로 은폐되며, 근본적인 문제가 흐지부지될수록 문제는 더욱 악화되는 경향이 있다. ATP에서 학습 격차 및 학습 필요성이 사라진 것이 아니었다. 그러나 팀은 진정한 문제, 즉 어떻게 넓은 고객층을 확보할 것인가라는 문제를 회피함으로써 문제가 악화되도록 방치했다. 모든 '부담 떠넘기기' 구조가 그렇듯, 팀이 방어 루틴을 많이 활용할수록 그것에 더욱 의존하게 된다. 크리스 아지리스는 자신의 글에서 이렇게 말했다. "방어 루틴은 당장의 고통을 막아주지만, 동시에 고통이 초래된 원인을 줄일 수 있는 방법을 배우는 것 역시 막아버린다는 점에서 역설적이다."[11]

또한 아지리스가 말한 것처럼 방어 루틴은 '자동 밀봉'되는 속성을 가지고 있다. 스스로 자신의 존재를 가려 보이지 않게 하는 것이다. 항상 개방적이어야 하고 방어적인 태도를 취하는 것은 나쁘다고 말하는 사회 규범 때문에, 스스로 방어 루틴을 사용하고 있다는 사실을 알고 있음에도 이것을 인정하는 것이 어려워진다. 테이버의 상사들이 그들의 전략을 명백하게 밝혔다면 아마도 다음과 같은 내용이 아니었을까? "우리는 테이버의 능력에 의문을 제기하는 행동을 지양함으로써 그로 인해 생길지도 모르는 갈등을 피함과 동시에 완곡한 지지의 태도를 유지하고자 한다." 이러한 생각이 실제로 공개되었다면 그들은 분명 부인했을 것이다. 마찬가지로 테이버가 만약 "나는 지금의 전략으로도 괜찮을지에 대해 의문을 품고 있지만, 이것을 말하지는 않을 작정이다. 의문을 표출하는 것이 약해빠졌다거나 무능하다는 인상을 줄까 두렵기 때문이다."고 말했다면 그의 방어 루틴은 지속되지 못했을 것이다. 그러나 애초에 방어 루틴을 취하게 만드는 근본적인 두려움 때문에 어느 누구도 이러한 감정을 표현하지 못했다.

방어 루틴을 분명히 말하기가 쉽지 않다면 그것을 줄일 레버리지는 어디에 있을까? 대부분의 '부담 떠넘기기' 구조에서는 두 가지 가능성이 있는 레버리지 영역이 있다. (1) '증상 위주 해결책'을 약화시키는 것, (2) '근본적인 해결책'을 강화하는 것이다. 증상 위주 해결책을 약화시키는 한 가지 방법은 애초에 방어 루틴을 야기하는 감정적 위협을 줄이는 것이다. 예를 들어 테이버가 상사들 앞에서 불안한 마음을 인정하는 것을 편안하게 생각했다면, 혹은 상사들이 문제 제기를 편안하게 생각했다면, 양쪽 모두 ATP 전략에 대한 근본적인 의문 제기를 마냥 피하지만은 않았을 것이다.[12] 방어 루틴이 생기면 어떻게 다룰지에 대해 배우는 것도 증상 위주 해결책을 약화시키는 방법이 된다. 방어 루틴이 힘을 유지하기 위해서는 그에 대한 토론이 힘든 상황이어야 한다. 팀이 어떤 방어 루틴도 없고 모든 것이 제대로 돌아가고 '무엇이든' 말할 수 있는 것처럼 가장한다면, 방어 루틴을 고수하며 무의식적으로 그 안에 머물려고 하는 것이다.

그러나 방어 루틴을 의제로 올려 토론 가능한 상태로 만드는 것은 쉬운 일이 아니다. 다른 사람의 방어 루틴을 '바로 잡으려' 하는 경우 거의 100퍼센트 역효과가 일어난다. 예를 들어 누군가에게 방어적으로 행동하는 이유가 무엇인지 물을 경우, 즉각적인 반응은 거의 예외 없이 그렇지 않다는 항변이다. "내가? 나는 방어적으로 행동하지 않는다고!" 반응자는 상대에게 관심을 집중시킴으로써 상황에 대해서는 아무런 책임도 지지 않는다. 손뼉도 마주쳐야 소리가 나는 법이다. 방어 루틴이 작용하는 것을 인식한다면, 우리도 그것에 일조하고 있을 가능성이 농후하다. 노련한 관리자는 방어 루틴을 악화시키지 않으면서 이와 맞서는 방법을 학습한다.

효과적인 방법은 열린 마음으로 방어 루틴의 원인을 묻고 탐색하는 것이다. 이를테면 동료에게 이렇게 말할 수도 있으리라. "나는 새로운 제안이 위협적일 수도 있다는 사실을 알게 되었네. 자네도 어쩌면 그럴지 몰라. 이러한 불안감의 원인이 무엇인지 알아볼 수 있게끔 나를 좀 도와주겠나?" 혹은 "내가 말하는 내용이 말이 되나? 이것에 대해 말할 때는 유독 폐쇄적이고 융통성이 없다는 인상을 주지 않나 싶어. 우리가 지금보다 객관적인 그림을 볼 수 있게 자네 의견을 좀 듣고 싶군."(물론 여기에서 중요한 것은 이렇게 접근하는 자세이지 세부 내용이 아니다) 이상의 발언은 양쪽 다 말하는 사람이 느끼는 불안을 인정하고 함께 원인을 찾아보자고 요청하고 있다.

방어 루틴을 누그러뜨리는 기술은 '부담 떠넘기기' 구조에서 '근본 해결책'을 강화하는 기술과 기본적으로 동일하다. 바로 성찰과 질의 기술이다. 눈앞에 있는 문제의 원인을 효과적으로 알아봄으로써, 즉 자신의 가정과 추론을 드러내어 외부 영향에 개방하고, 타인도 그렇게 하도록 독려하는 식으로 질의탐색을 함으로써, 방어 루틴을 완화시킨다.[13]

방어 루틴이 팀에 치명적인 영향을 미칠 가능성은 항상 존재한다. 그러나 한편으로 팀은 이러한 방어적인 태도를 극복할 고유한 능력을 가지고 있다. 학습에 대한 진정한 열의가 있다면 말이다. 필요한 것은 진정으로 원하는 비전과 진실에의 헌신이다. 여기에서 말하는 비전에는 실적 면에서의 비전뿐만 아니라 함께 일하는 방식에 대한 비전도 포함된다. 이러한 의미에서 팀 학습과 공유 비전 구축은 일종의 '자매 규율'이라 할 수도 있겠다. 이 두 규율은 자연스럽게 협력하면서 팀 내에 창조적 긴장을 만들어낸다.

진정한 공유 비전이 있다면 방어 루틴은 현실의 또 다른 측면에 불과하다. '개인적 숙련' 부분에서 설명한 구조적 갈등처럼 방어 루틴은 우리가 그것을 인식하지 못하는 데서 힘을 얻는다. 진실에 충실한 팀은 자신들의 방어적 태도를 드러내고 인식하는 특별한 힘을 지니고 있다. 일단 우리가 그것을 인식하고 나면 방어 루틴은 팀을 무력하게 만드는 근원이 아니라 활력의 근원이 될 수 있다.

방어 루틴은 팀에서 학습이 일어나지 않을 경우 이를 알리는 신호를 보냄으로써, 학습 조직을 구축하는 여정에서 의외의 동지가 될 수 있다. 대부분의 사람들은 방어 루틴의 원인이나 유형은 정확히 파악하지 못해도 자신이 방어적인 태도를 보이는 상황이라는 사실은 인식한다. 학습하는 팀에게 가장 유용한 기술 중의 하나는 구성원이 스스로의 가정을 성찰하지 않는 때가 언제인지, 서로의 생각을 묻고 알아보려고 하지 않는 때가 언제인지, 다른 사람이 그것을 조사하고 탐구하도록 자신의 생각을 드러내지 않는 때가 언제인지를 아는 능력일 것이다. 이를 알려주는 것이 바로 방어 루틴인 것이다. 자신이 방어적이라고 느끼고, 어떤 문제를 회피하려 하고, 다른 누군가 혹은 자기 자신을 보호해야 한다고 생각하는 경우, 이를 기회로 학습 분위기를 새롭게 할 수 있다. 그러므로 이러한 신호를 인식하는 법을 배우고, 방어적인 태도를 심화시키지 않으면서 받아들이고 인정하는 법을 배워야 한다.

방어 루틴은 특히 어렵고 중요한 사안을 알려주는 신호가 될 수도 있다. 방어 루틴이 강하게 나타날수록 사람들이 방어하거나 보호하려 하는 관점을 둘러싼 문제 자체도 중대하다. 이러한 관점이 생산적인 방향으로 드러난다면 서로의 생각을 보여주는 창이 되어줄 수도 있으리라. 자신을 감추지 않고 드러내면서 주장과 균형을 이룬 질의로 방어적인 태도에 대응하는 경우, 팀의 구성원들은 서로의 생각을 더 많이 알고 이해하게 된다.

마지막으로 팀의 구성원들이 방어 루틴에 무작정 맞서기보다 활용하는 법을 터득하면 '내가 방어 루틴보다 우위'라는 자신감을 키우게 된다. 방어 루틴은 팀원들을 의기소침하게 만든다. 에너지를 고갈시키고 사기를 저하시킨다. 팀은 학습을 방해하고 있던 벽, 많은 이가 불가피하다고 느끼던(아지리스의 표현을 빌자면 '조직의 속성'이라 생각되던) 벽을 넘어선 것을 알게 되면, 어쩌면 현실의 많은 부분도 바꿀 수 있을지 모른다는 확실한 경험을 하게 된다.

중세시대의 연금술은 가장 흔한 것(납)을 가장 소중한 것(금)으로 탈바꿈시키려는 시도였다. 마찬가지로 학습팀도 특별한 형태의 연금술을 실천하고 있다고 할 수 있다. 분열을 초래할 여지가 있는 갈등과 방어적인 태도를 학습으로 바꾸는 연금술이다. 학습팀은 비전과 기술을 통해서 이러한 일을 해낸다. 다이얼로그를 통해서 구성원들은 개인의 지능을 넘어서는 능력 발휘가 가능하다는 구체적인 경험을 한다. 이러한 경험으로 어떻게 일하고 협력할지에 대한 구성원들의 비전은 한층 강화된다. 그러나 동시에 팀이 현실을 은폐하지 않고 분명하게 직시하는 능력을 기르지 않는다면, 확실한 학습능력을 갖추었다고 보기 어렵다. 성찰과 질의 기술이 없다면 방어 루틴이 발생할 경우, 처음에 목표한 방향에서 벗어나고 말 것이며 그들의 학습은 환경에 따라 좌지우지되는 상태로 전락할 것이다.

학습팀의 특징은 방어 루틴의 부재가 아니라 그것에 대처하는 방식이다. 학습에 헌신적인 팀이라면 '그곳' 즉 기업이 처한 현실에서 어떤 일이 일어나고 있는지에 대해서뿐만 아니라, '이곳' 즉 팀 내부에서 어떤 일이 일어나고 있는지에 대해서도 진실을 말할 수 있도록 힘을 쏟아야 한다. 또한 현실을 분명하게 직시하기 위해서는 현실을 모호하게 만드는 우리의 고정관념도 볼 줄 알아야 한다.

그렇게 했을 경우 출현하는 힘과 통찰은 상당하다. 실제로 방어 루틴은 공동 학습에 쓰일 에너지를 넣고 '잠가둔' 금고 같은 것이다. 그것이 '잠금 해제'되면 갇혀 있던 통찰과 에너지가 풀려나게 되어, 팀원들 사이에서 이해의 공유를 촉진하고, 그들이 진정 원하는 비전을 향해 나아가는 데 유용하게 쓰일 수 있다.

빠진 고리: 실습

팀 학습이 팀 단위의 기술이라는 점은 아무리 강조해도 지나치지 않다. 재능 있는 운동선수가 모였다고 해서 반드시 훌륭한 팀이 만들어지지는 않는 것처럼, 재능 있는 개인 학습자들이 모였다고 해서 반드시 훌륭한 학습팀이 만들어지는 않는다. 학습팀은 협력하며 배우는 법을 터득한다.

사실 팀 차원의 기술은 개인 기술보다 개발하기가 어렵다. 학습팀에게 '실습의 장practice field', 즉 함께 공동 학습 기술을 개발할 방법이 필요한 이유가 여기에 있다. 대부분의 경영팀이 효율적인 학습 단위가 되지 못하는 핵심 원인 역시 의미 있는 실습이나 예행연습이 전무한 탓이리라.

그렇다면 '실습'이란 정확히 무엇인가? 〈성찰적 실천가The Reflective Practitioner〉에서 도널드 숀은 실습의 핵심 원칙이 '가상 세계'에서의 실험이라고 규정한다. 가상 세계는 '만들어진 현실 세계의 모습'이다. 이는 건축가의 스케치 도면만큼이나 간단하다.

> 건축가는 스케치북에 그림을 그리고, 공간에서 통용되는 언어로 그림을 설명한다. 이러한 방식으로 건축가는 그곳에 들어설 건물의 형태를 나타내는 흔적을 남긴다. 그림이 사전에 상상하지 못한 특성과 관계를 보여주기 때문에, 그림을 그리는 행위는 일종의 실험으로서 기능할 수 있다……이를 통해 빌딩 모양이 경사에 맞지 않는다든가……교실이 비

율 면에서 너무 작다든가 하는 것을 발견하게 된다.[14]

가상 세계의 핵심은 실험이 허락되는 자유다. 행위의 속도를 늦추는 것도, 빠르게 만드는 것도 가능하다. 아주 빠르게 일어나는 현상은 시간상으로 길게 늘여 놓아서 꼼꼼히 살펴볼 수도 있다. 반대로 오랜 기간에 걸쳐 있는 현상의 경우는 속도를 높여 한눈에 봄으로써 보다 명확하게 파악할 수도 있다. 또한 어떤 행동이든 되돌릴 수 있다. 현실 세계에서는 뒤집거나 철회하거나 되풀이할 수 없는 행동을 수없이 반복할 수 있다. 환경의 변화를 부분적으로 없앨 수도 있고, 전체적으로 없앨 수도 있다. 현실에서는 서로 맞물려 있는 변수를 분리함으로써 복잡성을 단순화시킬 수도 있다.

도널드 숀이 건축가를 비롯한 전문가를 예로 들면서 묘사한 가상 세계에서의 조작은 농구팀이나 관현악단이 연습할 때 일어나는 현상과 정확히 일치한다. 그들은 행동 속도를 다양하게 조절한다. 느린 동작으로 경기를 진행하거나, 연주하는 속도를 늦추는 식이다. 상대팀 없이 경기를 해보거나, 한 사람만 연주를 해보는 식으로 구성 요소를 분리하고 복잡한 것을 단순화하는 실험도 한다. 재경기를 하거나, 같은 대목을 되풀이해서 연주하는 식으로 현실에서는 불가능한 반복 작업도 해볼 수가 있다.

흥미롭게도, 장기간에 걸쳐 끊임없이 학습하는 팀들을 보면 이러한 가상 세계가 효율적으로 작동하는 구조처럼 보인다. 예를 들어 창조적인 팀이라는 개념에 토대를 두고 있는 대표적인 일이 지금의 광고업계이다. 광고 팀에서는 어카운트 슈퍼바이저, 아트디렉터, 카피라이터가 긴밀히 협력하여 일하는데 그러한 협력이 장기간 지속되는 경우도 많다. 워낙 가깝게 일하다 보니 구성원들이 흩어지지 않고 한꺼번에 회사를 바꾸는 일도 흔히 볼 수 있다. 광고팀을 이처럼 특별하게 만드는 것은 그들이 농구팀만큼이나 지속적이고 강도 높은 실습을 함께한다는 것이다. 브레인스토

밍을 통해서 아이디어를 모으고, 모은 아이디어를 실험하고, 스토리보드나 실물크기 모형 등을 통해서 테스트하고, 마지막으로 우선 상사 앞에서, 다음으로는 고객 앞에서 기획안을 발표한다.

팀 학습은 규칙적으로 이루어지는 이와 같은 실습을 요구한다. 그러나 대개의 팀에서는 이러한 실습이 전무하다시피 하다. 물론 이들도 추상적이며 지적인 아이디어 토론은 벌인다. 이를 통해 구성원들은 서로의 견해를 파악하고 배우게 된다.(때로는 서로의 견해를 너무 잘 배워서 탈이다) 그러나 스토리보드나 리허설 같은 개념은 없다. 경영진으로 구성된 팀의 주요 산출물은 특정 상황에 관한 의사결정인데, 대부분 시간에 쫓기는 상황에서 논의되고 결정되며, 일단 내려지면 바꿀 수 없는 최종 결정일 때도 많다. 따라서 의사결정에서는 실험을 해볼 수가 없다. 더욱 안타까운 것은 서로 다른 여러 의사결정의 타당성을 논리 정연하게 평가할 기회가 좀처럼 없으며, 팀 전체가 한 걸음 물러서서 보다 나은 결정을 내릴 방법을 묻고 숙고해볼 기회도 없다는 것이다.

'실습' 방법 배우기

오늘날 팀 학습의 규율은 비약적으로 발전할 준비가 되었다고 본다. 이것은 우리가 서서히 '실습'하는 법을 배우고 있는 까닭이다. 시작은 차별화된 '실습의 장'을 만들어서 팀이 개인의 IQ를 넘어서는 팀 IQ를 키울 공동 능력을 개발하는 것이다. 그러기 위해서는 컴퓨터를 이용해 역동적이고 복잡한 기업 현실과 접하는 환경을 만들어내는 '학습 실험실'이나 '소우주' 등도 포함될 수 있으리라.(실습의 장과 학습 인프라에서 대해서는 14장과 15장을 참조하라)

또한 다이얼로그 세션은 팀이 함께 모여 다이얼로그를 '실습'하고, 필요한 능력을 발전시키게 해준다. 다이얼로그 세션에 필요한 기본 조건은 다음과 같다.

1. (서로를 필요로 하는) '팀'의 모든 구성원이 함께 모인다.
2. 다이얼로그의 기본 규칙을 설명한다.
3. 누구라도 자신의 가정을 '보류'하지 못한다는 것을 깨달으면, 팀 전체가 이제는 '다이얼로그'가 아니라 '토론'이 되었다는 것을 인정해야 한다.
4. 구성원이 팀의 작업에 있어서 반드시 필요한 가장 난해하고, 미묘하고, 갈등의 소지가 있는 문제들을 제기할 수 있게 한다.(사실상 그렇게 하도록 장려한다)

우리는 팀의 능력 증진을 목적으로 한다는 점에서 다이얼로그 세션을 '실습'이라고 생각한다. 최근 데이터퀘스트 사의 경영진은 이러한 다이얼로그 세션을 가졌다.[15] 데이터퀘스트는 디스크 드라이브를 비롯한 컴퓨터 주변기기 제조업체로 성공한 기업이다. 이미 말한 대로 기술 혁신 덕분에 안정된 시장 이미지를 가지고 있는 회사이기도 하다. 기술을 앞세운 회사가 대부분 그렇듯 회사 내에서는 연구개발 부서가 지배적인 위치를 차지하고 있으며, 30년 넘게 회사 성장을 이끌어오던 카리스마 넘치는 창립자가 최근 은퇴한 상황이다. 회사는 새로운 경영체제에서 1년 동안 들쑥날쑥 고르지 않은 성장세를 보이더니 어느덧 사태가 좋지 않아졌다. 신임 사장 존 매카시는 전설적인 인물의 뒤를 이어야 한다는 쉽지 않은 도전에 직면했다. 뿐만 아니라, 그 전설적인 인물이 골치를 앓았던 것보다 훨씬 악화된 사업 환경에 직면했다. 우선 이전과 달리 시장 전체가 공급과잉 상태였고, 조직은 개인적으로는 유능하지만 더불어 일할 준비가 되어 있지 않은 사람들로 이루어져 있었다.

떠들썩한 조직개편 직후 경영진은 사장으로부터 다음과 같은 초대장을 받고 한 자리에 모였다.

______________귀하

발신인: 존 매카시

주제: 특별회의

주지하다시피 우리는 지금 변화에 박차를 가하고 있습니다. 때문에 향후 전략과 실행계획을 최종 확정하기 전에 여러분의 의견을 들었으면 합니다. 상황에 대한 이해를 높이고 변화를 실천할 방법을 가다듬을 좋은 기회라고 생각합니다.

이번 세션은 핵심 전략 수행의 토대가 되는 가정, 프로그램, 책임을 명확히 하기 위한 첫 번째 다이얼로그입니다. 집단 차원의 도움이 뒷받침되어야만, 준비 중인 변화와 프로그램을 일관성 있고 확실하게 실행할 수 있으리라 생각합니다. 이틀 동안 진행되는 이번 세션의 목적은 지금 우리가 직면한 핵심 문제를 충분히 숙고해봄으로써 서로의 관점을 이해하고자 하는 데 있습니다.

이 모임은 결정을 내리려는 자리라기보다는 방향과 가정을 검토하는 자리입니다.

목표는 한 가지 더 있습니다. 세션이 진행되는 동안에는 각자가 맡은 역할이나 지위 같은 것은 모두 던져버리고, 동료로서 함께하자는 것입니다. 이번 다이얼로그에서 우리는 서로를, 그리고 자신을 고려 중인 상황에 대해서 중요한 지식을 가지고 있는 동등한 존재로 생각해야 합니다.

우리는 이번 회의를 향후 지속될 실질적인 다이얼로그의 장을 수립하기 위한 첫걸음으로 보고 있습니다. 경험에 의하면, 다이얼로그 수행은 실습을 필요로 합니다. 이번 회의를 통해 필요한 방법을 배울 수 있으리라 기대합니다. 몇몇 기본 규칙을 정하는 것이 유용하리라 생각하며, 여러분이 가능한 다음의 사항을 지키면서 참여해주기를 바랍니다.

제안하는 기본 규칙

1. 가정 보류: 일반적으로 사람들은 하나의 입장을 택하고 방어합니다. 그래서 서로 상반된 입장을 택하면 분열이 일어납니다. 이번 세션은 우리가 설정한 방향과 전략의 토대가 되는 일부 가정을 검토하는 자리이기 때문에, 그것을 지키고자 방어하지는 않겠습니다.
2. 동료로서 행동하기: 세션이 진행되는 동안에는 모든 사람이 자신의 지위를 생각하지 않았으면 합니다. 이번 회의에는 어떤 위계질서도 없습니다. 다만 회의가 순조롭게 진행되도록 돕는 퍼실리테이터가 있을 뿐입니다.
3. 질의하는 태도: 참가자들이 자신의 관점 이면에 있는 사고, 자신이 가지고 있을지도 모르는 내면의 가정, 자신을 그러한 관점으로 이끈 증거들을 찾고 탐구하는 자리가 되었으면 합니다. "왜 그렇게 말하는 겁니까?", "왜 그렇게 생각하는 겁니까?", "이것에 대해 묻는 이유는 무엇입니까?" 같은 질문을 서로에게 던지는 것이 좋은 시작이 될 것입니다.

다이얼로그가 진행되는 이틀 동안, 이전에는 언급하기 힘들었던 여러 주제를 허심탄회하게 논할 수 있는 분위기가 조성되었다. 의사소통을 가로막던 장벽들은 무너졌고, 구성원 사이의 갈라진 틈도 치유되었다. 특히 연구개발, 마케팅·영업 부서 사이의 깊은 감정의 골을 치유한 것이 무엇보다 뜻깊은 일이었다.

연구개발 부서장 조 그로우와일러, 마케팅·영업 부서장 찰리 스미스는 지난 10년 동안 가까우면서도 소원한 관계를 유지해왔다. 둘 다 데이터퀘스트가 이룩한 업적에 크나큰 자부심을 느끼고 있었다. 또한 '참여 중시 경영'이라는 사람과 조직에 관한 회사의 이상을 진심으로 신뢰하며, 그것에 헌신해온 것도 같았다. 그러나 둘은 데이터퀘스트의 지속적인 성장을 방해하는 힘을 집약적으로 나타낸 갈등에 빠져 있었다. 연구개발 부서는 예술가, 설계자, 창조자로 간주되는 반면, 마케팅 부서는 스스로를 '하층민'으로 간주했으며 다른 이들도 그렇게 보았다. 말하자면 연구개발부는 조직에서 떠받들어주는 반면, 마케팅부는 데이터퀘스트에 특별히 충성도가 높지 않은 천박한 상인들과 흥정하고, 성난 고객들을 상대하고, 가격 할인 같은 하찮은 일을 떠맡은 중요하지 않은 사람들로 취급되었다.

연구개발부와 마케팅부의 '전혀 다른 두 문화'는 수많은 조직의 갈등에 반영되었다. 예를 들어 그로우와일러와 스미스는 각기 제품 예산을 가지고 있다. 그로우와일러의 예산은 신제품 개발을 위한 것이고, 스미스의 예산은 데이터퀘스트 제품의 주변상품을 생산하고 그가 보기에 회사의 시장 경쟁력을 높여주겠다 싶은 소규모 회사들을 인수하기 위한 것이다. 양쪽을 결합시키는 통합적인 제품 계획은 없었다. 연구개발부가 고객의 다양한 욕구를 두루 충족시킬 만큼 고객 욕구에 민감하게 반응하지 않는다고 느꼈기 때문에, 마케팅부는 이러한 '우회 작전'이 불가피하다고 생각했다. 한편 연구개발부는 자신들이 제품과 관련한 중요한 의사결정에서 배제되고 있다고 생각하고 있었다. 다이얼로그가 진행되면서 그로우와일러는 모두가 의외라고 여길 만한 우려를 표출했다. 모두 연구개발부가 독자성과 자율성을 중요하게 여긴다고 가정하고 있었기 때문이다.

그로우와일러: 제품 전략에 대한 제 의견을 말해보겠습니다. 제가 보기에는 제품 전략이 마치 팔씨름처럼 보입니다. 실제로 우리는 둘로 갈라져서 별도의 제품 전략을 추진해왔습니다. 물론 그러한 전략을 공공연히 명시한 것은 아닙니다만, 지금까지의 상황을 보면 데이터퀘스트의 제품을 사내에서 개발할지 혹은 외부에서 구매할지에 대해 조직 전체

가 머리를 맞대고 고민하지는 않았습니다. 사정이 그렇기 때문에 각기 다른 관점을 가지고 다른 제품 계획을 세워 예산을 집행하는 두 개의 집단이 있는 것입니다. 그리고 그 둘은 결코 만나는 일이 없습니다. 제가 보기에는 비상식적인 상황이지요. 연구개발과 마케팅 모두가 만족할 일원화된 제품 전략이 필요합니다. 그러한 단일 전략 아래에서 제품 생산 및 구매 결정을 내리면 되는 겁니다.

매카시: 기본적으로 모두 동의하리라 봅니다.

그로우와일러: 그렇게 생각하고 있음에도 정반대로 행동하고 있다고 말해도 되겠습니까?

전체: 맞습니다.

그로우와일러: 이는 단순히 일을 제대로 못하는 것보다 심각한 문제입니다. 우리는 정반대의 일을 하고 있다는 인상을 주니까요.

스미스: 저는 원점으로 돌아가서, 왜 '사내 개발'과 '외주'의 결정이 별개의 의사결정으로 분리되는지 그 근본적인 이유를 생각해보았습니다. 지금은 아무래도 따로따로로 보이니까요. 제가 볼 때 하나는 연구를 중심으로 문제를 해결하는 데 초점을 맞추고 있습니다. 데이터퀘스트 상표를 달고 나가는 것들이지요. 한편으로 데이터퀘스트가 생산할 직접적인 자원을 가지고 있지 않은 제품의 경우는 '외부 구매'를 통해서 진행합니다. 데이터퀘스트의 연구가 아닌 다른 방식으로 접근하고 있지요. 근본적인 문제 해결을 중요시하는 것보다는 시장의 요구에 능동적으로 대응하는 측면이 강하기 때문입니다. 연구개발부 입장에서는 연구 중심 기업으로서 순수성을 오염시키고 싶지 않다고 말할 수도 있겠습니다만.

필립스(인사 부장): 그것 때문에 갈등의 소지가 있다고 봅니다.

그로우와일러: 맞습니다! 그것이 문제입니다. 바로 이러한 속단을 저는 참을 수 없습니다. 그것에 대해서라면 우리도 할 말이 있습니다. 우리를 끌어다대면서 순수성을 보호하려고 하지는 마시라는 겁니다.

스미스: 글쎄요. 그동안 우리가 그렇게 해온 근거에 문제가 있다고는 생각하지 않습니다. 물론 더 나은 방법이 있을 수도 있겠지요. 그렇지만 제가 알기로 과거 어느 시점에 우리는 수직 저장 장치에 투자하지 않기로 했습니다. 시장에서 혁신적인 상품으로 먹히지 않을 폐물에 불과하니까요. 흥미를 잃은 것이지요. 또한 우리는 한정된 자원과 재능을 데이터퀘스트의 이미지 관리에 할당하기를 원했습니다. 바로 혁신적인 상품에 치중하는 연구 중심 기업이라는 이미지입니다. 그래서 평범한 제품은 밖에서 조달해왔던 것이지요.

필립스: 이왕 이야기가 나온 김에 항상 혼란스러웠던 것을 이야기하고 싶군요. 마케팅과 연구개발 모두에게 하는 말입니다. '연구 중심의 제품 회사'라는 말은 우리가 항상 해왔던 말입니다. 그렇게 말하면 데이터퀘스트가 투자하는 것은 혁신적인 연구이며, 그것에 해당하지 않는 제품은 데이터퀘스트의 본업이 아니라는 의미로 들리기도 합니다. 어찌 되었든 우리는 스스로를 그렇게 규정하면서 경쟁력을 길러 왔습니다.

매카시: 그것이 연구 중심이라는 말의 한 가지 정의입니다. 다른 정의도 알고 계십니까? 신제품이 아니면 데이터퀘스트에서는 어느 누구도 연구개발을 하지 않는다는 것이지요.

그로우와일러: 저는 그것도 마음에 들지 않습니다.

필립스: 두 번째 문제점을 말씀하셨네요. 저도 속으로 생각하고 있었습니다만, '연구 중심 제품 회사'라는 말을 글자 그대로 받아들인다면 사내 개발로 결정이 나든 외부 구매로 결정이 나든 회사는 여전히 연구개발 중심이어야 합니다. 혁신적이어야 하고요.

매카시: 중요한 핵심에 다가선 것이 아닌가 싶습니다. 지금 말하는 것은 회사가 과거에 칭칭 얽매여 있다는 것입니다. 회사를 성공의 길로 인도한 것은 바로 제품 연구 및 개발이었습니다. 결과적으로 우리는 바짝 긴장한 상태로 지금 이곳에 있습니다. 나로서는 신제품 판매를

위해 자회사를 인수하자고 말하고 싶지만, 연구개발 부서장 덕분에 보게 된 딜레마는 다음과 같습니다. 우리는 기본적으로 고객이 원하는 제품이라면 무엇이든 제공해야 합니다. 그런데 "데이터퀘스트 연구에서 나온 것이라면, 반드시 데이터퀘스트 상표를 붙여야 한다."고 하는 의견이 있습니다. 그런데 연구개발 부서장 말씀은 그것이 아니라는 것입니다. 그것(어떤 상표를 붙일지)은 포지셔닝 전략을 토대로 마케팅 상황을 고려하여 결정되어야 한다는 것이지요. 아주 다행스러운 말씀입니다. 지금까지 우리들 대부분은 어떤 제품이 데이터퀘스트 상표를 달고 나가지 않는다면, 연구개발부에서 애초에 개발을 원치 않는다고 생각해왔으니까요.

해들리(생산부서 부사장): 그러나 이것은 연구개발부뿐만 아니라 회사 전체가 연구 중심이 되어야 하며, 제품을 포함한 혁신적인 아이디어가 다른 부서에서도 나올 수 있다는 말이기도 합니다. 모든 것이 반드시 연구개발부를 거쳐야 하는 것은 아니라는 의미지요.

그로우와일러: 맞는 말입니다. 그러데 저는 그런 말을 굳이 해야 하는 이유를 모르겠습니다. 공연히 트집을 잡자는 것이 아닙니다. 하지만 여기에도 역시 저를 곤혹스럽게 하는 추론이 하나 있다고 생각합니다. 마치 연구개발부의 과거 유산을 대표하는 것 같아 곤혹스럽습니다. 제가 만든 것도 아니고 거기에 동의하지도 않는데 말입니다. 제가 필사적으로 조직을 새로운 현실로 나아가게끔 노력하면 할수록, 여러분은 우리를 과거의 지점에 묶어두어야 한다고 확신하는 모양입니다. 참으로 얄궂고도 의아한 딜레마가 아닐 수 없습니다.

해들리: 반대로 생각하면 다른 입장에 있는 사람들도 같은 느낌을 받습니다.

모두: 맞습니다.

해들러: 우리도 어떻게든 조직을 앞으로 이끌고자 노력합니다. 그럼에도 우리가 전진을 방해하는 것처럼 보이는 이유는 연구개발부를 거

치지 않으면 연구 중심도 아니고 혁신적이지도 못하다는 시선 때문입니다.

그로우와일러: 저는 맹세코 그렇게 말한 적이 없습니다! 저라고 생각이 다를까요? 저는 '연구 중심의 제품 회사'라는 서술은 옳은 표현이라고 생각합니다. 회사의 성공은 어떤 면에 있어서, 아니 언제나 제품에 관련된 우리의 실력으로 좌우되리라고 확신합니다. 그러한 방향에 타격을 준다고 생각하는 움직임은 어떤 종류의 것이든 모두 내게 두려움을 줍니다. 당신들에게는 좋은 것, 요컨대 좋은 서비스나 좋은 제품이 필요합니다. 그러한 것을 어떻게 얻는가에 대해 이야기하는 것은 아닙니다. 좋은 제품을 얻는 방법이 단 하나뿐이라는 의미도 아닙니다. 우리 회사는 현재 그러한 목표를 달성하는 데 보조가 될 만한 과정과 협력적 과정이 부재한 상황인 만큼, 이러한 과정을 갖춰야만 합니다.

매카시: 이제 다른 의견은 이렇습니다. 저는 찰리(스미스)가 마케팅과 유통 분야에서 해온 작업(데이트퀘스트 대리점 전용의 새로운 네트워크 개발) 역시 연구개발부에서 진행한 것과 마찬가지로 '연구개발 노력'이라고 봅니다.

그로우와일러: 전적으로 동의합니다.

매카시: 그런데도 그쪽에 이루어진 투자가 즉각적인 보상으로 이어지지 못하는 경우, 조직의 엄청난 비난이 쏟아지기 때문에 힘든 상황입니다.

그로우와일러: 이제 연구개발부의 심정을 아시겠네요.

스미스: 여기에서 저는 두 가지를 지적하고 싶습니다. 우선 외부에서 생산될 제품을 개발하는 작업에도 연구개발부에서 노력을 투자할 수 있다는 의미로 해석이 됩니다. 그동안 우리는 다른 회사 상표를 달고 나갈 제품 개발은 개발로 생각하지 않고 아예 폐기해버렸지요. 저는 항상 데이터퀘스트 상표를 달고 나간다는 보장이 있어야 연구개발부에서 개발한다는 발상이 터무니없다고 생각해왔습니다.

그로우와일러: 그것이 항상 우리의 활동을 제한하는 요인이었지요.

스미스: 다른 하나는 마케팅부와 연구개발부 사이의 의사소통이 충분하지 않다는 것입니다. 사실, 충분하기는커녕 점점 단절되어가고 있습니다. 고객의 총체적 욕구를 충족시키고자 한다면, 여러 부서에서도 공유하는 소통 방식이 있어야 합니다.

해들리: 이 논의는 연구개발부와 마케팅부 사이에 긴장이 존재하는 이유를 묻는 데서 시작되었습니다만, 알고 보면 생산부와 재무부 사이에도 긴장이 있습니다. 결국 이러한 문제는 두 단어로 요약되지 않나 싶습니다. 바로 '권한부여와 통제'입니다. 우리 회사는 전반적으로 통제 중심의 조직을 지향하는 경향이 있습니다. '그들이 통제권을 쥐고 공간을 주지 않으니 나는 여기서 내 일이나 하련다. 아무튼 내가 영향력을 미치기는 힘들 것 같아 무력감이 든다.' 사람들은 이런 심사가 되겠지요. 이것은 회사 전체에서 일어나고 있는 문제입니다.

이러한 다이얼로그의 결과는 데이터퀘스트로서는 놀랍기 짝이 없는 일이었다. 첫째로, 연구개발과 마케팅 부서 사이에서 30년이 넘게 지속되었던 갈등과 균열이 치유되기 시작했다. 둘째로, 마케팅 부서가 제품라인을 늘리고자 해온 '우회전술'이 이제는 필요 없게 되었다. 연구개발부는 시장에서 다른 회사 상표를 붙이고 유통되는 상품 개발은 물론이고, 외부 회사 인수합병에 대해서도 관심을 가지고 동참을 바라게 되었다. 이러한 방법이 공동 상품 개발의 일환이라고 생각하게 된 것이다. 신성불가침이던 데이터퀘스트 상표도 자체 개발 제품에 한정되지 않고, '시장 상황을 고려'하여 활용하도록 했다. 연구개발 부서장은 자신의 부서만이 혁신을 전적으로 책임진다는 구태의연한 사고를 거부하겠다는 의사를 분명히 밝혔다. 다른 부서 역시 동등한 협력자가 될 수 있다고 보았다. 실제로 혁신은 제품 개발에서만 가능한 일이 아니다. 제조 공정, 고객 욕구 이해, 관리 등 어느 면에서나 혁신은 가능하다. 나아가 연구개발 부서장은 자신이 낡은 고정관념의 멍에를 짊어지고 있었다는 사실에 분노했다.

팀 학습과 시스템 사고

시스템 사고의 관점과 도구는 모두 팀 학습에서 중심 역할을 한다.

다이얼로그에 관한 데이비드 봄의 연구는 시스템 관점을 바탕으로 한다. 실제로 봄의 작업 전반을 관통하는 핵심은 물리학의 '전체성' 관점을 지속적으로 발전시키는 것이었다. 그러한 맥락에서 봄은 현재 집단 사고를 '오염'시키는 가장 심각한 문제는 '파편화', 즉 '사물을 해체하여 생각하려는 경향'이라고 비판한다.

마찬가지로 학습 팀이 방어 루틴에 대하여 취하는 접근법 역시 본질적으로 시스템 관점에 바탕을 두고 있다. 이때의 레버리지는 다른 사람의 행동에서 방어 루틴을 찾는 데 있지 않다. 오히려 방어 루틴을 팀 전체가 함께 만들어내는 공동 창조물로 인식하고, 그것을 만들어내고 유지하는 과정에서 스스로가 하는 역할을 찾아내는 데 있다. 만약 우리가 방어 루틴을 '외부'에서만 찾고 '내부'에서는 보지 못한다면, 방어 루틴에 대처하려는 노력이 오히려 그러한 태도를 심화시킬 뿐이다.

시스템 사고의 도구 역시 중요하다. 전략 개발, 비전 형성, 정책 기획, 조직구조 설계 등 거의 모든 경영팀의 중요 업무에는 엄청난 복잡성을 다루는 과정이 포함되기 때문이다. 더구나 그들이 다뤄야 하는 복잡성은 '가만히 있는' 정적인 복잡성이 아니다. 각각의 상황이 끊임없이 유동하는 상태에 있다.

아마도 경영진이 안고 있는 가장 힘든 문제를 하나 꼽으라면, 단순하고 정적인 문제에 걸맞게 고안된 언어를 가지고 복잡하고 역동적인 현실에 맞선다는 것이리라. 경영 컨설턴트 찰스 키퍼는 이러한 상황을 다음과 같이 이야기한다. "현실은 동시다발적이며 상호의존적인 까닭에, 원인이 결과를 불러일으키고 그것이 다시 원인이 되는 관계로 구성되어 있다. 그러나 우리가 일상적으로 사용하는 구두 언어는 이러한 현실에서 단순하고 직접적인 원인-결과 고리를 뽑아내는 것이다. 많은 관리자가 레버리지가 낮은 방법에 쉽게 끌리는 이유가 여기에 있다." 이를테면 제품 개발에 걸리는 시간의 지연이 문제면 시간을 단축하기 위해 기술자를 늘리고, 낮은 이윤이 문제면 비용을 삭감하고, 시장점유율 하락이 문제면 가격을 인하해서 점유율을 높이는 식이다.

우리는 세상을 간단하고 분명한 언어로 인식하기 때문에 간단하고 분명한 해결책을 신봉하게 된다. 이러한 태도 때문에 경영자들은 간단한 '해법'을 찾으려고 혈안이 되고 그것에 많은 시간을 쏟는다. 포드 자동차에서 '알파 프로젝트Project Alpha'를 이끌었던 존 마누지언John Manoogian의 말을 들어보자. "찾아서 고친다는 논리는 결국 끊임없이 단기 해결책에 의존하는 상황을 만든다. 단기 해결책 덕분에 사라진 것 같던 문제가 계속 재발된다. 그러면 다시 단기 해결책으로 문제를 바로잡는다. 그렇게 우리는 찾아서 고치는 전문가가 되어 가고, 이러한 흐름은 영원히 계속된다."

여러 부서의 다양한 인원으로 구성된 팀에서는 문제가 한층 복잡해진다. 일단 구성원 대부분이 직선적인 정신모델을 가지고 있으며, 구성원 각각의 정신모델은 시스템의 각기 다른 부분에 집중한다. 결과적으로 각각 서로 다른 원인-결과 고리를 강조한다. 상황이 이렇기 때문에 사람들이 시스템에 대해 공유하고 있는 전체 이미지를 일상적인 대화 도중에 끌어내기란 사실상 불가능하다. 더욱이 도출된 전략은 내부적으로 모순투성이인 불분명한 가정에 기초한 타협이어서 다른 조직 구성원들이 실행은 커녕 이해조차 못하는 경우가 많다. 이러한 팀의 구성원들은 장님과 코끼리 우화에 등장하는 눈먼 사람들과 유사하다. 그들 각각은 손에 닿는 코끼리의 일부분을 인식한 후, 나머지 부분 역시 자신이 만진 부분처럼 생겼을 것이라고 믿으며, 자신의 이해야말로 정확하다고 생각한다.

팀이 복잡성을 설명할 수 있는 새로운 언어를 공유하기 전까지 이러한 상황은 개선되지 않는다. 오늘날 기업에서 통하는 유일한 공통 언어는 재무회계이다. 그러나 회계는 복잡성의 세부적인 부분은 다루지만, 역동적인 부분은 다루지 못한다. 회계는 회사의 경제 상황을 말해주는 일종의 '스냅사진'은 제공하지만, 그러한 상황이 어떻게 야기되었는지에 대해서는 설명이 없다. 오늘날 비즈니스 언어로서 전통적인 회계를 대신할 몇몇 도구와 틀이 있다. 경쟁분석, '종합 품질Total Quality', 그리고 널리 쓰이지는 않지만 셸에서 개발한 시나리오 방법론 등이 대표적이다.[16] 그러나 이러한 도구 중 그 어느 것도 역동적인 복잡성을 제대로 다루지는 않는다.

시스템 원형은 경영자가 복잡성을 생산적으로 다룰 수 있게 하는 언어의 강력한 토대를 제공할 수 있다. 앞에서 살펴본 ATP 팀과 같은 팀이 기본 시스템 원형에 정통하게 되면, 대화의 초점이 자연스럽게 근본 구조와 레버리지 등에 맞춰지고, 이에 따라 위기와 단기 '해결책'에 휘둘리는 경향은 점점 줄어든다.

만약 ATP 팀이 시스템 원형이라는 언어를 유창하게 구사했다면 월별, 분기별 판매목표 달성에만 집중하는 편협한 시각에서 탈피할 수 있었으리라. 특히 판매목표를 달성하도록 압력을 증가시키는 것이 굳이 말로 하지 않아도 영업사원들에게 다음과 같은 메시지를 분명하게 전달하는 행위임을 깨달았으리라. "다른 대안이 없으면 기존 고객에게 추가로 판매하는 저위험 전략이 새로운 고책을 창출하려는 고위험 전략보다 낫다." 이는 새로운 고객층을 만들어내기보다 기존 고객에게 추가로 파는 쪽으로 '부담을 떠넘기는' 것이다. 당연히 소수 핵심 고객에게 의존하는 정도가 심화된다.

마찬가지로 짐 테이버의 상사에 해당하는 경영진이 지금 우리가 이야기하듯이 이러한 구조를 파악하고 토론할 수준이 되었다면 어땠을까? 테이버의 부서 관리에 대해 자신들이 품고 있는 우려를 보다 효과적으로 표현할 수 있었으리라. 그의 관리 능력을 비판한다는 인상을 주는 동시에 비협조적으로 보일지도 모르는 이슈를 어떻게 제기할지에 대해 고심하는 대신, 두 가지 피드백 프로세스를 제시하고 어떻게 해야 고객층 확대라는 근본 해결책이 충분한 관심을 받을 수 있을까에 대해 묻고 답을 찾았을 것이다.

복잡하며 갈등의 소지가 있는 경영 이슈에 대한 대화에서 시스템 원형을 사용하면 사람들은 대화를 '객관화'하게 된다. 성격이나 리더십 스타일을 놓고 대화가 이루어지는 것이 아니라 작용하는 시스템적인 힘, 즉 '구조'를 중심으로 대화가 이루어진다. 관리자의 무능력을 비꼬거나 비판한다는 인상을 주지 않고도 어려운 질문을 충분히 제기할 수 있다. 시스템 원형을 숙달한 사람들은 같은 사안을 놓고도 다음과 같이 물을 것이다. "고객층 확대 대신 기존 고객에 대한 판매로 부담이 전가되고 있습니까?", "부담 전가가 일어나고 있는지의 여부를 어떻게 확인할 수 있을까요?" 물론 이는 복잡성을 다루는 적절한 언어를 사용하는 데서 얻는 이점이다. 복잡한 사안을 감정을 배제한 채 객관적으로 논의하는 것이 한결 쉬워지는 것이다.

복잡성을 다룰 공통의 언어가 없으면 팀 학습은 제한될 수밖에 없다. 구성원 중의 하나가 시스템 관점에서 문제를 본다고 해도 그의 통찰이 무시될 가능성이 높다. 사람들은 시스템 관점보다는 평소 사용하는 일상 언어에 내재한 직선적 관점에 본능적으로 끌리기 때문이다. 반대로 시스템 원형이라는 언어를 유창하게 구사하는 팀이 누리는 이점은 그야말로 엄청나며, 또한 팀이 함께하면 해당 언어를 마스터하는 어려움도 줄어든다. 데이비드 봄이 말한 것처럼 언어는 분명 집단적이다. 당연히 새로운 언어를 배운다는 것은 해당 언어로 의사소통하는 법을 배운다는 의미다. 직접 사용하는 것이야말로 언어를 배우는 가장 효과적인 방법이며, 이는 팀이 시스템 사고 언어를 배우기 시작할 때도 마찬가지다.

THE FIFTH
DISCIPLINE

4

REFLECTIONS FROM PRACTICE

실천에서 나오는 성찰

다음에 소개될 내용은 '학습조직의 기술과 실천'에서 탁월한 재능을 보여주는 분야의 거장들과 20여 차례에 걸쳐 나눈 대화를 정리한 것이다. 그들은 모두 내가 대단히 존경하는 인물로 기업, 정부기구, 비정부기구, 초등교육, 중등교육, 지역사회를 포함하여 무척 다양한 조직에서 활동하고 있다. 오랫동안 조직학습과 관련된 일을 하면서 나는 실로 많은 실천가로부터 영감을 받아왔다. 이 책에서 소개하는 이들은 그동안 내가 만난 수많은 조직학습 실천가를 대표한다고 할 수 있다.

나는 초판의 4부 서문에서 학습조직을 만드는 여정에 관한 비유로 '프로토타입prototype'을 이야기했다. 1903년 라이트 형제가 키티호크에서 날아오른 순간 비행기는 '발명'되었다. 그러나 그때부터 최초의 상업용 항공기 DC-3가 도입된 1935년까지 수없이 많은 프로토타입이 있었다.(그러고도 20년이 더 흐른 뒤에야 노하우와 인프라가 적정 수준에 도달했고, 항공운송이 주요 산업으로 자리잡을 수 있었다) 나는 최초의 발명에서 성공적인 기술 혁신을 이루기까지의 여정은 여러 가지 새로운 기술 사이의 시너지를 모색하는 과정이며, 그러한 시너지가 합쳐져야만 새로운 무언가가 생명력을 얻어 발전할 수 있다는 의견을 밝혔다. 비유를 들어 표현하자면, 그렇게 되어야 '프로토타입이 하늘로 날아오르는 것'이다. 그리고 나는 다섯 가지 규율이 경영 혁신에서 그러한 시너지의 토대가 되리라고 말했다.

이 책이 처음 나온 1990년 이후 많은 일이 일어났지만, 프로토타입이라는 기본 비유는 지금도 여전히 적절하지 않나 싶다. 정답도 없을뿐더러, 마법의 치료약도 없다. 실험을 통해 배우는 것 이외에는 길이 없는 것이다. '모범 사례'를 벤치마킹하고, 연구하는 것으로도 충분하지 않다. 프로토타입을 만들어가는 과정은 기존의 방식에서 점진적으로 일어난 변화뿐만 아니라, 함께 작용하여 새로운 관리 방식을 만들어내는 근본적으로 새로운 아이디어와 실천까지 포함하기 때문이다. 20여 년의 세월이 흐르면서 달라진 반가운 변화도 있다. 지금은 여러 산업과 문화에 걸쳐 성공적인 프로토타입 사례가 많다는 것이다.

물리적 기술과 관련된 프로토타입은 대체로 실험실 환경에서 테스트를 받는 반면, 조직과 관련된 프로토타입은 곧장 가혹한 현실에 직면하곤 한다. 이는 현대 사회를 특징짓는 '세상일은 좋아도 지며, 나빠도 진다'는 크게 대립하는 힘의 탓으로, 개선될 일은 우선 없다. 15년 전에 이 책에서 주장했던 기본적인 사고가 광범위한 신뢰를 얻기는 했지만, 대부분의 실천가는 더욱 상대하기 벅찬 조직 환경과 직면하고 있다.

"주류 경영에서 학습과 지속적인 이해의 중요성을 인정하고 있다는 데는 의심의 여지가 없습니다." 포드의 전략기획 본부장이자 최고 정보통신 책임자CIO인 마브 애덤스Marv Adams의 말이다. "그러나 이는 그러한 중요성이 널리 퍼져서 상황이 좋을 때나 나쁠 때나 일관되게 실천되고 있다는 의미는 아니지요." 인텔의 글로벌 제조환경 구축에서 많은 부분을 담당했던 데이비드 마싱David Marsing은 다음과 같이 지적한다. "많은 기업이 문화나 문화가 기업 성과에 미치는 역할에 대한 이해를 높여서, 문화를 의식하는 절차를 의도적으로 설계하고 있지만, 그와 관련된 실제 기술과 정교함의 수준을 보면 여전히 낮은 상태인 것을 알 수 있습니다." 사기업이 아닌 다른 영역이라고 해서 직면하는 어려움이 다르지는 않다. 과거 영국의 국민건강보험 지역 책임자였고, 지금은 영국 옥스팜 대표인 바바라 스토킹Barbara Stocking은 자신은 항상 '발전 지향적인 관리자'였다고 말한다. "사람들이 자신의 조직을 발전시키도록 돕는 일이 자연스러운 내 방식이었지요. 하지만 오랫동안 일하면서 나는 일반적인 변화 모델은 위에서 아래로 목표를 하달하여 밀어붙이는 식이며, 높은 자리에 있는 사람들 중에는 사람이나 조직을 발전시키는 일에 관심을 가지고 있는 이가 많지 않다는 사실을 인정하게 되었습니다."

그러나 앞으로 소개하는 내용을 보면 알겠지만, 혁신가들은 바로 이러한 복잡한 대립 속에서 변화를 이룰 틈새를 발견하고 이를 활용한다. 이들은 상당히 다양한 조직 환경에서 활동하고 있지만, 그들에게 영감을 불어넣은 아이디어는 하나다. 바로 사람들이 더불어 일하기 위한 보다 인간적이고, 보다 생산적이며, 궁극적으로는 보다 창조적인 방법이 반드시 있으리라는 믿음이다. 그들은 여전히 소수 비주류 관리자와 조직을 대표하지만, '수적으로 증가하는 유능한 리더 집단이 세계 곳곳에서 현재 지배적인 관리 시스템을 바꾸는 작업에 돌입했음'을 말해주는 분명한 증거이다. 깊게 뿌리박힌 가정과 실천관행을 바꾸는 여정이 달리 어떻게 펼쳐질 수 있겠는가?

12 토대

개정판을 준비하면서 진행했던 인터뷰에서 가장 인상 깊었던 것은 1990년에는 대부분이 급진적이라고 생각되었던 핵심 아이디어가 지금은 사람들의 세계관, 경영 관행에 깊이 스며들어 있다는 점이었다. 이제부터 소개될 아이디어들은 현재 조직학습을 진지하게 실천하는 사람들 사이에서는 거의 공통적으로 받아들여지고 있으며, 향후 발전의 새로운 토대가 되고 있다.

우리가 이야기를 나눴던 사람들은 모두 그동안 당연시되었던 정신모델 검토와 다이얼로그가 가능한 작업 환경을 조성하고자 노력하고 있었다. 그 어떤 사례를 보아도 '개인이 성장하는 것으로 조직도 성장한다'는 사고방식이 침투해 있었다. 대부분의 인터뷰에서 조직을 살아 있는 시스템으로 바라보는 사고방식의 변화가 필요하다는 이야기가 나왔다. 조직은 스스로 배우고 발전하고 치유하는 능력(대부분은 잠재능력)을 헤아릴 수 없을 정도로 지닌 '살아 있는 시스템'이라는 발상이다.

성찰과 심층 대화가 가능한 문화 만들기

대화를 통한 변화

"BP는 때로 성과만 보고 달려가는 기계처럼 느껴집니다. 바로 그러한 기계가 저를 훈련시켰지요." 상무이사 비비엔 콕스Vivienne Cox의 말이다. "약 15년 전에 처음으로 사업부서 하나를 책임지게 되었을 때 저는 새로운 아이디어를 시도하고 싶어서 안달이었지요. 저는 동료 존, 진(둘은 서로 밀접히 관련된 사업부를 각각 책임지고 있었지요)과 간단한 아이디어 하나를 공유하고 있었습니다. 조직 내의 경계를 넘어 넓은 범위의 협력을 증진해서, 정보와 지식의 공유를 통해 보다 나은 결정을 내리고 싶었습니다."

"그러나 이러한 새로운 조직 모델을 가능하게 만들 구체적인 방법에 대해서는 확신이 없었습니다. 결국 우리는 가장 좋은 방법은 사람들이 서로 이야기를 나누게 하는 것이라는 결론을 내렸지요. 구성원 각각이 다른 사람이 하는 일을 더욱 명쾌하게 이해한다면, 그 안의 잠재력을 볼 수 있을 것이고, 그것으로부터 올바른 구조와 계획이 생겨날 것입니다. 그래서 우리는 일련의 워크숍을 열었는데, 대부분 우리가 안고 있는 여러 문제와 해결책에 초점을 맞추었습니다. 이러한 대화 속에서 회사를 다른 방식으로 조직화할 아이디어가 서서히 윤곽을 드러내기 시작했습니다. 여러 차례의 워크숍을 통해 나온 아이디어가 처음에 제가 품고 있던 것과는 다르다는 사실에 적잖이 놀랐습니다. 실제로 제가 가지고 있던 생각은 잘못된 것이었습니다. 사람들을 불러 모으고 서로 대화를 나누게 하는 너무나 간단한 행동 덕분에 보다 나은 기업으로 나아갈 새로운 가능성이 열렸지요."

당시 끌어낸 새로운 아이디어는 상당히 복잡하고 실행도 쉽지 않은 것이었지만, 현재 콕스가 관리하는 거대한 조직의 구조에 있어 그 원천이 되었다. "대화에서 나온 주제는 BP에 근본적이고 지속적인 영향을 미치는 것들로 판명되었고, 회사에 상당한 경쟁우위를 가져다주었습니다. 또한 지금껏 해본 일 중에 가장 재미난 경험이기도 했습니다. 저와 존, 그리고 진은 혼자서는 하지 못했을 많은 일을 해낼 수 있도록 서로를 격려하고 자극했습니다. 우리는 조직 문화를 변화시키는 방법에 대해서 많은 것을 배웠습니다. 상부에서 계획한 대로 대규모로 이루어지는 문화 변화에서는 결코 알지 못했을 내용이지요."

"BP에서 오래 일하면서 명령과 통제를 위시하는 상사를 포함하여 여러 유형의 상사를 만났고, 덕분에 다양한 경험을 돌아보고 성찰하게 되었습니다. 오직 목표한 실적을 통해 조직을 관리하고, 대화에서 생기는 그 어떤 가능성도 부정하는 상사 밑에서 일하는 기분이 어떤지도 알게 되었습니다. 자유가 허락되는 자리로 이동할 때마다 저는 사람들을 모으고 서로 대화하게 하는 실험을 계속했습니다."

현재 BP에서 여성 임원으로 최고의 자리에 오른 콕스는 간단(심플)하지만 주류 경영에서는 여전히 진가를 인정받지 못하는 관점을 분명하게 밝히고 있다. 사실상 거의 모든 사람이 소통의 중요성을 강조하고 있지만, 콕스가 지속적인 대화를 진행하면서 보여준 개방성, 즉 열린 태도는 찾아보기 힘든데, 그에 대한 이해가 저조한 것이 부분적인 이유이다.

성찰적 개방성

초판 4부에서 나는 참여적 개방성participative openness과 성찰적 개방성reflective openness의 차이에 대해 이야기했다. 표현의 개방성expressive openness이라고 부를 수도 있을 참여적 개방성은 자신의 관점을 공개적으로 이야기하는 태도와 관련된다. 학습에 중점을 두는 작업 환경을 만드는 데 있어서는 중요한 요소지만, 한편으로 위험하다 싶을 만큼 불완전한 개방성이기도 하다. 참여적 개방성은 1980년대 참여 경영 철학의 결과로 유행하기 시작했다. 일부 조직은 개방적인 의사소통을 보장하는 공식 절차를 제도화하려는 시도까지 행했다. 그러나 그러한 공식 절차의 대부분이 결국에는 시들해지고 말았다. 조직과 내부 지지자들이 썩 효율적인 모습을 보여주지 못했기 때문이다.[11] 1994년 〈하버드 비즈니스 리뷰〉에 실린 글에서 크리스 아지리스는 '학습을 가로막는 훌륭한 의사소통'을 비판했다. 포커스 그룹, 설문조사 같은 공식 의사소통 장치는 사실 직원들이 문제를 책임지거나 대처하는 과정에서 자신의 역할을 인정하지 않고 자신의 생각을 경영진에게 알릴 수단만을 제공했을 뿐이라는 것이다. 아지리스는 이러한 방식은 실패할 수밖에 없다고 말한다. "사람들이 자신의 일과 행동을 성찰하지 않기 때문이다. 개인의 책임감을 독려하거나 권장하지 않는다. 또한 학습에 동기를 부여하고 진정한 변화를 만들어낼 심층 정보, 사람들이 위협적으로 느끼거나 성가시다고 느낄 가능성이 있는 정보를 드러내지 않는다." 그러나 아지리스가 은연중에 암시하듯이 참여적 개방성을 넘어서는 일은 쉽지 않다. 통제권한을 유지하려 하는 관리자에게는 특히 어렵다고 보아야 하리라.

로저 세일런트Roger Saillant는 포드 자동차에 재직하면서 오랫동안 조직학습 방법론을 활용하며 일했다. 덕분에 그는 재직 당시 조직에서 가장 효과적으로 일하는 관리자 중의 하나로 꼽혔다. 1980년대와 1990년대 대부분의 기간에 세일런트는 북아일랜드, 동유럽, 중국, 멕시코 같은 관리가 쉽지 않은 생산 현장에서 일했다. 일부 지역에서는 운영 혁신에 성공하여 포드 자동차에서 최하위 실적을 내던 공장을 최상위로 끌어올리기도 했다. 신규 공장 설립 작업을 맡았던 몇몇 지역에서는 더없이 좋은 생산 환경을 갖춘 최고 수준의 공장을 만들어냈다. 세일런트가 관리하거나 세운 공장들 중의 다수가 그가 떠나고 10년이 지난 지금까지도 포드 자동차에서 최고 실적을 올리는 공장으로 남아 있다.

이처럼 놀라운 업적을 이룬 세일런트였지만 놀라웠던 점은 따로 있었다. 바로 포드 자동차라는 시스템 내의 상사들이 세일런트가 한 일을 보고 보여준 반응이었다. "저는 항상 회사의 핵심 가치와 사업 목표를 존중하는 한, 제 자신이나 제가 소중하게 생각하는 것과 보다 조화를 이루는 형태로 일할 수 있으리라고 생각했습니다." 세일런트는 당시를 그렇게 회상한다. "물론, 시간이 흐르면서 상사들은 내가 이러한 성과를 올리기 위해 직원들과 조금은 다른 관계를 맺고, 다르게 소통한다는 것을 알아차렸습니다. 그러나 제가 그런 성과를 어떻게 올리는지에 대해서는 물은 적이 없었습니다. 그러니까, 어느 누구도 단 한 번도 묻지 않았습니다. 당연히 이곳 말고 다른 곳에서도 비슷한 결과를 얻고 싶을 텐데 방법을 묻지 않는다는 것이 저에게는 항상 의아한 점이었지요. 상사들은 방법을 묻지 않고 이런 식으로만 말했습니다. '자네는 이것을 하지 않으면(새로운 지역으로 가지 않으면) 안 되네!', '자네가 그곳에 가면 상황을 바꿀 수 있을 거야!' 그렇지만 '도대체 자네는 어떻게 그런 일을 했나?'라고 묻는 것으로 대화를 시작하는 일은 없었지요."

"그들은 제가 어떻게 하는지 이미 어느 정도는 알고 있었지만, 제대로 알고 싶지는 않았기 때문에 하나같이 이런 반응을 보였다고 생각합니다. 어떤 의미에서 상사들은 공격에 취약한 상태가 되고 싶지 않았던 것입니다. 저처럼 한다는 것이 스스로에게 의문을 제기하고, 자신을 드러내고, 인간적으로 되어야 한다는 의미이기에 부담스럽고 두렵기도 했으리라 생각합니다. 저야, 내면과 진정으로 통한다면 자신을 공개하는 일이 두렵지 않다는 것을 이미 터득했기에 상관없었지만, 리더로서 그러한 상황은 충분히 두려울 수도 있는 일이지요."

참여적 개방성은 진정한 변화에 필요한 헌신과 이해 공유로 이어지지 못한다는 점에서 불충분하다. 어느 임원이 불만족스러운 얼굴로 말한 것처럼 "참여적 개방성에서의 암묵적 가정은 우리가 각자의 관점을 공유하면 모든 문제가 해결된다."는 것이다. 그러나 일방적으로 자신의 이야기를 하는 것만으로는 부족하다. 우리가 서로의 말에 귀를 기울일 때 진정한 공동 학습이 시작된다. 다른 사람의 말에 귀를 기울이는 것은 쉬운 일이 아니다. 성찰적 개방성은 내면을 반성하고 살피게끔 하고, 대화를 통해 자신의 사고에 포함된 편견과 한계는 물론, 자신의 사고와 행동이 문제를 야기하는 과정을 더욱 명확하게 인식하게끔 해준다.

성찰적 개방성은 정신모델 규율의 토대이다. 우리 중 어느 누구도 머릿속에 회사나 가정, 국가를 담고 있지는 않다. 그러나 일상생활의 경험은 이러한 시스템에 대한 다양한 가정假定, 느낌, 그리고 일부 정통한 가설들을 만들어낸다. 성찰적 개방성을 기르면 이러한 관점을 무조건 신뢰하기보다 끊임없이 테스트하려는 태도를 지니게 된다. 더욱 깊이 있는 듣기와 진실한 대화의 첫걸음인 '진정으로 열린 마음'이 성찰적 개방성의 특징이다. 진정으로 열린 마음이란 사실 말이 쉽지 실천하는 것은 그리 간단한 일이 아니다. 콕스나 세일런트 같은 탁월한 실천가들이 인식하는 것처럼, 이러한 환경을 구축하기 위해서는 스스로를 개방하고 공격에 취약해지는 상황을 감수하려는 자세(세일런트의 표현을 빌자면 자신을 '노출'하는 것을 꺼리지 않는 자세)가 필수적이기 때문이다. 구성원이 성장하도록 돕고, 구성원의 성장에 필요한 신뢰와 상호관계를 구축하는 일에 진심으로 헌신하지 않는 조직 환경에서는 일어나는 것이 쉽지 않은 일이다.

구성원의 성장

돌이켜 생각해보면 이 책을 처음 출간할 때 제시한 다섯 가지 규율 중에서 가장 급진적인 것은 개인적 숙련, 즉 내부 구성원이 인간으로서 성장할 수 있는 조직 환경이 조성되어야 한다는 생각이 아닌가 싶다. 오늘날 대부분의 기업이 '사람이 가장 중요한 자산'이라는 철학을 어떤 형태로든 지지하며, 대체로 교육 프로그램에 의한 직원 능력개발에 상당한 돈을 투자하고 있다. 그러나 구성원의 성장을 지원하는 일에 진정으로 헌신하는 조직이 되려면 이러한 투자만으로는 한참 부족하다. 나는 오랫동안 비비엔 콕스, 로저 세일런트 같은 대가들의 말에 귀를 기울이면서 그들의 경험을 공유해왔는데, 정신적 측면에서 그들이 들려주는 이야기의 핵심은 항상 동일하다. 다양한 인생 경험을 통해서 그들은 인간의 정신을 해방시키고 단결시키는 데서 나오는 특유의 힘에 대한 확고한 신념을 가지게 되었다. 그리고 그들은 그것의 의미와 구체적인 실행 방법을 찾으려는 노력을 평생 게을리하지 않는다.

2005년 매사추세츠 주 우스터에서 기업의 리더들이 모여 제1회 윌리엄 J. 오브라이언 기념 연설회William J. O'Brien Memorial Lecture Series를 시작했다. "금융자본을 늘리는 가장 좋은 방법은 인적자원 개발을 통해서다."라는 오브라이언의 신념을 훌륭하게 구현한 기업 리더가 나와 연례 연설을 진행하는 자리를 마련하고, 이를 통해 빌 오브라이언의 업적에 경의를 표하며 널리 확산시키자는 취지였다. 첫 번째 연설자는 할리 데이비슨의 전 CEO이자 조직학습협회SoL 창립멤버 중의 하나인 리치 티어링크Rich Teerlink였다. "사람을 키우는 일에 진정으로 헌신하려면 확고한 신념이 토대가 되어야 합니다." 티어링크는 이어서 말했다. "마음 깊은 곳에서 다음과 같은 신념을 가져야 합니다. 사람은 누구나 중요한 비전을 추구하고자 하고, 결과에 기여하는 한편 그것에 책임을 지고자 하며, 자신의 행동으로부터 문제점을 찾아내고자 하고, 가능하다면 언제든지 고칠 의향이 있다는 것입니다. 통제에 의존하는 관리자라면 이러한 믿음을 갖기가 쉽지 않습니다. 그래서 인적자원 개발과 관련하여 '말만 하는 사람'과 '실천하는 사람' 사이의 격차가 그렇게 큰 것이지요."

헌신할 가치가 있는 목적

구성원이 성장할 수 있는 환경을 만드는 일은 '헌신할 가치가 있는 목적'을 정하는 일에서 시작된다는 것이 고란 카르스테드트Goran Carstedt의 주장이다. 그는 볼보 스웨덴 지사 사장과 IKEA(이케아) 북미 지사장 등을 역임하고, 조직학습협회의 초대 사무총장을 지내기도 했다. 카르스테드트는 "대부분의 리더는 직원들에게 조직의 목표에 헌신하라고 요구하는 경우가 많다."고 지적한다. "그러나 여기에서 그들이 진정으로 생각해야 하는 것은 '조직이 헌신해야 하는 대상은 무엇이며, 그것은 시간을 바칠 가치가 있는가?'이다." 세일런트는 조직의 목적을 논하는 문헌들이 나오고 도처에 비전 선언과 가치 선언이 넘치지만, 회사의 방침이 어디를 향하는가에 대해 직원들 사이에서는 '상당히 냉소적으로 보는 시선'도 존재하는 것이 사실이라고 말한다. 회사의 목적은 말할 것도 없이, '투자된 자본에서 최대 이윤을 뽑아내는 것'이라는 생각부터 시작되는 혼란도 상당하다. 여러 해 전에 피터 드러커Peter Drucker는 "회사에 있어 이익을 올리는 일은 개인에게는 산소와도 같다."면서 "충분한 이익이 없으면 게임에서 퇴장하게 된다."고 말했다. 달리 말하자면 수익성은 모든 기업에게 필요한 실적상의 필요 요건이지만, 그것이 목적은 아니다. 드러커의 비유를 들자면, 수익을 조직의 목적이라고 생각하는 기업은 숨 쉬는 것이 삶의 목적이라고 생각하는 사람과 다를 바가 없다. 무엇인가를 망각하고 있는 것이다.

금전적인 손익을 회사의 목적과 동일시하는 태도는 회사가 경제적으로 그렇고 그런 실적밖에 올리지 못하는 안타까운 상황을 낳는다. 기업의 장기실적을 분석한 많은 연구를 보면 이러한 점이 분명하게 드러나는데 참으로 얄궂은 일이 아닐 수 없다.[2] 출생이 직업을 결정하던 과거와 달리 어디서 어떻게 일할지 선택할 수 있는 사람이 점점 늘고, 그들이 선택할 수 있는 범위도 점점 넓어지는 추세다. 그렇기 때문에 조직이 무엇을 지향하느냐는 더욱 중요해진다. 헌신할 가치가 있는 목적을 가지고 있지 않은 회사는 직원들의 헌신을 끌어내지 못한다. 헌신할 가치가 있는 목적이 없는 상태에서 직원들은 열정도 상상력도 발휘하지 못하고, 위험을 감수하며 인내심과 끈기를 발휘하려는 의지와 의미를 찾지 못한 채로 단절된 생활을 하게 된다.

"저는 그저 직장 생활과 제 삶이 하나로 통합되기를 바랐답니다." 유니레버Unilever의 브리지트 탄타위-몬소우Brigitte Tantawy-Monsou가 한 말이다. 탄타위-몬소우는 공급망 관리, 연구개발, 관리 부서 등에서 일한 뒤에 2002년 조직학습, 개인적 숙련, 정신모델 등을 접한 것이 "과거 경험을 이해하는 데 도움이 되었다."고 말한다. "저는 아주 분석적이고 과학적인 사람인데 조직학습을 접하면서 새로운 차원, 굳이 말하자면 '부드러운' 차원을 가지게 되었습니다. 덕분에 조직이나 팀을 사회 시스템으로 이해할 수 있었고, 문제를 바라보는 보다 통합된 방식이 있다는 사실도 알게 되었지요." 그녀는 그러한 시스템 관점을 개인에게도 적용할 수 있다는 것도 알게 되었다. "개인과 (그가 일하는) 회사의 목표 및 가치관을 일치시킨다는 아이디어가 특히 흥미로웠습니다. 이는 새로운 경영 개념이었고, 개인적으로 이러한 일치를 이뤄보고자 하는 욕심을 갖게 되었지요."

이후 탄타위-몬소우는 진정으로 자신이 헌신할 가치가 있는 사업에 끌리게 되었고, 학습조직 도구를 '지속가능한 발전'이라는 유니레버의 목표에 적용하게 되었다. 결국 그녀는 자신의 일을 재정의할 수 있게 되었고, 지속가능성과 관련된 작업에 전적으로 헌신하게 되었다. "저는 조직 내부는 물론, 조직을 넘어서서도 많은 기여를 하고 싶었고 진정으로 중요한 문제를 제기하고 싶었습니다. 그리고 조직학습은 제가 능력을 키워 더욱 많은 영향력을 행사할 수 있게 도와주었지요. 이로 인해 일에 있어서도, 인생 전체에 있어서도 한 발짝 더 내디딜 수 있었습니다." 그러나 이러한 모든 일은 유니레버 경영진이 몇 해 전에 회사의 미래를 위협할 소지가 다분한 역사적인 환경 변화를 인식했기에 가능한 일이었다. 어류가공식품 판매 분야에서 세계 최대 기업 중의 하나인 유니레버는 1990년대 중반, 어느 고위 임원의 말을 빌자면 "지속가능한 어업을 향한 근본적인 변화가 없다면, 소중한 어류 관련 사업을 지속하지 못하리라."는 사실을 깨달았다.[3] 현재 탄타위-몬소우는 유니레버 내에서 기업과 관련된 지속가능성 프로그램을 진행할 뿐만 아니라, 미국에 본부가 있는 조직학습협회 지속가능성 컨소시엄의 연장선상에 있는 유럽 조직학습협회 지속가능성 컨소시엄의 조직자를 맡고 있다. "이전에도 저는 제가 하는 일을 즐기는 편이었습니다. 하지만 지금 난생 처음으로 스스로에게 있어 정말로 중요한 일을 하고 있다고 느낍니다."

변화에 도움이 되는 관계

탄타위-몬소우의 사례가 보여주는 것처럼 인간으로서 성장하는 것은 진정으로 중요한 무언가를 향한 헌신과 더불어 시작된다. 로카Roca의 사람들이 '변화에 도움이 되는 관계'라고 부르는 네트워크 안에서 이러한 성장이 이루어지는 모습을 볼 수 있다.

로카Roca는 스페인어로 '돌', '바위'라는 의미인데 젊은이들을 위한 안전하고 건강한 공동체를 만드는 것을 목적으로 하는 조직이다. 로카 본부가 있는 매사추세츠 주 첼시는 보스턴 금융 중심지에서 3킬로미터도 안 되는 거리지만, 문화적으로는 완전히 다른 세계라 할 수 있다. 이곳에는 주로 라틴계와 동남아시아, 중앙아프리카 이민자들이 살고 있다. "이민자인 우리는 공동체 안에서 친구, 일자리, 규범, 입지를 잃었습니다." 과거 로카에서 가두 선도원 책임자로 일했던 세로엠 퐁Seroem Phong의 말이다. "원만한 가정생활도 힘듭니다. 일반적으로 아버지 세대는 영어를 하지 못하기 때문에 일자리를 얻지 못합니다. 가장으로서 가족을 부양하는 역할을 하지 못하게 된 아버지는 학대자가 됩니다. 이민 2세들은 훨씬 어려운 상황에 처합니다. 안정적인 가정의 뒷받침 없이 성장하게 되기 때문이지요. 언젠가는 나아지리라는 희망이 없기 때문에 그들에게는 성장하고 발전하려는 동력도 없습니다. 그렇다보니 제가 그랬던 것처럼 갱단에 들어가게 되지요."

과거 갱단 조직원, 어린 나이에 부모가 된 아이들, 다른 사람을 돕고 공동체를 재건하기 위해 일하는 사람들로 구성된 로카는 경찰, 법원, 학교, 여러 사회복지기관을 이어주는 접점이 되었다. 로카가 설립되고 18년이 흐르는 동안 첼시 지방에서는 범죄율과 폭력이 극적으로 줄었고, 고등학교 졸업생 비율은 증가했다. 질풍노도의 시기를 무사히 넘기지 못했을 많은 젊은이가 공동체의 일원이 되어서 4년제 대학을 나오고, 일자리를 얻어 생산적인 삶을 영위하고 있다. "로카가 이룬 업적은 놀랍다고밖에 말할 수 없습니다." 매사추세츠 주 사회복지부DSS 책임자인 해리 스펜스Harry Spence의 말이다. "로카 같은 단체가 대여섯 개만 있다면 주 전체에 엄청난 영향을 미칠 것입니다."

나는 로카의 젊은 지도자들과 상당히 많은 시간을 보내면서 그들에게서 많은 것을 배우고 있다. 그들은 특히 사람이 성장하도록 돕는 방법을 깊이 이해하고 있다. "우리가 하는 일은 근본적으로 변화에 도움이 되는 관계를 만들어내는 것입니다." 가두 선도원들을 방문했을 때 툰 크로우치톨드Tun Krouchtold가 내게 들려준 말이다. "우리가 마주하는 젊은이들은 살아가는 것에 힘을 빌려주는 관계를 필요로 합니다." 창립자 몰리 볼드윈Molly Baldwin의 설명이다. "우리가 처음으로 하는 일은 그러한 젊은이들 앞에 자꾸만 모습을 보여주는 간단한 일입니다. 그들 대부분은 항상 함께 해주리라고 믿고, 의지할 수 있는 사람을 가져본 적이 없지요. 인간으로서 그들을 있는 그대로 받아들이고 전적으로 지지해주면서 함께 해주는 사람이 그들에게는 없었던 것입니다. 시간이 흐르면 그들은 서로에게 그런 존재가 되어주기 시작합니다."

'서로에게 모습 보여주기'를 위한 로카의 핵심 수단이자 지속적인 훈련의 장은 '평화유지 서클'이라고 불리는 것으로, 공동으로 성찰을 실천하는 공간이다. 미국 원주민들의 학습 및 치유 전통에 토대를 두고 있다. "서클에서 우리는 진심으로 서로의 말에 귀를 기울이는 법을 배웁니다." 오마르 오르테스Omar Ortez의 말이다.

마리나 로드리게스Marina Rodriguez가 전형적인 서클 분위기를 들려준다. "최근 우리는 임신을 했는데 어머니에게 어떻게 말해야할지 몰라 난감해하는 젊은 여성을 만났습니다. 그녀는 잔뜩 겁에 질려 있었죠. 일반적인 상황이라면 그녀가 도망을 가거나 친지가 나서서 중재를 했겠지만, 우리는 그녀를 돕는 가장 좋은 방법이 서클을 만드는 것이라는 결론을 내렸습니다. 가두 선도원이 그녀와 좋은 관계를 구축해, 그녀와 어머니가 신뢰하는 몇몇 사람들과 함께 작은 서클을 만들었습니다. 그리고 함께 상황에 대처했습니다. 그렇지 않았다면 모녀는 서로 소리를 지르면서 탓하기 바빴을 것입니다. 하지만 서클이 만들어지면서 전혀 다른 상황이 되었습니다. 핵심은 그녀의 어머니가 딸의 말에 귀를 기울이고, 모녀가 서로를 받아들이게 해줄 대화 분위기를 만드는 것이었습니다. 근본적인 취지는 서클을 확장해서 자신이 필요로 하는 지원을 구축하는 것입니다."

"결국은 공동 학습이 관건입니다." 수전 울리히Susan Ulrich가 덧붙인다. "서클 대화란 모두 함께 둘러앉아서 현재의 상황과 대처방안을 알아보는 자리입니다. 그러한 자리를 통해서 문제가 특정 개인의 것이 아니라 모든 사람의 문제라는 것을 알게 됩니다. 서클에서는 모두가 평등합니다. 우리 모두가 문제를 안고 있고, 서로를 돕는 과정에서 배우게 되지요."

"나바호 부족 법원의 수석재판관이 했다는 말이 있습니다." 볼드윈이 말했다. "'나쁜 방법으로는 좋은 결과에 도달할 수 없다'는 말입니다. 서클은 우리가 유대감 속에서 현실감과 평정심을 유지하게 해주고, 무엇이 되었든 함께 해결해야 하는 무언가에 직면한 상황에서 안심할 수 있는 공동체를 만들어줍니다."[4]

나로부터 시작된다

개인의 성장에 대한 헌신은 중요하다. 리더 자리에 있는 사람들에게는 더욱 중요하다. "항상 자기 자신을 돌아보고 살피려는 자세를 가져야 합니다." 볼드윈의 말이다. "경찰과 의견 충돌이 있다면 무조건 상대를 탓할 것이 아니라, 내가 갈등 유발에서 어떤 역할을 했는지 돌아보아야 합니다. 밖에 나가 누군가에게 소리를 지르며 탓하고 싶은 때가 많은 법입니다. 그러나 그곳에서 일어난 일이 무엇이든 간에 냉정함을 잃지 않은 채, 의견의 차이가 지속되는 것에 있어서 자신의 역할이 무엇인지 침착하게 바라보는 것이 중요합니다.

"모든 것은 개인적 숙련에서 시작합니다." 세일런트가 말한다. "주변 사람들에게 있어 너무나 분명한 나의 결점을 기꺼이 보려는 의지에서 모든 것이 시작됩니다. 조직 내의 다른 사람이 나보다 개방적이거나 배움과 개선에 의지를 보이리라고 기대하기는 힘듭니다."

살아 있는 시스템으로서 조직

시스템 관점의 배경에는 서로 다른 두 가지 지적 전통이 있다. 시스템 공학 이론은 복잡하고 상호의존적인 문제를 이해하는 데 도움이 되는 시스템 원형, 컴퓨터 시뮬레이션 같은 실용적인 도구를 제공한다. 한편 생명 시스템, 즉 '살아 있는 시스템living system'을 이해하면 팀, 조직, 사회 같은 시스템이 지닌 학습하거나 발전하는 능력을 인식하는 데 도움이 된다. 1990년 이 책의 초판을 집필할 당시 나는 전자, 즉 공학적인 측면을 강조했다. 포드 자동차의 마브 애덤스가 말한 것처럼 "리더가 훌륭한 시스템 사고자가 아니기 때문에 간과되는 중요한 문제가 세상에는 많기 때문"이다. 결국, 두 가지 관점이 합쳐져서 발전에 필요한 도구와 리더십 원칙을 제공하지 않나 싶다. '살아 있는 시스템' 관점이 조직학습을 효율적으로 해내는 사실상 모든 실천가의 사고에 슬며시 퍼져 있는 것을 이제는 알기에 이러한 결론에 이르게 되었다.[5]

기계 시대의 사고

내가 기업을 '살아 있는 시스템'으로 보는 관점이 중요하다는 생각을 하게 된 계기는 바로 아리 드 호이스의 저서 〈살아 있는 기업The Living Company〉이었다. 기업을 하나의 살아 있는 시스템, 즉 생명 시스템으로 보는 것은 인간 공동체로 본다는 의미다. 아리 드 호이스는 "기업을 어떻게 볼 것인가? 인간 공동체로 볼 것인가, 아니면 돈을 버는 기계로 볼 것인가?"라는 날카로운 질문을 통해서 이러한 의견을 제시하고 있다. 누군가가 기업을 돈 버는 기계로 생각한다는 이야기를 하면, 듣는 사람들 대부분은 문제가 있다면서 비난할 것이다. 그러나 오늘날 우리가 사용하는 언어와 실제 경영 관행은 이러한 반응과는 사뭇 다른 이야기를 들려준다.

사실, 기계라는 이미지는 경영 관련 용어에 널리 퍼져 있다. 기계를 돌리듯이run 회사를 '돌리는' 관리자들이 있다. 주지하다시피 회사에는 '소유자owner'가 있다. 그런데 가만히 생각해보면 '소유자'라는 단어가 기계에는 완벽하게 들어맞지만, 인간 공동체에 적용했을 때는 다소 문제의 소지가 있다. 차를 몰듯이 '변화를 몰고 가는drive' 리더도 있다. 사람들이 이러한 표현을 사용하면서 자신이 내뱉는 말에 대해 진지하게 생각해본 적이 있을까 궁금하다. 아무튼 우리 대부분은 차를 운전하지만drive, 마찬가지로 배우자나 자녀를 자신의 뜻대로 움직이려고 하는 경우에는 대체로 의도와는 정반대의 결과가 나온다는 사실을 잘 알고 있다. 그런데도 조직이 변화하기 위해서는 어떻게 해야 하는가를 이야기하면서 사람들이 얼마나 아무렇지도 않게 이러한 표현을 사용하는가를 살펴보면 무척 흥미롭다. 당연히 아리 드 호이스가 말하는 요점도 그것이다. 우리 모두가 조직을 살아 있는 시스템보다는 기계에 가깝게 생각하는 경향이 있다는 것이다.

아리 드 호이스는 어떻게 기업을 기계로 보는 시각과 인간 공동체로 보는 시각의 차이점을 인식하게 되었을까? "오래도록 살아남는 기업에는 어떤 특징이 있는가?"라는 지극히 현실적인 질문을 던진 결과였다. 2장에서 언급한, 셸에서 진행한 기업 수명에 관한 유명한 연구를 진두지휘한 인물이 바로 아리 드 호이스다. 연구 결과, 포춘 500대 기업으로 선정된 회사의 평균 수명은 40년이 채 되지 않았지만, 세계 각지에 200년 이상 생존해온 기업이 대략 20곳 정도 존재했다. 연구자들은 역사, 문화, 산업, 기술 등에서 차이를 보이는 이들 기업을 하나로 묶는 공통 특징이 무엇인가를 묻고 답을 찾기 시작했다. 결론은 장수하는 기업은 회사를 금전 관계에 의해 지배되는 조직으로 보지 않고, 인간 공동체로 본다는 것이었다. 연구보고서에 나온 표현을 빌자면, 그러한 기업들은 '하는 일을 초월한 정체성이 중요하다는 인식을 가지고 있었으며' 그로 인해 동시대 다른 기업의 수준에 맞추기보다 발전하고 변화에 적응하는, 말하자면 학습하는 능력을 가지게 되었다.

기업을 살아 있는 시스템으로 보는 이러한 관점은 세계화로 인해 국제적으로 상호의존성이 심화되고 복잡해진 현대 사회에서 어느 때보다 중요한데, '비밀에 싸인' 세계 최대 기업의 사례 역시 이러한 사실을 입증한다. 수입이 월마트Wal-Mart의 10배 가까이 되고, 시장가치가 줄잡아도 제너럴 일렉트릭GE의 2배가 넘는 글로벌 기업 비자Visa 카드사에 관한 이야기는 기업계에서 일급비밀 중의 하나로 꼽힌다. 물론 이것은 비자의 제품이 그다지 알려지지 않은 까닭도, 정체를 알 수 없는 산업의 리더인 까닭도 아니다. 지난해 기준으로 세계 인구의 6분의 1이 고객이라고 말할 수 있는 회사는 거의 없다! 그러나 지난 10년 동안 〈비즈니스 위크〉, 〈포춘〉, 〈포브스〉에 실린 기사를 조사해보면, 마이크로소프트에 관한 기사는 1,000개가 넘고 GE에 관한 기사가 300개가 넘는 반면, 비자에 대한 기사는 35개에 불과하다. 왜일까? 이유는 간단하다. 비자는 전형적인 글로벌 기업 같지 않기 때문이다. 비자의 주식은 2만 개의 회원 기관member organization이 보유하고 있기 때문에 비자에는 주식시장에서 공개적으로 거래되는 주식이 없다. 비자는 회원 기관들이 운영하는 일종의 네트워크이기 때문에 거대한 본사 따위도 없다. 또한 회사 목적과 운영 원칙을 간결하게 설명한 성문 규정도 없고, 선출된 이사회에게 주어진 의사결정 권한도 없다. 비자에는 천문학적인 급여를 받으면서 전략을 이끌며 주목을 받는 CEO도 없다. 비자에는 자율적으로 운영되는 수천 개의 사업체에서 나온 다수의 전략이 존재한다.

애초에 비자는 '기계' 이미지를 가지고 출발한 회사들과는 다른 이미지를 지향했기 때문에 대부분의 대기업과는 형태도, 일하는 방식도 다르다. 신용카드 업계가 생기고 초기에 엄청난 실패와 금융위기를 겪는 와중에 비자 카드사를 설립한 CEO 디 혹Dee Hock은 중요한 깨달음을 얻었다. 디 혹은 이미 발전하기 시작한 국제 금융거래 네트워크를 통합할 능력을 갖춘 조직을 만들어내는 것은 '이성의 힘을 넘어서는 것'임을 분명하게 깨달았다.[7] 그러나 동시에 자연은 정기적으로 바로 그러한 상태에 도달한다는 것을 알고 있었다. 그러자 이런저런 의문이 일었다. 왜 인간 조직은 열대 우림처럼 굴러가지 못할까? 왜 인간 조직은 생물학적인 개념이나 방법을 따르지 못하는 것일까? 새로운 조직의 구조에 대해 이러쿵저러쿵 논쟁하는 것을 그만두고, 그것을 일종의 유전자 코드를 가진 것으로 생각하면 어떻게 될까? 요컨대 비자 카드사는 '현실에 대한 낡은 관점과 기계론 모델'을 버리고, 조직이 살아 있는 시스템이라는 원칙을 조직을 만드는 토대로 삼았다. 디 혹은 자신이 생각하는 조직 유형을 나타내는 말로 '카오딕chaordic'이라는 신조어까지 만들어냈는데, 혼돈을 나타내는 'chaos'와 질서라는 의미의 'order'를 결합해 만든 단어이다. 자연을 보면 "혼돈처럼 보이는 것에서 질서가 나타난다. 반면에 경영에서 우리는 혼돈이 지배할까 두려워 항상 질서를 강요한다."

생물학자 그레고리 베이트슨Gregory Bateson도 같은 취지의 말을 한다. "오늘날 우리가 안고 있는 모든 문제의 원인은 우리가 생각하는 방식과 자연이 움직이는 방식의 차이에서 발생한다."[8] 현재 주요 조직의 'DNA'는 시스템을 기계로 생각하는 사고, "모든 시스템에는 통제하는 사람이 있어야 한다."는 사고에 토대를 두고 있다. 주지하다시피 인체나 습지처럼 건강하게 살아 움직이는 시스템에는 통제가 집중되지 않고 널리 분산되어 있다. 그러나 우리는 '통제자가 있어야 한다'는 사고방식에 워낙 익숙해서(디 혹은 이러한 사고방식을 우리 안에 '숨어 있는 뉴턴 신봉자'라고 부른다) 다른 방법을 생각해보지 못한다. 그러나 보는 방법만 배운다면 대안은 도처에 있다.

일하는 방법

"우리는 그저 일하는 방법을 이해하고 싶었을 뿐입니다." 휴렛팩커드Hewlett-Packard, HP의 앤 머레이 앨런Anne Murray Allen이 말했다. 앨런은 10년 넘게 HP에서 가장 규모가 크고 수익성이 높은 사업부서인 잉크 생산 본부ISO에서 IT 및 전략사업 부서장을 맡았었다. "처음으로 시스템 관점에서 상황을 보기 시작한 게 언제인지는 기억나지 않지만 아무튼 오래되었습니다. 자연스럽게 그렇게 되었지요. 이 책이 처음 나왔을 때 마치 집어삼킬 듯이 탐독했던 것이 생각나는군요. HP에 오기 전에도 나는 다이얼로그와 관련된 일을 했었습니다. 고객들에게 듣기의 중요성을 가르치고, 집단으로 큰 일을 해내려면 무엇이 필요한가를 가르쳤습니다. HP에서 나는 전략, 특히 IT의 전략적인 역할에 관여했고, 그러한 일을 하다 보니 자연스럽게 지식경영을 접하게 되었습니다. 지식경영이 엄청난 주목을 받기 시작할 무렵이었지요. 그러나 그것이 말하는 갖가지 '가르침'과 기타 자료들은 레버리지가 높아 보이지 않았습니다. 지식은 항상 우리 주변을 떠다니고 있기 때문에 그러한 지식을 발견하여 집대성하기만 하면 된다는 발상도 감흥이 없기는 마찬가지였습니다. 이러한 주장들은 지금은 예전보다 인기가 많이 떨어졌지요. 많은 회사가 '지식경영 시스템'에 막대한 돈을 쏟아 붓고도 별다른 재미를 보지 못했으니까요."

"문제는 지식에 대한 이해가 아니라 '지식이 어떻게 만들어지고, 실제 환경에서 어떻게 운용되는가'에서 시작됩니다. 지식이란 사회적인 것이니까요. 어떻게 하는지를 아는 것이 지식입니다. 그리고 실제로 우리는 서로 힘을 합쳐 일합니다. 그것이 우리가 일하는 방식이지요. 그러므로 협력과 지식경영은 동전의 양면과도 같습니다. 불가분의 관계라서 어느 한 쪽을 떼어 놓고 다른 쪽을 이야기할 수 없지요. 그러므로 지식경영을 위해서는 협력과 협력에 도움이 되는 도구를 본격적으로 다뤄야 합니다. 오늘날 우리 작업의 많은 부분이 지식 네트워크와 관련된 일인데, 이를 우리는 '협력 네트워크'라고도 부릅니다. 그렇게 사람들은 힘을 합쳐 공동으로 가치를 창조하고 새로운 가치의 원천을 만들어내지요. 이는 살아 있는 생명체에서 일어나는 것과 같은 매우 유기적인 과정이지만, 이를 이해하는 방식에는 여러 가지가 있으며, 이러한 과정을 방해하지 않고 돕는 방식에도 여러 가지가 있습니다."

몇 해 전에 앨런은 오리건 주립대학교 소셜 네트워크 연구자인 데니스 샌도우Dennis Sandow 교수와 함께 일련의 연구를 시작했다. "머지않아 우리는 두 가지를 알게 되었습니다. 여러 핵심 기술 능력과 관련된 소셜 네트워크를 규명하는 것이 가능하며, 사람들은 연구에 참여하는 것을 반긴다는 사실이었습니다. 데니스는 대다수 학자들과는 다른 방법을 활용했는데 그것이 우리 연구의 크나큰 강점이었지요. 데니스 자신이 직접 분석하지 않고, 기술자들에게 분석하는 법을 가르치고 각자가 속한 네트워크를 분석하도록 했다는 것입니다."

"진정한 목표는 사람들이 자신이 일하는 방식을 돌아보고 그에 대해 생각하도록 돕는 것이었습니다. 사람들은 천성적으로 자신의 일이 어떻게 돌아가는지 이해하고, 다른 사람에게 설명하는 것에 흥미를 느낍니다. 특히 그로 인한 영향을 전혀 이해하지 못한 채로 사람들을 재조직하고 재배치하기를 좋아하는 관리자들에게 상황을 설명하고 싶어 하지요. 우리 연구에 참여했던 기술자들은 관리자와 소통하는 완전히 새로운 언어를 갖게 되었습니다."[9]

앨런과 샌도우의 작업은 성찰 실천, 관계의 중요성, 살아 있는 시스템으로서 조직 이해를 연결하는 새로운 다리를 만들었다. "우리는 시간이 흐르면서 지식 네트워크가 성찰을 통해 확장되고 강해진다는 것을 알게 되었습니다." 앨런의 말이다. "협력하는 사람에 대해 생각하고, 함께 협력 과정을 성찰하면서 우리는 서로를 인정하게 됩니다." 예를 들어 한때 ISO는 재료과학에 대한 새로운 이해가 필요한 중요한 문제에 직면했다. 당시 ISO는 HP-공급자 시스템이라는 소셜 네트워크 지도를 만들기 위해서 경쟁력 있는 두 공급자와 함께 일했다. 그렇게 해서 작성된 지도는 누가 무엇을 아는지를 명확히 해주었을 뿐만 아니라 신뢰와 상호의존에 대한 인식에도 도움이 되었다. "사람들은 다른 사람들이 자신을 보고 있다는 것을 느꼈고, 사람들의 관심과 기여는 모두에게 명확해졌습니다. 이러한 과정을 통해서 우리는 시작 초기부터 신뢰와 개방적인 분위기를 조성했습니다. 이러한 분위기에서 네트워크는 겨우 몇 주 간의 공동작업 뒤에 신규 잉크젯 카트리지 개발 시간을 16주나 줄일 수 있었습니다. 지금 우리에게는 이러한 예가 한두 개가 아닙니다. 경험을 통해 사람들은 지식 네트워크에 대한 성찰이 현실적으로 어떤 가치를 지니는지 서서히 깨달아가고 있지요."

함께했던 연구 작업을 돌아보면서 앨런과 샌도우는 다음과 같이 결론을 내렸다. "물리학 원리가 산업의 시대를 지배했듯이, 생물학 원리가 지식의 시대를 지배하기 시작했습니다. 생물학 원리에 따르면 지식, 인간, 조직은 살아 있는 시스템으로 간주됩니다. 물리학 원리에서 생물학 원리로의 이동이 의미하는 변화는 다음과 같습니다. (1) 부분에서 전체로, (2) 분리에서 통합으로, (3) 개인에서 상호작용으로, (4) 관찰자 외부의 시스템에서 관찰자를 포함하는 시스템으로의 '초점의 이동'입니다."[10]

앨런과 샌도우가 사회 시스템을 보는 관점은 칠레 생물학자 움베르토 마투라나Humberto Maturana의 영향을 받았다. 마투라나는 살아 있는 시스템 안에서 일어나는 인지작용에 대한 선구적 연구로 유명한 인물이다. 마투라나는 지적인 행동은 네트워크의 모든 구성원이 타인을 네트워크 안의 정당한 참여자로 받아들이는 사회 시스템에서 만들어진다고 말한다. 2000년 ISO의 경영진은 마투라나와 함께하는 이틀에 걸친 세미나를 처음으로 개최했다. 당시 세미나는 참석자 모두에게 잊기 힘든 강렬한 경험이었다. 100명이 넘는 기술자가 '사랑이란 상대를 합당한 타인으로 인식하는 것'이며 '지식을 넓혀주는 감정'이라고 말하는 마투라나의 설명에 귀를 기울였다. 마투라나의 지적은 내가 아리 드 호이스 책의 서문을 쓰면서 깨달았던 어떤 것을 떠올리게 했다. 영어에서 회사를 가리키는 단어 'company'는 프랑스어 'compaigne'에서 나왔는데 이는 빵을 나눈다는 의미로 동료라는 의미의 'companion'과 어원이 같다. 흥미롭게도 스웨덴어로 회사를 가리키는 가장 오래된 단어인 'narings liv'는 '삶의 양식'을 의미하며, 고대 중국에서 기업을 의미하는 단어의 상징을 해석하면 '삶의 의미'가 된다. 아마도 우리가 살아 있는 시스템으로서 조직을 재발견하는 순간, 진정으로 중요한 목적을 위해 함께 일하고 협력하는 것이 인간으로서 우리에게 어떤 의미인지 또한 재발견하게 되리라 생각한다.

13 자극과 동기

학습 중심의 문화를 구축하는 것은 어떤 환경에서든 쉬운 일이 아니다. 여러 달이 걸리기도 하고 여러 해가 걸리기도 한다. 아니, 사실 끝이 없는 여정이다. 곳곳에 위험이 도사리고 있는 가시밭길이기도 하다. 진정한 문화 변화를 실현하지 못하고 좌절할 위험은 물론, 변화에 성공한 나머지 현상 유지를 원하는 사람들에게 위협이 될지도 모른다는 위험도 상존한다. 학습 중심의 문화를 구축하는 일이 힘든 이유는 학습이 개인 차원의 긴장을 유발하기 때문인데, 변화를 시도하기보다는 익숙한 상태에 머무는 편이 언제나 쉬운 선택임에는 분명하다. 지난 15년 동안 내가 느낀 이러한 어려움을 완화시켜줄 만한 눈에 띄는 변화는 없었다. 이처럼 힘들고 위험한 일인데도 사람들은 도대체 무엇 때문에 이를 향한 여정을 시작하게 되는 것일까? 그럴 수밖에 없게 만드는 원인은 무엇일까?

사람들이 '학습조직 구축'이라는 어려운 작업에 착수할 수밖에 없게 만드는 서로 중첩되면서도 구별되는 동기가 세 가지 있는 것으로 보인다. 어떤 이들은 변화를 관리하고 이끄는 좀 더 나은 본보기를 찾으려 하고, 어떤 이들은 지속적으로 변화에 적응할 능력을 갖춘 조직을 구축하고자 노력한다. 그리고 모두가 실용적인 측면에서나 인간적인 측면에서 보다 우수하며, 성과 개선에 상당한 도움이 되고, 대다수가 진정으로 일하고 싶어 하는 일터를 만들어줄 보다 나은 업무 관리 방식 및 조직화 방식이 있다고 믿는 것으로 보인다.

변화에 대한 다른 접근

"세계은행에서 일하기 전에 저는 극적인, 하지만 기계적이라고 말할 수도 있을 변화를 겪는 그러한 조직에 있었습니다." 국제금융공사IFC, International Finance Corporation에서 인사부 상무를 맡고 있는 도로시 하마치 베리Dorothy Hamachi-Berry의 말이다. 국제금융공사는 세계은행의 자매기구로 개발도상국의 민간 기업 투자를 목적으로 설립되었다. "대체로 새로운 리더가 등장합니다. 그때 '발밑에 불이 붙은 상태'가 되며, 모든 것을 때려 부수고 처음부터 다시 시작하지 않으면 안 되는, 멈출래야 멈출 수 없는 사정이 있습니다. 말하자면 위기의식을 조장하여 변화를 추동하는 것이지요. 그러나 이러한 접근법은 내가 아는 어디에서도 효과적이지 않은 것 같았습니다. 1996년 처음 세계은행에 왔을 때 우리는 새로운 리더를 맞이했고, 수백 명의 고위 관리직을 대학교 경영자 교육 프로그램에 보냈습니다. 그들은 모두 동일한 변화 모델을 접하고 왔지만, 정작 아무것도 변하지 않았지요. 바로 그때 나는 질문을 던지기 시작했습니다. 다른 모델이 있지 않을까? 나는 대안은 열망에서, 즉 고객의 열망에서 시작되어야 한다고 생각했습니다."

당시 세계은행은 오랫동안 조직 효율성을 제한해온 문제를 해결하고자 애쓰고 있었다. 일례로 '국가별 담당자'를 워싱턴 본부에 두지 않고, 실제 국가에 두는 식으로 인력을 재배치하고 있었다. 담당자를 '현장'에 배치해서 고객의 요구, 바람, 목표에 한층 다가가자는 발상이었다. 동시에 세계은행의 글로벌 지식기반을 강화하기 위해 전문가 네트워크를 만들고, 새로운 '매트릭스 조직'도 배치했다.

1989년 세계은행의 멕시코팀, 인력개발팀, 건강 및 교육 관련 일을 하는 직원들 사이에서 하나의 학습 프로젝트가 시작되었다.(당시 하마치-베리는 여전히 세계은행 전체의 인사부 상무로 일하고 있었다) "멕시코팀은 훌륭했지만 매트릭스 조직에서 일하는 새로운 방식에는 고전하고 있었습니다." 하마치-베리가 당시를 회상하며 말했다. 이틀 동안 기본 워크숍을 가진 다음, 팀은 몇 달에 걸쳐 다이얼로그, 시스템 사고, 개인적 숙련 같은 학습 도구를 배우고 익히는 작업을 계속했다. 전반적인 목표는 고객이 발전시키고자 하는 각자의 열망을 분명히 하도록 돕는 것이었다. 세계은행의 해묵은 문제점 가운데 하나는 내부의 경계를 넘어 자금을 혁신적인 현장 프로젝트에 전달하지 못한다는 점이었다. "멕시코에서 고객, 국가팀, 전문가 네트워크가 새로운 방식으로 협력하여 작업했습니다. 과거에는 흔치 않은 일이었지요. 그 결과 산골 오지 아이들에게 교육과 의료 서비스를 제공하는 새로운 방식처럼, 효과적이면서 흥미로운 프로젝트가 탄생했습니다. 이는 세계은행 직원이 고객과 함께 작업하면서 고객이 스스로 개발 과정을 이끌도록 했을 경우, 어떤 효과가 있는지를 보여주는 훌륭한 실험이었습니다. 머지않아 그런 프로젝트를 원하는 수요가 늘게 되었지요."

이즈음 하마치-베리는 세계은행에서 국제금융공사로 옮겼는데, 최고경영진 내부에 비슷한 혁신 기회가 있었기 때문이었다. 하마치-베리는 멕시코에서 배운 것을 토대로 작업했다. "우리는 '조직학습' 같은 용어를 사용한 적도 없고 이 책에 대해 이야기한 적도 없습니다. 너무 탁상공론 같아서 아이디어가 힘을 잃어버리게 될 테니까요. 우리는 (우리 자신과 고객의) 바람, 다이얼로그와 질의 능력을 키우는 일에 집중하고 그에 대해 이야기를 나눴습니다."

처음에는 학습도구를 활용해 작업하겠다고 나서는 투자 담당관이 거의 없었다. 이유는 간단했다. 그들이 일하는 방식이 아니었기 때문이다. "투자 담당관은 거래를 성사시키는 사람들이었고, 다이얼로그나 질의는 그들의 스타일이 아니었습니다. 정말 힘든 일이었습니다. 다행히 국제금융공사 CEO 피터 보익Peter Woicke은 이런 방법의 가치를 알고 있었고, 그래서 우리는 그의 팀과 함께하는 작업에 집중했습니다. 피터는 인내심을 가지고 기다렸습니다. 2년이라는 시간이 걸렸지만 결국은 사람들이 이전과 다르게 상호작용하고 협력하는 변화된 모습을 볼 수 있었습니다. 그들은 솔직하게 이야기하고, 공개적으로 반대의사를 표시하고, 갈등을 회피하기보다는 표면으로 드러내려 의도적으로 노력하는 법을 배웠습니다." 첫 번째 전기轉機는 보익의 직속 부관 몇 명이 각자의 팀에서 유사한 작업을 하려 했을 때 찾아왔다. "사람들이 일하는 방식에서 서서히 기본 학습 효과가 나타나기 시작했습니다. 국제금융공사는 세계은행의 산하기관으로 상업적 성공과 개발 효과 둘 다 중요하다는 원칙 아래 운영되고 있습니다. 사업에 미치는 영향이 추적 가능한 것이었기 때문에 작업의 가치가 보다 쉽게 확인되었습니다. 현재 그러한 작업은 전적으로 수요 중심으로 이루어지는데, 역량강화 작업을 도와달라는 현장 관리자들의 요청이 쇄도하고 있습니다."

1년 뒤에 피터 보익이 은퇴하자 하마치-베리와 동료들은 문화적인 변화를 위한 노력이 장기적으로 미치는 영향을 테스트할 좋은 기회를 얻었다. "이러한 접근법을 옹호하던 CEO가 떠나면 어떻게 될까? 우리는 국제금융공사 사례처럼 아주 성공적인 혁신 작업이 시간이 흐르면서 무용지물이 되거나 널리 확산되지 못하고 끝나버리는 현실을 잘 알고 있었습니다. 그러나 이번 작업은 조직의 정책과 전략 변화에 영향을 미쳤고, 사업도 지난 5년 동안 두 배로 성장했습니다.[1] 우리는 지난 3년간 연속으로 기록적인 성장과 수익을 달성했습니다. 이렇게 잘 된 적이 없었지요. 비전의 정신을 구현하고 다른 사람들을 독려해 학습하는 환경 구축에 나섰던 여러 현장 관리자의 힘이 컸다고 생각합니다. 일단 조직에 이러한 사람이 몇 명만 있으면 작업이 탄력을 받고 매사가 훨씬 수월해집니다."

"함께 일하고 고객과 협력하는 능력이 발전하자 투자 결정도 한층 바람직한 방향으로 이루어졌습니다. 덕분에 사업적으로 더욱 성공하게 되었고, 지속가능한 발전에도 더욱 영향을 미쳤습니다. 사업적인 성공과 지속가능한 발전 사이의 이러한 조화가 내내 우리가 바라던 목표였습니다. 돌이켜 생각해보면 만만치 않은 인내가 필요했던 일임에 분명합니다. 변화를 위한 노력에서 인내가 필요하다는 사실을 망각하는 경우가 많지요. '무조건 모든 사람을 프로그램에 참여시키기'보다는 내가 먼저 솔선수범하려는 의지 또한 반드시 필요합니다. 피터 보익은 세계은행에 오기 전에 다양한 관리 경험을 쌓았습니다. 그러한 경험이 질의하고 탐구하는 문화와 사람들의 진정한 바람이 중요하다는 확신을 심어주지 않았을까 싶습니다. 또한 피터 보익은 자신과 팀이 능력을 개발하는 데 필요한 시간을 기꺼이 투자했습니다. 필요한 시간을 투자하겠다는 의지가 있었기에 결과가 나오기까지 기다리는 인내심을 발휘할 수 있었다고 봅니다."

적응 조직 만들기

적응 조직의 미래

포드의 마브 애덤스는 변화를 이끌 수단뿐만 아니라, 진행 중인 변화에 대처할 능력을 갖춘 조직을 만들 수단으로서 학습조직 구축 작업에 흥미를 느끼는 사람들 중의 하나이다. 마브 애덤스는 이러한 능력을 갖춘 조직을 '적응 조직adaptive organization'이라고 부른다.

"CIO가 되면 조직을 전체로 보는 남다른 관점을 가지게 됩니다." 애덤스의 말이다. "현재 두드러지는 두 가지 특징이 있습니다. 하나는 우리가 만드는 조직의 유례없이 높은 연결성이고, 다른 하나는 우리를 둘러싼 상호의존적이고 변화가 심한 환경입니다. 포드의 경우만 보아도 이러한 현상이 확연합니다. 포드에는 현재 20가지 기본 업무 분야에 30만 명이 넘는 IT 사용자가 있으며, 그들은 2,400개의 응용프로그램을 통해 상호작용을 하는데, 이러한 응용프로그램은 10개의 IT 개발 집단에 속한 6,000명의 IT 전문가가 200여 곳의 IT 판매회사와 협력하여 개발한 것입니다. 더구나 휴대용 컴퓨터 기기의 급증으로 이 모든 것이 폭발적으로 증가하고 있습니다. 현재 세상에는 350억 개의 마이크로컨트롤러, 7억 5천만 개의 스마트 센서, 15억 개의 모바일 IT 기기가 작동하고 있으며, 지금 이 순간에도 기하급수적으로 증가하고 있습니다. 이처럼 연결성이 높아지다 보니 덩달아 변동성도 높아졌고, 변화가 일어나는 경우 영향력이 비선형적으로 퍼질 가능성 역시 높아져서 상황을 예측하기 어렵게 되었습니다. 새 천년이 시작되고 4년 동안 국경을 넘어 퍼진 '악성 소프트웨어'로 인한 금전적 손실이 과거의 10배로 증가하여 세계적으로 2천억 달러를 넘어섰습니다."

"이처럼 긴밀해진 연결성과 높아진 변동성은 이에 대한 대처 방식 역시 과거와는 크게 달라져야 한다는 것을 의미합니다. 성공하기 위해서는 무엇보다도 빠른 변화 속도를 따라가야 합니다. 전통적인 상명하달식의 통제 중심 사고를 통해서는 불가능한 일이지요. 하지만 아무런 구조 없이 혼란스러운 상황에서도 불가능하기는 마찬가지입니다. 과도한 통제와 혼란 사이에서 적절한 균형 찾기를 게을리하지 않는 것이 생존에 필요한 적응 능력을 갖추는 핵심일 것입니다."

애덤스는 조직의 적응 능력이 증가할수록 조직 내의 IT 미래 또한 밝다고 본다. "IT 전문가들은 기업을 연결하는 하부구조에 관여하고 있기 때문에 전체적인 조직 운영의 성공 혹은 실패 모습을 볼 수 있는 훌륭한 창을 가지고 있는 셈입니다." 이들 전문가가 기술적인 부분을 책임지는 것이야 전과 다를 바 없겠지만, 한편으로 그들이 조직에 기여할 전혀 새로운 방식이 대두되고 있다. "조직 구성원이 단발적인 사건이 아니라 전체 유형을 보고 복잡성에 대처하도록 돕는 일"이라고 애덤스는 말한다. "사람들은 지식에 압도되어 있습니다. 이는 IT 시스템을 개선한다고 해서 해결되는 문제가 아닙니다. 컴퓨터를 활용한 실시간 처리 시스템이 구석구석까지 퍼져 있는 환경에서 필요한 것은 협력과 시스템 사고입니다."

현재 애덤스는 지금까지 없었던 시스템 사고와 복잡성의 과학에 의한 아이디어를 새롭게 종합하여 전략, 운영, 문화 측면에서 관리자가 직면하는 변화 및 수십 가지 연관 문제를 상담해줄 신세대 IT 직원을 육성하고 있다. 그들은 시스템 사고를 활용하여 사람들이 시스템 유형을 시각화하도록 돕고, 복잡성 이론에서 아이디어를 끌어와 변동성 줄이기, 수단 바꾸기, 새로운 '상호작용 패턴' 만들기 같은 변화에 대한 전략적 대안을 고안해낸다.[2]

예를 들어 포드는 최근 대대로 내려오는 다수의 재무 관리 시스템을 미국에서 새로 제정된 사베인-옥슬리 법Sarbanes Oxley에서 요구하는 기준에 맞춰 변경하는 쉽지 않은 작업을 해야 했다. "사베인-옥슬리 법은 회사가 책임져야 하는 일련의 재무 관리를 규정하고 있습니다. 만약 이를 준수하지 않으면 사베인-옥슬리 법에 따른 인증을 받지 못하고, 회사 명성과 투자자들이 인식하는 위험도에 영향을 미치게 됩니다." 애덤스의 말이다. "회사 간부 역시 관리 부실로 생긴 문제에 개인적으로 책임을 져야 했습니다. 큰일이었지요. 우리는 1년 안에 인증을 받는 일이 불가능하리라 생각했습니다. 포드 자동차에서 40년 넘게 개발해 온 여러 가지 관리 시스템이 있었을 뿐만 아니라 재규어, 볼보, 랜드로버 등 그동안 포드가 인수한 회사에도 각기 다른 관리 시스템이 있었기 때문에 보통 복잡한 문제가 아니라 생각했던 것이지요."

애덤스는 여러 사업 단위에서 차출한 사람들로 특별위원회를 꾸렸고, 그들은 감사 자료를 꼼꼼히 검토해서 '취약한 부분'을 찾아냈다. 그렇게 발견한 취약한 부분을 시스템 구성도 및 다이얼로그 세션을 통해 한층 명확히 했다. 그러한 작업은 특히 IT 시스템이 어떻게 취약성을 야기하는가를 잘 보여주었다. 일례로 위원회는 보고 정책이 지나치게 다양해서 문제를 야기한다는 사실을 발견했다. 그에 따라 정책 기준을 정해 수십 년 동안 뒤죽박죽으로 발전해온 과거의 정책을 대체했다. 회사는 자산 정의 방식에서도 지나치게 다양한 기준을 가지고 있었다. 그래서 위원회는 이전보다 간단한 분류 시스템과 측정 시스템을 내놓았다. 그들은 '공인 전문가'를 교육시켜 세계 각지 사람들과 작업하면서 인증의 일관성을 확보하고 모범 사례를 공유하게 하였다. 이로써 전에는 존재하지 않았던 소통이 활발하게 이루어지게 되었다. 머지않아 "우리는 세계 각지에 공통 언어를 쓰면서 관리와 관련된 각종 사안을 찾아내어 해결책을 제시하는 11,000명이나 되는 인력을 확보하게 되었고, 2주 안에 그들 모두의 신분을 확인했습니다. 자신이 갇혀 있는 시스템을 직시하도록 사람들을 도와주고 변화가 가능한 적절한 구조를 찾아내는 단순한 작업을 통해서 조직 전역에서 잠재력과 에너지가 방출되는 모습을 지켜보는 것은 정말로 놀라운 경험이었습니다."

애덤스는 계속해서 말한다. "우리는 여러 문제에 비슷한 접근법을 적용하고 있으며, 조직이 생태 시스템과 보조를 맞추고 나아가 생태 시스템 안에서 지위를 개선할 능력을 기를 방법을 터득해가고 있습니다. 이를 문화와 접목시키는 데는 시간이 걸리겠지만 자연은 패턴 감지 및 파악, 아이디어 재조합, '변형', 실험과 피드백 등 효과적인 기본 방법을 알려주고 있지요. 이를 조직 시스템에 적용하자면 시스템 모형 만들기, 협력, 다이얼로그, 지나친 변형 사례 찾기 등이 될 것입니다. 이러한 과정이 효과적으로 결합되면 혁신을 촉진하게 되겠지요."

적응 능력을 갖춘 경찰

요 10년간, 나는 세계 곳곳의 공공부문 조직들이 지속적인 학습과 적응 필요성 때문에 학습 도구와 원칙을 받아들이는 모습을 흥미롭게 지켜보았다. 그러한 노력에 특히 열심이었던 조직이 바로 싱가폴 경찰Singapore Police Force, SPF이다. "우리는 급속도로 변하는 세상에 살고 있으며, 불확실성으로 가득한 복잡한 문제가 물밀 듯 밀려오는 것을 느낍니다." 싱가폴 경찰국장 쿠분휘邱文暉의 말이다.[3] "우리는 최근 신종 마약 유입, 불법체

류자, 과거에 보지 못했던 새로운 형태의 범죄와 테러리즘이 그러한 문제에 대처할 준비가 되어 있지 않은 수많은 공동체의 안전과 보안을 위협하는 모습을 목도하고 있습니다. 흐름을 파악해서 국민의 삶에 직접적인 영향을 미치기 전에 잠재적인 문제에 대처할 능력을 길러야 합니다. 저는 학습을 장려하는 조직문화 속에서 구현되는 지식경영을 통해서만 그러한 능력이 생긴다고 확신합니다."

쿠 경찰국장과 SPF는 싱가포르가 십여 년 전에 시작한 '학습하는 국가'가 되자는 운동에 참여하고 있었다. 물론 다른 많은 국가 조직과 함께였다.

"싱가포르 경찰 책임자 자리를 맡을 즈음 저는 걱정스러운 경향을 보았습니다. 경찰관이 하는 일은 지루하고 시시해서 신세대 지식노동자에게는 어울리지 않는다고들 생각하고 있더군요. 필요한 인력을 조달하기 힘들 정도였습니다. 또한 SPF는 명령과 통제 위주 조직으로 운영되고 있었기에, 경찰관들은 표준절차를 엄격하게 지켜야만 했습니다. 다시 말하면 법과 질서에 대한 위협의 속성은 진화하는 반면, 경찰관들에게는 그러한 변화에 신속하게 대처할 자율성이 없다는 의미였습니다. 상사의 의견을 구할 시간이 거의 혹은 전혀 없이 신속하게 결정해야 하는 상황에서도 말입니다. 그러나 직원들에게 '권한을 주는 일'은 말은 쉬워도 실천이 만만치 않습니다. 그래서 1997년 우리는 두 가지 개혁 작업에 동시 착수했습니다. 하나는 사업 모델을 근본적으로 바꿈으로써 경찰관들의 업무 속성을 바꾸는 작업이었고, 다른 하나는 조직발전에 투자함으로써 조직 문화를 신뢰와 개방의 문화로 바꾸는 것이었습니다. 어려운 작업이고 시간이 많이 걸리리라고 예상했기에 우리는 이러한 문제를 전문적으로 다루는 여러 조직을 찾아가 도움을 구했습니다. 미국에 있는 조직학습협회 회원 기업을 포함해서 말입니다."

문화는 처음부터 새로 창조되는 것이 아니다. 오히려 기존 문화에서 효과적인 것은 보존하고 발전시키는 한편, 그렇지 못한 것은 버리면서 진화한다고 하는 편이 옳으리라. "1980년대 초반 이래 우리는 주민을 잘 알고 지역에 연고가 있는 경찰관에게 해당 지역 경비를 담당하게 하는 '지역사회 경찰활동Community Policing'을 성공적으로 발전시켜왔습니다. 때문에 우리 경찰관들은 자신이 봉사하는 지역사회에서 이미 친숙한 얼굴들이었습니다. 따라서 친밀감과 신뢰를 얻고 있었지만, 해당 지역사회의 근본적인 문제를 파악해서 그것에 대처할 충분한 지식이나 기술적인 준비가 되어 있지는 않았습니다. 그래서 우리는 경찰관의 업무범위를 넓혀서 지역사회 구성원이 현지의 안전과 보안 문제를 파악하고 해결하도록 돕는 일까지 포함시켰습니다. 그들은 지역사회 구성원이 동네의 안전과 보안 문제에 더욱 주인의식을 갖도록 돕기 시작했습니다."

"업무가 이전보다 지식집약형으로 되어가면서 경찰관은 학습조직 기술을 익히게 되었습니다. 생산적인 다이얼로그와 시스템 사고를 활용한 문제 해결 등을 통해 지역사회에 더욱 기여하기 위해서였지요. 또한 장기적인 문제를 해결하기 위해서 이해관계자 사이에 네트워크를 구축할 필요도 있었습니다." 쿠 경찰국장의 설명이다. 이는 경찰 기능에서 마찬가지로 새로운 팀워크라는 개념과도 딱 맞아떨어졌다. 마지막으로 SPF는 지휘고하와 상관없이 모든 경찰관의 리더십을 개발하고 핵심 가치를 심어주는 작업에 집중했다. "그래야 개별 경찰관에게 더욱 많은 재량권을 줄 수 있습니다. 재량권을 주려면 위에서 통제하지 않아도 조직의 공유 비전에 부합하게끔 결정하고 행동하리라는 믿음이 있어야 하니까요."

경찰관이 이전보다 넓은 범위의 문제를 다루게 되면서 조직 전체와 더욱 긴밀한 유대관계가 필요해졌다. "업무 범위가 넓어지면서 그들은 다른 경찰관 및 동료의 개인 경험을 포함하여 SPF 전체의 광대한 지식창고를 활용해야 했습니다. 우리는 서술과 스토리텔링을 통해서 경험이라는 암묵적 지식을 포착하고 자료화하는 작업에 착수했습니다. 중요한 사건을 해결한 경찰관 개인의 이야기를 누구나 보고 활용하도록 만드는 것이었지요." SPF는 이러한 지식 전달을 장려하기 위해서 경험을 공유하는 자리를 따로 마련했는데, 이는 일선 경찰관들이 어려운 상황과 까다로운 고객에 대처하는 법을 배우는 데 도움이 되었다. 더불어 시행한 사후 검토 After Action Reviews, AARs는 현장에서의 성찰을 심화시키고 시스템 전체에 걸친 자각을 증진시켰다. 이러한 노력은 인터넷 게시판 개설로 이어졌는데, 경찰관들은 로그인한 다음 거의 모든 주제에 대해 자신의 관점을 공유할 수 있었다. "열띤 토론이 벌어지고 있는데, 그곳에 실린 내용이 경찰관들이 실제로 느끼고 생각하는 바라는 사실을 알면 많은 사람이 깜짝 놀랍니다. 자신의 관점을 표현하고 지식과 경험을 공유함에 있어 아무 것도 숨길 필요가 없으며, 말하자면 전적으로 솔직해도 된다고 생각합니다. 그럴 만큼 관심이 많은 참여자들이 있기에 그들의 열정으로 게시판이 활발하게 돌아가는 것이지요." 마지막으로 쿠분휘 경찰국장을 비롯한 경영진은 엄격한 관리 운용 규정을 강조하는 전통 방식에 변화를 주었다. "관리 운용 규정의 많은 부분을 규범적인 지시보다는 원칙을 강조하는 방향으로 다시 썼는데, 모범사례에 근거한 재량권 발휘를 장려하기 위해서였습니다."

이러한 변화는 국제 테러리즘의 위협 같은 새로운 난제에 대처하는 데 특히나 중요했다. "우리 자신의 경험이 거의 없었기에, 지식창고 확장에 도움이 되는 가능한 많은 개인 및 조직과 상호협력 관계를 수립해야 했습니다." 현재 SPF는 그들의 경험으로부터 배우고자 하는 세계 각지의 경찰과 협력하고 있다. 그것이 전부가 아니다. SPF는 다양한 관점을 접하고 이해하고자 하는 학계, 종교계, 지역 지도자들과도 유대를 확장하고 있다. "다른 핵심 문제에서와 마찬가지로, 우리는 단순한 상호작용만이 아니라 지역사회 협력자들과의 긴밀한 협조를 통해 문제의 원인을 진단하는 데도 관심을 기울이고 있습니다."

"결국, 어떤 조직 변화든 그것을 이끄는 사람이 가장 중요합니다. 조직 구성원들을 믿고 유대관계 강화에 집중하는 것이 성공의 핵심이론입니다. 구성원 사이의 유대가 질적으로 강화될수록 사고의 질도 높아집니다. 어떤 팀의 구성원이 특정 사안의 보다 많은 측면을 고려하고 더욱 다양한 관점을 공유함에 따라, 대처방안의 질이 높아지고 결과적으로 가능한 범위에서 결과가 개선됩니다." 그렇게 개선된 결과는 구성원을 고무시키는 힘이 된다. 싱가포르의 연간 범죄율은 인구 10만 명당 800건 정도인데, 1990년대 중반에 비해 3분의 2 정도로 줄어든 수치이다. 이러한 노력은 검거율도 극적으로 높였다. 최근의 검거율은 약 60퍼센트에 이르는데, 10년 전에는 32퍼센트에 불과했다. 그러나 더욱 중요한 것은 따로 있다. "우리가 지역사회 구성원의 신뢰와 협력을 확보함으로써, 그리고 감히 말하거니와 존경을 얻음으로써 그들과의 유대관계를 더욱 돈독히 하게 되었다는 것입니다." 쿠분휘 경찰국장의 설명이다. 현재 싱가포르 경찰은 능력 있는 구직자들이 몰리며 행복한 비명을 지르고 있다.

성과와 행복

싱가포르 경찰국장 쿠분휘가 들려준 이야기에서 '그들의 노력이 의미 있고 개인적으로 보람을 느끼는 작업 환경 창출과 맞물려 성과 면에서도 극적인 개선을 보인 것'은 결코 우연이 아니다. 직원들이 복잡한 조직 구조를 다시 생각해보기 위해 서로 이야기를 나누도록 독려했던 경험을 돌아보면서 비비엔 콕스가 했던 말을 떠올려보라. "그것은 제가 일을 하면서 느낀 가장 즐거운 경험이기도 했습니다." 표현 방식은 다르지만 조직 학습에 매진하는 노련한 실천가 중에 비슷한 목표를 갖고 있지 않은 이는 거의 없으리라 본다. "나는 관계의 질이 훨씬 높아졌다고 봅니다." 하마치-베리의 소감이다.

"사원들은 이전에 '시스템을 바꿀 방법 같은 것은 없다'고 느끼던 상황에서 창조성이나 성취감에 대한 만족을 느낍니다." 포드의 애덤스가 하는 말이다.

"결국은 '생산성'이지요. 개인 차원에서나 조직 차원에서나." HP의 앤 머레이 앨런의 말이다. "그렇다고 하루 8시간이 아니라, 12시간씩 일을 해야 한다는 의미는 아닙니다. 하는 일이 자신에게 의미를 가지게 되면 성과 개선에 영향을 미치기가 훨씬 쉬워진다는 말이지요."

앨런의 말은 조직학습협회 초기에 있었던 공감할 만한 사례를 떠올리게 한다. 1990년대 초반 데이브 마싱Dave Marsing은 인텔의 '486' 마이크로프로세서 생산에 필요한 핵심 설비를 갖춘 9번 공장의 생산 증대를 책임지고 있었다. 워낙 어렵고 스트레스를 받는 업무여서 마싱은 도중에 심장마비까지 일으켰다. 다행히 신속하게 응급실로 이송되어 심장에 장기적인 손상이 가는 상황은 피했다. 그러나 몇 주 뒤에 회사로 복귀한 마싱은 동료들에게 전할 분명한 메시지를 가지고 있었다. "전처럼 비정상적으로 장시간 근무하는 것이 아니라, 가족과 저녁식사를 할 수 있는 시간에 퇴근하겠다는 것이었습니다. 필요할 경우 주말에 연락할 방법을 알려주겠지만, 비상시에만 연락하도록 했습니다. 동료들에게 마감을 맞추기 위해서 일하는 사이사이 가급적 많은 이야기를 나누고 성찰할 시간을 갖자고 말했습니다. 처음에는 다들 내 말이 진심이 아니라고 생각했지만 점차 진심이었다는 것을 깨닫게 되었지요."

"이러한 변화를 통해 우리가 만들어낸 문화는 몇 년 뒤에 새롭게 시작된 11번 공장 작업에서도 핵심이 되었습니다. 결국 11번 공장 생산 증대 과정에서 우리는 인텔이 지닌 모든 기록을 새롭게 수립했습니다. 본격적인 운영까지 걸린 기간이 가장 공격적인 예측치보다도 9개월에서 12개월가량 빨랐습니다. 기간 단축으로 회사는 수십 억 달러의 비용을 절감했고, 인텔에서 만드는 신제품 칩을 훨씬 일찍 접하게 된 시장의 이득은 말할 것도 없습니다. 해당 공장은 지금도 세계 최대이자 최고의 실적을 내는 공장으로 꼽힙니다."

"저에게 있어 분명한 사실은 우리가 그동안 현명하게 일하는 것 대신 그저 죽기 살기로 일했다는 것입니다. 이전까지 저는 주기적으로 앰뷸런스에 직원을 실려 보냈고, 그것을 정상으로 생각했습니다. 제가 그렇게 강도 높은 노동을 그만두자 다른 직원들에게도 선택의 여지가 생겼습니다. 결과적으로 우리는 이전과는 다른 방식으로 협력하기 시작했고, 초인적인 노력과 장시간 노동으로는 얻지 못했을 성과를 얻게 되었습니다."

그렇다고 마싱 같은 사람이 추구하는 행복이 도전이나 어려움이 없는 삶을 의미하지는 않는다. 사실, 사람은 일에 몰두하고 헌신할수록 어려운 과제에 직면하는 것 역시 적극적으로 받아들인다. 그러한 사람은 적당히 편안한 상태를 넘어서는 위험도 기꺼이 감수한다. 자신에게 정말로 중요한 목표를 추구하는 과정에서라면 실패조차도 의연하게 받아들일 의향이 있다. 시어도어 루즈벨트Theodore Roosevelt의 표현을 빌자면 '성공도 실패도 모르는 무감각하고 소심한 영혼'처럼 마냥 피하려고만 하지 않는다.

빌 오브라이언은 행복을 '인생이 올바른 방향으로 나아가고 있으며, 스스로 변화를 만들어낼 기회를 갖고 있다고 일반적으로 느끼는 것'이라고 정의하곤 했다. 나는 평상시 행복을 '소중한 것이지만, 직접적인 노력으로는 달성하지 못하는 불가사의한 특성을 지닌 것 중의 하나'라고 생각해왔다. 행복해지기 위해 일을 하는 사람을 만난 적이 있는가? 내 경험으로 볼 때, 그러한 사람들에게는 한 가지 공통점이 있다. 그것은 그들이 그다지 행복하지 않다는 점이다. 반면에 소중한 것을 추구하면서 살아가고, 우정을 귀하게 생각하는 사람들과 일한다면, 우리는 필요한 모든 행복을 누리게 될 것이다. 이러한 의미에서 행복은 잘 살아온 삶의 단순한 부산물 같은 것이다. 이와 같은 삶의 태도를 지니고 싶다고 생각하는 마음 자체가 조직학습을 실천하는 사람들에게 자극이 되고 동기가 되는 것이다.

14 전략

어느 날 갑자기 '짜잔' 하고 학습조직을 만들어내는 마법의 특효약 같은 것은 없다. 이는 항상 분명한 사실이었다. 학습조직을 만들기 위한 정해진 공식이나 3단계니, 7가지 방법이니 하는 것은 없다. 그러나 우리는 즐겁게 일하면서 고무적인 성과를 내는 작업환경 만들기와 관련하여 많은 것을 배웠고, 지금도 배우고 있다. 개정판을 위해 진행한 인터뷰는 탁월한 솜씨를 자랑하는 실천가들과 함께 현재의 기술 수준을 점검하고, 그들이 활용하는 핵심 전략을 알아볼 좋은 기회가 되었다. 따라서 이번 장에서는 전략적으로 사고하는 것은 어떤 것인가에 대해 개괄적으로 훑어보는 데서 시작하여(기본 목표가 무엇이며, 초점이 어디에 있는가 등) 다양한 환경에서 활용되는 8가지 전략을 소개할 예정이다.

전략적으로 생각하고 행동하기

학습조직 건설에서 전략적으로 생각하고 행동한다는 것은 어떤 의미일까? 〈학습하는 조직 현장지침서〉를 준비하면서 나와 동료들은 학습조직 건설에서 활용되는 다양한 전략적 리더십을 이해하기 쉬운 간단한 그림으로 나타낸 틀을 만들어냈다.(아래의 다이어그램 참조) 여기에서 크게 두 가지 갈래의 질문이 제기된다. 하나는 '우리의 목표는 무엇인가?', '학습 문화를 규정짓고 탄탄하게 만들어주는 기본적인 성장 및 혁신 분야는 무엇인가?', '어떻게 그것을 알아보는가?' 등이다. 다른 하나는 '그러한 문화를 만들어내기 위해 리더들은 어디에 관심과 노력을 집중해야 하는가?', '구체적으로 어떻게 그러한 문화를 만들 수 있는가?' 등이다. 우리는 전자를 '심층 학습 사이클'이라고 불렀고, 후자를 '전략적 구조'라고 불렀다. 원형과 삼각형이 어우러진 다이어그램은 다양한 리더가 활용하는 전략을 이해할 전체적인 관점을 제공한다.[1]

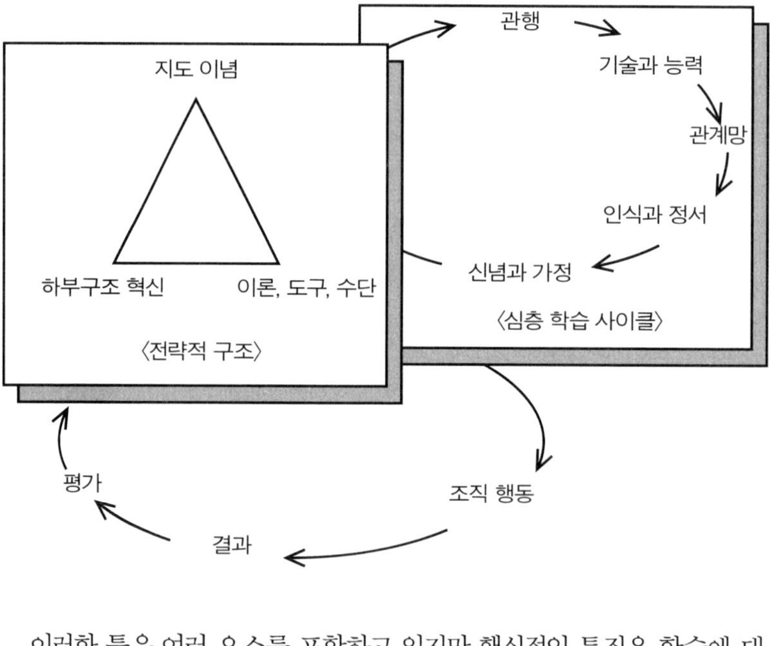

이러한 틀은 여러 요소를 포함하고 있지만 핵심적인 특징은 학습에 대한 기본적인 통찰에서 나온다. 학습은 항상 두 가지 단계를 가진다. 어느 차원에서 모든 학습은 학습자가 실행할 수 있는 것, 즉 학습자가 만들어내는 결과로 평가된다. 다이어그램의 맨 아래 부분이 이를 나타낸다. 그러나 자전거 타기에 딱 한 번 성공했다고 해서 자전거 타기를 '배웠다'고 말할 수는 없다. 보다 깊은 차원에서의 학습은 일정한 품질의 결과를 확실하게 생산해내는 능력을 개발하는 것이다. 말하자면 딱 한 번 자전거를 타는 것이 아니라 '자전거를 탈 줄 아는 사람'이 되는 것이며, 이것은 심층 학습 사이클의 결과로 개발된다. 전략적 구조가 초점을 맞춰야 하는 부분이 바로 이러한 심층 학습 사이클 유지에 필요한 학습 환경 조성이다.[2]

심층 학습 사이클은 다섯 가지 요소로 이루어지는데, 노련한 리더는 건강한 학습 문화를 구축하는 과정에서 다섯 가지 각각에 주의를 기울인다. 바로 '신념과 가정', '관행', '기술과 능력', '관계망', '인식과 정서'이다. 이러한 다섯 가지 문화 요소는 항상 서로 영향을 주고받는다. 신념과 가정에서 시작해보자.(물론 이것이 아니라 원 안의 어느 지점에서 시작해도 무방하다)[3] 당연하게 생각되는 세계관은 정작 그러한 세계관을 지닌 사람들에게는 보이지 않을 때도 많지만, 이러한 세계관이 조직의 관행을 형성하고 일하는 방식을 지배하며 결국에는 이것을 토대로 어떤 기술과 능력을 개발하고 발전시킬지가 좌우된다.[4] 예를 들어 '다른 사람의 말에 귀를 기울이는 것'이 중요하다고 믿으면, 일과 중에 자신의 듣기 방식을 돌아보는 '확인' 같은 관행을 정하게 된다.[5] 마찬가지로 관행과 기술, 능력은 관계망에 영향을 미치고 인식을 좌우한다. 예를 들어 숙련된 다이얼로그 관행이 발전된 경우 자신이 누구에게 의지하는지, 누가 자신에게 의지하는지를 보다 잘 이해하게 되고, 이를 통해 사회적 관계망이 강화된다. 혹은 시스템 원형과 같은 시스템 언어에 능숙해지면 이전에는 보이지 않았던 상호의존 패턴을 보기 시작한다. 결국, '보면 믿게 되는 법'이니 경험은 신념과 가정을 강화시키는 가장 직접적인 원천이다.

조직 문화에 대해서 '원래 그런 것인 양' 말하는 일이 흔하다. 그러나 어떤 문화도 결코 고정되어 있지 않다. 문화는 우리가 더불어 사는 방식에 따라 끊임없이 어느 쪽으론가 강화된다. 앞선 다이어그램은 이러한 요소를 심층 학습 사이클의 일부로 연결시킴으로써 이 모든 요소가 바뀔 수 있으며 바뀌고 있다는 중요한 가정을 표출한다.(비록 느리게라도) 또한 이러한 요소는 변화할 때 함께 발전하는 경향이 있다. 심층 학습 사이클은 기존에 있는 그대로의 문화를 강화할 수도 있고, 새로 등장하는 문화를 강화할 수도 있다. 만약 우리가 서로 다르게 행동한다면, 우리도 역시 이 모든 요소를 바꿀 가능성에 시동을 걸게 된다.

우리는 자연스레 이러한 심층 학습 사이클에 영향을 미치기 위해서는 어느 부분에 개입해야 하는가를 알고 싶어 한다. 여러 가지 방법이 가능하지만 일관성 있는 전략은 다음의 세 가지 요소를 포함한다. (1) 지도 이념, (2) 이론, 도구, 수단, (3) 하부구조 혁신이다. 지도 이념이란 조직의 존재 이유, 달성하고자 하는 목표 등을 정의하는 운영 계획과 원칙을 말한다. 말하자면 목적, 비전, 가치의 영역이다. 이론, 도구, 수단은 효과적인 방식에 대한 분명한 아이디어와 그러한 이론을 적용하고, 문제를 해결하고, 차이를 극복하고, 진행상황을 점검하는 실질적인 수단을 말한다. 어떤 심층 학습 과정에서든 도구는 매우 중요하다. 버크민스터 풀러에 따르면, "타인의 사고방식을 바꿀 수는 없지만 사고방식을 바꾸어줄 도구를 제공할 수는 있다." 공식 역할, 관리구조 같은 조직 하부구조는 물리적인 하부구조가 그렇듯이 에너지와 자원이 흘러가는 방식을 결정한다. 이번 장에서 소개하는 중요한 혁신의 대부분은 새로운 학습 하부구조의 형태를 띠며, 명확한 지도 이념과 적절한 도구 및 수단이 결합되어 이행된 것이다.

이러한 틀 이면에 있는 핵심 관점은 사회 이론에서는 '구조화' 이론 혹은 '규정된 시스템' 이론으로 알려져 있다. 앞서 3장에서는 '맥주 게임' 사례를 들어 구조가 행동에 영향을 미치며, 사건이나 행동보다 기저의 구조에 집중하는 법을 터득할수록 변화 레버리지가 커진다는 시스템 사고의 핵심 원칙을 설명했다. 이러한 구조는 신념과 가정, 관행, 기술과 능력, 관계망, 인식과 정서 등으로, 요컨대 심층 학습 사이클을 구성하는 요소로 이루어진다. 시스템 관점의 두 번째 핵심은 사회 시스템을 지배하는 구조는 시스템 내부 참가자들이 취하는 행동의 누적된 결과를 통해 만들어진다는 것이다. 윈스턴 처칠의 표현을 빌자면 "우리가 구조를 만들고, 후에는 구조가 우리를 만든다."

이러한 시스템 구조는 어떻게 바뀔까? 원리는 간단하다. 우리가 과거 행동 방식을 통해 현재의 지배적인 구조를 만들어냈으니, 그러한 구조를 인식하고 다르게 행동하기 시작하면 바꿀 수 있다. 이는 앞에서 소개한, 그리고 뒤에서 소개할 일화나 사례를 보면 확인할 수 있는 사실이다. 그러나 어떤 의미에서 이는 또한 상당히 직관적인 판단이기도 하다.

도시의 거리는 교통이 흘러가는 방식을 결정하는 물리적 구조로 이루어진다. 도로가 없는 곳에서 운전을 하기란 여간 어려운 일이 아니다. 보스턴 구시가의 거리는 도대체 규칙이라고는 없이 제멋대로인데, '17세기 소가 저지른 실수'라는 농담이 있다. 20세기의 포장도로는 18세기와 19세기에 만들어진 마차용 도로 위에 건설된 것이고, 이 마차용 도로는 그보다 1세기 전 소가 다니면서 다져진 오솔길을 따라서 만들어졌다. 생각해보면 당시 소들은 길의 형태를 인식하는 능력이 없었을 것이고, 애초에 그러한 것에 신경도 쓰지 않았으리라는 점은 짐작하고도 남는다. 그러나 사람들은 이러한 구조를 보고 보다 개선시키는 게 가능하리라고 판단했을 법이지만, 어쩐지 보스턴 시민의 과거에 대한 애착에 의해 이 선택은 배제된 모양이다.

'보스턴의 소와 거리' 이야기를 바꾸어 현대 조직에 적용해보면 두 가지 질문이 제기된다. 우리가 만들어내는 구조 유형을 보려면 무엇이 필요한가? 우리는 소에 가까운 형태로 행동하는가, 아니면 사람에 가까운 형태로 행동하는가? 요컨대 소에 가까운 형태라는 의미는 지금까지 그렇게 해왔으니까 앞으로도 그렇게 한다는 태도이고, 사람에 가까운 형태라는 의미는 뒤로 한발 물러서서 심층 유형을 보고, 다른 방법을 택하는 식이 되리라. 이러한 개념적인 틀은 어떤 것이든 추상적일 수밖에 없다. 또한 이 모든 것이 돌아가는 방식을 실제로 이해하려면 구체적인 경험을 통하는 수밖에 없다. 어떤 책도 구체적인 경험을 대체할 수는 없는 법이다. 그렇지만 아래 소개할 여덟 가지 전략과 사례를 읽어보면 오늘날의 효과적인 노하우를 어느 정도 파악할 수 있으리라 본다.

1. 학습과 업무의 통합

조직학습의 발전을 제약하는 가장 큰 원인은 아마도 학습을 인간의 일상생활에 있어 '추가적인 요소'로 바라보는 태도일 것이다. 이미 오래 전부터 많은 이가 정신모델이나 시스템 사고를 연마하는 프로그램을 활용해 '학습조직 만들기'를 실천해왔다. 그러나 안타깝게도 이러한 도구를 일상 작업에 적용할 기회는 거의 없었다. 관리자들이 비슷한 교육을 받고 있어도 업무 환경은 여전히 '성찰하거나, 문제를 심층적으로 생각하거나, 공유 비전을 구축하는 작업을 실천하기'에 용이하지가 않았다. 학습하는 조직이 되자고 목청을 높이는 CEO들이 학습조직 만들기를 주도하는 경우에는 상황이 훨씬 좋지 않았다. 문화를 대대적으로 바꾸는 작업은 윗사람이 이끌어야 한다는 통념 때문에 처음에는 사람들이 실상을 제대로 파악하지 못한다. 그러나 시간이 흐르면서 그들은 CEO가 기회 있을 때마다 하는 연설이 그다지 좋은 아이디어가 아니라는 것을 깨닫는다. 그저 일시적인 변덕이 아닌가 싶고 나중에는 들어도 아무런 감흥이 없이 '또 시작이군!' 하는 생각만 든다. 조직학습협회 기업 회원인 할리데이비슨의 관리자들이 신중하게 선택한 표현은 바로 'AFP', 즉 'another fine program'이다. 해석하자면 '여기 좋은 프로그램이 하나 더 있어요!' 정도가 되지 않을까?

성찰과 행동

핵심 문제는 학습과 업무를 통합하게끔 돕는 효율적인 하부구조가 없다는 점이다. 통합 작업을 훌륭하게 해내려면 우선 사람들의 업무 현실을 올바로 이해하고, 성찰 같은 구체적인 학습 방법이 어디서 어떻게 효과를 내는가를 파악하는 데서 시작해야 한다. 이러한 작업은 현장 관리자 집단에 지속적으로 양질의 지원을 제공할 수 있는 자리에 있는 사람에게도 도움이 된다.

"성찰과 행동을 연결하는 규율이 없기 때문에 기업에서 성찰이 '시간 낭비'라는 식으로 억울하게 매도당하고 있습니다." 아일린 갤러웨이Ilean Galloway의 말이다. 갤러웨이는 인텔 뉴멕시코 지사의 조직개발부에서 일하는 고위 관리직 중의 한 명이다. "일 없이 둘러앉아서 이야기하고 있을 시간이 없다고들 하는데 맞는 말입니다. 그런데 생각할 시간조차 없는 경우도 많습니다. 저는 네트워크가 발달하고 서로 긴밀히 연결되어 있는 업무 환경에서 일합니다. 글로벌 조직에서는 사람들이 말 그대로 24시간 내내 일을 합니다. 한밤중에 지구 반대편에 있는 동료와 이메일을 주고받으며 문제 해결 방안을 논의하는 식이지요. 하지만 저는 기술이 인간으로서 우리가 생리적으로 감당할 수 있는 범위를 넘어섰다고 생각합니다. 이메일, 무선호출기, 휴대폰 등이 진정한 이해에 얼마나 도움이 되는지 저는 잘 모르겠습니다. 이러한 기기는 일반적인 사안에 대해 의견을 교환하고 행동방침을 내놓는 데는 많은 도움이 됩니다. 그러나 복잡한 문제가 생겼을 경우에는 상황이 달라집니다. 오히려 우리는 상황을 이해했다고 착각하는 잘못을 저지르게 됩니다. 사실 복잡한 문제에는 다른 접근법이 요구됩니다. 요컨대 숨겨져 있을지도 모르는 심층 의미를 파악하고, 근본 가정을 드러내고, 시스템의 여러 부분을 연결하는 접근법이 필요하지요. 이렇게 하면 상황을 제대로 이해하고, 의미를 충분히 공유한 뒤에 마땅한 조치를 취할 수 있게 됩니다."

비판적 사고가 약해지는 문제를 보완하기 위해서 갤러웨이는 자신이 관리하는 여러 팀과 정기적으로 모임을 가졌다. 이러한 모임은 하루 종일 혹은 그보다도 길게 지속되는 경우가 종종 있었다. "원치 않는 사람들에게 그런 시간을 갖도록 강제해야 하는 때도 있었지만, 시간이 흐르고 나면 다들 그런 기회를 마련한 것을 고마워했지요."

갤러웨이는 이러한 시간을 보다 소중하게 만드는 에너지는 '이면의 원칙'에서 나온다는 것을 알게 되었다. 그녀의 설명을 들어보자. "'피터 센게는 커다란 오해를 하고 있어요. 사람들은 그저 일 없이 둘러앉아서 이야기할 시간이 없어요'라고 말하는 컨설턴트가 한 명 있었습니다. 사실 저는 그 말에 동의하지 않았지요. 우리가 시간을 내지 못하는 것은 '성찰 자체를 위한 성찰'일 때입니다. 행동과 연결되지 않는 성찰은 사원에게 있어 '시간 낭비'라는 생각이 들고, 당연히 그릴 시간이 없다고 느끼게 되지요. 제가 하는 일에는 팀이 지금까지의 성과를 파악하고 이를 끝까지 해낼 수 있게 학습을 강화하도록 돕는 작업도 포함됩니다. 만약 이 작업이 가능하다면, 사람들 사이에는 성찰을 위한 에너지가 넘칩니다. 저와 작업했던 어느 팀은 민박집에 가서 숙식을 함께하면서 1주일간 회의를 진행했습니다. 이것을 3번 반복했었지요. 우리가 갔던 숙소에는 기차 승무원칸을 개조해서 만든 방이 있었습니다. 바로 그 방에서 우리의 대화가 임계점에 도달하면서 한 단계 비약하게 되었지요. 당시의 경험은 팀원들에게 일종의 상징이 되었습니다. 나중에도 팀원들은 중요한 생각거리가 있다 싶으면 저에게 전화해서 '승무원실로 가야겠어요.'라고 말하곤 했습니다."

갤러웨이와 함께 일한 인텔 동료들은 성찰이 모든 것에 동의한다는 의미가 아니라는 사실을 배웠다. 갤러웨이의 말을 들어보자. "우리의 목표는 진정으로 이해를 공유하고, 스스로 하겠다고 말한 것에 헌신하는 분위기를 만드는 것입니다. 여기에서 말하는 성찰은 모든 의견을 경청한다는 의미이지, 모두의 욕구를 만족시킨다는 의미는 아닙니다. 이는 인텔 문화에서 중요한 원칙입니다. 우리는 이를 '동의하지 않아도 따른다.'고 표현합니다. 다른 회사에 다닐 때는 팀의 결정에 따르기는 하지만, 동의하지 않는다는 사실을 입 밖에 낼 수 없었습니다. 인텔에서는 팀을 대표해서 의사결정 자리에 참석했던 사람이 돌아가서 이렇게 말할 수 있습니다. '해당 사안에 대해서 논의했어. 그런데 나는 의견이 달랐어. 다른 의견을 말했고, 우리는 이렇게 하기로 의견을 모았지. 결정대로 하는 데 최선을 다하겠지만, 이러한 조치가 의도한 결과를 내는지 확인하는 작업도 게을리하지 않을 생각이야. 의도한 결과를 달성하지 못하면 결정과 행동을 재검토할 수도 있겠지.'"

시간 경과에 따른 학습

행동과 성찰을 통합하는 문화에서 사원은 보다 바람직한 의사결정에 도달하고, 이것에 진지하게 헌신하는 것이 가능해지며, 정신적으로 한 층 준비된 상태에 이르게 된다. 정신적으로 준비된 상태가 되었다는 의미는 자신과 관련된 사안에 대해 이전보다 다채로운 관점을 가지게 된다는 말이다. 이는 변화가 심한 오늘날의 조직 환경에서 더없이 중요한 능력이다. 사실, 대부분의 경우 상황은 우리가 예상한 대로 전개되지 않는다. 그러나 우리가 예상치 못한 전개의 잠재적 가치를 제대로 활용하는 경우는 거의 없다. 상황이 예상과 반대로 나타나면 즉시 문제 해결 모드에 돌입한다. 말하자면 상황에 반응하느라 급급한 것이다. 이러한 예상치 못한 전개가 그간의 우리 가정에 대해 중요한 무언가를 말해주고 있지는 않은지 차근차근 검토할 시간을 갖는 것은 엄두조차 내지 못한다.

"이처럼 정신적으로 준비된 상태가 되면 장기적으로 봤을 때 큰 이익이 됩니다." 갤러웨이의 말이다. "동의하지 않아도 따른다는 원칙의 일환으로 우리는 결정의 결과를 모니터하는 과정을 정해놓았습니다." 기간을 정해놓고 그만큼의 시간이 흐른 뒤에 참가자들이 핵심 질문으로 돌아가서 상황을 점검하는 것이다. "상황이 우리가 생각한 것처럼 진행되고 있는지, 아니면 예상치 못한 무언가를 배우고 있는지를 평가합니다. 어느 쪽이든, 동의하지 않는 참가자들 역시 자신이 진행 중인 학습에 기여하고 있다는 인식을 가지고 있습니다."

"예를 하나 들어보겠습니다. 1999년에 우리는 공장 경영진과 시나리오를 기획하는 시간을 가졌습니다. 당시 우리는 일반적인 생각과는 동떨어진 미래의 가능성을 검토했습니다. 기술시장이 붕괴된다거나 기존의 산업 지도와 업계 판도를 일시에 바꾸고 시장 대부분을 점유할 만큼 막강한 파괴력을 가진 와해성 기술disruptive technology이 등장하는 식의 예상치 못한 미래를 생각해보는 것이지요. 그렇게 흔치 않은 상황을 가정하고 반응을 생각해본다는 것이 쉬운 일은 아니었지만, 시간을 갖고 충분히 생각했습니다. 당시는 한창 호황일 때였기에, 시장 수요를 따라가기에도 바쁜 상황이었지요. 온갖 시나리오를 그려, 전 사원에게 회신하려고 하던 때에 갑자기 불황이 들이닥쳤습니다." 그러나 이러한 가능성을 충분히 생각했기 때문에 인텔 경영진은 당황한 다른 기업에 비해 유리한 위치에 있을 수 있었다. "신속하게 시정 조치를 내릴 수 있었습니다. 직원들에게 보직 이동을 권하고, 필요 정도에 따라서 자원을 재배치하고, 공장 운영 전략을 바꾸는 등 만만치 않은 조치도 포함되었지요. 우리는 새로운 방향에 대한 확실한 그림을 가지고 신속하게 대응했습니다. 그러한 일이 생겼을 경우 어떤 조치를 취하는 것이 좋은지 충분히 생각해두었기 때문에 가능한 일이었지요."

"우리는 이러한 성찰 작업을 아주 진지하게 생각합니다." 갤러웨이가 덧붙인다. "시간과 자원을 투자해서 제대로 하지 않는다면 해도 소용이 없습니다. 1년쯤 뒤에야 다이얼로그의 가치를 알아보는 사람들도 종종 있습니다."

갤러웨이는 간단한 그래픽을 포함한 그림을 그리는 방식이나 전통적인 형식을 이용해 기록하는 것도 좋다고 말한다. "기록은 말을 하는 사람에게 자신의 이야기를 잘 들어주고 있다는 인상을 주게 되어 긍정적인 효과를 냅니다. '2년 전의 회의 보고서를 봐도 될까요?'라고 묻는 사람들이

더러 있습니다. 비슷한 사안이 다시 등장했는데 당시 나왔던 중요한 아이디어가 생각났기 때문이지요. 결국 이러한 기록은 그들이 진정으로 도움을 필요로 할 때 도움이 되어 나타나는 법입니다."

또한 성찰을 업무의 일부로 만들어야 한다. 조직학습협회 네트워크에서 널리 활용되는 간단한 방법은 '사후검토After Action Review, AAR'인데 원래는 미국 육군에서 개발한 방법이다. 이틀간의 복잡한 시뮬레이션 게임을 하고 난 이후든, 1시간짜리 회의 이후든 언제든 활용할 수 있는 방법이다. 가장 단순한 형태의 AAR은 다음 세 가지 질문으로 구성된다.

- 무슨 일이 일어났는가?
- 우리가 예상한 것은 무엇인가?
- 예상과 현실의 차이에서 무엇을 배울 수 있는가?

AAR처럼 행동과 성찰을 연결하는 간단한 원칙을 가지고 있는 것은 중요하다. 그러나 이러한 원칙이 뿌리를 내리기 위해서는 이를 지지하는 경영 환경이 필수이다. 어느 육군 장성은 육군에서 AAR이 '보고문화에서 검토문화로의 장기적인 변화' 과정의 일부로 뿌리를 내렸다고 평한다. "그동안 우리는 상사에게 보고하는 데는 능숙했지만, 자신의 경험에서 무언가를 배우는 데는 딱히 그렇지 못했습니다." 회사 경영진도 이와 같은 노력을 보여주어야 문화가 회사에 뿌리를 내릴 수 있다.

사후검토[6]

2003년 8월 14일 회사 전등이 꺼지고 몇 분 이내에 디트로이트 에디슨Detroit Edison의 모회사, DTE 에너지의 모든 직원은 얼마나 큰일이 일어났는가를 깨달았다. 무려 5천만 명이나 되는 미국인과 캐나다인에게 전력을 송출하는 전력망이 마비되었기 때문이다. 그러나 DTE에게 2003년의 정전사태는 단순히 기겁할 사건만은 아니었다. 오히려 이는 그들이 하는 사업의 본질을 규정하고, 그로부터 개선방법을 배우는 비상대응의 극적인 사례였다. 정전 24시간 이내에 DTE에서는 일련의 사후검토가 진행되었다. 서비스를 원상복구하기 위해 여유 설비를 활용하고, 인력을 배치하고, 대중과 소통하고, 기본 인프라에서 요구하는 사항을 충족시키는 작업을 얼마나 잘 해냈는지를 평가하는 것이었다. 그러한 사후검토가 현재 DTE에서 비상대응 시의 표준관행이 되었다. 심지어 최대한 신속히 전력을 복구하려고 노력하는 동안에도 직원들은 자신이 어떻게 대처하고 있는지, 어떻게 하면 이후 이보다 잘 대응할 수 있을지를 생각한다. CEO 토니 이얼리Tony Earley는 "위기 상황에도 '사후검토 소견'이라고 쓰인 수첩을 들고 있는 직원들을 최소한 다섯, 어쩌면 열 명 정도는 볼 수 있었습니다. 굳이 강조하고 독려하지 않아도 그렇게들 합니다. 사후검토를 너무나 당연하게 여기기 때문이지요. 정말 보기 좋은 광경이었습니다." 이처럼 사후검토를 기업 문화로 통합하는 데는 몇 년이 걸렸는데, 구체적으로 네 가지 전략이 동원되었다.(오른쪽의 다이어그램 참조)

1. 요청과 솔선수범으로 이끄는 리더십: 모든 위치의 관리자가 일회성 이벤트나 임시변통보다는 심층 학습과 지속적인 학습이 중요하다는 사실을 올바로 인식하도록 돕는다.
2. 사건을 학습 기회로 보기: 조직 전체가 중요한 위기는 물론이고 나날의 사건들도 학습 기회로 인식하는 능력을 기른다. 또한 팀이 과거와 현재를 연결하여 생각하도록 독려하여 과거의 교훈이 현재의 결과 개선에 활용될 수 있게 한다.
3. 직원에게 사후검토 알리기: 이러한 도구가 직원들 자신의 우선순위와 문제의식을 깨달을 안전한 기회를 제공한다는 것을 보여줌으로

써 팀에 이를 소개한다. 그러나 사후검토 활용을 강제하지 말고, 완벽을 강요하지도 말아야 한다.

4. 훈련받은 퍼실리테이터: 사후검토를 촉진하는 방법과 '생산성 높은' 활용(투자에 대한 실질적인 보상)으로 팀을 이끄는 방법 모두를 알고 있는 전문가를 양성한다.

이상 네 가지 전략이 의도하는 바는 학습을 향한 현장의 주인의식이다. 대부분의 부서와 팀이 개선을 위해 무엇을 실천해야 하는지 알고 있다. "전체에 중요한 변화를 가져올 한 가지 영역을 골라 실적을 개선할 수 있다면 과연 어디가 될까?"라는 간단한 질문이 현장 학습 실천으로 그들을 이끈다. 사후검토라는 방법은 작업팀을 자체 학습의 최초이자 최고의 고객으로 만들어주는데, 이는 대부분의 지식경영에서 강조하는 '얻은 지식을 널리 보급한다'는 모델과는 대조적이다.

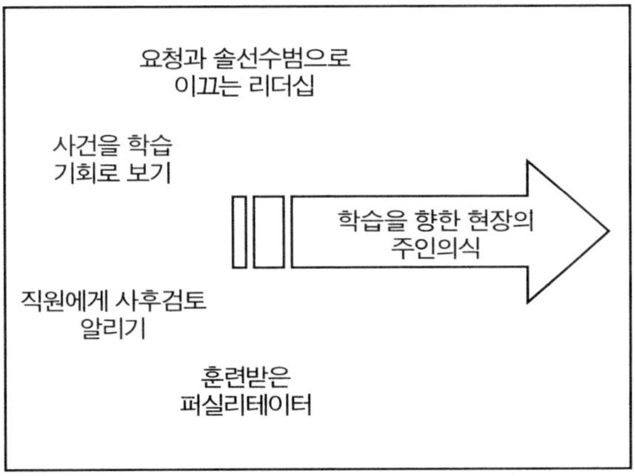

2. 지금 있는 위치에서, 옆에 있는 사람과 시작하기

간략히 요약하자면, 학습과 업무의 통합은 학습조직을 만드는 이들이 활용하는 첫 번째 핵심 전략이며, 그 주된 장애물이 되는 것이 양자의 분리이다. 직원들이 최고 경영진의 지원 없이는 할 수 있는 일이 거의 없다고 생각하는 경우, 학습과 업무의 분리로 인한 문제가 발생한다. 앞서 말한 심층학습의 전략적 구조가 최고 경영진에게만 적용된다고 생각하기 쉽지만, 전략적으로 사고하는 것은 모든 위치의 리더에게 반드시 필요한 사항이다.

"직원들이 '최고 경영진이 변화를 주도하지 않는 상태에서 우리가 앞장서서 시작할 수는 없습니다.'라고 말하는 소리를 자주 듣습니다." 인텔의 갤러웨이가 하는 말이다. "필요한 모든 변화를 상층부에서 이끌어주기를 기다린다면 아마 오래도록 기다려야 할 것입니다. 그것이 저에게는 무척 예민한 문제였습니다. 부분적으로는 제 출신과도 관련이 있다는 사실을 인정해야겠지요. 1986년 대학원 생활을 시작했는데 마치 집에 온 것처럼 편안했습니다. 조직의 학습 및 변화와 관련된 일이 정말 천직이라는 느낌이 들었지요. 그런데 교수들은 약속이나 한 것처럼 '조직의 변화는 상층부에서 시작되어야 한다.'고 말했습니다. 당시 저는 아프리카계 미국인 여성으로서 제가 어떤 조직의 윗자리를 차지하기는 힘들 것임을 알고 있었습니다. 그러므로 제가 과연 조직을 변화시킬 기회를 가질 수 있을지에 대해 오랫동안 치열하게 고민해야 했습니다. 고민 과정에서 두 가지가 도움이 되었습니다. 첫째로 저는 미국에서 일어난 사회 변화부터 살피기 시작했습니다. 민권운동과 여성운동이 국민을 바꾸고 일상생활을 바꾸고 있었습니다. 그러한 운동은 선거에서 뽑힌 관료가 주도한 것이 아니었습니다. 아래에서부터 시작된 풀뿌리운동이었습니다. 그리고 우연찮게 잡지 〈에보니Ebony〉(미국에서 흑인 대상으로 발간되는 월간 잡지로 'ebony'는 흑단나무를 가리킨다. -옮긴이)를 창간한 고故 존 H. 존슨John H. Johnson의 글을 접하게 되었습니다. 1950년대 〈에보니〉를 창간하려고 애쓰던 무렵, 백인 기득권층은 그러한 잡지에 투자할 사람은 한 명도 없을 것이라고 말했습니다. 아프리카계 미국인 중에는 중산층이나 상류층이 없었고 유명인사도 없었습니다. 잡지를 출판할 돈을 구할 수가 없었지요. 그러나 존슨은 그렇게 생각하지 않았습니다. '대중의 절실한 욕구를 충족시킨다는 지고지순한 이상을 방해할 것은 아무것도 없다'며 자신감을 드러냈습니다. 결국 존슨은 백인 기득권층의 판단이 틀렸음을 증명했습니다. 저는 당시 존슨이 했던 말을 벽에 붙여놓고 제 전략으로 삼았습니다."

'불가능'

갤러웨이는 이러한 격언을 '사원들이 해결 불가능하다고 생각하는 문제에 집중하라'는 원칙으로 바꾸었다. "저는 대중이 절실히 필요로 하는 것, 조직이 해결할 수 있으리라는 희망을 포기한 것, 사람들이 그냥 끌어안고 사는 수밖에 없다고 배운 그러한 것을 찾아내려고 했습니다. 제가 '불가능'이라고 부르는 것이지요. 매년 저는 적어도 한 가지의 '불가능'을 해결하려고 노력합니다. 생각하면 두려워서 몸이 떨리고, 어떻게 접근해야 할지조차 불확실한 것들을 해결하는 것을 목표로 삼습니다. 핵심은 일단 시작하는 것입니다. 일단 시작하고 나면 '아, 쉬운 거였네!'하고 말하게 되지요."

"이러한 작업이 많은 지지를 얻지 못하리라는 것쯤은 잘 알고 있습니다. 그러나 지지가 많지 않다는 사실이 저에게는 제대로 골랐다는 의미가 되지요. '문제를 만들어내는 의식으로는 문제를 해결할 수 없다'는 아인슈타인의 말이 옳다고 믿습니다. 문제 검토에 착수한 뒤에 저는 자문합니다. '이러한 문제가 우리에게 말하는 바는 뭘까? 여기에서 어떤 차이점을 찾을 수 있을까?' 일단 그에 대한 파악이 끝나면 사람들을 끌어들입니다. '아, 1시간 정도라면 괜찮아요. 함께 해보도록 하지요.'라고 말할 사람들과 대화를 나눕니다. 상사라면 이렇게 말하겠지요. '원한다면 해보도록 하게. 필요한 것이 있으면 언제든 말하고.' 그리고 서서히 일이 진행되어 갑니다."

"예를 들겠습니다. 작년에 저는 매우 기술적인 문제를 해결하는 데 소요되는 시간을 줄이는 작업에 착수했습니다. 대부분의 상사가 의미 있는 정도로 시간을 단축하기는 힘들 것이라고 보더군요. 하지만 조직발전 컨설턴트 중의 한 분은 '불가능을 가능으로 만들' 가능성이 있다고 보았습니다. 그녀는 고위 기술자 한 사람과 협력하여 신속한 문제 해결을 제한하는 사고와 구조에 문제를 제기했습니다. 그들은 테스트하고 성찰하는 과정을 갖춘 속성 학습 사이클을 활용하여 새로운 방법을 적용해서 효과를 보았습니다. 이전에는 다들 시간을 단축하면 품질이 저하될 수밖에 없다고 생각했지만, 그렇지 않다는 것을 증명해냈지요. 정말 극적인 성과였습니다. 해결에 몇 달씩 걸리던 문제가 이제는 4주면 해결되고 있으니까요."

"아이러니는 조직 상층부에서만 활동했다면 이러한 문제들 중의 일부를 인식하지 못하고, 따라서 해결하려는 시도도 결코 하지 않았으리라는 점입니다. 시스템의 어느 위치에 있든 변화가 가능하다고 믿는 팀을 구성하면, 참으로 보잘 것 없는 씨앗에서도 중요한 변화가 싹틀 수 있습니다."

사람의, 사람에 의한

내가 '불가능'이라고 부르는 문제들을 붙잡고 싸우는 일은 사람들의 재능과 깊은 열망을 활용할 수 있을 때만 가능한 일이다. 뛰어난 학습 실천가들이 정말 어려운 상황에서도 가능하다는 확신을 버리지 않고 태도를 일관되게 유지하는 것을 볼 때마다 경탄하지 않을 수 없다.

1986년 로저 세일런트는 멕시코 치와와 시에 위치한 신생 전자부품 제조공장의 초대 공장장이 되었다. 포드 자동차가 멕시코에 세운 최초의 최첨단 시설이었다. 사실, 그 자리는 당시 멕시코에서 일하던 포드 자동차 직원들이 반기던 자리는 아니었다. 기업 관련 전문 작가인 앤 그레이

엄Ann Graham에 따르면 "본사에서는, 개발도상국에 있는 공장이 빡빡한 개장 일정을 맞추고 양질의 제품까지 생산하리라고 믿었던 사람이 거의 없었다."[7]

공장에 부임한 세일런트는 금세 그곳 사람들이 '공동체에 대한 애착이 지대하며, 이러한 식의 운영 책임을 맡을 기회를 가져본 적이 없다'는 것을 발견했다. 또한 전통적인 힘의 역학관계가 자신의 일을 어렵게 만든다는 것도 알게 되었다. 부임하고 1년 뒤, 공장 개장일을 불과 두 달 앞두고 어느 상급 기술자 그룹은 자신들이 지정한 사람을 핵심 자리에 앉히려고 했다. 이는 세일런트가 공장 직원들과 함께 구축하려 노력해온 일련의 가치와 공개 승진체제에 정면으로 위배되는 행동이었다. 멕시코인 관리자 중의 한 명이 세일런트에게 이 일을 전해주었다. 당시 상황에 대한 그의 말은 이렇다. "소식을 알려준 관리자도 솔직히 제가 어떤 조치를 취하리라고 기대하지는 않았습니다. 포드 관리자라면 누구나 현지의 정치 지도자들과 매끄러운 관계를 유지하기 위해 이러한 일을 모른 척 넘어가야 한다는 말을 오래 전부터 들어왔으니까요."

그러나 예상과 달리 세일런트는 그들이 그러한 일을 했노라고 인정하자 공장을 떠날 것을 요구했다. "떠나는 그들을 공장 밖에 서서 지켜보았던 일을 결코 잊지 못할 겁니다. 다른 많은 직원도 지켜보고 있었지요. 다들 이제 어떻게 되는 걸까 의문을 품고 있었을 겁니다. 솔직히 말하자면 저 역시 아무 생각도 없었습니다." 또한 세일런트는 '상사에게 잔소리깨나 들으리라는' 사실도 알고 있었지만 '연줄에 의한 정실인사가 계속된다면 내가 구상하는 새로운 인사정책이 아무 의미가 없어진다'고 생각했기에 그러한 결정을 내렸다고 했다.

"두 달 뒤, 공장 개장식에 참가할 본사 직원들을 맞을 준비를 하면서 저는 무언가가 달라졌다는 것을 알았습니다. 본사 사람들이 현장을 둘러보러 오기 전날 저녁에 폭우가 내린다는 예보가 있었습니다. 새벽 2시에 침대에 누워 있는데 비 내리는 소리가 들리기 시작했습니다. 마구 쏟아지는 형국이었습니다. 지붕 작업이 마무리되지 않았다는 생각을 떨쳐 버릴 수가 없었습니다. 결국 일어나서 공장으로 향했습니다. 안에 들어갔더니 깜깜하더군요. 이곳저곳에서 물방울 떨어지는 소리가 들렸습니다. 뚝뚝 떨어지는 것이 아니라 줄줄 흐르고 있었지요. 여기저기 걸어 다니면서 새는 곳을 찾아보는데 어떤 사람이 움직이는 것이 보였습니다. 그날 물이 줄줄 새는 공장에서 만난 아루페구 토르스Alfego Torres의 모습은 아마도 죽는 날까지 잊지 못할 겁니다. 토르스는 물을 빨아들이도록 물이 새는 지점에 잎이 무성한 화분들을 가져다놓고 있었습니다. 개장식에 공장이 엉망으로 보이면 안 되니까요. 얼마나 가슴이 뭉클했는지 하마터면 울 뻔했습니다. 토르스는 새로운 인사시스템을 통해서 승진한 직원이었습니다. 예전 상사들 밑에서라면 절대로 승진하지 못했겠지요. 그때 저는 이곳의 직원공동체가 어떤 고비를 넘겼다는 것을 알았습니다. 이제 구태를 벗고 새로운 공장이 탄생한 것이지요."

개장식 당일 오전이 되자 언제 그랬냐는 듯이 날이 맑게 개었고, 본사 직원들의 방문 역시 성공적으로 진행되었다. 방문한 포드 임원들이 완공된 공장 모습을 보고 적잖이 놀라기는 했지만 크게 문제될 것은 없었다. 공장은 파란색과 분홍색으로 칠해져 있었는데, 공장 건물에 흔히 쓰이는 색상은 아니었지만 멕시코 사람들이 좋아하는 색깔이었기에 선택한 것이었다. 공장의 건축양식이나 장식에서도 멕시코 특유의 향기가 물씬 풍겼다.(이곳 멕시코 공장에는 이외에도 다른 공장에서는 보지 못했던 여러 특징이 있었는데, 야외 가족 활동 장소, 내부 학교, 가족건강센터 등이 그것이다) 방문한 임원 한 사람은 "이건 포드 자동차 공장이 아니야."라며 불만을 드러냈다. 세일런트의 대답은 명쾌했다. "맞습니다. 여기는 치와와 포드 공장이니까요."

세일런트의 설명을 계속해서 들어보자. "공장을 둘러보는 도중에 파트타임 조립 노동자 한 사람이 방문한 상무 앞으로 가더니 담배를 꺼달라고 요청했습니다. 상무는 제가 오래 전부터 알던 사람입니다. 찰리는 골초였는데, 지금껏 그에게 공장에서 담배를 피우면 안 된다고 말한 직원이 있었을지 의문입니다. 그러나 이곳에서는 가능했습니다. 체구가 작은 멕시코 여인이 180센티미터의 거구인 포드 임원에게 다가와서 담배를 끄든지 아니면 밖으로 나가서 피우라고 요청했습니다. 찰리야 선택의 여지가 없었지요. 우리 공장 직원들은 건강하고 깨끗한 작업환경을 만들자는 취지에서 금연을 기본 원칙으로 정하는 데 동의했습니다. 상무 앞에 나섰던 직원은 우리가 동의한 내용을 실천한 것입니다. 이후로 상사들은 저를 귀찮게 하지 않았습니다. 우리가 예정보다 6주나 앞당겨 공장을 완공하고, 세계 1위 공장으로 우뚝 선 뒤에는 더더욱 저를 괴롭히지 않았지요."

해당 공장은 1994년 멕시코에서 최고 실적을 올린 공장으로 선정되어 대통령상을 수상했다.[8]

3. 양쪽 문화 오가며 아우르기

태도와 자질이라는 미묘한 영역, 세일런트와 갤러웨이 같은 혁신가를 남다르게 만들어주는 그러한 영역에는 전체 조직 환경과의 연관성을 망각하지 않는 자세도 포함된다. 우리 조직학습협회에서는 이를 '양쪽 문화 오가며 아우르기'라고 부른다. 당연하고 쉬운 일 같지만 넓은 환경을 고려하지 못한 까닭에 일정한 성공을 거둔 많은 학습조직 계획이 결국에는 실패로 끝났다. 조직학습협회 네트워크가 생기고 초기 10년 동안 우리가 얻은 가슴 아픈 교훈 중의 하나는 '성공이 반드시 성공으로 이어지지는 않는다'는 깨달음이었다. 우리는 소규모로 회사 일부에 적용해 크게 성공했지만, 보다 넓은 환경으로 확산되지 못한 학습 도구를 여럿 보았다. 이러한 아이러니 때문에 혁신가들이 곤경에 빠지는 경우도 적지 않았다.

이러한 현상을 보여준 문서화된 좋은 사례가 어느 자동차 회사 신제품 개발팀의 이야기이다. 신차 개발을 맡은 어느 팀은 선구적인 노력을 통해 개발 주기를 5년에서 4년으로 줄이고, 팀에 할당된 비용 중에서 5천만 달러 이상을 쓰지 않고 돌려주며, 많은 이가 '회사 역사상 가장 원만한 신모델 출시'라고 부르는 유례없는 업적을 달성했다.[9] 그런데도 신차 개발 프로젝트가 마무리될 즈음 단행된 조직 개편에서 해당 팀의 리더들에게 좋은 제안이 들어오지 않았고 결국은 모두가 조기 퇴직했다. 이러한 경험은 당시 우리 모두에게 충격으로 다가왔지만 중요한 깨달음을 준 사건이기도 했다.

알고 보면, 성공적인 혁신이 널리 확산되지 못하고 끝나버린 사례가 인류사에 적지 않다. 〈이단의 시대The Age of Heretics〉에서 아트 클라이너Art Kleiner는 1960년대 중반 팀과 과정을 중심으로 생산 공정을 시도했다가 회사에서 쫓겨난 얼리어답터early adopter의 이야기를 들려준다. 20년 후에는 그러한 관행이 널리 받아들여져서 주류가 되었지만 당시에는 그렇지 못했기 때문이다.[10] 클라이너는 이들을 '회사의 이단자'라고 불렀다. 이들은 혁신 전체를 보면 중요한 역할을 할지 모르지만 개인적으로는 그러한 시도 때문에 고통을 받는다. '혁신에 성공하면 세상 사람들이 우리 앞에 줄을 설 것이니 매력적인 신제품을 만들라'는 이론은 거대 조직의 복잡한 정치역학과 그러한 역학이 혁신에 어떻게 반응할지에 대해서는 좋은 지침이 되지 못한다.

그러나 그러한 운명이 불가피한 것만은 아니다.

처음에 충격으로 다가왔던 문제를 이해하게 되면서 우리는 혁신가 자신의 열광과 열정에 일부 원인이 있었음을 알게 되었다.[11] 그러한 열정이 없다면 애초에 완전히 새로운 무언가를 만드는 작업에 참여하는 위험을 감수하지도 않으리라. 그러한 열정이 없다면 성공에 필요한 인내와 끈기를 발휘하지도 못하리라. 또한 그러한 열정을 공유하는 다른 사람들을 끌어들이지도 못하리라. 그러나 그것은 스스로를 곤란하게 만들 수도 있다. 열정 때문에 거기에 동참하지 않는 이들이 자신을 어떻게 보는지를 알지 못하고, 자신의 노력이 타인에게 미치는 영향에 무관심해질 수가 있다.

실적을 현격히 끌어올리는 근본적인 혁신은 평균 수준의 실적을 올리는 개인과 팀에게는 위협적으로 느껴질 수 있다. 그러한 발전이 상당히 다른 방법, 말하자면 다른 이들이 이해하기 힘든 방법을 통해 달성될 경우, 그들이 느끼는 위협은 더욱 커지게 마련이다. 그리고 그러한 방법을 주창하는 이들이 전문 용어가 잔뜩 들어간 수수께끼 같은 말로 그것을 설명할 경우 그들이 속한 집단은 '광신자 집단'이라는 딱지가 붙기 쉽다. "그쪽 팀의 관리자들과 마주칠 때마다 그들은 '추론의 사다리'니 '시스템 사고'니 하는 이야기를 했습니다. 모두 저에게는 이해가 되지 않는 말들이었지요." 앞에서 말한 자동차 회사의 제품개발 본부장이 던진 말이다.

"그들은 일을 너무 재미있어 했습니다." 다른 팀의 리더는 직설적으로 그렇게 말했다. "누구도 그렇게 일을 즐기지는 않지요." 실적 평가는 항상 복잡한 법이며, 사람들은 보통 유난히 열광적으로 혁신을 옹호하는 이들을 편견을 가지고 보게 마련이다. 열광적인 옹호자들은 개선되고 있는 것에 의미를 부여하면서 혁신에 냉소적이거나 회의적인 이들이 표준 이하라고 생각하는 측면은 무시하고 싶을 수도 있다. 우리는 이러한 문제를 '광신자 신드롬true believers syndrome'이라 명명하고, 전도유망하던 여러 혁신이 확산되지 못하는 주된 이유가 이것임을 깨닫게 되었다.

앞서 논의한 두 번째 전략, '지금 있는 위치에서 시작하기'를 달리 표현하면 조직 내에 정치적인 세력들을 아우르고 함께 일하는 데 능숙해진다는 것이다. 학습하는 문화, 개방적인 문화를 구축하는 일에 전념하는 혁신가는 때로 자신이 전혀 다른 두 세계에 살고 있다고 느낀다. 그들이 발전시키려 노력하는 개방적이고 학습을 지향하는 팀이나 조직이라는 세계와 주류 조직의 보다 전통적인 세계가 그것이다. 회사에 위협적으로 여겨져 좌절을 맛본 혁신가의 문제를 이해하자, 혁신을 유지하고 확산하기 위해서는 양쪽 문화를 아우르는 리더가 필요하다는 깨달음이 찾아왔다. 각각의 기본 규칙을 존중하면서 다른 두 세계를 효과적으로 오가는 그러한 리더가 필요하다는 깨달음 말이다.

은밀한 변혁

일부 리더에게 있어 효과적인 전략 중의 하나는 자신의 혁신이 고위 경영진의 레이더에 걸리지 않도록 숨기는 것이다. 인텔의 데이브 마싱은 조직학습협회 모임에서 11번 공장 생산증대에서 이룬 획기적인 업적에 대해 이야기하면서, 이 모든 노력을 '은밀한 변혁'이라고 표현했다. 마싱이 특히 관심을 두었던 부분은 '회사가 관심을 갖기 전에, 어떻게 조직의 작업 환경을 바꿀 것인가?'였다. 그러한 방법에는 회사 전체에서는 원활하게 소통되지 않을 전문용어와 특이한 대화 방식을 지양하는 것도 포함되었다. 마싱의 말을 들어보자. "우리가 하는 일을 숨기려는 노력은 전혀 하지 않았습니다. 하지만 동시에 유난을 떨지도 않았지요. 사람들이 물으면 기꺼이 우리가 하는 일을 알리고 최선을 다해 설명했습니다."

이 책을 집필하려고 인터뷰했을 때도 마싱은 은밀한 혁신 전략의 필요성에 대해 피력했다. "오히려 지금 더 힘의 정치를 알고 있어야 합니다. 고위 관리자들이 이전보다 권력에 굶주렸다는 의미는 아닙니다. 그 누구도 자유로울 수 없는 재정압박 때문이지요. 혁신하되 위험신호를 유발하지 않아야 합니다. 노련하게 전략을 짜야 하지요. 문화적으로도 그렇고, 사용하는 언어도 중요합니다. 11번 공장 생산증대 작업을 지금 한다고 해도 그때처럼 할 겁니다. 우리는 '시장 최고' 수준을 훨씬 넘어서는 훌륭한 실적을 보여줄 수 있을 겁니다. 인텔 같은 회사 경영진이 항상 찾는 그런 모습이지요. 그러나 한편으로 저는 제가 달성하고자 하는 변화를 이해하기 쉬운 방법으로 경영진에 알리기 위해서 가능한 모든 노력을 할 것입니다. 예를 들어 인텔은 측정을 매우 중시하는 문화입니다. 만약 제가 운영업무를 하고 있다면 높은 ROI, 즉 투자수익률을 유지하면서 시장변화에 대처할 기술적 민첩성과 능력을 측정할 방식을 놓고 상사와 힘을 합치겠지요. 이러한 전략적인 관심 사항을 보다 유동적이고 유연한 운영환경 구축과 조화시킬 방법을 찾을 것입니다."

마싱은 기업을 둘러싼 환경이 점점 빠르게 변하고 있으므로 향후에는 이러한 능력이 더욱 중요해지리라고 본다. 이것은 고위 관리직의 높은 이직률에서 나타난다. "또한 계속되는 고위 관리자 재교육 필요성에서도 나타나지요. 이는 박자가 계속 변하는 상황에서 합주를 하는 것과 같습니다. 박자가 계속 바뀌는 상황에서 음을 맞추기란 정말로 어려운 일이지요. 만약 기업에서 혁신을 꾀하고 있다면 단결과 조화를 위해서 상사와 보다 긴밀하게 일하는 것이 중요한 일부가 될 것입니다. 많은 혁신가가 본능적으로는 자율성이 더욱 높아지기를 바라겠지만 그것이 엄연한 현실입니다."

경영진의 언어와 현장의 언어 연결 짓기

마싱과 같은 맥락에서 로저 세일런트는 '경영진의 언어를 쓰면서 일해야 한다는 사실'을 터득했다. "요컨대 공식적인 조직의 힘이 어디에 있는지, 어떻게 쓰이는지를 명확히 한다는 것이지요. 멕시코와 같은 지역에서 제가 맡은 일 중의 많은 부분이 경영진의 언어와 (보통은 수치로 나타나는 양적인 목표지요) 현장 직원들이 이해하는 심층 가치를 토대로 하는 언어를 연결 짓는 것이었습니다. 공장 직원들은 포드 경영진이 원하는 것에 무관심하지는 않았지만, 반드시 그것을 이해해서 자신의 관심사와 연결 짓지는 못했습니다. 그들이 둘을 연결 지어 생각하게 되자 나는 경영진의 기대를 만족시키면 우리에게도 의미 있는 결과가 나온다고 자신 있게 말할 수 있었습니다. 그런 다음 숨김없이 투명한 관리 방식에 대한 분명한 합의를 끌어내려고 노력했지요. 보통 현지 직원들은 우리의 업무 방식에 크게 개의치는 않습니다. 그래도 저는 직원들에게 제가 투명하지 않다거나 의도적으로 이해하기 어렵게 설명한다는 인상을 주고 싶지는 않았습니다."

이상이 현장에 있는 사람들과의 관계에서 지켜온 원칙이라면, 상사들과의 관계에서는 '약속은 조심스럽게, 결과는 기대 이상으로'라는 방침을 택했다. 상사의 기대를 관리하는 아주 신중한 전략이었다. "고위 관리자의 언어와 세계관 안에서 공들여 목표를 만들고, 이러한 목표를 직원들이 자신의 언어로 이해하도록 도와야 합니다. 직원들이 다른 것을 추구하거나 목표를 넘어서려 할 때도 있습니다. 팀 차원에서는 좋은 일입니다. 그러나 그러한 움직임을 밖으로 드러내지 말고 비밀로 하는 것이 최선입니다."

4. 실습 공간 만들기

학습조직 구축을 위한 여덟 가지 전략 중의 네 번째는 '실습 공간' 만들기인데, 이것이 확고한 학습 인프라로 발전할 때도 많다. 실습 공간이라는 아이디어는 누구나 아는 지극히 간단한 상식에서 도출된다. 실습 기회 없이 무언가 새로운 것을 배우기는 어렵다는 사실이다. 흔히 '학습'이라는 단어를 들으면 가장 먼저 떠올리는 모습이 교실 풍경이지만, 전통적인 교실은 학습 분위기를 크게 고취하지도 않고 실제로 해보는 실습에 많은 비중을 두지도 않는다. 일반적으로 교실에서 배우는 학습자는 수동적이다. 교실에서 진행되는 학습은 주로 듣기와 생각하기에 관심을 가지며 '실천'은 주된 관심사가 아니다. '교실'이라고 하면 대다수의 사람들은 어떤 느낌을 떠올릴까? 실수를 하면 큰일 나고 '정답'을 말하는 것이 중요하다는 느낌이다. 그러나 실제 학습 과정은 이러한 전통적인 관념과는 반대다. 새로운 것을 시도하고 실수를 많이 해보는 것이 현실에서 효과적인 학습 방법이다. 실습장 또는 예행 연습실은 전통적인 교실과는 전혀 다른 환경을 제공한다. 사람들은 자신이 잘했으면 하는 것을 적극적으로 해본다. 실수를 저지르고, 잠시 멈추었다가 다시 시도하고, 어떤 것이 효과적이고 어떤 것이 그렇지 않은지를 이야기하고, 서서히 결과가 중요한 실제 '공연장'에서 효과적으로 행동할 능력을 키워간다. 이와 같은 이유로 실습 공간을 만들고 연습과 실행을 규칙적으로 병행하는 것이 조직학습 발전을 위해 노력하는 실천가들에게서 흔히 보이는 공통 전략이 되었다.

캠프와 공식 관리 시스템

아일린 갤러웨이가 진행하는 성찰 모임과 유사한 것으로 로저 세일런트는 '캠프camp'를 활용한다. 이는 조직 심리학자 브루스 깁스Bruce Gibbs의 연구를 토대로 세계 각지에서 활용하는 비교적 간단한 전략이다. 우선 세일런트는 사람들이 (측정 대상, 공식 역할과 책임, 합의한 목표 등의) 공식 관리 시스템과 '이야기를 나누면서 서로를 깊이 알아가는 시간'을 구분하는 데 익숙해져야 한다고 본다. '캠프'라는 단어를 쓰게 된 이유는 많은 이에게 유년시절의 캠프 경험이 있고, 세일런트 입장에서는 '놀고 휴식을 취하면서 동시에 어려운 문제와 감정을 다루는' 공간을 찾아내고 싶었기 때문이다. 갤러웨이처럼 세일런트도 이와 같은 아이디어 도입이 쉽지 않을 수 있다는 것을 알고 있었다. 다들 바쁜 세상이다 보니 '일하는 시간을 빼앗는 것'이 처음에는 비생산적이라고 생각될 여지가 다분했다. 그러나 "사람들이 실제 현황 파악에 캠프가 얼마나 도움이 되는지를 깨닫게 되면서 캠프는 우리 관리 방식의 일부가 되었다."고 세일런트는 말한다.

예를 들어 세일런트는 각종 갈등으로 인해 깊은 침체의 늪에 빠진 북아일랜드의 공장 운영에 마주한 때가 있었다. 공장의 관리자는 가톨릭 신자였지만 그곳에서 일하는 직원은 대부분 개신교도였다. "남자 직원 둘은 주차장에서 차를 빼는 과정에서 딱 한 번 마찰이 있었다는 이유로 이후 10년 동안 서로 말을 섞지 않았습니다." 이처럼 갈등의 골이 깊은 상황에서 캠프는 사람들이 서서히 '갈등을 초월해 자신이 무엇을 소중하게 여기는가에 대한 각자의 진심을 드러내는 도구'가 되었다. 많은 이에게 무엇보다 소중한 것은 자녀였다. "사람들은 자녀에게 도움이 되고 희망이 있는 미래를 바랐습니다. 이러한 사실을 알고 저는 상사를 찾아가서 직원의 자녀 20명을 채용해서 일종의 인턴 프로그램을 밟게 하겠다고 말했습니다. 당시 공장은 매출목표도 달성하지 못하는 좋지 않은 상태였고, 포드에는 인원 수 제한도 있었습니다. 그래도 저는 여러 차례 캠프 모임을 거치면서 미래를 위해 그렇게 해야 한다는 확신을 갖게 되었습니다."

나중에 공장 상황은 호전되었고, 뿐만 아니라 상당한 성공도 거두게 되었다. "온갖 논쟁과 갈등 이면에 있는 정말 중요한 것에 대해 깨닫고, 그에 따라 행동하게 되었으니 실적 개선은 당연한 결과였지요."

소용돌이와 불의 벽

일부 조직에서는 음악으로 비유하자면, 연습과 실제 연주 사이를 오가는 규칙적인 리듬을 제도화시키기도 한다. 예를 들면 할리 데이비슨에는 공식 '관리 시스템'과 '소용돌이swirl' 사이에 구분이 있다. 전자는 사업목표, 공식 역할과 책임, 통제 등을 포함한다. 후자는 조직 전반에 걸쳐 끊임없이 토의되고, 실험되고, 검토되는 다양한 사안과 아이디어를 가리킨다. 양자를 나누는 장벽은 '불의 벽wall of fire'이라고 부른다. 불의 벽을 통과한 아이디어나 목표는 충분히 많은 구성원이 '조직 전체가 그것에 헌신할 가치가 있다'고 믿는 것들이다.

여기에서 중요한 부분은 가능성 있는 많은 아이디어가 오랫동안 '소용돌이' 안에 머물 수도 있다는 것이다. 조직의 상부 가운데 옹호자가 있다고 해도 마찬가지다. 할리 데이비슨의 사장이 조직학습협회 지속가능 컨소시엄 회의에서 "지속가능성은 현재 우리 경영 목표에 포함되어 있지 않습니다."라고 의외의 발언을 하는 순간, 자신의 인생을 지속가능성이라는 주제에 헌신해온 청중 가운데 다수가 그야말로 깜짝 놀랐다. 그러나 설명이 계속됨에 따라 그가 사실 지속가능성이라는 주제를 진지하게 받아들인다는 사실이 분명해졌다. 전략사업부 본부장이 회사의 '비공식' 지속가능성 특별위원회 위원장을 맡고 있었고, 이와 관련하여 다양한 일을 하고 있었다. 회사의 핵심 사업 전략은 단순히 오토바이가 아니라 '할리 데이비슨 경험Harley experience'을 파는 것이었다.(이는 엄청난 중고 오토바이 수요를 창출하고, 따라서 중고 오토바이의 생산적인 수명을 상당히 늘린다) 할리 데이비슨은 또한 오래된 오토바이에서 나온 중고 부품을 가공하여 재상품화하는 것도 핵심 사업으로 설정했다.(덕분에 중고 부품이 쓰레기 매립지로 가지 않고 재활용될 수 있었다)

현재 회사는 에너지 효율이 좋은 상품개발 센터를 새로 건립 중에 있다.

시간이 흐르면서 서서히 '소용돌이'가 중요한 사업이며, 새로운 것을 배양하는 일종의 인큐베이터이자 진행 중인 연구와 실습을 정당화하는 수단이라는 사실이 분명해졌다.

할리 데이비슨 사장의 발언이 끝나고 포춘 50대 기업 가운데 한 곳의 대표는(우리 컨소시엄의 가장 오랜 회원 중의 하나이기도 하다) 이렇게 말했다. "어쩌면 저는 그동안 잘못된 전략을 따라왔는지도 모르겠습니다. 우리 경영진이 지속가능성을 공식적으로 받아들이도록 하자는 전략 말입니다. 그러한 노력이 몇몇 목표를 설정하고 새로운 측정기준을 만들어낼 수는 있지만, 피상적인 동의만을 이끌 수도 있습니다. 사람들이 이것이 기업의 미래에 더없이 중요하다는 사실을 깨닫기 전까지, 어쩌면 매우 중요하다는 것을 알기 전까지, 이러한 의제가 '소용돌이' 속에 있는 편이 나을지도 모릅니다. 문제는 지금 우리에게는 잠재적으로 중요하지만 급진적인 새로운 아이디어 탐구를 정당화할 어떤 방법도 없다는 것입니다. 그것이 어쩌면 우리의 진정한 의미에서의 한계일지도 모릅니다."

실습의 장은 세일런트의 캠프 회의부터 갤러웨이의 성찰을 위한 피정避靜, 할리 데이비슨의 조직 소용돌이까지 실로 다양한 형태와 규모로 나타난다. 아마도 우리는 점점 정교한 실습이 가능한, 말하자면 실습 공간의 발전이 본격적으로 시작되는 시점에 있지 않나 싶다. 포드 자동차가 개발하여 활용하고 있는 모의 축소세계microworld가 대표적인 예이리라. 나는 이러한 발전이 미래에 학습 능력을 개발하는 핵심이라고 믿는다.

이렇듯 실습 공간의 발전은 관리자들이 '실습 없이는 학습도 없다'는 간단한 원칙을 받아들일 때 시작된다. 어떤 스포츠 팀도 선수들이 실전에만 나와서는 성공을 기대할 수 없다. 극단이나 관현악단이 리허설 없이 공연에 나서는 것을 상상할 수 없는 것과 마찬가지다. 그런데도 우리는 대부분의 조직에서 연습이나 리허설 없는 실전을 기대한다. 그러한 환경에서 학습이 부실한 것이 그렇게 이상한 일일까?

5. 조직의 핵심과 연결되기

조직 주류에 대한 존중은 언어와 전략 면에서 양쪽 문화를 아우르고자 하고, 공식 관리 구조와 갈등을 최소화하는 데 유용한 실습 공간을 키울 동기를 제공하는 좋은 자극제가 될 수 있다. 그러나 다섯 번째 전략은 더욱 심층적인 차원의 연결을 수반한다. 이러한 연결은 조직의 지도이념과 목적을 발전시키는 과정에서도 핵심 역할을 하는 것으로 판명되었다. 급진적인 새로운 아이디어와 실습이 조직에서 뿌리를 내리기 위해서는 비옥한 토양이 있어야 한다. 어떻게 그러한 토양을 찾아야 할지 처음에는 명확하지 않을 수도 있다. 조직 전체에 크나큰 영향을 미치는 작업에 매진하는 성공한 학습 실천가들은 (개인 정체성과 집단 정체성의 가장 심층 차원에서) 조직의 핵심과 연결되는 방법, 그리하여 조직이 가장 자연스럽게 가치를 창출해낼 방법을 터득한다.

시작하기: 정체성 찾기

조직의 핵심이 되는 정체성과 조직 역사상 전례가 없는 어떤 것을 연결 짓는 정해진 공식 같은 것은 없다. 그러나 그러한 정체성이 존재한다는 믿음에서 시작되는 것만은 분명하다. 조직이 단순히 돈을 버는 곳, 혹은 무엇이 되었든 현재 만들거나 제공하는 제품이나 서비스가 전부가 아니라는 믿음이 있어야 한다. 이는 또한 진정한 탐구 정신, 자신의 마음이 이끄는 대로 기꺼이 따르고자 하는 자세, 항상 있었지만 보지 못했던 것을 보고자 하는 마음가짐을 요구한다.

지난 10년에 걸쳐 나이키Nike는 제품 매니저와 디자이너로 구성된 독특한 네트워크인 '친환경 디자인' 네트워크를 발전시켰다. 이러한 발상은 나이키의 연구개발 부서장이었던 다시 윈슬로Darcy Winslow가 '우리 사업에는 근사한 신상품을 개발하는 것 이상의 무언가가 분명 있을 것이다'라고 생각한 데서 시작되었다. 그즈음 친환경 건축 설계가인 미하엘 브라운가르트Michael Braungart와 윌리엄 맥도나우Williaml McDonough는 나이키 유럽 본사 건물을 설계한 뒤에, 신발 하나를 골라 자신들이 정한 독성 측정 기준에 비추어 제품의 성분과 제조공정을 꼼꼼히 조사했다. 윈슬로에 따르면 결과는 '눈이 휘둥그레질' 정도였다. "그때 이런 의문이 들었지요. '우리가, 그리고 업계 전체가 만들어내는 제품에 대해 우리는 정말로 이해하고 있는 것일까?'" 이러한 의문이 결국 지속가능 사업전략 총책임자라는 새로운 직책 창설로 이어졌다. "지속가능성은 나이키 경영진이 거론하기 시작했지만 주로 규정 준수라는 관점에서 이야기되고 있었습니다. 관련 정책과 노동 관행을 둘러싼 협력 업체와의 협업이라는 관점이 주된 관심사였지요. 그래서 저는 경영진에게 말했습니다. '우리가 정말로 지속가능성을 진지하게 생각한다면 제품 개발 과정에서 그에 대한 고려가 이루어져야 합니다. 제품에서 폐기물과 독성을 제거할 방법을 찾아야 합니다. 고객은 우리 제품을 통해서 나이키를 경험합니다.'[12] 경영진에서 말하더군요. '좋아. 한 번 해보게.' 그래서 지속가능 사업전략 총괄책임자라는 새로운 직책이 만들어진 것이지요."

새로운 사안에 집중하는 새로운 직책을 맡은 많은 이가 그렇듯이, 윈슬로도 자신에게 주어진 요구사항은 많았지만 권한은 크지 않았다. 사실 제품개발을 맡은 어느 팀도 윈슬로에게 정기적으로 보고를 한다거나 하지는 않았다. 윈슬로 스스로도 범위가 넓고 어안이 벙벙한 이런저런 의문을 품은 채로 일하는 상태였다. "지속가능성이 우리가 하는 일에 뿌리를 내리게 하려면 어떻게 해야 할까?", "어떻게 고객에게 이러한 점을 이야기할까?" 등등. 그러나 한편으로 지속가능성이라는 주제 자체가 '자신과 깊이, 지극히 개인적인 차원으로 연결되어 있다'는 느낌이 들었다. "그것이 저에게 중요한지에 대해 굳이 생각할 필요가 없는 것 같았습니다. '우리는 이것을 해야 한다'고 당연하게 생각하고 있었습니다. 그것은 가장 큰 활력소이면서 동시에 복잡한 도전이기도 했습니다."

그즈음 윈슬로는 말콤 글래드웰Malcolm Gladwell의 〈티핑 포인트The

Tipping Point〉라는 책을 읽었다. "글래드웰은 구성원 중에 20퍼센트가 같은 방향을 향하게 되면, 티핑 포인트에 이른 것이라고 말합니다. '나이키 직원 25,000명 중에 20퍼센트면 쉽지는 않겠구나' 하고 생각했습니다." 그러나 윈슬로는 혼자가 아니었다. 비슷하면서도 다른 일을 하고 있는 서너 명의 여성들과 함께 윈슬로는 나이키 핵심 관리자 200명을 대상으로 이틀간의 회의를 개최했다. 브라운가르트와 맥도너프를 비롯한 다른 기업 지도자와 지속가능성 분야의 권위자도 초빙했다. 회의 목적은 단순했다. 지속가능성을 모든 사람의 의식에 심어주자는 것이었다.

"준비한 행사에 대한 사람들의 반응을 보고 정말 힘이 났습니다. 제가 나이키라는 회사를 좋아하는 이유를 다시금 느끼게 되었지요. 여느 대기업과 마찬가지로 우리 회사에도 온갖 문제가 있습니다. 하지만 나이키의 '정체성'을 재발견하는 순간 저는 우리가 혁신하는 사람들임을 깨달았습니다. 나이키라는 회사에서는 무엇보다도 혁신이 중요했습니다. 사실 그것이 전부라 해도 과언이 아니었지요. 이는 정말로 사람들을 흥분시키는 일이었고, 우리 모두는 지속가능성 영역 전체가 실로 엄청난 혁신 기회를 제공한다는 사실을 확인했습니다."

변화를 이끄는 리더가 되려는 사람이 스스로가 인식하지 못하는 두 가지 미묘한 장벽을 만나 발목을 잡히는 경우가 많다. 자신의 내면을 충분히 깊이 들여다보지 않아서 진정으로 자신을 부르는 것이 무엇인지 알지 못하거나, 조직을 충분히 깊이 들여다보지 않아서 조직이 지지하는 바를 파악하지 못하는 것이다. 자신의 내면을 충분히 들여다보지 않으면, 열정을 자극하지 못하는 그저 '좋은 아이디어'만을 좇게 된다. 조직이 지지하는 바를 충분히 들여다보지 않으면, 결국에는 자신의 아이디어를 조직에 '강요'하게 된다.

조직이 '누구'인지, 무엇을 '지지하는지' 등을 이야기하는 것이 다소 이상하다 싶을지도 모르지만 조직을 인간으로 이루어진 공동체로 보면 전혀 이상하지 않다. 하나의 공동체로서 조직은 무언가에 관심을 가지고 함께 추구하고자 하는 충분한 사람들이 있기에 존재하게 되었던 것이다. 예를 들어 나이키는 육상을 사랑하고 육상 선수들을 위해 더욱 좋은 신발을 만들겠다는 의지를 가진 육상선수 출신들이 만들었다. 시간이 흐르면서 나이키는 육상이라는 범위를 넘어 발전했고, 원래의 비전을 포함하되 그것에 의해 제한되지는 않는 핵심 혹은 본질과의 연결을 위해 보다 심층 차원과 접촉할 필요가 생겼다. 현재 나이키가 소중하게 생각하는 11가지 금언이 있는데, "혁신은 우리의 본성이다."가 그 첫 번째다. 윈슬로가 자신이 가진 지속가능성에 대한 열정의 본질이 사실은 혁신이라는 것을 알게 되자 변화 전략 전체가 바뀌었다.

현장 답사: 조직 창조성의 원천 찾기

'자기 정체성'과의 연결이 분명해지기 시작하면 다음에 제기되는 질문은 이렇다. 어떤 새로운 비전이 조직의 창조적 프로세스에 접근하기 위해서는 어떻게 해야 하는가? 새로운 가치의 원천은 조직 내에서 어떻게 생성되는가? 이는 비전에서 현실로 나아가는 여정이며, 설득력 있는 새로운 아이디어가 어떻게 지극히 자연스럽게 조직의 행동을 야기하고 결과를 만들어내는가를 알아가는 과정이다. 나이키에서 이러한 질문에 대한 답을 찾으려면 제품 디자이너와 매니저를 찾아가야 했다.

일단 나이키에서 혁신의 중요성을 재발견하자 윈슬로는 '제품 디자이너 및 매니저와 접촉해야 한다'고 생각했다. 나이키에는 300명 정도 되는 핵심 디자이너가 있었기에 윈슬로는 스스로에게 이러한 질문을 던졌다. "어떻게 해야 우리 회사에서 가장 영향력 있는 디자이너 20퍼센트와 연결될 수 있을까?" 답은 간단했다. 찾아가서 그들과 대화를 나눈다는 것이었다. 한 명씩, 한 명씩. "차례차례 자연스럽게 진행되었습니다. 당연히 제가 찾아가서 문을 두드렸지요. 일단 친분을 쌓고 나면 깊숙한 내면의 이야기를 나누었습니다. 아이디어를 받아들이고 추진해보려는 의지를 가진 신흥 리더와 직원들이 나타났습니다."

“이것은 다른 지속가능성 관련 의제와는 많이 달랐습니다. 예를 들어 당시 CR, 즉 사회적 책임경영Corporate Responsibility을 담당하는 팀에서 ‘PVC free’, 즉 우리 회사 신발에서 PVC를 사용하지 않아야 한다는 주문이 내려왔습니다.[13] ‘당장 중지해야 한다’는 명령 같은 인상을 주었지요. 이는 기본적으로 디자이너실의 문을 닫아버리는 행위입니다. 문을 열고 소통하고 싶었기에 저는 말했습니다. ‘이렇게 생각해보세요. 실적이나 디자인에 영향을 주지 않고도 완전히 새로운 제품을 만들 기회가 있는데 아직 밝혀지지 않았을 뿐이라고. 그러니까 찾아보면 된다고요.’ 시간도 많이 걸리고 한 번으로 끝나는 일도 아니었습니다. 재차 찾아가서 계속 이야기해야 했지요. 이는 진흙 속에 묻힌 진주를 찾아내는 것과 같았습니다. 이러한 대화를 꺼리기는커녕 기다리고 있었던 이들이 분명히 있으니까요.”

“대화 가운데 저는 나이키의 진정한 정체성, 나이키를 이끌어온 정신, 우리 자아상의 핵심, 우리를 성공으로 이끌어온 정수와 연결되는 느낌을 받았습니다.” 윈슬로의 말이다. “대화를 하면 할수록 폐기물과 독성 ‘제로’라는 이념이 우리에게 지극히 자연스러운 목표라는 사실이 명확하게 보였습니다.” 나이키가 지속가능성을 공식 사업에 포함시키고 고객에게 알리는 ‘구체적인 행동’에 나선 것은 아니지만, 회사는 해당 분야에서 상당한 성과를 거두어왔다. “지난 5년 동안 우리는 ‘폐기물 제로, 독성물질 제로, 재활용 100퍼센트’(모든 제조 부산물과 재료는 재활용되거나 생분해가 가능해야 한다)라는 장기 지속가능성 목표를 정하고 발전시켜왔으며, 일부 신제품은 실제로 이러한 목표를 충족시키고 있습니다. 풀과 접착제를 사용하지 않아 사용하고 나면 생분해되는 제품, 뜨개질 원리를 이용해 짰기 때문에 직물을 잘라내면서 생기는 쓰레기를 없앤 제품 등이 대표적이지요. 우리 회사에는 유기농 면화 제품 생산라인이 따로 있습니다.(나이키는 유기농 면화 거래소[Organic Cotton Exchange] 설립을 지원해 세계 각지 시장에서 유기농 면화가 더욱 많이 팔릴 수 있는 여건을 마련했다) 디자이너들에게 재료 선택과 관련한 정보를 제공하는 회사 내부의 지속가능 재료 그룹이 있고, 제품 회수 및 재활용 계획도 다양하게 선보이고 있습니다." 최근 들어 나이키의 3대 경영 목표 중 하나는 '지속가능한 제품 개발과 혁신 달성'이 되었다. "당연히 점점 더 많은 소비자가 그런 내용을 알게 되었습니다. 누가 압니까, 그것이 우리에게 더없이 좋은 기회가 될지. 생각해보면 나이키는 지속가능성 같은 주제도 '쿨하게' 만들 수 있는 몇 안 되는 기업 중의 하나니까요."

6. 학습 공동체 건설하기

나이키의 다시 윈슬로가 발견한 것처럼 우리 자신의 심층에 있는 질문과 열망이 조직의 핵심과 연결되면, 공동체는 발전한다. 새로운 학습 공동체, 공동의 목표와 공유 의미를 토대로 하는 관계 네트워크를 조율하는 일이 리더들에게는 전략이자 결과가 된다. 이러한 과정을 가로막는 것은 아무 것도 없다.

진심과 의미를 담은 대화

"우리의 유일한 발견이자 가장 대단한 발견이라고 하면, 아마도 사람들에게 '무엇이 아이들한테 가장 좋을까요?'라고 묻는 것의 힘이 아닌가 싶습니다." 레스 오모타니Les Omotani의 말이다. 오모타니는 웨스트 디 모인 학군 공립학교 교육감으로 10년 동안 재직했고, 현재는 롱아일랜드 휴렛-우드미어 학군의 교육감으로 재직하고 있다. "이러한 발견이 변화를 위한 핵심 전략으로서 서서히 학습 공동체 건설로 발전했지요."

처음 웨스트 디 모인에 왔을 때 오모타니는 '상당히 전형적인 학교 시스템'을 발견했다. 도시의 교외 확장이 주로 서쪽 방향으로 이루어진 덕분에 학군의 일부 지역은 상당히 부유했다. 하지만 동시에 (수입이 낮아서 주정부의 재정지원을 받는) '타이틀 I' 학교도 세 곳이 있었다. 당연히 학교 사이에서는 성취도가 상당한 격차를 보이고 있었다. 또한 발전이 편향되어 있었다. "인구 흐름에 따라서 신규 학교를 서부에 짓는 경향이 있었습니다. 하지만 사람들이 모든 학교, 모든 학생이 잘하기를 바라고 있다는 것을 금방 알 수 있었지요."

"지역사회의 사람들이 모이는 다이얼로그를 정기적으로 열기 시작하자 많은 사람이 참석했습니다. 교사, 교장, 학부모는 물론이고 지역의 기업인, 공무원까지 구성도 다양했습니다. 서서히 우리는 주류 교육에 몸담고 있는 사람들이 '불변의 벽'이라고 말하는 그러한 문제에 대해서 질문하기 시작했습니다. '학기를 30일 정도 더 늘리면 실질적인 혜택을 보는 아이들이 많은데, 왜 한 학기를 180일로 제한하는 것일까?', '구시가에 위치한 학교에 충분한 관심을 기울이지 않는 것은 아닌가?', '유치원을 전일제로 하면 아이들에게 도움이 된다는 것을 아는데도 한나절만 운영하는 이유는 뭘까?' 제가 우겨서 이러한 문제가 의제로 나온 것이 아니었습니다. 시간이 상당히 걸리긴 했지만 그동안 간과되었던 문제로서 자연스럽게 제기되었습니다."

동시에 오모타니에게는 다양한 아이디어의 세세한 부분을 함께 다듬어가는 여러 팀의 교사, 교장, 지역사회 구성원이 있었다. 이 두 가지 과정, 즉 다이얼로그와 실행(다시 말해 성찰과 행동)은 나란히 진행되었고 서로 도움이 되었다. "서서히 우리는 막 틀을 잡아가는 단계인 신생 아이디어도 걱정하지 않고 이야기할 수 있는 지역 토론회를 개최할 수 있게 되었습니다. 우리는 말했습니다. '사람들을 믿고 정말로 여러 가지 선택 가능성이 있다고 말해보는 건 어떨까요? 그만큼 충분한 믿음을 보여준다면? 다음에 지을 새로운 학교를 반드시 서부에 지을 필요는 없습니다. 예산을 다른 데에 쓸 수도 있습니다. 오래된 학교를 수리할 수도 있습니다. 우리가 다르게 해본다면, 어떻게 될까요?'"

결국 많은 것이 달라졌다. 타이틀 I 프로젝트의 지원을 받는 학교 하나와 그곳에 학생을 보내는 하급 학교 하나는 '레너드 번스타인 모델'에 따라 예술교육과 일반학습을 통합한 학교로 거듭났다. "타이틀 I의 지원을 받는 학생 수가 가장 많은 학교에서 '학업 성적뿐만 아니라 음악과 미술 활동이 아주 중요하다'고 말하는 것은 상당히 이례적인 일입니다. 미국 각지의 학교가 예술교육 비중을 줄이거나 아예 없애고 있는 시점이니까요." 오모타니의 말이다. 가장 최근에 지은 초등학교는 구시가에 있다. 두 번째로 타이틀 I의 지원을 받던 학교는 분위기를 바꾸고 완전히 새롭게 태어나고 있다. 또한 210일 정도로 학기를 연장하여 운영한 지는 6년째가 되었다. 지역 전체 학생을 위한 조치였다. "내가 떠난 뒤에 웨스트 디 모인에서는 우리가 시작했던 유아 학습센터 유지에 최선을 다했습니다. 전일제 유치원 환경을 제공하는 곳이었지요. 그것이 제게는 이러한 아이디어가 확실히 뿌리를 내렸다는 생생한 신호라고 생각됩니다." 전체적으로 학교 사이의 성취도 차이가 줄었고, 학군 전체 학생의 성적도 과거보다 나아졌다.

"이 모든 것이 어떻게 가능했는지 설명하기는 쉽지 않습니다." 오모타니의 설명이 이어진다. "이런저런 혁신을 가능하게 했던 원인으로 어느 하나를 콕 집어 말하기는 힘듭니다. 분명한 것은 대화의 결과물이라는 것입니다. 가장 중요했던 것은 매우 다양한 집단이 함께 이야기하는 능력을 키우는 일이었습니다. 서로 지지하는 사람들 사이에 협력 네트워크를 발전시키고, 이를 통해서 자녀에 대한 사람들의 깊은 관심을 자극하는 것이지요."

"저는 일본계 캐나다인으로 캐나다 앨버타에서 자랐고, 하와이에 가서 그곳 원주민들과도 많은 시간을 보냈습니다. 그들의 문화에서는 어른들이 모인 곳에 아이가 다가오면, 항상 어른들이 대화를 멈추고 아이의 용건을 묻습니다. 그런데 제가 이곳에 와서 처음 깨달은 것 중의 하나는 어른들이 아이들을 무시하는 경향이 있다는 것이었습니다. 여기에서는 대다수의 어른이 아랑곳하지 않은 채 그들만의 대화를 이어가더군요."

"그렇다고 인간으로서 우리가 크게 다르다고 생각하지는 않습니다. 그러나 우리 생활방식과 관련된 어떤 것이 타고난 아이에 대한 관심에서 멀어지게 한다고 생각됩니다. 공동체가 다이얼로그 연구자들이 말하는 '안전한 그릇'이 되어감에 따라 이러한 타고난 관심이 더욱 활발하게 발현되기 시작했습니다. 대화와 사고 역시 다른 곳에서 진행되는 것과는 많이 달라졌지요. 이와 같은 과정을 거쳐 우리는 '지역사회는 학교 하기 나름이고, 학교는 지역사회 하기 나름'이라는 명료한 모토에 도달하게 되었지요. 여러 번 반복하다 보면 의미가 한층 명료해집니다. 다들 명심하고 스스로 반복해서 되뇌기 시작했지요."

"공동체는 자신들에게 중요하고 의미 있는 질문을 던지고 해답을 찾는 구성원을 통해서 발전합니다." 대규모 회의가 진정한 다이얼로그가 되게 하는 방법으로 월드 카페World Cafe를 창시한 후아니타 브라운Juanita Brown의 말이다. 다시 윈슬로처럼 레스 오모타니와 동료들도 심층 대화를 위한 공간을 만들어냈다. 그러한 공간이 만들어지면 부산물로 학습 공동체가 생긴다. 이러한 '사회적 공간'을 의식적으로 만들고 유지하려는 노력이 중요하다. 그러나 학습 공동체 창조가 통제하거나 조종할 필요가 없는 자연스러운 과정이라는 점을 깨닫는 것도 역시 중요하다. 실제로 이와 같은 과정을 통제하려고 하면 오히려 역효과가 나기 쉽다.

7. 나와 다른 '타인'과 더불어 일하기

공동체의 좋지 않은 측면은 일종의 파벌이 생기거나, 심한 경우 광신자 집단 같은 분위기가 될 수 있다는 것이다. 사람들이 자신과 비슷한 사람, 대다수 사안에서 자신이 동의하는 사람들에게만 끌리고 그렇지 않은 타인을 배제하는 경우에 생기는 현상이다. 이러한 이유로, 일곱 번째 전략인 '다양성 수용'은 차별 금지나 단순한 정서를 넘어 리더들에게 핵심 지도 이념이 된다.

여러 해 전에 인간 시스템과 조직을[14] 오랫동안 연구해온 마거릿 휘틀리Margaret Wheatley는 당시로서는 새로운 현상이었던 '인터넷 커뮤니티'를 연구하고 놀라운 말을 했다. "보면 볼수록 반反공동체anti-community처럼 보입니다." 내가 무슨 의미냐고 묻자 휘틀리는 이렇게 대답했다. "인터넷에서는 '퇴장 비용'이 '0'원입니다. 서로에게 싫증이 나거나 타인이 하는 말을 듣고 싶지 않으면 접속을 끊어버리면 그만입니다. 그러면 끝이죠. 그 결과 초래되는 것은 모두가 대부분 동조하는 '공동체'입니다. 그것을 보니 진정한 공동체란 우리가 물리적으로 서로의 곁에 머물 때만 가능한 것이 아닌가 하는 생각이 들더군요."

전통적으로 협력하기 힘든 사람들을 잇는 다리 건설하기

다양한 사람과 협력하는 것은 매사추세츠 주, 첼시에서 활동하는 봉사 단체 로카의 핵심 전략이다. 로카는 젊은이들 사이에서 '경계를 넘나드는 다리 만들기'에 초점을 맞춘다. 그렇지 않을 경우 젊은이들은 자신의 현실이나 욕구에 적절히 대응하지 못하는 시스템 안에 갇힐 우려가 있다. "우리의 일은 항상 변화를 가져오는 관계 네트워크를 구축하는 것과 관련되어 있습니다. 그래서 공동체 내의 문제 이면에 존재하는 어떤 패턴을 파악하고 이해할 수 있도록 말입니다." 오마르 오르테스의 말이다. "이러한 관계망은 처음에는 거리의 아이들에게서 시작되었지만 서서히 경찰, 법원, 학교, 매사추세츠 주 사회복지부DSS 같은 다른 조직으로 확산되었습니다. 이로 인해 아이들에게 이익이 되게끔 작용하는 새로운 시스템이 만들어지기 시작합니다."

"예전에는 경찰 같은 조직을 비난하며 힘들게 하기도 했습니다. 우리는 항상 아이들을 보호하려고 했으니까요." 몰리 볼드윈의 말이다. "그러다가 놀라운 사실을 발견했습니다. 전혀 다른 분야에 있는 사람들의 관점에서 시스템을 보면 책임감이 더욱 강해진다는 것입니다. 자신의 편견이나 관점에 대한 집착이 사실은 스스로를 보호하려는 수단이었음을 알게 됩니다. 이와 같은 태도는 '나'를 넘어서서 다른 사람이 스스로를 돌아보며 자신의 편견을 보게끔 돕기도 합니다."

"이따금 소소한 기적이 일어나지요. 피트는 우리 서클 교육에 참석하는 경찰관이었습니다. 교육 도중 어떤 사람이 불가사리에 대해서 이야기했습니다. 어떤 사람이 썰물이 빠져나간 뒤의 해변에서 수백 마리의 불가사리와 함께 서 있는 노인을 보았습니다. 노인은 불가사리 한 마리를 집어서 바다로 던졌고, 그는 노인에게 큰소리로 물었습니다. '그런다고 뭐가 달라집니까? 불가사리 한 마리일 뿐인데요.' 그러자 노인 역시 큰소리로 대답했습니다. '방금 그 불가사리에게는 차이가 크지요.'"

"이틀 뒤에 거리를 걷다가 경찰관 한 사람과 마주쳤습니다." 로카 직원인 아니샤 카블라니Anisha Chablani가 계속해서 말했다. "그런데 마주친 경찰관이 이렇게 말했습니다. '피트한테 도대체 무슨 짓을 한 겁니까? 요즘 계속 불가사리 이야기만 하고 다녀요.' 정말 믿기지 않았습니다. 거의 황당할 지경이었습니다. 피트 경찰관이! 제가 들은 최고로 멋진 소식이었지요."

부문을 초월한 협력

전혀 다른 유형의 조직 사이에서 경계를 넘어선 관계를 구축하는 것 또한, 보다 커다란 시스템에 영향력을 행사하는 핵심이 되는 전략이다. "우리는 관점의 다양성을 높이기 위해 다른 조직과 협력하는 것이 전략적인 변화를 위한 핵심 수단임을 알게 되었습니다." 유니레버의 이사 안드레 판 헤임스트라Andre van Heemstra의 말이다.

유니레버는 오래 전부터 인도네시아에서 빈곤퇴치 노력을 벌여왔는데, 최근 이와 관련하여 옥스팜과 진행한 역사적인 공동연구를 마무리했다.[15] 두 조직 모두 상당한 위험부담을 감수한 협력이었다. 다국적 소비재 회사이자 기업의 사회적 책임을 옹호하는 기업으로서 유니레버는 개발도상국 빈곤퇴치를 위한 그간의 노력에 대해 비판적인 평가를 받아들일 각오를 해야 했다. 개발도상국에 긍정적인 영향을 미치기 위해서라면 감수해야 하는 부분이었다. 거대 다국적 기업에게 유리하게 작용하는 부당한 국제무역규정을 비판해온 앞서가는 다국적 NGO로서 위상을 굳혀온 옥스팜은 바로 그러한 기업과 협력하고 있다는 공격을 감수해야 했다. "우리 같은 대기업은 당연히 내적인 다양성을 증진시키기 위해서 노력하고 있습니다. 하지만 외적인 다양성에도 관심을 가지고 이를 증진시킬 필요가 있지요." 헤임스트라의 말이다. "쉽지 않은 일입니다. 그러나 유니레버와 옥스팜이 협력했을 경우 우리는 단독으로 가능한 것보다 훨씬 많은 일을 해낼 수 있습니다." 옥스팜의 대표 바바라 스토킹도 유니레버와의 협력을 적극 지지했다. "다들 거대 다국적 기업이 안고 있는 문제점을 알고 있습니다. 그러나 단순히 비판하는 수준을 넘어설 필요가 있습니다. 우리는 현실 문제에 대한 대중의 자각을 제고하는 활동을 전개하고 있습니다. 그러나 그것만으로는 일개 기업의 행태를 넘어서는 문제들을 해결하기에는 부족합니다. 그보다 체계적인 해결책을 만들어내려면 협력이 필요하다고 봅니다."

다양성의 다음 단계

점점 네트워크화되는 세상에서는 다양하고 포괄적인 공동체 구축 필요성이 한층 커질 수밖에 없다. 아일린 갤러웨이의 말을 들어보자. "제가 목격한 크나큰 변화 중의 하나는 자신과 많이 다른 사람들과의 협력 필요성이었습니다. 일하는 방식이 네트워크화되는 추세이기 때문에 다양한 사람들과 함께 일하는 능력 역시 이전보다 훨씬 중요해졌습니다." 갤러웨이는 얼마 전까지만 해도 사람들은 '동질적인 소규모 집단, 다시 말해 같은 작업 집단, 혹은 같은 처지의 사람들끼리 모여' 일하는 경향이 있었지만 지금은 상황이 달라졌다고 말한다. "이제는 세계 각지의 사람들이 일상적으로 포함됩니다. 대규모 집단일 경우 여러모로 우리와 다른 사람들을 포함합니다. 많은 조직의 다양성 관련 정책에는 다양성에 적합한 비즈니스 사례 확립, 인사지침 및 정책 정비, 다양한 직원 채용 등이 포함됩니다. 그렇게 토대를 마련하고 나면, 다양성에 적합한 포괄적인 작업 환경 창조에서 진정 어려운 작업으로 초점이 옮겨 가는데, 바로 구성원 각각입니다. 팀에서 일할 사람으로 누구를 뽑을지, 우리가 내리는 모든 선택, 그러한 선택이 일을 하기 위해 필요한 것과 정말로 일치하는지 등을 살펴야 합니다. 만약 내가 중국인 동료와 일하는 것이 불편하다면, 혹은 중국인 동료가 나와 일하는 것이 불편하다면, 그렇게 형성된 네트워크 때문에 좋은 해결책 모색이 불가능해질 수도 있습니다."

갤러웨이는 다양성을 다루는 전통적인 방식이 사람을 몇몇 범주로 나눈다고 지적했다. "여기에서 진정한 문제는 대부분의 회사가 다양성을 보는 방법보다 훨씬 개인적이며, 발전적이라는 것입니다. 중요한 것은 타인이 생각하고, 소통하고, 관계 맺는 방식을 이해하고 인정하는 능력입니다. 결국은 더불어 사는 문제이지요."

8. 학습 인프라 발전시키기

지금까지 소개한 사례들 가운데 다수가 학습 인프라 면에서의 혁신이 효과적인 학습 전략의 핵심 요소일 때가 많다는 사실을 증명한다. 인텔, 포드, DTE 에너지, 나이키 같은 조직이 성찰이나 시스템 사고를 지원하는 경영진의 역할을 만들거나 재정의하는 경우, 학습 인프라가 만들어진다. 정기적인 실습 공간을 마련하거나, 업무팀이 서로 정보를 공유하고 원활히 소통하게 해주는 기술 개발에 투자하는 관리자도 마찬가지다. 그러나 현실에서는 이러한 부분이 간과되는 경우가 많다. 아마도 인프라상의 혁신은 새로운 지도 이념을 발표하는 것처럼 극적이지도, 새로운 도구나 방법처럼 구체적이지도 않기 때문이리라. 그러나 자원 배치와 맞지 않는 지도 이념을 발표해보아야 의미가 없으며, 활용 기회가 거의 없는 도구나 수단을 사람들에게 소개하는 것도 의미가 없기는 마찬가지다.

학습 인프라는 학습을 운에 맡기지 않는다. 일본에서 품질관리 운동이 유행하게 된 과정은 학습 인프라의 중요성을 말해주는 설득력 있는 사례라 할 수 있다. 1950년대와 1960년대 초반 W. 에드워즈 데밍, 조지프 주란Joseph Juran 같은 전문가들은 주로 고위 경영진을 상대로 기본 원칙(지도 이념)을 가르쳤다. 이어서 시간이 흐르자 많은 이가 통계를 활용한 공정 관리 같은 기본 도구에 관한 훈련을 받았다. 그리고 몇 년 뒤에 도요타 같은 몇몇 회사는 일선 노동자에게 이러한 도구를 가르치고 훈련시켜야 하며, 그들의 책임을 재정의하여 각자가 자신이 맡은 공정을 분석하고 개선할 권한을 부여하는 것이 무엇보다 중요하다는 사실을 깨달았다. 직무 책임에서의 이러한 변화가 없었다면 품질관리는 노동자 자신이 아니라 전문가의 책임으로 남아 있었을 것이고, 노동과 학습은 결코 통합되지 못했을 것이다.

학습 인프라 구축의 선구자

조직학습협회 네트워크를 통해 오랫동안 전략적 협력자 관계를 유지해온 미국 육군이야말로 학습 인프라 구축의 선구자라 할 수 있다. 실제로 학습 인프라 분야에서 미국 육군에 비견할 만한 정교함을 갖춘 기업을 아직까지 보지 못했다.

육군이 생각하는 학습 인프라는 다음과 같은 것들이 포함된다.

- 훈련과 공식 교육: 여기에는 웨스트 포인트에 위치한 육군사관학교 같은 입문 단계의 교육기관부터 대령이 장군으로 승진하기 전에 받게 되는 12개월 교육 프로그램을 주관하는 육군대학원까지가 모두 포함된다.
- 실습: 모의 경험을 통해 배우는 다양한 유형의 (컴퓨터 혹은 실제) 시뮬레이션과 사후검토 같은 도구가 사용된다. 여기에는 며칠에 걸친 대규

모 시뮬레이션이 수행되는 국립훈련센터 같은 기관도 포함된다.

- 연구: 성공 사례와 그렇지 못한 사례를 분석하기 위한 실제 전투와 모의 전투 조사 및 연구로, 육군학습교훈센터 같은 기관이 대표적이다. 육군학습교훈센터는 이러한 연구를 통해 얻을 수 있는 통찰과 교훈을 밝혀내고, 이를 토대로 향후 교육이나 훈련 프로그램, 새로운 시뮬레이션, 궁극적으로 독트린을 만들어내는 작업을 책임지고 있다.
- 독트린: 성공적인 지휘통솔에 대한 핵심 가정과 믿음을 분명하게 밝힌 최상위 정책. 독트린 전담 부서가 따로 있으며 장관급 중의 하나가 이끌고 있다.

육군이 이처럼 학습 인프라에 지속적으로 투자하는 것은 과거로부터 배우는 교훈이 중요하다는 확신이 있기에 가능했다. 육군참모총장은 여러 차례 게티즈버그 전장을 둘러보는 도보여행 프로그램을 마련하고 학습조직협회 기업 임원들을 초대했다. 육군 소속 '수석 역사가'가 '여행 가이드'를 맡아 안내했다. '여행 가이드'를 만나는 순간 기업 임원들은 두 가지로부터 강한 인상을 받는다. 그러한 역할이 있다는 사실, 그리고 그러한 역할을 맡은 사람이 장군 계급장을 달고 있다는 사실이다.(이는 '수석 역사가'라는 자리가 생긴 이래 계속되는 전통이었다) 걸으면서 이야기를 나누다 보면 '수석 역사가'뿐만 아니라 다른 육군 장교들도 유명한 게티즈버그 전투에 대해서 상세하고 심층적인 지식을 가지고 있으며, 그것으로부터 얻는 교훈을 현재 그들이 직면한 문제와 신속하게 연결 지을 수 있다는 사실이 분명해진다. 이것은 학구적으로 접근하는 역사가 아니라 일종의 '구술 역사'의 놀라운 예였고, 그렇기에 사람들에게 더욱 깊이 와 닿았다. 안내하는 장교들은 누가 소규모 접전을 이끌었는지, 누가 구체적으로 어느 지점에서 부상을 당하고 죽었는지와 같은 참전 용사들 개개인에 관한 사항까지 자세히 알고 있었다.(사흘간의 전투에서 6만 명이 넘는 병사가 죽었다) 그들이 들려주는 역사는 지휘관과 병사로서 각자의 경험, 판단이나 행동에서의 실수로 치른 대가 등과 연결되어 지극히 개인적이었고, 당연히 배움으로 직결되었다.

참석한 임원들 대부분이 학습은 좋은 의도나 몇몇 도구보다 훨씬 많은 것을 필요로 한다는 통렬한 깨달음 속에서 현장을 떠난다. 학습이 진정한 영향력을 발휘하기 위해서는 조직이 돌아가는 얼개 안에 깊이 섞여 들어가야 한다. 조직은 과거의 전략, 운영 방침 변경, 리더십 방식 등에서 어떤 것이 성공적이었고 어떤 것이 실패였는지 조사하고 살피는 작업을 게을리하지 말아야 한다. 실제로 많은 이가 이러한 부분에 자원을 거의 투자하지 않는 조직의 행태가 직무태만에 가깝다는 결론을 내린다. 다양한 위치에 있는 리더를 이끄는 이론에 대한 진지한 고민 없이 그때그때의 상황을 보아 즉흥적으로 일을 처리하는 조직이 적지 않다. 이와 같은 상황에서는 새로 취임한 CEO가 조직에 과거 따위는 없었던 양, 완전히 새로운 전략을 밀어붙이는 것이 자신의 일이라고 생각하는 풍토도 이상할 것이 없다.

다른 조직은 이를 진지하게 받아들일 준비가 되어 있을까?

앞에서 소개한 미국 육군의 다양한 학습 인프라 가운데 다른 조직에서 가장 흔히 발견되는 것은 훈련과 공식 교육인데, 그것마저도 재정적인 압박이 있으면 재빨리 삭감하는 경우가 많다. 또한 실습, 연구, 독트린 같은 다른 인프라가 없으면 교육도 제대로 방향을 잡기 어렵고 실전에서 효과적으로 활용하지 못할 가능성이 높다. 나아가 학습 인프라의 결정적인 역할을 인정하는 경영철학이 없으면 이러한 상황이 개선될 가능성은 높지 않다. 아마도 학습 인프라의 중요성이 전반적으로 인정받지 못하는 진정한 이유는 경영자 대부분이 편협한 시각으로 단기성과 목표 달성에만 매달리고, 장기적 성과를 위한 능력 배양에 관심을 쏟지 않기 때문일 것이다. 어느 CEO가 개탄조로 하는 말처럼 '의사결정과 관련된 인프라는 많고도 많은데 학습 인프라는 전무한' 실정이다.

그렇지만 개인적으로 나는 점진적으로 깨달음이 커지고 있다고 믿는다. DTE 에너지가 사후검토에 투자하고, 인텔이 아일린 갤러웨이 같은 성찰 프로그램을 이끄는 코치에 투자하는 것이 좋은 증거다. 또한 '학습 조직'이라는 단어가 단순한 슬로건 이상이 되려면 이러한 깨달음이 실로 중요하다고 믿는다.

나처럼 상황을 인식하는 경영자가 아직은 많지 않지만 점점 늘어나고 있는 것도 사실이다. 포드 자동차의 마브 애덤스도 그러한 경영자 가운데 하나다. "전반적으로 대다수의 회사가 시스템 관점에서 문제를 보고 이해하는 데 서툰 것이 사실입니다." 애덤스의 말이다. "시간적인 압박과 전체를 보기 힘들게끔 관리 책임이 조각조각 나뉜 현실을 생각하면 충분히 이해가 가는 현상이지요. 하지만 여러 요인으로 인해 상호의존이 극적이다 싶을 만큼 심화되고 있습니다. 따라서 복잡성을 이해하고 더불어 일하는 능력을 키우는 데서 소소한 진전이라도 보이는 조직들이 실제로 유리한 위치를 차지하고 있습니다. 시스템 관점을 통해 전체 유형을 보고, 그에 적합한 복합 전략을 선택하고, 적응성 있는 현명한 해결책을 찾아내는 기업들이 결과적으로 그에 걸맞은 보답을 받는 사례를 우리는 이미 많이 목격하고 있습니다. 그러한 방법을 동원하지 않았다면 다루기 힘들었을 기업의 문제를 해결하는 모습 말입니다."

애덤스는 핵심은 '이러한 학습 능력을 조직의 고정적인 일부로 만드는 것'이라고 말한다. 일시적인 학습으로 끝내지 말아야 한다는 것이다. 애덤스는 '차세대 학습 인프라는 분산 컴퓨팅, 시뮬레이션, 정교한 내부 컨설팅 자원 등을 활용하게 되리라'고 본다. "아직 갈 길이 멀었지만 그러한 것들을 해냈을 때의 보답은 엄청날 겁니다."

명칭이 뭐가 중요해?

지난 몇 년 동안 학습조직 건설을 위해 노력하는 다양한 실천가들을 만나는 일은 항상 반갑고도 즐거운 일이었다. 특히 사람들이 학습 중심 조직 문화를 창출하는 데서 자신이 맡은 역할을 얼마나 다양한 방식으로 설명하는가를 지켜보는 것도 그러한 즐거움 중의 하나였다. 포드 자동차의 마브 애덤스는 '적응 능력을 갖춘 조직' 건설을 이야기한다. HP의 앤 머레이 앨런에게 있어서는 '일이 실제로 어떻게 이루어지며 협동이 어떻게 지식 네트워크를 발전시키는가?'를 이해하는 것이 무엇보다 중요했다. 싱가포르 경찰국장 쿠본휘는 '학습을 장려하는 문화에서 지식을 관리하는 것'의 중요성을 이야기한다. 국제금융공사 도로시 하마치-베리는 '열망'과 '질의 및 다이얼로그 기술'을 강조한다. 플러그 파워Plug Power의 로저 세일런트와 동료들은 '학습조직이 되는 법을 학습하는 것'이라고 말한다.(이는 내가 좋아하는 표현 중의 하나다) 플러그 파워는 세일런트가 포드 자동차를 떠난 뒤에 합류한 소규모 연료전지 회사다. 레스 오모타니는 다수의 관점을 역설한다. "아이와 노인까지, 공동체 내의 모든 사람이 하는 말을 경청하고 주의를 기울이면서 보살피고 봉사하고 지도하면 됩니다. 명칭 같은 것은 중요하지 않습니다. 사람들과 함께 있기만 해도 문화가 변하기 시작할 겁니다. 그들이 그것을 원하니까요."

나와 동료들은 처음 '학습조직'이라는 단어를 사용하기로 했을 때, 적잖은 두려움을 안고 있었다. 그러한 단어가 유행이 될지도 모르며, 유행이란 것이 본디 그렇듯이 일시적인 것으로 끝나버릴지 모른다는 점을 충분히 생각하고 있었기 때문이다.[16] 이와 같은 우려에도 불구하고 '학습조직'이라는 단어가 지니는 단순한 이미지가 우리가 생각하는 조직 건설에 부합한다는 생각이 들었다. 성찰, 심층의 열망, 시스템적인 장애물을 파악하고 우리가 만들어내고자 했던 모습에 가깝게 시스템을 규정하려는 바람에 토대를 둔 조직 건설과 일치한다는 생각이 들었다.

말년에 데밍 박사는 'TQM', 'QM', '품질관리' 등의 용어는 '사람에 따라 어떤 의미든 될 수 있기 때문에' 사실상 무의미하다고 말했다. 그러나 그러한 선언에도 불구하고 그의 작업은 심층적으로 놀라운 일관성을 보여주었고, 평생에 걸쳐 지속적으로 발전하고 진화했다.

'학습조직'의 일시적 유행, 그리고 이후의 불가피한 여정을 보면서 나는 한 가지 결론을 내리게 되었다. 사람은 자신의 전략과 리더십을 발전시키기 위한 일환으로써, 자신이 하는 일의 의미를 설명할 자신만의 언어를 찾아내야 한다. 자신이 하는 일을 어떻게 설명하느냐는 대단히 중요하다. 그러나 핵심은 사용하는 단어가 아니라 한 사람, 한 사람의 성찰, 실험, 한층 개방적인 태도 같은 개인적인 여정에 있다. 이것을 어떻게 부르느냐가 아니라, 그러한 여정이 바로 우리가 창조하는 현실이라는 것이 중요하다.

15 리더의 새로운 과업

초판본 4부에서 다룬 모든 소재 가운데 가장 널리 읽힌 부분은 바로 이 제목을 달고 있는 장이었다.[1] 지금 생각해보면, 학습조직 창조에 필요한 일련의 변화를 달성하는 것은 터무니없을 정도로 힘든 일이며 진정한 리더십이 필요한 일임을 모두가 절감하고 있었기 때문이 아닌가 싶다. 당시 이 장은 하노버 보험사 빌 오브라이언 사장의 말을 인용하는 것으로 시작되었다. "학습조직이나 '메타노이아(인식의 전환)'에 대해 미국 전역을 누비며 다양한 사람과 만나 이야기를 나누면, 그들의 반응은 항상 아주 긍정적입니다. 이처럼 많은 사람이 원하고 있음에도 정작 이러한 조직을 만들어내지 못하는 이유는 무엇일까요? 그 이유는 바로 리더십에 있다고 저는 생각합니다. 이러한 조직을 구축하기 위해서 정확히 어떤 헌신이 필요한지 사람들은 제대로 이해하지 못하고 있는 것입니다."

2005년 조직학습협회 연례 임원 워크숍Executive Champions Workshop, ECW에서 있었던 일이다. 현재 플러그 파워 사에 있는 로저 세일런트와 세계은행 동남아시아 지부 부사장직에서 물러난 지 얼마 되지 않은 니시미즈 미에코Nishimizu Mieko가 행사에 참석한 고위 경영자들의 멘토로 나섰다. 세계은행에 있는 동안 니시미즈는 세계 각국에서 보여준 혁신 업적은 물론, 젊은 리더를 키우는 리더 육성자로서도 널리 존경을 받았다. 당시 키워낸 젊은 리더 중의 몇몇이 현재 세계은행에서 핵심 역할을 수행하고 있다. 워크숍 마지막 날 참석자들은 두 사람의 리더 육성 방법에 대해 배울 수 있는 추가시간을 달라고 요청했다.

니시미즈의 제안에 따라 참석자들은 원을 그리며 앉았고, 우리 셋은 원의 중앙에 앉았다. 이어서 니시미즈와 세일런트는 오늘날의 그들이 있기까지 서로가 겪었던 경험에 대해 묻기 시작했다. 세일런트는 멕시코, 북아일랜드, 중국에서의 경험을 이야기했는데 발언권이 전혀 없는 평직원이 재능 있는 리더로 성장한 사례들이었다. 니시미즈는 경제학을 공부한 후, 빈곤이라는 현실을 인식하고 받아들이게 되기까지의 여정에 대해 이야기했다.

도중에 세일런트가 갑자기 이러한 질문을 던졌다. "미에코, 당신에게 있어 전환기는 언제였나요?" 듣고 있던 많은 이는 세일런트가 말하는 의미를 확실히 이해하지 못한 모양이었다. 그러나 맞은편에 앉아 있던 나는 니시미즈가 질문의 의미를 정확히 이해했다는 것을 알 수 있었다. 니시미즈는 세일런트를 똑바로 바라보며 대답했다. "카이로에 있을 때였습니다. 고급 호텔에서 진행되는 이틀간의 세계은행 회의를 마친 참이었죠. 기분전환을 하고 싶었던 저는 호텔을 벗어나서 카이로 외곽의 공동묘지, 즉 '죽은 자의 도시'로 발걸음을 옮겼습니다. 그곳은 집 없는 사람들이 정착해서 살고 있는 일종의 판자촌이었고, 그야말로 '극빈'한 상태였습니다. 개발도상국에서는 흔히 볼 수 있는 풍경이었지요. 나는 많이 아파 보이는 딸을 안고 있는 여성의 옆에 앉았습니다. 아이는 그곳이 지구의 다른 곳이었다면, 그다지 심각하지 않았을 설사로 인해 탈수 증세를 보이고 있었습니다. 엄마와 딸은 오지 않는 약을 기다리고 있었지만, 사실 깨끗한 소금물이면 해결되는 일이었지요. 그러나 아이의 상태를 보니 이제는 그것도 소용이 없어 보였습니다. 안아 봐도 되느냐고 물으니 여성은 제게 딸을 건네주었습니다." 이야기를 하는 동안 니시미즈의 눈동자에는 눈물이 그렁그렁 고였고 참석자들은 쥐 죽은 듯이 고요해졌다. "그로부터 채 몇 분이 지나지 않아 아이는 숨을 거두었습니다." 그렇게 말한 다음 니시미즈는 잠시 숨을 골랐다. 그리고 이야기가 이어졌다. "불가피한 일이 아니었습니다. 아이는 그렇게 죽지 않아도 되었다는 것을 저는 알고 있었습니다. 바로 그때가 저에게 변화가 일어난 시기입니다."

'리더'의 의미는?

"지도자가 되려면, 먼저 사람이 되어야 한다." 지금으로부터 2,500년도 더 전에 중국의 유학자 공자가 했던 말이다. 유명한 유교 경전 〈대학大學〉에서 공자는 리더십 배양에 필요한 일곱 가지 '명상 공간'이라는 관점에서 개인 성장 이론을 전개했다. 그러나 공자만 그러한 주장을 했던 것은 아니다. 세계 각지에서 전해 내려오는 지혜를 보면 공통적으로 나타나는 생각이기도 하다. 사실, 지혜 자체가 리더십과 연관된 가장 오래된 개념 중의 하나라고 할 수 있다.

안타깝게도 리더십을 인간의 성장과 연결시켜 생각하던 이러한 관점은 현재는 거의 사라져버렸다. 요즘은 '리더leader'라는 단어가 주로 지휘와 관련된 권한을 의미하며, 고위 경영진과 동의어처럼 쓰인다. "리더가 앞장서야 변화가 일어난다.", "문제는 리더십이다." 같은 말을 통해서 사람들은 은연중에 그러한 생각을 표출한다. 그것에는 정확성 여부와 무관하게 공통된 심층적 메시지가 하나 있다. 최고 경영진 자리에 있는 특정한 사람을 가리켜 '리더'라고 칭하는 것이다. '회사 고위 경영진'이나 '임원진'이라고 하지 않는 이유는 무엇일까? 이러한 표현을 사용하면 확실히 애매함은 옅어진다. 그러나 우리가 그들을 리더라고 지칭하는 데는 더욱 넓은 의미가 담겨져 있다. 변화를 일으킬 힘은 위계질서상으로 조직 최상위에 있는 이들에게만 있으며, 아래에 있는 사람들에게는 그러한 힘이 없다는 메시지다. 이는 심각하고 비극적인 혼란을 이야기한다. 첫째, 이는 최상위에 있는 사람을 제외하면 리더가 될 사람이 존재하지 않는 것이며,

따라서 아무도 변화를 일으킬 힘을 지니고 있지 않다고 단언한다. 둘째, 훨씬 복잡하고 중요한 주제, 즉 다양한 위치에 있는 리더의 다양한 역할을 이해할 방법과 근원적 변화를 유지할 능력이 있는 리더 사이의 네트워크를 발전시킬 방법을 지나치게 한정하고 단순화한다.

우리는 오래 전에 이러한 혼란을 인식하고 '리더십 생태계ecology of leadership'라는 관점에서 현장 리더, 내부 네트워크 리더, 임원 리더들이 어떤 역할을 하는지 고민하기 시작했다. 조직학습협회 네트워크 안에서 일어나는 다양한 학습 문화 구축 노력을 살펴본 결과, 방식은 달라도 이러한 세 유형의 리더가 핵심이라는 사실을 확인할 수 있었다. 이렇듯 분산된 리더십이라는 관점은 〈변화의 춤〉 현장지침서에 실렸는데, 심오한 변화를 시작하고 지속하는 과정에서 반복적으로 발생하는 10가지 난관과 이것에 대처하는 리더들 사이의 의존 관계를 다루는 책이다.[2]

인텔의 데이브 마싱이나 포드 자동차에서 일한 로저 세일런트 같은 현장 리더들은 혁신적인 관행을 일상 업무에 통합하는 과정에서 반드시 필요한 존재다. 시스템 사고 도구의 효과를 시험하고, 정신모델에 대처하고, 대화를 심화시키고, 사람들의 현실과 연결된 공유 비전을 만들고, 학습과 노동이 통합된 업무 환경을 만드는 모든 일은 이들 없이는 힘들다. 효과적으로 일하는 현장 리더들이 없으면 새로운 아이디어가 아무리 설득력이 있다고 할지언정 실제 행동으로 옮겨지지 못하며, 위에서 내려오는 변화 시도 또한 좌절되기 쉽다.

유니레버의 브리지트 탄타위-몬소우, 인텔의 아일린 갤러웨이 같은 네트워크 리더는 말하자면 도우미이자 씨앗 운반자이자 일종의 연결 장치 같은 역할을 한다. 이들은 업무 현장의 능력을 배양하고 새로운 관행을 통합하는 과정에서 현장 리더들과 긴밀하게 협조할 때도 많다. 또한 새로운 아이디어와 관행을 업무 그룹 사이에 퍼뜨리는 과정에서 중요한 역할을 하며, 혁신적인 현장 리더들을 서로 연결시켜주는 데도 반드시 필요한 존재다. 나아가 이들은 성공적인 혁신과 중요한 학습 및 지식을 퍼뜨릴 더욱 큰 네트워크를 만든다.

BP의 비비엔 콕스, 웨스트 디 모인 학군에서 교육감으로 일했던 레스 오모타니 같은 임원 리더들은 혁신과 변화에 필요한 전반적인 환경을 조성한다. 이들은 전체로서 조직의 목적, 가치, 비전과 관련된 지도 이념을 만드는 과정을 이끈다. 이러한 아이디어가 반드시 이들에게서 나올 필요는 없으며, 조직 어디서든 다양한 입장으로부터 생겨날 가능성도 있다. 그러나 이들은 조직에 있어서 신뢰할 수 있으며 고무적인 지도 이념이 존재하도록 보장하는 책임을 맡아야 한다. 또한 임원 리더는 잘못 설계된 성과 측정 방법이나 보상제도 같은 혁신을 저해하는 구조적 장애물을 처리함에 있어서 결정적인 역할을 한다. 더불어서 이들은 직원이 기업의 가치와 열망을 믿고 따를 수 있도록, 그것을 직접 구현하고 실천하는 좋은 역할 모델이 되기도 한다. 여러 가지 면에서 변화에 가장 중요하지만, 동시에 가장 소홀히 되고 있는 요소가 바로 위계질서상의 권한이 미치는 상징적인 영향이다. 효율적으로 일하는 임원 리더는 '말보다 행동이 훨씬 강한 메시지를 전달한다'는 오랜 금언을 받아들이고 직접 실천한다. 그것이 어느 조직에서든 가장 눈에 띄는 사람에게 특별히 분명하게 적용된다는 사실을 알고 있기 때문이다.

세 유형의 리더는 서로를 필요로 한다. 현장 리더는 변화를 가로막는 시스템상의 장벽을 이해하고 해결하기 위해서 임원 리더가 필요하고, 홀로 고립되지 않고 동료에게서 배우기 위해 네트워크 리더가 필요하다. 네트워크 리더의 입장에서는 아이디어를 실제로 테스트하기 위해서 현장 리더가 필요하고, 특정 현장에서 얻은 통찰을 조직 전체의 지침과 기준으로 바꾸기 위해서 임원 리더가 필요하다. 임원 리더는 전략적인 목표를 관념에서 현실의 가능성으로 바꾸기 위해서 현장 리더가 필요하고, 학습과 변화에 적합한 더욱 확장된 네트워크를 구축하기 위해서 네트워크 리더가 필요하다.

이처럼 각자 서로 다른 조직 내 입장에서 공통되는 것은 리더의 활동을 특징짓는 근본적인 3가지 역할이다. 이 책의 초판에서 나는 이와 관련하여 다음과 같이 말했다. "리더란 방향을 정하고, 중요한 결정을 내리고, 집단에 활력을 불어넣는 특별한 사람이라고 보는 전통적인 관점은 지극히 개인적이고 비非시스템적 세계관에 깊이 뿌리를 박고 있다. 특히 서구에서의 리더는 영웅, 즉 위기 시에 '전면에 나서는' 위대한 남성(아주 드물게 여성이 되기도 한다)이다. 그러한 통념이 만연되어 있는 한 시스템적인 힘과 공동 학습보다는 단기간의 사건과 카리스마 넘치는 영웅에 집중하는 분위기가 한층 강화될 수밖에 없다. 리더십을 보는 이러한 전통적 관점의 이면을 들여다보면 기본적으로 인간은 무력하고, 개인적인 비전도 없고, 변화에 필요한 힘을 다루지 못하는 무능한 존재이며, 소수의 위대한 리더만이 이러한 결점을 바로잡을 수 있다는 가정을 토대로 하고 있다."

그러나 학습조직에서 리더십을 보는 새로운 관점은 그보다 미묘하고 중요한 임무에 중점을 두고 있다. 학습조직에서 리더는 설계자이고 교사이며 봉사자이다. 나는 오늘날 이러한 근본 역할이 어느 때보다 중요하다고 보지만, 그로 인해 제기되는 어려움과 개인적인 난관 역시 분명하게 깨닫게 되었다.

설계자로서 리더

'여러분이 속한 조직이 원양 항해를 하는 배이고, 여러분은 배의 리더라고 상상해봅시다. 그렇다면 여러분의 역할은 과연 무엇일까요?' 나는 오래 전부터 관리자 집단을 앞에 두고 이러한 질문을 던져왔다. 가장 흔한 대답은 '선장'이었다. '방향을 지정하는 항해사'라는 이들도 있었다. '실제로 방향을 통제하는 조타수'라고 하거나 '아래에서 불을 지펴 배에 동력을 공급하는 기관사', '모든 사람이 참여하고 관여하고 소통하도록 하는 사회적 책임자'라고 답하는 이들도 소수 있었다. 모두 리더가 마땅히

맡아야 하는 역할임에는 분명하지만, 여러모로 훨씬 중요한 역할은 따로 있다. 중요한데도 사람들이 좀처럼 생각하지 못하는 부분이기도 하다.

사람들이 간과한 리더의 역할은 바로 배의 '설계자'이다. 설계자만큼 배에 광범위한 영향을 미치는 사람도 없다. 설계자가 키가 좌현으로만 돌아가도록, 혹은 우현으로 돌리는 데는 여섯 시간씩 걸리도록 만들었다면, 선장이 '우현으로 30도'라고 말해보아야 무슨 소용이 있겠는가? 설계가 엉망인 조직에서 리더가 되어 보아야 제대로 성과를 올리기란 불가능하다.

공학 시스템 환경에서는 설계자라는 개념이 비교적 선명한 반면, 이를 사회 시스템 환경으로 가져다놓으면 그렇게 간단하지가 않다. 조직이라는 환경에 놓인 리더로서 우리는 어떤 사물, 말하자면 자신과 분리된 무언가를 설계하는 것이 아니다. 자신을 설계자로 생각하면, 조직은 일종의 기계, 말하자면 재설계되어야 하는 기계라고 생각하고 싶은 유혹이 한층 강해진다. 그러나 우리는 외부자가 아닌 시스템의 참여자이며, 자동차를 다시 설계하듯이 '유기적 시스템'을 재설계하지는 않는다.

조직을 '살아 있는 시스템'이라고 인정하는 리더들은 설계 작업에 다르게 접근한다. 그들은 자신이 새로운 측정 기준, 공식적인 역할과 공정, 인트라넷 웹사이트, 혁신적인 회의 같은 인위적인 구조를 만들어낼 수는 있지만, 사람들이 이러한 구조나 프로세스를 활용하고 중요한 회의에 적극적으로 참석해야 무엇인가가 일어난다고 본다.

반복적 설계와 학습 인프라

일과 학습을 효율적으로 통합하는 학습 인프라는 처음부터 완전한 형태를 갖춘 채로 등장하지 않으며, 오히려 시간을 두고 서서히 발전한다. 여기에서 중요한 것은 학습 인프라의 가치를 인정하고 열린 마음으로 설계 과정을 반복하는 것을 꺼리지 않는 리더의 역량이다.

새로운 인프라는 실험을 마다하지 않는 적극성에서 시작된다. 2003년 사우디아라비아 국영 석유회사 사우디 아람코Saudi Aramco의 기술 및 운영서비스 사업부는 대규모 회의를 준비하는 과정에서 '월드 카페'라는 새롭고 급진적인 방법을 활용하기로 결정했다. 조직 내 리더 집단과 소규모 업무팀은 여러 해에 걸쳐 시스템 사고와 관련 학습 수단을 활용하여 문제 해결 능력을 향상시키고 사업전략을 명확히 하고자 노력해왔다. 그러나 그러한 작업에 조직 전체를 끌어들이지는 못했다. 그렇게 되자 '우리밖에 없다'는 고립감이 들기 시작했다. "우리가 하는 일은 회사의 다른 부분과 연결되어 있지 않았습니다. 우리는 조직과 보조를 맞추지 못했고, 새로운 사고를 다른 부문으로 확산시키지도 못했습니다." 상무인 살림 알-아이드Salim Al-Aydh의 말이다.

알-아이드는 2002년 여름 이집트에서 열린 조직학습협회 임원 워크숍에 참석했을 때 월드 카페라는 방법을 직접 보았고, 어떻게 하면 이것을 대규모 학습에 활용할 수 있을지 고민하기 시작했다. 오랫동안 조직학습협회 네트워크에 참여해온 후아니타 브라운Juanita Brown과 데이비드 아이작스David Isaacs가 개발한 월드 카페는 대규모 집단 다이얼로그에 유용한 간단하면서도 강력한 틀을 제공한다.[3] 이는 먼저 여러 개의 작은 카페 탁자에 사람들을 앉히고, 그들에게 중요한 의미가 있는 공통의 질문이나 주제에 관심을 집중하게 하는 데서 시작된다. 사람들이 탁자를 옮겨가며 이야기를 나눔에 따라 소규모로 이루어지는 친밀한 대화가 서로 연결되기 시작한다. 몇 시간 동안 참석자들은 소규모로 이루어지는 다수의 대화에 참여하면서 동시에 전체로서 집단이 어떻게 생각하는지를 이해하게 된다. "이러한 과정은 저에게 커다란 도움이 되었습니다." 알-아이드의 설명이다. "워크숍 참석자들은 성장 배경이나 직업이 다른 실로 다양한 사람들이 매우 유사한 문제로 고민하고 있다는 사실을 알게 되었습니다. 다양한 관점을 접하게 해주는 이러한 프로세스가 이해에 크게 도움을 주었지요."

동시에 사우디 아람코의 고위 경영진은 사우디아라비아의 경제 현실

속에서 사업 전략을 재고하고 있었다. 다수의 십대와 청년층이 노동인구에 편입되었지만, 실업률은 30퍼센트대를 맴돌고 있었다. 1970년대 중반 이래 1인당 실질 GDP가 50퍼센트나 떨어졌고, 국가 경제는 지속가능성을 보장하지 못하는 석유에 절대적으로 의존하고 있었다. "회사 역사상 처음으로 우리는 하나의 팀으로서 전략적인 방향을 논의하며 발전시켰고, 다이얼로그를 통해 관점을 넓혔습니다. 모든 기업이 그렇듯이 우리도 주주들을 만족시켜야 했지만, 동시에 기업이 융성하려면 지역경제도 활성화시켜야 합니다. 그래서 저는 '이러한 생각을 조직 전반으로 확산시킬 방법은 무엇일까?'를 고민하기 시작했습니다. 회사 직원 대부분이 우리 조직의 약점 중 하나로 의사소통 문제를 꼽을 겁니다. 이집트에서의 워크숍은 이러한 약점을 극복할 방법을 백방으로 찾던 제게 상상력을 촉발시키는 계기가 되었습니다."

2003년 알-아이드와 동료들은 '카페 2003'을 열어 현장 감독, 관리자, 총감독, 이사진, 임원진 등 대략 600명을 한 공간에 불러 모았다. 그리고 카페 프로세스를 활용하면서 회사 전략에 변화가 필요한 이유에 대해 이야기를 나누었다. "우리는 참석자들에게 함께 이야기를 나누고, 질문을 던지고, 다양한 관점을 드러내고, 서로를 이해할 기회를 제공했습니다."

'카페 2003'은 새로운 방향으로 향하는 발걸음이었지만, 어디까지나 첫걸음에 불과했다. "행사가 끝나고 우리는 해당 행사가 실제로 사람들의 생각과 행동에 얼마나 영향을 미쳤는지 알아보는 조사를 진행했습니다. 기존의 소통 시도에 비하면 훨씬 좋은 결과가 나왔지만, 아직 만족스럽지는 않았습니다. '이것이 나에게 어떤 의미지?'라는 질문을 던지고 충분한 시간을 들여 답을 찾지 않으면, 결국 사람들은 그것이 자신에게 미치는 영향을 제대로 인식하지 못하고 끝나버립니다."

이어서 알-아이드와 동료들은 '시야'라고 불리는 모임을 기획해 다양한 조직을 모아서 이러한 사안이 그들의 일상 업무 및 활동과 어떻게 연결되는지에 대해 이야기하는 자리를 마련했다. 이어서 '시야 선명'이라는 이름의, 15명에서 25명 정도가 참여하는 소규모 대화 자리도 마련했다. 이러한 노력을 통해 알-아이드는 1,000명이 넘는 직원을 직접 만나 변화의 필요성과 관련된 이야기를 나누었다.

"대화 시간은 정말 유용했습니다. 한번은 GDP가 인당 735달러, 즉 하루 2달러로 떨어지리라는 주제에 대해 이야기를 나누었습니다. 그러자 사람들이 물었습니다. '우리가 변화하지 않는다면, 하루에 2달러로 먹고 살아야 한다는 말이 사실인가요?' 그러자 저는 '그렇다'고 대답했습니다. 그리고 그렇게 생각하는 이유를 설명했습니다. 이후 '하루 2달러'라는 말은 회사에서 널리 알려지게 되었습니다. 사람들은 경각심을 가지고 이렇게 말하기 시작했지요. '우리가 국내 경제 활성화를 돕지 않으면, 석유 이외의 다른 사업을 개발하지 않으면, 국내 업체에게 더욱 많은 일감을 주어 일자리를 창출하지 않으면, 더욱 많은 내국인을 교육시키고 채용하지 않으면, 결국 하루에 2달러로 먹고 사는 신세가 될 거야. 우리의 아이들은 일자리가 없을 거야. 우리는 가난해질 거야.'"

이러한 질문과 발상의 전환 덕분에 속도가 붙기 시작했고, 카페 프로세스는 더욱 발전했다. "시간이 흐르면서 우리는 사람들을 참여시키는 방법, 주주의 관심과 직원의 업무를 연결하는 방법에 대해 더욱 많이 배우고 이해하게 되었습니다. 또한 이처럼 기존과는 다른 색다른 소통방식이 우리 내부적으로는 효과가 있다는 것을 배웠습니다. 그렇다면 회사 내외를 막론하고 우리 주변에 있는 다른 사람들은 어떨까? 그들에게도 효과가 있을까? 이러한 질문을 던지기 시작했습니다." 이것은 '카페 2004'로 이어졌고 이번에는 회사 내부 고객과 외부 고객을 한자리에 불러 모았다. '시야 2004', '시야 선명 2004'를 거치면서 아람코 사람들은 자신들끼리만 이야기하는 문화에서 탈피하게 되었다. '카페 2005'에서는 프로세스를 더욱 확장하여 외부 하청업체와 서비스 제공업체의 사람들도 포함시켰고, 카페 형식으로 꾸민 커다란 격납고에 1,000명이 넘는 사람이 모였다. "일부러 1월 초에 카페를 열었습니다. 그 해의 운영계획을 세우는 시점에 중요한 사안을 허심탄회하게 논의할 수 있게 하려는 의도였지요. 이전까지 직원들 대부분은 계획 수립 과정에 참여해본 적이 없었습니다. 하지만 우리는 중요한 문제에 대처하는 과정을 함께하려면, 직원들이 먼저 하나의 회사로서 우리가 나아갈 방향에 대해 계획을 수립하는 과정을 알고 이해해야 한다고 생각했습니다."

새로운 학습 인프라에는 알-아이드의 기술 및 운영서비스 사업부와 주변의 협력 네트워크만이 관여했지만, 이내 다른 이들도 주목하기 시작했다. 2004년의 조사 결과를 보면 알-아이드가 이끄는 사업부서의 직원들은 다른 부서의 직원보다 회사 전략을 이해하고, 그것이 자신의 업무와 어떻게 관련되는지를 이해하는 정도가 훨씬 높은 것으로 나타났다. "결과적으로 우리의 노력은 효과가 있었다고 봅니다. 회사는 의사소통 개선을 위한 노력이 다른 사업부에도 필요하다는 사실을 깨달았습니다. 카페 프로세스가 회사 구석구석으로 퍼져나가기 시작했지요."

'월드 카페'는 유용한 방법이지만, 모든 문제를 해결해주는 마법의 묘약은 결코 아니다. 사우디 아람코에서 시도한 '월드 카페' 이야기는 학습 인프라 '설계자'가 된다는 것이 어떤 의미인가에 대해서 중요한 시사점을 제공한다. 첫째, 설계자는 소통과 학습에 대한 중요한 욕구가 충족되지 않고 있음을 알아야 한다. 그리고 그러한 욕구를 충족시키기 위해 기존의 틀을 깨고 전혀 다른 무언가를 하려는 용기와 상상력을 가져야 한다. 이어서 달성된 결과를 비판적으로 보면서 방식과 수단을 조정하고 수정하려는 열린 태도를 가져야 한다. 처음부터 모든 것이 해결되리라고 기대할 것이 아니라, 인내심과 지속하고자 하는 의지를 가지고 임해야 한다. 마지막으로 설계자라는 역할에 있어서 리더는 과정을 통제해야 한다는 생각을 버리고, 다른 이들이 각자의 상황에 맞춰 인프라를 발전시키도록 허용해야 한다.

IT 인프라

반복적 설계에서의 동일한 리더십은 웹사이트나 포털사이트와 같은 비교적 잘 알려진 의사소통 인프라에 대해서도 효과적으로 작동한다. 오랜 기간, 이러한 의사소통 인프라는 그 기술 분야 설계자의 의도에 따라 기능하는 것이라고 생각되었다. 그러나 현실에서는 반대의 경우가 발생했다. 예를 들어 네트워크상에서의 공동 작업을 의미하는 '그룹웨어groupware'가 처음으로 세상에 나오자 협력 강화를 모색하고 있던 회사가 이것에 투자했다. 그런데 협력 강화라는 목적은 내부 경쟁에 근거한 기존 조직 문화에 완전히 묻혀버리는 경우도 많았다. MIT 동료인 완다 오를리코프스키Wanda Orlikowski는 대표적인 그룹웨어인 로터스 노츠Lotus Notes를 설치한 컨설팅회사 직원들이 해당 프로그램을 새로운 고객이나 기술 정보를 공유하는 용도보다는 이메일을 보내고 회의 일정을 조율하는, 말하자면 내내 해오던 일을 하는 용도로 주로 사용한다는 사실을 알게 되었다.[4] 개인이 가진 지식이 조직에서의 지위와 급여를 결정하는 그러한 문화에서는 '새로운 컴퓨터 인프라를 도입하면 사원들이 협력하게 될 것'이라고 생각하는 것 자체가 순진한 생각이다. 이러한 인프라는 기존 문화를 바꾸기보다는 오히려 더욱 강화하는 쪽으로 활용될 가능성이 훨씬 높다.

IT를 기반으로 하는 인프라 설계에서 리더십은 실행팀을 어떻게 구성할지 설계하는 데에서 시작된다. HP의 앤 머레이 앨런의 말을 들어보자. "HP의 인쇄 본부에서 SAP 시스템 구축을 지휘할 때, 팀의 80퍼센트는 재무, 조달, 생산 부서 사람들이었고, 팀 전체가 물리적으로 같은 공간에서 일했습니다. 누가 IT 부서 출신이고, 누가 사업 부서 출신인지 구별할 수가 없었지요. 사실, 당시 우리는 새로운 툴tool을 설치한다기보다는 일하는 방식을 바꾸는 작업을 하고 있었습니다. 여러 해 뒤에 HP 직원용 포털 인트라넷과 지식경영 프로젝트를 지휘하는 업무를 맡았을 때도 우리는 같은 방식으로 접근했습니다. 핵심 전략은 HP 전체 직원이 기술을 통해 서로와 연결되고 힘을 합치는 방법을 찾는 것이었습니다. 궁극적으로는 조직이라는 경계를 넘나드는 지식 네트워크를 구축하고 확장하자는 것이었지요. 그것은 기술 자체보다 훨씬 중요했습니다."

현실의 축소판으로 실습의 공간이 되는, 축소세계microworld 같은 새로운 학습 인프라도 같은 생각에서 이끌 필요가 있다. 처음 이 책을 집필했을 때 나는 이러한 모의실험 및 훈련 학습 인프라가 미래 학습 인프라의 핵심이라고 생각했고, 해당 장의 부제에서 과감하게 이것을 '학습조직의 기술'이라고 선언했다. 그동안 모의실험 활용이 이전에 비해 훨씬 일반화되고 활용 범위도 넓어진 것이 사실이지만, 내가 기대한 만큼의 효과는 아직 나타나지 않았다. 그 원인은 기술을 지나치게 강조한 반면(여기에서는 시뮬레이션 모델), 실제 학습과 변화에 초점을 맞추는 인내심이 필요한 반복적 설계 과정에는 거의 신경을 쓰지 않는 태도라는 것이 나의 생각이다.

"저는 이 책에서 이야기한 축소세계라는 개념은 시대를 앞섰다고 봅니다." 포드 사의 마브 애덤스 밑에서 일하는 제러미 셀리그먼Jeremy Seligman의 말이다. "그러나 컴퓨터가 엄청나게 보급되고 그 영향력이 커지면서 변화가 일어나고 있습니다. 관리와 관련된 모의실험과 축소세계가 기업의 전략개발 및 의사결정에서 의미 있는 역할을 담당하는 사례가 점점 늘고 있으니까요." 포드의 어느 공장 관리자는 1,000명이 넘는 직원에게 공장 작업장 및 제조와 관련된 모의실험 장치를 익히도록 했다. 덕분에 제조 공정에 관여하는 모든 직원이 실제로 일어날 가능성이 높은 일을 시나리오와 그 결과를 통해 경험할 수 있었고, 자신이 속한 전체 시스템에 대한 적응 능력을 높이며 시스템에 대한 이해를 한층 높일 수 있었다. "이로 인해 공장의 생산성이 크게 증가했습니다. 회사의 다른 공장에서도 유사한 프로젝트가 진행될 것으로 보입니다." 셀리그먼의 말이다. "판매 계획 수립에 이를 활용하는 데도 성공했습니다. 국내 대기업 경영진이 축소세계 덕분에 판매 계획과 실적 평가 기준, 핵심 전략적 가정을 바꾸었습니다. 미래가 어떻게 될지에 대한 불충분한 자료와 불확실한 관점을 토대로 진행되는 '마라톤 회의'보다 한 발 앞서가는 조치였지요."

"인내심을 가지고 실질적인 필요성을 느끼는 사람들을 어디서 어떻게 개입시킬 것인가를 모색해야 합니다. 설계 패러다임은 급속하게 발전하고 있습니다. 시간이 흐르면서 조직 환경에서 축소세계를 활용해 효과를 보기 위해서는 어떻게 해야 하는지, 말하자면 축소세계 기법 활용의 핵심 성공 요인이 무엇인지가 서서히 밝혀지고 이에 대한 생각도 한층 정교하게 다듬어지리라 생각합니다." 셀리그먼의 표현을 빌자면 그와 애덤스가 지속적으로 행하는 실험과 다듬기 작업은 "이러한 학습 도구가 실제 작업 환경에서 뿌리를 내릴 수 있는 방법을 알게 되면, 경쟁이 극도로 치열한 시장에서 회사의 생사를 가를 핵심 변화를 가져올 수 있으리라!"는 깊은 확신에 토대를 두고 있다.

지도 이념

설계를 '살아있는 시스템'의 일부로 보는 태도는 지도 이념의 '설계'와 같은 한층 미묘한 설계 작업에도 마찬가지로 적용된다. 빌 오브라이언은 "많은 이가 조직 설계를 그저 면과 선을 이리저리 옮기는 것으로 오해하고 있다."면서 조직 설계의 첫 번째 과제는 '사람들이 바라보며 생활할 목적, 비전, 핵심 가치와 같은 지도 이념을 고안하는 일'이라고 주장했다. 그런데 경영진이 부지런히 비전과 사명 선언(미션)을 내놓아도 직원이 이것을 경영진과는 다른 방식으로 해석하고 행동하는 일이 비일비재하다는 사실을 알고 있는가? 이러한 상황을 이해한다면 당연히 전략도 달라질 것이다.

이것을 염두에 두고 지도 이념 만들기에 착수하면, 다음과 같은 일곱 가지가 달라진다. 첫째, 표현이 제대로 되었는지에 신경을 쓰기보다는 사람들을 참여시키는 데 더욱 관심을 쏟게 된다. "예전에는 파이를 제대로 구워내기 전에는 사람들 앞에 내놓아서는 안 된다고 생각했습니다." 롱아일랜드에서 교육감으로 활동하는 레스 오모타니의 말이다. "교사나 학교 관리자, 지역사회 구성원과 함께 팀을 이루어 학습하고 협력하는 것에 익숙해지면서, 우리는 설구워진 아이디어와 비전을 손에 들고 사람들을 찾아가게 되었습니다. 그들이야말로 세부사항을 함께 계획하고 해결하기 위한 협력자였으니까요. '우리에게는 선택지가 있으니, 어떤 것으로 정할지 함께 찾아야 합니다.' 신뢰를 보여주면서 이렇게 말하는 것이지요."

둘째, 지도 이념 개발에 더욱 많은 시간을 투자할 마음자세를 가지게 된다. 2001년 다시 윈슬로는 나이키에서 여성용 신발 사업부를 책임지게 되었는데, 회사에서 처음으로 여성 제품에만 전적으로 매진하는 사업부를 만든 것이었다. 윈슬로가 이끄는 팀은 꼬박 1년이 걸려서 고객과 어떤 관계를 맺고 싶은지에 대해 네 가지의 지도 원칙을 도출했다.[5] "중요한 것은 우리가 약속이라는 측면에서 우리의 정체성을 표현해줄 원칙을 찾고 있었다는 것입니다. 이러한 원칙의 진가를 충분히 인식하고, 그것에 맞춰서 생활하는 것이 우리의 팀을 구축하는 핵심 과정이었습니다. 물론 이러한 원칙은 분명 진화하는 것이지만, 내가 다른 곳으로 일자리를 옮긴 후에도 4년이 넘도록 변함없이 유지되고 있습니다. 지금도 사람들은 그 원칙을 보며 '우리가 올바른 결정을 내리고 있는가?'를 자문하고 있겠지요."

셋째, 윈슬로의 마지막 말이 함축하고 있듯이 지도 이념이 어떻게 활용되는가에 초점을 맞추게 된다. 빌 오브라이언은 비전이나 가치가 참된 것인지 혹은 '번지르르한' 헛소리에 불과한 것인지를 판단하는 데 이러한 기준을 적용한다. "하루를 마치는 시간에 스스로에게 이렇게 묻습니다. '우리의 비전과 가치는 오늘 내가 내린 결정에 어떠한 영향을 미쳤지?' 만약 아무런 영향을 미치지 못했다면 우리의 비전과 가치는 그저 헛소리일 가능성이 농후하지요." 속을 들여다보면 이는 앞에서 이야기한 진정한 지도 이념과 그저 좋은 아이디어 사이의 차이다. 2002년 조직학습협회 지속가능성 컨소시엄 회의에서 창립회원인 BP의 버니 벌킨Bernie Bulkin은 새로운 티셔츠 하나를 보여주었다. 티셔츠 뒷면에는 네 단어가 적혀 있었다. 존중, 정직, 소통, 탁월. 이어서 벌킨이 티셔츠의 앞면을 보여주었는데, 그곳에는 '엔론Enron'이라고 적혀 있었다.(2001년에 파산한 미국의 에너지 회사로, 파산 직전까지 이를 숨기기 위해 대대적인 회계부정을 저질러 미국 사회를 경악시켰다. 부도덕하고 부패한 기업의 상징으로 꼽힌다. -옮긴이)

이 마지막 요점은 지도 이념에 대해 사람들이 품고 있는 가장 흔한 오해 중의 하나를 명확하게 보여준다. 우리는 표현을 예쁘게 만드는 데 집착할 우려가 있다. '이것은 맞는 비전인가?'라는 질문조차도 잘못된 것이다. 표현에 대한 집착 때문에, 아름다우며 심지어 감동까지 주지만 실제로 변화를 전혀 만들어내지 못하는 비전 선언이 나오게 된다. 한편 지도 이념 분야에서 노련한 기교를 자랑하는 설계자는 "중요한 것은 비전이 무엇이냐가 아니라, 비전이 무엇을 하느냐?"라는 사실을 잘 알고 있다.(이는 동료 로버트 프리츠가 강조했던 부분이기도 하다) 그들은 비전을 비롯해서 여러 가지 지도 이념을 사람들의 에너지를 동원하고 집결시키는 수단으로 생각한다. 그러므로 어떤 모습이냐가 아니라, 어떤 영향력을 가지느냐로 판단한다. 또한 지도 이념이란 항상 진행 중인 상태이지 결코 완결된 형태가 아니라는 것을 잊지 않는다.

설계자가 받는 보상

리더의 설계 작업은 광범위하게 영향을 미칠 수 있는 일이지만, 정작 설계자에게는 대체로 공로가 돌아가지 않을 때도 많다는 것을 아는 것이 중요하다. 그렇기 때문에 선박 설계자의 업무는 리더십으로서 인식되지 못하는 것이다. 오늘 명확하게 드러난 훌륭한 설계의 성과가 알고 보면 오래 전 과거의 작업에 따른 것일 수가 있으며, 마찬가지로 오늘 행한 작업으로 인한 이득이 먼 미래에 나타날 수도 있다. 좋은 설계의 특징은 위기가 없는 상황을 만드는 것이다. 그러므로 '리더로서 조직을 위기에서 구하는 영웅'이 되어 주목을 받을 기회도 없다. 통제하려는 욕구, 명성을 얻거나 단순히 행동의 중심에 있고 싶은 욕구에서 리더십을 발휘하고자 하는 이들은 리더의 임무 중에서 조용한 작업에 해당하는 설계에는 좀처럼 매력을 느끼지 못할 것이다. "조직의 어느 위치에 있든 작지만 의미 있는 성공에 집중하고, 다른 사람에게 공이 돌아가는 것을 개의치 않는다면 실로 많은 일을 달성할 수 있다." 로저 세일런트의 말이다.

이미 2,500여 년 전에 중국의 사상가 노자老子는 '더없이 훌륭한 설계에서는 지도자와 그가 지닌 리더십이 거의 보이지 않을 수 있다'는 점을 유창한 웅변조로 지적한 바 있다.

- 사악한 지도자란 사람들이 욕하는 사람이다.
- 좋은 지도자란 사람들이 존경하는 사람이다.
- 위대한 지도자란 사람들이 "우리 스스로 해냈어!"라고 말하며, 그에 대해 언급하지 않는 그러한 사람이다.

이러한 유형의 리더십에도 당연히 보상이 따른다. 이것을 실천하는 리더는 구성원들이 진정으로 관심을 가지는 결과를 만들어낼 능력을 갖춘 조직의 일원이 되는 데서 깊은 만족감을 느낀다. 실제로 그들은 전통적인 리더에게 주어지는 권력과 칭송보다 이러한 보상이 훨씬 오래 간다는 사실을 알고 있다.

교사로서의 리더

훌륭한 교사란 주변 사람이 그를 통해 배우는 사람이다. 훌륭한 교사는 학습을 위한 공간을 만들어내고 그곳으로 사람을 이끈다. 반면에 노련하지 못한 교사는 자신이 무엇을 가르치고, 어떻게 가르치고 있는가에만 집중한다. 로버트 그린리프는 1920년대 중반부터 1960년대 중반까지 AT&T에서 재능 있는 여러 리더를 만나 함께 작업한 뒤에 얻은 결론을 토대로 '사람을 키우는 존재'로서 리더를 더없이 아름답게 표현했다. 그린리프는 사람들에게 봉사하려는 욕구를 위대한 리더의 핵심 동기로 규정했고, 그러한 리더인지의 여부를 알려주는 핵심 지표로 주변 사람의 성장을 꼽았다. 또한 그린리프는 이와 같은 요건을 충족하는 리더를 '섬기는 리더servant leader'라고 칭했다. "어떤 사람이 섬기는 리더인지 알아보는 가장 좋은 질문은 이렇다. 섬김을 받는 이들이 인간으로서 성장했는가? 그들은 더욱 건강해지고, 현명해지고, 자유로워지고, 자율성이 높아지고, 나아가 스스로 섬기는 사람으로 성장할 가능성이 높아졌는가?"[6]

조직 역량에서 빈틈 찾기

조직 내의 만족스럽지 못한 의사소통이나 중대한 협력 필요성에 대한 인식이 설계 작업을 활성화하는 촉진제 역할을 하는 것처럼, 교사로서 리더의 업무도 조직에 부족한 중요 역량에 대한 인식에서 시작되는 경우가 많다. 2001년 비비엔 콕스는 BP 관리자들이 미래에 대해 함께 생각하는 자리를 만들자는 취지에서 '살롱salon'이라는 대화 자리를 마련하기 시작했다. 비비엔 콕스의 설명을 들어보자. "BP에서 직위가 올라가면서 저는 우리의 핵심 이슈는 함께하는 공동 리더십임을 깨닫기 시작했습니다. BP에는 개별적으로 매우 유능한 리더가 많았지만, 동시에 개인적인 책임을 강조하고 과도한 경쟁을 부추기는 문화도 있었습니다."

"처음에 저는 특별한 의제 없는 대화를 조직하자는 생각에서 시작했습니다. 하루 하고 반나절 동안 20~30명 정도를 초대해서 어떤 방향이든 원하는 대로 대화하게 했습니다. 대화에 참여한 집단은 매우 다양했습니다. BP 내의 계급구조의 단면을 완벽하게 보여주는 집단도 있었습니다. 고위 관리자와 갓 입사한 신입을 포함해 하위 관리자가 함께하는 경우도 있었습니다. 참석자 가운데 3분의 1 정도는 외부인이었습니다. 교장, 무용수, 자선단체 간사, 다른 기업 직원 등이 두루 포함되었습니다. 규칙은 모든 사람이 참석자 중에서 적어도 한 사람은 알고 있어야 한다는 것이었습니다."

"어떤 의미에서 저는 대화에서 얻는 구체적인 결과에는 관심이 없었습니다. 대화 자체에 더욱 흥미가 있었지요. 저는 중요한 방면으로 대화가 뻗어나갔으면 하는 생각에서 매우 다양한 주제를 선택했습니다. 세계화와 대처 방법, 우리가 받을 영향 등에 대한 이야기도 했었지요. 예를 들자면, 우리는 회계전문가 J. 토머스 존슨J. Thomas Johnson과 함께 숫자의 횡포에 대해 생각해보는 시간을 가졌습니다. 중요한 것 중의 많은 부분이 측정 불가능하다는 사실을 잘 알면서도, 강박적이다 싶을 만큼 측정 가능한 것에 초점을 맞추어 기업을 운영하는 경향에 대해서 이야기했습니다.[7] 정말 흥미진진한 대화였지요. 사람들은 자신이 관심 있는 사안에 대해 이야기할 공간이 주어졌다는 사실을 아주 반겼습니다. 처음의 대화 주제가 무엇인가는 사실 중요하지 않았습니다. 대화는 항상 자체 생명을 가지고 뻗어나갔으니까요."

새로운 역량을 구축하려는 노력의 효과를 측정하기란 어려운 일이다. 그러나 단순히 사람들이 지속적으로 참석하는가, 그렇지 않은가가 성공을 가늠하는 지표 중의 하나임에는 분명하다. 콕스가 진행한 살롱은 성과 위주의 BP 문화와 충돌되는데도 사람들이 지속적으로 참석했다. 콕스와 함께 일한 고위 간부 중 하나는 "비비엔이 진행하는 회의 때문에 죽겠다."고 하소연하면서도 빡빡한 일정에 어떻게든 시간을 내서 가능한 한 자주 참석했다. 콕스가 소집하지 않으면 살롱 모임이 자체로는 지속되지 않았기 때문에 콕스 자신은 효과에 확신이 없었다. "살롱이 일종의 씨앗이 되어 비슷한 요소를 많이 가지고 있는 다른 것들이 탄생했다는 사실을 깨닫기 전까지 저는 많이 실망했었지요. 어쩌면 사람들은 제가 했던 그대로 할 만한 힘이나 권한이 없다고 느꼈을지도 모릅니다. 그냥 그렇게 하고 싶지 않았을지도 모르지요. 아무튼 저는 이러한 대화에서 영향을 받아 모임을 개최하거나 워크숍을 조직하거나 하는 등의 새로운 방식으로 이슈를 탐구하는 이들도 있다는 것을 알았지요."

살롱은 또한 콕스에게 중요한 역량의 빈틈을 줄일 학습 환경을 창출하는 과정에서 귀중한 교훈을 가르쳐주었다. 콕스가 더욱 높은 자리로 승진한 뒤에 특히나 중요해진 교훈이었다. "제가 모든 것에 직접적으로 관여할 수 없는 상황에서 이러한 범위와 규모의 조직을 어떻게 이끌어야 할까요? 저에게는 신중하게 계산하여 극히 일부 요소에만 개입한다는 것이 비결이자 전략이었습니다. 예를 들어 어떤 전략회의에 사람들을 불러 모았을 경우, 저는 공간을 마련하고 의도를 설명하는 부분까지만 직접 통제합니다. 제가 진정 중요하다고 느끼는 부분이지요. 나머지는 통제하지 않습니다. 참석한 사람들이 대화와 상호작용을 통해서 스스로 통제하고 관리하지요."

교사의 딜레마

초판에서 나는 '힘을 주는 현실관'을 발전시키도록 사람들을 도울 근본적인 필요가 있다는 말을 했다. '힘을 주는 현실관'이라는 말은 미래 설계에 대한 자신감을 해치기보다는 강화하는 현실관을 말한다. 사실, 대다수 조직에서 구성원 대부분이 인식하는 '현실'은 자각해야 하는 부담, 대처해야 하는 위기, 받아들여야 하는 한계 등을 의미한다. 그렇게 현실을 정의한다면 비전은 달성 가능한 목표가 아니라, 헛된 공상 혹은 최악의 경우에는 냉소적인 망상이 된다. 사람들이 현실을 한계의 근원이 아니라, 비전을 만들어낼 수단이자 매개체로 보도록 도우려면 어떻게 해야 할까? 이것이 바로 '교사로서 리더'가 해야 하는 핵심 과제이다.

한 가지 방법은 사람들이 문제를 단순히 단기적인 사건이 아니라, 기저의 시스템 구조 및 정신모델이라는 관점에서 보도록 돕는 것이다. 이러한 방법은 현실을 만들어내는 힘을 알고, 우리가 그러한 힘의 일부라는 사실을 제대로 인식하는 데 도움이 된다. 나아가 우리가 힘의 일부임을 인식하면 당연히 어떻게 그것에 영향을 미칠지도 알게 된다.(3장 '시스템의 포로인가, 자기 생각의 포로인가?' 부분을 참조하라) 그러나 시스템 사고 능력을 기르는 데는 시간이 걸리고 인내가 필요하며, 이러한 길에 헌신하는 리더라면 예외 없이 직면하는 딜레마가 하나 있다. 학습자가 어려운 신기술을 익히도록 돕는 교사라면 누구에게나 익숙한 딜레마이기도 하다.

"시스템 사고를 일부 중요한 문제 해결에 적용하는 작업은 상당히 성공적이었습니다." 마브 애덤스의 말이다. "그러나 동시에 우려가 되더군요. 우리가 그러한 일을 해낸 방식이 가진 한계 또한 보였으니까요. 예를 들면, 한번은 세계적으로 35억 달러의 IT 예산 가운데 10억 달러에 가까운 비용을 절감해야 했습니다. 우리는 소규모 집단으로 만나서 10개의 시스템 사고 다이어그램을 개략적으로 그렸습니다. 역량 손실 없이 비용을 줄이는, 최고의 레버리지를 얻을 기회를 보여주는 다이어그램이었지요. 우리는 이러한 시스템 다이어그램을 조직에 공개하지 않은 채 10개의 작업반을 발족하고, 그들이 추구하는 개입이 10가지 다이어그램에서 얻은 통찰에 근거하도록 유도했습니다. 우리는 10억 달러를 절감하는 데 성공했지만, 개인적으로 저는 그러한 통찰을 공유하지 않음으로써 결국 사람들이 시스템 사고를 하지 못하게 막은 셈이 되었습니다. 우리는 드러나지 않게 그 방법을 활용했습니다. 저에게는 그것이 사람들을 조종하는 것처럼 느껴졌습니다. 다이어그램을 공개한다면, 우리는 사원에게 '이러저러하기 때문에 우리가 이 부분에서 개입하고, 여기에서는 개입하지 않는 겁니다.' 하고 설명할 필요가 있다고 생각했습니다."

애덤스는 그러한 방식의 개입에 두 가지 문제가 있음을 깨달았다. 첫째, 사람들에게 시스템의 힘을 파악하는 능력을 거의 길러주지 못했다. 둘째, 애덤스 자신이 필요한 변화가 일어나도록 자원을 통제했기 때문에 개입이 성공적이었지, 그렇지 않았다면 실패했으리라는 것이었다. 애덤스를 비롯해 시스템 사고를 관장하는 팀은 대부분의 기업 문제에서 영향을 미칠 뿐, 실제 결정이나 행동에는 관여하지 않는다. 다양한 사람들이 상황을 보는 새로운 방식에 따라 다양한 조치를 취해야 하기 때문이다. "우리는 다른 사람들이 볼 수 있게끔 그림을 그려줘야 합니다. 그보다 좋은 것은 그들 스스로 그림을 그리도록 돕는 것이지요." 애덤스의 말이다.

애덤스도 알고 있는 것처럼 이러한 딜레마에 제대로 대처하지 않으면 '부담 떠넘기기' 역학이 발생한다. 중요한 문제를 해결해야 한다는 부담을 '상황을 분석하고 통찰을 내놓는 전문가 집단'에게 떠넘기는 것이다. 그렇게 하면 전제 조직의 역량을 키워야 한다는 필요성과 압박이 사라진다. 개인의 입장에서는 대신 문제를 해결해주는 전문가를 두는 데 점점 익숙해지고, 스스로의 능력을 키워야 한다는 동기부여가 되지 않는 상황에 직면한다. 시간이 흐르면서 부담은 증가하고, 사람들은 더욱 전문가에게 의존하게 된다. 문제는 해결될지 모르지만 조직의 역량은 항상 제자리걸음이다.(아래의 다이어그램 참조)

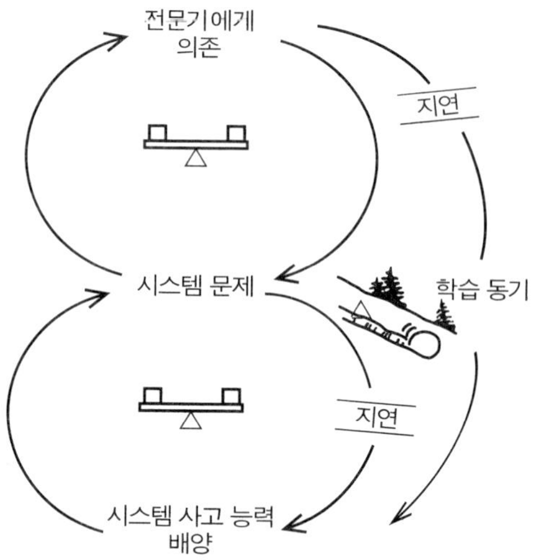

대부분의 '부담 떠넘기기' 상황에서 이를 타개할 성공적인 전략은 단기적인 사건과 문제에 장기적인 능력을 개발하는 방향으로 대응하고, '사건 중심 시스템 사고'와 '능력 개발 중심 시스템 사고'를 연결 짓는 것이다.

교사 자신이 먼저 학습자가 되라

진정한 교사가 되려면, 먼저 학습자가 되어야 한다. 실제로 학습에 대한 교사 자신의 열정은 교사로서의 전문성만큼이나 학생들을 고무시킨다. 마찬가지로 조직학습 도구와 원칙에 헌신하는 관리자도 말만 하는 '옹호자'나 '설교자'에 머물지 말고 직접 실행하는 '실천가'가 되어야 한다.

이를 훌륭하게 표현한 이가 바로 그렉 머튼Greg Merton인데, 오랫동안 휴렛패커드HP에서 가장 규모가 크고 수익성이 좋은 잉크 생산 본부의 총책임자이자 부사장으로 일하다 은퇴한 직후였다. 머튼에 따르면, 학습은 그야말로 리더십의 원천이다. "HP에서의 직장생활을 돌아보면, 참으로 능력 있고 솜씨 좋은 사람들을 많이 만났구나 싶습니다. 하지만 결국 가장 유능한 리더가 되었던 사람은 위치와 역할이 무엇이었든 그저 진정한 학습자였습니다. 무엇이 되었든 과거에 이미 이룬 것은 그들의 자아상에서 중요하지 않아 보였습니다. 그러한 사람은 인간으로서 성장해야 한다는 욕구를 항상 잊지 않았고, '학습이라는 게임'은 항상 지금 여기에서 무엇이 효과적인가를 알아내는 데 최선을 다할 것을 요구한다는 사실도 잘 알고 있었습니다. 회사가 번창할 때는 중요한 위치에 있는 많은 이가 학습자로서의 태도를 가지고 있기 때문이었습니다. 그렇지 못할 때는 회사가 고전을 했지요."

리더는 학습자가 되어야 한다는 머튼의 주장은 지극히 당연한 것처럼 보이지만, 그것의 함의를 제대로 이해하는 데는 시간이 걸릴 수도 있다. 매우 헌신적인 사람에게는 특히 그렇다. 깊은 헌신 때문에 학습의 필요성을 보지 못할 수가 있기 때문이다. "평화유지 서클에서 진행하는 첫 교육에는 총 40명이 참석했습니다. 젊은이, 경찰, 보호관찰관, 주민, 친구 등 다양했지요." 로카의 몰리 볼드윈의 말이다. "첫 모임이 시작되었을 때입니다. 전체가 둥그렇게 원을 그리고 앉았고, 가운데 몇몇이 앉아 이야기를 나눴습니다. 몇 분 지나지 않아 모든 것이 엉망이 되었습니다. 사람들은 소리를 지르고 아이들은 욕을 하고 난리가 아니었지요. 다들 이렇게 말했습니다. '보라고! 이건 불가능한 일이라고!' 모임이 엉망이 되는 모습을 지켜보는 것은 정말 가슴 아픈 일이었습니다. 그러나 결국 저는 스스로 통합이 아니라 구분에 얼마나 헌신하고 있었는지, 중재자로서 얼마나 형편없는 사람이었는지를 깨닫게 되었습니다. '우리와 그들'로 구분하는 사고의 문제점, 제가 그러한 사고를 개인적으로 그리고 조직적으로 어떻게 지속시키고 있는지를 가감 없이 인식했고 가슴 절절하게 깨달았습니다. '내가 옳고 당신은 틀렸다고! 문제는 당신네지 우리가 아니야. 우리가 도덕적으로 더 높은 위치에 있으니까!'라고 계속 우기는 것이야말로 우리가 겪는 문제의 근원이었습니다."[8]

봉사자로서의 리더

〈섬김의 리더십Servant leadership〉에서 그린리프는 다음과 같이 말한다. "섬기는 리더는 애초에 남을 섬기는 봉사자가 된다. 이는 봉사하고 싶은 자연스러운 감정에서 시작된다. 이어서 의식적인 선택으로 리더가 되어 이끌기를 열망하게 된다. 이러한 사람은 애초에 남다른 권력욕을 만족시키기 위해서 혹은 물질적인 부를 얻기 위해서 리더가 되는 사람과는 분명한 차이를 보일 수밖에 없다."[9]

리더로서 자신이 이끄는 사람들을 섬기고 봉사하는 개념이 지나치게 이상주의라고 생각될지 모르지만, 나는 해당 개념이 지극히 현실적이기도 하다고 확신한다. 언젠가 해병대 대령에게 섬김의 리더십이 해병대에서 그렇게 널리 받아들여진 이유가 무엇인지 물은 적이 있다. 그의 대답은 이러했다. "실제 전투에서 그러한 모습이 반복적으로 보입니다. 목숨이 위태로운 상황에서 사람들은 자신이 신뢰하는 지휘관만을 따르게 됩니다. 부하들의 안녕을 염두에 두고 있다고 여겨지는 그러한 지휘관 말이지요."

섬김의 리더십에서 말하는 섬김과 봉사의 대상은 리더가 이끄는 사람들이기도 하지만, 동시에 보다 원대한 목적이기도 하다. 빌 오브라이언이 말했듯이 "모든 진정한 헌신은 자신보다 큰 무엇을 향한다." 1990년 나는 지위 고하와 상관없이 타고난 리더 기질을 보이는 사람들을 이끌어주는 것으로 보이는 '목적'을 설명하면서, 상이한 사람들이 '같은 원천에서 자신만의 영감을 끌어내는 방법'에 대해 이야기했다. "……심층의 목적과 목적의식, 개인 비전의 이면에 놓인 보다 원대한 '존재 형식'……리더십을 발휘할 위치에 있는 유능한 관리자들이 바로 그러한 원대한 목적이 없기에 같은 종류의 리더가 되지 못한다. 그들을 원대한 임무와 연결시키고, 그들의 비전에 심층의 의미를 가져다주며, 기나긴 여정에서 개인의 꿈과 목표가 랜드마크로 부각되는 배경의 넓은 풍경이 없이는 말이다."

당시 했던 말을 돌아보면 두 가지 역설이 숨어 있음을 알 수 있다. 첫 번째 역설은 확신과 헌신에 관련되며, 두 번째 역설은 보존과 변화에 관련된다.

섬김의 리더십의 역설

어떤 사람이 내가 말하는 원대한 목적을 가지고 있다는 말은 '삶에서 가장 중요한 것이 무엇인가?'에 대해 확신을 가지고 있다는 의미가 된다. 이러한 확신은 심지어 일종의 폐쇄성을 암시할 수도 있다. 역으로 이러한 확신이 부족한 사람은 원대한 목적이 없으며, 따라서 리더로서 한계가 있다고 결론지을 수도 있다.

한편으로 나는 목적, 그리고 목표에 대한 확신은 자체적인 위험을 안고 있다고 생각한다. 이러한 위험은 현대 세계에서 자주 나타나는 것이기도 하다. 미국의 철학자 에릭 호퍼Eric Hoffer는 〈맹신자들The True Believer〉이라는 날카로운 분석서에서 헌신적인 사람과 맹신자를 궁극적으로 구분 짓는 것이 무엇인지 묻는다.[10] 호퍼의 결론은 '확신'이다. 맹신자는 자신이 옳다고 확신한다. 호퍼의 정의에 따르면, 자신이 정답을 안다는 확신을 가지고 행동할 때마다 우리는 대의에 상관없이 맹신자로 행동하고 있다고 보아야 한다. 이와 같은 사람에게는 세상을 흑백논리로 보는 폐쇄적인 측면이 있다. 반면에 진정한 헌신은 항상 어느 정도의 의문 및 불확실성과 공존한다. 이러한 의미에서 헌신은 사실 강박이라기보다는 선택이다.

섬김의 리더십의 두 번째 역설, 보존과 변화는 어떤 의미에서 리더십은 항상 변화와 관련된다는 당연한 사실에서 기인한다. 리더들은 개인적으로든 집단적으로든 사물의 질서를 다르게 만들어내고자 노력한다. 그들의 초점은 당연히 새로운 것, 탄생하려 하는 것에 맞춰져 있다. 내면의 목적의식이 리더들에게 그렇게 중요한 이유 중의 하나는 그것이 그들을 붙들어 매는 일종의 '닻' 같은 역할을 하기 때문이라고 생각한다. 새롭게 떠오르는 것을 추구하지만, 한편으로 그들은 어떤 것을 지키고 보존하려는 파수꾼이기도 하다. 그런데 그들이 보존하고자 하는 것이 역설적이게도 변화를 가능하게 하는 열쇠다. 예를 들어 다시 윈슬로의 이야기에서 우리는 이러한 역설을 확인할 수 있다. 윈슬로는 혁신자로서 나이키의 정체성인 '핵심과 연결되기'를 바랐는데, 그러한 과정을 통해서 결과적으로는 조직 내 변화 에너지를 분출시켰다. 이러한 현상은 도로시 하마치-베리가 국제금융공사 관리자들이 '성공한 사기업과 지속가능개발과 조화를 이루고자 하려는 열망'과 연결되게끔 도왔던 때도 나타났다. 인텔의 데이브 마싱이 자신과 동료들이 건강한 생활방식을 유지하기를 진심으로 바란다는 사실을 깨달았을 때도 마찬가지였다. 지키고 보존하고자 하는 욕구가 변화의 동력이 되었다.

칠레의 생물학자 움베르토 마투라나는 진화가 '보존을 통한 변화' 과정이라고 말한다. 마투라나에 따르면 자연은 몇몇 근본적인 특징은 보존하면서도 이외의 모든 것은 마음껏 변화하도록 풀어주는 속성이 있다. 간단한 예가 동물 세계에서의 '좌우 대칭'이다. 눈과 귀가 두 개고 다리는 네 개인 것 등이 모두 좌우 대칭의 특징을 반영한다. 그러나 중요한 것은 좌우 대칭을 지킨다는 제약 안에서 일어나는 엄청난 진화의 다양성이다. 변화를 이끌고자 하는 리더가 "우리가 보존하고자 하는 것은 무엇인가?"

라는 핵심 질문을 망각할 때가 종종 있다. 변화는 속성상 우리 모두에게서 두려움을 유발한다. 미지에 대한 두려움, 실패에 대한 두려움, 새로운 시스템에서는 자신이 필요하지 않을지도 모른다는 두려움 등. 변화가 필요한 것에만 강박적으로 집중하고 보존하고자 하지 않는다면, 사람들이 변화에 대해 느끼는 두려움은 한층 증폭될 수밖에 없다. 그러나 변화에도 불구하고 보존하고자 하는 것을 명확히 하는 경우, 사람들은 변화로 인한 두려움 중의 일부에서 벗어날 수 있다. 리더가 의식적으로 이러한 원칙을 적용하면서 꼼꼼히 살피면, 보통은 사람들이 근본 정체성과 관계를 보존하고자 한다는 것을 알게 된다. 혁신가로서 자신의 정체성, 빈곤 퇴치에서 동업자 관계, 서로의 정신적 육체적 안녕 등이 대표적인 예가 되리라.

권력과 야망의 본질

안타깝게도 진정한 섬김의 리더십을 보여주는 예는 소수에 불과하며, 오늘날 많은 이에게 보다 친숙한 리더십 현실은 권력 남용으로 대표되는 섬김의 리더십 붕괴 현상이다. 드물게 존재하는 진정한 섬김의 리더십 때문에 이러한 안타까운 현실이 더욱 부각되는 것도 사실이다. "제가 보기에 오늘날 세계가 직면한 최대의 문제는 소수의 수중에 권력과 부가 집중되는 현상입니다. 소수에게 이처럼 많은 권력과 부가 집중된 적은 일찍이 없었습니다." 비자 카드사의 창립자 디 혹의 말이다.

정보통신기술 덕분에 권력 분배 방면에서도 많은 발전이 있었던 것이 사실이다. "물리적으로 흩어져 있는 사람들이 기술에 의해 연결되는 것이 지금은 가능하며, 수많은 사람과 장소에서 모은, 예전에는 상상도 못했을 방대한 정보를 이용해 각자의 결정을 내릴 수가 있게 되었다."[11] 그러나 권력과 권위를 나누어주는 것이 개인 내면의 깊은 욕구와 충돌할 때가 종종 있다. 고위 경영자들의 경우가 특히 그렇다. HP의 앤 머레이 앨런은 이를 다음과 같이 설명한다. "소셜 네트워크가 생겼을 경우, 이를 키우고 지원하는 일은 주로 사업장 수준에서 진행됩니다. 제품과 서비스가 고객과 직접적으로 연결되는 그러한 지점이지요. 그런데 안타깝게도 중앙의 본사 수준으로 올라가면, 이러한 '협력 네트워크'가 '야망 네트워크'에 자리를 내주는 경우를 너무 많이 보게 됩니다."

옥스팜의 바바라 스토킹은 야망과 성과, 그리고 전통적인 경영진의 남성중심주의 사이의 연관성을 지적한다. "경쟁이나 야망과 관련해서 여성의 통솔방식이 남성의 그것과 다름을 보여주는 연구결과가 많습니다. 경영진이 서열과 지위를 다투느라 사실상 성과를 내지 못하는 경우, 그러한 팀에 속한 여성들은 한 발 물러서서 이렇게 말하지요. '솔직히 저는 신경조차 쓰지 않습니다. 저에게는 돌봐야 하는 가족이 있고, 앞으로의 인생도 있습니다. 그러니 그러한 정신 나간 내분에 시간을 쏟지는 않을 겁니다.' 많은 여성이 다른 책임을 안고 있어서 그러한 것인지, 천성이 그러한 것인지는 모르겠습니다. 아무튼 여성은 그와 같은 싸움에 거리를 두고 이렇게 말하는 경향이 있습니다. '성과를 내지 못한다면, 그것에 내 시간을 낭비하지 않을 거야.' 전반적으로 높은 자리에 있는 여성은 자신의 미래나 경력보다는 일 자체에 야망을 보이는, 말하자면 일에 의욕을 보이는 경향이 있습니다."

스토킹이 말하는 비결은 회사 내의 서열이나 지위보다 넓은 생활에 집중하면, 균형 잡힌 시각을 유지하고 결과적으로 더욱 나은 관리자가 될 수 있다는 것이다. 그러나 안타깝게도 이러한 비결을 깨달은 관리자의 수는 너무나 적다. 몇 해 전 고위 관리직으로 승진할 기회를 맞았던 BP의 비비엔 콕스 사례를 잠시 살펴보자. 당시 그녀는 막 첫 아이를 낳은 참이었다. 콕스는 BP 최고위직 관리자 중의 한 명을 찾아가서 솔직하게 말했다. "BP가 제 인생에서 가장 중요한 것이 아니라는 점을 알아주셨으면 합니다. 저에게 가장 중요한 존재는 딸입니다. 이러한 태도가 새로 맡게 될 직위나 책임에 맞지 않는다고 생각하신다면, 저를 승진시키지 않는 편이 나으리라 생각합니다." 콕스는 당시를 이렇게 회고한다. "일이 많이 힘든 상황에서도 개인적인 우선순위가 명확했던 것이 내게 정말 많은 도움이 되었습니다. 조직 내의 다른 사람들에게도 마찬가지였으리라고 생각합니다."

지속성을 갖는 결과

현재 많은 기업은 조절되지 않은 개인의 야망 때문에 야기되는 도덕성 와해에 촉각을 곤두세우고 있는데, 이것에 과도하게 집착하면서 정작 중요한 부분을 놓치고 있지 않나 싶다. 분명한 부정행위 여부와 상관없이도 개인적 야망이 결과를 위태롭게 할 수 있다는 점이다. 나는 스토킹이나 콕스 같은 리더가 장기적으로 의미 있는 결과를 달성한 것이 결코 우연이 아니라고 본다. 이는 집중에서 시작된다. 지위가 주는 권한 때문에 관리자들이 영역을 지키거나 확장하는 데 에너지를 쏟는 경우, 스토킹이 말한 '일 자체', 다시 말해 달성하려는 실제 결과에 집중하지 못할 것은 자명한 사실이다. 게다가 시간을 보는 안목에도 문제가 생기게 된다. 관리자가 단기 결과에만 집중한다면 지속적인 경영 간섭을 정당화할 가능성이 높다. 의식적이든 무의식적이든 이러한 태도는 '부담 떠넘기기' 역학을 만들어내고, 자체 강화 과정을 거쳐 점차 심화되는 경영간섭에 대한 의존성을 야기한다. 이러한 식으로 단기 결과에의 집중이 권력을 더욱 집중시키기 위한 전략이 된다.

"국민건강보험 관련 일을 하면서 이 부분을 많이 생각했습니다." 스토킹의 말이다.[12] "관리자들이 목록을 만들어놓고 시급한 사안을 우선적으로 처리하는 모습을 지켜보곤 했습니다. 그러나 전체 시스템이 돌아가는 방식을 근본적으로 바꾸기 위해 아무것도 하지 않으면, 시선을 돌리자마자 문제가 재발합니다. 향후 지속적으로 지금보다 나은 성과를 올릴 시스템을 어떻게 만들지에 대해 사람들과 고민하고 그것에 시간을 투자한다면 어떨까요? 눈앞의 단발적인 문제 해결보다 훨씬 많은 시간이 걸리겠지만, 일단 시스템을 만들어낸 뒤에는 지속적으로 이용할 수 있겠지요. 당시 저는 사람들에게 이러한 말을 자주 했습니다. '결과를 내기까지 시간이 상당히 걸릴지도 모르지만, 일단 해내고 나면 지속성을 가질 겁니다.' 결국 우리는 하나의 원칙을 도출해냈지요. 예를 들어 우리가 어떤 병원의 상황에 개입해야 한다면, 당장은 모르지만 나중에는 그곳 구성원 스스로 문제 해결 방법을 찾도록 도와주는 식이어야 한다는 원칙이었지요. 핵심은 우리가 다시 개입할 필요가 없게끔 만들려는 노력을 해야 한다는 것이지요."

"현재 옥스팜에서도 우리는 비슷한 과제를 안고 있습니다. 인도주의 활동이라는 것이 원래 위기 상황에 개입하여 일을 잘 처리하면 엄청난 심리적 보상, 주변의 찬사, 개인적 만족이 따르는 법이지요. '비행기를 타고 와서 구조작업을 벌이는 반바지 입은 백인!' 뭐 그런 거죠. 현재 우리는 어떤 나라에 직접 가서 인도주의적인 구호활동을 펼칠 필요가 없는 상태를 만들고자 노력하고 있습니다. 현지 사람들이 스스로 문제를 해결하는 수준으로 성장하도록 돕는 것이지요. 그래야 비로소 일을 제대로 해냈다고 할 수 있을 겁니다. 이러한 원조의 세계에서는 통제라는 의미에서, 전통적인 개인 권력이 아니라 상대가 나를 필요로 한다는 데서 만족을 느끼는 보다 미묘한 권력이 오히려 문제가 된답니다. 그러나 그러한 차이와 무관하게 기본 역학은 동일합니다. 권력자가 되려는 욕구가 커지는 것이지요."

비전에 봉사하기

로카의 젊은 가두선도원에 따르면 섬기는 리더십이란 결국 '전체에게 옳은 일을 하는 것'이다. 이러한 논리에 따르자면 개인 비전을 바라보는 시각도 달라져야 한다. "이것이 내 비전이다."라는 식의 일방적인 소유관계가 아니어야 한다. 우리는 해당 비전에 봉사하는 사람이 되어야 한다. 그러므로 비전이 우리 소유일 뿐만 아니라 우리가 '비전의 소유'여야 한다. 앞에서도 언급한 것처럼 조지 버나드 쇼는 그러한 관계를 "스스로가 훌륭하다고 인정하는 목적을 위해 사용되는 것”이라고 말했는데, 참으로 간결하고 명쾌한 표현이 아닐 수 없다.

레바논의 시인 칼릴 지브란Kahlil Gibran이 부모와 아이의 관계를 노래한 내용도 초점은 살짝 다를지 모르지만, 기본 개념은 크게 다르지 않다. 칼릴 지브란은 부모와 아이의 관계를 이야기하면서 비전을 섬기는 봉사자로서 리더가 느낄 법한, 소유욕 없는 특별한 책임감을 아름다운 언어로 표현한다.

당신의 아이는 당신의 아이가 아닙니다.
아이들은 스스로를 열망하는 생명의 아들이요, 딸입니다.
아이들은 당신을 통해 왔지만, 당신에게서 온 것은 아닙니다.
또한 당신과 함께 있지만, 당신의 소유는 아닙니다.
아이들에게 당신의 사랑을 줄 수는 있지만, 당신의 생각을 줄 수는 없습니다. 아이들은 그들 자신의 생각을 가지고 있기 때문입니다.
당신은 아이들에게 육신의 거처를 줄 수는 있으나, 영혼의 거처를 줄 수는 없습니다. 아이들의 영혼은 당신이 꿈에서조차 갈 수 없는 내일이라는 집에 거하기 때문입니다.
당신은 아이들과 같아지려 애쓸 수는 있지만, 아이들을 당신처럼 만들려고 해서는 안 됩니다. 삶은 결코 뒤로 가는 법이 없고, 어제에 머물러 있지도 않기 때문입니다.
당신은 생명이 있는 화살인 아이들이 날아가는 근원이 되는 활입니다.
궁수는 무한의 길 위에 있는 과녁을 보면서 화살이 빠르고 멀리 날아가도록 힘껏 당신을 구부립니다.
궁수의 손에서 당신이 휘어지는 것을 기쁨으로 여기십시오. 궁수는 날아가는 화살을 사랑하지만, 꿋꿋이 머물러 있는 활 역시 사랑하기 때문입니다.[13]

어떻게 그러한 리더를 육성할 것인가?

영어 단어 'lead'는 인도-유럽피언어의 'leith'에서 나왔는데, 그 의미는 '문턱을 넘다'이며, 죽음의 이미지와 연결될 때도 종종 있다. 그러므로 니시미즈 미에코나 로저 세일런트 같은 탁월한 리더가 과거 자신의 일부가 죽고 새로운 일부가 탄생하는, 깊은 깨달음의 순간을 경험한 것도 이상할 것이 없다. 흥미로운 것은 널리 쓰이지만 제대로 이해하는 사람은 많지 않은 '카리스마charisma'라는 단어도 비슷한 함의를 담고 있다는 점이다.

'카리스마가 있다charismatic'는 말은 보통 강하고 힘이 넘치고, 자석처럼 사람을 끌어당기는 성격, 그만큼 다른 사람의 주의를 끄는 사람을 가리킨다. 이러한 카리스마가 눈에 띄는 외모나 굵고 낮은 목소리처럼 사람을 '특별하게' 만드는 남다른 특징에서 나온다고 흔히들 생각하는데, 이와 같은 인식이 그렇게 널리 퍼져 있다는 것은 안타까운 일이 아닐 수 없다. 지금까지 내가 만나본 뛰어난 리더 대부분은 눈에 띄는 신체적 특징이나 남다르게 강한 성격을 가지고 있지 않았다. 그들을 차별화시켜주는 요소는 명료하고 설득력 있는 사고, 깊은 헌신, 끊임없이 배우려는 남다른 개방성이다. 그들은 정답을 가지고 있지는 않지만, 주변 사람에게 '그들과 함께라면 우리가 진정으로 원하는 결과 달성에 필요한 모든 것을 배울 수 있다'는 확신을 심어주는 듯하다.

사실 '카리스마'라는 단어는 가톨릭 교회에서 나온 말로, 본래 의미는 성령에 의해 주어진 독특한 개인적 '재능'을 의미한다. 그러므로 카리스마가 있는 사람이 된다는 말은 자신의 재능을 개발한다는 의미가 된다. 요컨대 우리는 자기 자신에게 충실한 만큼, 진정으로 카리스마 있는 리더로 성장하는 것이다. 여기에 진정한 리더십 계발의 비밀이 있다.

나는 여러 리더가 이러한 함의를 어떻게 받아들이고 행동하는가를 주의 깊게 관찰했고, 리더들이 보여주는 개발 목표와 방법의 다양성에 깊은 감명을 받았다. 통찰력과 의사소통 기술을 개발하려고 노력하는 리더가 있는가 하면, 타인의 말을 경청하고 타인이 내놓는 아이디어의 진가를 이해하려고 노력하는 리더도 있다. 다섯 가지 규율을 성장의 기본 틀로 활용하는 리더도 있고 다른 접근법을 활용하는 리더도 있다. 그러나 성장과 능력 개발에 최선을 다한다는 점에서는 모두가 똑같다. 세일런트의 표현을 빌자면 "인간이 되려고 노력한다."는 점에서는 말이다.

이처럼 리더들이 일과 자기계발에 착수하는 방법을 보면, 차이를 넘어서는 하나의 공통점이 있는 듯 보인다. 바로 창조적 긴장 원칙이다. 정말 효과적으로 일하는 리더들은 여러 차이점에도 불구하고 비전을 품고 생각하되, 동시에 현실을 있는 그대로 깊이 있게 들여다보는 데서 생기는 힘 역시 소중히 여기는 공통점을 보인다. 내가 만난 유능한 리더는 리더 자신이 의식적으로 그것에 대해서 생각하든 안하든 하나같이 이러한 원칙을 인식하고 있었다.

우리는 조직학습과 관련된 일을 하면서 창조적 긴장 원칙을 새롭게 만들어낸 것이 아니다. 사실, 과거에도 많은 이가 이러한 원칙을 이야기했다. 역사적인 인종차별 반대 행진을 이끈 후에 앨라배마 버밍엄 감옥에 수감되었던 마틴 루터 킹Martin Luther King Jr.도 다음과 같이 말했다. "소크라테스가 각 개인이 마음속에 창조적 긴장을 만들어 통념과 반쪽짜리 진실의 속박에서 벗어나야 한다고 생각했던 것처럼, 우리도 사람들이 편견과 인종차별의 깊은 심연에서 벗어나도록 도울 창조적 긴장을 만들어내야 한다."[14] 킹 박사는 평등에 대한 '꿈'을 가진 리더로 유명했지만, 실제 그의 리더십은 과거 간디의 그것처럼 사람들이 현실을 보도록, 킹 자신의 말을 빌자면 "현재 상황을 생생하게 표현할 수 있도록" 돕는 데에 토대를 두고 있었다. 킹은 '꿈'과 '현실'을 나란히 하는 것이 변화를 만들어내는 진정한 힘이라는 것을 알고 있었던 것이다.

나는 '리더'라는 표현이 보통 다른 사람이 내린 평가라는 사실을 알고 적잖이 놀랐다. 진정한 리더십을 발휘하는 사람은 스스로 그렇게 생각하는 경우가 없는 법이다. 그들이 관심을 두는 초점은 해야 하는 일, 자신이 속한 전체 시스템, 함께 일하는 사람들이지 '리더'로서의 자신이 아니기 때문이다. 그들이 일이나 시스템, 사람들보다 '리더'로서의 위치에 관심을 두었다면 오히려 문제가 되었을 것이다. 나의 오랜 동료이자 함께 책을 집필하기도 했던 브라이언 스미스Bryan Smith의 말처럼 '자신의 마음속에서 영웅이 되는 데'는 항상 위험이 내재하기 때문이다. 리더십을 발휘하는 위치에 있는 사람인 경우 그러한 위험은 더욱 커질 수밖에 없다.

휴렛패커드의 역사를 공부하던 직원 하나가 공동 창업자인 데이비드 패커드David Packard에게 어떤 리더십 이론을 가지고 있는지 물은 적이 있었다. 직원에 따르면, 패커드는 한참 뜸을 들이고서는 이렇게 말했다. "리더십 이론에 대해서는 잘 알지 못해요. 빌(공동 창업자인 빌 휴렛)과 나는 그저 우리가 좋아하는 일을 했을 뿐이에요. 우리와 함께하고 싶다고 생각하는 사람이 있다면 쌍수를 들고 환영했지요. 그게 전부랍니다."

16 시스템 시민

2002년 가을 세계은행의 니시미즈 미에코는 일본이 제2차 세계대전 이후 국제통화체제인 '브레튼 우즈 협정'에 가입한 것을 기념하는 50주년 행사에서 기조연설을 해달라는 부탁을 받았다. 연설에서 니시미즈는 빈곤이라는 현실을 직시하는 법을 배운 개인적인 경험과 국제 상황에 대한 자신의 관점을 이야기했다. 연설 말미에서는 다음과 같이 우리가 살고 있는 시대의 특징을 역설했다.

> 미래는 우리에게 익숙한 과거와는 많이 다른 모습입니다. 가장 눈에 띄는 차이는 지구가 하나로 연결되었다는 것입니다. 우리가 미래를 건설하고 평가할 기준이 되는 단위가 바로 지구 전체라는 것이지요. 당연히 미래를 결정하는 중요 사안 역시 근본적으로 '글로벌'합니다. 우리는 상호성相互性을 특징으로 하는 불가피한 네트워크 안에 있습니다. 생태계의 상호성, 과거 어느 때보다 자유롭게 이동하는 지식, 아이디어, 사람, 자본, 상품, 서비스의 상호성, 평화와 안전의 상호성 등 목록을 나열하자면 끝이 없지요. 우리는 사실상 지구라는 행성 위에서 촘촘하게 짜인 운명 공동체로 묶여 있습니다.

본래 조직학습 능력을 키우고자 하는 동력은 효과적인 조직 변화 방법을 찾으려는 사람, 적응력 있는 기업을 만들려는 사람, 금융 자본을 늘리기 위해서는 먼저 인적 자본과 사회적 자본을 늘려야 한다고 믿는 사람들에게서 나왔다. 그러나 지금은 우리가 하나로 묶인 '운명 공동체'이며, 사회나 조직 모두 학습과 관련하여 쉽지 않은 도전에 직면했음을 깨달음에 따라 외부의 새로운 유인이 형성되기 시작했다. 이제 나는 학습조직 창조의 진정한 가능성은 변화를 추구하는 이러한 두 가지 힘을 하나로 통합시키는 데서 생겨난다고 믿는다.

모든 조직은 산업, 지역사회, 생명 시스템 등 자신보다 큰 여러 개의 시스템 안에 있다. 어떤 의미에서 어느 기업의 안녕이 의존하고 있는 산업, 사회, 자연계와 관계없이 발전 가능하다고 생각하는 것은 비논리적이다. 오랫동안 기업은 이러한 시스템의 존재를 대개는 당연하게 생각해왔다. 하지만 지금은 기업이 개별적 혹은 집단적으로 시스템에 영향을 미치며, 그로 인한 결과가 중요해지고 있다는 사실이 점점 자명해지고 있다. 이러한 영향 가운데 어떤 것은 누구라도 인정할 만큼 분명하다. 공장이 다른 곳으로 이주하자 주민 절반이 실직자가 된다거나, 발전소가 아산화질소와 유황산화물 등을 대기 중으로 방출하는 경우 등이 그렇다. 그러나 시스템과의 연결 때문에 생기는 영향의 대다수는 구성원 대부분에게 보이지 않는 것이다.

내가 이 글을 쓰는 동안 엄청난 파괴력을 지닌 허리케인이 미국 남동부 멕시코 만을 강타했다. 많은 이가 그렇듯이 나도 피해를 입은 사람들의 안전과 행복을 걱정한다. 그러나 동시에 우리가 긴급구호 이상의 것에는 신경을 쓰지 않을 가능성에 대해 걱정한다. 눈앞의 위기가 지나가고 나면 심층의 시스템 문제가 남을 것이다. 허리케인으로 인해 드러난 뿌리 깊은 빈곤의 모습이 많은 이를 경악시켰다. 그러나 알고 보면 많은 미국인이 빈곤한 제3세계의 사람들처럼 살고 있다. 이번 허리케인으로 가장 큰 피해를 입은 곳은 아칸소, 미시시피, 루이지애나 주인데 빈곤선 이하로 생활하는 인구 비율이 미국에서 첫 번째, 세 번째, 다섯 번째로 높은 주들이다.[1] 나아가 최근 몇 년 새에 강력한 허리케인 발발 횟수가 증가하는 현상은 단순한 불운 때문이 아니다. 기후 전문가들은 이미 오래 전부터 해수면 온도가 올라가면서 기후 불안정이 심해질 것이라고 경고해왔다. 특히 그들은 이처럼 따뜻해진 해수면 위를 움직이는 열대 폭풍우가 끌어들일 에너지가 많아짐에 따라, 심각한 허리케인이 발생할 것이라고 경고해왔다.

나는 인터넷, 세계화된 시장과 마찬가지로 경제적 번영과 공존하는 뿌리 깊은 빈곤, 기후변화도 우리 시대를 대표하는 아이콘이라고 본다. 개인 차원에서도 그렇고 기업 차원에서도 그렇고, 지금껏 물건을 사고 에너지를 소비하는 일상적인 결정이 수천 킬로미터 떨어진 지구 반대편에 사는 사람들에게 어떤 영향을 미칠지 걱정해야 했던 적은 없었다. 그러나 지금은 그래야 한다. 이것이 인간적인 측면의 세계화인데, 니시미즈 미에코의 말대로 우리 모두에게 생소한 경지다. 그러한 상황에 있어본 적이 없으니 당연한 일이지만, 미래는 다르다.

시스템 보기

시스템 시민의식system citizenship은 우리가 영향을 미치고, 역으로 우리에게 영향을 미치는 시스템을 보고 이해하는 데서 시작된다. 맥주 게임 참가자들이 깨달은 것처럼 제대로 돌아가지 않는 시스템 안에 갇혀 있으면 절망감과 무력감을 느끼게 된다. 전체적 유형뿐만 아니라, 자신이 기여하는 부분까지 보기 전에는 답답한 상황이 지속된다. 그러나 우리가 그러한 부분을 보고 이해하게 되면 새로운 가능성과 대안이 분명하게 떠오른다.

시스템을 볼 때는 기본적으로 두 가지를 파악해야 한다. '상호의존 유형'과 '미래 모습'이다. 시스템 다이어그램 같은 도구를 사용하면 상호의존성 파악 능력을 기르는 데 도움이 된다. 그러나 이야기를 듣고 모습을 관찰하는 등의 방법을 통해서도 가능하다. 미래를 보는 것은 이미 존재하지만, 시스템 관점이 없는 사람에게는 인식되지 않는 신호를 해석할 줄 알아야 가능하다.

그동안 보이지 않던 상호의존성을 발견하게 되면 "이미 알고 있었지만 알고 있다는 사실을 깨닫지 못했던 것을 깨닫게 된다." 몇 해 전에 대규모 상품개발부 소속 기술자들로 이루어진 두 팀에서 이러한 노력을 통해 아래에 소개하는 다이어그램을 도출해냈다.[2] 한 쪽 팀의 결정이 상대 팀에게 의도하지 않은 문제를 야기하는 과정을 명쾌하게 보여주는 다이어그램이었다.

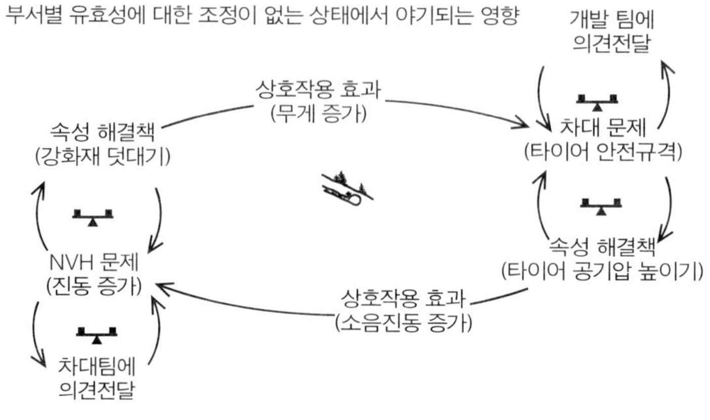

이를테면 자동차의 진동 문제가 발생했다. 소음과 진동을 줄여 안락한 승차감을 주는 것을 목적으로 하는 NVHnoise-vibration-harshness 기술자로 구성된 A팀이 B팀과 의논하여 전체적인 해결책을 강구하지 않고 '강화재를 추가'한다든가 하는 식으로 임시변통의 응급조치를 취하는 바람에 강화재로 인한 무게 증가 같은 부작용이 생겨 B팀에게 영향을 미치는

일이 종종 있었다. 자동차 전체 무게를 관리하는 B팀도 A팀의 방식을 그대로 따라했다. NVH를 맡은 A팀 기술자와 협력하여 공동 해결책을 모색하는 것 대신, 어디선가 무게를 빼고 안전 규격에 맞추기 위해 타이어 공기압을 높이라고 명기하는 식으로 문제를 해결했다. 그러나 타이어 공기압이 높아지면 소음과 진동이 증가한다는 부작용이 있었고, 그렇게 되면 NVH 기술자들(A팀)에게 또 다른 새로운 문제가 생기는 셈이었다. 함께 다이어그램을 본 두 팀은 오랫동안 그들을 괴롭혔던 패턴을 깨달았다. 일정에 대한 압박 때문에 효과 빠른 속성 해결책에 의존하게 되었고, 통합적인 해결책 모색에 시간을 들이려 하지 않았다는 것이었다. 다이어그램은 어떻게 그러한 패턴이 반복되는지를 명쾌하게 보여주었다. '이건 아니지' 하는 마음으로 함께 다이어그램을 들여다보는 동안, 그들은 해당 패턴이 반복되는 경우 미래가 어떻게 될 지도 알 수 있었다. 상대 팀에 대한 적대감이 높아지고 전체적인 제품 설계는 열악해질 것이 불 보듯 빤했다. 마침내 누군가가 입을 열었다. "우리가 스스로에게 무슨 짓을 하고 있는지 보세요."

그간의 내 경험에 따르면, 자신이 만들어내는 시스템 패턴을 제대로 보고 그로 인해 미래에 야기될 문제를 이해하는 사람은 모두 예외 없이 그러한 패턴을 바꿀 방법을 찾았다. 사실 바꾸는 것은 그리 어렵지도 않다. 이 사례에 나오는 자동차 회사의 기술자라면 상호신뢰를 키우고 이전보다 긴밀하게 협조하면서 목표 달성을 위해 뛰면 된다. 실제로도 그들은 그렇게 했다. 여기에서 지적한 것 이외에도 유사한 몇 가지 문제점을 인식하고 고치는 과정을 거치면서 전체 개발팀은 새로운 모델 개발을 예정보다 1년이나 앞당겨서 마무리했고, 할당된 예산 가운데 6천만 달러 이상을 쓰지 않고 반환했다.

지구 기후변화 시스템 보기

지구 전체를 하나의 시스템으로 보고 필요한 변화를 인식하는 것은 일개 조직을 보는 것보다 어려울 수는 있지만, 기본 원칙은 크게 다르지 않다는 것이 내 생각이다. 다음에 제시되는 다이어그램은 사람들이 지구의 기후변화에 영향을 미치는 시스템을 이해하게 해주는 간단한 시스템 다이어그램이다.[3] 맥주 게임에서처럼 최우선으로 필요한 태도는 각자가 맡은 역할을 넘어 전체를 보려 노력하고, 개인적 인식의 한계를 넓히는 것이다. 다이어그램에서 그동안 기업과 사회가 중점을 두었던 부분은 경제활동, 그리고 수입, 수요, 자본투자 등을 포함한 강화 프로세스를 통한 경제활동의 성장이다. 아주 최근까지 우리가 보지 않았던 부분은 경제 성장의 물리적인 부산물 중의 하나로 CO_2 같은 온실가스가 대기 중으로 방출된다는 사실이었다.

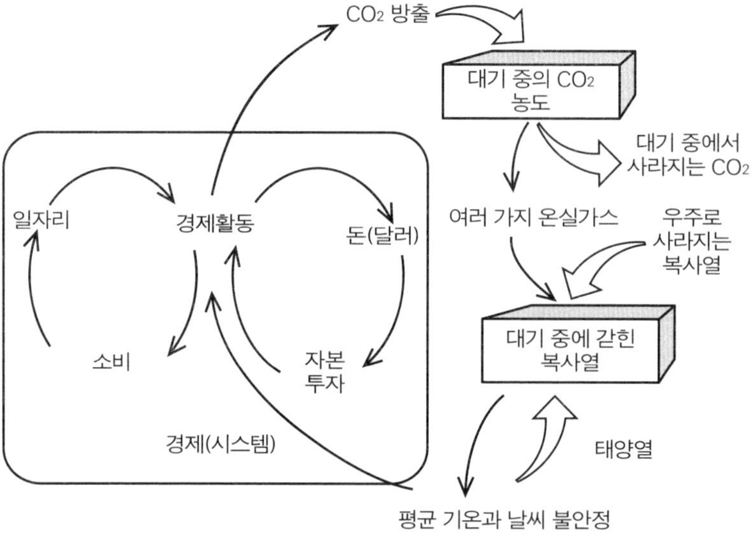

이렇게 방출된 온실가스는 대기 중의 CO_2 농도를 높이는데, 맥주 게임에서 참가자들이 제출하는 주문이 공급자의 주문 잔고를 늘리는 것과 같은 이치다.[4] 대기 중의 CO_2양이 증가할수록 우주로 나가지 못하고 대기 중에 갇히는 열이 많아지고 결과적으로 지구의 기온이 상승한다. 이

러한 기온 상승은 자연계는 물론 인간의 경제 활동에도 영향을 미치는데, 대부분이 아직은 분명하게 알려져 있지 않다. 어떤 이들은 따뜻해진 기후가 기업과 경제 성장에 이로울 것이라고 주장한다. 그러나 다수는 이러한 낙관적인 시나리오에 의문을 제기한다. 분명한 사실은 우리 앞에 엄청난 불확실성이 놓여 있다는 것이다. 기후 불안정, 열대성 질병 확산, 빙하와 극빙이 녹아내리면서 바닷물에 담수가 흘러들어 야기되는 갖가지 영향, 해류 변화 등이 대표적이며 이외에도 많으리라 생각한다.

최근 들어 세계 각지의 사람들이 이러한 시스템을 이해하기 시작했지만 그것이 향후에 미칠 영향에 대해서, 결과적으로 CO_2 배출량 감축이 얼마나 절박한가에 대해서는 확연히 다른 견해를 보이고 있다. 온실가스 배출량 감축 목표치를 규정한 교토의정서는 1997년 기후변화협약 제3차 당사국 총회에서 최종 채택된 이후, 국가별로 비준 작업이 꾸준히 진행되어 2005년 2월 16일 마침내 공식 발효되었다.(2004년 11월 러시아 의회가 의정서를 비준함으로써 55개국 이상 비준해야 한다는 발효요건이 충족되었기 때문이다. -옮긴이) 그러나 가장 많은 이산화탄소를 배출하는 두 나라, 즉 미국(지구 전체 배출량의 대략 25퍼센트)과 중국(지구 전체 배출량의 대략 11퍼센트)은 가입을 거부했다. 아직은 적은 수지만 글로벌 기업의 리더 가운데 일부는 훨씬 적극적인 조치가 필요하다고 생각하며, 그 수는 점점 늘어가는 추세다. BP의 존 브라운 같은 이가 대표적이다. 브라운은 1997년 스탠포드 대학교에서 있었던 역사적인 연설에서 기후변화의 위험성을 역설하면서 다른 석유회사의 CEO들과 차별화되는 노선을 택했음을 분명히 밝혔다.[5] 그러나 세계 각지 다수의 사람들에게 기후 변화는 여전히 불안하기는 하지만 아직은 요원해 보이는 이슈로 남아 있다. "아마 100년쯤 뒤에는 정말로 문제로 나타나겠지."라는 미국인 친구의 말처럼 말이다.

이처럼 선명하게 의견이 나뉘는 현상은 가장 기본적인 시스템 사고조차 활용하지 못하는 우리의 무능력을 보여주는 안타까운 증거이다. 아주 기본적인 시스템 사고만 활용해도 현재 알고 있는 사실이 미래에 어떤 함의를 지니는가를 알 수 있기 때문이다. 다음에 나오는 그래프들은 앞서 보았던 시스템 다이어그램에 나온 요소들에 상응하는 CO_2 배출량, 평균 기온 등에 관한 과거 150년 동안의 역사적 자료를 보여준다.[6] 제일 아래의 곡선을 보면 연평균 기온이 (1도가 조금 안 되게) 경미하게 상승한 것을 확인할 수 있는데 크게 걱정스러울 정도는 아니다. 짧은 기간에 기온 변화가 여러 차례 반복되는 점을 감안하면 특히 그렇다. 그러나 위의 두 그래프에 나타나는 패턴은 훨씬 뚜렷하다. 대기 중의 CO_2 농도는 지난 150년 동안 30퍼센트 넘게 증가했고(가운데 그래프), 화석연료 연소로 인한 CO_2 배출량은(첫 번째 그래프) 사실상 '0'이었던 상태에서 극적인 증가를 보이고 있다.[7]

나는 2004년 유럽에서 열린 지속가능개발 관련 기업 모임에서 이 그래프를 처음 공개했다. 500명 정도 되는 참석자들은 기후 변화를 포함하여 지속가능성 관련 업무에 종사하고 있었고 그만큼 해당 분야에 박식했다. 이러한 곡선을 시스템 관점에서 해석하는 능력을 평가하고 싶어서 나는 이렇게 물었다. "여덟 살 아이라면 이 상황을 어떻게 이해할까요? 그리고 추가로 무엇을 알고 싶어 할까요?" 나는 사람들에게 '욕조'와 '욕조로 흘러드는 물'이라는 관점에서 생각해보라고 제안했다. 그러자 참석자들은 CO_2 배출은 욕조로 흘러드는 물과 같고, CO_2 농도는 욕조의 현재 수위와 같다는 것을 금세 이해했다. 아이가 알고 싶은 추가 정보는 무엇일지 묻자 일부 참석자가 지구의 미래가 '유출량', 즉 대기에서 유출되는('욕조의 비유'라면 욕조에서 흘러나오는) CO_2 비율에 달려 있다는 점을 인식했다. 자료에서 빠진 조각이 알아야 하는 핵심 요소임을 확인한 뒤에 나는 이러한 유출 수준, 즉 '탄소격리carbon sequestration'가 배출되어 대기 중으로 유입되는 수준과 비교하여 얼마나 되는지 아는 사람은 손을 들어달라고 했다. 500명 정도 되는 참석자 중에서 열 명 정도만 손을 드는 것을 보고 나는 경악했다. 그 순간 우리가 지금과 같은 곤경에 처한 이유가 무엇인지 알 것 같았다. 관련 분야에서 상당한 지식과 능력을 갖췄다는 사람들 중에

인간의 활동으로 인한 지구 전체 배출량
(연간 탄소 배출량, 단위: 10억 톤)

인간이 원인이 되는 CO_2 배출량(연간)

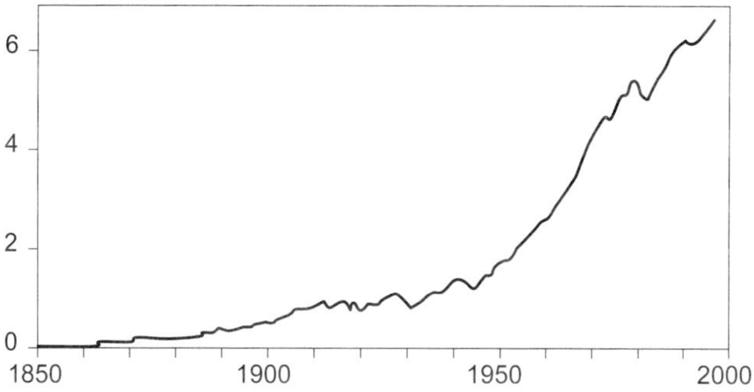

대기 중의 CO_2(단위: ppmv)

대기 중의 CO_2 농도

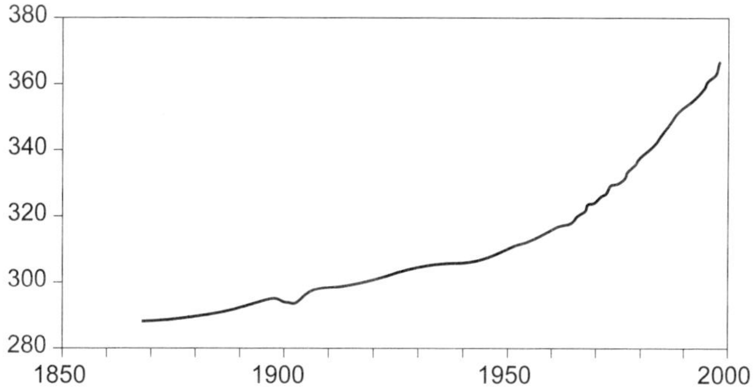

기온 변화(단위: ℃)
(1961년부터 1990년 사이 평균 기온=0)

지구표면 평균 기온 변화

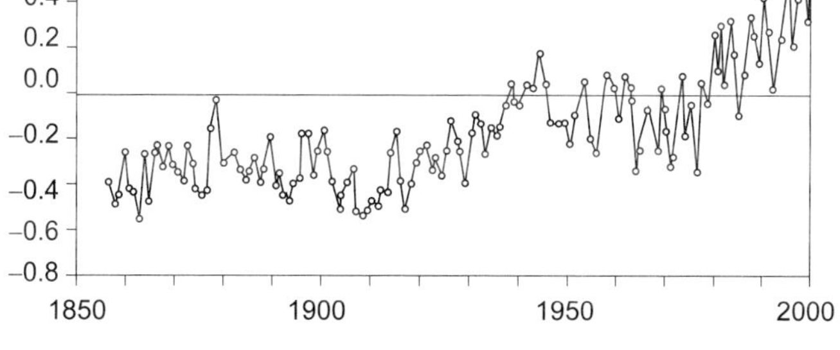

서 오직 서너 명만이 대기에서 빠져나가는 CO_2양이 들어오는 양의 절반에도 훨씬 미치지 못한다는 사실을 인지하고 있었던 것이다.[8]

참석자들은 내가 말한 유입량과 유출량의 비율이 무엇을 의미하는지를 서서히, 그러나 분명하게 깨달았다. 향후 지구상의 모든 나라가 교토 의정서에서 정한 감축 목표치를 달성한다고 해도(지구 전체 배출량을 1990년 수준으로 유지한다는 내용이 핵심이다) CO_2는 영원히 증가한다는 의미다! 실제 감소 효과를 보기 위해서는 세계적으로 CO_2 배출량을 현재의 50퍼센트[9] 혹은 그 이상으로 감축해야 하는데, 누구도 그렇게까지 공격적인 감축 계획은 생각하지 못하고 있다.[10]

지구의 기후 시스템이 CO_2 농도가 지속적으로 극적인 증가를 보이는 이러한 상황에 어떻게 반응할지는 아무도 모른다. 더욱 중요한 것으로, 지구의 거주민으로서 우리가 배출량을 줄이기 위해서 어떤 선택을 할지에 대해서도 역시 아무도 모른다. 분명한 것은 우리의 자녀, 그리고 그들의 자녀가 활동하는 세대에는 모든 것이 분명해지리라는 점이다. 우리는 아직 기후변화의 진정한 영향과 결과를 보지 못했지만, 다음 세대는 보게 되리라고 말하는 데는 무리가 없으리라. 우리가 스스로 만들어내는 시스템을 인식하고 기수를 돌리는 법을 배우지 않는다면 말이다.

우리가 바로 시스템인 양 살기

기후변화 같은 지구 규모의 글로벌한 사안을 고민할 때에는 내가 할 수 있는 것은 아무것도 없으며, 심지어 세상의 어느 누구라도 마찬가지라는 절망적인 결론을 내리기가 쉽다. 그러나 글로벌 시스템은 글로벌한 동시에 바로 여기, 우리 옆에도 있다.

여기에 시스템 중심 세계관의 비밀이 있다. 시스템은 '밖'에 있을 뿐만 아니라 우리 '안'에도 있다. 우리는 시스템에 널리 퍼진 정신모델을 보유하고 있다는 점에서 전체의 씨앗을 움켜쥐고 있다고 말할 수 있다. 글로벌 에너지 시스템, 글로벌 식량 시스템, 글로벌 산업화 과정 등에서 우리 모두가 행위자이다. 우리는 시스템을 지금의 방향으로 강화하는 쪽으로 생각하고 행동할 수도 있고, 다른 방향으로 기수를 돌리는 식으로 생각하고 행동할 수도 있다. 우리의 삶을 규정하는 시스템이 다양한 수준에서 모습을 드러내기 때문에 우리도 그만큼 다양한 수준에서 행동할 수 있다.

그렇다고 개인이든 조직이든 우리 중의 누군가가 하룻밤 새에 시스템을 일방적으로 바꿀 수 있다는 의미는 아니다. 미국 대통령도 중국 주석도 화석연료에 의존하는 현실을 완전히 바꿀 힘을 가지고 있지는 않다. 그들이 다스리는 나라가 최대 화석연료 소비자라고 해도 마찬가지다. 그들 역시 전체 시스템 안의 일개 행위자에 불과하며, 우리가 생각하는 것보다 훨씬 제약을 많이 받는 경우가 종종 있다. 그러나 글로벌 에너지 시스템은 분명 인간과 인간이 만든 조직에 의해 만들어지고 굴러가며, 불변의 물리 법칙에 토대를 두고 있지는 않다. 그러므로 지금과는 다른 시스템이 만들어질 가능성이 항상 존재한다.

의미 있는 규모로 시스템 변화가 일어나려면 어떻게 해야 하는지에 대해서 딱히 전문가라고 할 만한 사람은 없다. 사실 우리 모두가 미숙한 초보자 신세다. 그러나 지난 15년 넘게 조직학습협회 네트워크에서 축적한 다수의 경험을 보면, 충분한 수의 개인과 조직이 현재의 시스템을 이해하고, 그곳에서 자신이 하는 역할을 이해하면 변화가 시작될 수 있다. 온실가스라는 사안도 마찬가지이며 실제로 그러한 각성이 여러 리더, 특히 글로벌하게 생각해야 하는 다국적 기업과 대형 NGO 사이에서 점점 커지고 있는 것이 보인다. 유니레버의 안드레 판 헤임스트라의 말을 들어보자. "그동안 여러 조직이 거쳐 온 과정을 돌아보면, 지속가능성에 대한 자각은 시스템 사고 덕분에 성장해 왔다고 생각됩니다. 시스템 사고 덕분에 과거 어느 때보다 커진 상호의존성을 분명하게 볼 수 있게 되었으니까요.

상호의존성을 제대로 인식하게 되면, 사회나 환경의 지속가능성을 생각하지 않고 상업적인 지속가능성만을 생각한다는 것이 어리석음을 넘어 무모하다는 결론에 이르게 되지요."[11]

이러한 이해가 결과적으로 의미 있는 변화를 가져오려면 현 시스템 유지에서 중심적인 역할을 하는 구성원의 수가 흔히 말하는 '임계량'에 도달해야 한다. 우리는 이를 '전략적인 소우주strategic microcosm'라고 부른다. 어떤 회사에서 이 '전략적인 소우주'는 현 시스템을 규정하는 개인과 팀의 의미 있는 단면을 나타낸다. 앞서 말한 자동차 회사 제품개발팀에서 충분한 수의 관리자와 기술자가 목표 달성을 방해하는, 자신들이 만들어낸 역기능 패턴을 인식했을 때가 바로 그러한 사례에 해당한다. 이와 유사한 '전략적 소우주'가 산업계, 복잡한 국제 공급 네트워크, 어쩌면 사회 전체에서도 변화를 가능하게 할 수 있다. 시스템 사고와 관련된 학습의 규율에 충실한 조직이 영향력을 행사하는 부분이 바로 이 지점이다. 함께 생각하고 혁신하는 분위기를 조장하는 전체 시스템을 축소한 '소우주' 구성을 이끌면서 말이다.

인큐베이터 역할을 하는 기업: 새로운 에너지 시스템의 씨앗

> 기업으로서 우리는 세상에서 우리가 보고 싶어 하는 변화가 되어야 한다. 이는 제품, 공정, 사업 모델, 관리하고 지도하는 방식, 공존 방식까지 거의 모든 것을 바꿀 각오를 한다는 의미이리라. 핵심을 빼고 자잘한 잡동사니들만 바꿔서는 아무래도 전체를 바꾸지는 못할 것이다.
>
> – 로저 세일런트, 플러그 파워

버크민스터 풀러는 우리가 '에너지 자산', 즉 수백만 년 전에 태양빛을 받아 자란 생물로 이루어진 지구의 딱딱한 표면에 쌓인 퇴적물이 아니라, '에너지 수입', 즉 태양에서 나오는 지속적인 에너지로 사회를 움직이는 법을 배워야 한다고 즐겨 말하곤 했다. 현대사회의 수요를 충족시킬 에너지 시스템을 만드는 데는 다양한 신기술이 필요하리라고 보는데, 새로운 연료전지도 그 중의 하나가 아닐까 싶다. 연료전지는 수소와 산소 사이에서 일어나는 화학반응을 통해 전기를 생산하고 그 부산물로 열과 물을 만들어낸다. 연료전지는 오래 전부터 친환경 에너지 시스템의 핵심 요소로 불리며 환영을 받아왔지만, 상업적 활용 면에서는 가격 경쟁력이 떨어지고 신뢰를 얻지 못했다.[12]

포드 자동차에서 분리한 비스테온Visteon을 마지막으로 30년 동안 몸담고 있던 자동차 업계를 떠나 직원이 500명도 되지 않는 소규모 연료전지 회사 CEO로 취임할 당시, 로저 세일런트는 연료전지를 둘러싼 이러한 어려움을 훤히 알고 있었다. 500명은 이전에 그가 책임지고 있던 직원의 20분의 1도 되지 않는 숫자였다. 더구나 그가 CEO로 취임할 무렵의 회사는 수익이라고는 내본 적이 없었고, 주식시장의 붕괴 속에서 주가가 150달러에서 10달러까지 곤두박질치는 바람에 다수의 직원이 개인적으로 엄청난 경제적 타격을 입은 상태였다. 그러나 화학 분야에서 박사학위를 받고 연구원으로 4년 동안 일한 경험이 있는 세일런트는 오래 전부터 수소경제로의 전환을 생각해왔고, 그것이 세상에 얼마나 중요한가를 분명히 인식하고 있었다. 세일런트는 또한 조직학습 분야와 세계 최고 수준의 제조공장에서 쌓은 경험을, 홍보와 판촉 활동은 과다하고 관리 기술은 부족해서 힘들 때가 많은 회사에서 활용할 수 있으리라고 생각했다.

플러그 파워에 와서 보니 직원들은 사기 침체는 물론이고 자신이 하는 일이 얼마나 중요한가에 대한 폭넓은 안목 역시 부족한 상태였다. 기술회사다 보니 직원들은 유용한 전지를 설계하고 생산하는 기술적인 문제에 관심을 집중했다. 그러나 지속가능성 같은 보다 포괄적인 문제나 학습 중심의 조직 문화를 만드는 일에는 그다지 관심이 없었고, 당연히 깊이 생각해본 적도 없었다. "그동안 기술 혁신을 직원들 사이의 상호작용 방식의 변화, 사회 전체 혹은 지구 전체와의 관계 변화와 연결 짓는다는 생각을 해보지 못했습니다." 플러그 파워의 어느 기술자가 한 말이다. 그러나

머지않아 고위 관리자는 물론 기술자, 현장 관리자까지 포함된 리더십 그룹이 만들어졌고 세계 최고의 연료전지 회사를 만드는 업무에 착수했다. 물론 그들은 '조직학습 원칙과 지속가능성 원칙을 조직의 토대로 삼아 실천하는 과정'을 통해서 그러한 목적을 달성하고자 했다.

현재 플러그 파워는 전 직원의 참여하에 만들어진 '정체성' 선언을 가지고 있다. 선언은 이렇게 시작된다. "플러그 파워는 사람People, 지구Planet, 이윤Profit이라는 공동 목표에 열정적으로 헌신하는 사람들로 구성된 긴밀한 공동체이다. 우리의 성공은 에너지 산업을 바꾸려는 투지, 지역사회와의 유대, 가족 사랑 사이의 균형에 토대를 두고 있다. 진취적으로 생각하고 솔선수범하는 자세를 잃지 않으며 불굴의 투지와 결의로 목표 달성을 위해 매진한다."

세일런트가 CEO로 취임하고 5년 뒤에 플러그 파워는 성공적인 연료전지 기업으로 성장하는 데 커다란 진전을 보였다.[13] 역시 중요한 사안의 하나로서 플러그 파워는 갓 태어난 신생 연료전지 산업을 만들어갈 '쓰레기 제로'의 지속가능한 제품 설계 기준을 마련하는 방향에서도 진전을 보고 있다. "100퍼센트 재활용이 가능한 연료전지 설계가 기술적으로 가능하며 경제적으로 이익이 된다는 사실을 증명할 수 있다고 믿습니다." 최고 기술책임자 존 엘터John Elter가 자신 있게 하는 말이다.(엘터는 제록스에서 유명한 레이크[Lakes] 팀을 이끈 공로를 인정받아 미국기술훈장 후보에 올랐던 인물이기도 하다. 1990년대 말 레이크 팀은 94퍼센트 재생가능하고 96퍼센트 재활용 가능한, 당시로서는 그야말로 획기적인 복사기 플랫폼을 만들었다) "장차 연료전지 상품을 구매하는 소비자는 사용수명이 끝나면 돌려주는 것을 당연하게 여기고 제작사도 돌려받기를 원할 것이다. 쓰레기 매립지에 버리기에는 부품값이 너무 나가기 때문이다."[14]

미국은 에너지 낭비가 심하다고 비판하는 사람들이 많지만, 세일런트는 미국이 국제사회에서 상당히 중요한 리더십을 발휘할 기회를 가지고 있다고 본다. "미국 인구는 세계 인구의 5퍼센트밖에 되지 않지만, 세계

에너지의 25퍼센트를 소비하고 비슷한 비율의 온실가스를 배출합니다. 미국이 제품을 설계하고 만들어내는 방식이 세계의 기준이 되는데, 현재 우리의 생산방식에 따르면 1인당 연간 100만 파운드에 가까운 쓰레기가 양산됩니다. 1인당 하루에 1톤이 넘는 수치지요. 미국은 서구문화권에서 지배적인 위치를 차지하고 있습니다. 한편 서구문화는 세계에서 마찬가지의 위치를 차지하고 있지요. 이러한 지배적인 위치와 유리한 고지에 대한 책임을 스스로에게 어떻게 지우느냐에 따라서 우리가 원하는 변화를 엄청나게 가속화시킬 수도, 반대로 지체시킬 수도 있습니다."

세계 각지를 돌면서 배운 교훈이 혁신 방법과 관련된 세일런트의 생각에 많은 영향을 미쳤다. "중남미의 멕시코, 북아일랜드, 동유럽, 아시아 등지에서 생활하고 일하면서 나는 손님이 되는 것에 대해 많은 것을 배웠습니다. 나는 우리가 자신과 관련된 모든 관계, 공동체, 지구환경에서 보다 나은 손님이 되는 법을 배워야 한다고 생각합니다. 우리는 정신적인 부분을 키우고 기술을 따라잡아야 합니다. 인간은 강한 정신력을 지니고 있습니다. 또한 비전을 만들어내고 비전 실현에 매진할 능력도 있습니다. 그러나 무엇보다 먼저 자신을 글로벌 시스템의 일부로 보고, 그에 합당한 역할을 하려는 태도가 필요합니다."

조직학습협회 연구원 카트린 코이퍼Katrin Kaeufer는 지속가능한 제품과 공정에 매진하는 여러 기업을 연구하고 있는데, 플로그 파워에 대해 다음과 같이 말한다. "플러그 파워는 '지속가능한 기업 되기'와 '학습조직 되기'를 불가분의 관계로 생각한다는 인상을 줍니다. 우리가 지금까지 연구한 회사들 중에서 유일한 사례가 아닌가 싶습니다. 직원들을 만나 회사와 일에 대해 물으면 '지속가능성 실현'과 '학습조직 실현'을 사실상 바꿔 써도 되는 말처럼 사용했습니다. 학습하는 문화를 창조하지 않고서는 지속가능한 기업을 만드는 것은 불가능하다는 생각을 직원들이 내면 깊이 체화한 것 같았습니다."

공급 네트워크: 스스로를 보는 시스템

중대한 영향을 미칠 혁신이란 경제 시스템은 물론 사회 시스템과 생태 시스템의 장기적 생존능력을 보장하는 완결된 가치사슬value chain을 만들어내는 혁신이다.

– 다시 윈슬로, 나이키

오늘날 기업들은 전 세계에 걸친 복잡한 공급 네트워크에 속한 경우가 많다. 때문에 최근 들어 리더들은 효율성 개선, 비용 감축, 신속성 재고 등을 위해 공급 네트워크 관리에 집중해왔다. 그러나 미래에도 유효할 진정으로 지속가능한 공급 네트워크 구축에 필요한 변화에 비하면 이는 사소한 조치이다. 그러한 공급 네트워크를 구축하기 위해서는 전체 공급 네트워크 안에 있는 조직이 함께 넓은 시스템을 보고, 시스템을 운영할 새로운 방식을 만들어내며 변화시켜야 한다.

식량 공급 네트워크만큼 사람에게 막대한 영향을 미치는 것도 없으리라. 식량 생산 및 분배는 10억 명이 넘는 사람이 관여하는 명실상부한 세계 최대의 산업이다. 부유한 북반구 국가에 사는 이들은 대부분 세계 식량 시스템이 원활하게 돌아가고 있다고 느낄 것이다. 뉴욕이나 파리의 소비자가 한겨울에도 1.5달러만 주면 멜론을 살 수 있는 세상이니 말이다. 그러나 부유한 소비자가 원하는 제품을 언제든 합리적인 가격에 살 수 있는 이면에는 세계 각지에서 빈곤과 정치·경제적 불안정, 환경파괴를 야기하는 원흉인 문제 많은 시스템이 도사리고 있다.

지난 50여 년 동안 콩, 옥수수, 밀, 목화, 감자 같은 농산물 가격은 이전의 60퍼센트에서 80퍼센트 정도로 떨어진 반면, 비슷한 제품의 생산은 20배나 증가했다. 부유한 소비자 입장에서는 가격 하락이 이익일지도 모르지만 농산물 수출에 의지해 살아가는 세계 각지의 농가에 있어서는 비극적인 일이다. 예를 들면 현재의 커피 판매가격은 재배 농가가 투자하는 생산비용의 절반 정도에 불과하다.[16] 실제로 오늘날 세계 식량 시스템은 부유한 자에게는 저렴하고 가난한 자에게는 값비싼 식량을 생산하고 있다. 다행히 이러한 불합리를 깨달아가는 기업이 점점 늘고 있다.[17] 광고 담당자 회의 연설에서 유니레버의 유럽 마케팅 담당 상무인 크리스 폼프렛Chris pomfret은 이렇게 말했다. "지구의 안정적인 식량 공급망은 우리 사업의 미래에 절대적으로 중요합니다. '지속가능성이 돈이 됩니까?' 라고들 묻는데 이는 잘못된 질문입니다. 정말 중요한 질문은 이렇습니다. '우리 같은 기업이 지속가능성 없이 장기적으로 생존 가능합니까?'"[18]

시스템 함께 보기

그렇지만 지구 식량 시스템을 제대로 이해하는 개인이나 기관의 수가 너무 적은데다, 그나마 뿔뿔이 흩어져 있어서 근본적인 변화를 가져오기에는 무리가 있다. 유니레버가 세계 최대 식품회사 중의 하나로 꼽힌다 해도 단독 행동으로 달성할 수 있는 것은 미미하다. "지속가능한 농업과 관련하여 의미 있는 무언가를 하려면 평소 좀처럼 협력하지 않던 관계자들이 모여 함께 의논하고 행동해야 합니다." 판 헤임스트라의 말이다. 세계 농업과 같은 시스템은 여러 기업은 물론 정부, 비정부기구까지도 참여하여 함께 시스템을 보고 이해하는 법을 배워야 한다는 의미다.

2004년 유니레버와 옥스팜은 30여 곳의 다국적 식품회사, 글로벌 NGO, 지역 NGO, 재단, 네덜란드, 유럽연합 집행위원회, 브라질 정부대표 등이 참석하는 지속가능 식품 연구소Sustainable Food Lab라는 새로운 실험을 주도했다. 목표는 공급 네트워크 전체에 걸쳐 공동 학습을 촉진하는 새로운 방법을 사용하여 '지속가능 식량 공급 네트워크를 주류로 편입'시키자는 것이었다.[19]

지속가능 식품 연구소 프로젝트가 진전되면서 참가자들이 현재 시스템의 상호의존성과 암울한 미래 이미지에 대해 많은 부분을 공유하고 있다는 사실이 분명해졌다. 그들의 표현을 빌자면 그들은 '기준 완화 경쟁'에 빠져서 누구도 원치 않은 곳을 향해 점점 빠르게 달려가고 있었다. 세

가지 힘이 서로 영향을 주고받으면서 파국으로 치닫는 경주를 더욱 부채질하는 강화 순환을 만들어내고 있다.(아래의 다이어그램 참조)[20]

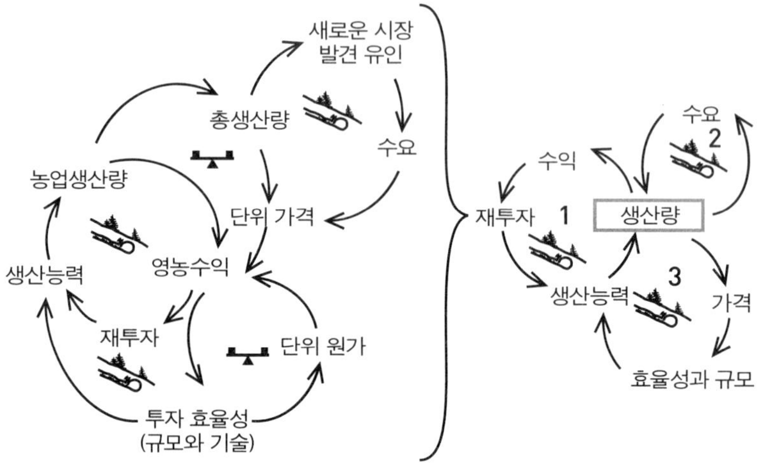

1. 생산 증가와 이윤 증가에 의해 추동되는 공급의 강화 성장: 이로 인해 자본 투자와 생산능력이 더욱 증가하게 된다.(식품 생산자)
2. 가격을 낮추고 가용성을 높이는 공급 증가에 따른 수요의 강화 성장: 이로 인해 생산자가 시장에서 더욱 많은 기회와 가능성을 보게 되고, 공급이 한층 증가하게 된다.(식품 회사, 소매업자, 소비자)
3. 가격 하락으로 인한 생산능력상의 추가적인 증가: 영농수입 유지를 위한 효율 제고와 토지 사용에의 투자 자극.(지역 식품 생산자와 더욱 넓은 범위에서 활동하는 식품 생산자)

첫 번째와 두 번째 힘은 단순히 식품만이 아니라 여러 산업에서 생산능력, 생산, 수요 증가를 추동한다. 금융 자본과 선진 기술을 앞세운 거대 다국적 기업이 진입해 산업계를 지배하게 됨에 따라서 이러한 힘은 더욱 강해진다. 그런데 식품 생산 분야에서 나타나는 최소한 두 가지 새로운 특징 때문에 이러한 기본적인 경제 요인이 문제가 된다. 보통, 생산이 증가하고 가격이 하락하면 생산자들은 더욱 저렴한 생산 방식을 모색한다. 그리고 수익이 너무 낮아서 사업을 확대할 동기가 거의 없어질 때까지 이러한 과정이 지속된다. 그러나 빈곤국의 개별 농부나 소규모 영농 기업은 가격이 떨어지는데도 지속적으로 생산량을 늘릴 때가 많다. 심한 경우 수익이 제로가 되거나 손해가 나는 경우에도 마찬가지다. 농부들이 그렇게 무리수를 두는 이유는 사실상 다른 선택이 없기 때문이다. 다른 선택이라고 하면 농사와 전통 생활방식을 포기하고 도시로 이주하는 수밖에 없는데, 그러한 경우 미래는 더욱 불확실하고 불안정해진다. 때문에 농부들은 비료와 살충제 등을 써서 효율을 높이거나 불모지 개간에 박차를 가하는 방법으로 생산량을 늘려서 어떻게든 수입을 유지하려고 한다. 요컨대 식량 시스템의 현주소는 생산은 지속적으로 증가하고, 가격은 지속적으로 내려간다는 것이다. 전반적인 경제 상황이 받쳐주지 않는 상황에서도 말이다. 지속가능 식량 연구소 회원들의 표현을 빌자면 "수입이 올라가든 내려가든 생산은 증가한다."

이로 인해 식량 시스템의 두 번째 특징적인 현실이 야기된다. 생산이 무한대로 증가하려면 결국은 환경적으로 지속가능한 수확량을 초과할 수밖에 없다는 것이다. 집요하리만치 생산을 증가시켜야 하는 현실에 내몰리면서 농부들은 악순환에 빠진 스스로를 보게 된다. 장기적으로 토지의 비옥도를 떨어뜨리는 단기적인 생산 증대 방안을 좇다보니 생산량과 수입을 유지하기 위해서 점점 무도하다 싶을 만큼 극단적인 수단에 의존하게 되는 것이다. 딱히 어디랄 것 없이 세계적으로 진행되는 과잉생산 추세 때문에 지난 50년 동안 10억 헥타르가 넘는 표토가 유실되었다.(10억 헥타르면 중국과 인도를 합친 크기다!)

서로 다를 뿐만 아니라 상충하는 여러 정신모델이 시스템을 몰아가고 있다. "글로벌 식량 시스템은 통제를 벗어난 시스템의 전형적인 예입니다." 지속가능성 협회 사무총장이자 지속가능 식량 연구소 프로젝트 공동사무총장인 할 해밀턴Hal Hamilton의 말이다. "지속성이 보장되지 않는 시스템을 만들기로 작정하고 결정을 내리는 사람은 없습니다. 개인은 가능한 최선의 결정을 내리지요. 문제는 그들이 위험할 정도로 분열되고 파편화된 시스템에서 각자 결정을 내린다는 것입니다. 대다수의 기업은 기술을 활용해 생산성을 높이는 것이 해답이라고 생각합니다. 그들의 반대 진영에는 많은 활동가가 있습니다. 그들은 대기업의 행태가 지역의 영농 공동체와 생태계를 파괴한다고 판단하고 대기업을 상대로 죽기 살기로 싸우고 있습니다. 각국 정부는 어떻게든 생산을 증진시키려는 기업의 압력과 가격하락으로 경작지에서 쫓겨난 농부들 때문에 야기되는 정치적 불안정 사이에서 이러지도 저러지도 못하는 딱한 상황입니다. 그나마 부유한 선진국 정부들은 농업 보조금으로 연간 5천억 달러를 쏟아 부으면서 대응하고 있지만, 가난한 국가 정부에게는 이러한 선택의 기회도 없지요. 지금 필요한 것은 이상의 여러 부문이 머리를 맞대고 무엇이 장기적인 공동의 이익에 도움이 될지를 함께 고민하는 것입니다."

지속가능 식량 연구소는 공동으로 '인식하고', '참여하고', '깨닫는' 과정을 통해서 부족한 부분을 메울 방법을 제시하려 한다. 구체적으로 이해당사자가 복수인 복잡한 문제에 적합한 여러 학습 규율을 결합하는 방식으로 말이다.(부록 3을 참조하기 바란다)

여기에서 '공동 인식'은 내부는 물론 외부까지 볼 것을 요구한다. 지속가능 식량 연구소 팀원들의 경우, 외부를 보려는 노력은 시스템 지도 및 다른 개념적 도구를 활용하는 데서 시작되었지만 참가자 대부분이 한 번도 본 적 없는 시스템의 부분을 직접 경험하기 위한 브라질 지방을 '견학하는 여행'도 포함되었다. 모두가 그것을 만드는 데 일정한 역할을 해온 시스템의 실상을 직접 봄으로써 강력한 변화의 힘은 만들어질 수 있다. 직접 목격하는 현실의 의미가 기존의 상투적인 이해 및 사고에 침투하여 개인적으로나 집단적으로나 심층 비전에 영향을 미치는 촉매작용을 하게 된다면 말이다. 시스템의 여러 힘을 개념적으로 이해하고 견학 여행을 통해서 적나라한 실상을 보는 작업을 병행함으로써 지속가능 식량 연구소 회원들은 그간의 경쟁이 승자가 없는 비극적인 경쟁이었다는 사실을 깨닫게 되었다.[21] "농업 시스템 전체가 병들어 있다는 사실이 너무나 분명하게 보였으니까요." 어느 기업가 회원의 말이다.

지방을 둘러보는 견학을 마치고 두 달 후에 참가자 각각은 6일간의 피정 시간을 가졌다. 이틀 밤낮을 황야에서 '홀로' 보냈는데 이는 평소의 사고방식에서 벗어나 새로운 시각에서 보고 생각하게끔 해주는 전통적인 방법이다. 이러한 시간을 통해 팀원들은 실로 다양한 개인 비전을 단일한 공동 비전으로 무조건 밀어붙이는 것이 능사가 아님을 깨닫고, 각자의 관점과 그것이 미칠 영향을 충분히 고려하면서 여러 가지 '시범적인 계획'을 도출해냈다. 특정 공급 네트워크에 초점을 맞추는 것부터, 전체 시스템의 실상을 소비자에게 전달할 방법을 강구하는 것, 게임의 규칙을 바꿀 잠재력을 지닌 관련 기업의 광범위한 연합체를 만들자는 것까지 다양한 의견이 나왔다.[22]

넓은 시스템 전체를 바꿀 공동 비전 구축하기

이러한 제안 가운데 어떤 것의 효과나 영향을 평가하기는 이른 감이 있다. 그러나 이와 같은 노력은 전체 시스템을 이해하고 바꾸려는 의지를 가진 이들에게 도움이 되는 중요한 네 가지 교훈을 제공한다.

첫째, 까다로운 시스템 관련 사안 중의 다수가 특정 지역이나 기관을 넘어서기 때문에, 이에 대처하기 위한 전략적인 소우주도 여러 부문을 넘나드는 형태로 구성되어 기업, 정부, 시민사회 등을 두루 대변해야 한다는 것이다. 그러므로 서로에게 돌을 던지고 비난하기 위해서가 아니라, 함께 일하려는 의지를 가진 여러 부문의 사람들로 이루어진 집단을 꾸리는 일 자체가 중요한 과제가 된다. 유니레버와 옥스팜이 협력을 약속한 데서 시작하여 지속가능 식량 연구소 초기 집단을 꾸리는 데만 2년이 넘는 시간이 걸렸다.

둘째, 집단이 함께 시스템을 보고 이해하는 데는 사고와 감정이 두루 동원되는 다면적인 과정이 수반된다. 누군가의 탓이 아니라, 우리 모두가 문제의 일부임을 인식하는 순간이 바로 시스템을 보고 이해하기 시작하는 때다. 현재 글로벌 식량 시스템은 다음의 세 집단에 의해서 움직인다. (1) 농업에 종사하는 가정, 지역사회, 환경 시스템 등에 미칠 영향을 거의 고려하지 않고 '일상적인' 사업모델만을 추구하는 회사, (2) 지속적인 생산 증가 압박에 굴복해 끌려가는 농부, (3) 식량이 어디서 왔는지에 대해서는 거의 생각하지 않고 가장 저렴한 가격에 사면 그만이라고 생각하는 소비자로서의 우리 모두다.

세 번째 교훈은 함께 보고 이해하는 활동의 질과 그로 인해 만들어지는 공동의 헌신은 참여하는 사람들 사이의 관계의 질에 의해 결정된다는 것이다. 사실 대부분의 기업, 정부, NGO 사이의 관계는 거래관계다. 그러한 거래관계의 연장선에서 전체 시스템 변화를 가져오기는 쉽지 않다. "일반적인 관행이나 경계를 넘어선 리더 사이의 관계야말로 중요한 변화를 위한 빼놓을 수 없는 요소입니다." 할 해밀턴의 말이다. 식량 연구소 참가자는 서로 밀접한 관계를 구축하며, 신뢰와 존경을 키워나감에 따라, 하나의 팀으로서 자신들의 강점이 유사점뿐만 아니라 차이점에도 있다는 것을 깨달았다.

마지막으로, 함께 새로운 시스템을 규정하는 일은 '해답'을 얻기 위해서가 아니다. 현재 시스템에 대한 공동의 이해와 새로운 시스템을 만들어 내려는 헌신적인 태도를 가지고 열심히 일할 믿을 만한 사람들의 네트워크를 발전시키는 것이 핵심이다. "그동안 배운 것이 있다면, 전체 시스템을 성공적으로 바꾸기 위해서는 시스템의 여러 부분에서 이를 위한 작업이 진행되어야 한다는 깨달음이었습니다." 식량 연구소 팀원의 말이다. "문제 해결에 필요한 모든 답을 알고 있어야 시작할 수 있는 것은 아닙니다. 정말 모든 답을 알고 있다면 최선의 답이 아닐 가능성이 높지요." 학교 제도라는 거대한 시스템 개혁에 매진했던 레스 오모타니의 지적과 크게 다르지 않은 말이다.

부분이 아니라 글로벌 시스템 전체를 보는 능력을 기르면 심층의 패턴이 한층 명확해진다. MIT에서 세계 제조업을 주제로 진행되는 1일 회의에 참석한 적이 있다. 노동권 분야에서 최고로 꼽히는 NGO의 대표가 다국적 의류 제조업체의 행태로 인한 문제를 이야기하는데, 내용이 글로벌 식량 시스템의 그것과 놀랍도록 유사하다는 생각이 들었다. 가격하락, 무자비한 확장, 최저임금보다 낮은 열악한 처우 등에 관한 이야기였다. 그런데 정말 놀랍게도 해당 노동운동가는 세계 의류제조업계에서 일어나는 무작위 '기준 완화 경쟁'에 대해서 한 번도 아니고 여러 차례 이야기했다. 나는 지속가능 식량 연구소가 식량뿐만 아니라, 지구의 다양한 공급 네트워크의 어느 누구도 원치 않는 방향으로 가게 만드는 힘을 바꿀 방법을 학습하고 있는 것은 아닐까 하는 생각을 하며 자리를 떴다.

사회: 경계를 초월한 대화

모두 모여 머리를 맞대고 원하는 미래에 대해 생각할 시간이다. 우리가 아무 것도 하지 않는다면, 우리 아이들은 하루 2달러로 연명해야 할 것이다.

– 살림 알-아이드

분명 상호의존성이 점점 강화되는 상황인데도 여러 사회에서 분열과 대립이 심화된다는 사실은 아이러니가 아닐 수 없다. 그러나 어떤 의미에서는 충분히 이해가 되는 현상이기도 하다. 사람은 상당한 두려움을 야기하는 복잡한 사안에 직면하면 특정 이데올로기나 진정한 하나의 해답에 집중하고 매달리는 데서 안정감을 느끼게 된다. 그러나 특정 집단의 이데올로기를 다른 집단이 공유하는 경우는 드물기 때문에 집단 사이에는 벽이 높아진다. 시간이 흐르면서 이데올로기가 집단의 정체성이 되고 대립이 점점 강화되는 양상을 띤다.

서로 긴밀하게 연결된 현대 세계에서는 모든 사회가 함께 이야기하고 더불어 사는 능력을 부활시켜야 한다. 중동만큼 이해관계가 지대한 곳도 없으리라. 2004년 가을 사우디 아람코는 전반적으로 다이얼로그, 구체적으로 말하자면 월드 카페 진행 노하우를 토대로 하와르에서 다이얼로그 모임을 소집했다. 상당히 이례적인 모임으로 이를 기점으로 몇 차례 더 진행되었다. 아람코가 사우디 사회가 직면한 주요 문제에 대해 논의할 전략적 다이얼로그의 범위를 기업 부문의 핵심 협력자를 포함시키는 방향으로 확장한 시점에서 필요한 합당한 수순이기도 했다. 걸프 조직학습협회, 즉 페르시아 만 지역(쿠웨이트, 두바이, 아랍에미리트연합, 바레인, 사우디아라비아) 20여 개 기업이 회원으로 있는 조직학습협회 네트워크도 해당 행사에 참석했다. 당시 모인 집단은 평균적으로 이전 모임 참가자보다 직급이 높은 편이어서 회사 사장과 창업자, 영향력 있는 NGO 및 학교의 창립자, 각자의 분야에서 지도적인 위치를 차지하고 있는 사상가나 학자들이 대거 참여했다. 남녀가 함께한다는 점에서도 해당 지역에서는 보기 드문 이례적인 행사였다. 실제로 이러한 모임에 참석한 것은 난생 처음인 사람이 대다수였다.

아람코가 개최한 이전 모임에서도 그랬듯이 이번 다이얼로그도 페르시아 만 연안 국가들이 처한 경제 현실에 대해 조사한 내용을 발표하는 것으로 시작되었다. 참가한 거의 모든 국가가 사우디아라비아에서 나타나는 것과 같은 핵심 문제들을 안고 있었다. 대규모로 급속하게 진행되는 청년 실업자 수의 증가, 정체 상태거나 하락하고 있는 1인당 GDP, 전반적으로 석유에 의존하는 경제 등이 대표적이었다. 이러한 현황 발표가 촉매가 되어 이후 이틀 동안 해당 지역의 전통문화, 학교, 석유 의존 경제, 변화 가능성 등에 대한 열띤 토론이 진행되었다.

그간의 경험으로 보건대 사람들이 자신에게 진정으로 중요한 주제를 놓고 토론을 벌이는 경우, 그것에서 나오는 에너지, 용기, 의지는 사실상 무한하며 사고의 확장에도 한계가 없어서 이전까지 생각지 못했던 낯선 영역으로 들어가는 데도 망설임이 없다. 중간에 찾아오는 쉬는 시간이면 아랍 전통 복장을 한 남성들이 내게 와서 "평생 이런 주제로 여성들과 이야기를 나눠본 적이 없다."며 당혹스러움이나 불안을 토로하곤 했다. 어떤 의미에서 그곳에 있었던 남성보다 여성이 이러한 진지한 다이얼로그에 대한 준비가 잘 되어 있다는 생각이 들었다. 페르시아 만 연안 다수의 국가는 법으로써 전문 영역 활동에서의 여성 활동을 배제하고 있기 때문에 여성은 서로에게 멘토가 되어주고 도움을 주는 자체 네트워크를 형성하고 있었다. 오랜 배제 끝에 찾아온 기회 앞에서 그들은 결코 수줍어하거나 망설이지 않았다. 그들은 확신을 가지고 열정적으로 이야기했다. 자신들이 몸담고 있는 사회가 직면한 핵심 문제를 분명하게 파악하고 의제로 제기했으며, 변화 가능성에 대해서도 긍정적이었다.

이야기에 귀를 기울이면서 나는 또한 참가자들이 씨름하고 있는 이슈의 보편성을 깨달았다. 그들이 던지는 핵심 질문은 여느 사람들의 그것과 다르지 않았다. 우리에게 더없이 중요한 전통은 보존하면서 동시에 현대 세계와 조화를 이루어 발전하게 하려면 어떻게 해야 할까? 어떻게 자라나는 아이들에 대한 책임을 다할까? 아이들이 아랍인으로서 진정한 정체성을 가지는 동시에 세계화된 사회에서 성공할 수 있는 환경을 조성해주려면 어떻게 해야 할까? 21세기 페르시아 만의 이슬람 문화는 어떤 모습이어야 할까?

이와 비슷한 두 번째 모임이 6개월 뒤에 열렸고 내가 글을 쓰는 지금 세 번째 모임이 준비 중이다. 다이얼로그에서 나온 일부 아이디어는 실제 계획으로 구체화되기 시작했다. 사우디 젊은이들이 학업을 마치고 직장에 들어가는 과정을 돕는 직업훈련센터, 성공한 기업 리더와 젊은이들을 연결해주는 멘토링 네트워크 등이 대표적이다. 참가자들이 바뀌어야 할 핵심 분야로 꼽았던 전통적인 학교 제도의 혁신을 포함한 여러 교육 관련 의제도 마찬가지다. 다수의 젊은 리더가 이러한 대화에 참여하고 있다. 예를 들어 참가자 중의 한 명은 제다에 여자대학교를 설립했는데 기존 대학과 달리 사우디 기업들과 긴밀하게 협조하면서 학생을 가르치고 있다. 교육이 사회 변화 및 혁신이 요구하는 실제 필요에 부응해야 한다는 취지를 살린 교육 방식이었다.

하와르 다이얼로그를 마무리하는 자리에서 참석자들은 돌아가면서 이번 대화가 자신에게 어떤 의미가 있었는지 이야기했다. 그들의 이야기에 귀를 기울이고 있는데 나이 지긋한 멘토가 내 쪽으로 몸을 기울이더니 "정말 역사적인 광경이네요."라고 속삭였다. 사우디의 많은 여성에게 멘토 역할을 해주고 있는 이였다. 나는 '반쯤 긍정하는 의미'로 가볍게 고개를 끄덕였다. 물론 옳은 말이었지만 이것이 그녀에게, 모임 안의 다른 여성 참석자에게, 다른 모든 이에게 가지는 의미를 나로서는 아주 흐릿하게밖에 모르기 때문이었다.

그녀가 이러한 말을 하는 순간 두 가지 생각이 머릿속에 떠올랐다. 첫째는 폴리스polis라는 단어였다. 영어로 '정치'를 의미하는 'politics'는 그리스어 'polis'에서 나왔는데 그리스에서 폴리스란 시민들이 그 날의 현안을 논의하려고 찾는 모임 장소였다. 내가 하와르에서 본 것, 그리고 지속가능 식량 연구소 같은 프로젝트에서 목격한 것은 바로 폴리스의 부활이었다. 사람들이 모여 '차이' 때문에 분열되는 것이 아니라, 차이를 넘어 서로를 '이해'하는 공간이었다. 세계화되고 상호의존이 심화된 지구에서는 조화롭게 더불어 살아가는 방식이 어느 때보다 절실하다. 그러나 현실은 그렇지 못하다. 조화보다는 오히려 수많은 불균형이 드러나고 있다. 이러한 상황에서 반드시 필요한 능력은 내가 하와르 모임이나 지속가능 식량 연구소에서 목격한 대화, 차이를 넘어서서 서로 이해하는 대화 능력이다. 이러한 능력을 되찾지 않고 지금의 불균형에 효율적으로 맞선다는 것은 나로서는 상상도 하기 힘들다.

둘째는 전에도 그러한 경험을 했던 것 같은 강한 기시감이었다. 나는 15년 전에 남아프리카공화국에서 있었던 일을 떠올렸다. 친한 친구이자 동료인 아담 카헤인Adam Kahane은 남아프리카공화국과 과테말라를 포함한 여러 지역에서 시민들 사이의 대화를 성공적으로 이끌어온 인물인데,[23] 자신은 이스라엘과 팔레스타인에서 이러한 일이 가능하리라고 생각하지 않는다는 말을 한 적이 있다. 카헤인이 그렇게 생각하는 이유는 이렇다. "양쪽 모두 지금까지 일을 처리해온 방식을 고수하면 된다고 생각합니다. 기존의 생각과 전략을 바꾸지 않으면 미래가 없다는 사실 자체를 아직 인지하지 못하고 있어요." 대조적으로 1980년대 중반 남아프리카공화국에서는 문화적으로 양극화된 사회에 변화가 생기기 시작했다. 사람들이 앞날을 내다보기 시작했다. 그들은 현재 자신이 가는 길이 누구도 원치 않는 방향으로 향하게 되리라는 단순한 사실을 깨닫기 시작했다. 사회에서 이러한 인식이 생기면 배제된 자와 포함된 자로 양극화되어 있던 사람들이 서로 대화를 시작한다. 공동 운명체로 묶인 시민으로서 말이다. 지금과 다른 미래를 창조하려면 필연적으로 서로에게 의존해야 한다는 사실을 알게 되고, 변화에 필요한 새로운 힘이 속박에서 풀려나게 되는 것이다.

기업은 기업대로 오늘이라는 세계에서 스스로의 위치를 인식하게 되는데, 어떤 조직이나 기관보다 '세계적'이라는 조금은 낯선 지위다. BP, 유니레버, 사우디아람코 같은 대형 '다국적' 기업은 세계 경제, 문화, 환경 흐름에 대해서 국가 정부보다 넓은 관점, 포괄적인 관점을 가질 수밖에 없다. 그러므로 기업은 사람들이 국가라는 경계를 넘어 전체 시스템을 보고, 정치적인 계산 때문에 어물쩍 넘어갈 수도 있는 심층 사안을 제대로 다루게 하는 과정에서 중심 역할을 할 수 있다. 기업은 사내 문제를 해결하는 과정에서 집단 질의, 시스템 사고, 공동 비전 구축 등의 방법론을 시험하고 다듬어온 만큼 누구보다 효율적으로 그러한 작업을 해낼 수 있으리라. 실제로도 그러한 방법론과 관련하여 쌓아온 실제 경험을 통한 기여는 기업의 사회 공헌 중에서 큰 부분을 차지한다. 분열과 양극화, 불신이 지배하는 정치 상황에서 최고의 리더란 성찰적 대화가 지니는 힘을 실제로 경험하고, 변화의 힘을 지닌 관계가 어떻게 복잡한 문제를 해결하는지 이해하는 이들일 것이다. 이러한 이유로 나는 미래에는 기업에 대한 기본 인식 자체가 많이 달라지리라고 본다.

21세기 교육

시스템 관점에서 모든 것을 보고 이해하는 진정한 시스템 시민systems citizens은 대부분 20살 이하다. 성장 중인 어린이 중의 다수가 세계를 전체로 보고 인식하는데 이는 예전에는 존재하지 않던 태도요, 관점이다. 요즘 아이들은 세계 각지에서 일어나는 일을 과거 어느 세대보다 많이 보고 경험하면서 성장하고, 타인은 물론이거니와 타문화와 다양한 관계를 맺는 것에 대해 지극히 당연하게 생각한다. 또한 그들은 자신들의 미래에 깊은 관심을 가지고 있다.

얼마 전부터 우리는 조직학습협회에서 진행하는 다이얼로그에 어린이와 젊은이를 포함하기 시작했다. 교육의 미래나 글로벌 시스템과 관련된 사안을 다룰 때는 특히 그러한 부분에 신경을 썼다. 다이얼로그에 참여했던 열두 살 여자아이가 마흔 다섯 살인 회사 임원에게 지극히 사무적인 말투로 "아저씨들이 자기 주스를 마시고, 우리 것까지 다 마셔버린 그런 느낌이에요."라고 말하던 장면은 정말 잊히지 않는다.

학교는 젊은이의 미래에 대한 관심을 생산적인 시스템 시민이 되는 토대로 변화시키는 핵심 역할을 할 수 있다. 물론 이러한 가능성이 현실화되려면 학교가 이를 자신의 역할로 간주하고, 스스로를 글로벌 시스템의 일부로 생각할 수 있어야 한다. MIT 공대 학장을 지냈고 말년에는 학교에서 시스템 사고의 중요성을 역설하며 이를 위해 헌신했던 고든 브라운Gordon Brown은 다음과 같은 말을 종종 했다. "교사가 된다는 것은 예언자가 되는 것과 다를 바 없습니다. 우리는 그동안 자신이 살아온 세상에 맞게 아이들을 준비시키는 것이 아니라, 우리로서는 상상조차 힘든 그러한 세상에 대비하도록 아이들을 교육시켜야 하기 때문입니다." 안타깝게도 세계 각지의 학교는 점증하는 위험에 놓여 있는 전통 시스템을 보존해야 한다는 압박에 시달리면서 이를 바꾸지 못하고 있다. 결과적으로 요즘 아이들은 시스템 시민이 될 자질을 가지고 성장하지만, 학교는 아이들이 이러한 가능성을 실현하도록 격려하고 고무해주지 못한다.

아이들이 타고난 시스템 사고자라는 증거가 점점 쌓여가는 점을 감안하면 학교의 이와 같은 상황은 꽤나 아이러니가 아닐 수 없다. 타고난 자질을 키울 기회만 주어진다면 아이들은 쉽지 않은 비판적 사고능력도 예상 외로 빠르게 개발할 수 있으리라. 교과과정 전반에 시스템 사고가 녹아들어 있으며, 학생과 교사가 수동적인 청자聽者와 무엇이든 아는 전문가가 아니라 학습자와 멘토로 함께 노력하는 학교에서는 아이들이 타고난 능력이 진정으로 꽃피울 수 있다. 사실 시스템 시민으로 성장하는 것은 생각보다 어렵지 않다. 학습자 중심의 시스템에 집중하는 교육 시스템 구축에 성공한다면 어렵지 않게 그러한 목적을 달성하리라고 나는 확신한다. 전통적인 교실 문화, 교사 중심의 학습 모델이 알고 보면 얼마나 비효율적인가도 더불어 깨닫게 되리라.[24]

이러한 변화에서 교육자들이 명심해야 할 사항이 또 하나 있다. 교육에 필요한 변화는 교육자들만의 노력과 힘으로 달성할 수 있는 수준을 넘어서는 과제라는 사실이다. 이것은 학생 자신은 물론이고 기업까지 포함하는 시스템 전체를 대변하는 소우주에 의해 공동으로 창조되어야 하며, 교육자가 이러한 현실을 인정하고 받아들여야 한다. 롱아일랜드 휴렛-우드미어 학군 교육감인 레스 오모타니의 말을 들어보자. "그간의 경험으로 보면, 진정한 학습공동체 만들기에 신선한 활력을 불어넣을 확실한 방법은 우리가 진행하는 대화, 계획, 의사결정에서 학생의 역할과 목소리를 높이는 것입니다. 예를 들어 지난해 우리는 학생들과 함께 '건강카페wellness cafe'를 운영했습니다. 건강이라는 주제를 가지고 기획된 대규모 모임으로 일종의 월드 카페라 할 수 있을 것입니다. 학생 50명이 진행자와 퍼실리테이터를 자원했고, 일부 교직원을 포함한 200명이 참석했습니다. 아이들은 이처럼 책임 있고 적극적인 리더십 역할을 갈구하고 있습니다. 이러한 활동을 국가 차원의 운동으로 발전시킬 수도 있으리라 생각합니다. 오늘날의 학교는 이러지도 저러지도 못하는 딱한 상황에 처해 있습니다. 교사와 학교 관리자들은 학교 교육에 만족하지 못하는 기업 리더와 부모의 공격을 막아내려고 필사적으로 노력하면서, 그로 인한 스트레스로 지쳐가고 있지요. 구태의연한 모습이 아닐 수 없습니다. 그러나 한편으로 우리 모두는 21세기 교육은 19세기, 20세기 교육과는 크게 달라져야 한다는 사실을 인지하고 있습니다. 실적을 높여야 한다는 압력뿐만 아니라 혁신을 위한 공간도 필요합니다. 아이들은 이러한 현실을 민감하게 감지하고 있습니다. 자신이 세계시민으로 자라야 한다는 것을 알고 있지요. 우리 아이들은 세계의 각종 문제를 이해하고, 생산적으로 대처하는 방법을 알고 싶어 합니다. 이러한 욕구를 충족시키지 못하는 학교는 점점 소외되고 아이들에게 무의미해질 것입니다. 아이들은 이를 위한 혁신 작업에 참여하려는 열정으로 가득 차 있습니다. 여기에서 정말 중요한 질문은 '그렇다면 우리 어른들은 어떠한가?'일 것입니다."

17 개척의 최전선

우리는 '지배적인 관리 시스템 재창조'를 개척해 나가야 하는 최전선에 서 있다. 물론 수세기에 걸쳐 발전해온 시스템을 불과 몇 년 사이에 뒤집을 수는 없으리라. 한편으로 가만히 있어도 새로운 시스템이 낡은 시스템을 서서히 대체하리라고 낙관할 만한 근거도 없다. 우리 내면에 깊이 박힌 기존의 사고방식과 행동방식은 건재한 상태다. 관리자는 강력한 통제 필요성을 느끼고, 투자자는 기업이 무조건 양적으로 성장해야 한다고 주장하고, 민간 부문 시스템 전체는 환경이나 사회 자본을 악화시키는 방향으로 이익은 '민영화'하고 비용은 '사회화'하는 식으로 돌아갈 때가 많다. 그럼에도 불구하고 변화를 향한 강력한 힘 역시 작용하고 있다. 인터넷 덕분에 소수가 정보를 독점하던 시대는 종말을 고했다. 나날이 네트워크화되는 조직은 예전처럼 상명하달식으로 통제되지 않으며, 산업 발전에 따르는 희생과 대가에 대한 인식이 점점 커지고 있다.

앞에서 나는 세계 각지의 다양한 조직 환경에서 진행되는 변화와 혁신의 움직임을 소개했다. 여기까지의 설명은 학습문화의 기본 요소가 기업, 학교, 정부 조직, 비정부 조직, 지역사회 조직 등으로 통합되는 양상을 포함하여 이미 진행되고 있는 변화에 중점을 두었다. 그런데 지금까지 말한 모든 내용을 종합해보니 완전히 새로운 어떤 것, 이 책의 초판을 집필하던 15년 전에는 포착하지 못했던 어떤 것이 모습을 드러내고 있다는 생각이 든다.

자연의 패턴을 발견하고 구현하기

오랫동안 조직학습협회 네트워크 내에서 학습에 대한 일반적인 정의는 '개인이나 집단이 진정으로 바라는 결과를 만들어내기 위한 능력을 향상시키는 활동'이라는 것이었다. 이러한 정의는 잘못 이해될 때가 많은 학습의 두 가지 핵심 특징을 강조하고 부각시킨다는 점에서 아주 유용했다. 지적인 이해만이 아니라, 효과적인 행동에 필요한 능력을 구축해야 한다는 점과 이러한 능력은 때로 상당한 시간을 두고 서서히 개발된다는 사실이다. 우리는 이외에도 다른 많은 정의를 생각해보았지만 이만큼 간단하고 유용한 것을 찾지 못했다. 그렇다 보니 몇 해 전에 이보다 훨씬 간단한 학습 정의와 마주쳤을 때 내게는 그것이 상당한 놀라움으로 다가왔다.

내가 접한 새로운 정의의 출처는 바로 세계적인 회계 이론가 H. 토머스 존슨H. Thomas Johnson이었다. 존슨은 부가가치 생산에 중점을 둔 원가계산법인 '활동 기준 원가 계산법activity-based costing, ABC'의 공동발명자이자 〈하버드 비즈니스 리뷰〉가 지난 75년 동안 가장 영향력 있는 경영 관련 저서 중의 하나로 꼽았던 〈적합성의 상실: 관리회계의 흥망Relevance Lost: The Rise and Fall of Management Accounting〉의 공동저자이기도 하다.[1] 관리 분야에서 ABC가 크나큰 기여를 한 것으로 평가되고 있지만 존슨 자신은 이것이 성과관리를 근본적으로 재고하는 과정의 첫 단계일 뿐이라고 생각했고, 이후 10년 동안 소수의 대표 기업을 심도 있게 연구하는 작업에 매진했다. 당시 연구한 기업 중의 하나가 바로 일본의 도요타였고, 존슨은 〈측정할 수 없는 이익Profit Beyond Measure〉이라는 저서에서 도요타의 비용관리 방식을 상세하게 설명했다.[2] 〈측정할 수 없는 이익〉은 도요타의 장기적인 성공은 업계에서 사례를 찾기 힘들 만큼 이례적인데, 그것이 부분적으로는 관리자의 성과 측정 기준 활용을 신중하게 제한한 데서 기인한다는 다소 이단적인 주장을 담고 있다. 특히 존슨은 성과 측정 기준이 관리 서열에서 상층부에 있는 사람들에게 알려지는 경우, 관리자는 이러한 기준을 수치상의 목표를 설정하고 변화를 강요하는 데 사용하게 된다고 주장했다. W. 에드워즈 데밍의 표현을 빌자면 '간섭'하는 용도로 말이다. 데밍처럼 존슨도 지속적인 학습과 우수한 성과는 사실 측정 기준과 목표 설정을 실제 업무의 현장 지식과 연결하는 데서 나온다고 보았다. 이러한 생각은 많은 관리자가 자신의 주된 업무라고 생각하는 것, 즉 수치 목표를 설정하고 결과가 나오도록 강요하는 것과는 정면으로 위배된다. 도요타의 장기적인 성공에 맞먹는 성과를 거두는 기업이 그렇게 적은 이유는 아마도 이와 같은 인식이 지배적인 탓이리라.[3]

그러나 중앙이 아닌 지역, 즉 국지적으로 느끼고 행동하는 것이야말로 복잡한 생명 시스템, 즉 살아 있는 시스템의 작동 방식이다. 실제로 존슨이 도요타의 비용관리 방식을 이해하게 된 것도 생명 시스템 연구를 통해서였다. 숲에는 전체를 통제하는 '책임자' 따위는 없다. 손가락에 상처가 생겨 피가 나면 인체는 혈액응고 작용을 하는 혈소판을 손가락으로 흘려보내는데, 이는 뇌에서 나오는 명령을 기다려서 하는 행동이 아니다. 무엇이 되었든 자연nature에 '중앙 통제' 시스템이 존재한다면 그것은 국지적인 통제 시스템이 복잡하게 얽혀 만들어낸 네트워크 때문일 가능성이 높다. 사실 우리는 걷는 것과 관련하여 인체 시스템이 구체적으로 어떻게 작동하는지에 대한 상세한 내용은 알지 못한다. 그러나 몸이 이러한 지식을 터득하고 나면, 인체는 뇌가 보내는 의식적인 지시에 반응한다. 애초에 몸이 터득한 지식이 없다면, 중앙에서 아무리 지시를 내려 보아야 소용이 없을 것이다. 존슨은 성과관리에 대한 도요타의 접근방법이 생명 시스템의 정수를 구현하고 있음을 깨달았다. 도요타의 관리자들은 국지적인 노하우를 끊임없이 키우고 효율적으로 활용했고, 일선 노동자에게 비용 대비 성능을 관리하고 개선하는 작업을 맡겼다. 이처럼 국지적인 성과관리라는 방법을 통해서 도요타는 자연의 패턴을 찾아내서 구현하게 되었고, 결과적으로 남다르게 우수한 학습자가 될 수 있었던 것이다.

이러한 간단한 학습 정의를 통해 사회 시스템에서 가능한 근본적인 변화, 즉 함께 일하는 방식에서부터 전체로서의 산업 시스템이 지니는 성격까지 실로 다양한 변화가 분명해진다. 예를 들어 '매립 쓰레기 제로' 연료전지 생산이라는 플러그 파워의 비전은 생명 시스템의 '폐기물 제로' 법칙, 달리 표현하자면 '폐기물이 곧 식량'이라는 원칙에서 자극을 받고 영감을 얻는다. 실제로 하나의 유기체의 모든 부산물은 다른 유기체의 영양분이 된다. 나는 얼마 전에 중국에 다녀왔는데 그곳에서는 주석과 총리가 이러한 원칙에 근거한 '순환 경제circular economy'를 지속적으로 언급하며 변화를 역설하고 있다. 모든 제품과 포장, 생산 공정에서 쓰레기를 완전히 없애도록 하는 설계는 공업 중심 경제에서는 근본적이고 심오한 변화를 의미하며, 이러한 비전을 추구하는 국가가 앞으로 가야 할 길은 결코 만만치 않으리라. 실현까지 갈 길이 멀다고 해도 순환 경제의 기본 개념은 명확하며, 그것과 과거 200년 동안 발전해온 공업 경제와의 차이점 역시 분명하다.(오른쪽의 다이어그램을 참조하기 바란다)[4]

지속가능 식량 연구소를 이끄는 학습 정신 역시 자연과 조화를 이루는 이러한 정신인데, 식량 연구소의 경우에는 지구 차원에서의 조화라는 규모 면에서만 차이가 있다. 지속가능 식량 연구소 회원들은 자신이 의존하고 있는 사회 시스템 및 생태 시스템(생태계)을 파괴하는 경제 시스템은 지속적인 생존이 불가능하다는 사실을 이해하고 있다. 식량 생산 및 분배 방식은 인류 최초의 시스템으로 볼 수 있다. 그러므로 당연히 그것은 우리가 최우선으로 사회 현실 및 생태 현실과 조화를 이루는 상태로 되돌려야 하는 글로벌 시스템이 되어야 한다.

산업이 쓰레기를 양산하는 이유

생명 시스템은 다음과 같이 순환한다.

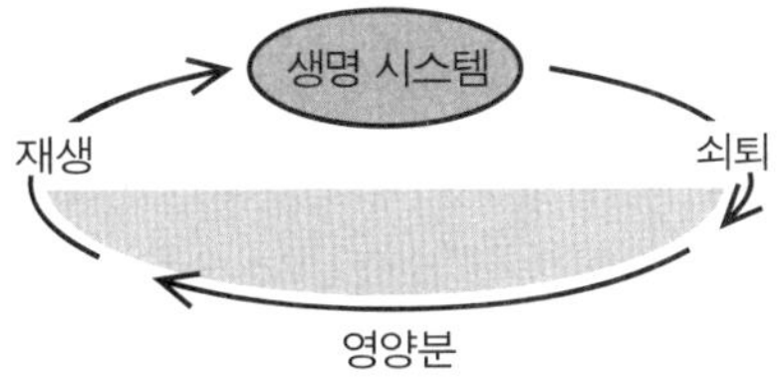

그러나 공업 시대 시스템은 그렇지 않다.

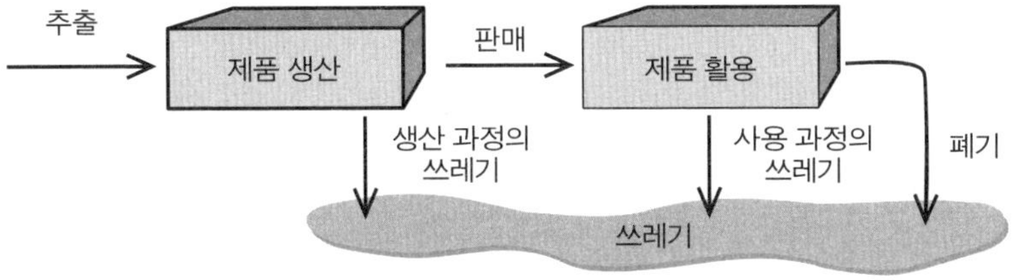

순환 경제: 자연에서 배우는 것으로 얼마나 폐기물을 줄일 수 있을까?

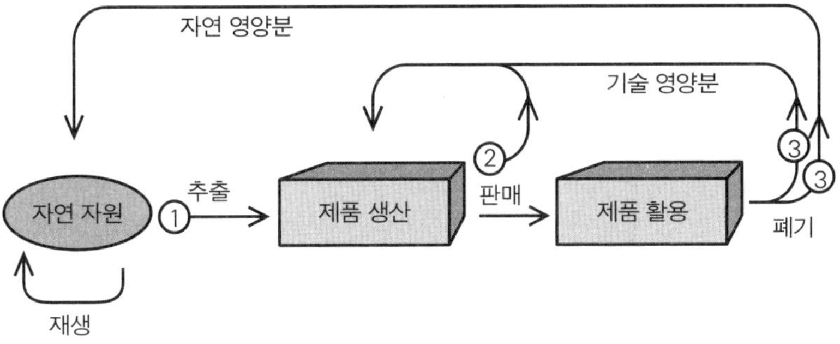

자연의 패턴을 발견하고 구현하는 학습 정신은 앞에서 논의한 모든 혁신에 미묘하게 영향을 미친다. 기업을 키우기 위해서 내부 구성원의 성장에 집중하거나 변화를 위한 핵심 과정으로 대화 활용에 열심인 관리자들이 있는데, 이러한 모습은 인간 본성, 즉 인간으로서 성장하고 타인과 관계를 맺고자 하는 타고난 욕망에 대한 통찰을 반영한다. 마찬가지로 앞에서 휴렛패커드 사 앤 머레이 앨런의 혁신 작업을 소개하면서 언급했던 사회 네트워크에 대한 새로운 이해 역시 자연의 조직화 패턴으로 보아도 무방하리라. 이와 관련하여 비자 카드 사의 근본적으로 분권화된 지배 구조 탄생으로 이어졌던 디 혹의 질문도 기억할 만한 가치가 있다. 디 혹은 "인간 조직은 왜 열대우림처럼 굴러가지 못할까?"라는 질문에서 탐구를 시작한 바 있다.

H. 토머스 존슨의 학습 정의를 접한 뒤에 나는 비로소 조직학습과 관련한 우리 작업의 기저에 있는 제1원칙은 자연과 일치하는 관리 시스템을 만드는, 어찌 보면 아주 단순한 것임을 깨닫게 되었다. 인간의 본성과 일치하고, 우리가 살아가는 사회 시스템 및 자연 시스템의 속성과 일치하는 그러한 시스템을 만드는 것임을 말이다. 중국에서 이 책의 초판이 크게 인기를 끌었던 이유가 무엇인가를 놓고 젊은 중국 여성과 나눴던 대화는 앞으로도 쉬이 잊지 못할 것이다. 그녀의 대답은 의외였다. "우리는 이 책을 개인 성장과 발전에 관한 책으로 생각합니다. 서구의 많은 관리 이론은 인간으로서 깊은 본성을 개발해야 한다는 우리의 기본적인 믿음과 상충됩니다. 하지만 선생님의 책은 이러한 믿음을 강화시키고, 그것이 성공적인 조직 건설과 조화를 이룰 수 있다는 희망을 줍니다." 인류학자 에드워드 홀Edward Hall은 학습 욕구를 '인간의 가장 기본적인 욕구'라고 말한다. 우리 삶의 모든 측면에서 자연의 패턴을 찾아내고 구현하고자 하는 타고난 욕구야말로 바로 그러한 학습 욕구가 아니겠는가?

차세대 리더

나는 또한 미래에 가장 중요한 영향력을 행사할 리더의 모습은 지금까지 우리가 당연시해온 모습과는 많이 다르리라고 생각한다. 새로운 질서는 새로운 리더에게서 나와야 한다. 새로운 관리 시스템이 자리를 잡기 시작한 곳에서는 어김없이 주변부에서 등장한 리더가 존재하는 것이 당연한 일이다. 전통적인 권력의 중심이 아니라 문화, 경제, 인구통계학적인 주변부라 할 수 있는 여성, 빈곤층, 청년층에서 새로운 리더가 나오는 것은 지극히 당연한 현상이다.

'여성으로서' 리더십을 발휘하는 여성

지난 수십 년 동안 다양한 분야에서 리더십 역할을 맡은 여성의 비율이 꾸준히 증가하고 있다. 그러나 고위직에 앉았던 1세대 혹은 2세대 여성은 '남자보다 더 남자 같아야' 할 때가 많다. 아직도 사회에서 지배적인 위치를 차지하고 있는 남성의 기준에서 볼 때 '진정한 리더'라는 사실을 입증해야 하기 때문이다. 반대로 '여성으로서' 리더십을 발휘하는 여성은, 학자 조이스 플렛처Joyce Fletcher의 표현을 빌자면 평소에는 '협동심이 좋다'거나 심한 경우 '착하다'는 말을 듣지만 승진 결정을 내릴 때는 그러한 '여성적인' 자질이 치명적인 결점으로 거론되는 경우가 많다. 플렛처는 여성이 자신의 본성에 충실하게 리더십을 발휘하는 경우, 대부분의 조직에서 동료들의 관심과 남성 중심 리더십 모델에서 멀어지고 만다고 주장한다.[5]

이러한 관점에서 조직학습협회 지속가능 컨소시엄 내에서 발전시킨 가장 흥미로운 프로젝트 중의 하나는 '지속가능한 프로젝트를 이끄는 여성'이었다.[6] 컨소시엄 내에서 영향력이 큰 사업 중의 다수를 여성 리더가 발의하고 착수했다는 사실을 깨닫고 시작하게 된 프로젝트였다. 나이키의 다시 윈슬로, 옥스팜의 바바라 스토킹, 유니레버의 브리지트 탄타위-몬소우, 세계은행의 도로시 베리와 니시미즈 미에코 등이 대표적인 예였다. 이러한 현상을 보고 우리는 다음과 같은 질문을 던지지 않을 수 없었다. "여성의 감성에 어떤 특징이 있기에 지속가능 관련 사안에서 이처럼 앞서가는 의제들을 내놓는가? 또한 여성의 리더십 발휘가 이처럼 효과적인 이유는 무엇인가?"

이와 같은 질문에 대한 답은 대부분 앞에 나온 내용에 암시되어 있다. 바바라 스토킹은 자신을 '성장지향적인 관리자'라고 표현했고, 여성에게는 사내 정치나 권력투쟁에 골몰할 시간이 없다고 말했다. 스토킹은 또한 여성은 개인의 출세보다는 일 자체에 더욱 의욕을 보인다고 말했다. 아일린 갤러웨이는 대학원 시절 흑인 여성으로서 자신이 '어떤 조직의 윗자리를 차지하기는 힘들 것'임을 깨닫자 네트워크 중심 조직에서 국제 네트워크 전문가가 되는 차별화된 전략을 택했다. 지위가 아니라 지식과 성실성으로 신뢰를 얻고 힘을 얻는 자리를 찾아낸 것이다.

여성은 대부분의 기업에서 관심의 주변부에 있는 장기적인 사안, 즉 지속가능성 같은 사안에 끌리며, 해답과 계획보다는 협력과 모색이라는 관점에서 접근한다는 것도 부인할 수 없는 사실이다. 다국적 유전개발 및 자원관리 서비스 회사인 슐룸베르거Schlumberger에서 재무 분야 고위 관리자로 일했고, 현재는 SEEDSchlumberger Excellence in Educational Development에서 인터넷 기반 교육 프로젝트를 관리하고 있는 시몬 엠버Simone Amber의 사례를 보면 이것이 분명하게 드러난다. SEED는 1,500명이나 되는 슐룸베르거 직원이 멘토를 자원하여, 개발도상국가 35개국의 학생들 20만 명을 돕는 프로젝트다. 처음에는 공식 예산도 배정되지 않았고 당연히 공식 권한도 없었다. 그러한 상황에서 엠버는 어떻게 그렇게 많은 사람이 참여하는 프로젝트를 성공적으로 진행할 수 있었을까? 회사의 핵심 가치와 사업을 하는 지역사회에의 공헌을 중시하는 전통에 호소하고, 아이들의 삶에 직접적으로 관여하고자 하는 사람들의 욕망을 자극하고 활용함으로써 가능한 일이었다. 세계 7개국 언어로 볼 수 있는 SEED의 최신식 웹사이트도 인상적이지만, 프로젝트 성공에 결정적이었던 것은 SEED가 보유한 탄탄한 자원봉사자 네트워크였다.[7] "회사 사람들의 마음속에는 어딘가에 활용되지 못하고 묻혀 있는 온정과 호의가 있습니다. 사내 정치나 경쟁 등을 멀리하고 사람들의 마음을 최우선으로 생각하면 이러한 온정과 호의가 발현되도록 도울 수 있지요." 시몬 엠버의 말이다.

경제적 주변부 출신의 리더들

경제적 주변부 출신의 수많은 리더가 기존 조직 리더와 동일한 학습 원칙과 방법을 활용하고 있다. 이러한 지역사회 리더는 비전을 끌어내고 현장의 목소리에 귀를 기울이면서 대규모 조직에서는 접근하기 힘든 시스템적인 변화에 필요한 힘을 활성화시킨다. "리더로서 봉사하는 저의 능력은 근본적으로 사람들이 저를 그들의 일원으로 알고 인정한다는 데서 기인합니다. 사람들은 제가 그들의 일원이며, 그들이 걷는 길을 걸어 왔고, 그들이 시달리는 두려움에 시달린다는 사실을 압니다. 나아가 그들이 얼마나 똑똑하고 유능한가를 제가 알고 있다는 사실조차도 그들은 압니다." 로카의 사이라 핀토Sayra Pinto의 말이다.

내가 가장 오래 알고 지낸 지역사회 리더는 아마도 음왈리무 무쉐쉐Mwalimu Musheshe가 아닌가 싶다. 무쉐쉐는 1980년대 초반 학습 원칙과 관행을 농촌 개발을 촉진하는 용도로 활용하자는 생각을 가지고 우간다 농촌 개발 및 교육Uganda Rural Development and Training, URDT 프로젝트를 시작했다.[8] 무쉐쉐와 동료들은 당시 우간다에서도 가장 가난한 지역에서 활동하면서 주민들에게 비전을 만들어내고, 공유 비전을 구축하고, 문제를 일으키는 정신모델을 인식하고, 서로의 이야기에 귀를 기울임으로써 의견차를 해소하고, 마을을 하나의 시스템으로 생각하는 법을 가르쳤다. 또한 그들은 이러한 모든 지식을 우물을 파고 안전한 곡물창고를 짓는 등의 실제 현장에서 필요한 사업과 연결했다. "무엇보다 사람들이 물려받은 숙명론에서 탈피하도록 도와야 했습니다." 무쉐쉐의 말이다. "미래에 대해 할 수 있는 일이 아무것도 없다는 태도야말로 우리를 가로막는 가장 큰 장애물이었죠." URDT가 집중적으로 활동했던 지역은 현재 나라 전체에서 가장 번영하는 농촌 중의 한 곳으로 성장했다. 또한 URDT는 우간다 최초의 여자대학교를 건립해 여성들이 리더십을 발휘할 기회를 갖도록 돕고 있다. 고등교육 기회가 없어서 그러한 능력을 발휘하지 못하는 여성이 많기 때문이다.

핀토나 무쉐쉐 같은 리더들은 현지 리더십 능력을 활용하고 배양함으로써 지속적인 발전의 기틀을 마련한다. 그동안 북반구의 선진국이 그토록 개발도상국을 지원하면서도 해결하지 못했던 문제를 해결한 것이다. 이와 관련하여 짐바브웨에서 지속가능한 농업에 전념하는 시범 지역 및 학습 네트워크인 쿠푼다 빌리지Kufunda Village의 창시자인 마리안느 크누스Marianne Knuth는 저서에서 다음과 같이 말한다.[9] "개발 부문에서는 여전히 빈곤과 소위 저개발 문제들을 해결하기 위해 계층구조에 따른 기계적인 접근, 대규모 접근 방법을 사용하고 있다. 물질적인 발전이라는 미명하에, 촌락과 지역사회는 과거에 비해 공동체 성격이 약한 상호관계 방식을 받아들여야 한다. 발전이라는 미명하에, 공동체 자체가 발전 계획에서 주도권을 쥐고 주인의식을 가져야 한다는 필요성을 인식하지 못한 채로 문제에 접근하고 해결한다. 그렇다 보니 여러 대규모 발전 계획에서 단기적으로는 문제가 해결되었지만 시간이 흐르면 다시 나타나는 경우가 많다.(버려진 시추공, 망가진 화장실, 도움을 제공하던 제삼자가 떠난 뒤에 누구도 주인의식을 가지고 돌보지 않는 공용 펌프 등)"

여기에서 흥미로운 것은 크누스는 쿠푼다가 남다르고 독특한 어떤 활동을 한다고 보지 않는다는 점이다. "우리가 하는 일은 세계 각지의 교육, 사업, 디자인, 건축 등 다양한 분야에서 개인과 조직이 참여하여 진행되는 여러 실험 중의 하나일 뿐입니다. 어떻게 하면 보다 생명친화적인 방식, 즉 생명을 살리는 작업방식으로 돌아갈 것인가를 공동으로 모색하는 실험이지요."

젊은이의 리더십

시스템 변화에 필요한 리더십이 젊은 사람에게서 나오는 경우가 점점 많아지고 있다. 리더로서는 무시될 때가 많지만 알고 보면 10대와 청년층은 미래에 대한 이해관계가 강한 집단으로, 어쩌면 누구보다 강한 집단일 것이다. 동시에 과거와의 이해관계는 가장 약한 집단이기도 하다. 그렇기 때문에 이들은 현재의 정신모델과 제도의 결점을 보는 차별화된 능력과 새로운 것을 창조할 용기를 갖게 된다. 젊은이들이 기본적인 리더십과 공동학습 기술을 발전시키는 경우 변화를 이끌 가공할 세력이 될 수 있다.

마리안느 크누스는 오랫동안 운동가로 활동해오고 있다. 크누스는 열여섯 살에 유럽에서의 학업을 위해 짐바브웨를 떠났다.(아버지가 덴마크 사람이다) 10년 뒤에 크누스는 '변화의 개척자Pioneers for Change'라는 세계 젊은 리더들의 네트워크를 공동으로 만들었다. '개척자'는 그들의 표현을 빌자면 "자기 자신이 되고, 중요한 일을 하고, 당장 시작하고, 타인과 관계를 맺고, 결코 질문을 멈추지 않는 것"을 신조로 했다. 지난 몇 년 동안 나는 이곳 회원인 많은 젊은이를 알게 되었고, 어려운 문제 앞에서 보여주는 침착한 집중력과 상상력, 그들이 이룬 성취에 깊이 감동받았다.

최근 나는 스웨덴에서 열린 세계 변화에 관한 중요한 회의에서 '개척자' 소속 회원들을 만났다. 회의 참석자들은 대부분 회사나 정부의 고위 간부, 여러 국제 현안 전문가들이었다. 나의 요청으로 주최 측에서 '개척자' 회원이 대규모 조직 변화에서 리더십에 대한 생각을 이야기할 특별 모임을 마련해주기로 했다. 그때의 대화를 통해서 '개척자' 회원과 상대적으로 경험이 많은 기성 리더들 사이에서 흥미로운 차이점 몇 가지가 드러났다.

첫째, '개척자' 회원인 젊은이들은 자신들의 지식 부족을 자산으로 간주했다. "우리는 아는 것이 많지 않습니다. 그렇기 때문에 많은 질문을 던질 수 있지요." '개척자' 네트워크의 공동 창립자인 크리스텔 숄텐Christel Scholten의 말이다. 숄텐은 ABN AMRO 은행의 지속가능 개발 프로그램을 만드는 과정에서 중요한 역할을 했고, 지금은 해당 프로그램을 이끌고 있다. 이는 그가 사람들이 타당성을 알아볼 때까지 지속적으로 문제 제기를 하는 과정을 거쳐서 탄생된 프로그램이다. '개척자' 회원들과 이야기를 나누는 동안 경험이 풍부한 많은 관리자는 자신의 과거 지식과 성취가 실제로 변화를 이끄는 데 방해물이 될 수도 있다는 사실을 깨닫기 시작했다. 노련한 한 관리자는 지식이 자신의 관점을 편향되게 만들 뿐만 아니라 자신에 대한 사람들의 예상에도 영향을 미친다는 사실을 깨달았다. "사람들의 그러한 예상과 기대 때문에 저도 모르게 그렇게 크게 관심을 갖지 않았을지도 모르는 관점을 옹호하고 있더군요." 그가 하는 말이다. 반대로 젊은 리더들은 개방적인 자세를 유지했고, 진솔한 질의와 탐구를 통해 어떤 입장을 강력하게 옹호하는 자세에서는 불가능했을지 모르는 공동의 이해와 헌신에 도달했다.

둘째, 이들은 세계 곳곳의 동료와 연결되어 있었다. 어려운 문제를 만나면 그들은 방글라데시, 인도, 남아프리카공화국, 필리핀, 크로아티아 등지에 있는 동료에게 도움을 청한다. 각지의 사람들과 지속적으로 생각을 나누고 서로 돕는 과정을 통해 그들은 문제를 바라보는 균형 잡힌 관점을 가지게 되고, 변화에 필요한 놀라운 자원을 끌어낼 수 있다. 예를 들어 숄텐이 처음 은행에 들어가서 적응하느라 애를 먹고 있을 때, 아시아와 유럽의 다국적 금융회사에 일하는 '개척자' 동료들이 끊임없이 그녀를 격려해주고 도움을 주었다.

마지막으로, 젊은이들은 자신의 관점에 얽매이지 않고 일한다. 몇 년 전에 '개척자' 회원들 중의 일부가 '위선자 클럽The Hypocrites Club'이라는 것을 만들었다. 크누스의 설명을 들어보자. "만날 때마다 우리는 일종의 경쟁을 했습니다. 각자가 갈등을 피하기 위해서 혹은 원만한 사태 수습을 위해서 자신의 신념을 포기하거나 원칙을 버리거나 굴복했던 이야기, 생각과 다르게 행동했던 이야기를 하게 됩니다. 오랫동안 자신을 괴롭히고 짓눌러왔던 경험일 수도 있고, 당시에는 거의 인식하지 못했던 일일 수도 있겠지요. 이상할 수도 있지만 우리는 각자가 타인 못지않게 위선적이라는 사실을 보여주려고 안간힘을 씁니다. 덕분에 좋은 저녁을 보내게 되지요."

세 가지 개방

이제 하나의 질문이 남는다. 지난 15년 동안 나는 실로 다채로운 환경에서 비전과 목적의식, 심층 대화와 성찰, 시스템 사고를 키우는 각종 도구와 원칙을 가지고 일하는 사람들을 많이 보았다. 분명 그들 중 일부는 눈에 띄는 성과를 거두었고 어떤 이는 별다른 소득이 없었다. 이유가 뭘까? 나는 지적능력이나 헌신도 때문에 이러한 차이가 난다고는 생각하지 않는다. 조직에서의 위치나 권력 때문도 분명 아니다. 그러나 사람들의 내적인 '출발점'과는 관련이 있어 보인다. 말년에 빌 오브라이언은 "어떤 개입의 결과를 결정하는 주요 요인은 개입자의 내면 상태이다."라고 말했다.

동료이자 〈미래, 살아 있는 시스템Presence〉의 공동저자인 오토 샤머Otto Scharmer는 우리가 심오한 변화를 이끄는 과정에서 넘어야 하는 세 가지 '문턱threshold' 즉 개방opening에서 비롯되는 방향과 의도의 변화에 대해 이야기한다. 우리가 넘어야 하는 문턱은 머리를 열고, 마음을 열고, 의지를 여는 것이다.[10]

머리를 연다는 것은 앞에 있지만 지금까지 보지 못하던 것을 보고 듣는 데 스스로를 개방하는 것을 말한다. 이는 '보류suspension'의 문턱이기도 하다. 과거에 우리 지각을 결정했던, 당연하게 여기던 가정들을 보류하는 것이다. 두 번째 문턱은 마음으로 보는 것과 관련된다. 우리 주변에 있는 것들, 기쁨은 물론이고 고통, 아픔, 문제 등과 자신의 연결 관계를 보도록 마음을 여는 것이다. 여기에서 우리는 제대로 돌아가지 않는 것에 대해서 외부의 힘이나 사람을 탓하는 마음 편한 단계를 넘어서서 자신 역시 문제의 일부임을 인식하는 단계로 간다. 세 번째 문턱은 샤머가 "소문자 's'로 시작하는 자기self"라고 부르는 것의 마지막 찌꺼기까지 비워버리고, 무엇이 되었든 발생하는 모든 것이 우리를 온전히 뚫고 지나가도록 내버려두는 것이다. 여기에서 우리는 '우리를 통해서 나타나는 미래, 그리고 그곳에서의 역할'과 만난다. 세 번째 문턱까지 통과한다고 해서 삶의 의미에 대한 모든 의문이 한 번에 풀리며 해답을 얻는다는 의미는 아니다. 오히려 '우리는 이러한 의문의 중심에서 살고 있으며 덕분에 앞으로 나아간다'는 의미다.

오늘날 심오한 도전에 직면하여 이전보다 많은 각양각색의 리더가 이러한 세 가지 변화의 필요성과 진가를 이해하기 시작하지 않았나 싶다. 무엇보다 이러한 리더들은 우리가 직면한 심오한 도전을 새로운 시각에서 인식하고 있다. 포드 자동차 마브 애덤스의 표현을 빌자면, "심화되는 상호의존과 시스템 측면에서 생각하고 행동하지 못하는 조직의 무능력 사이에 커지는 격차가 문제"임을 인식하기 시작한 것이다. 물론 이와 같은 새로운 인식은 구체적인 경험을 통해서도 나온다. 예를 들어 정신모델을 활용하고, 변화에 필요한 질의와 탐구 중심의 대화능력을 키우는 구성원이 늘어날수록, 마음을 개방했을 때의 힘이 분명하게 느껴진다. "사람들이 자신의 견해를 불변의 사실로 취급하는 경향이 약해진다고 느끼는 순간, 한층 심도 있고 생산적인 대화가 시작되더군요." BP의 비비엔 콕스의 경험담이다. "귀에 거슬리는 공격적인 말투가 줄고, 무조건 확신하는 분위기도 줄어듭니다. 유머감각도 발휘되고 분위기가 편안해지면서 다들 기운이 납니다. 다소 심각하다 싶은 주제를 이야기할 때도, 분위기가 마냥 가라앉기보다는 이전보다 유쾌한 분위기에서 궁금한 것을 묻고 알아보는 태도로 토의가 진행됩니다. 질의탐색이 제대로 진행된다고 느낄 때가 바로 그러한 순간이지요."

샤머가 말하는 두 번째와 세 번째 변화는 인지적·정서적으로 보는 행위, 그리고 자기 내면의 깊은 열망과 접촉함으로써 촉진된다. 살림 알-아이드는 항상 아이들 사진을 보여주고 자신의 손자 손녀들에 대해 이야기하는 것으로 걸프 지역 조직학습협회 네트워크 다이얼로그를 시작한다. 그렇게 하면 참석자들이 지역의 경제전망을 볼 때도 단순히 수치만 보지 않고, 그들의 자녀, 그리고 그 자녀의 자녀가 영위할 삶을 상상하면서 본다. "진심으로 마음을 열지 않고는 우리가 진정으로 원하는 미래, 필요한 변화에 대해 진지한 논의를 시작하기 힘듭니다. 필요한 변화를 실천할 때도 마찬가지지요."

이처럼 마음을 연다는 것은 어쩌면 타인의 공격에 취약해질 준비를 한다는 의미이기도 하다. 그런데 보통 이러한 자질을 배양하는 관리자는 거의 없다. 로저 세일런트는 1980년대와 1990년대에 포드 자동차에서 자신이 맡은 부서의 실적을 놀라울 정도로 호전시켜 주목받았던 시절을 돌아보면서, 신기하게도 상사들 중의 어느 누구도 어떻게 그렇게 좋은 실적을 냈는지를 묻지 않았다는 사실을 지적했다. 이에 대해 우리가 내린 결론은 그들이 그러한 질문을 던지는 것이 어느 정도는 자신을 취약하게 만들고, 인간적으로 만드는 것임을 알고 있었으며, 그것이 그들에게는 편안하지 않은 일이었고, 대부분이 그렇게 자신의 속내를 내보일 마음의 준비가 되지 않았기 때문이라는 것이었다.

세 번째 의지의 개방 단계로 나아가면서 우리는 자신의 계획과 정해진 목표 등을 기꺼이 버리고 목적과 전략이 개인의 의지보다 더 큰 힘에 의해 형성되도록 개방하게 된다. 이는 세 가지 변화 중에서 추상적으로는 설명하기 가장 힘든 단계지만 막상 일어났을 때는 굳이 설명이 필요할까 싶을 만큼 자명하다.

마리안느 크누스가 쿠푼다 빌리지에 대해 회고하는 내용을 보면, 지금까지 설명한 세 가지 개방으로 나아가는 발전 과정 전체가 훌륭하게 예시된다. "우리는 짐바브웨 전역의 공동체 조직자들을 정기적으로 불러 모아 서로에게서 배우는 시간을 가졌습니다. 어쩌면 그들을 방해하고 있을지 모르는 (타고난 혹은 문화적인) 가정들, 분명 영향을 미치고 있지만 의식하지 못했던 가정들을 알고 의식하며, 그러한 가정에 대처하는 방법을 터득하는 것도 만남의 목적이었지요. 그러나 이러한 작업 역시 스스로를 개방하지 않으면 불가능했습니다. 우리가 해답을 가지고 있는 것은 아니며, 그들이 꿈을 깨닫기 위해 무엇을 해야 하는지는 우리도 모른다는 사실을 인지하고 있어야 이와 같은 태도를 유지할 수 있습니다."

머리, 즉 이성을 개방하는 데서 시작되는 힘은 '서로 연결되는 마법'을 통해서 한층 커진다고 크누스는 말한다. "저는 쉽게 눈물을 흘리는 스타일입니다. 예전에는 그것 때문에 창피할 정도였지요. 하지만 그것이 무언가의 정수와 연결되었다는 표시임을 깨닫게 되었습니다. 절절하게 느껴지는 기쁨, 연민, 슬픔, 영감 등이지요. 그것은 제게 무언가를 말해주는 스스로의 감정일 때도 있고, 제게 와서 깊은 울림을 만드는 타인의 기쁨이나 고통일 때도 있습니다. 말을 하다 울컥해서 눈물을 흘리는 것도 이제는 괜찮다고 생각하게 되었습니다. 그것이 이야기를 나누는 상대방과 저를 더욱 가깝게 해줄 때가 많습니다. 그 순간 우리는 다른 장소, 순전한 지성이 지배하는 세계 너머에서 만나게 되지요. 이성의 문이 아니라 마음의 문을 통과하여 서로를 만나게 됩니다."

세 번째 단계의 개방(의지의 개방)은 크누스가 덴마크에서 학업을 마치고 짐바브웨로 돌아간 뒤에 그녀에게 모습을 드러냈다. 당시 크누스는 뚜렷한 계획이 없었다. "그저 짐바브웨로 돌아가서 나머지 세계에서 보기에 한없이 가난하고 몰락한 땅으로 간주되는 나라와 대륙 한가운데에 건강하게 생동하는 공동체를 창조(혹은 재창조)할 방법을 찾는 것이 내 소명이라고" 생각하는 정도였다. "저는 우리 모두가 이유가 있어 이곳에 존재하며, 이유를 발견하고 받아들이면 마음이 노래를 부르고, 마치 삶의 욕망을 따르듯이 삶에 의해 인도된다고 믿습니다."

어떤 위치, 어떤 환경에 있는 리더든지 이러한 세 단계 개방 과정을 거쳐 나아가면 불가능한 한계가 거의 없다. 세일런트의 말을 들어보자. "하는 일에 진정 순수한 마음으로 전념하면, 그것에 대한 소유권을 주장하려 하고 성과로 인정받으려 하지 않는다는 의미에서 스스로 진정으로 하찮은 존재가 될 수 있다면, 사실 그것은 쉬운 일이 아니지만 선물이 도착합니다. 선물은 영향력이나 권력, 의지, 목적의식, 활력 등의 형태를 띨 수도 있고, 대의에 도움이 되는 주변에서 일어나는 잡다한 사건들의 형태를 띨 수도 있습니다. 사람이 자신의 내면에서 그것을 발견하고, 그 안에 있는 온갖 종류의 감각과 연결되면, 그리고 그곳에서 나오는 빛에 닿을 수 있다면, 그것 자체가 가장 큰 선물이기도 하지요. 바로 그때 기적이 시작되는 법입니다."

그동안 걸어온 길을 돌아보면서 크누스는 복잡할 것 없다는 투로 말한다. "태초에 만남이 있었습니다. 사람을 만나는 방식이 다른 모든 것을 결정합니다. 가능한 최선의 가정을 하면서 사람들을 만나는가? 관계를 맺으려 하는 사람이 어떤 기적을 보여줄지를 궁금해하며 서로를 만나는가? 아니면 도움이 필요한 가난한 사람을 만나는가?"

"어제도 저는 애나 마룬다Anna Marunda를 만났습니다. 쿠푼다 네트워크에서 공동체 조직자로 활동하고 있지요. 애나는 마흔 여섯 살 과부입니다. 남편이 물려준 매달 2달러의 연금으로 먹고 사는데, 아이들의 학비로 세 달마다 20달러를 내야 합니다. 지난해 애나는 여성 뜨개질 협동조합을 만들었습니다. 최근에는 지역 여성에게 뜨개질을 가르치고, 배설물을 퇴비로 활용하는 장치가 되어 있는 화장실도 만들었습니다. 다른 사람에게도 만드는 법을 가르치고 있지요. AIDS 다이얼로그 그룹도 운영하면서 AIDS 환자에게 자택 간호 서비스를 제공하고 있습니다. 우리는 애나가 작년에 자기 자신에게서 발견한 경이로운 사실들에 대해서 이야기를 나눴습니다. 애나는 이렇게 말하더군요. '저는 극심한 어려움을 극복한 미망인으로 공동체에서 하나의 모범이 되었다는 것을 알게 되었습니다. 제가 강한 여자라는 것을 알게 되었습니다. 자신의 내면에서 마음의 평화를 찾을 수 있다는 것을 배웠습니다. 제가 남의 말에 귀를 기울이는 훌륭한 경청자이며 믿을 만한 사람이어서 사람들이 저를 찾아오고, 다른 공동체 조직에 참여하도록 초청한다는 것을 알게 되었습니다.'"

"이 모든 일이 어떻게 일어나는지 저는 모릅니다. 그렇지만 우리가 가난한 애나가 아니라 지혜롭게 현실을 헤쳐 나가는 애나를 만났다는 사실은 압니다."

크누스는 일기에 "삶은 성스러운 것이며 그렇게 마주해야 한다."는 짧은 글을 써넣었다. 그리고 덧붙인다. "주변의 아름다움을 진정으로 감상할 수 있을 만큼 충분히 속도를 늦추는 경험이 바로 그러한 자세가 아닐까 생각합니다. 숨이 멎을 만큼 아름다운 일몰, 들판을 거니는 소떼가 보여주는 잔잔한 아름다움, 땅을 뚫고 새싹을 틔워낸 묘목의 기적, 짐바브웨 시골 지역에 지천으로 널린 거대한 화강암 바위 위에 앉아 있는 지극히 일상적인 경험, 기쁨에서든 슬픔에서든 타인과 깊이 연결되는 마법……이러한 간단해 보이는 창조 활동의 기적을 알아채고 이해할 때마다 삶이란 마법과 사랑으로 가득한 한없이 풍요로운 것이며, 이러한 감각과의 연결을 유지하는 존재는 그렇지 않은 존재보다 풍요로운 삶을 영위한다는 확신이 점점 강해집니다."[11]

로저 세일런트나 마리안느 크누스의 글을 읽을 때면 항상 깊은 감동을 느끼곤 한다. 당연히 내가 전달하고자 하는 가장 중요한 요지는 이렇게 스스로를 개방했을 경우, 무엇이 가능한가에 대한 사실에 입각한 지식이다. 그동안 나는 수많은 기적, 즉 불가능한 문제가 신기하게도 해결되는 상황을 보았다. 자신의 진정한 정체성을 깨달은 뒤, 한층 가볍고 즐거운 마음으로 다음 난제에 당당히 맞서는 사람들을 수도 없이 보았다. 이러한 여정을 통해서 그들은 자기 자신에게, 서로에게, 삶에 점점 다가간다.

이와 같은 작업의 본질을 규정하는 방법은 사람들이 그러한 작업을 하는 방식만큼이나 다양하다. 이는 자연, 인간 본성, 전체 생명 시스템의 본질과 일치하는 관리 시스템이다. 이는 인간의 가장 숭고한 염원을 실현할 수 있도록 더불어 일하는 것이다. 이는 우리 스스로가 자신이 만들어내고자 하는 변화가 되는 것이다. 혹은 마리안느 크누스가 너무나 아름답게 표현한 것처럼, 연결을 결코 멈추지 않는 그러한 존재와 연결되는 것이다.

THE FIFTH
DISCIPLINE

5

CODA

종결부

18 불가분의 전체

어렸을 때부터 나는 우주비행사가 되고 싶었다. 심지어 우주비행사가 되기 위해서 대학에서 항공학과 우주항공학을 공부하기까지 했다. 그러나 '시스템 이론'과 만나게 된 후, 우주가 아닌 지구를 향한 새로운 인생이 펼쳐졌다.

그럼에도 나는 아직 '우주에 간다'는 것에 깊은 매력을 느낀다. 아폴로 우주선이 찍어서 보낸 최초의 지구 사진은 나에게 너무나도 황홀하게 다가왔었다. 이와 같은 지대한 관심 덕분인지 마침내 나는 우주비행사와 만날 기회를 얻었다. 몇 년 전, 우리가 진행하는 리더십 프로그램에 우주비행사 러스티 슈바이카르트Rusty Schweickart가 참석한 것이다.

러스티는 많은 우주비행사가 지구로 돌아온 뒤, 자신이 사는 행성 위를 둥둥 떠다니며 지낸 경험이 어떤 의미를 지니는지 설명하지 못해 힘들어한다는 이야기를 들려주었다. 그때의 경험에 적합한 단어들이 틀을 갖추기까지, 러스티 역시 5년이라는 시간 동안 어떻게 설명해야 할지 모르는 시간을 보냈다.(러스티는 아폴로 9호에 탑승했는데, 아폴로 9호는 1969년 3월 지구 궤도를 돌면서 달착륙선을 시험하는 임무를 수행했다)

1974년 여름, 러스티는 린디스판Lindisfarne에서 개최하는 '행성 문화'에 관한 행사에서 연설을 해달라는 초청을 받았다. 린디스판은 롱아일랜드에서 활동하는 정신적 공동체이다. 자신의 경험을 나눌 방법을 생각해보고 고개를 젓기를 수없이 반복한 끝에 러스티는 당시 경험을 자신의 이야기his story로 말할 수 없다는 사실을 깨달았다. 그것은 우리의 이야기our story이기 때문이었다. 러스티는 자신과 동료 비행사들이 '인간이라는 종족의 감각기관이 확장된 것'을 상징한다는 사실도 깨달았다. "그렇습니다. 나는 내 눈으로 보고 내 감각으로 느꼈지만, 동시에 우리의 눈과 우리의 감각으로 그렇게 했습니다. 처음으로 지구 밖에서 지구를 바라본 우리는 인류 전체를 바라보고 있었습니다. 그곳에 있는 것은 소수였지만 우리가 경험한 바를 알리는 것이 우리의 책임이었습니다." 이를 깨닫고 러스티는 '청중이 그곳에 같이 있었다면 어땠을까'를 설명하면 되겠다고 결심했다.[1] 이제부터 당신이 그곳에 있다고 생각하며 그가 들려주는 이야기를 들어보자.

그곳에서 당신은 1시간 30분마다 지구를 한 바퀴씩 계속해서 돈다. 보통 아침에 일어나는데, 마침 북아프리카 위쪽의 중동을 돌고 있을 즈음이다. 아침을 먹으면서 창밖을 보는데 지중해, 그리스, 로마, 북아프리카, 시나이 반도 등이 눈앞에 펼쳐진다. 지금 보고 있는 광경을 통해 인류의 오랜 역사 전체를 한눈에 보고 있는 것임을, 문명의 요람을 보고 있음을 새삼 깨닫는다. 그리고 그러한 광경을 보면서 상상 가능한 모든 역사를 생각해본다.

북아프리카를 지나면 인도양이다. 당신 쪽으로 뾰족한 끝을 내밀고 있는 거대한 인도 아대륙이 눈에 들어온다. 그곳으로부터 떨어져 있는 곳에 스리랑카, 버마, 동남아시아가 있고, 저쪽에 필리핀이 있다. 계속해서 우주선은 엄청난 태평양을 가로지른다. 그야말로 거대한 물이다. 이전에는 감히 상상하지 못했던 크기가 실감나게 와 닿는다. 캘리포니아 해안을 지날 즈음 마침내 익숙한 풍경을 보게 된다. 로스앤젤레스, 피닉스, 엘 파소, 그리고 휴스턴. 그곳에 고향이 있다. 아니나 다를까 휴스턴 아스트로돔의 거대한 지붕이 보인다. 동질감이 느껴진다. 일종의 애착이기도 하다.

저기 아래쪽으로 뉴올리언스 항구가 보이고, 남쪽을 보면 플로리다 반도 전체가 눈앞에 펼쳐진다. 우주선에 있는 수백 시간 동안 당신은 이와 같은 경로로 날아가면서 시간을 보낸다. 이제 대서양을 건너 다시 아프리카 대륙을 지난다.

당신은 휴스턴에 동질감을 느끼고, 이어서 로스앤젤레스, 피닉스, 뉴올리언스 등 모든 것에 동질감을 느낀다. 다음 순간 북아프리카에 동질감을 느끼는 자신을 발견한다. 이제 곧 나타날 북아프리카를 고대하고 기다린다. 그리고 북아프리카가 나타난다. 이 모든 과정에 의해 당신이 동질감을 느끼는 대상이 시시각각 바뀌기 시작한다. 그렇게 1시간 30분마다 지구를 한 바퀴씩 돌면서 당신은 지구의 모든 것에 동질감을 느끼게 된다. 그리고 그것이 바로 변화를 만들어낸다.

아래를 내려다보면서도 당신은 얼마나 많은 국경을 지났는지 확인할 수 없다. 심지어 국경을 볼 수조차 없다. 일어나자마자 본 광경(중동)에서, 수많은 사람이 당신 눈에는 보이지도 않는 상상의 선을 놓고 서로를 죽이고 있다는 것을 안다. 그러나 당신이 보는 각도에서 그것은 완전한 전체이고 너무나 아름다울 뿐이다. 양쪽 진영에서 사람들을 한 명씩 데려와서 이렇게 말해주고 싶다. "여기에서 이걸 보세요. 저걸 보세요. 자, 이제 뭐가 그렇게 중요한가요?"

그리고 조금 뒤에 당신의 친구, 당신 옆집에 사는 이가 달에 간다. 그리고 이제는 그가 달을 바라본다. 그러나 그는 '아름다운 세부까지 보이는 거대한 무엇'이 아니라, '저곳에 있는 작은 것'으로서 바라본다. 밝은 푸른색과 흰색이 어우러진 크리스마스 트리 장식과 주변의 검은 하늘, 즉 무한한 우주와의 대비가 극명하게 드러난다.

크기 면에서나 중요도 면에서나 대비는 너무나 극명하다. 달에서 보는 지구는 우주에 있는 아주 작고 연약하고 예쁜 점이다. 얼마나 작은지 엄지손가락으로도 가려진다. 문득 당신은 저렇게 작은 점, 푸른색과 흰색의 방울 장식 위에 당신에게 의미가 있는 모든 것이 존재한다는 사실을 깨닫는다. 역사, 음악, 시, 예술, 전쟁, 죽음, 탄생, 사랑, 눈물, 기쁨, 게임, 이 모든 것이 저곳에 있는 작은 점, 당신의 엄지손가락으로 가려지는 그곳에 있다.

그리고 당신은 관점이……당신이 달라졌다는 사실, 그곳에 새로운 어떤 것이 있음을 깨닫는다. 그 관계는 예전의 그것과는 다르다. 그러한 깨달음과 함께 당신은 우주 유영extravehicular activity, EVA 도중 밖에 있었던 시간, 카메라가 제대로 작동하지 않아서 상황에 대해 생각해볼 시간이 있었던 몇몇 순간을 돌아본다. 당신 눈앞에 펼쳐진 장관을 바라보았던 때를 떠올린다. 이제 당신은 유리창 너머로 바깥 풍경을 내다보는 무언가의 내부가 아니라 밖에 있고, 머리에 헬멧을 썼을 뿐 그곳에는 경계가 없기 때문이다. 그곳에는 어떤 틀도, 경계도 없다.

우주를 유영하면서 러스티는 시스템 사고의 첫 번째 원칙을 발견했다. 그것도 우리 중의 어느 누구도 해보지 않은 방법, 말하자면 이성이나 지적인 차원에서가 아니라 생생한 직접 체험이라는 차원에서 말이다. 우리 각자가 나뉠 수 없는 전체인 것처럼, 지구 역시 나뉠 수 없는 전체다. (우리 인간까지 포함하는) 자연은 전체 안에 있는 부분으로 이루어지지 않는다. 그것은 전체 안에 있는 전체로 이루어진다. 국가 경계를 포함하여 모든 경계는 근본적으로 자의적인 것이다. 우리는 그것을 만들어냈고, 얄궂게도 그 안에 갇혀 옴짝달싹 못하는 신세가 되었다.

하지만 그것이 전부가 아니었다. 린디스판에서 처음 이야기를 하고 나서 러스티는 완전히 새로운 일련의 통찰과 개인적 변화에 이끌리는 자신을 발견했다. 무엇보다 러스티는 새로운 일에 이끌렸다. 캘리포니아 에너지 위원회 위원 자리를 그만두고 미국 우주비행사와 러시아(구소련) 우주비행사가 참여하는 공동 프로젝트에 보다 적극적으로 임하고 있다.[2] 그는 다른 사람의 경험에 귀를 기울이고 그것으로부터 배웠다. 그리고 자신의 새로운 이해에 맞는 여러 활동에 참여하고 있다.

특히 많은 영향을 미친 것은 '가이아Gaia' 가설이었다. 이는 생물이 살 수 있는 지구 표면과 대기권, 즉 생물권biosphere이 하나의 살아 있는 유기체라는 이론이다.[3] 러스티는 미국 원주민 같은 산업화 이전 문화에 뿌리 깊게 남아 있는 이러한 아이디어가 "심금을 울리며 절절하게 와 닿았다."고 말한다. "덕분에 처음으로 스스로에게조차 분명하게 말하지 못했던 우주에서의 경험을 이야기할 수 있게 되었습니다. 그전까지 저는 제가 경험한 지구를 설명할 방법을 찾지 못했습니다. 살아 있는 지구, 지구 전체의 생명력을 경험했지만 이를 표현할 방법을 몰랐던 것이지요."

리더십 워크숍을 마무리하는 자리에서 누군가가 "러스티, 우주에서의 경험이 어땠는지 말해줄래요?"라고 물었다. 러스티는 잠시 말이 없었다. 마침내 입을 열었을 때 그가 말한 것은 짧은 한 문장뿐이었다. "그것은 마치 지금 막 태어나려는 아기를 보는 것 같았지요."

새로운 무언가가 일어나려 하고 있다. 그리고 그것은 모든 것, 즉 전체와 관련되어 있다.

부록
01

학습 규율

다섯 가지 학습 규율은 각각 세 가지 수준에서 생각해볼 수 있다.

- 실천: 행동
- 원칙: 지도 이념과 통찰
- 본질: 해당 규율에서 높은 숙련도를 가진 사람들의 상태

실천은 규율 실천가가 자신의 시간과 에너지를 집중하는 활동이다. 예를 들어 시스템 사고는 복잡한 상황에서 기저의 구조를 인식하기 위해 '시스템 원형'을 활용한다. 개인적 숙련에서는 '개인 비전 명확히 하기'와 '창조적 긴장 유지하기'가 요구된다. 비전과 현실에 동시에 집중하고, 비전 달성을 위한 에너지를 만들어내기 위해 양자 사이에 긴장을 허용하는 실천이 수반되는 것이다. 정신모델 작업을 하기 위해서는 경험에서 얻는 직접적인 '자료'와 그러한 자료를 토대로 만들어낸 일반화 혹은 추상화된 개념을 구별하는 과정이 필요하다.

실천은 어느 규율에서든 가장 분명한 부분이다. 또한 개인이나 집단이 어떤 규율을 따르기 시작했을 경우 주로 집중하는 부분이기도 하다. 초보자에게 실천은 의식적이고 일관된 노력이라는 측면에서 '훈련'을 요구

한다. 실천은 제2의 천성이 아니기 때문이다. 정신모델 규율의 초보자라면 열띤 논쟁 속에서 자신이 만들어내는 가정과 이유를 파악하기 위해 노력해야 할 것이다. 초보자가 어떤 규율을 학습하는 경우 '시간차'가 생기는 경우가 많다. 논쟁 도중이 아니라 끝난 이후에야 자신의 가정을 명확하게 보고, 토대가 되는 '자료'와 추론으로부터 그것을 구별해내는 것이다. 그러나 시간이 흐르면서 규율 실천은 자동적으로 이루어지고 '실시간'으로 가능해진다. 긴급을 요하는 문제를 앞에 두고도 시스템 원형을 생각하고, 비전을 재창조하고(이는 단순히 떠올리는 것과는 다르다), 가정이 작동하는 순간 그것을 인식하는 일이 동시에 가능해지는 것이다.

어떤 규율에서든 마찬가지로 중요한 것은 근본 원칙이다. 근본 원칙은 규율의 실천 뒤에 놓인 이론을 말한다. 예를 들어 시스템 사고의 기저에 있는 근본 원칙은 '구조가 행동에 영향을 미친다'이다. 복잡한 시스템은 행동을 변화시키려는 노력에 저항하는 경향이 있음을 일컫는 '정책 저항 policy resistance'도 마찬가지다. '구조가 행동에 영향을 미친다'는 원칙은 행동과 사건을 통제하는 구조를 보는 데서 현실에 영향을 미치는 능력이 나온다는 의미다. '정책 저항'은 이를테면 빈곤한 도시 주민을 위한 신규 주택을 건설하는 선의의 프로그램을 통해 행동을 조종하려는 노력이 단기적으로는 상황을 호전시키지만, 장기적으로는 더욱 복잡한 문제를 양산할 때가 많다는 의미다. 마찬가지로 '비전'의 힘은 개인적 숙련이라는 규율의 원칙이고, '창조적 긴장'과 '감정적 긴장'의 구별 역시 그렇다.

규율 이면에 자리한 원칙은 규율 초보자와 숙달한 대가 모두에게 중요하다. 초보자에게 이러한 원칙들은 규율 이면의 논리적 근거를 이해하고 규율의 실천사항들을 이해하는 데 도움이 된다. 숙달한 사람에게는 규율의 실천내용을 계속 다듬어가고, 타인에게 설명하는 데 유용하다.

어느 규율이든 숙달하기 위해서는 원칙 이해와 실천이 동시에 요구된다는 사실을 인식해야 한다. 특정 원칙을 이해했으니 해당 규율을 '모두 학습한 것'이라고 생각하고 싶은 유혹도 없지 않을 것이다. 이는 지적인 이해와 학습을 혼동하게 만드는 흔한 함정이다. 학습은 항상 새로운 이해와 새로운 행동, 즉 '생각'과 '실천'을 동시에 요구한다. 그렇기 때문에 원칙과 실천을 구분하는 것이며, 이러한 구분은 절대적으로 필요하다.

세 번째 수준, 즉 규율의 '본질'은 다르다. 규율을 학습하는 과정에서 의식적으로 이러한 본질에 관심과 에너지를 집중해보아야 효과가 없다. 사랑이나 기쁨, 평온 등을 경험하기 위해서 노력하는 것이 말이 되지 않는 것과 같은 이치다. 규율의 본질은 개인이든 집단이든 해당 규율을 숙달하면 자연스럽게 경험할 수 있는 상태이다. 이러한 본질을 말로 표현하기는 쉽지 않지만, 규율 각각의 의미와 목적을 온전히 이해하기 위해서는 필수적이다. 규율 각각은 실천가를 근본적으로 변화시킨다. 그렇기 때문에 집단으로 실천해야 하는 것들도 개인적인 학습이라고 부르는 것이다.

예를 들어 시스템 사고는 우리가 삶의 상호연관성interconnectedness을 점점 더 많이 경험하고 부분보다 전체를 보게 만든다. 시스템 사고를 마스터한 사람은 가정이나 조직에 문제가 있으면, 그러한 문제가 개인의 실수나 악의가 아니라 기저의 구조에서 생겨난 것임을 자동적으로 인식하게 된다. 한편 개인적 숙련은 '존재beingness'에 대한 감각, 즉 지금 이 순간에 대한 인식을 키우고, '창조성generativeness' 경험, 즉 자신의 삶을 규정하는 창조적인 힘의 일부가 되는 경험을 고조시킨다.

본질 수준에서 규율은 수렴되기 시작한다. 규율을 통합하는 공통의 정서가 있는데, 근본적으로 상호의존적인 세계에서 학습자가 되는 경험이다. 그렇다고 규율 사이의 차이가 사라지는 것은 아니다. 차이는 여전히 존재하며 점점 미묘해진다. 예를 들어 시스템 사고에서 강조되는 '상호연관interconnectedness'과 개인적 숙련에서 강조하는 '연결connectedness'은 미묘한 차이이다. 전자는 사물이 어떻게 서로 연관되어 있는가에 대한 인식이고, 후자는 사물이 세계와 동떨어져 있는 것이 아니라 그 일부라는 인식이다.

공유 비전에서 말하는 '공통 목적commonality of purpose'과 팀 학습에서 말하는 '합일alignment'의 차이 역시 미세하다. 전자가 공통의 방향 및 존재 이유와 관련되는 반면, 후자는 실제로 일을 함께할 때 '하나의 전체로 기능하는 것'과 관련된다. 미묘해도 이러한 차이는 중요하다. 고급 포도주 감식 전문가가 초보자는 구별하기 힘든 차이를 구별해내듯이, 규율에 대한 숙련 수준이 높은 개인이나 집단은 초보자는 보지 못하는 차이를 인식한다.

마지막으로 공유 비전 구축과 팀 학습 규율은 본질적으로 집단적이라는 점에서 다른 세 가지 규율과는 차이가 있다. 때문에 실천이 집단 활동으로 이루어진다. 원칙 역시 집단 차원에서 이해되어야 하며 본질도 당연히 집단적으로 경험되는 특정 상태이다.

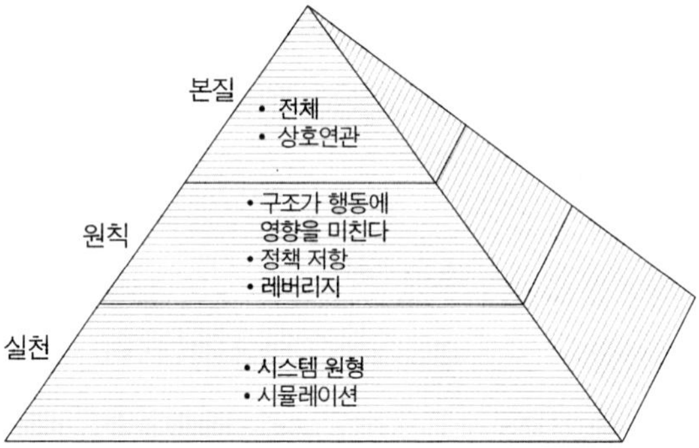

시스템 사고

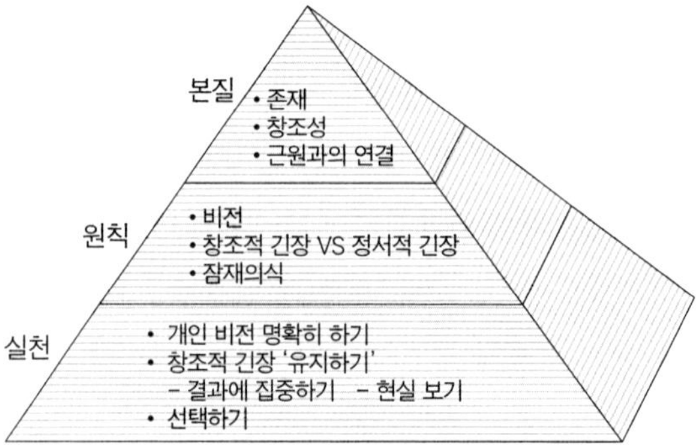

개인적 숙련

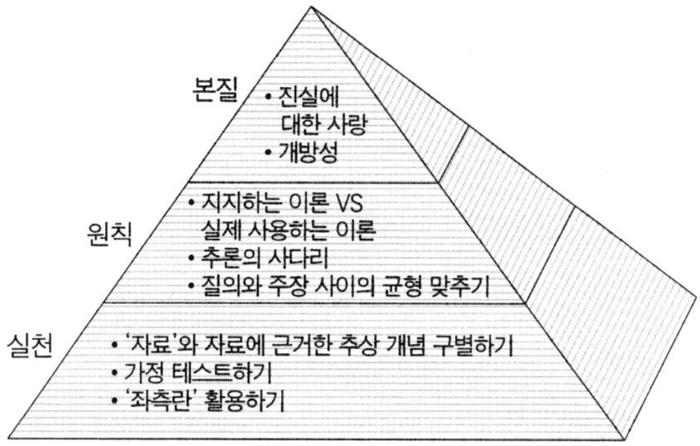

정신모델

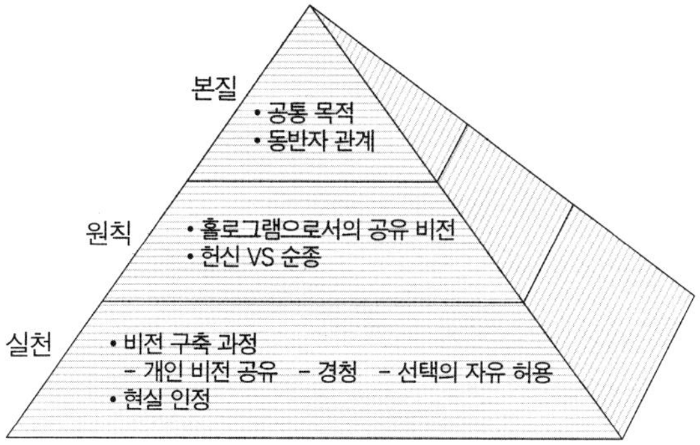

공유 비전 구축

하나의 규율을 어느 날 갑자기 숙달하지는 못한다. 누구나 거치는 학습 단계들이 있게 마련이다. 다이애너 스미스Diana Smith는 모든 규율 학습에 유용한 3단계 학습 과정을 고안해냈는데, 서로 연결되었으면서도 구분되는 이러한 단계에 따라 우리는 새로운 능력을 개발하게 된다.

새로운 인지 능력과 언어 능력

1단계:

새로운 것을 보고 새로운 언어를 말할 수 있게 된다. 이로 인해 자기 자신과 타인의 가정, 행동, 양자의 결과를 한층 명확하게 보게 된다. 보통은 이러한 새로운 인지 능력과 언어 능력을 완전히 새로운 행동으로 옮기는 것은 어렵다고 느낀다. 이전과 다르게 행동하기 시작하지만 기본 규칙, 가정, 가치관은 똑같다.

새로운 행동 규칙

2단계:

1단계에서 얻는 인지적 통찰의 영향으로 과거의 가정이 '약화'됨에 따라, 새로운 가정에 근거한 행동 규칙을 가지고 실험을 시작한다. 새로운 행동을 만들어내기 위해서 새로운 언어에 의존해야 하리라. 스트레스를 받는 상황에서는 새로운 규칙을 활용하거나 배열하고 결합하는 과정이 힘들다고 느낄 것이다.

새로운 가치와 가정

3단계:

새로운 행동 가치와 가정을 나타내는 규칙을 적절히 결합하고 배열할 수 있다. 스트레스를 받거나 모호한 상황에서도 이러한 규칙을 정해 자신과 타인의 학습을 계속해서 지원할 수 있게 된다. 자신만의 목소리로 규칙을 표현하고 형식 역시 자신에게 맞춰 변화를 줄 수 있게 된다.

부록
02

시스템 원형[2]

지연으로 인한 균형 프로세스

구조

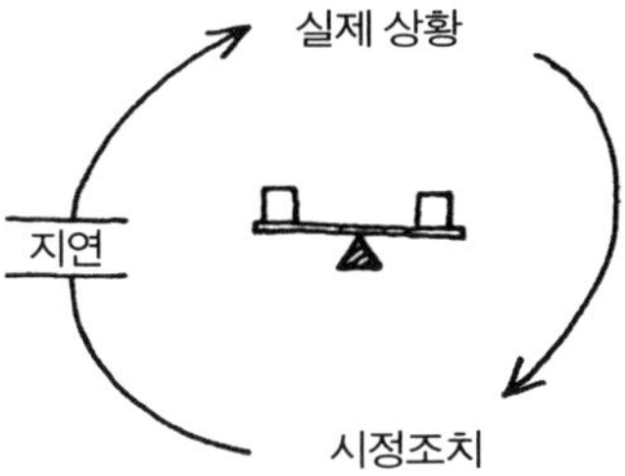

설명

목표를 향해 나아가는 어떤 개인, 집단, 혹은 조직이 지연 피드백에 반응하여 자신의 행동을 조절한다. 지연을 의식하지 못하는 경우, 그들은 결국 필요 이상의 과도한 시정조치를 취하거나 (때로는) 아무런 진척이 보이지 않는다는 이유로 포기해버리게 된다.

초기 경고 징후

"균형을 잘 맞추고 있다고 생각했는데, 과해서 과녁을 지나치고 말았습니다."(그 후, 반대 방향으로 다시 과녁을 지나칠지 모른다)

관리 원칙

반응이 둔한 시스템에서는 적극적인 행동이 불안정을 낳는다. 참을성 있게 기다리거나, 시스템의 반응성을 높여라.

기업 사례

부동산 개발업체가 시장이 침체로 돌아설 때까지 신규 부동산 개발을 계속한다. 그러나 시장이 침체로 돌아선 시점이 되면, 이미 다수의 부동산이 추가 개발 중이어서 공급 과잉을 피할 수 없게 된다.

기타 사례

- 수도꼭지를 돌렸을 때 수온이 느리게 변하는 상태에서 하는 샤워.
- 맥주 게임에서 본 것과 같은 생산 및 유통 과정에 있어 공급 과잉과 부족이 반복되는 상황.
- 긴 생산 주기 때문에 생산율과 공정 중인 재고 등락이 거듭되는 상황.
- 천안문 광장 학살 사건.(당시 정부가 항의에 대한 반응을 지연시키다가 갑자기 엄중 단속에 나서면서 상황이 악화되었다)
- 갑작스럽고 과도한 주식시장의 급등과 급락.

성장의 한계

구조

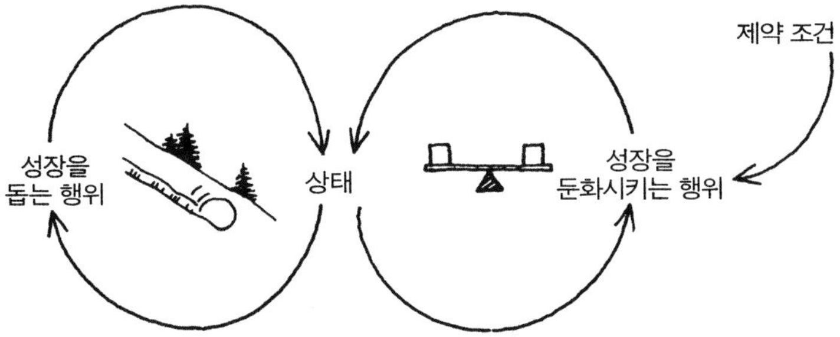

설명

프로세스가 스스로를 자양분 삼아 성장 시기나 확장 시기를 만들어낸다. 그 후 성장이 느려지기 시작해서 결국에는 멈추게 된다.(이처럼 성장이 둔화되었다가 멈추는 과정이 시스템 참여자에게는 이해되지 않을 때가 많다) 상황이 역전되어 이번에는 붕괴 속도에 가속도가 붙을 수도 있다.

(하나 혹은 다수의) 강화 피드백 프로세스에 의해 성장 국면이 진행된다. 성장 둔화의 원인은 '제약'으로서 작동하기 시작한 균형 프로세스다. 그것은 자원의 제약일 수도 있고, 성장에 대한 외부 혹은 내부의 반응 때문일 수도 있다. 가속도가 붙은 붕괴는 반대로 작용하는 강화 프로세스 때문에 발생한다.

초기 경고 징후

"아직 일어나지도 않은 문제를 우리가 왜 걱정하고 신경 써야 하죠? 우리는 지금 이렇게 성장하고 있다고요." (머지않아) "확실히 몇 가지 문제는 있습니다만, 이전에 잘 작동하던 상황으로 돌아가기만 하면 된답니다." (더욱 시간이 흐른 후) "열심히 뛰면 뛸수록 제자리걸음만 반복하고 있는 것 같아요."

관리 원칙

강화 (성장) 프로세스를 막무가내로 밀어붙이지 말고, 제약 요인을 제거하거나 약화시켜라.

기업 사례

어느 회사가 소수자 우대 정책을 실시했다. 이로 인해 충분한 자격을 갖춘 소수인종/집단의 직원들이 회사 전체에 걸쳐 성공적으로 합류하게 됨으로써 정책은 지지를 받으며 활기를 띠게 되었다. 그러나 결국 저항이 나타났다. 신규 직원들은 자격을 갖춘 지원자들을 누르고 자신들의 자리를 '획득'한 사람으로 간주되지 않았다. 각각의 팀이 새로운 구성원을 받아들이도록 압력을 받을수록, 저항도 거세졌다.

기타 사례

- 테니스와 같은 새로운 기술을 배울 경우, 처음에는 능력과 자신감이 커지면서 빠른 진척을 보인다. 그러나 어느덧 성장속도가 느려진다. 처음에는 새로운 기술을 익히기만 하면 되었지만, 시간이 흐르면서 그것만으로는 극복되지 않는 타고난 능력과 관련된 한계에 직면하기 때문이다.
- 처음에는 급속히 성장하던 소규모 신생 업체가 일정한 규모에 도달한 뒤에는 전문적인 관리 기술과 공식 조직을 필요로 하며 성장을 멈춘다.
- 초기에 훌륭한 성과를 거두면서 원활하게 돌아가던 신제품 개발팀에 문제가 생긴다. 그간의 성공으로 인력이 많이 필요해지면서 창립 멤버들의 작업 방식이나 가치를 공유하지 않는 신규 직원이 너무 많아졌기 때문이다.

- 꾸준히 성장하던 도시의 가용 토지가 모두 개발되면서 집값이 상승하자 성장이 둔화된다.
- 급속히 성장하던 사회운동이 '반대자'들의 저항이 증가하면서 둔화된다.
- 포식자가 제거되자 급속히 늘어나던 특정 동물의 개체수가 어느 시점을 넘으면 먹이 부족으로 감소세로 돌아서게 된다.

부담 떠넘기기

구조

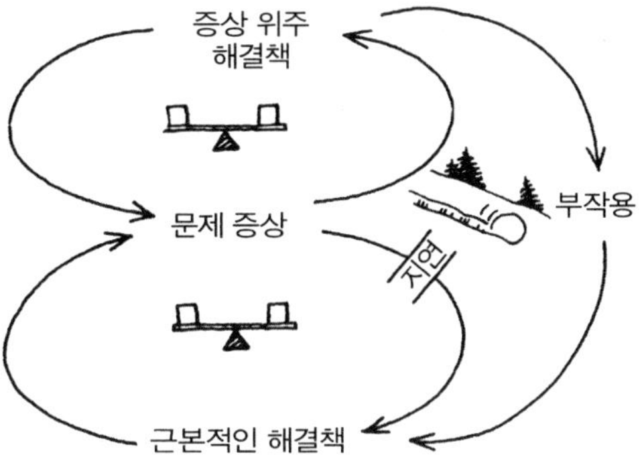

설명

문제를 바로잡기 위해, 표면적으로는 즉각적인 효과를 보이며 긍정적인 결과를 가져오는 듯 보이는 '단기 해결책'이 활용된다. 이러한 단기 해결책을 많이 사용할수록, 근본적인 문제 해결에서는 더더욱 멀어진다. 그로 인해 시간이 흐르면서 근본 해결책을 활용할 능력은 위축되거나 불가능해지고, 증상 위주 해결책에 대한 의존도가 한층 높아지게 된다.

초기 경고 징후

"보다시피 이 해결책으로도 효과가 있잖아! 머지않아 곤란해질 거라니 그게 도대체 무슨 말이야?"

관리 원칙

근본 해결책에 집중하라. 근본 해결책 도출이 지연되면서 증상 위주 해결책이 불가피한 경우에는 시간을 버는 용도로 그러한 대책을 활용하되, 근본 해결책 모색을 게을리하지 않아야 한다.

기업 사례

획기적이며 새로운 회로 기판 기술이 하나 나왔다. 기술은 다양한 신제품에 응용되어 고유 기능을 살리고 비용 절감 효과를 높일 수 있다. 하지만 동시에 기존 제품에 있는 기판을 대체하는 용도로 사용될 수도 있다. 이에 따라 영업사원들의 전략도 달라진다. 우선은 신기술이 지니는 특수한 속성과 가치를 이해하는 '특수 고객'에게 판매하는 방법이 있다. 이러한 경우 신기술을 온전히 활용하는 신제품을 고안하게 될 것이다.('근본적인 해결책') 한편, 특수한 속성에는 신경을 쓰지 않는 '일반상품 고객'에게 판매하는 방법도 있다. 이 경우에는 신제품을 개발하기보다 기존 기판을 대체하게 될 것이다.('증상 위주 해결책') 분기별 판매 목표를 달성해야 한다는 경영 압박을 고려하면, 영업사원들은 누가 되었든 가급적 많은 사람에게 판매하는 것이 좋고, 따라서 일반상품 고객이 타깃이 될 것이다. 그에 따라 판매 주기상의 지연도 단축될 것이기 때문이다. 결국 획기적인 신기술은 충성도 높은 고객층 확보에 실패하게 되고, 일반상품과 마찬가지로 가격과 이윤 압박에 취약해지게 된다.

기타 사례

- 고객층을 넓히기보다는 기존 고객에게 의존하는 쪽으로의 판매전략.(11장에서 설명한 'ATP 사례')
- 예산 집행을 점검하기보다는 돈을 빌려 당장의 금전 문제를 해결하는 방법.
- 술이나 약품, 혹은 운동 같은 온건한 방법을 활용해서 업무 스트레스를 풀고, 과중한 업무 부담이라는 근본 문제를 해결할 필요성은 외면하는 태도.
- 어떤 분야, 무엇에 대한 것이든 상관없이 모든 종류의 중독 현상.

특수 사례: 개입자에게 부담 떠넘기기

구조

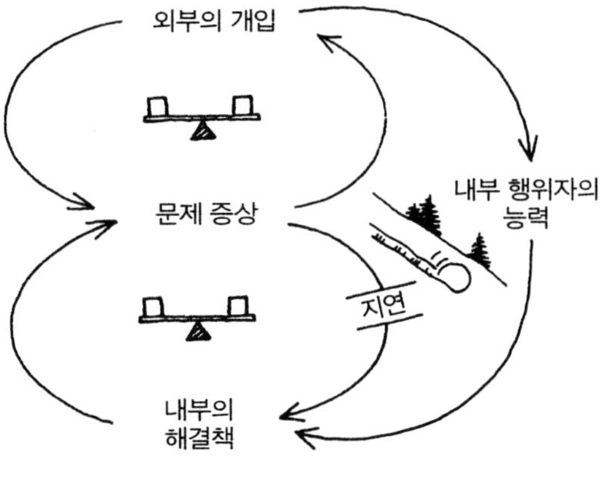

설명

부담 떠넘기기 구조가 워낙 일반적이고 영향 또한 치명적이어서 특별한 주의가 필요한 경우가 있다. 바로 외부의 '개입자'가 문제 해결을 도우려 하는 때다. 개입을 통해서 명백한 문제점을 개선하려는 것인데,

그러한 작업이 매우 성공적으로 이루어지는 까닭에 시스템 내부의 사람들이 스스로 문제에 대처할 방법을 전혀 배우는 못하는 상황이다.

관리 원칙

"물고기를 쥐어주기보다는 잡는 법을 가르쳐라." 자체 문제를 해결하는 '상위 시스템'의 능력을 보강하는 데 집중하라. 외부의 도움이 필요하다면, 단발성 개입으로 엄격하게 제한해야 한다.(모든 사람이 사전에 이를 알고 있어야 한다) 혹은 내부인이 스스로의 기술, 자원, 인프라를 개발하여 향후 문제 해결 능력을 갖추도록 도와야 한다.

기업 사례

혁신을 지향하는 어느 보험회사가 특별한 경우에만 본사에 도움을 요청하는 독립적인 지점 개념을 규정하고, 그러한 지점을 만들기 위해 노력했다. 처음에는 계획대로 훌륭하게 돌아갔지만 산업 전반이 위기를 겪게 되자 상황이 달라졌다. 갑작스럽게 심각한 손실을 입게 되자 각 지점은 몇 달씩 걸리는 요금구조 개선 작업에 경험이 풍부한 중앙 경영진의 도움을 요청했다. 그러는 동안 현지 관리자는 눈앞의 위기관리에 관심을 집중했다. 그렇게 하여 위기는 해결되었다. 그러나 요금구조가 다시 문제가 되었을 무렵, 지점들은 스스로 해결하고자 하는 자신감을 상실한 상태였다. 무슨 '보험'이라도 되는 양 중앙 관리자들을 찾았다. 그러한 식으로 몇 년이 흐르고 나자 지점들은 자체의 조직 안에 독립적으로 요금구조 변경을 해낼 수 있는 능력이 없다는 사실을 깨달았다.

기타 사례

자체 인력을 교육시키기보다 외부인에게 의존한다. 긴급을 요하는 문제를 해결하려 하는 무수히 많은 형태의 정부 지원이 결국은 의존과 지원 필요성만 키우며 끝나고 마는데, 구체적인 예를 들자면 다음과 같다.

- 편부모 가정을 위한 사회복지.
- 프로그램이 좋은 도시로 빈곤층이 모이게 만드는 주거 지원 정책 혹은 직업 교육 과정.
- 기아로 인한 사망률을 낮추고 인구증가를 확대하는 개발도상국 식량 지원.
- 개인 저축을 줄이고 대가족 해체를 부채질하는 사회보장제도.

목표 침식

구조

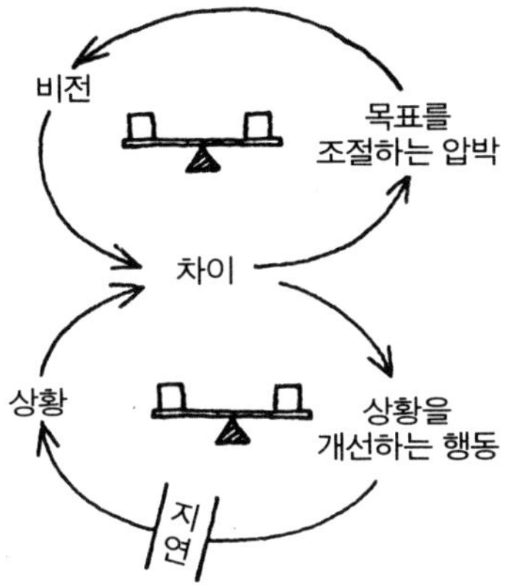

설명

부담 떠넘기기 구조의 한 형태로, 단기 해결책이 장기적인 근본 목표를 잠식하는 구조다.

초기 경고 징후

"위기가 끝날 때까지는 정해 놓은 성과기준이 살짝 내려가도 상관없어."

관리 원칙

비전을 고수하라.

기업 사례

첨단기술 제품 제조업체의 시장점유율이 훌륭한 상품과 지속적인 개선 노력에도 불구하고 지속적으로 줄고 있다. 그런데 설계의 '탁월성'을 지향하는 회사는 생산 일정을 제대로 통제해본 적이 없다. 외부의 조사자는 상품 배송 지연 때문에 고객의 불만이 점점 커져서 다른 경쟁업체로 가버린다는 사실을 알게 되었다. 그렇지만 회사는 "우리는 고객에게 제시한 납기를 일관되게 90퍼센트는 지키고 있습니다."라는 그간의 기록만 믿고, 다른 부분에서 문제를 찾았다. 그러나 일정이 지연될 때마다 회사는 고객에게 말한 납기를 지연시키며 대처해왔던 것이다. 그리하여 고객에게 약속한 배송시간은 길어지고, 길어지고, 또 길어졌다…….

기타 사례

- 자신에 대한 기대를 낮추어 점점 성과가 보잘 것 없어지는, 이미 성공한 사람.
- 품질이 최우선이라고 강조하면서도 질 높은(혹은 저비용) 작업 방식 개발에 투자하기보다는 예산을 줄여 스리슬쩍 품질기준을 낮추는 회사.
- '완전 고용'이나 연방 재정적자 해소 등의 목표를 낮추는 정부.
- 위험한 오염물질 통제나 멸종 위기 동식물 보호에 관한 기준을 낮추는 경우.

단계적 확대

구조[2]

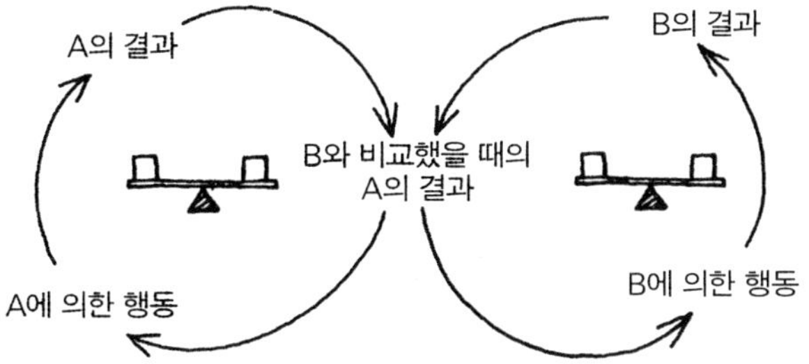

설명

두 사람 혹은 두 조직이 각자의 행복을 상대에 대한 상대적 우위 점유에서 찾는다. 한쪽A이 성공할 때마다 다른 쪽B은 이를 위협으로 느끼고, 때문에 우위를 탈환하기 위해서 한층 공격적으로 행동한다. B의 공격적인 행동이 다시 A를 위협하고, 이번에는 A가 더욱 공격적으로 반응한다. A, B는 자신의 공격적인 행동을 상대의 공격에 대한 방어 행위로 간주하는 때가 많다. 그러나 '방어하기 위해서' 행동하는 A, B 모두 결과적으로 각자가 지향하는 바와는 동떨어진 방향으로 나아가게 된다.

초기 경고 징후

"적이 속도를 늦추기만 하면, 우리도 싸움을 멈추고 다른 일을 할 수 있으련만."

관리 원칙

양쪽 모두 '이길' 방법, 즉 각자의 목표를 달성할 방법을 찾아라. 많은 경우 한쪽의 일방적인 노력으로 이러한 악순환을 뒤집을 수 있다. 상대가 위협을 느끼지 않을 만큼 분명하고도 적극적인 '평화' 조치를 취하는 방법이 그것이다.

기업 사례

A회사가 독창적인 유모차를 개발했다. 아이 셋을 한꺼번에 실을 수 있는데다 가볍고 이동하기도 편리했다. 상품은 나오자마자 어린 자녀가 여럿인 가정에서 대인기를 끌었다. 거의 동시에 경쟁업체 B에서 비슷한 제품을 출시했다. 몇 년 뒤에 B회사의 시장 점유율을 시기한 A회사가 유모차 가격을 20퍼센트 인하했다. A회사의 가격 인하로 판매가 줄어드는 것을 느낀 B회사 역시 가격을 인하했다. 어떻게든 시장 점유율을 지키겠다고 나선 A회사는 한 번 더 가격을 인하했다. 그러자 B회사도 수익성이 위험해지는데도 불구하고 어쩔 수 없이 다시 가격을 인하했다. 몇 년이 흐른 후, 두 회사는 간신히 적자를 면하는 상황이었고 세쌍둥이 유모차의 생존 자체가 불투명해졌다.

기타 사례

- 광고 전쟁. - 분쟁해결 과정에서 변호사에 대한 의존도 증가.
- 폭력 조직의 경쟁. - 이혼에 따른 파국.
- 예산 부풀리기: 조직에서 일부 집단이 예산을 부풀리면, 다른 집단도 '자신의 몫을 챙기기 위해서' 그렇게 하게 된다. 그로 인해 개인들이 더욱 심하게 예산을 부풀리는 결과를 낳는다.
- CEO의 주의를 끌기 위한 싸움.
- 군비확장 경쟁. - 테러와의 전쟁.

성공한 사람에게 몰아주기

구조

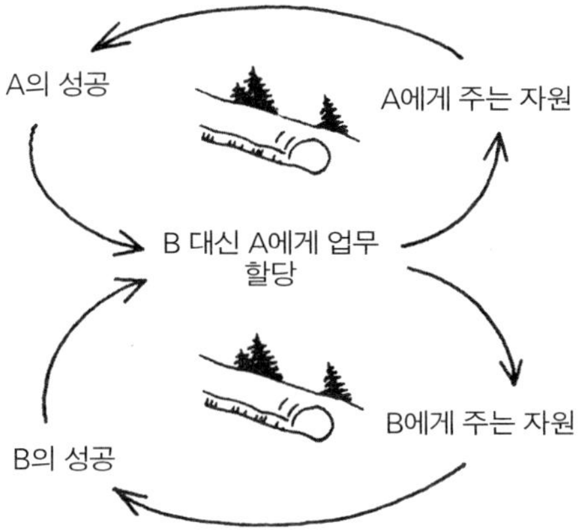

설명

두 사람 혹은 두 조직이 제한된 지원이나 자원을 놓고 경쟁한다. 한쪽이 성공하면 성공할수록 더욱 많은 지원을 받게 되고, 그로 인해 다른 쪽에서는 지원과 자원이 고갈된다.

초기 경고 징후

밀접히 연관된 두 가지 활동, 집단, 개인 중의 한쪽이 아주 잘 되기 시작하고 다른 쪽은 고전하고 있다.

관리 원칙

양쪽 모두에게 이로운 균형을 달성하는 것을 무엇보다 중요한 목표로 추구한다. 어떤 경우에는 제한된 동일한 자원을 놓고 경쟁하지 않도록 둘 사이의 연결을 깨거나 약화시키는 것도 방법이다.(이것은 둘의 연결이 무심코 이루어진 것이어서 자원을 놓고 건강하지 못한 경쟁을 야기하는 경우에 특히 바람직하다)

기업 사례

어느 관리자에게 두 명의 부하가 있는데 관리자는 둘을 똑같이 키워주고 싶다. 그런데 부하 B가 1주일간 병가를 낸 사이 부하 A가 특별대우 기회를 얻게 되었다. 부하 B가 병가를 마치고 업무에 복귀하자 관리자는 왠지 미안한 마음에 그를 피한다. 부하 B를 피하다 보니 자연스레 부하 A에게 더욱 많은 기회를 주게 된다. 부하 A는 인정받는다는 생각에 더욱 열심히 일하고 실적을 올려서 보다 많은 기회를 얻는다. 두 사람이 처음에는 엇비슷한 능력을 지니고 있었는데도, 부하 B는 불안감을 느끼다 보니 업무 처리를 효율적으로 하지 못해서 기회가 점점 적어진다. 결국 부하 B는 회사를 떠나고 만다.

기타 사례

- 가정과 직장 사이의 균형 잡기: 지나친 야근에 시달리느라 가정생활이 원만하지 못하고 부부관계도 악화된다. 그렇다보니 집에 가는 것이 점점 고통스러워진다. 자연스레 시간이 흐를수록 가정생활을 등한시할 가능성이 높아질 수밖에 없다.
- 두 제품이 제한된 재무 자원과 관리 자원을 놓고 경쟁하는 경우: 곧바로 시장에서 인기를 얻은 제품 A가 더욱 많은 투자를 받게 되고, 그로 인해 제품 B에 사용될 자원이 고갈된다. 이때부터 제품 A의 성장을 부채질하고, 반대로 제품 B의 모든 지원이 고갈되게 만드는 일종의 강화 순환 프로세스가 가동되기 시작한다.
- 수줍고 소심한 학생이 학기 초에 공교롭게 낮은 점수를 받고(정서적인 문제 때문일 수도 있고 밝혀지지 않은 학습 장애 때문일 수도 있으리라), 이로 인해 '학습이 부진한 학생'이라는 딱지가 붙게 되면서 외향적인 다른 아이들에 비해서 교사의 격려와 관심에서 점점 멀어지게 된다.

공유지의 비극

구조

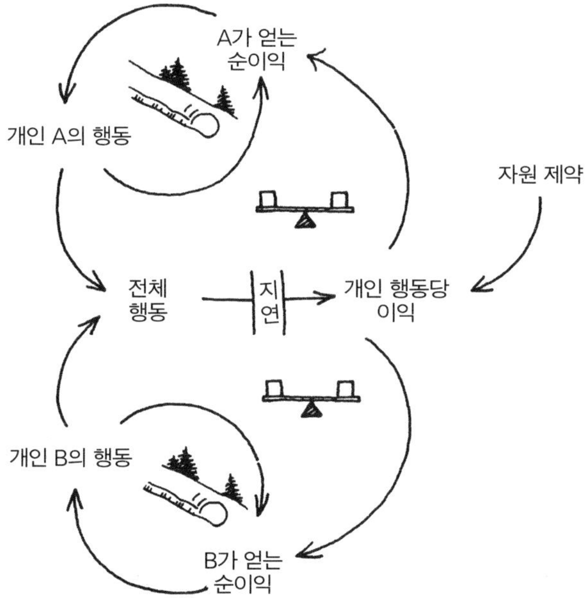

설명

개인이 공동으로 활용 가능하지만 제한된 자원을 순전히 개인적인 필요에 의해서 사용한다. 처음에는 공동 자원을 활용해서 이익을 얻지만 점점 그 이익이 줄어든다. 그로 인해 개인은 자원을 활용하려는 노력의 강도를 한층 높인다. 결국 자원이 심하게 고갈되거나 잠식되거나 완전히 소진된다.

초기 경고 징후

"예전에는 모두에게 충분했는데. 요즘은 상황이 점점 안 좋아지고 있어. 올해 여기에서 이득을 보려면 더 열심히 뛰어야겠어."

관리 원칙

모든 사람을 교육하거나, 다양한 형태의 자기 규제와 동료 집단의 압력을 야기함으로써, 혹은 공식 규제 메커니즘을 통해서 '공유지'를 관리하라.(공식 규제 메커니즘의 경우 구성원들이 참여하여 고안하는 것이 이상적이리라)

기업 사례

몇몇 사업부서가 하나의 영업부서를 공유하기로 합의했다. 각 부서장은 처음에는 영업부서에서 자기네 부서 사업에 충분한 관심을 기울이지 않으면 어쩌나 우려했다. 다소 공격적인 어느 부서장이 부서 관리자들을 모아놓고 실제 필요한 것보다 높은 판매목표를 설정함으로써 영업부서에서 그들이 필요로 하는 최소한의 지원을 해주도록 할 것을 충고했다. 해당 부서가 영업부서에 추가 업무를 계속 요구하는 것을 보고 다른 부서도 같은 전략을 쓰기로 했다. 새로운 영업부서 관리자들은 모든 '고객'의 요구를 충족시켜주고 싶은 마음에 사업부서에서 들어오는, 점점 높아지는 요구사항을 모두 수용했다. 영업부서는 이로 인해 엄청나게 과중한 업무 부담을 지게 되었으며 실적은 떨어지고 채용인원은 늘었다. 머지않아 모두가 영업부서를 꺼리게 되었고 사업부서들은 자체 영업 인력을 운영하던 예전 방식으로 돌아가야 했다.

기타 사례

- 공유 비서실의 과도한 착취.
- 고객들은 한 회사에서 경쟁 제품을 홍보하는 사업부서 여섯 곳의 영업사원 모두로부터 제품 소개를 들어야 했다. 그로 인해 악화된 고객 서비스 평판.(이러한 경우 '공유 자원'은 회사에 대한 긍정적인 고객 평판이다)
- 크게 성공한 소매 체인점이 열정적인 제조업체들이 쏟아내는 각종 제안의 홍수를 경험한 뒤에 공동 판촉행사를 단념하고, 제조업자들에게 거의 이익이 보장되지 않는 합작투자 관계를 수립하는 경우.

- 회사들이 경쟁적으로 채굴하는 바람에 고갈된 천연자원.
- 산성비부터 오존감소, '온실효과'에 이르는 각종 오염 문제.

실패한 대책

구조

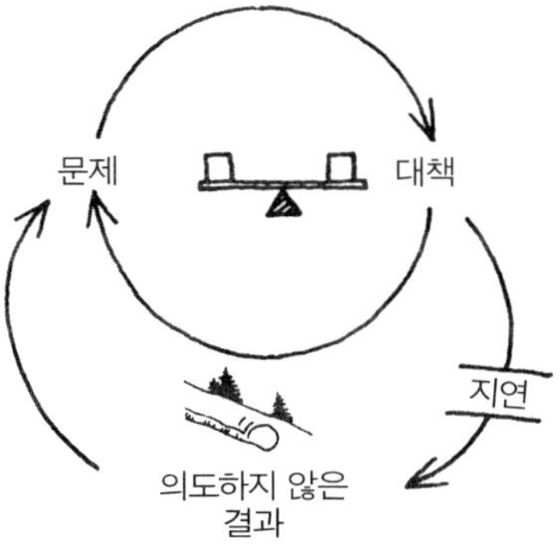

설명

단기적으로는 효과적인 해결책이 장기적으로는 예측하지 못한 결과를 만들어내고, 그로 인해 같은 대책이 훨씬 많이 필요해지게 된다.

초기 경고 징후

"전에도 항상 효과적이었어. 그런데 지금은 왜 그렇지?"

관리 원칙

장기적인 대책에 집중하라. 그럴 수만 있다면 단기 '대책'은 포기하라. 만약 활용하더라도 장기적인 처방을 준비하는 과정에서 '시간을 버는' 용도로만 생각하라.

기업 사례

어느 제조회사에서 새로운 고성능 부품들을 만들기 시작했고 초기에 엄청난 성공을 거두었다. 그런데 CEO는 ROI(투자 대비 수익률)를 최대화하려는 마음에 고가의 생산기계 주문을 미뤘다. 이러한 조치는 생산 품질에 악영향을 미쳤고, 품질이 형편없다는 평판으로 이어졌다. 이듬해 고객 수요는 크게 떨어졌고 더불어 이익도 줄어들었다. 그러자 CEO는 신규 생산 장비에 대한 투자를 더욱 꺼리게 되었다.

기타 사례

- 대출 이자를 내기 위해서 자금을 빌리고 그로 인해 훗날 더 많은 이자를 지불하는 사람과 조직.
- 비용 절감을 위해 유지관리 일정을 단축하면, 그로 인해 고장 건수가 적어지고 비용이 올라가며, 결과적으로 비용 절감 압력이 한층 강해진다.

성장과 저투자

구조

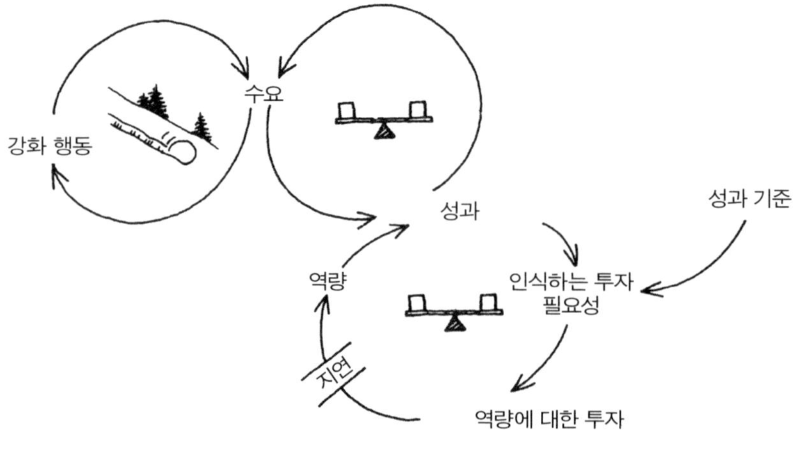

설명

성장이 한계에 다가가지만, 회사나 개인이 추가 '역량'에 투자하면 그 한계는 사라지거나 미래로 미뤄질 수 있다. 여기에서 투자는 성장 둔화를 미연에 방지할 만큼 충분히 공격적이고 신속히 이루어져야 한다. 때로는 핵심 목표나 실적 기준을 낮추어 저투자를 정당화하기도 한다. 그러한 일이 생기면 일종의 자기실현적 예언이 나타난다. 낮은 목표가 낮은 기대를 낳고, 저투자로 인한 저조한 실적으로 그것이 옳았음이 증명된다.(이것이 7장에서 설명한 원더테크가 직면한 구조이다)

초기 경고 징후

"예전에도 최고였으니까 우리는 다시 최고가 될 거야. 그렇지만 당장은 자원을 절약하고 과도한 투자를 자제해야 해."

관리 원칙

진정한 성장 잠재력이 있다면 수요에 앞서 역량을 키워라. 그것이 수요를 창출하는 하나의 전략이 된다. 또한 비전을 견지하라. 핵심 실적 기준을 평가하고, 잠재적 수요를 충족시킬 역량이 충분한가에 대해서도 고민하며 잠재의 비전을 가져라.

기업 사례

피플 익스프레스 항공은 폭발하는 수요를 따라갈 서비스 역량 증대가 불가능했다. 회사는 (예를 들어 다소 가격을 인상한다든가 하여) 교육이나 상대적으로 성장 속도가 느린 부분에 많은 자원을 투자하기보다, 어떻게든 문제들을 앞질러 가면서 성장하려고만 했다. 그 결과 직원들의 사기가 떨어지는 상황에서 서비스 품질은 악화일로를 걸었고, 경쟁은 더욱 치열해졌다. 지속적으로 가해지는 압력에 대처하기 위해 회사는 점점 서비스 역량에 대한 저투자라는 '해결책'에 의존하게 되었다. 결국 고객은 피플 익스프레스 항공에서 아무런 매력을 느끼지 못하게 되었다.

기타 사례

- 서비스 품질이나 생산 품질이 낮아지도록 방치하면서 과도한 경쟁을 탓하거나, 분발해서 판매량을 유지하지 않는다면서 판매 관리를 탓하는 회사.
- 비전 달성에 들여야 하는 시간과 노력을 현실적으로 계산해 본 적이 없이 그저 웅대한 비전만 가지고 있는 사람.

부록
03

U 프로세스

U 프로세스U process는 C. 오토 샤머C. Otto Scharmer, 조셉 자보르스키Joseph Jaworski, 아담 카헤인Adam Kahane, 그리고 그들의 여러 동료가 참여하여 심층 공동학습 프로세스를 설계하고 이끄는 방법으로 개발한 것이다.[1] 실제로 U 프로세스는 다섯 가지 규율을 시기적절하게 사용할 방법을 정리한 틀을 제공한다.(하단 참조)

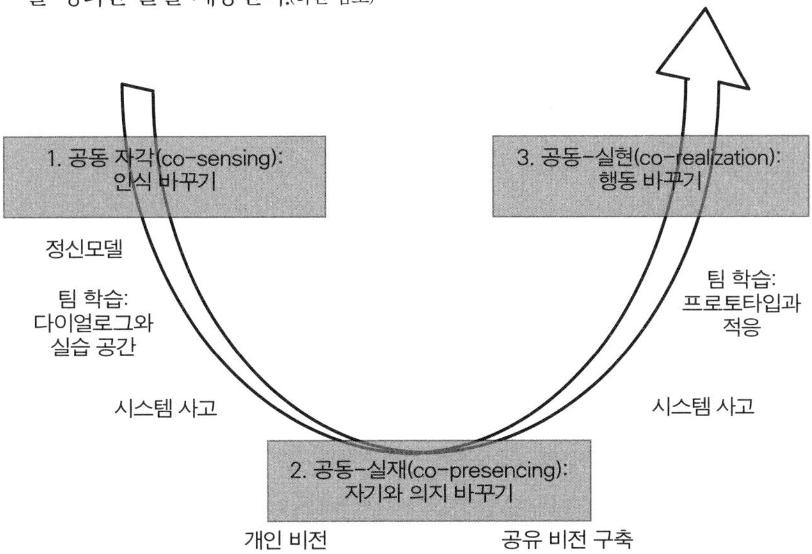

U 프로세스는 집단이 공동으로 다음의 작업을 수행하는 과정을 돕는다.

1. 자각sensing: 자기 관점을 초월하여 현실을 보는 과정을 통해 자신의 정신모델에 의문을 제기하고 깊이 탐구한다.
2. 실재presencing: 개인 혹은 집단 차원에서 목적과 접촉하고 비전을 구축하는 심층 과정으로 나아간다.
3. 실현realizing: 비전에 대해 피드백을 얻고 추가적인 조정을 진행할 구체적인 작업 모형으로 바꾸기 위해 신속하게 프로토타입 구축 단계로 나아간다.

다섯 가지 규율은 U 프로세스의 모든 단계에서 활용되지만, 특히 강조되는 영역은 각기 다르다. 알파벳 U자 모양으로 내려갔다가 올라가는 형태인 U 프로세스에서 '위에서 아래로 내려오는 U의 왼쪽 부분'은 특히 현실을 보는 다양한 관점을 포함하는 다이얼로그는 물론이고, 기존 정신모델을 보류하고 직접적인 시스템 경험을 토대로 집단 질의를 하는 과정이 중심이 된다. 개인 비전과 공유 비전 구축은 'U의 바닥 부분'에서 핵심이 되고, '위로 올라가는 U의 오른쪽 부분'에서는 정신모델 및 비전에 대한 지속적인 성찰과 더불어 팀 학습이 중요해진다.

예를 들어 지속가능 식량 연구소 회원들에게 있어 '자각' 단계에서는 글로벌 식량 시스템을 보는 개인적인 방식에 대한 성찰뿐만 아니라, 5일간의 브라질 현지 견학이 포함되었다. 이는 어려운 환경에서 고생하는 농부와 그의 가족, 농민협동조합, 다국적 상품 생산업체, 환경 NGO, 정부기구 등과 직접 이야기를 나누는 자리였다. 이러한 경험은 '현장'의 실제 시스템과 접해본 적이 없는 기업 임원들에게 특히 강력하게 와 닿았다.

"라틴아메리카 대부분의 지역에서 농부는 이제 발전 주체가 아니라 '객체', 빈곤퇴치 프로그램의 대상일 뿐입니다." 견학에 참여한 어느 팀원의 말이다. 다른 팀원은 이렇게 물었다. "(전통적인 농촌 공동체에서 쫓겨나) 미래가 없는 젊은이들을 위해 우리가 무엇을 해야 할까요?" 당시의 경험은 같은 현실을 접한 사람들이 각기 다른 방식으로 이해하고 반응하는 모습을 보는 것으로도 적지 않은 학습효과가 있었다. 소규모 농민협동조합을 방문한 뒤에 팀원들이 내놓는 의견을 들어보니 참으로 다양한 단어가 쏟아져 나왔다. '고된 현실이다', '매우 정치적이다', '지속가능성이 없다', '지속가능성이 높다', '현대화되어야 한다', '성숙할 시간이 필요하다', '최고의 모델이다' 등등. "(우리가) 같은 것을 보고 그렇게 다르게 인식한다는 사실이 정말 놀라웠습니다. 다른 사람의 관점에 대해 제가 이해하지 못하는 부분이 정말 많더군요." 연구소 팀원 중의 하나가 하는 말이다.

U의 바닥 부분에는 침묵과 경청이 있다. 탄생하려 하는 것, 새로운 것을 창조하는 데서 우리 자신의 역할에 귀를 기울이는 과정이다. 다섯 가지 규율에 대해 U 프로세스는 비전 구축을 '자각'의 확장 이후 과정인 U의 바닥 부분에 위치시킴으로써 그에 대한 다른 접근법을 제시한다. 우선, 이러한 순서 덕분에 자신이 처한 현실에 대한 깊은 인식을 토대로 비전을 구축할 수 있다. 여기에는 사람마다 다르게 현실을 본다는 인식도 포함된다. 둘째, 이렇게 함으로써 비전 구축이 전체 목표 인식에 토대를 두게 된다. 처음에는 비전이 전체 프로세스에 동기를 부여하는 데 중요할지 모르지만, 비전은 항상 발전하며 '자각' 단계 이후에 깊이와 중요성이 한층 커지게 된다. 그렇다고 우리가 현실 평가에서 비전을 '끌어낸다'는 의미는 아니다. 오히려 반대다. U의 바닥 부분에서는 진정 고요하고 깊은 성찰의 시간이 허용되는 것이 진정한 관심과 소명의식을 환기시키는 경향이 있다. 창조적 긴장 측면에서 현재와의 강한 연결은 자신이 진정 원하는 것에 대한 진실을 말할 새로운 선택을 가능하게 한다.

지속가능 식량 연구소 회원 30명에게 6일간의 여정은 현장 견학의 경험을 종합하고, 다른 시스템 창조에 대한 자신의 목적의식을 심화시키고, 프로토타입을 다듬고 발전시킬 기회가 되었다. 특히 황야에서 이틀간 '홀로' 보내는 시간은 침묵 속에서 자연과 한층 직접적으로 연결되는 경험을 하게 해주었다. 자신을 둘러싼 살아 있는 시스템은 물론 자기 자신의 본성과도 말이다. 경제학자 브라이언 아서Brian Arthur는 당시 팀원들이 고독 체험을 준비하는 과정을 도왔고 황야에서 돌아온 후에도 함께 시간을 보냈다. 아서는 집단 내의 에너지가 '고요와 온정'으로 전환된 것을 보았다. 이러한 고요 속에서 전에는 누구도 생각하지 못했던 프로토타입 계획으로 이어지는 상상력이 도출되었다.

U의 오른쪽으로 올라가는 부분 역시 모든 규율과 관련되지만, 팀 학습이 특히 중요하다. 하나의 집단은 복잡한 시스템을 운영할 실용적이면서 근본적으로 다른 방식을 만들어낼 방법을 함께 학습하고 있기 때문이다. '자각'과 '실재' 프로세스가 계속해서 반복되고 있기에 시스템 사고, 정신모델 다루기, 비전 구축은 '실현' 단계 전체에 고루 스며들어 있다. 자각과 실재 프로세스가 반복되는 이유는 다음 두 가지 때문이다. (1) 새로운 회원들이 프로토타입을 만드는 계획에 참여한다(그리고 각자 자각과 실재 과정을 거쳐야 한다) (2) 사람들은 변화를 가져오고자 시도하고, 끊임없이 자신의 비전을 재검토하는 과정을 통해 시스템의 현실과 관련된 새로운 사실을 발견하고, 비전이 달라졌다는 사실도 때로 발견하게 된다. 창조적 긴장 원칙과 마찬가지로 U의 오른쪽 부분에서 일어나는 비전의 변화는 감정적 긴장을 줄이기 위해서 '비전을 낮추는' 것과는 다르다. 오히려 진심으로 창조하고 싶은 것이 무엇인가를 제대로 본다는 의미이다.

그러므로 실현 단계는 현재의 시스템을 대신할 성공적인 대안을 만들어낼 뿐만 아니라, 끊임없이 공동의 이해를 심화시키고 비전을 명확히 하는 단계이기도 하다. 대체 시스템을 만들어내려는 노력 중의 일부는 성공하고 일부는 실패할 것이다. 성공한 것은 누구도 예상치 못한 방법으로 성공할 때가 많으며, 향후에도 예기치 못한 새로운 방향으로 발전한다. U의 오른쪽으로 올라가는 단계, 나아가 U 프로세스 전체의 진정한 핵심은 크고 다양한 공동체에서 있는 그대로의 '현실'을 보고 새로운 사회 시스템을 만들어내는 능력을 키우는 것이다. 복잡한 조직 내부, 조직 간의 네트워크에 대해 학습할 방법을 터득하는 것이다. "이와 같은 프로세스는 본 적이 없습니다." 지속가능 식량 연구소의 주요 후원자인 켈로그 재단에서 농업 프로그램을 맡고 있는 오란 헤스터먼Oran Hesterman의 말이다. "정말 다양한 집단이 서로 연결되어서, 우리가 이 세계에 존재하는 목적과 깊게 연결되는 곳으로 이끌어주고 있는 것이지요."

각주

개정판 서문

1. 여기 제시한 여덟 가지 목록은 SoLSociety for Organizational Learning과 하버드 교육대학원 변화 리더십 그룹Change Leadership Group 주최로 모인 기업과 교육 분야의 혁신적인 인물들이 선정한 것이다.Booth Sweeney, Senge, Wagner, 2002.

1장

1. Daniel Yankelovich, *New Rules: Searching for Self-fulfillment in a World Turned Upside Down* (New York: Random House), 1981.
2. 기본적인 혁신이 다양한 기술을 새로운 조합으로 통합시키는 과정을 통해서 일어난다는 통찰과 관련해서는 MIT 동료 앨런 그레이엄Alan Graham에게서 많은 도움을 받았다.
3. Arie de Geus, "Planning as Learning," *Harvard Business Review* (March/April 1988): 7074.
4. 돈을 중심으로 보면 인텔과 마이크로소프트 같은 반도체 및 소프트웨어 제조업체가 결국 컴퓨터 시장을 지배하게 되었지만, 애플은 '그래픽 기능을 활용한 사용자 중심 인터페이스'를 상업화한 선구자

였고, 덕분에 애플 소비자가 아닌 '주류' 대중까지도 사용하기 쉬운 컴퓨터를 향유하게 되었다.

5. Edward Hall, *Beyond Culture* (New York: Anchor), 2007, 207. 에드워드 홀, 〈문화를 넘어서〉, 한길사, 2013

2장

1. Arie de Geus, "Planning as Learning," *Harvard Business Review* (March/April 1988): 7074.
2. 수치의 출처는 다음과 같다.
3. Draper Kauffman, Jr. *Systems 1: An Introduction to Systems Thinking* (Minneapolis: Future Systems Inc.), 1980 (available through Innovation Associates, P.O. Box 2008, Framingham, MA 01701).
4. Chris Argyris, *Overcoming Organizational Defenses* (New York: Prentice-Hall), 1990.
5. Barbara Tuchman, *The March of Folly: From Troy to Vietnam* (New York: Knopf), 1984.
6. Ibid.
7. Jared Diamond, *Collapse: How Societies Choose to Fail or Succeed* (New York: Penguin), 2004. 제레드 다이아몬드, 〈문명의 붕괴〉, 김영사, 2005

3장

1. 맥주 게임에 대한 설명은 다음 웹사이트에서 확인할 수 있다. http://www.systemdynamics.org/Beer.htm.
2. 실제 의사결정 시뮬레이션에는 네 가지 역할이 있는데, 이야기를 보

다 간단하게 만들기 위해서 한 가지 역할(유통업자)을 생략했다. 세 가지 역할만으로도 충분히 복잡하다고 보기 때문이다.

3. 물론 어떤 시뮬레이션이든 상황을 단순화하는 측면은 있다. 게임의 세부사항 중에서 어느 하나라도 달라지면 결과가 달라지지 않을까 의문을 품을 수도 있다. 우리도 같은 궁금증이 있었기에 오랫동안 게임에 조금씩 변화를 주면서 결과를 비교했다. 보통은 네 명이 게임을 진행하지만 가끔은 이 이야기에서처럼 세 명으로 게임을 진행했다. 과잉 재고와 주문 잔고에 대한 벌칙에도 변화를 주어 다양하게 해보았다. 평소에는 기다란 탁자를 이용해 보드 게임을 만들고 동전을 이리저리 움직여 맥주의 이동을 보여주는데, 가끔은 컴퓨터 시뮬레이션을 이용해서 숫자를 집계해 보기도 했다. 도매업자들이 예측하는 고객 수요 범위에 대해서 참가자들에게 주는 사전 정보량에도 변화를 주었다. 고객 수요 유형에도 변화를 주고자 했다. 이러한 변화 중의 어떤 것은 위기를 심화시키고, 어떤 것은 완화시키지만 그 정도는 모두 미미했다. 하지만 전반적인 위기 유형에 변화를 주는 변수는 아직 없었다.
4. U.S. Congress Office of Technology Assessment: *Technology and the American Economic Transition: Choices for the Future* (Washington: U.S. Government Printing Office), 1988, 324.
5. Steven Burke, "Chip Manufacturers Find a Pot of Gold in DRAM Shortage," *PC Week*, May 31, 1988, 107; Steven Burke and Ken Sieg-mann, "Memory-Board Prices Surging in the Wake ofGrowing Chip Shortage," PC Week, March 1, 1988, 1.
6. J. Rhea "Profits Peak as Semiconductor Sales Boom," *Electronic News* 18:1 (August 6, 1973); "Boom Times Again for Semiconductors, *Business Weekly*, April 20, 1974, 65-68;

"Semiconductors Take a Sudden Plunge," Business Week, November 16, 1974, 64-65; F. Pollare, "Inventory Buildup: Semiconductor Distress Sales Emerge," *Electronic News* 20:45 (February 10, 1975).

7. Joseph B. White and Bradley A. Stertz, "Auto Industry Battens Down for a Slump," *Wall Street Journal*, May 30, 1989, sec. A.
8. "MacNeil-Lehrer Newshour," video documentary on the beer game and business cycles (interview with John Sterman at MIT), aired November 1989, *Public Broadcasting System*.
9. Donella H. Meadows, "Whole Earth Models and Systems," *Co-Evolution Quarterly* (Summer 1982): 98-108.
10. Leo Tolstoy, *War and Peace* (Constance Garnett translation).
11. Ibid.
12. Janice T. Gibson and Mika Haritos-Fatouros, "The Education ofa Torturer," *Psychology Today*, November 1986, 50. Also: "The Mind is a Formidable Liar: A Pirandellian Prison," *New York Times Magazine*, April 8, 1973.
13. 현실에서도 일정 방향으로 갈수록 변동의 폭이 커지는 유사한 형태가 나타난다. 원재료 생산업의 경우 소매업과 서비스업보다 훨씬 심한 기복을 보이는 것이 일반적이다.
14. John Sterman, "Modeling Managerial Behavior: Misperceptions of Feedback in a Dynamic Decisionmaking Experiment," *Management Science*, vol. 35, no.3 (March 1989): 335.
15. 이러한 전략을 컴퓨터로 모의 실험해본 결과, 주문 잔고가 가장 심하게 나타나는 사람은 소매업자였다. 도매업자의 주문 잔고가 해소되는 시점에서야 주문량 전체를 받을 수 있기 때문이다. 이러한 전

략 하에서는 소매업자가 특히 취약해진다는 의미다. 현실에서 대부분의 소매업자가 주문량을 늘리는 이유가 바로 여기에 있다.

16. 시뮬레이션 게임에서 총비용은 컴퓨터로 계산되는데 (주당) 주문 잔고 단위마다 비용 1달러, (주당) 재고 단위마다 0.5달러를 부과하고, 각 위치의 최종 금액을 합쳐서 팀의 총비용이 나온다. 35주간 네 명이 참여하는 게임의 경우 평균 비용이 2,028달러였는데Sterman, "Modeling Managerial Behavior", 331-39, 세 명이 30주간 진행했을 때의 1,270달러와 일치하는 수치다. '무(無)전략' 전략의 경우 팀의 총비용은 약 825달러이다.

17. 현실의 생산·유통 시스템에서는 관련자들이 경험을 통해 배우는 것이 불가능하지만, 게임 참가자들은 어쩌면 가능할 수도 있다. 반복적으로 게임을 하고 자신의 결정이 전체 시스템에서 어떤 상호작용을 일으키는지 함께 이해한다면 말이다. 그렇게 되면 맥주 게임이 하나의 '소우주'가 되는 셈이다.

18. 게임은 보통 다른 위치에 있는 참가자들이 꾸준히 접촉하면서 이루어지지 않기 때문에 직접 대면하여 상호작용을 하는 경우, 그들이 어떻게 행동할지를 관찰할 기회는 거의 없다. 그럼에도 불구하고 현재 팀들이 행동하는 방식을 보면, 대다수 구성원은 문제가 생기면 서로를 탓하느라 바쁘다. 팀 학습 역학을 보다 직접적으로 다루는 의사결정 시뮬레이션 게임도 있다.

19. 기업에서 행동 유형을 보는 흔한 예가 소위 '트렌드 분석trend analysis'이다. 이를 통해서 기업이 달라지는 인구 통계 경향이나 변화하는 고객 취향에 적절히 대응할 수 있다.

20. William Manchester, *The Glory and the Dream* (Boston: Little, Brown), 1974, 80–81.

21. 또한 첫 게임일 때는 불가능하겠지만 게임의 물리적 구조를 재설계

하는 것도 가능하다. 예를 들어 소매업자뿐만 아니라 도매업자와 맥주회사에서도 소매 판매 현황을 알 수 있도록 정보 시스템을 재설계할 수도 있다. 혹은 중간 단계를 완전히 없애고 맥주회사가 직접 소매업자에게 물건을 공급하게 할 수도 있다. 상품, 인력, 원료 등의 물리적 흐름, 정보, 이외 보상을 비롯한 개별 의사결정자의 직접적인 통제 밖에 있는 요인들, 즉 물리적 시스템 재설계는 실생활에서 중요한 리더십 기능이다. 개인의 주문 방식이 시스템에 대한 이해에 달려 있듯이 물리적 시스템 재설계의 성공 여부도 리더의 시스템 이해에 달려 있다. 그러므로 시스템 이해에 도달하는 것이 가장 기본이며 이를 토대로 운영 정책은 물론 물리적 시스템 재설계 등이 이어진다.

4장

1. 시스템 분야 여러 작가의 저작을 참조하여 뽑아낸 법칙이다. 참고한 자료는 다음과 같다. Garrett Hardin, *Nature and Man's Fate*(New York: New American Library), 1961; Jay Forrester, *Urban Dynamics*,Chapter 6 (Cambridge, Mass.: MIT Press), 1969; Jay Forrester, "The Counterintuitive Behavior of Social Systems," *Technology Review*(January 1971, pp. 52-68; Donella H. Meadows "Whole Earth Models and Systems,"*Co-Evolution Quarterly*(Summer 1982): 98-108; Draper Kauffman, Jr., *Systems* I: *An Introduction to Systems Thinking*, (Minneapolis: Future Systems Inc.), 1980 (available through Innovation Associates, P.O. Box 2008, Framingham, MA 01701.
2. 이드리에스 샤Idries Shah의 책을 보면 여기에서 소개하는 이야기

를 비롯하여 많은 수피Sufi 이야기가 수록되어 있다. 3. George Orwell, *Animal Farm* (New York: Harcourt Brace), 1954.

4. D. H. Meadows, "Whole Earth Models and Systems."
5. Lewis Thomas, *The Medusa and the Snail* (New York: Bantam Books), 1980.
6. Charles Hampden Turner, *Charting The Corporate Mind: Graphic Solutions to Business Conflicts* (New York: Free Press), 1990.

5장

1. '사이버네틱스'와 '서보 메커니즘' 학파의 학설을 개괄한 내용을 자세히 읽고자 한다면 조지 리처드슨George Richardson의 책을 확인하라. *Feedback Thought in Social Science and Systems Theory* (Philadelphia: University ofPennsylvania Press), 1990.
2. 이러한 용어 사용은 특정 관점을 반영하는데 '테러리스트'의 명분을 지지하는 많은 이는 그들이 자유를 위해 투쟁하고 있다고 주장한다. 내가 이 용어를 사용한 이유는 중동 여러 지역을 포함하여 정체(政體)에 상관없이 널리 퍼진 관점이기 때문인데, 민간인에 대한 조직적인 공격에는 이러한 딱지를 붙일 수 있으리라 본다.
3. 미국 국방부, 국가안보국, CIA에는 정부 어떤 기관보다 많은 자칭 '시스템 분석가'가 있다. 그들이 보기에 시스템 이론의 선구자는 바로 구소련이었다. 과거 40년 동안 구소련 수학자들은 이쪽 분야 이론에 다른 어느 나라 수학자보다 많은 기여를 했다. 구소련 정부가 정교한 컴퓨터 시뮬레이션을 활용하여 국가 경제를 통제하려는 원대한 목표를 가지고 시스템 연구를 지원한 것도 부분적으로는 도움이 되었다고 봐야 한다.
4. 이하 참조. "Teaching Dynamic Feedback Systems Thinking:

An Elementary View," *Management Science* (April 1978), 836-843; and Nancy Roberts, "Testing the World with Simulations," *Classroom Computer News*, January/February 1983, 28.

5. 시스템 사고 원칙과 도구는 물리학, 공학, 생물학, 수학 같은 다양한 분야에서 나왔다. 이번 장에 소개된 도구들은 MIT의 제이 포레스터Jay Forrester가 개척한 '시스템 다이내믹스system dynamics'라는 방법론에서 도출된다. 다음 자료를 참조하기 바란다. Industrial Dynamics(Cambridge, Mass. : MIT Press), 1961; Urban Dynamics(Cambridge, Mass. : MIT Press), 1969 ; "The Counterintiutive Behavior of Social Systems", Technology Review(January 1971, 52-68). 이번 장은 특히 도넬라 메도우스 Donella Meadows의 이론에서 많은 도움을 받았는데 메도우스가 〈계간 코에볼루션Co-Evolution Quarterly〉(Summer 1982, 98~108)에 실은 "Whole Earth Models and Systems"에서 영감을 얻어 이번 장을 구성하게 되었다.
6. 반면에 중국어나 일본어 같은 '동양' 언어들은 주어-동사-목적어라는 직선적인 문장으로 이루어지지 않는다. David Crystal, The Cambridge Encyclopedia of Language(New York : Cambridge University Press), 1987.
7. The Bhagavad-Gita, or "The Lord's Song," translated by Annie Besant, reprinted in Robert O. Ballou, *The Bible of the World* (New York: Viking), 1939.
8. Robert K. Merton, "The Self-Fulfilling Prophecy," in Robert K. Merton, editor, *Social Theory and Social Structure* (New York: Free Press), 1968.
9. R. Rosenthal, "Teacher Expectation and Pupil Learning";

and R. D. Strom, editor, *Teachers and the Learning Process* (Englewood Cliffs, N.J.: Prentice-Hall); R. Rosenthal, "The Pygmalion Effect Lives," *Psychology Today*, September 1973.

10. 그렇다고 자유시장 메커니즘이 현대사회에 필요한 각종 균형과 통제에 충분하다는 의미는 아니다. 지연, 불충분한 정보, 비현실적인 기대, 독점 같은 왜곡 요인이 '자유시장 경제'의 효율성을 해치고 있다.
11. 린 생산방식에 대한 상세 정보를 원한다면 린 엔터프라이즈Lean Enterprise의 웹사이트www.lean.org를 참조하기 바란다.

6장

1. 이하에서 두 가지 유형을 상세히 설명할 예정이며 이 책에서 활용되는 유형을 모두 합치면 여덟 가지다. 이는 전문 시스템 사상가들이 '머리에 담고 있는' 원형들 중에 대략 절반 정도다.
2. 시스템 원형에 관한 초기 교육과정이 개발되고 있다.
3. 이러한 경우 외곽에서는 균형 피드백 프로세스가 진행된다. 간략히 나타내자면 연구개발 예산 증가, 관리 복잡성 증가, 신제품 개발 기간 장기화, 신제품 출시 속도가 감소를 거쳐 결국에는 연구개발 예산이 감소하는 식이다.
4. 내가 알기로 배리 리치몬드Barry Richmond가 처음 이러한 구조를 분석했으며, 이후로 이 구조가 급속히 성장하다가 종신 재직권을 가진 교수진으로 인해 상부가 비대해지는 학계는 말할 것도 없고 경영컨설팅 회사에서 사실상 고질적으로 나타난다는 사실이 밝혀졌다.
5. Peter Senge, Art Kleiner, Charlotte Roberts, George Roth, Rick Ross, Bryan Smith, *The Dance of Change: The Challenges to Sustaining Momentum in Learning Organizations* (New York: Doubleday/Currency), 1999.

6. *Facts on File 1990* (New York: Facts on File).
7. 이것을 포함해서 다른 '시스템 원형' 모형들은 혁신협회Innovation Associates의 허락 하에 내용을 수정하여 실은 것으로, 혁신협회에서 개회한 여러 워크숍에서도 활용되었다.
8. 알코올중독자협회Alcoholics Anonymous에 관한 상세 정보는 다음 책들에 나와 있다. *Alcoholics Anonymous*, 1976. *Living Sober*, 1975. *Twelve Steps and Twelve Traditions*, 1953.

7장

1. 이하에 소개하는 이야기는 제이 포레스트Jay Forrest의 기업 성장에 관한 연구에서 나왔다. 자세한 내용은 다음을 참조하기 바란다.
   Jay W. Forrester, "Modeling-the Dynamic Processes of Corporate Growth,"IBM Scientific Computing Symposium on Simulation Models and Gaming (December 1964), and J. W. Forrester, "Market Growth as Influenced by Capital Investment," *Industrial Management Review*, 1968, 83-105.
2. David Birch, *Job Creation in America* (New York: The Free Press), 1987, 18.
3. 이러한 수치는 원더테크 구조와 고정된 납기 표준을 연동한 컴퓨터 모의실험에서 얻은 결과다. 모의실험에는 무한한 잠재력을 지니는 시장이라는 단순화된 가정도 포함되는데, 원더테크 초창기 상황을 보면 맞는 말이었다. 아무튼 납기 표준이 고정된 상태에서는 행동 면에서 극적인 개선이 일어났다. STELLA라는 프로그램을 통해서 모의실험이 진행되었는데, 이는 고성능 시스템에서 이용 가능한 시스템 사고 모델이자 모의실험 프로그램이다.

8장

1. K. Inamori, "The Perfect Company: Goal for Productivity." Speech given at Case Western Reserve University, June 5, 1985.
2. 맥킨지앤컴퍼니McKinsey & Co.가 1978부터 1993년까지 진행한 조사 결과에 따르면 조사 기간 내내 자산과 신뢰도 면에서 상위 25퍼센트를 유지한 회사는 단 두 곳에 불과했는데, 그중 하나가 바로 하노버 보험사다. 오브라이언은 스테이트 뮤추얼State Mutual 사에서 진행한 적대적 인수합병 결과로 은퇴했는데, 조사 기간 내내 스테이트 뮤추얼은 하노버 보험사 주식의 과반수를 보유한 최대 주주였다.
3. Henry Ford, *Detroit News*, February 7, 1926.
4. Robert Fritz, *The Path of Least Resistance* (New York: Fawcett-Columbine), 1989.
5. William O'Brien, *Character and the Corporation* (Cambridge, MA: SoL), 2006.
6. Ibid.
7. M. dePree, *Leadership is an Art* (New York: Doubleday), 1989.
8. George Bernard Shaw, *Man and Superman*, Preface (Penguin, 1950). 조지 버나드 쇼, 〈인간과 초인〉, 열린책들, 2013
9. Pierre Wack, "Scenarios: Uncharted Ahead," *Harvard Business Review* (September/October 1985): 7389.
10. 로버트 프리츠Robert Fritz의 발상인데 그는 이것을 '구조적 긴장structural tension'이라고 부른다. 시스템 사고에서 나오는 '구조'라는 단어와 혼동을 피하기 위해서 '창조적 긴장'으로 표현을 바꾸었다.
11. Bill Russell and Taylor Branch, *Second Wind: The Memoirs of an Opinionated Man* (New York: Random House), 1979.

12. 프리츠의 'Path of Least Resistance'에 이 습관의 배경에 있는 이유가 자세하게 적혀 있다.
13. Ibid.
14. Ibid.
15. David Kantor and William Lehr, *Inside the Family: Toward a Theory of Family Process* (San Francisco: Jossey-Bass), 1975.
16. 프로이트나 융을 비롯해 많은 이가 여기에서 논의되는 것들과는 다소 다른 현상을 설명하는 데 '잠재의식'이라는 단어를 사용해왔다.
17. 이어지는 간단한 설명은 기독교와 선불교를 포함한 여러 가지 영적 전통에서 내용을 가져왔지만 로버트 프리츠의 연구에 특히 많은 빚을 졌다.(각주 3번을 참조하라.)
18. Quoted in Fritz, *The Path of Least Resistance*
19. Weston Agor, *Intuitive Management: Integrating Left and Right Brain Management Skills* (Englewood Cliffs, N.J.: Prentice-Hall), 1984; Henry Mintzberg, "Planning on the Left Side and Managing on the Right," *Harvard Business Review* (July/August 1976): 49-58; Daniel Isenberg, "How Top Managers Think" *Harvard Business Review* (July/ August 1976): 49.
20. Karen Cook, "Scenario for a New Age; Can American Industry Find Renewal in Management Theories Born of Counterculture?" *New York Times Magazine*, September 25, 1988; Robert Lindsey, "Gurus Hired to Motivate Workers are Raising Fears of Mind Control," *New York Times*, April 17, 1987.

9장

1. H. Gardner, *The Mind's New Science* (New York: Basic Books), 1984, 1985.
2. C. Argyris, Reasoning, *Learning and Action: Individual and Organizational* (San Francisco: Jossey-Bass), 1982.
3. Thomas S. Kuhn, *The Structure of Scientific Revolutions* (Chicago: University of Chicago Press), 1962, 1970. 토머스 쿤, 〈과학혁명의 구조〉, 까치, 2013
4. Ian Mitroff, *Break-Away Thinking* (New York: John Wiley), 1988.
5. 디트로이트의 사례를 보면 어떤 산업 전체가 장기간 현실과의 접촉 없이 특정 정신모델을 발전시킬 수 있음을 알 수 있다. 어떤 면에서 보면 산업계는 이러한 부분에 특히 취약하다. 개별 구성원들이 모범 사례를 서로에게서 찾기 때문이다. 외국의 경쟁자처럼 '시스템 외부에서' 다른 정신모델을 가진 사람을 영입한다면 그러한 최면상태가 깨질지도 모른다.
6. Pierre Wack, "Scenarios: Uncharted Waters Ahead," *Harvard Business Review* (September/October 1985), 72; and "Scenarios: Shooting the Rapids," *Harvard Business Review* (November/December 1985), 139.
7. "중동과 북아프리카 산유국이 자국의 석유 수출을 통제하겠다는 단호한 의지를 밝힌 뒤에 셸의 입지는 한층 강화되었다. 셸은 엑손을 능가하는 세계 최대 석유회사가 되겠다는 (창립자) 디터딩 Deterding의 목표를 실현할 유리한 고지를 점령했다."
8. 솔직함과 메리트 이외에 하노버 보험사에서 찾아낸 핵심 가치에는 '절대적으로 필요한 위치에서 모든 결정이 이루어져야 하며, 윗선에

서 결정되어서는 안 된다'는 '현장 중심localness', '적은 자원으로 양도 많고 질도 높은 결과물을 만들어내는 능력을 키운다'는 군살 제거 원칙leanness 등이 있다.

9. C. Argyris and D. Schon, *Organizational Learning: A Theory of Action Perspective* (Reading, Mass.: Addison-Wesley), 1978; C. Argyris, R. Putnam, and D. Smith, *Action Science* (San Francisco: Jossey-Bass), 1985; C. Argyris, *Strategy, Change, and Defensive Routines* (Boston: Pitman), 1985.
10. Donald Schon, *The Reflective Practitioner: How Professionals Think in Action* (New York: Basic Books), 1983.
11. G. A. Miller, "The magical number seven plus or minus two: Some limits on our capacity for processing information," *Psychological Review*, vol. 63, 1956, 81-97.
12. 이 부분은 다이애나 스미스Diana Smith의 허가를 얻어 게재했다.
13. John Sterman, "Misperceptions of Feedback in Dynamic Decisionmaking," Cambridge, Mass.: MIT Sloan School of Management Working Paper WP- 1933-87, 1987

10장

1. 스파르타쿠스라는 인물과 관련된 몇몇 사실은 아서 쾨슬러Arthur Koestler가 자신의 소설 〈검투사The Gladiator〉에 붙인 후기를 참조하였다. Edith Simon 번역본New York : Macmillan, 1939.
2. 이들 기업의 사례는 G. 하멜G. Hamel과 C. K. 프라할라드C. K. Prahalad가 다음 글에서 분석한 내용을 토대로 했다. "Strategic Intent", Harvard Business Review, May-June, 1989.
3. Kazuo Inamori, "The Perfect Company: Goal for Productivity,"

speech given at Case Western Reserve University, Cleveland, Ohio, June 5, 1985.
4. Max de Pree, *Leadership is an Art* (New York: Doubleday/Currency), 1989.
5. A. Maslow, *Eupsychian Management* (Homewood, Ill.: Richard Invin and Dorsey Press), 1965.
6. William Manchester, *The Glory and the Dream* (Boston: Little, Brown and Company), 1974.
7. G. Hamel and C. K. Prahalad, "Strategic Intent."
8. Ibid.
9. 이번 장에 설명한 내용은 혁신협회 동료들과 여러 시간에 걸쳐 토론한 결과다. 특히 다음 동료들의 도움을 많이 받았음을 밝힌다. Charles Kiefer, Alain Gauthier, Charlotte Roberts, Rick Ross, Bryan Smith.
10. M. Moskowitz, *The Global Marketplace* (New York: Macmillan Publishing Company), 1987.
11. "IBM's $5,000,000,000 Gamble," *Fortune*, September 1966, and "The Rocky Road to the Marketplace," *Fortune*, October 1966 (two-part article).

11장

1. W. Russell and T. Branch, *Second Wind: Memoirs ofan Opinionated Man* (New York: Random House), 1979.
2. 여기 나온 다이어그램은 원래 C. 키퍼C. Kiefer와 P. 스트로P. Stroh의 다음 자료에 실린 것이다.
3. 아래 설명한 내용은 빌 아이삭스Bill Isaacs와 데이비드 봄David Bohm

과의 대화에서 특히 많은 도움을 받았다. 데이비드 봄은 자신의 의견을 여기 수록해도 좋다고 허락했다.

4. David Bohm, *The Special Theory of Relativity* (New York: W. A. Benjamin), 1965.
5. 여기에 인용된 데이비드 봄의 많은 이야기는 오랫동안 데이비드 봄이 캠브리지와 기타 여러 지역에서 참여했던 일련의 '다이얼로그'에서 나왔다. 또한 봄이 마크 에드워즈Mark Edwards와 함께 집필해 〈사고: 인간에 대한 숨은 도전*Thought, the Hidden Challenge to Humanity*〉(San Francisco: Harper & Row)이라는 가제를 붙인 저서에서 발췌한 내용도 상당수 있다. 이러한 자료를 이 책에 수록하도록 허락해 준 봄에게 진심으로 감사한다.
6. 예를 들어 E. Schein, *Process Consultation*, vol. 2 (Reading, Mass.: Addison Wesley), 1987을 참조하라.
7. C. Argyris, *Strategy, Change, and Defensive Routines* (Boston: Pitman), 1985.
8. Ibid.
9. Ibid.
10. 예를 들어 D. C. Wise and G. C. Lewis, "A Fire Sale in Personal Computers," Business Week, March 25, 1985, 289, and "Rocky Times for Micros," Marketing Media Decisions, July 1985를 참조하라.
11. Argyris, *Strategy, Change, and Defensive Routines.*
12. 흥미로운 것은 민감한 사안을 언급하는 데서 느끼는 두려움이나 불안이 '다이얼로그 시간'에는 많이 사라지며, 기본 원칙의 통찰이 '옳은지', '그른지'에 대한 우려도 순식간에 사라진다는 것이다. 따라서 팀이 정기적으로 다이얼로그 시간을 갖게 되면, 그러한 사안을 다

를 때 팀원이 느끼는 위협이 전반적으로 줄어든다.

13. 방어 루틴을 극복하기 위해 우리가 '소우주'라고 부르는 학습 환경을 만들어내는 것이 도움이 된다. 그러한 환경에서는 사람들이 개방적인 방향으로 나아가지 못하고 망설이는 현실을 허심탄회하게 탐구할 수 있다. 사람들이 자신의 망설임을 표면화시키면, 불안한 상황에서 새로운 행동방식을 점진적으로 시도하는 데 도움이 되는 미니실험을 설계하는 것이 가능해진다.
14. Donald Schon, *The Reflective Practitioner: How Professionals Think in Action* (New York: Basic Books), 1983.
15. 이야기에 등장하는 이름과 상세 내용은 허구이지만, 다이얼로그 자체와 배경이 되는 조직이 안고 있던 문제는 실제이다. 다이얼로그 내용은 실제 회의록에서 발췌했으며(팀 학습과 관련하여 우리가 진행하는 연구에서는 흔한 일이다), 다이얼로그 자체의 느낌을 최대한 살리기 위해서 일부 내용을 줄이기는 했지만 단어를 바꾸는 등의 편집은 많이 하지 않았다. 자료를 정리하는 과정에서 빌 아이삭스Bill Isaacs의 도움을 많이 받았다.
16. Michael Porter, *Competitive Advantage: Creating and Sustaining Superior Performance* (New York: Free Press), 1985, and Michael Porter, *Competitive Strategy: Techniques for Analyzing Industries and Competitors* (New York: Free Press), 1980. 마이클 포터, 〈마이클 포터의 경쟁우위〉, 21세기북스, 2008. 마이클 포터, 〈마이클 포터의 경쟁전략〉, 21세기북스, 2008.

12장

1. Chris Argyris, "Good Communication That Blocks Learning," Harvard Business Review, July-August, 1994, 77-85.

2. Jay Bragdon, *Living Asset Management* (Cambridge, Mass.: SoL), 2006 (forthcoming); Jim Collins, *Built to Last* (New York: HarperCollins), 1997.
3. 유니레버는 다른 기업, 정부기구, 비정부기구를 모아서 지속가능한 어업을 위한 국제 인증 절차를 담당하는 해양관리협의회Marine Stewardship Council를 설립했다. 또한 유니레버는 지속가능한 농업과 수자원 보호에도 적극적으로 나서기 시작했다. 상세한 내용을 알고 싶다면 www.unilever.com을 참조하기 바란다.
4. Sayra Pinto, Jasson Guevera, and Molly Baldwin, "Living the Change You Seek: Roca's Core Curriculum for Human Development," *Reflections, the SoL Journal*, vol. 5, no. 4. For more on Roca, see the Web site www.roca.org.
5. 용어에 대해 부연하자면, 우리는 '어떤 도구의 사용자'일 수도 있지만 동시에 '조직 학습의 실천가'이다.
6. Arie de Geus, *The Living Company* (Boston: Harvard Business School Press), 2002. 아리 드 호이스, 〈살아있는 기업 100년의 기업〉, 김앤김북스, 2012
7. Dee Hock, *One From Many; Visa and the Rise of Chaordic Organizations* (San Francisco: Berrett-Koehler), 2005.
8. Gregory Bateson, *Steps To and Ecology of Mind* (New York: Ballantine), 1972. 그레고리 베이트슨, 〈마음의 생태학〉, 책세상, 2006
9. Anne Murray Allen and Dennis Sandow, "The Nature of Social Collaboration," *Reflections, the SoL Journal*, vol. 6, no. 2.
10. Murray Allen and Sandow, op cit., 1.

13장

1. 예를 들어 국제금융공사는 2002년 처음으로 지속가능성과 관련된 명시적인 목표를 설정했는데 경제적 손익을 넘어선 프로젝트의 영향 개선(기업 지배 구조, 환경 및 사회적 지속가능성 척도 등을 포함하여)이 사업적으로도 도움이 된다는 믿음에 토대를 두고 있다.
2. Robert Axelrod and Michael Cohen, *Harnessing Complexity: Organizational Implications of a Scientific Frontier* (New York: Basic Books), 2000.
3. 다음 내용은 쿠분휘 경찰국장이 2004년 11월 2일 열린 아시아지식경영회의에서 했던 연설에 근거하고 있다.

14장

1. 〈학습하는 조직 현장지침서〉에 처음 소개된 이래 여러 차례 변형을 거쳤지만 기본 특징은 그대로 남아 있다.
2. 삼각형과 원을 활용해 이렇게 나타내면 겉으로 드러나는 것과 그렇지 않은 것, 말하자면 '표면 위'에 있는 것과 '표면 아래'에 있는 것이 분명해진다. 경험 많은 교사라면 누구나 학생에게 억지로 공부를 시킬 수는 없다는 사실을 아는 것처럼, 노련한 조직 리더는 심층 학습 사이클을 마음대로 바꿀 수 없다는 사실을 알고 있다. 리더가 할 수 있는 일은 학습이 일어날 가능성이 높은 환경을 구축하는 것이다. 이것이 바로 전략적 구조이다.
3. 에드가 샤인Edgar Schein 교수는 당연시 여기는 가정을 가장 심층의 문화로 간주한다. 샤인 교수의 틀에서 두 가지 차원은 (의상, 말투, 모임 형식 같은) 인위적 요소와 (공식적인 사명선언 같은) 표현 가치이며 둘 다 기저의 가정에 비해서 바꾸기가 쉽다.
4. 심층 학습 사이클에 나타나는 기본 연결은 이러한 요소들 사이에

존재하는 많은 피드백 작용을 단순화한 것이다. 예를 들어 관행은 특정 기술을 배울 반복적인 기회를 제공하기 때문에 기술과 능력을 결정하지만, 현재의 기술이 관행, 즉 우리가 잘하는 것을 결정한다는 의미에서 반대도 역시 참이다.

5. 이러한 관행은 어떤 집단의 구성원 모두에게 모임이 시작되기 전에 자기 생각을 돌아보고 공유할 기회를 준다.
6. 이하에 의한 개작. Marilyn Darling, David Meador, and Shawn Patterson, "Cultivating a Learning Economy," *Reflections, the SoL Journal*, vol. 5, no. 2.
7. Ann Graham, "The Learning Organization: Managing Knowledge for Business Success," Economist Intelligence Unit, New York, 1996.
8. Ibid.
9. George Roth and Art Kleiner, *Car Launch: The Human Side of Managing Change* (New York: Oxford University Press), 1999.
10. Art Kleiner, *The Age of Heretics* (New York: Currency), 1996.
11. Peter Senge, et al, *The Dance of Change: The Challenges to Sustaining Momentum in Learning Organizations* (New York: Doubleday/Currency), 1999.
12. William McDonough and Michael Braungart, *Cradle to Cradle: Remaking the Way We Make Things* (New York : North Point Press), 2002. 윌리엄 맥도너, 미하엘 브라운가르트, 〈요람에서 요람으로〉, 에코리브르, 2003. 독성 평가에 대해 보다 상세한 정보를 알고 싶다면 www.greenblue.org와 저자들의 웹사이트 www.mbdc.com을 참조하라.

13. PVC, 즉 폴리염화비닐은 신창 같은 제품에서는 비활성 상태이고 따라서 무해하다고 생각되지만, 일부 제조 공정 혹은 소각 시에 유독 가스를 방출할 수 있다.
14. 마가렛 휘틀리Margaret Wheatley의 웹사이트 주소는 다음과 같다. www.margaretwheatley.com. 그녀의 최신 저서는 *Finding Our Way* (San Francisco: Berrett-Koehler), 2005. <현대과학과 리더십>, 21세기북스, 2001이다.
15. J. Clay, "Exploring the Links Between International Business and Poverty Reduction,"Oxfam GB, Novib, Unilever, and Unilever Indonesia joint research project report, 2005. 레포트는 다음의 웹사이트를 참조하라. http://www.oxfam.org.uk.
16. 시스템 사고, 개인 비전과 공유 비전, 정신모델을 실제 작업 환경에서 어떻게 통합할 것인가를 놓고 고심하던 초기 10년 동안은 '학습조직'이라는 단어가 사용되지 않았다. Charles Klefer and Peter Senge, "Metanoic Organizations," in J. Adams, Transforming Working (Alexandria, Va : Miles River Press), 1984.

15장

1. 관련되는 논문 "The Leader's New Work"은 *MIT Sloan Management Review* 가운데 가장 많이 읽히는 논문이 되었다. Reprint 3211; Fall 1990, vol. 32, no.1, 723.
2. Peter Senge, "Leading Learning Organizations: The Bold, the Powerful, and the Invisible," in Frances Hesselbein, Marshall Goldsmith, and Richard Beckhard, The Leader ofThe Future: New Visions, Strategies, and Practices for the Next Era(San Francisco, CA: Jossey-Bass, Publishers), 1996 and Peter

Senge and Katrin Kaeufer, "Communities of Leaders or No Leadership at All," in Ed. Subir Chuwdhury, Management in the 21st Century(London: Financial Times Publishing), 2000.

3. Juanita Brown and David Isaacs, *The World Caf* (San Francisco: Berrett-Koehler), 2005. 후아니타 브라운, 데이비드 아이잭스, 〈월드카페〉, 북플래너, 2007
4. Wanda Orlikowski, "Learning from Notes," *The Information Society*, 9, 1993, 237-250.
5. 그때 나온 네 가지 원칙은 다음과 같다. 건강하고 활동적인 여성이 되도록 격려한다. 여성 인생의 모든 단계에 경의를 표한다. 여성과의 유대감을 유지한다. 미래를 생각하며 생활하고 일한다.
6. Robert Greenleaf, *Servant Leadership: a Journey into the Nature of Legitimate Power and Greatness* (New York: Paulist Press), 1977, 13. 로버트 그린리프, 〈서번트 리더십 원전〉, 참솔, 2006
7. J. 토머스 존슨J. Thomas Johnson은 세계적으로 유명한 회계 이론가이자, 활동 기준 회계의 공동 발명자이며, 〈측정할 수 없는 이익Profit Beyond Measure〉, 에코비즈, 2005의 공동저자이기도 하다. 〈측정할 수 없는 이익〉은 도요타 같은 회사에서 일어난 성과 관리 부문에서 근본적인 혁신을 상세하게 기록한 저서이다. 구체적으로 제조업체에서 전통적인 중앙집권적인 원가관리 시스템이 비용 대비 성과와 혁신에 유리한 지역 책임제로 대체된 과정을 다루고 있다.
8. Sayra Pinto, Jaason Guevera, Molly Baldwin, "Living the Change You Seek: Roca's Core Curriculum for Human Development," ibid.
9. Robert Greenleaf, op cit, 13. See also Peter Block, *Stewardship*

(San Francisco: Berrett-Koehler), 1996.

10. Eric Hoffer, *The True Believer* (New York: Harper Perennial), 2002. 에릭 호퍼, 〈맹신자들〉, 궁리, 2011
11. Thomas Malone, The Future of Work : How the New Order of Business will Shape Your Organization, Your Management Style, and Your Life(Boston : Harvard Business School Press), 2004, 4. 말로에Malone는 IT의 잠재력을 실현하는 것도 사람들을 '키우려는' 지향을 가진 관리자에게 달렸다고 주장한다.
12. 지역 담당자로서 스토킹은 75개 수탁기관을 책임지고 있었는데 어림잡아 180,000명의 의료진 및 관리직원을 포함하고 있었다.
13. Kahlil Gibran, *The Prophet* (New York: Knopf), 1923, 15.
14. Martin Luther King, "Letter from a Birmingham Jail," *American Visions*, January/February, 1986, 52-59.

16장

1. 웹사이트 참조. www.usccb.org/cchd/povertyusa/povfacts.shtml.
2. Adapted from George Roth, Art Kleiner, *Car Launch* (New York: Oxford University Press), 1999.
3. 비전문가가 기후변화의 기본 원리를 이해하도록 돕기 위해 개발된 비교적 간단한 시스템 역학 모델과 시뮬레이션 학습 도구를 바탕으로 하고 있다.
4. 대기 중의 CO_2는 인간을 포함한 모든 유기체가 호흡을 통해 CO_2를 만들어내기 때문에도 증가한다. 그러므로 지구 전체에 생물자원이 증가하면 CO_2의 양도 늘어난다.
5. John Browne, "Rethinking Corporate Responsibility,"

Reflections, the SoL Journal, vol.1, no.4, 48-53. 최근 브라운은 CO_2 배출량을 (교토의정서 규정 정도가 아니라) 극적으로 감축해서 '이산화탄소 농도를 안정화시키자'는 주장에 동조하며, 이를 위해 적극적으로 뛰고 있다. 이에 대해서는 아래에서 설명할 예정이다.

6. 2001년 U.N. 기후변화 협약에 관한 정부 간 기후변화위원회, "Climate Change 2001: The Scientific Basis. A Summary for Policymakers." IPCC 제 3차 평가보고서가 다음의 웹사이트에 공개되어 있다. www.ipcc.ch.
7. CO_2 농도와 기온 자료는 대기권의 저층, 해양 상층부에서 측정한 수치다.
8. 대기에서 빠져나가는 CO_2 양에 관한 자료도 같은 UN보고서에 들어 있었지만 CO_2 배출량과 함께 제시되지는 않았다. 배출량 관련 자료에 포함되어야 할 만큼 중요하다고 생각한 사람이 없었던 모양이다.
9. 많은 과학자가 CO_2 농도를 안정화하려면 배출량의 70퍼센트 혹은 그 이상의 감축이 필요하다고 주장한다. 탄소를 격리시키는 카본 싱크(carbon sink, 산림, 초지 등의 탄소 흡입원)가 심각한 포화상태에 도달했기 때문이다. 상세한 내용은 다음 자료에 나온 표를 참조하라. Scientific American, September, 2005, 47 배출량 고저에 따른 전망이 나와 있다.
10. 모임이 끝난 뒤에 어떤 여성이 내게 와서 자신의 여덟 살 된 아들이라면 "욕조가 얼마나 크냐?"고 물을 것이라고 말했다. 나는 오랫동안 기후변화에 관한 사람들의 인식을 연구해온 동료 존 스터먼John Sterman에게 이 말을 전했다. 스터먼은 NASA의 빙핵ice core 연구에서 최선의 답을 찾을 수 있으리라고 말했다. NASA의 빙핵 연구는 대기 중의 기체 성분이 얼음의 깊이에 따라 어떻게 달라지는가를 통

해 수백만 년에서 수천만 년 동안의 기후변화를 연구하는 것이다. 스터먼의 말을 듣고 NASA 빙핵 연구결과를 보니 대기 중의 CO_2 농도는 1850년에 대략 1만 년마다 돌아오는 주기의 정점에 도달했다. 그리고 현재는 과거 45만 년을 통틀어 가장 높았던 시점보다도 30퍼센트 가량 높다. 이는 현재 CO_2 농도가 역사적으로 최대였던 '욕조 크기'를 한참 넘어섰다는 의미가 된다.

11. 세계 최대 소비재 생산 기업에 속하는 유니레버는 지속가능한 농업, 지속가능한 어업, 지속가능한 수자원을 전략적인 중점 사안으로 정하고, 세 영역 모두에서 내부적으로는 물론이고 다른 기업과 협력해서도 다양한 프로젝트를 진행하고 있다. 상세한 내용은 유니레버 웹사이트를 참조하기 바란다. www.unilever.com

12. 부분적으로는 이러한 비효율성 때문에 연료전지 작동에 필요한 충분한 양의 수소가 화석연료(주로 천연가스)에 있는 탄화수소에서 주로 나오게 된다. 석탄이나 천연가스 연소에서 나오는 것보다 적기는 하지만 이러한 과정 역시 CO_2를 방출한다. 그보다 효율적인 연료전지는 (바람, 지열, 태양열, 원자핵 등의) 비화석 연료원에서 나오는 에너지를 이용해 물 분자가 분열되는 과정에서 나오는 수소를 활용할 수 있다. 그래야 연료전지가 가진 장기적 가능성을 실현할 수 있으리라고 본다. 이러한 시스템에서 수소는 에너지원이라기보다 태양에서 만들어진 잠재적 에너지가 쓰일 때까지 저장되어 있게 해주는 에너지 매체carrier로 볼 수 있다.

13. 세일런트가 CEO로 취임하고 5년 뒤에 플러그 파워 핵심 제품의 비용이 82퍼센트나 떨어졌다. 해당 업종에 대한 2005년 조사결과에 따르면 총경제 가치에서 플러그 파워가 차지하는 비율이 2000년부터 2005년 사이에 4퍼센트에서 24퍼센트로 증가했으며, 시장분석 결과를 토대로 보면 분야 5위에서 1위로 껑충 뛰어올랐다.

14. 플러그 파워의 주요 제품은 PEM, 즉 양자교환막proton exchange membrane 연료전지이다. 이는 세 가지 기본 연료전지 중 현재 시장에서 가장 많이 팔리는 것이다. 플러그 파워는 생산 방법을 널리 공유함으로써 '쓰레기 제로' 제품 설계가 업계 전체에 이익이 된다는 것을 보여주려고 노력하고 있다. 실제로 그들은 동업자 모임인 미국 연료전지협회U.S. Fuel Cell Council가 지속가능 원칙을 채택하는 데 영향을 미쳤다.
15. Roger Saillant, speech given at Bowdoin College on October 5, 2004.
16. "Mugged: Poverty in Your Coffee Cup," Oxfam International, September 2002, available from www.maketradefair.org.
17. 저렴하고 풍부한 식량에서 이득을 보고 있는 사람들에게도 미래의 식량 생산은 위태롭기 짝이 없다. 1945년 이래 지속적으로 진행된 토양 악화로 세계적으로 무려 12억 헥타르의 농경지가 피해를 입었는데, 이는 중국과 인도를 합친 면적이다. 지금도 연간 대략 1,000만 헥타르의 경작지가 사라지는 상황이 지속되고 있다. 식량 생산용 관개는 인간이 사용하는 담수 시스템에서 빼낸 물의 70퍼센트를 차지한다. 그중에서 담수원으로 재활용되는 비율은 30~60퍼센트에 불과하다. 덕분에 관개는 세계 최대의 순수 담수 사용 활동이 되었다.
18. 2002년 5월 IPA Sustainability Conference에서의 크리스 폼프리Chris Pomfret의 연설 참조.
19. 시작 단계에서 제너럴 밀즈General Mills, 세계 최대 어류 양식 회사 뉴트레코Nutreco, 브라질의 몇 안 되는 다국적 식품회사인 사디아Sadia, 세계 최대 식품 유통업체 시스코Sysco를 비롯한 열다섯 개의 기업이 참여했다. 또한 세계자연보호기금World Wildlife Fund, 국제자연보호협회The Nature Conservancy, 옥스팜을 비롯한 여섯 곳의 NGO가 참여했

다. 지역의 지속가능 농업 프로젝트에 주로 자금을 지원하는 켈로그 재단The Kellogg Foundation은 자금 지원을 병행한 참가자였다.

20. 이러한 이론은 지속가능성협회The Sustainablility Institute가 세계 농산물에 대한 40년간의 체계적인 연구를 토대로 발전시킨 것으로 다음 자료에서 깊이 있게 다뤄진다.

21. 진정한 승자는 저렴한 물건을 얻는 소비자와 지속불가능한 확장 속에서 돈을 벌고 수익률이 완전히 악화되기 전에 투자한 돈을 빼서 빠져나간 투자자들이라고 주장하는 사람도 있으리라. 그러나 지속불가능한 식량 공급 네트워크는 모든 사람에게 영향을 미치며, 부자라고 해서 그로 인해 사회와 환경이 입은 피해에서 자유로울 수는 없다.

22. 처음 나온 시험적인 의견 중의 일부를 소개하자면 다음과 같다. '틀짜기'(framing, 대다수 시민이 각자의 가치와 지속가능한 농업을 연결 짓도록 하는 새로운 방법 개발). '소규모 어업'(책임감을 가지고 지속가능한 양식업 발전에 기여하는 소규모 자영 어민의 시장 접근성 제고). '책임 있는 상품과 투자'(국제사회가 사회와 환경을 생각하는 관행을 채택하도록 투자자와 구매자의 선별 활동 강화), '소농 지원'(혁신적인 시장 구조와 인프라 투자를 통해서 라틴아메리카에서 가족 단위 소규모 생산자들의 생활 여건 개선). '학교와 병원에 대한 현지 공급 네트워크 개선'(특정 기관에서 식품의 질을 개선하기 위한 지역 네트워크 구축하기), '공급 네트워크 프로젝트'(특정 공급 네트워크에 적합한 생산 관행 및 금융 흐름상의 투명성 제고), '기업 연합'(경제적 안정을 보장하면서 지속가능한 생산·공급 관행을 실천하는 기업 모임 구축하기).

23. Adam Kahane, *Solving Tough Problems* (San Francisco: Berrett-Koehler), 2005. 아담 카페인, 〈통합의 리더십〉, 에이지21, 2008

24. 현재 교육 분야에서 수백 개 학교, 수천 명의 교육자가 이러한 시스

템 사고 운동에 적극 참여하고 있다.

17장

1. H. Thomas Johnson, *Relevance Lost: The Rise and Fall of Management Accounting* (Boston: Harvard Business School Press), 1991.
2. H. Thomas Johnson and Anders Broms, *Profit Beyond Measure* (New York: Free Press), 2000. 토머스 존슨, 안데르스 브렘스, 〈측정할 수 없는 이익〉, 에코비즈, 2005
3. 지난 20년 동안 도요타의 시가총액은 소위 말하는 '3대 기업Big Three', 즉 GM, 포드, 다임러크라이슬러의 총액과 맞먹거나 때로는 이를 초과한다. Johnson, 2000
4. 사용과 재사용의 끊임없는 순환 속을 흐르는 '기술적 영양분technological nutrients', '생물학적 영양분biological nutrients'이라는 용어는 맥도나우Mcdonough와 브라운가르트Braungart의 〈요람에서 요람으로Cradle to Cradle〉에 나온다. 중국의 공업 발전 계획에서 이러한 개념이 어떻게 나타나는지를 보려면 다음 웹사이트 자료를 참조하기 바란다. www.solonline.org
5. Joyce Fletcher, *Disappearing Acts: Gender, Power, and Relational Practice at Work* (Cambridge, Mass.: MIT Press), 1999.
6. '지속가능 프로젝트를 이끄는 여성' 프로젝트와 조직학습협회 지속가능 컨소시엄에 대한 상세 정보를 보고 싶다면 www.solonline.org를 참조하기 바란다.
7. SEED 프로젝트에 대해 상세 자료를 보고 싶다면 다음 웹사이트를 참조하기 바란다. www.seed.slb.com

9. 웹사이트 참조. www.kufunda.org.
10. 피터 센게, 조셉 자보르스키, 베티 수 플라워, 〈미래, 살아있는 시스템〉, 지식노마드, 2006. See also C. Otto Scharmer, *Theory U* (Cambridge, Mass.: SoL), 2006 (forthcoming).
11. 기사 참조. "Stories from An African Learning Village," Reflections, the SoL Journal, vol 6. no. 8-10. 웹사이트 주소는 다음과 같다. www.solon-line.org, www.kufunda.org.

18장

1. 이어지는 내용은 다음 자료에서 허락 하에 전재한다.
2. 최근 결과물로는 케빈 켈리Kevin Kelley가 편집한 〈*The Home Planet*〉이라는 아름다운 화보집이 있다. 미국과 러시아의 여러 우주비행사가 찍은 사진과 회고담으로 이루어진 책이다. 〈*The Home Planet*〉은 1988년 크리스마스에 미국Reading, Mass. : Addison-Wesley과 러시아(당시 구소련)에서 동시에 출간되었다.
3. 몇몇 과학자가 제기한 가설이다. 가이아 가설에 대한 소개와 근거가 되는 데이터에 대해서는 다음 자료를 참조하라. Jay Lovelock, *Gaia: A New View of Life on Earth*(New York: Oxford University Press), 1979.

부록2

1. 시스템 역학 분야에 종사하는 많은 이가 이러한 원형, 혹은 (흔히 말하는) '일반 구조'를 파악하고 코드화하는 데 기여했지만, 다음 분들의 공헌에 특히 감사하다는 말을 전하고 싶다. Jennifer Kemeny, Michael Goodman, Ernst Diehl, Christian Kampmann, Daniel Kim, Jack Nevison, John Sternman.

부록3

1. 피터 센게, 〈미래, 살아있는 시스템〉, 지식노마드, 2006. 아담 카헤인, 〈통합의 리더십〉, 에이지21, 2008. C. Otto Scharmer, Theory U(Cambridge, Mass.: SoL), 2006 (forthcoming).

학습하는 조직

1판 1쇄 발행 | 2014년 10월 6일
1판 5쇄 발행 | 2023년 3월 15일

지은이 | 피터 센게
옮긴이 | 강혜정
펴낸이 | 이동희
펴낸곳 | (주)에이지이십일

출판등록 | 제2010-000249호(2004. 1. 20)
주소 | 서울시 마포구 성미산로 1길 5 202호 (03971)
이메일 | eiji2121@naver.com

ISBN 978-89-98342-14-2 (03320)